新譯景德傳燈錄（中）

顧宏義　注譯

三民書局

新譯景德傳燈錄　目次

中冊

卷一三

卷一四

卷一五

卷一七

卷一八

青原行思禪師下六世二

卷一九

青原行思禪師下六世三

卷二〇

青原行思禪師下六世四

卷 二二

卷一三

潙仰宗法系表（下）

- 慧寂禪師（見卷一一）
  - 光涌禪師（見卷一二）
    - 慧清禪師（見卷一二）
      - 清讓禪師
      - 法滿禪師
      - 義深禪師
      - 遇禪師
    - 鴻究禪師（見卷一二）
      - 靈瑞和尚
  - 光穆禪師（見卷一二）
    - 如寶禪師（見卷一二）
      - 貞邃禪師
      - 福壽和尚
      - 鹿苑和尚
      - 德韶大師
        - 志謙禪師
        - 詞鐸禪師

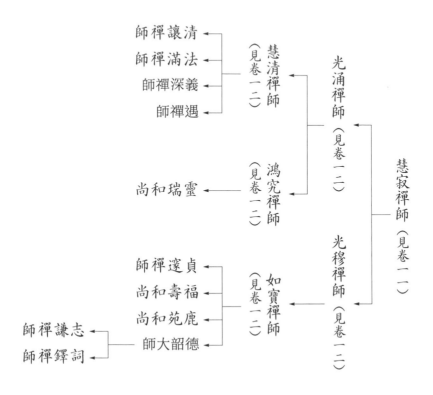

臨濟宗法系表（下）

- 義玄禪師（見卷一二）
  - 沼和尚（見卷一二）→ 思明禪師（見卷一二）→ 歸靜禪師
  - 大覺和尚（即存獎禪師，見卷一二）→ 南院和尚（即寶應和尚，見卷一二）→ 延昭禪師
    - 真禪師
    - 省念禪師 → 善昭禪師
    - 長興和尚
    - 靈泉和尚

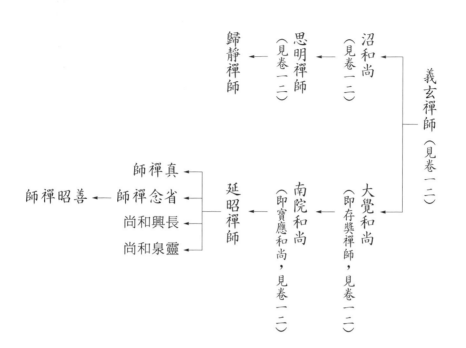

慧能大師別出法嗣法系表

- 慧能大師（見卷五）
  - 慧忠國師（見卷五）
    - 真應禪師
      - 貞邃禪師
    - 唐肅宗
    - 唐代宗
    - 孫知古
    - 惟戒禪師
  - 神會禪師（見卷五）
    - 福琳禪師
    - 光寶禪師
    - 法如禪師
      - 惟忠禪師（見下頁）
    - 進平禪師
    - 慧演禪師
    - 懷空禪師
      - 道明禪師
    - 圓震禪師
      - 吳頭陀
        - 玄固禪師
      - 法智禪師
    - 廣敷禪師
    - 行覺禪師
    - 神英禪師
    - 無名禪師
      - 澄觀大師
    - 皓玉禪師
    - 志滿禪師
    - 朗禪師
    - 靈坦禪師
    - 通隱禪師
    - 南印禪師
      - 義俛禪師
    - 李常
  - 定真禪師（見卷五）
    - 靈運禪師
  - 道進禪師（見卷五）
    - 玄覺禪師
  - 善快禪師（見卷五）
    - 善悟禪師
      - 無學禪師
  - 本淨禪師（見卷五）
    - 楊光庭
  - 緣素禪師（見卷五）
    - 小道進禪師
    - 遊寂禪師
  - 祇陀禪師（見卷五）
    - 道倩禪師
      - 如寶禪師

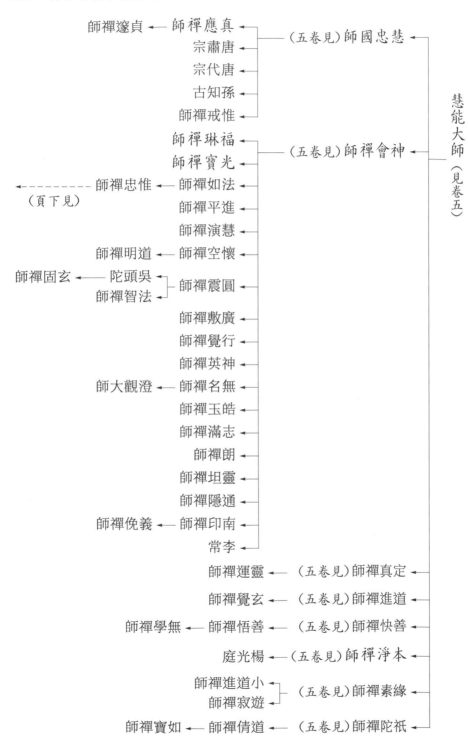

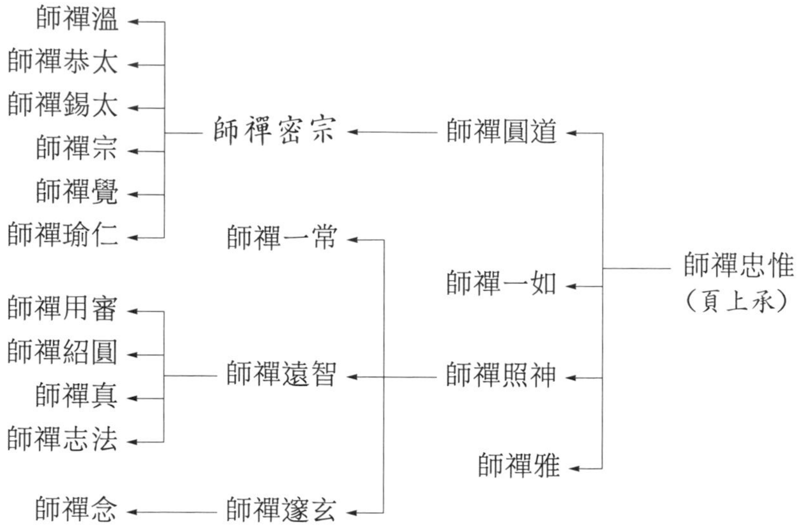
溫禪師
太恭禪師
太錫禪師
宗禪師
覺禪師
仁瑜禪師
宗密禪師
道圓禪師
常一禪師
如一禪師
惟忠禪師
(承上頁)
審用禪師
圓紹禪師
真禪師
法志禪師
智遠禪師
神照禪師
雅禪師
念禪師
玄邃禪師

卷一三

懷讓禪師下七世

前郢州芭蕉山慧清禪師法嗣

郢州興陽山清讓禪師

郢州興陽山清讓禪師。僧問：「『大通智勝佛❶，十劫坐道場。佛法不現前，不得成佛道』時如何？」師曰：「其問甚諦當❷。」僧曰：「既是坐道場，為什麼不得成佛道？」師曰：「為伊不成佛。」

【注釋】❶大通智勝佛　三千塵點劫昔出世之如來名，此佛在世時，有十六王子出家為沙彌，從佛聽《法華經》。佛入定後，十六沙彌各升法座，為大眾講《法華經》。其第九沙彌成佛，為阿彌陀佛；第十六沙彌成佛，為今之釋迦如來。其聞聽第十六沙彌講法者，即為今之大眾。❷諦當　恰當；適當。

【語譯】郢州（今湖北鍾祥）興陽山清讓禪師。有僧人問道：「『大通智勝佛，十劫坐道場。佛法不現前，不得成佛道』的時候怎麼辦？」清讓禪師說道：「這個問題問得很恰當。」僧人問道：「既然是坐道場，為什麼不得成佛道？」清讓禪師回答：「因為他不成佛。」

洪州幽谷山法滿禪師

洪州幽谷山法滿禪師。僧問：「如何是道？」師良久曰：「會麼？」僧曰：「學人不會。」師曰：「話道語下無聲，舉揚❶奧旨丁寧。禪要如今會取，不須別後消停❷。」

【注釋】❶舉揚　弘揚；闡發。❷消停　停留；停待。

【語譯】洪州（今江西南昌）幽谷山法滿禪師。有僧人問道：「什麼是道？」法滿禪師沉默了許久後問道：「領會了嗎？」僧人回答：「學生沒有領會。」法滿禪師說道：「談論佛道之語沒有聲音，叮嚀闡述微旨奧義。禪要如今已領悟，不須別後再停留。」

【說明】郢州芭蕉山慧清禪師的法嗣還有郢州興陽義深禪師與芭蕉山第二世住持遇禪師二人，因無機緣語句，故未收錄。

前吉州資福如寶禪師法嗣

吉州資福貞邃禪師

吉州資福貞邃禪師。第二世住。僧問：「和尚見古人，得何意旨便歇去？」師作圓相示之。問：「如何是古人歌？」師作圓相示之。

問：「如何是最初一句？」師曰：「未具世界時，闍梨亦在此。」

問：「百丈卷席❶意如何？」師良久。

問：「古人道：前三三，後三三。意如何？」師曰：「汝名什麼？」曰：「某甲。」師曰：「喫茶去！」

師謂眾曰：「隔江見資福刹竿❷便迴去，腳跟也好與三十棒，況過江來！」時有僧才出，師曰：「不堪共語。」問：「如何是古佛心？」師曰：「山河大地。」

【注釋】❶百丈卷席　參見本書卷六〈洪州百丈山懷海禪師〉章。❷刹竿　也稱刹柱、金刹、表刹等，在長竿之頂端飾以金銅所造的寶珠火焰之形，而立於寺前，以表明此處為寺院。又佛塔之塔刹九輪，也稱刹竿。

【語譯】吉州（今江西吉安）資福貞邃禪師。第二世住持。有僧人問道：「和尚見了古人，得到了什麼旨意就歇息去了？」貞邃就畫了一個圓相給他看。僧人問道：「什麼是古人的歌？」貞邃還是畫了一個圓相給他看。

僧人問道：「什麼是最初的一句話？」貞邃禪師回答：「在沒有形成世界的時候，闍梨也在這裡。」

僧人問道：「百丈懷海禪師捲去面前坐席是什麼意思？」貞邃禪師沉默了許久。

僧人問道：「古人說：前三三，後三三。其意是什麼？」貞邃禪師反問道：「你名叫什麼？」僧人回答：「某人。」貞邃說道：「吃茶去！」

貞邃禪師對眾人說道：「隔江看見資福寺塔的剎竿就回去了，腳跟也應該打三十棒，何況還過江來！」當時有位僧人站出來，貞邃說道：「不堪與你對話。」有僧人問道：「什麼是古佛心？」貞邃回答：「山河大地。」

吉州福壽和尚

吉州福壽和尚。僧問：「祖意教意同別？」師乃展手。問：「文殊騎師子，普賢騎象，未審釋迦騎什麼？」師舉手云：「邪❶！邪！」

【注釋】❶邪 同「耶」。語氣詞。

【語譯】吉州（今江西吉安）福壽和尚。有僧人問道：「祖師之意與教意，是相同還是不同的？」福壽和尚只是展開了雙手。僧人問道：「文殊菩薩騎獅子，普賢菩薩騎白象，不知道釋迦如來騎什麼？」福壽和尚舉手道：「啊！啊！」

潭州鹿苑和尚

潭州鹿苑和尚。僧問：「餘國作佛，還有異名也無？」師作圓相示之。

問：「如何是鹿苑一路？」師曰：「吉了❶舌頭問將來。」

問：「如何是閉門造車？」師曰：「南嶽石橋。」僧曰：「如何是出門合轍？」師曰：「拄杖頭鞋。」

師上堂展手云：「天下老和尚、諸上座命根總在遮裡。」有一僧出曰：「還收得也無？」師曰：「天台石橋❷側。」僧曰：「某甲不恁麼。」師曰：「伏惟尚響。」

問：「如何是世尊不說說？」師曰：「須彌山倒。」曰：「如何是迦葉不聞聞？」師曰：「大海枯竭。」

【注釋】❶吉了　即秦吉了，又名鷯哥，鳥名。《本草綱目．禽部》：秦吉了出嶺南，大如鴝鵒，灰黑色，夾腦有黃肉冠，如人耳，能效仿人語。古人以秦吉了借喻自己沒有主見而學人言語者。❷天台石橋　指天台山石梁飛瀑之境。

【語　譯】潭州（今湖南長沙）鹿苑和尚。有僧人問道：「其餘國土所成的佛，還有其他名字嗎？」鹿苑和尚就畫了一個圓相給他看。

有僧人問道：「什麼是鹿苑一條路？」鹿苑和尚回答：「秦吉了的舌頭上問得來。」

有僧人問道：「什麼是閉門造車？」鹿苑和尚回答：「南嶽石橋。」僧人問道：「什麼是出門合車轍？」鹿苑和尚回答：「拄杖頭掛的鞋子。」

鹿苑和尚上堂展開雙手道：「天下老和尚以及諸位上座的命根子都在這裡。」有一個僧人站出來問道：「是否還收得回去？」鹿苑和尚回答：「在天台山石梁側。」僧人說道：「我不是這樣的。」鹿苑和尚說道：

「伏惟尚饗。」

有僧人問道：「什麼是世尊的不說之說？」鹿苑和尚回答：「須彌山倒塌。」僧人問道：「什麼是大迦葉的不聞之聞？」鹿苑和尚回答：「大海枯竭。」

【說　明】資福如寶禪師的法嗣還有潭州報慈德韶禪師（號歸真大師）一人，因無機緣語句，故未收錄。

潭州報慈德韶禪師存目

前汝州南院和尚法嗣

汝州風穴延昭禪師

汝州風穴❶延昭禪師，餘杭人也。初發迹❷於越州鏡清順德大師❸，未臻堂奧❹。尋詣襄州華嚴院，遇守廓❺上座，即汝州南院侍者也，乃密探南院宗旨。初見不禮拜，便問曰：「入門須辨主，端的❻請師分。」南院以左手拊膝，師喝。南院以右手拊膝，師又喝。南院舉左手曰：「遮箇即從闍梨。」又舉右手曰：「遮个又作麼生？」師曰：「瞎。」南院擬拈拄杖次，師曰：「作什麼？奪拄杖打著，老和尚莫言不道！」南院曰：「三十年住持，今日被黃面浙子上門羅織❼。」師曰：「和尚大似持鉢不得，誰道不饑？」南院曰：「闍梨幾時曾到南院來？」師曰：「是何言歟？」曰：「老僧端的問汝。」師曰：「也不得放過。」南院曰：「且坐喫茶。」師方敘師資之禮。自後應潙、仰之懸記出世，聚徒南院，法道由是大振諸方矣。

師上堂曰：「祖師心印，比日全提。去即印住，住即印破。只如不去不住，印即是，不印即是？眾中還有得者麼？」

上堂謂眾曰：「夫參學眼目，臨機直須大用見前，莫自拘於小節。設使言前薦得，猶是滯巧迷風❽，縱然句下精通，未免觸突狂見❾。觀汝諸人從前依他學解，迷昧兩蹊❿，而今與汝一齊掃卻，箇箇作大師子兒，吒呀⓫地哮吼一聲，壁立千仞，誰正眼覷著？若覷著即瞽卻一目也。」

時有⓬盧陂長老問曰：「學人有鐵牛⓭之機，請師不印。」師曰：「慣釣鯨鯢⓮澄巨浸⓯，卻嗟蝸步驟⓰泥沙。」盧陂擬進語，師以拂子驀口打，乃曰：「記得前語麼？」盧陂曰：「記得。」師曰：「試舉看。」盧陂欲開口，師又打一拂。

問：「師唱誰家曲，宗風嗣阿誰？」師曰：「超然迥出威音⓱外，翹足徒勞讚底沙⑱。」問：「古曲無音韻，如何和得齊？」師曰：「木雞啼子夜，芻狗⑲吠天明。」

問：「如何是一稱南無佛⑳？」師曰：「燈連鳳翅㉑當堂照，月影娥眉㉒頻㉓普米切。面看。」問：「如何是佛？」師曰：「如何不是佛？」問：「未曉玄言，請師直指。」師曰：「家住海門㉔洲，扶桑㉕最先照。」

問：「明月當空時如何？」師曰：「不曾天上輥㉖，任向地中埋。」

問：「如何是佛？」師曰：「嘶風木馬緣無絆，背角泥牛痛下鞭。」

問：「如何是廣慧劍㉗？」師曰：「不斬死漢。」

問：「古鏡未磨時如何？」師曰：「天魔㉘膽裂。」僧曰：「磨後如何？」師曰：「軒轅㉙無道。」僧曰：「如何？」師曰：「不在團天㉚，且居羑里㉛。」

問：「矛盾本成雙翳病，帝網㉜明珠事若何？」師曰：「為山登九仞㉝，捻土定千鈞㉞。」僧曰：「如何？」師曰：「如何。」

問：「千木㉟奉文侯，知心有幾人？」師曰：「少年曾決龍蛇㊱陣，老倒㊲還聽稚子歌。」

問：「如何是清涼山中主？」師曰：「一句不遑㊳無著㊴問，迄今猶作野盤僧[40]。」問：「句不當機如何顯？」師曰：「大昴[41]縱同天，日輪不當午。」
問：「如何是和尚家風？」師曰：「鶴有九皋[42]難翥翼[43]，馬無千里漫追風。」
問：「如何是佛？」師曰：「勿使異聞。」問：「未有之言，請師試道。」
師曰：「入市能長嘯，歸家著短衣。」
問：「夏終今日，師意如何？」師曰：「不憐鵝護雪，且喜臘人冰。」問：
「歸鄉無路時如何？」師曰：「平窺紅爛處，暢殺[44]子平生。」
師赴州衙，請上堂。有僧問曰：「人王與法王相見時如何？」師曰：「大舞
遶林泉，世間無有喜。」僧曰：「共譚何事？」師曰：「虎豹巖前曾宴坐，隼旟[45]
光裡播真宗。」問：「摘葉尋枝即不問，如何是直截根源？」師曰：「赴供凌晨
入，開堂帶雨歸。」

問：「門門盡怪，請師直指根源。」師曰：「罕逢穿耳客[46]，多遇刻舟人。」
問：「正當恁麼時如何？」師曰：「盲龜值[47]木雖優穩[48]，枯木生華物外春。」
問：「如何是密室中事？」師曰：「出袖譚今古，迴顏獨皺眉。」
問：「驪龍頷下珠如何取得？」師曰：「曾向海邊乾[49]竹刺，直至如今治素
琴[50]。」

問：「大舸搖空，如何舉櫂？」師曰：「自在不點胸，渾家[51]不喜見。」

問：「追風難把捉，前程事若何？」師曰：「波斯衣⿱毀衣[52]（丘畏切。）解。」

問：「誕生王子[53]，還假及第[54]否？」師曰：「一句擬光[55]禪子問，三緘[56]恐負古人機。」

問：「隨緣不變者，忽遇知音人時如何？」師曰：「披莎[57]側笠千峰裡，引水澆蔬五老[58]前。」

問：「刻舟求不得，當體事如何？」師曰：「大動不立賞，柴扉草自深。」

問：「從上古人，印印相契。如何是印底眼？」師曰：「輕囂[59]道者知機變，拈與霑魂[60]拭淚巾。」

問：「九夏[61]賞勞，請師言薦。」師曰：「出岫拂開龍洞雨，汎波僧涌鉢囊[62]華。」

問：「最初自恣[63]，合對何人？」師曰：「一把香芻拈未下，六環金錫響搖空。」

問：「西祖傳來，請師端的。」師曰：「一犬吠虛，千猱[64]啀[65]實。」問：「王道與佛道，相去幾何？」師曰：「芻狗吠時天地合，木雞啼後祖燈[66]暉。」

問：「祖師心印，請師拂拭。」師曰：「祖月[67]凌空圓聖智，何山松檜不青青！」

問：「大眾雲集，請師說法。」師曰：「赤腳人趁兔，著鞾人喫肉。」

問：「不曾博覽空王[68]教，略借玄機試道看。」師曰：「白玉無瑕，卞和[69]刖足。」

問：「如何是無為之句？」師曰：「寶燭當軒顯，紅光爍太虛。」問：「如何是臨機一句？」師曰：「因風吹火，用力不多。」問：「素面[70]相呈時如何？」師曰：「拈卻蓋面帛[71]。」

問：「如何是衲僧氣息？」師曰：「膝行肘步，大眾見之。」

問：「紫菊半開秋已至，月圓當戶意如何？」師曰：「月生蓬島[72]人皆望，昨夜遭霜子不知。」

問：「如何是直截一路？」師曰：「直截迂曲。」問：「如何是師子吼？」師曰：「阿誰要汝野干[73]鳴？」

問：「如何是諦實之言？」師曰：「心懸壁上。」問：「心不能緣，口不能言時如何？」師曰：「逢人但恁麼舉看。」

問：「龍透清潭時如何？」師曰：「印騣[74]捺尾。」問：「任性浮沉時如何？」

師曰：「牽牛不入欄。」

問：「有無俱無去處時如何？」師曰：「三月懶遊花下路，一家愁閉雨中門。」

問：「語默涉離微[75]，肇法師[76]《寶藏論・離微體淨品》云：「其入離，其出微。知入離，外塵無所依。知出微，內心無所為。內心無所為，諸見不能移。外塵無所依，萬有不能機。萬有不能機，想慮不乘馳。諸見不能移，寂滅不思議。可謂本淨體離微也。據入故名離，約用故名微。混而為一，無離無微。體淨不可染，無染故無淨。體微不可有，無有故無無。」如何通不犯？」師曰：「常憶江南三月裡，鷓鴣[77]啼處野花香。」

問：「百了千當時如何？」師曰：「不許夜行，投明須到。」問：「無地容身時如何？」師曰：「熊耳塔開無叩客。」僧曰：「如何即是？」師曰：「恰須斷卻。」

問：「盡大地人來一時致問，如何祇對？」師曰：「子期[78]琴韻勿知音。」

問：「夾堀[79]逼佛時如何？」師曰：「大家[80]保護萬迴[81]憨。」

問：「心印未明，如何得入？」師曰：「雖聞酉帥投歸款[82]，未見牽羊納璧[83]來。」

問：「如何是臨濟下事？」師曰：「桀犬吠堯[84]。」問：「如何是齧鏃事？」師曰：「孟浪[85]借辭論馬角[86]。」

問：「不修定慧，為什麼成佛無疑？」師曰：「金雞[87]專報曉，漆桶[88]黑光生。」

問：「一念萬年時如何？」師曰：「拂石仙衣破。」

問：「洪鐘[89]未擊時如何？」師曰：「充塞大千無不韻，妙含幽致豈能分？」僧曰：「擊後如何？」師曰：「石壁山河無障礙，翳消開後好沾聞。」問：「如何是西來意？」師曰：「尋山水盡山無盡。」

問：「大人相為什麼不具足？」師曰：「鴟梟[90]夜半欺鷹隼。」

問：「古今才分，請師密要。」師曰：「截卻重舌[91]。」

問：「如何是大人相？」師曰：「赫赤[92]窮僧。」曰：「未審和尚二時如何？」師曰：「攜籮挈杖。」

問：「如何是賓中主？」師曰：「入市雙瞳瞽。」曰：「如何是主中賓？」師曰：「迴鑾兩曜[93]新。」曰：「如何是賓中賓？」師曰：「攢眉坐白雲。」曰：「如何是主中主？」師曰：「磨礱[94]三尺刃，待斬不平人。」

問：「如何是钁頭邊意？」師曰：「山前一片青。」

問：「如何是佛師？」師曰：「杖林山下竹筋鞭[95]。」

【注釋】❶風穴　山名，在河南臨汝東北二十里，上有風穴，風將起，穴中先有聲。❷發迹　本門法華開顯之意，此指禪師最初參禪悟法之事跡。❸鏡清順德大師　即五代僧人道怤，雪峰義存禪師的弟子，號順德大師。❹堂奧　原指堂室的深處，借指佛法精義。❺守廓　興化存奬禪師的法嗣，南院和尚的師弟。❻端的　確實；果真。❼羅織　指陷害無辜。❽滯巧迷風　也作「滯殼迷封」，即死不開竅的意思。❾觸突狂見　處處皆是妄見，借指不得要領。❿蹊　小路。⓫吒呀　怒吼聲。⓬時有　此段內容當接於前一段「眾中還有得者麼」之下。⓭鐵牛　比喻不可動搖。《碧巖集》：「祖師心印，狀似鐵牛之機」，「千人萬人撼不動」。⓮鯢　雌鯨曰鯢。⓯巨浸　大海。⓰驏　原指馬臥地打滾，後泛指動物打滾。⓱威音　即威音王佛。此為空劫初成時之佛，此前無佛。⓲底沙　古佛名，也稱補沙、弗沙。釋迦牟尼在百劫修相中遭逢此佛，翹足讚偈，因起九劫而成佛。⓳芻狗　古代祭祀時所用的以茅草紮成的狗，祭後則棄去。用以比喻輕賤無用的東西。⓴南無佛　歸命於佛之意。《法華經・方便品》：「一稱南無佛，皆已成佛道。」㉑鳳翅　用鳳翅作為裝飾的華燈。㉒娥眉　借指美女。㉓頓　頭傾斜。㉔海門　指江河入海口。㉕扶桑　神話中的樹木名，為太陽所棲。《山海經・海外東經》：「湯谷上有扶桑，十日所浴。」後亦借指太陽。㉖輥　轉動；滾。㉗廣慧劍　喻如來深廣之智慧，如利劍割斷世人之煩惱。㉘天魔　即天子魔，為第六天之魔王，名波旬，即釋迦牟尼佛出世時現世的魔王。㉙軒轅　即黃帝。《史記・五帝本紀》：「黃帝者，少典之子，姓公孫，名軒轅。」㉚團天　佛經中所稱諸天之一。㉛羑里　古城名，一作牖里，故址在今河南湯陰北，為商紂王因禁周文王之處。㉜帝網　帝釋天宮之寶網，也稱因陀羅網。此網之線，珠玉交絡。用以譬喻物之交絡涉入重重無盡者。㉝仞　古代以七尺或八尺為一仞。㉞千鈞　極重之物。鈞，古代分量名稱，一鈞等於三十斤。㉟干木　即戰國時魏人段干木，少貧且賤，師事卜子夏，與田子方、李克、吳起等居於魏，諸人皆為魏將，獨干木守道不仕。魏文侯登門拜訪，干木越牆避之。魏文侯後請干木為國相，干木不接受，魏文侯乃待於客禮，見時，立倦而不敢息。㊱龍蛇　比喻戈戟等武器。呂溫〈代謝賜戟狀〉：「武庫龍蛇，忽追飛于陋巷。」㊲老倒　同「潦倒」。㊳遑　閒暇。㊴無著　即唐代杭州無著禪師，名文喜，唐宣宗初往五臺山（即清涼山）禮文殊菩薩，遇一牽牛老翁引入寺中飲茶。老翁提問，無著無對。辭別時問侍童，方悟此老翁即文殊。㊵野盤僧　指奔走於諸方而無有閒暇的村野僧人。㊶大昴　星宿名，即昴宿，二十八宿之一。㊷九皋　深澤。《詩經・小雅・鶴鳴》：「鶴鳴于九皋，聲聞于天。」㊸翥翼　振翅飛翔。㊹暢殺　極為舒暢痛快。㊺隼旟　古代軍旗之一，上繪振翅疾飛的鳥隼圖像。㊻穿耳客　古印度人多穿耳環，故稱穿耳客。此指菩提達磨祖師。㊼值　碰到。㊽優穩　從容安穩。㊾乾　白白地；徒然。㊿素琴　本色的、未加修飾雕琢的琴。(51)渾家　全家；大家。(52)𧝐　「襀」的俗字，衣鈕。(53)誕生王子　即釋迦牟尼。(54)及第唐代士人參加科舉考試，其殿試合格者稱進士及第。55光　裸露。56三緘　比喻說話謹慎。漢人劉向《說苑・敬慎》：「孔子之周，觀于太廟，右陛之前有金人焉，三緘其口而銘其背曰：『古之慎言人也。』」57莎　即蓑衣，用草莖編織成的雨衣。58五老　指位於山西虞鄉西南的五老山，傳說堯帝登首山觀河渚，有五老人飛為流星，上入昴宿，因號其山為五老山。59輕囂　輕狂囂張。60霑魂　招魂。61九夏　指夏季九十天。62鉢囊　又稱鉢袋，盛鐵鉢的袋囊。63自恣　夏安居結束之日，使其他清眾恣意舉出自己所犯之罪過，而對眾僧懺悔之。也稱「隨意」，隨他僧之意而恣舉其所犯罪過。64猻　猿類，此泛指猴子。65啀　犬類相鬥時齜牙咧嘴貌。66祖燈　列代佛祖所傳的法燈。67祖月　祖佛心印如凌空之皓月一樣普照眾生。68空王　佛的異名。69卞和　春秋時楚國人，相傳他覓得玉璞，兩次獻給楚王，都被認為虛假，先後被處以刖足之刑，即砍去雙腳。楚文王即位後，他抱璞哭於荊山下，王使人雕琢其璞，果得寶玉，稱為「和氏璧」。70素面　本色的、未經脂粉修飾的面容。71蓋面帛　古代風俗，人死後要用布帛遮蓋在臉上，稱蓋面帛。72蓬島　傳說中海上仙山之一。73野干　此指狐狸。74駿馬鬃。75離微　法性之體，離諸相而寂滅無餘，是謂離。法性之用，微妙不可思議，是謂微。離，即涅槃之意。微，即般若之意。76肇法師　即十六國時姚秦僧人僧肇，撰有《肇論》三卷，一名作《寶藏論》。77鶻鳩　鳥名，棲息於生有灌叢與疏樹的山地，啼鳴時常立於山巔樹上。78子期　即春秋時人鍾子期。相傳伯牙善於操琴，鍾子期善於聽琴，能從伯牙的琴聲中聽出其心意。後世因而稱知己朋友為知音。79夾堀　指刑具夾棍與捕捉野獸的陷阱。80大家　此指皇帝。81萬迴　唐初僧人，河南人，生而詭異，博通諸事。唐高宗時奉旨剃度，武后時召入內道場，唐中宗時封法雲公。82酋帥投歸款　酋帥，古代對邊疆少數民族部落首領的稱呼。歸款，指酋帥歸降中原政權。83牽羊納璧　指古代國家滅亡時，亡國之君手牽羊、口含玉璧，守候在國都外向勝利者投降的一種儀式。84桀犬吠堯　桀為夏代暴君，堯為傳說中遠古時代的聖君。此比喻為人臣僕或奴才，像桀所畜養的狗一樣，只知聽從主人的命令去咬人，而不問誰善誰惡。85孟浪　魯莽；言語輕率不當。86馬角　馬本無角，此喻虛妄不實。87金雞　十二生肖中，酉為雞，而五行中酉屬金，故稱雞為金雞。88漆桶　指學僧心中一團漆黑，糊塗蒙昧。89洪鐘　敲打時鐘聲洪越的大鐘。90鵄梟　即貓頭鷹。91重舌　兩個舌頭，以喻能說會道。92赫赤　喻一無所有。93兩曜　指太陽與月亮。94礱　磨刀石。此指磨礪。95竹筋鞭　竹類的根狀莖，類似鞭子。

【語　譯】汝州（今河南臨汝）風穴延昭禪師（八九六～九七三年），餘姚（今屬浙江）人。延昭最初在越州（今浙江紹興）鏡清順德大師處參禪，但未能深悟佛法精義。不久，延昭來到襄州（今湖北襄樊）華嚴院，遇見守廓上座，就是汝州南院和尚的侍者，於是秘密探究南院和尚的宗旨。延昭初次參見南院和尚，沒有禮拜，就提問道：「進門必須先辨認主人，其究竟之意還請和尚來分別。」南院和尚就用左手拍拍膝蓋，延昭便斷喝。南院和尚又用右手拍拍膝蓋，延昭便再喝。南院和尚舉起左手說道：「這個就依從闍梨。」又舉起右手問道：「這個又怎麼辦？」延昭說道：「瞎。」南院和尚打算舉起拄杖之時，延昭說道：「幹什麼？我會奪過拄杖反打，老和尚不要怪我事先沒有說過。」南院和尚說道：「我住持了三十年，今天卻被黃面孔浙江小子打上門來欺負。」延昭說道：「和尚很像是拿不到食鉢的，誰說不饑餓呢？」南院和尚問道：「闍梨什麼時候曾來過南院？」延昭反問道：「這是什麼話呢？」南院和尚說道：「老僧是在確確實實地問你。」延昭說道：「這也不能放過。」南院和尚說道：「暫且坐下來吃茶。」延昭這才講求師徒之禮節。自此以後，延昭應溈山、仰山和尚的預言出世，住持南院，聚眾講法，教法化道由此大震於各地。

延昭禪師上堂說法道：「祖師所傳心印，今日全部提唱。離去即印證住，留下即印證破。只是如不離去也不留下，是印證對，還是不印證對呢？眾人之中還有能領會的嗎？」

延昭禪師上堂對眾人說道：「作為參禪學道的眼目，面臨機緣時就應須於眼前大處運用，不要在小處自我拘泥。假使有人在發語之前就領會了，還是滯巧迷風，縱然在語句之下精通熟知，仍然不免處處皆是妄見。看你們各人以前依從他人的修學見解，迷失在暗昧的歧路中，如今我幫你們一齊掃除了，讓你們個個都成為大獅子兒，吒呀地吼叫一聲，就好像平地上聳立的千仞懸崖，誰敢拿正眼來看？如果敢看就瞎了他的一隻眼。」

當時有一位叫作盧陂的長老說道：「學生有鐵牛之機，請和尚不要印證。」延昭禪師回答：「習慣於垂釣鯨鯢以澄清大海，卻感歎蝸牛行跡輾過泥沙。」盧陂思考著要說話，延昭即用拂塵直向他嘴巴打去，然後問道：「還記得剛才的話嗎？」盧陂回答：「記得。」延昭說道：「說說看。」盧陂想要開口，延昭又打了他一記拂塵。

有僧人問道：「和尚舉唱誰家樂曲，宗風又繼承誰？」延昭禪師說道：「超然遠出威音王佛之外，翹足徒勞讚頌底沙佛。」僧人問道：「古曲沒有音韻，怎樣才能唱和得協調？」延昭回答：「木頭製作的雞在子夜時分啼鳴，草綮的狗在黎明之際吠叫。」

有僧人問道：「什麼是一稱南無佛？」延昭禪師回答：「燈連鳳翅當堂照耀，月影下娥眉斜頭賞看。」僧人問道：「什麼是佛？」延昭反問道：「什麼不是佛？」僧人說道：「不懂得這玄妙之語，請和尚直截指示。」延昭說道：「家住在海門外的沙洲，太陽最先來照耀。」

有僧人問道：「明月當空的時候怎樣？」延昭禪師回答：「不曾在天上滾動，任向地底下埋葬。」

有僧人問道：「什麼是佛？」延昭禪師回答：「木馬迎風嘶鳴是因為沒有絆繫，泥牛背角而痛下鞭笞。」

有僧人問道：「什麼是廣慧之劍？」延昭禪師回答：「不斬死人。」

有僧人問道：「古鏡沒有磨礪的時候怎樣？」延昭禪師回答：「天魔波旬的膽肝俱裂。」僧人問道：「磨礪後怎樣？」延昭回答：「軒轅黃帝沒有道德。」僧人問道：「怎樣？」延昭回答：「不在團天，姑且居住羑里。」

有僧人問道：「矛與盾本來就是雙眼有翳病而造成的，那帝釋天之寶網上的明珠之事又怎麼樣呢？」延昭禪師回答：「堆積之山超過了九仞，捻一個土團而定千鈞。」僧人問道：「怎麼辨？」延昭回答：「這麼辨。」

有僧人問道：「段干木奉事魏文侯，知心的有幾個人？」延昭禪師回答：「少年時曾經決戰於龍蛇戰陣中，潦倒以來還在傾聽童子歌唱。」

有僧人問道：「誰是清涼山的主人？」延昭禪師回答：「一句話也不遑無著提問，至今還是一個野盤僧。」僧人問道：「說話不能承當機鋒是怎樣顯露？」延昭回答：「大昴縱同天空，太陽卻不當午。」

有僧人問道：「什麼是和尚的家風？」延昭禪師回答：「鶴雖有九皋卻難以翱翔，駿馬沒有千里之途而徒然追風。」

有僧人問道：「什麼是佛？」延昭禪師回答：「不要讓別人聽到。」僧人說道：「從未有過的話，請和尚說說看。」延昭說道：「入市能長嘯，歸來穿短衣。」

有僧人問道：「夏安居到今天就結束了，和尚意下怎樣？」延昭禪師回答：「不憐愛白鵝圍護之雪，且喜歡臘人所藏之冰。」僧人問道：「回歸家鄉卻無路可行時怎麼樣？」延昭回答：「平直窺看百花爛漫處，是你平生真正暢快之時。」

延昭禪師前往趙州（今河北趙縣）官署，受請上堂說法。有僧人問道：「人王與法王相見的時候怎麼樣？」延昭回答：「宏大之舞蹈圍繞著林泉進行，是世間沒有過的歡樂。」僧人問道：「互相談論著什麼事呢？」延昭回答：「虎豹曾經在山巖前坐禪，隼旟光芒中傳播著真實的宗旨。」僧人問道：「摘葉尋枝就不問了，什麼是直指根源？」延昭回答：「為了趕赴供養而凌晨入門，散堂之後帶著雨珠而歸。」

有僧人說道：「每個法門都很奇怪，請和尚直指根源。」延昭禪師回答：「很少遭逢穿耳客，每每遇見刻舟求劍之人。」僧人問道：「正當這樣的時候怎麼辦？」延昭回答：「瞎眼烏龜碰到樹木雖然從容安穩，枯木開花可是物外發生春光。」

有僧人問道：「什麼是密室中的事？」延昭禪師回答：「出袖談論古今，回首獨自皺眉。」

有僧人問道：「驪龍頷下的寶珠怎樣才能獲取？」延昭禪師回答：「曾經在海邊徒勞地用竹刺擊，直到如今還在彈撥素琴。」

有僧人問道：「大船在虛空中航行，怎麼揮動雙棹？」延昭禪師回答：「自在不用點胸，大家都不喜看見。」

有僧人問道：「追風卻難以抓住，那前程之事怎樣？」延昭禪師回答：「波斯人解開衣鈕。」

有僧人問道：「誕生的王子，還假借及第來謀得出身嗎？」延昭禪師回答：「準備用一句話來顯明禪子的提問，三緘其口就恐怕辜負了古人的機緣。」

有僧人問道：「隨緣不變的人，忽然遇到知音人的時候怎麼辦？」延昭禪師回答：「身披蓑衣斜戴斗笠站在千山裡，引水澆灌蔬菜於五老山前。」

有僧人問道：「刻舟求劍徒勞一場，應當體驗之事怎麼樣呢？」延昭禪師回答：「最大的功勳就不立賞格，柴門外的青草自深深。」

有僧人問道：「從前古人心心相印證契合。那什麼是印證契合的眼目？」延昭禪師回答：「輕狂的僧人知道機變，遞給他招魂拭淚的布巾。」

有僧人問道：「九夏推賞勞苦，請和尚一言指示。」延昭禪師回答：「出山岫之雲拂開了龍洞中的雨，僧人泛波而鉢囊中湧出鮮花。」

有僧人問道：「最初的自恣，應該針對什麼人呢？」延昭禪師回答：「一把香草拿著未放下，六環金錫杖之聲震動於虛空。」

有僧人說道：「西天祖師傳來的宗旨，請和尚詳細指示。」延昭禪師說道：「一隻狗向虛空吠叫，一千隻猴子對實物急叫。」僧人問道：「王道與佛道相差多少呢？」延昭回答：「草紮的狗吠叫時天地相合，木製的雞啼叫後祖燈放出光芒。」僧人說道：「祖師所傳的心印，還請和尚拂拭。」延昭說道：「祖月凌空而聖人智慧圓滿，哪一座山上的松檜之樹不青青！」

有僧人說道：「大眾已經雲集，請和尚說法。」延昭禪師說道：「赤腳人追趕兔子，穿鞋人卻吃兔肉。」

有僧人說道：「我未曾博覽空王的教義，略微假借玄機說說看。」延昭禪師說道：「白玉本沒有瑕疵，卞和卻遭受刖足之刑。」

有僧人問道：「什麼是無為的句子？」延昭禪師回答：「寶燭迎著軒屋顯光明，紅光照耀在太虛。」僧人問道：「什麼是臨機一句話？」延昭回答：「順風吹火，用力不多。」僧人問道：「不施脂粉就相見的時候怎麼樣？」延昭回答：「揭開蓋面的布帛。」

有僧人問道：「什麼是衲僧的氣息？」延昭禪師回答：「用膝蓋手肘來行走，大家都能看見。」

有僧人問道：「紫菊花半開時秋天已來到，圓月照進窗戶的時候怎麼樣呢？」延昭禪師回答：「明月從蓬島升起時人們都在觀看，昨夜遭到霜打你卻不知道。」

有僧人問道：「什麼是直截一條路？」延昭禪師回答：「將迂曲截成筆直。」僧人問道：「什麼是獅子吼？」延昭回答：「誰要你狐狸叫。」

有僧人問道：「什麼是確實的話？」延昭禪師回答：「心懸掛在壁上。」僧人問道：「心不能攀緣，口不能言說的時候怎樣呢？」延昭回答：「逢人就只管這樣說著。」

有僧人問道：「龍影透徹清潭的時候怎麼樣呢？」延昭禪師回答：「搖動馬鬃，晃動馬尾。」僧人問道：「任意浮沉的時候怎麼樣呢？」延昭回答：「牽牛不入圍欄中。」

有僧人問道：「有與無都沒有去處的時候怎麼樣？」延昭禪師回答：「三月裡懶遊花下路，一家人愁閉雨中門。」

有僧人問道：「說話與沉默涉及離與微，僧肇法師《寶藏論・離微體淨品》道：「其入為離，其出為微。知道入為離，外塵就無所依據。知道出為微，內心就無所作為。內心無所作為，諸種見解都不能移動。外塵無所依據，萬有都不能成為機巧。萬有不能成為機巧，思想就不能乘機馳騁。諸種見解都不能移動，就是寂滅不可思議。可稱之為其本淨、其體離微。據其入故名之為離，約其用故名之為微。混合為一，就沒有離也沒有微。其體清淨就不可汙染，沒有汙染也就沒有清淨。其體微就不可有，沒有有也就沒有無。」怎樣才能都不加觸犯？」延昭禪師回答：「時常回憶江南三月裡，鷓鴣啼鳴之處野花芬芳。」

有僧人問道：「完全了結的時候怎麼樣？」延昭禪師回答：「不准夜間行走，天亮時卻必須到達。」僧人問道：「無地容身的時候怎樣？」延昭回答：「熊耳山達磨塔開卻沒有禮拜之客。」僧人問道：「怎樣才對？」延昭回答：「正好需要截斷。」

有僧人問道：「全世界的人一齊來提問時，怎樣應答？」延昭禪師回答：「鍾子期的琴韻沒有知音的人。」僧人問道：「用夾棍、陷阱逼迫佛陀的時候怎麼樣呢？」延昭回答：「大家保護萬迴憨直。」

有僧人問道：「心印還未能明白，怎樣才能悟入？」延昭禪師回答：「雖然聽說酋帥來歸款，卻未見行牽羊納璧之禮。」

有僧人問道：「什麼是臨濟以下的事情？」延昭禪師回答：「桀犬吠堯。」僧人問道：「什麼是口咬箭頭之事？」延昭回答：「魯莽地假借言辭來談論馬角。」

有僧人問道：「不修習定慧，為什麼一定能成佛？」延昭禪師回答：「金雞專司報曉，漆桶中發出了黑光。」

有僧人問道：「一念長達一萬年時怎麼樣呢？」延昭禪師回答：「仙衣因拂拭石頭而殘破了。」

有僧人問道：「洪鐘沒有被敲打的時候是怎樣的？」延昭禪師回答：「充滿在大千世界中，沒有不迴盪著韻律的地方，那巧妙蘊含的幽情雅致又豈能分別？」僧人問道：「敲打以後怎樣呢？」延昭回答：「巖石壁立而山河大地並沒有障礙，翳病消除後正好傾聽。」僧人問道：「什麼是祖師西來的旨意？」延昭回答：「訪尋山水，水已盡而山未盡。」

有僧人問道：「大人之相為什麼沒有全部具備？」延昭禪師回答：「貓頭鷹半夜欺負雄鷹猛隼。」

有僧人請求道：「古今方才分別，請和尚指示秘密要旨。」延昭禪師說道：「把能說會道的舌頭截斷。」

有僧人問道：「什麼是大人之相？」延昭禪師回答：「一無所有的窮和尚。」僧人問道：「不知道和尚早午二時怎樣度過？」延昭回答：「提著竹籃，攜著拄杖。」

有僧人問道：「什麼是客人中的主人？」延昭禪師回答：「進入市場，雙眼失明。」僧人問道：「什麼是主人中的客人？」延昭回答：「回轉金鑾殿，日月更新。」僧人問道：「什麼是客人中的客人？」延昭回答：「緊皺眉頭，坐擁白雲。」僧人問道：「什麼是主人中的主人？」延昭回答：「磨快三尺寶劍，等待斬殺不平之人。」

有僧人問道：「什麼是鋤頭旁邊的意思？」延昭禪師回答：「山前一片青綠。」

有僧人問道：「什麼是佛陀之師？」延昭禪師回答：「杖林山下竹筋鞭。」

【說　明】風穴延昭禪師初參南院和尚之時，不管南院和尚如何舉措，延昭都應之以喝，表明其識得「臨濟喝」之宗風。但臨濟喝，其本意在於喝斷學人的虛思妄想，截斷學人的日常理路，從而反求諸事，於自家命根處體認識取。因此，所謂臨濟之喝，只是參禪之手段，而非其目的。而南院和尚的發問，實為一個「陷阱」，其問題並非沒有答案，而是不能回答，因為一涉及理路去尋求答案，即辜負了臨濟一喝的初意，而走向臨濟禪的反面，所以延昭答之以「瞎」，意為未見到南院和尚的舉止，從而根本否定其問題之本身。由此，深得臨濟禪三昧的風穴延昭禪師之日後道望日隆，「法席冠天下」。

前汝州西院思明禪師法嗣

郢州興陽歸靜禪師

郢州興陽歸靜禪師，初參西院，乃問曰：「擬問不問時如何？」西院便打。師良久，西院云：「若喚作棒，眉鬚墮落❶。」師言下大悟。

僧問：「師唱誰家曲，宗風嗣阿誰？」師曰：「少室山前無異路。」

【注釋】❶眉鬚墮落　丹霞天然禪師（石頭希遷禪師的弟子）遊至惠林寺，逢天大寒，就取木佛燒火驅寒。院主責怪之，丹霞說是燒佛取舍利。院主問：「木佛何來舍利？」丹霞便說：「既是木頭，自然可燒。」院主聞言，深然之，也近前取暖，結果眉毛鬍子都被燒掉。丹霞視之為木頭，故無咎。院主視之為佛而燒之，自然受到懲罰。

【語譯】郢州（今湖北鍾祥）興陽歸靜禪師，初次參拜西院和尚，就問道：「準備提問而沒有提問時怎麼樣？」西院和尚就打他。歸靜想了片刻，西院和尚說道：「如果叫做棒，眉毛鬍鬚都會墮落。」歸靜聽後即刻領悟。

有僧人問道：「和尚舉唱哪家的樂曲，宗風又繼承誰人？」歸靜禪師回答：「少室山前沒有其他的路。」

前韶州慧林鴻究禪師法嗣

韶州靈瑞和尚

韶州靈瑞和尚。有人問：「如何是佛？」師喝云：「汝是村裡人❶。」問：「如何是西來意？」師曰：「十萬八千里。」問：「如何是本來心？」師曰：「坐卻毗盧頂，出沒太虛中。」

【注釋】❶村裡人　指鄉村中孤陋寡聞的人，禪門中指無知之人。

【語譯】韶州（今廣東韶關）靈瑞和尚。有僧人問道：「什麼是佛？」靈瑞和尚斷喝道：「你是村裡人。」僧人問道：「什麼是祖師西來的旨意？」靈瑞和尚回答：「十萬八千里。」僧人問道：「什麼是本來之心？」靈瑞和尚回答：「坐在毗盧佛頭頂，出沒於太虛之中。」

懷讓禪師下八世

前汝州風穴延昭禪師法嗣

汝州廣慧真禪師

汝州廣慧❶真禪師。僧問：「如何是廣慧境？」師曰：「小寺前頭資慶後。」

問：「如何是和尚家風？」師曰：「杴爬❷钁子。」

【注釋】❶廣慧　佛寺名，在汝州，五代後周廣順元年由風穴延昭禪師所創建。後周世宗顯德年間廢佛教，寺廢為官署。入北宋後，復為佛寺。❷杴爬　杴，農具名，形似鍬，但鏟端較方闊，柄末端無短拐。爬，即耙，一種帶齒的器具，常用作鬆散泥土之用。

【語譯】汝州（今河南臨汝）廣慧真禪師。有僧人問道：「什麼是廣慧的境界？」真禪師回答：「在小寺前面，資慶寺的後面。」僧人又問道：「什麼是和尚的家風？」真禪師回答：「杴、耙與鋤頭。」

汝州首山省念禪師

汝州首山❶省念禪師，萊州人也，姓狄氏。受業於本部南禪院，得法於風穴，初住首山，為第一世。

開堂日，有僧問曰：「師唱誰家曲，宗風嗣阿誰？」師曰：「少室巖前親掌視。」僧曰：「更請洪音和一聲。」師曰：「如今也要大家知。」

師謂眾曰：「佛法付與國王大臣有力檀越，令燈燈相然，相續不斷，至于今日。大眾且道相續箇什麼？」師良久又曰：「今日須是迦葉師兄始得。」

僧問：「如何是和尚家風？」師曰：「一言截斷千江口，萬仞峰前始得玄。」

問：「如何是首山境？」師曰：「一任眾人看。」僧曰：「如何是境中人？」師曰：「喫棒得也未？」僧禮拜，師曰：「且待別時。」

問：「如何是祖師西來意？」師曰：「風吹日炙。」問：「從上諸聖向什麼處行履？」師曰：「牽犁拽杷。」

問：「古人拈槌豎拂，意旨如何？」師曰：「孤峰無宿客。」僧曰：「未審意旨如何？」師曰：「不是守株人。」

問：「如何是菩提路？」師曰：「此去襄縣五里。」僧曰：「向上事如何？」師曰：「往來不易。」

問：「諸聖說不盡處，請師舉唱。」師曰：「萬里神光都一照，誰人敢並日輪齊？」問：「一樹還開華也無？」師曰：「開來久矣。」僧曰：「未審還結子也無？」師曰：「昨夜遭霜了。」

問：「臨濟喝，德山棒，未審明得什麼邊事？」師曰：「汝試道看。」僧喝，師曰：「瞎。」僧再喝，師曰：「遮瞎漢只麼亂喝作麼？」僧禮拜，師便打。

問：「四眾圍繞，師說何法？」師曰：「打草蛇驚。」僧曰：「未審作麼生下手？」師曰：「適來幾合❷喪身失命。」

問：「二龍爭珠，誰是得者？」師曰：「得者失。」僧曰：「不得者又如何？」師曰：「珠在什麼處？」

問：「維摩默然，文殊讚善，未審此意如何？」師曰：「當時聽眾，必不如是。」僧曰：「未審維摩默然意旨如何？」師曰：「知恩者少，負恩者多。」

問：「一切諸佛皆從此經出，如何是此經？」師曰：「低聲！低聲！」僧曰：「如何受持？」師曰：「切不得汙染。」

問：「世尊滅後，法付何人？」師曰：「好箇問頭，無人答得。」

問：「見色便見心。諸法無形，將何所見？」師曰：「一家有事百家忙。」僧曰：「學人不會，乞師再指。」師曰：「三日看❸取。」

問：「如人入京朝聖主，只到潼關便卻迴時如何？」師曰：「猶是鈍漢。」

問：「路逢達道人，不將語默對。未審將什麼對？」師曰：「瞥爾❹三千界。」

問：「一句了然超百億。如何是一句？」師曰：「到處舉似人。」僧曰：「畢竟事如何？」師曰：「但知恁麼道。」

問：「如何是古佛心❺？」師曰：「鎮州羅蔔重三斤。」

問：「虛心以何為體？」師曰：「老僧在汝腳底。」僧曰：「和尚為什麼在學人腳底？」師曰：「知汝是箇瞎漢。」

問：「如何是玄中的？」師曰：「有言須道卻。」僧曰：「此意如何？」師曰：「無言鬼也瞋。」

問：「如何是衲僧眼？」師曰：「此問猶不當。」僧曰：「當後如何？」師曰：「堪作麼？」

問：「如何得離眾緣去？」師曰：「千年一遇。」僧曰：「不離時如何？」師曰：「立在眾人前。」

問：「如何是大安樂人？」師曰：「不見有一法。」僧曰：「將何為人？」師曰：「謝闍梨領話。」問：「如何是常在底人？」師曰：「亂走作麼？」

問：「一毫未發時如何？」師曰：「路逢穿耳客。」僧曰：「發後如何？」師曰：「不用更遲疑。」

問：「無弦琴，請師音韻❻。」師良久曰：「還聞麼？」僧曰：「不聞。」

師曰：「何不高聲問著？」

問：「學人久處沉迷，請師一接。」師曰：「老僧無恁麼閑功夫。」僧曰：「和尚為什麼如此？」師曰：「要行即行，要坐即坐。」

問：「如何是離凡聖底句？」師曰：「嵩山安和尚。」僧曰：「莫便是和尚極則處❼否？」師曰：「南嶽讓禪師。」

問：「學人乍入叢林，乞師指示。」師曰：「闍梨到此多少時也？」僧曰：「已經冬夏。」師曰：「莫錯舉似人。」問：「有一人蕩盡❽來時，師還接否？」師曰：「蕩盡即不無，那箇是誰？」僧曰：「今日風高月冷。」師曰：「僧堂內幾人坐臥？」僧無對。師曰：「賺殺老僧！」

問：「如何是梵音相❾？」師曰：「驢鳴狗吠。」問：「如何是徑截一路？」師曰：「或在山間，或在樹下。」

問：「曹溪一句，天下人聞。未審和尚一句，什麼人得聞？」師曰：「不出三門外。」僧曰：「為什麼不出三門外？」師曰：「舉似天下人。」

僧問：「如何是和尚不欺人眼？」師曰：「看看冬到來。」僧曰：「究竟如何？」師曰：「即便春風至。」

問：「遠聞和尚無絲不掛，及至到來，為什麼有山可守？」師曰：「道什麼？」僧喝，師亦喝。僧禮拜，師曰：「放汝二十棒。」

師次住寶安山廣教院，亦第一世。後徇眾請，入城下寶應院。即南院第三世。三處法席，海眾常臻。淳化三年十二月四日午時，上堂說偈示眾曰：「今年六十七，老病隨緣且遣日。今年記卻來年事，來年記著今朝日。」至四年，月日與時無爽前記。上堂辭眾，仍說偈曰：「白銀世界金色身，情與非情共一真⑩。明暗盡時俱不照，日輪午後是全身。」言訖安坐，日將昳⑪而逝，壽六十有八。荼毗，收舍利。

【注釋】❶首山　在河南襄城縣南五里，橫亙九里，襄城縣西南諸山逶迤直接嵩山，實起於此，故稱首山。❷幾合　幾乎。❸看　接待；招待。❹瞥爾　即「瞥然」，轉眼之間，形容時間之短暫。❺古佛心　指至極微妙之禪法、佛性。❻音韻　此為彈奏、演奏的意思。❼極則處　最根本之處，即領悟禪法、超脫生死之處。❽蕩盡　把家財散光花完。❾梵音相　大梵天王所出之聲音，有五種清淨之音，一正直、二和雅、三清澈、四深滿、五遍周遠聞，稱之為梵音。佛之聲音也如此，為佛之三十二相之一，名梵音相。❿一真　又名一如、一實，指絕對之真理。一者無二，真者離虛妄之真如。⓫昳　過正午的太陽。

【語譯】汝州（今河南臨汝）首山省念禪師（九二六～九九三年），萊州（今山東蓬萊）人，俗姓狄。他在汝州南禪院出家受業，從風穴延昭和尚處獲得佛法，起初住持首山，為首山第一世住持。

省念禪師開堂之日，有僧人問道：「和尚舉唱誰家之樂曲，宗風又繼承什麼人？」省念回答：「少室山巖前親自指示。」僧人說道：「更請大聲唱和一聲。」省念說道：「如今也要讓大家知道。」

省念禪師對眾僧說道：「佛法付與國王、大臣與有力量的檀越，可讓佛法如一盞盞燈火相繼燃燒，代代相續而不間斷，直至於今天。大眾說說看相續個什麼？」省念過了一會兒又說道：「今天必須是迦葉師兄才會知道。」

有僧人問道：「什麼是和尚的家風？」省念禪師回答：「一言截斷千江口，萬仞峰前始得玄意。」

有僧人問道：「什麼是首山的境界？」省念禪師回答：「任憑大家觀看。」僧人問道：「什麼是境界中的人？」省念說道：「被棒打了沒有？」僧人禮拜，省念說道：「暫且放到其他時候。」

有僧人問道：「什麼是祖師西來的意旨？」省念禪師回答：「風吹日曬。」僧人問道：「從前的諸位聖人到什麼地方去行腳？」省念回答：「拉著犁，拖著耙。」

有僧人問道：「古人拿起木椎、豎著拂塵，其意思是什麼？」省念禪師回答：「高孤的峰頂沒有住宿的客人。」僧人問道：「不知道意思是什麼？」省念回答：「不是守株待兔之人。」

有僧人問道：「什麼是菩提之路？」省念禪師回答：「這裡距離襄城縣（今屬河南）五里路。」僧人問道：「向上的事情怎麼樣？」省念回答：「往來不容易。」

有僧人請求道：「諸位聖人沒有說完的地方，請和尚舉唱。」省念禪師說道：「萬里都被神光照耀，誰人敢同太陽並肩？」僧人問道：「一棵樹上是否還開著花？」省念回答：「花開已很久了。」僧人問道：「不知道還能結子嗎？」省念回答：「昨夜遭到暗霜打了。」

有僧人問道：「臨濟和尚斷喝，德山和尚棒打，不知道能明白哪一邊的事？」省念禪師說道：「你說來看看。」那僧人就大喝，省念說道：「瞎了。」那僧人再大喝，省念說道：「這瞎子只是這般亂喝幹什麼？」僧人便禮拜，省念就打他。

有僧人問道：「四眾圍繞在身邊，和尚還講說什麼法？」省念禪師回答：「打草使蛇驚動。」僧人問道：「不知道是怎樣下手的？」省念回答：「剛才幾乎喪失了性命。」

有僧人問道：「兩條龍爭奪一顆寶珠，不知道誰能夠搶到？」省念禪師回答：「得到即是失去。」僧人問道：「沒有得到的又怎麼樣呢？」省念反問道：「寶珠在什麼地方？」

有僧人問道：「維摩詰居士默然無語，文殊大士稱讚善行，不知道其意是什麼？」省念禪師說道：「當時的聽眾，一定不是這樣的。」僧人問道：「不知道維摩詰居士默然無語的意思是什麼？」省念回答：「知恩報恩的人少，忘恩負義的人多。」

有僧人問道：「一切諸佛都從此經中出來，什麼是此經？」省念禪師說道：「小點聲！小點聲！」僧人問道：「怎樣承受護持呢？」省念回答：「切莫被汙染了。」

有僧人問道：「世尊寂滅以後，佛法傳付給什麼人？」省念禪師說道：「好一個問頭，只是沒有人能回答。」

有僧人問道：「見色便見心。諸法沒有形狀，還能看見什麼呢？」省念禪師回答：「一家有事百家忙。」僧人說道：「學生沒有領會，乞請和尚再加指點。」省念說道：「過三天後再接待。」

有人問道：「如果有人西入京都朝見天子，只到了潼關就回去了，這樣的時候怎麼樣？」省念禪師回答：「還是一個愚鈍的人。」

有僧人問道：「路上遇到悟道的人，不能用言語和沉默來應對。不知道用什麼來應對？」省念禪師回答：「瞥然之間歷盡三千大千世界。」

有僧人問道：「一句話了悟便超越千萬句話。什麼是一句話？」省念禪師回答：「到處說給人聽。」僧人問道：「畢竟事情怎樣？」省念回答：「只知道這樣說。」

有僧人問道：「什麼是古佛心？」省念禪師回答：「鎮州（今河北正定）蘿蔔重三斤。」

有僧人問道：「虛心以什麼為本體？」省念禪師回答：「老僧在你的腳底下。」僧人問道：「和尚為什麼卻在學生的腳底下？」省念說道：「知道你是一個瞎子。」

有僧人問道：「什麼是玄中之要旨？」省念禪師回答：「有話必須說。」僧人問道：「這是什麼意思？」省念回答：「無語鬼也要憤怒。」

有僧人問道：「什麼是衲僧的眼目？」省念禪師說道：「這個提問不妥當。」僧人問道：「妥當以後怎麼樣？」省念反問：「可用作什麼？」

有僧人問道：「怎樣才能脫離眾緣？」省念禪師回答：「一千年遇到一次。」僧人問道：「不脫離的時候怎麼樣？」省念回答：「站在眾人之前。」

有僧人問道：「誰是大安樂的人？」省念禪師回答：「沒看見一種佛法。」僧人問道：「用什麼來接引人？」省念回答：「謝謝闍梨的提醒。」僧人問道：「誰是永遠存在的人？」省念回答：「亂跑幹什麼？」

有僧人問道：「一根頭髮都沒有生長時怎麼樣？」省念禪師回答：「路上遇到穿耳客。」僧人問道：「生長以後怎麼樣？」省念回答：「用不著再遲疑不決。」

有僧人說道：「無弦之琴，請和尚演奏。」省念禪師過了一會兒問道：「還能聽到嗎？」僧人回答：「沒有聽到。」省念問道：「為什麼不高聲發問？」

有僧人說道：「學生長久處於昏沉愚迷之中，請求和尚加以接引。」省念禪師說道：「老僧沒有這樣的閒功夫。」僧人問道：「和尚為什麼這樣？」省念回答：「要走就走，要坐就坐。」

有僧人問道：「什麼是離開凡人與聖人的句子？」省念禪師回答：「嵩山慧安和尚。」僧人問道：「莫非就是和尚的極則之處嗎？」省念回答：「南嶽懷讓和尚。」

有僧人請求道：「學生剛進入叢林，請和尚指示。」省念禪師問道：「闍梨到這裡多長時間了？」僧人回答：「已經過了冬天與夏天。」省念說道：「不要錯說給人聽。」僧人問道：「有一個人蕩盡家財而來時，和尚是否還接引他？」省念反問道：「蕩盡家財也不是沒有，那個人卻是誰？」僧人說道：「今天風高月冷。」省念問道：「僧堂內坐著和躺著的有幾個人？」僧人不能回答。省念說道：「賺殺老僧！」

有僧人問道：「什麼是梵音相？」省念禪師回答：「驢鳴狗吠。」僧人問道：「什麼是直截一條路？」省念回答：「有的在山間，有的在樹下。」

有僧人問道：「曹溪大師說一句話，天下人都能聽到。不知道和尚說一句話，什麼人能夠聽到？」省念禪師回答：「不能傳出山門外。」僧人問道：「為什麼不能傳出山門外？」省念回答：「講給天下人聽。」

有僧人問道：「什麼是和尚不欺瞞他人的眼目？」省念禪師回答：「看看冬天就要到來。」僧人問道：「究竟怎麼樣？」省念回答：「隨即就有春風來到。」

有僧人問道：「我在遠方聽說和尚無絲可掛，等到來了這裡，為什麼卻有山可住守？」省念禪師回答：「說什麼？」僧人便喝，省念也喝。僧人便禮拜，省念說道：「饒你二十棒。」

省念禪師接下來住持寶安山廣教院，也是第一世住持。後來省念接受眾人之請，入住州城下的寶應院。即南院第三世住持。這三個法席，海內僧眾多雲集參拜。宋朝淳化三年（九九二年）十二月四日正午，省念禪師上堂說偈頌指示眾僧道：「今年六十七歲，老病隨緣且度日。今年記下明年事，明年記得今天語。」到了淳化四年（九九三年），月、日與時辰都與去年所記的一點不差。省念禪師上堂辭別眾僧，並說偈語道：「白銀世界金色身，情與非情共一真。明暗盡時俱不照耀，日色過午即是全身寂滅時。」說完便端坐著，太陽將要偏西時圓寂了，享年六十八歲。火化後，弟子收藏舍利供養。

【說　明】首山省念禪師因幼年出家，常誦《法華經》，故人稱「念法華」，為臨濟宗第五世唯一的重要傳人，其法席隆盛，學人眾多，使臨濟宗從第六世開始，門下傳承漸趨繁榮，名家迭出，綿延不絕。

風穴延昭禪師的法嗣還有鳳翔長興和尚與潭州靈泉和尚二人，因無機緣語句，故未收錄。

前潭州報慈德韶禪師法嗣

蘄州三角山志謙禪師

蘄州三角山❶志謙禪師。僧問：「如何是佛？」師曰：「速禮三拜。」

【注　釋】❶三角山　在湖北蘄春東六十里，上有二龍潭，山有三角寺，唐代賜寺額名龍洞寺。

【語　譯】蘄州（今湖北蘄春）三角山志謙禪師。有僧人問道：「什麼是佛？」志謙回答：「趕快拜三拜。」

郢州興陽詞鐸禪師

郢州興陽詞鐸禪師。第三世住。僧問：「佛界與眾生界相去多少？」師曰：「道不得。」僧曰：「真箇那❶！」師曰：「有此子。」

問：「傘蓋忽臨於寶座，師今何異鵲巢❷時？」師曰：「道不得。」僧曰：「即今底！」師曰：「輸汝一佛法。」

【注　釋】❶那　同「呢」。語氣詞，表示肯定、感歎。❷鵲巢　傳說佛陀在雪山修道時，野鵲在其頭頂上築巢。

【語　譯】郢州（今湖北鍾祥）興陽詞鐸禪師。第三世住持。有僧人問道：「佛界與眾生界相距有多遠？」詞鐸回答：「不能說。」僧人問道：「真的呢！」詞鐸說道：「有一點兒。」

有僧人問道：「傘蓋忽然遮擋在寶座之上，和尚今日與鵲巢有什麼區別？」詞鐸禪師回答：「不能說。」僧人說道：「就是現在的！」詞鐸說道：「輸給你一座佛法。」

懷讓禪師下九世

前汝州首山省念禪師法嗣

汾州善昭禪師

汾州善昭禪師。上堂謂眾曰：「凡一句語須具三玄門，每一玄門須具三要。有照有用，或先照後用，或先用後照，或照用同時，且要共你商量。先用後照，你也須是箇人始得。照用同時，你作麼生當抵？照用不同時，你又作麼生湊泊❶？」僧問：「如何是大道之源？」師曰：「掘地覓青天。」曰：「何得如此？」師曰：「識取幽玄。」

問：「如何是賓中賓？」師曰：「合掌庵前問世尊。」曰：「如何是賓中主？」師曰：「對面無儔侶。」曰：「如何是主中賓？」師曰：「陣雲橫海上，拔劍攪龍門。」曰：「如何是主中主？」師曰：「三頭六臂❷擎天地，忿怒那吒❸撲帝鐘。」

【注釋】❶湊泊　停留。❷三頭六臂　也作「三頭八臂」，佛的法相。《法苑珠林》卷九：修羅尊者「并出三頭，重安八臂，跨山蹋海，把日擎雲」。後比喻特別大的本領。❸那吒　佛教護法神，梵文全名稱那吒俱伐羅，又作那拏天，相傳為毗沙門天王第三子，故又稱那吒太子。

【語　譯】汾州（今山西汾陽）善昭禪師（九四七～一〇二四年）。他上堂對眾僧說道：「凡是一句話必須有三玄門，每一玄門必須具備三要。有照有用，有的是先照後用，有的是先用後照，有的是照、用同時。先照後用，還要與你商量。先用後照，你也必須是個人物才行。照、用同時，你用什麼來抵擋？照、用不同時，你又怎麼停留呢？」有僧人問道：「什麼是大道之本源？」善昭回答：「挖掘大地來尋找青天。」僧人問道：「為什麼會這樣的？」善昭回答：「認識幽玄之理。」

有僧人問道：「什麼是客人中的客人？」善昭禪師回答：「在庵前合掌詢問世尊。」僧人問道：「什麼是客人中的主人？」善昭回答：「面對面沒有伴侶。」僧人問道：「什麼是主人中的客人？」善昭回答：「戰陣之雲氣橫亙在海上，拔出寶劍攪動龍門。」僧人問道：「什麼是主人中的主人？」善昭回答：「三頭六臂擎起天地，憤怒的那吒撲倒了天帝之鐘。」

【說　明】汾州善昭禪師作為文字禪的首創者，開了一代風氣之先。禪宗之特點是不立文字，教外別傳，以心印心。但隨著禪宗自身的發展，禪師們在參禪時如何理解前代禪師之思想，並如實地傳付下一代，往往發生困難，而其作為資料去探討的前代禪師之所謂公案，其內容頗為簡略，且多語帶玄味，其意頗費揣摩，故而禪師們便對公案作一些解釋。善昭禪師撰成《頌古百則》，選取廣泛流傳於禪林的一百則著名公案，每則公案後以頌的形式一一加以注釋，以揭示其中之禪理禪境，幫助參禪者借助文字來悟解禪理。當然此「頌古」並非是直接解釋公案的本意或原意，而是繞著彎來講說。這一繞路說禪的形式體現了禪宗不點破的原則，成為宋代禪風變化的標誌之一。

又汾州善昭禪師傳石霜楚圓禪師，石霜楚圓傳弟子黃龍慧南、楊岐方會，而衍生出兩派，即黃龍派與楊歧派，而後又以楊歧派為主，使臨濟一宗傳承得以一直綿延不絕，終於形成「臨天下」的局面。

慧能大師別出法嗣下二世

【題解】六祖曹溪慧能大師的弟子，除南嶽懷讓禪師與青原行思禪師二人外，《景德傳燈錄》均將其列入別出法嗣中。

前南陽慧忠國師法嗣

吉州耽源山真應禪師

吉州耽源山真應禪師，為國師侍者時，一日，國師在法堂中，師入來，國師乃放下一足，師見便出，良久卻迴。國師曰：「適來意怎麼生？」師云：「向阿誰說即得？」國師曰：「我問你。」師云：「什麼處見某甲？」師又問：「百年後有人問極則事，如何？」國師曰：「幸自❶可憐生！須要覓箇護身符子作麼？」異日，師攜籃子歸方丈，國師問：「籃裡什麼物？」師曰：「青梅。」國師曰：「將來何用？」師曰：「供養。」國師曰：「青在爭堪供養？」師曰：「以此表獻。」國師曰：「佛不受供養。」師曰：「某甲只恁麼，和尚如何？」國師曰：「我不供養。」師曰：「為什麼不供養？」國師曰：「我無果子。」

百丈海和尚在溈潭山牽車次，師曰：「車在遮裡，牛在什麼處？」海斫額，師乃拭目。

麻谷問：「十二面觀音豈不是聖？」師曰：「是。」麻谷與師一摑。師曰：「想汝未到此境。」

國師諱日❷設齋，有僧問曰：「國師還來否？」師曰：「未具他心❸。」曰：「又用設齋作麼？」師曰：「不斷世諦❹。」

【注釋】❶幸自　幸虧是；本來是。肯定、確定之意。自，詞綴。❷諱日　祖先、師父等長輩逝世之忌日。❸他心　此指世俗之心。❹世諦　世俗人所知之道理，也稱俗諦、俗世諦等，與真諦相對。

【語譯】吉州（今江西吉安）耽源山真應禪師，為慧忠國師的侍者之時，有一天，國師在法堂中，真應進來，國師即放下了一隻腳，真應看見後就出去了，過了很久再回來。國師問道：「剛才的意思是怎樣的？」真應回答：「向誰說才可以？」國師說道：「是我問你。」真應問道：「你在什麼地方看見我了？」真應又問道：「和尚百年以後有人詢問極則之事，該怎樣回答？」國師說道：「真是可憐啊！需要尋找一個護身符子幹什麼呢？」又有一天，真應禪師提著一個籃子回到方丈室，慧忠國師問道：「籃子裡面裝著什麼東西？」真應回答：「青梅。」國師問道：「拿來做什麼用處？」真應回答：「供養佛陀。」國師說道：「還是青的，怎麼可以拿來供養佛陀？」真應說道：「我以此表示供養的樣子。」國師說道：「佛陀不接受這樣的供養。」

真應便說道：「我就是這樣了，和尚是怎樣的？」國師說道：「我不供養佛陀。」真應問道：「為什麼不去供養？」國師回答：「我沒有果子。」

百丈懷海和尚在溈潭山拉車的時候，真應禪師問道：「車在這裡，拉車的牛在什麼地方？」懷海和尚就用手拍了拍自己的額頭，真應便擦了擦眼睛。

麻谷禪師問道：「十二面觀音難道不是聖人嗎？」真應禪師回答：「是。」麻谷就打了真應一巴掌。真應說道：「料想你還沒達到這一境界。」

真應禪師在慧忠國師的忌日設齋飯祭祀，有僧人問道：「國師還會來嗎？」真應回答：「未具有世俗之心。」僧人追問道：「那又依習俗設齋幹什麼？」真應回答：「沒有斷絕世諦。」

【說　明】禪師問對喜用牛來比喻暗示佛或佛法，故真應禪師問懷海和尚「牛在什麼處」，其意亦同。懷海和尚斫額，示意「我心即佛」，而真應禪師拭目即表示悟徹其意。兩人在無聲的手勢中交流了各自的思想，這即是禪宗不借文字語言、以心傳心的玄妙手段。

南陽慧忠國師的法嗣還有唐肅宗皇帝、唐代宗皇帝、開府孫知古與鄧州香嚴惟戒禪師四人，因無機緣語句傳世，故未收錄。

前洛陽荷澤神會禪師法嗣

黃州大石山福琳禪師

黃州大石山福琳禪師，荊州人也，姓元氏。本儒家子，幼歸釋氏，就玄靜寺謙著禪師剃度，登戒遊方，遇荷澤師示「無念靈知❶，不從緣有」，即煥然❷見諦❸。後抵黃州大石山，結庵而居，四方禪侶依之甚眾。唐興元二年入滅，壽八十有二。

【注釋】❶靈知　與佛知相等之知，即般若直覺之知。❷煥然　鮮明光亮貌。❸見諦　證悟真理。

【語譯】黃州（今湖北黃岡）大石山福琳禪師（七〇四～七八五年），荊州（今屬湖北）人，俗姓元。福琳原本是儒家子弟，幼年即皈依佛教，依從玄靜寺謙著禪師剃度，受具足戒後四處雲遊，遇到荷澤神會大師演示「無念靈知，不從諸緣而有」之理，即刻豁然發見真諦。後來福琳禪師抵達黃州大石山，構建茅庵，居住其中，四方禪僧依附者很多。福琳禪師於唐代興元二年（七八五年）圓寂，享年八十二歲。

沂水蒙山光寶禪師

沂水❶蒙山❷光寶禪師，并州人也，姓周氏。初謁荷澤和尚，服勤左右。荷澤一日謂之曰：「汝名光寶，名以定體，寶即己有，光非外來。縱汝意用而無少乏，長夜蒙照而無間歇，汝還信否？」師曰：「信則信矣，未審光之與寶同耶異耶？」荷澤曰：「光即寶，寶即光，何有同異之名乎？」師曰：「眼耳緣聲色時，為復抗行❸，為有迴互❹？」荷澤曰：「抗互且置，汝指何法為聲色之體乎？」師曰：「如師所說，即無有聲色可得。」荷澤曰：「汝若了聲色體空，亦信眼耳諸根，及與凡聖平等如幻，抗行迴互，其理昭然。」師由是領悟，禮辭而去。初隱沂水蒙山，唐元和二年圓寂，壽年九十。

【注　釋】❶沂水　源出自山東蒙陰北，又名大沂河，東南流經沂水縣西，又南流於大運河。❷蒙山　在山東蒙陰南，綿亙一百二十里，有七十二峰、三十六洞。❸抗行　同「抗衡」。即相等、不相上下之意。❹迴互　迴環交錯。唐人元稹〈夢遊春七十韵〉：「長廊抱小樓，門牖相迴互。」

【語　譯】沂水蒙山光寶禪師（七一八～八〇七年），并州（今山西太原）人，俗姓周。光寶當初參拜荷澤神會大師時，恭敬勤勉地服侍在大師的身邊。有一天，荷澤大師對他說道：「你名叫光寶，名是用來確定本體的，寶既是自身所擁有的，光也不是外來的。你任意運用也不會有少許的匱乏，徹夜照明也不會間斷，你還相信嗎？」光寶問道：「相信倒是相信的，只不知道光對於寶而言，是相同的，還是不同的？」荷澤大師說道：「光就是寶，寶也就是光，哪裡有相同還是不同的說法呢？」光寶問道：「眼睛、耳朵相對於色、聲之時，兩者是並行抗衡的呢，還是互相交融的？」荷澤大師回答：「抗衡、交融暫且放置不論，你指什麼法為聲色的本體啊？」光寶說道：「如同大師所說的，那就沒有聲色可以得到了。」荷澤大師說道：「你如若明瞭聲色的本體即是空，也相信眼睛、耳朵等六根，以及凡人與聖人都平等沒有差別、如同空幻不實，那抗衡、交融的道理就昭然明瞭。」光寶禪師由此領悟，禮拜後就離去了。光寶起初隱居在沂水蒙山，唐代元和二年（八〇七年）圓寂，享年九十歲。

磁州法如禪師 存目

【說　明】荷澤神會大師一門，後世稱為「荷澤宗」。神會大師的法嗣頗多，但缺乏聲名赫赫之傳承者，如南嶽懷讓門下之馬祖道一與青原行思門下之石頭希遷，因而導致荷澤宗二世而衰，湮滅無傳。神會大師的法嗣除福琳、光寶二人外，還有：磁州法如禪師、懷安郡西隱山進平禪師、澧陽慧演禪師、河陽懷空禪師、南陽圓震禪師、宜春廣敷禪師、江陵行覺禪師、五臺山神英禪師、五臺山無名禪師、南嶽皓玉禪師、宣州志滿禪師、涪州朗禪師、廣陵靈坦禪師、寧州通隱禪師、益州南印禪師、河南尹李常等十六人，因皆無機緣語句傳世，故本書皆未收錄。

又曹溪別出第二世法嗣還有：羅浮山定真禪師的法嗣一人，即羅浮山靈運禪師；制空山道進禪師的法嗣一人，即荊南玄覺禪師；韶州下回田善快禪師的法嗣一人，即善悟禪師；司空山本淨禪師的法嗣一人，即中使楊光庭；緣素禪師的法嗣二人，即韶州小道進禪師與韶州遊寂禪師；祇陀禪師的法嗣一人，即衡州道倩禪師。以上七人因皆無機緣語句，故未收錄。

慧能大師別出法嗣下三世

前磁州法如禪師法嗣

荊南惟忠禪師存目

【說　明】曹溪慧能大師別出第三世法嗣有：下回田善悟禪師的法嗣一人，即潭州無學禪師；衡州道倩禪師的法嗣一人，即湖南如寶禪師；耽源山真應禪師的法嗣一人，即吉州貞邃禪師；磁州法如禪師的法嗣一人，即荊南惟忠禪師；河陽懷空禪師的法嗣一人，即蔡州道明禪師；烏牙山圓震禪師的法嗣二人，即吳頭陀與四面山法智禪師；五臺山無名禪師的法嗣一人，即五臺華嚴澄觀大師；益州南印禪師的法嗣一人，即義俛禪師。

以上九人因皆無機緣語句，故未收錄。

慧能大師別出法嗣下四世

前荊南惟忠禪師法嗣

遂州道圓禪師存目

【說明】曹溪慧能大師別出第四世法嗣有：荊南惟忠禪師的法嗣四人，即遂州道圓禪師、益州如一禪師、奉國神照禪師與廬山東林雅禪師；吳頭陀的法嗣一人，即玄固禪師。以上五人因皆無機緣語句，故未收錄。

慧能大師別出法嗣下五世

前遂州道圓禪師法嗣

終南山圭峰宗密禪師

終南山圭峰宗密禪師，果州西充人也，姓何氏。家本豪盛，髫[1]齔通儒書，冠歲❷探釋典。唐元和二年，將赴貢舉❸，偶造圓和尚法席，欣然契會，遂求披削，當年進具。一日，隨眾僧齋于府吏任灌家，居下位以次受經，得《圓覺》❹十二章，覽未終軸，感悟流涕。歸以所悟之旨告于圓，圓撫之曰：「汝當大弘圓頓之教，此諸佛授汝耳。行矣，無自滯於一隅也。」師涕泣奉命，禮辭而去。因謁荊南張禪師❺，南印。張曰：「傳教人也，當宣導於帝都。」復見洛陽照禪師，奉國神照。照曰：「菩薩人❻也，誰能識之？」尋抵襄漢，因病，僧付《華嚴疏》❼，即上都澄觀大師之所撰也。師未嘗聽習，一覽而講，自欣所遇，曰：「向者諸師述作，罕窮厥旨，未若此疏辭源流暢，幽賾❽煥然。吾禪遇南宗，教逢《圓覺》，一言之下，心地❾開通，一軸之中，義天❿朗耀。今復偶茲絕筆⓫，罄竭于懷。」暨講終，思見疏主。時屬門人太恭斷臂酬恩，師先齎書上疏主，遙敘師資，往復慶慰。尋太恭痊損，方隨侍至上都，執弟子之禮。觀曰：「毗盧華藏⓬，能隨我遊者，其汝乎！」師預觀之室，惟日新⓭其德，而認筌執象⓮之患永亡矣。北遊清涼山，迴住鄠縣草堂寺⓯。未幾，復入寺南圭峰蘭若。大和中，徵入內，賜紫衣。帝累問法要，朝士歸慕。惟相國裴公休深入堂奧，受教為外護。

師以禪教⓰學者互相非毀，遂著《禪源諸詮》，寫錄諸家所述詮表禪門根源道理文字句偈，集為一藏⑰，（或云一百卷。）以貽後代。其〈都序〉⑱略曰：

禪是天竺之語，具云「禪那」，翻云「思惟修」，亦云「靜慮」，皆是定慧之通稱也。源者是一切眾生本覺真性，亦名佛性，亦名心地。悟之名慧，修之名定。定慧通名為禪。此性是禪之本源，故云「禪源」，亦名「禪那」。理行者，此之本源是禪理，忘情契之是禪行，故云理行。然今所集諸家述作，多譚禪理，少說禪行，故且以「禪源」題之。今時有但目真性為禪者，是不達理行之旨，又不辨華、竺之音也。然非離真性，別有禪體。但眾生迷真合塵，即名散亂。背塵合真，名為禪定。若直論本性，即非真非妄，無背無合，無定無亂，誰言禪乎？況此真性，非唯是禪門之源，亦是萬法之源，故名法性；亦是眾生迷悟之源，故名如來藏⑲藏識⑳；（出《楞伽經》。）亦是諸佛萬德之源，故名佛性；（《涅槃》等經。）亦是菩薩萬行之源，故名心地。（《梵網經㉑・心地法門品》云：「是諸佛之本源，行菩薩道之根本，是大眾諸佛子之根本也。」）萬行不出六波羅蜜㉒，禪門但是六中之一，當其第五，豈可都目真性為一禪行哉！然禪定一行最為神妙，能發起性上無漏㉓智慧。一切妙用，萬行萬德，乃至神通光明，皆從定發。故三乘學人欲求聖道，必須修禪，離此無門，離此無路。至於念佛求生淨土，亦修十六觀㉔禪及念佛三昧㉕、般舟三昧㉖。又真性即不垢不淨，凡聖無差。禪則有淺有深，階級殊等。

謂帶異計，欣上厭下而修者，是外道禪。正信因果，亦以欣厭而修者，是凡夫禪。悟我空㉗、偏真㉘之理而修者，是小乘禪。悟我法二空所顯真理而修者，是大乘禪。上四類，皆有四色四空㉙之異也。若頓悟自心本來清淨，元無煩惱，無漏智性本自具足，此心即佛，畢竟無異，依此而修者，是最上乘禪，亦名如來清淨禪㉚，亦名一行三昧㉛，亦名真如三昧。此是一切三昧根本。若能念念修習，自然漸得百千三昧。達磨門下展轉相傳者，是此禪也。達磨未到，古來諸家所解，皆是前四禪八定㉜，諸高僧修之，皆得功用。南嶽㉝、天台㉞令依三諦㉟之理修三止三觀㊱，教義雖最圓妙，然其趣入門戶次第，亦只是前之諸禪行相。唯達磨所傳者，頓同佛體，迥異諸門，故宗習者難得其旨。得即成聖，疾證菩提。失即成邪，速入塗炭㊲。先祖革昧防失，故且人傳一人。後代已有所憑，故任千燈千照㊳。洎乎㊴法久成弊，錯謬者多，故經論學人疑謗亦眾。原夫佛說頓教漸教，禪開頓門漸門，二教二門，各相符契。今講者偏彰漸義，禪者偏播頓宗，禪、講相逢，胡、越㊵之隔。宗密不知宿生㊶何作，薰得此心，自未解脫，欲解他縛，為法亡於軀命，愍人切於神情，亦如《淨名》云：「若自有縛，能解他縛，無有是處。然欲罷不能，驗是宿習難改故。」每歎人與法差，法為人病，故別撰《經律論疏》，大開戒定慧門，顯頓悟資於漸修，證師說符於佛意。意既本末而委示，文乃浩博而難尋，況學雖多，秉志者少。況迹涉名相，誰辨金鍮[42]？徒自疲勞，未見機感[43]。雖佛說悲增是行，而自慮愛見難防，遂捨眾入山，習定均慧，前後息慮，相繼十年。云前後者，中間被敕追入內，住城二年，方卻表請歸山也。微細習情，起滅彰於靜慧。差別法義，羅列現於空心。虛隙日光，纖埃擾擾[44]。清潭水底，影像昭昭[45]。豈比夫空守默之癡禪，但尋文之狂慧者也？然本因了自心而辨諸教，故懇情於心宗。又因辨諸教而解修心，故虔誠於教義。教也者，諸佛、菩薩所留經論也。禪也者，諸善知識所述句偈也。但佛經開張，羅大千八部之眾[46]。禪偈撮略，就此方一類之機。羅眾則莽蕩難依，就機則指的易用。今之纂集，意在斯焉。

裴休為之序曰：

諸宗門下，皆有達人。然各安所習，通少局[47]多。數十年中，師法益壞。以承稟為戶牖，各自開張；以經論為干戈，互相攻擊。情隨函音含。矢而遷變，《周禮》[48]曰：「函人為甲。」孟子曰：「矢人豈不仁於函人哉？函人唯恐傷人，矢人唯恐不傷人。蓋所習之術使然也。」今學者但隨宗，徒彼此相非耳。法逐人我以高低。是非紛拏[49]，莫能辨析。則向者世尊、菩薩諸方教宗，適足以起諍後人，增煩惱病，何利益之有哉？圭山大師久而歎曰：「吾丁[50]此時，不可以默矣。」於是以如來三種教義，印禪宗三種法門。融缾盤釵釧[51]為一金，攪酥酪醍醐[52]為一味。振綱領而舉者皆順，荀子云：「如振裘領，屈五指而頓之，順者不可勝數。」據會要而來者同趣。《周易略例》53云：「處會要以觀方來，則六合輻輳，未足多也。」〈都序〉據圓教以印諸宗，雖百家不統。亦無所尚恐學者之難明也，又復直示宗源之本末，真妄之和合，空性之隱顯，法義之差殊，頓漸之異同，遮表之迴互，權實54之深淺，通局之是非。若吾師者，捧佛日而委曲迴照，疑曀55盡除。順佛心而橫亘56大悲，窮劫蒙益。則世尊為闡教之主，吾師為會教之人。本末相符，遠近相照，可謂畢一代時教之能事矣。自世尊演教，至今日會而通之，能事方畢。或曰：「自如來未嘗大都57而通之，今一旦違宗趣而不守，廢關防而不據，無乃乖秘藏58密契之道乎？」答曰：「如來初雖別說三乘，後乃通為一道。三十年前，或說小乘，或說空教59，或說相教60，或說性教61，聞者各隨機證悟，不相通知也。四十年後，坐靈鷲而會三乘，詣拘尸而顯一性。前後之軌則也。故《涅槃經》迦葉菩薩曰：「諸佛有密語，無密藏。」世尊讚之曰：「如來之言，開發顯露，清淨無翳，愚人不解，謂之秘藏。智者了達，則不名藏。」此其證也。故王道興則外戶不閉，而守在戎夷。佛道備則諸法總持，而防在魔外。涅槃圓教和會諸法，唯簡別魔說及外道邪宗耳。不當復執情攘臂62於其間也。師又著《圓覺》大小二疏鈔，《法界觀門》、《原人》等論，皆裴休為之序引，盛行於世。

師會昌元年正月六日，於興福塔院坐滅。二十二日，道俗等奉全身于圭峰。二月十三日，茶毗，得舍利，明白潤大。後門人泣而求之，皆得於煨燼，乃藏之石室。壽六十有二，臘三十四。遺誡令：「舁屍施鳥獸，焚其骨而散之，勿得悲慕以亂禪觀。每清明上山，必講道七日，其餘住持儀則當合律科63。違者非吾弟子。」持服64四眾數千百人，哀泣喧野。暨宣宗再闡真教，追諡定慧禪師，塔曰青蓮。

【注釋】❶髫　小兒垂髮。❷冠歲　二十歲。古代男子年滿二十歲舉行加冠之禮。❸貢舉　古代官吏向君主薦舉人才，稱貢舉。隋、唐以後專指科舉制度而言。❹圓覺　即《圓覺經》，全名稱《大方廣圓覺修多羅了義經》，一卷。內容為佛入神通大光明藏三昧，現諸淨土，文殊、普賢等十二大士次第請問因地修證之法門，佛一一答之，故成十二章。❺張禪師　即曹溪別出第二世法嗣南印和尚，俗姓張，住持蜀江寶應寺等，長慶初年圓寂。❻菩薩人　指證得菩薩道者。菩薩道指圓滿自利利他二利而成佛果之道。❼華嚴疏　《華嚴經》全名作《大方廣佛華嚴經》。大方廣為所證之法，佛為所證之人。佛以因位之萬行如華（花），而以此華莊嚴果地；又佛果地種萬德如華，而以此華莊嚴法身，故稱「華嚴」。《華嚴經》注釋頗多，唐代僧人澄觀所撰有《華嚴經疏》六十卷、《貞元新譯華嚴經數疏》十卷、《華嚴經疏注》一百二十卷等多種。澄觀，山陰夏氏子，學無常師，律、禪、教門無不深入堂奧，並兼通因明、秘咒、子史之學，元和五年任僧統，號清涼國師，著述甚多。❽幽賾　幽深奧微。❾心地　心為萬法之本，能生一切諸法，故稱心地。❿義天　唐代慈恩大師多見生知，能解妙義，稱之為義天。⓫絕筆　此指絕妙無倫之著述文字。⓬毗盧華藏　即華藏世界，釋迦如來真身毗盧舍那佛淨土之名。其最下面為風輪，風輪之上有香水海，海中生大蓮花，花中包藏微塵數的世界，故稱蓮華藏世界，略稱華藏世界。⓭日新　天天更新。《易・大畜》：「日新其德。」⓮認筌執象　指執著於手段、表象。《莊子・外物》：「荃者所以在魚，得魚而忘荃。」荃，即筌，捕魚用的竹器，此以比喻悟達佛法的手段。⓯草堂寺　寺在陝西西安終南山圭峰之側，亦稱圭峰寺，創建於北朝周時，隋代增修。寺院富有林泉之美，高明之士多樂居之。⓰禪教　禪僧認為三藏所詮之法門為教，教外別傳之宗旨為禪。⓱藏　佛教經典的總稱。⓲都序　即總序。⓳如來藏　真如在煩惱中，謂之如來藏。真如出煩惱，謂之法身。⓴藏識　指八識中的第八阿賴耶識。阿賴耶，梵語，意為藏，即含藏一切善惡、因果、染淨種子之識。㉑梵網經　《梵網經盧舍那佛說菩薩心地戒品第十》之略名。十六國時僧人羅什三藏於長安翻譯諸經論，於最後譯出經中專明菩薩行地之〈菩薩心地戒品第十〉之一品，此時釋道融、道顯等三百餘人即受菩薩戒，各誦此經，且寫此經八十一部流通於世。梵網，意指佛之教門，一部所詮之法門，亦如大梵天王之因陀羅網，重重交徹無盡，無所障隔，故以名。

㉒六波羅蜜　也稱六度。菩薩之大行謂之波羅蜜，即「到彼岸」之意，有六種，一布施，二持戒，三忍辱，四精進，五禪定，六智慧。

㉓無漏　漏即煩惱的異名，無漏即指離煩惱之法。

㉔十六觀　韋提希夫人願生西方極樂世界，兼欲未來世之眾生往生，請諸佛世尊說其所修習之法。故佛說十六種觀門，一為認想觀，二為水想觀，三為地想觀，四為寶樹觀，五為八功德水想觀，六為總想觀，七為華座想觀，八為像想觀，九為佛真身想觀，十為觀世音想觀，十一為大勢至想觀，十二為普想觀，十三為雜想觀，十四為上輩上生觀，十五為中輩中生觀，十六為下輩下生觀。詳見《觀無量壽經》。

㉕念佛三昧　此指一心念稱佛名之修行法。

㉖般舟三昧　四種三昧之一。修行此三昧者，能於禪定中見十方現在佛在其前立。般舟，即為佛立之意。

㉗我空　又稱人空等，指眾生雖盡有心身，卻是為五蘊之假和合而成，無常一之我體，故名我空。

㉘偏真　小乘所說的真理為偏於空之一邊者，故名偏真，也名單空。

㉙四色四空　四色，指地、水、火、風四大。四空，也稱四無色，指無色界之四空處，即修習四空處定所得之正報，一為空無邊處，二為識無邊處，三為無所有處，四為非想非非想處或非有想非無想處。此四處於五蘊無色蘊，正報惟為受、想、行、識四蘊之假和合而無色身，又無依報之國土宮殿，故稱無色界。

㉚如來清淨禪　即如來禪，為達磨祖師所傳之至極心法，為四種禪之一。《楞伽經》：「謂入如來地得自覺聖智相三種樂住，成辦眾生不思議事，是名如來禪。」

㉛一行三昧　心定於一行而修三昧，又名真如三昧、一相三昧。此三昧又分為二類，理之一行三昧即定心觀真如之一理，事之一行三昧即念佛三昧的異名。

㉜四禪八定　四禪指色界四禪，八定指色界四禪與無色界之四無色定。

㉝南嶽　指天台宗二祖慧思禪師，南朝陳時人，曾夢普賢菩薩摩其頂而去，覺後其頭頂隱起肉髻。年十五出家，慧文禪師授以心觀之訣，而豁然大悟，得法華三昧。乃結庵大蘇山，不久駐錫南嶽。

㉞天台　指天台宗之開山祖智者大師。智者大師認為傳道在行亦在說，故講說三部：一玄義，說一家之教相；二文句，解《法華經》之經文；三止觀，示一心之觀行者。天台一宗之教觀詳備於此。

㉟三諦　天台宗所立之諦理，即空諦、假諦、中諦。北朝齊僧人慧文讀龍樹菩薩《中觀論》，至〈四諦品〉「因緣所生法，我說即是空。亦為是假名，亦是中道義」之偈，恍然悟三諦之妙旨，而傳於南嶽慧思，慧思傳之智者大師。

㊱三止三觀　三觀指空觀、假觀、中觀。空觀指觀諸法之空諦，假觀指觀諸法之假諦，中觀有觀諸法非空非假的雙非之中觀，與觀諸法亦空亦假的雙照之中觀兩者之區別。三諦是就性德之理而言，三觀是就修德之智而言。三止相對於三觀而立名：一是體真止，為相對於空觀之止；二是方便隨緣止，又名繫緣守境止，為相對於假觀之止；三是息二邊分別止，又名制心止，為相對於中觀之止。

㊲塗炭　比喻極端困苦或汙濁的境地。塗，泥塗。

炭，炭火。㊳千燈千照　比喻禪宗傳習者眾多。㊴洎乎　等到。㊵胡越　胡，胡人，指居住於北方的少數民族。越，古代指居住於兩廣、閩、浙的越人。㊶宿生　前生；前世。㊷鍮　一種黃色有光澤的礦石，即自然銅。《玉篇》：「鍮，鍮石，似金也。」㊸機感　眾生有善根之機而感佛，或指眾生有善根之機，而佛感應之。《探玄記》：「機感和應，有形言現。」㊹擾擾　紛亂貌。㊺昭昭　清晰明亮貌。㊻八部之眾　一天眾，二龍眾，三夜叉，四乾闥婆，五阿修羅，六迦樓羅，即金翅鳥，七緊那羅，八摩睺羅迦，即大蟒神，大腹行地之龍。此八部眾人眼皆不能見，故也稱冥眾八部。㊼扃　關閉。㊽周禮　儒學十三經之一，為戰國時期儒生所撰。㊾挐　語言重複；拉雜。㊿丁　當；遭逢。《爾雅・釋詁》：「丁，當也。」51釵釧　女子所戴的頭飾與手鐲。52䣽　「酥」的俗字。53周易略例　一卷，三國魏人王弼所撰。54權實　適合於一時權宜之法名為權，而究竟不變之法名為實。55曀　天色陰沉，引申為晦暗不明。56橫亘　橫，充溢。亘，綿延。57大都　大致；大凡。58秘藏　隱而不傳於人曰秘，蘊蓄於內曰藏。秘藏指諸佛之妙法，因為諸佛守護不妄宣說而得保持，如非其器而妄傳授，便將破法。59空教　法相宗立三時教，以一切之小乘教為世尊初時之說法有教，諸部《般若經》為第二時之說法空教，《華嚴經》、《法華經》等佛經為第三時之說法中道教。即空教是明瞭諸法皆空之理的教法。60相教　即相空教，觀大乘淺教諸法之自性為本末，如幻即空，不許其假相者。61性教　即性空教，分析小乘教諸法之性分，惟觀其自性之空無，尚許因緣生之假相者。62攘臂　挽袖伸臂，興奮的樣子。63律科　戒律。科，類別。64持服　居喪守孝。

【語　譯】終南山圭峰宗密禪師（七七九～八四一年），果州西充（今屬四川）人，俗姓何。宗密的家族本就豪富興盛，他幼年時已通達儒家經典，二十歲時探求佛教經籍。唐代元和二年（八〇七年），宗密將要赴京城參加科舉考試時，偶然前往參拜道圓和尚的法席，欣然契合了悟禪法，於是請求剃髮出家，當年就受具足戒。有一天，宗密隨同眾僧在府吏任灌的家中舉行齋事，他坐在下座，依次序接受經卷，獲得《圓覺經》十二章，閱讀還沒有結束，就因感悟而流淚。宗密歸寺之後，把自己所領悟的意思告訴了道圓和尚，道圓和尚撫摩他的肩膀說道：「你應當弘揚圓滿頓悟之教法，這是眾佛傳授給你的使命啊。去吧，你不要將自己局限在這一偏遠的小地方。」宗密哭泣著受命，禮拜辭別而離去。宗密因而拜謁荊南（今湖北荊州）張禪師，即南印和尚。張禪師說道：「傳播教法之人，應當在京都說法化導。」宗密又去見洛陽（今屬河南）神照禪師，即奉國神照禪師。神照禪師說道：「這可是菩薩人啊，有誰能認識他呢？」不久，宗密來到襄陽、漢水（今湖北省西北部）一帶，因為患病，有僧人交給他一部《華嚴經疏》，即京師澄觀大師所撰述的。宗密從未曾聽誦修習過此經疏，但閱讀一遍後就能講解，因而十分欣喜自己能遇見此書，講說道：「以前各位大師的著述，很少能窮究此一宗旨，並不如此經疏文辭流暢、條理清晰，幽深奧微的精義煥然明白。我參禪遇到了南宗，習教遇到《圓覺經》，於一言之下，使我心地開悟通達，於一卷之中，義天明朗閃耀。今天又偶然看見此等絕妙文筆，自當盡心竭力修習以銘記於懷。」講說完畢以後，宗密渴望見到這經疏的著者。當時正逢門人太恭斷臂酬答佛祖恩情，宗密就先寫書信給此經疏的著者，敘述欲從師學法的願望，如此書信往復，大慰情懷。不久太恭手臂之傷痊癒，才隨從侍奉宗密來到京都長安，以弟子之禮參拜澄觀大師。澄觀大師說道：「毗盧華藏世界中，能隨從我行遊的人，就是你啊！」宗密自入澄觀之室修習後，其道德天天更新，而只認識筌、執著於表象的弊病永遠消失了。宗密此後北上遊學於清涼山，再回來住持鄠縣（今陝西戶縣）草堂寺。不久，宗密又進住草堂寺南的圭峰蘭若。唐代大和年間（八二七～八三五年），唐文宗徵召宗密來到內宮，賜予紫衣。天子多次向他請教禪法要旨，朝官都歸心嚮慕。其中只有宰相裴公裴休深達宗旨，接受其教法而成為外護。

宗密禪師因為禪、教兩門學者互相攻擊詆毀，就撰寫了《禪源諸詮》一書，記載各家所闡述的詮釋、表彰禪門根源、道理的文字、偈頌，彙編為一藏，有人說是一百卷。以流傳於後代。其書〈都序〉大略說道：

禪，本是天竺之語，全名稱「禪那」，翻譯成唐語作「思惟修」，也作「靜慮」，都是定、慧的通稱。源，是指一切眾生本覺的真性，也稱佛性，也稱心地。領悟了真性就稱之為慧，修習真性就稱之為定。定、慧通稱作禪。這種真性就是禪的本源，所以稱作「禪源」，也稱之為「禪那」。所謂理行，即指這種本源就是禪理，忘情契合它就是禪行，所以稱之為理行。然而現在所彙集的各家著述，大多談論禪理，很少講說禪行，所以姑且以「禪源」作為書名。現今時常有人只將真性視作禪，他們既不通達理行的宗旨，又不辨別中華、天竺之音韻。但是也不是說離絕真性，另外還有禪體。眾生只要迷失真性，附合塵境，就稱之為散亂。背棄塵境，附合真性，就稱之為禪定。如果直接議論本性，既不是真實又不是虛妄，既不是背棄又不是附合，既不是定又不是散亂，有誰能說是禪呢？何況這種真性，不但是禪門的本源，也是萬法的本源，所以稱之為法性；這又是眾生迷惑與覺悟的本源，所以稱之為如來藏藏識；語出《楞伽經》。這又是諸佛一切德的本源，所以稱之為佛性；語出《楞伽經》等佛經。這又是菩薩一切行的本源，所以稱之為心地。《梵網經・心地法門品》說：「這是諸佛的本源，行菩薩道的根本，是大眾諸佛弟子的根本。」一切行都不超出六波羅蜜，而禪定只是這六門之一種，列於第五，豈可將真性都視作一禪之行啊！然而禪定這一行最為神妙，能夠產生本性上的無漏智慧。一切神妙之用，一切行與一切德，直至於神通光明，都從禪定中產生。因此三乘中的學人想要尋求聖人之道，必須修習禪定，離開這禪定就別無法門，離開這禪定就別無路徑。至於念佛求生西方淨土，也必須修習十六觀禪以及念佛三昧、般舟三昧。此外，真性即是不汙垢不清淨，凡人、聖人之間沒有差別。禪門則有淺有深，有等級的不同。說帶有不同的計慮，喜上厭下而修習的，是外道禪。正信因果，也有喜厭而修習的，是凡夫禪。領悟我空、偏真之理而修習的，是小乘禪。領悟我、法二空所顯真理而修習的，是大乘禪。以上四類，都有四色四空的區別。如果頓悟自心本來清淨，原本就無煩惱，無漏智性本來就已經具備，此心即是佛，始終沒有差異，並依據此而修習的，就是最上乘禪，也稱作如來清淨禪，也叫作一行三昧，也叫作真如三昧。這是一切三昧的根本。如果能夠時刻不斷修習，自然漸漸得到百千種三昧。達磨祖師門下輾轉相傳的，就是這種禪。達磨祖師來中華之前，古代各家所解的，都是從前的四禪八定，各位高僧修習後，都取得了功用。南嶽慧思尊者、天台智者大師讓學人依據三諦之禪理修習三止三觀，其教義雖然最為圓滿微妙，然而其進入的門戶次第，也只是以前各禪行之相。只有達磨祖師所傳的，頓然同於佛體，與各門迥然不同，所以修習禪宗的人難以悟得其宗旨。如能悟得就成聖人，頓時印證菩提。如若失去就成邪惡，馬上陷入塗炭之境地。禪宗先祖師為了革除愚昧，防止丟失，所以只是一師傳法給一徒。到後代已經有所憑證，所以任隨其千燈千照。等到傳法時間久遠，而產生了弊病，錯謬增多，因此講說經論的參學僧人疑惑誹謗的也就眾多了。推尋佛講說頓教、漸教，禪法開啟頓門、漸門之原委，這二教二門，本就各自契合。現今講經的人偏重於漸修之義，說禪的人偏重於宣揚頓悟之旨，禪僧與講經僧相逢，就如同胡人與越人相隔遙遠一樣。宗密不知前生幹了什麼，熏習得此禪心，自己雖然還未解脫，就想解除他人的束縛，為了佛法不惜自己的生命，憐憫他人的心情溢於言表，也如同《淨名經》所說的：「如果自己有束縛，而能解除他人的束縛，從沒有這樣的道理。但是想罷手卻又不能夠，說明這是前世習性難改的緣故。」每每感歎人與佛法相差別，佛法又被人所歪曲、損害，所以又另外撰寫了《經律論疏》，廣開戒、定、慧之門，顯示頓悟需要漸修之資助，印證祖師之說符合佛的意思。佛意的本末既然已經委曲顯示，經文卻仍然廣博浩繁而難以尋找，故而泛學的人多，而有志精研的人少。何況其行跡又涉及名相，誰能辨別是金是鍮？徒然使自己疲勞，未能發見機感。雖然佛說道，悲哀增加此德行，而自己憂慮愛欲出現難以防止，於是捨棄眾人進入深山，修習禪定以均慧根，前後止息心念的時間，長達十年。這裡說前後者，是因為中間曾被國王徵召入王宮，住持城中二年，方才上表請求歸山。細微的熟習之情，而在寂靜之慧中興起生滅。將佛法之義差別對待，而在空明之心中出現森羅的萬象。從隙縫中透入的日光，可看見紛亂的微塵。在清澈見底的潭水裡，影像昭然清晰。那些只知空守默想的痴禪者，只知尋覓經句的狂慧者哪能與此相比擬？然而本因明瞭自心而辨別諸教義，所以懇切衷情於以心傳心的禪宗。又因為辨別諸教義而解悟修習自心，所以虔誠地對待教義。所謂教，就是諸佛、菩薩所留下的經、論。所謂禪，就是諸善知識所述說的文句、偈頌。只要展開佛經，就包羅了大千世界八部之眾。摘引禪偈，便接近此方國土一類之機。包羅萬眾則漫無邊際難以依從，接近禪機則指示目標容易採用。今天編纂此集，其本意就在於此。

宰相裴休為此書所作的序文中說道：

各宗派門下，都有通達的人。然而他們各自心安於所修習的本門教義，相互溝通的少，而限制交往的多。數十年來，傳授的禪法日益被敗壞。以秉承師法為由，各自建立門戶；以經論作為武器，互相攻擊。其感情隨著鎧甲與箭鏃的不同而轉移變化，《周禮》說：「函人製造鎧甲。」孟子說道：「造箭鏃的人難道比造鎧甲的人還要不仁嗎？造鎧甲的人只怕箭鏃傷人，造箭鏃的人卻只怕箭鏃不能傷人。這是因為他們所習的技術使其這樣的。」現今學佛者只是隨從宗派家法，徒然彼此互相攻擊罷了。佛法因為人們追逐人、我之區別而妄分高低。是與非紛雜，沒有人能辨析。則先前世尊、菩薩各方教宗，剛好成為後人發生爭論的起因，增加煩惱之病，又有什麼利益啊？圭山宗密大師久見於此，感歎道：「我身處此時，不可以沉默啊。」於是以如來的三種教義，來印證禪宗的三種法門。將瓶盤、釵釧熔煉為一塊金子，攪和酥酪、醍醐為一味美肴。抓住綱領則提起的衣物都很順溜，荀子說道：「如果提抓裘皮之衣的領子，彎曲五指來整理皮毛，那麼依順者就不可勝數。」依據綱要則前來的都具有相同的志趣。《周易略例》說道：「依據綱要而觀察諸方來者，則天下之人聚集於此，也並不為多。」本書〈都序〉依據圓教以印證各家宗派，雖然有百家之多也無所不統領。還擔心學者難以明白，又再直接曉示禪宗淵源的始終，真如、虛妄的和合，虛空、真性的隱顯，禪法與教義的差異，頓悟、漸修的異同，遮蓋、表露的交錯，權、實二教的深淺，溝通、閉塞的是非。如我大師者，高捧佛日而委曲隱蔽之處皆被照耀，疑惑不明的全被消除。順從佛心而充溢、護持大悲之心，歷盡劫數而蒙受利益。然則世尊為闡述教義之主，我大師是會通教義之人。本末相符合，遠近相映照，可說是完成了一代時教之大事。自從世尊演說教法，直至今天合而通之，其大事才完畢。有人說道：「就是如來也未曾彙總而相通，今天一旦違背禪宗旨趣而不遵守，廢棄關隘城防而不據有，這恐怕與秘藏密契之道相違戾吧？」回答道：如來當初雖然另外講說三乘，但後來都通攝為一道。三十年以前，有時說小乘，有時說空教，有時說相教，有時說性教，聽的人各自隨其機緣而證悟，相互間並不通曉。四十年以後，世尊坐在靈鷲山上而會通三乘，前往拘尸城而顯示真如一性。這就是世尊前後說法的大概。所以《涅槃經》中迦葉菩薩說道：「諸佛有秘密之語，但沒有秘藏。」世尊稱讚道：「如來的話語，發見顯露隱藏之意，清淨而沒有昏暗，愚昧之人不能理解，而稱之為秘藏。有智慧的人明瞭通達，就不稱之為藏。」這就是其證明。所以王道興盛則民間可以半夜不關閉大門，而防守在邊疆夷狄地區。佛道具備則能掌握諸法，而只防備魔說、外道。涅槃圓教和合諸法，只要區別魔說以及外道邪宗而已。不應當再固執性情而攘臂於其中了。大師又撰有《圓覺經》大小二疏鈔，以及《法界觀門》、《原人》等論，都是由裴休為他作序，盛行於世。

唐代會昌元年（八四一年）正月六日，宗密禪師在興福塔院端坐圓寂。二十二日，僧俗諸人奉持其全身至圭峰。二月十三日，火化，獲得的舍利子，潔白潤滑碩大。後來門人哭泣著尋求，都在灰燼中找到，就藏在石室內。宗密終年六十二歲，法臘三十四歲。宗密遺訓告誡門人道：「將屍體抬去施捨給鳥獸，再將遺骨焚毀拋散，不得悲哀追思而惑亂禪觀。每年清明上山，必須講說佛法七天，其餘住持儀則應當符合戒律。違背者不是我的弟子。」持服四眾達數千百人，悲哀哭泣之聲迴盪於郊野。等到唐宣宗再興佛教，便追諡宗密禪師曰定慧禪師，靈塔名青蓮。

蕭俛❶相公呈己見解，請禪師注釋。曰❷：「荷澤云：見清淨體於諸三昧、八萬四千諸波羅蜜門，皆於見上一時起用，名為慧眼。又當真如相應之時，（善惡不思，空有不念。）萬化寂滅。（萬法俱從思想緣念而生，皆是虛空，故云化也。既一念不生，則萬法不起，故不待泯之，自然寂滅也。）此時更無所見，（照體獨立，夢智亡階。）三昧諸波羅蜜門，亦一時空寂，更無所得。（散亂與三昧，此岸與彼岸，是相待對治之說。若知心無念，見性無生，則定亂真妄，一時空寂，故無所得也。）不審此是見上一時起用不？（然見性圓明，理絕相累，即絕相為妙用，住相為執情，於八萬法門一一皆爾。一法有為一塵，一法空為一用。故云：見清淨體，則一時起用矣。）望於此後示及。俛狀❸。」

答史山人❹十問。（問答各是一本，今參而寫之。）

一問：「云何是道？何以修之？為復必須修成，為復不假功用？」答：「無礙是道，覺妄是修。道雖本圓，妄起為累。妄念都盡，即是修成。」

二問：「道若因修而成，即是造作，便同世間法，虛偽不實，成而復壞，何名出世？」答：「造作是結業❺，名虛偽世間。無作是修行，即真實出世。」

三問：「其所修者為頓為漸？漸則忘前失後，何以集合而成？頓則萬行多方，豈得一時圓滿？」答：「真理即悟而頓圓，妄情息之而漸盡。頓圓如初生孩子，一日而肢體已全。漸修如長養成人，多年而志氣方立。」

四問：「凡修心地之法，為當悟心即了，為當別有行門？若別有行門，何名南宗頓旨？若悟即同諸佛，何不發神通光明？」答：「識冰池而全水，藉陽氣而鎔消。悟凡夫而即真，資法力而修習。冰消則水流潤，方呈溉滌之功。妄盡則心靈通，始發通光之應。修心之外，無別行門。」

五問：「若但修心而得佛者，何故諸經復說必須莊嚴佛土，教化眾生，方名成道？」答：「鏡明而影像千差，心淨而神通萬應。影像類莊嚴佛國，神通則教化眾生。莊嚴而即非莊嚴，影像而亦色非色。」

六問：「諸經皆說度脫眾生，且眾生即非眾生，何故更勞度脫？」答：「眾生若是實，度之則為勞。既自云即非眾生，何不例度而無度？」

七問：「諸經說佛常住，或即說佛滅度❻。常即不滅，滅即非常，豈不相違？」答：「離一切相，即名諸佛，何有出世入滅之實乎？見出沒者，在乎機緣。機緣應，則菩提樹下而出現。機緣盡，則娑羅林間而涅槃。其猶淨水無心，無像不現。像非我有，蓋外質之去來。相非佛身，豈如來之出沒？」

八問：「云何佛化所生，吾如彼生？佛既無生，生是何義？若言心生法生，心滅法滅，何以得無生法忍❼邪？」答：「既云如化，化即是空，空即無生，何詰生義？生滅滅已，寂滅為真。忍可此法無生，名曰無生法忍。」

九問：「諸佛成道說法，只為度脫眾生。眾生既有六道，佛何但住在人中現化？又佛滅後付法於迦葉，以心傳心，乃至此方七祖，每代只傳一人。既云於一切眾生皆得一子之地，何以傳授不普？」答：「日月麗❽天，六合俱照，而盲者不見，盆下不知。非日月不普，是障隔之咎也。度與不度，義類如斯。非局人天，揀於鬼畜❾，但人道能結集，傳授不絕，故只知佛現人中也。滅度後委付迦葉，展轉相承一人者，此亦蓋論當代為宗教主，如土無二王，非得度者唯爾數也。」

十問：「和尚因何發心，慕何法而出家？今如何修行？得何法味❿？所行得至何處地位？今住心邪？修心邪？若住心妨修心，若修心則動念不安。云何名為學道？若安心一定，則何異定性⓫之徒？伏願大德運大慈悲，如理如如，次第為說。」答：「覺四大如坏幻，達六塵如空華，悟自心為佛心，見本性為法性，是發心也。知心無住，即是修行。無住而知，即為法味。住著於法，斯為動念。故如人入闇，則無所見。今無所住，不染不著，故如人有目，及日光明，見種種法，豈為定性之徒？既無所住著，何論處所？」

又山南⑫溫造⑬尚書問：「悟理息妄之人，不結業一期⑭，壽終之後，靈性何依者？」答：「一切眾生，無不具有覺性，靈明空寂，與佛無殊。但以無始劫來，未曾了悟，妄執身為我相，故生愛惡等情，隨情造業，隨業受報，生老病死，長劫輪迴。然身中覺性未曾生死，如夢被驅役，而身本安閑；如水作冰，而濕性不易。若能悟此性，即是法身。本自無生，何有依託？靈靈不昧，了了常知。無所從來，亦無所去。然多生⑮妄執，習以性成。喜怒哀樂，微細流注。真理雖然頓達，此情難以卒除。須長覺察，損之又損，如風頓止，波浪漸停。豈可一生所修，便同諸佛力用？但可以空寂為自體，勿認色身；以靈知為自心，勿認妄念。妄念若起，都不隨之，即臨命終時，自然業不能繫。雖有中陰⑯，所向自由，天上人間，隨意寄託。若愛惡之念已泯，即不受分段⑰之身，自能易短為長，易麤為妙。若微細流注，一切寂滅，唯圓覺大智朗然獨存，即隨機應現千百億身，度有緣眾生，名之為佛。謹對。」釋曰：「馬鳴菩薩撮略百本大乘經宗旨，以造《大乘起信論》。論中立宗，說一切眾生心，有覺義、不覺義。覺中復有本覺⑱義、始覺⑲義。上所述者，雖但約照理觀⑳、心處言之，而法義亦同。彼論謂從初至『與佛無殊』，是本覺也。從『但以無始』下，是不覺也。從『若能悟此』下，是始覺也。始覺中復有頓悟漸修。從此次至『亦無所去』，是頓悟也。從『然多生妄執』下，是漸修也。漸修中，從初發心㉑乃至成佛，有三位自在。從此至『隨意寄託』者，是受生自在㉒也。從『若愛惡之念』下，是變易自在㉓。從『若微細流注』下至末，是究竟自在㉔也。又從『但可以空寂為自體』至『自然業不能繫』，正是悟理之人朝暮行心、修習止觀之要節也。宗密先有八句之偈顯示此意，曾於尚書處誦之，奉命解釋，今謹注釋如後。偈曰：作有義事，是惺悟心。義謂義理，非謂仁義、恩義意。明凡所作為，先詳利害，須有所以當於道理，然後行之，方免同惛醉顛狂之人也。就佛法中有二種義，即可為之：一資益色身之事，謂衣食、醫藥、房舍等世間義也；二資益法身，謂戒定慧、六波羅蜜等第一義也。三弘正法，利濟群生，乃至為法。諸餘緣事，通世出世也。作無義事，是狂亂心。謂凡所作為，若不緣上三般事，即名無義也。是狂亂者，且如世間醉人、狂人，所往不揀處所，所作不量是非。今既不擇有何義利，但縱信妄念，要為即為，故如狂也。上四句述業因也，下四句述受果報云。狂亂隨情念，臨終被業牽。既隨妄念，欲作即作，不以悟理之智揀擇是非，猶如狂人，故臨終時，於業道被業所引，受當來報。故《涅槃經》云：「無明㉕郎主㉖，貪愛魔王，役使身心，策如僮僕。」惺悟不由情，臨終能轉業。情中欲作而察理不應，即須便止。情中不欲作而照理相應，即須便作。但由是非之理，不由愛惡之情，即臨命終時，業不能繫，隨意自在，天上人間也。通而言之，但朝暮之間所作被情塵所牽，即臨終被業所牽，而受生若所作。所為由於覺智，不由情塵，即臨終由我自在，而受生不由業也。當知欲驗臨終受生自在不自在，但驗尋常行心於塵境自由不自由。」

【注釋】❶蕭俛　唐代人，字思謙，進士及第，又舉賢良方正科。元和中召為翰林學士，唐穆宗時任宰相，因彈劾王播忤旨，分司東都。其性簡潔疾惡，以聲利為汙。唐文宗即位，屢召堅辭。❷曰　此下大字正文為蕭俛所撰之見解，其小字注文為宗密所撰之注釋。❸狀　陳述。古代書信、奏狀等結尾時用語。❹山人　指隱士。❺結業　惑謂之結，由惑而起之善惡所作謂之業。❻滅度　《涅槃經》：「滅生死故，名為滅度。」《行願品鈔》：「言涅槃者，具云般涅槃那，古譯為入滅息。息即是滅故。但云入滅，或云滅度，即滅障度苦也。」❼無生法忍　大乘之菩薩於初地之見道，信忍無生之理，謂之無生法忍。忍即信難信之理而不惑的意思。❽麗　附著。《易・離》：「日月麗乎天，百穀草木麗乎土。」❾鬼畜　指六道之餓鬼道與畜生道。❿法味　指妙法的滋味。即咀嚼妙法而心生快樂，故名法味。⓫定性　在聲聞、緣覺、菩薩之三乘，各具唯一種子的眾生稱定性，具二種或三種的眾生稱不定性。⓬山南　指唐代山南東、西道，包括今陝西南部、河南西南部、湖北西部、四川東北部等。⓭溫造　唐代人，字簡輿，性嗜書，隱居王屋山，徐州節度使張建封召為參謀，累官至侍御史，為山南西道節度使，平定興州兵亂，召為御史大夫，以禮部尚書卒。⓮一期　人的一生。⓯多生　輪迴於六道而經歷多次之生。⓰中陰　也稱中有，指死此生彼，中間所受之陰形。陰即悟陰（蘊）之陰。《大乘義章》：「命報終謝，名為無有。生後死前，名為本有。兩身之間，所受陰形，名為中有。」⓱分段　輪迴六道之身，各隨其業因而壽命有分限，形體有段別，故名。⓲本覺　眾生的心體，自性清淨，離一切妄相，昭昭靈靈，有覺知之德，不是靠修行而獲得，乃是本有的性德，故稱本覺。⓳始覺　眾生的心體，自無始劫以來，覆於無明煩惱，隱藏至今，一旦依靠修行之功，始顯露其性德，故稱始覺。⓴理觀　道理之觀念，相對於事觀而言。㉑初發心　初發求菩提之心。㉒受生自在　菩薩隨其心念，能於諸世界中顯示受生，而沒有障礙。㉓變易自在　自在地變易生死之身。其形體狀況如異物謂之變，恰如代以他物謂之易。㉔究竟自在　至極無上之自在。㉕無明　愚痴的異名，謂暗鈍之心沒有洞察諸法事理之聰明。㉖郎主　主人。

【語　譯】蕭俛相公將自己的見解呈交給宗密禪師，請宗密禪師注釋。其文說：「荷澤大師說道：見清淨之體於諸三昧、八萬四千諸波羅蜜門，都在見的一剎那間開始作用，就稱為慧眼。又當與真如相一致之時，善、惡都不思量，空、有都不掛念。萬法化為寂滅。萬法都從思想緣念而產生，都是虛空的，所以說化。既然一個念頭都不產生，則萬法不興起，所以不等到泯滅它，就自然寂滅了。這個時候更沒有什麼可見的，照體獨立，夢幻中的智慧沒有階級。三昧諸波羅蜜門，也一剎那間空寂，更沒有所得的。散亂與三昧，此岸與彼岸，是相對應的說法。如果知心無念，見性無生，則禪定與散亂、真如與虛妄，一剎那間都歸空寂，所以無所得了。不知道這是否就是見的一剎那間開始作用？然而見性圓滿明白，理當斷絕相牽累者，即斷絕相為妙用，處於相中為執著性情，於八萬法門中間，個個都是這樣的。一法有就為一塵埃，一法空即為一作用。所以說：見清淨之體之一剎那間開始作用了。希望大師在後面指示及此。蕭俛謹狀。」

宗密禪師又回答了史山人提出的十個問題。問題與回答原來各寫一冊，現在參合記載在一起。

第一個問題：「什麼叫作道？拿什麼來修習？是必須修習才成功，還是不假借用功就成？」宗密禪師答道：「沒有障礙就是道，覺察虛妄就是修習。道雖然本自圓成，但虛妄產生就成為了障礙。虛妄之念全部消除，就是修習功成。」

第二個問題：「道如果是憑藉修習而成，那就是造作，就與世間法相同，虛偽不真實，修成了還會毀壞，為什麼叫出世？」宗密禪師答道：「造作是結業，就叫作虛偽世間。不造作是修行，就是真實出世。」

第三個問題：「其所修習的是頓悟還是漸修？如是漸修，就會忘記前失去後，以什麼集合而成？如是頓悟，則一切行法有多種方面，豈能一剎那間達到圓滿？」宗密禪師答道：「真理即刻領悟而頓時圓滿，停息虛妄之情要逐漸消除完畢。頓悟就如同是初出生的嬰兒，一生下來肢體就已齊全。漸修就如同是嬰兒長大成人，要經過多年志氣才能樹立。」

第四個問題：「大凡修習心地之法，是應當領悟自心即完了，還是應當另有修行之門徑？如果另有修行之門徑，那為什麼叫作南宗頓悟之宗旨？如果領悟了即同於諸佛，那為什麼沒有發出神通光明？」宗密禪師答道：「認識到結冰的池子中全部都是水，憑藉太陽之氣而得以融化。讓凡夫領悟而接近真如，要借助法力來修習。冰消融則水流布滋潤，才顯示出灌溉、洗滌的功用。妄念消盡則心靈通暢，才能發出神通光明的感應。所以修心之外，沒有其他的修行門徑。」

第五個問題：「如若只要修心就能成佛，那為什麼諸經論又說必須莊嚴佛土，教化眾生，才能稱之為成道？」宗密禪師答道：「鏡子雖然明亮，但影像卻有千般差別，自心雖然清淨，但神通卻是萬種之應驗。影像類同於莊嚴佛國，神通則如教化眾生。莊嚴也就是非莊嚴，影像也既是色又是非色。」

第六個問題：「各種經論都說超度解脫眾生，但眾生既然就是非眾生，那為什麼還要去超度解脫？」宗密禪師答道：「眾生如果是真實的，超度他們就成為一種辛勞。既然自己說眾生即是非眾生，為什麼不照例說超度就是非超度呢？」

第七個問題：「各種經文都說佛常住，又說佛滅度。常就是不滅，滅就不是常，這豈不是相互矛盾？」宗密禪師答道：「離絕一切相，就叫作佛，那還有什麼出世、入滅的事實呢？看見出世、入滅者，就在於機緣。機緣相應，則在菩提樹下而現身。機緣已盡，則在娑羅林間而涅槃。這好比是清淨之水雖然無心，卻是什麼影像都可映現。影像既不是我所固有的，而是因外面的物質來往而出現的。相也不是佛身，豈有如來出世、入滅之事呢？」

第八個問題：「為什麼說佛化所生，我如彼生？佛既然是無生，那生是什麼意思？如果說心生則法生，心滅則法滅，因什麼而得無生法忍呢？」宗密禪師答道：「既然說是如化，化就是空，空就是無生，何須再詰問生的意思？生與滅已無，寂滅即為真。忍許此法無生，就叫作無生法忍。」

第九個問題：「諸佛成道說法，只是為了超度解脫眾生。但眾生既然有六道，佛為什麼只是常住在人間顯示教化？還有佛滅度以後傳付衣法給迦葉，以心傳心，乃至於此方國土的七世祖師，每世只傳一人。既然說於一切眾生都得到一子之地，那為什麼不普遍傳授呢？」宗密禪師答道：「日月附著在天上，天下都能被照到，然而盲人看不見，覆盆之下照不到。這不是日月沒有普照，而是由於障礙隔離所造成的。超度與不超度，其意也與此相同。佛傳法並不是局限於人道與天道，挑出餓鬼道與畜生道，只是因為人道能夠結集，傳授不斷絕，所以只知道佛出現於人間。佛滅度之後將衣法傳付給迦葉，輾轉相傳承者僅為一人之事，這是因為議論當時主持宗教之人的緣故，就好像是一個國家沒有兩個國王一樣，並不是說獲得超度的人只有這些人數。」

第十個問題：「和尚是因為什麼而發菩提心的？仰慕什麼法而出家的？現今怎麼修行的？獲得了什麼法味？因所修行而得到什麼樣的地位？現今是住息心性呢？還是在修養心性呢？如果是住息心性則會妨礙修養心性，如果修養心性則動念不安定。怎樣才稱作學道？如果安定的心性固定不變，則與定性之徒有什麼區別？懇切希望大師運用大慈大悲之懷，如理真如，依次加以解說。」宗密禪師答道：「覺察四大如同毀壞之幻象，達知六塵如同空虛之花，悟徹自心即是佛心，發見自性即是法性，這就是發菩提心。知道心不停留，就是修行。不停留而知道，就是法味。執著於法中，這就是動念。所以如同人進入昏暗中，就什麼也看不見。現在無所停留，不汙染也不執著，所以如同人有眼睛，能看見太陽的光明，能看見種種法，這哪裡是定性之徒？既然無所停留執著，還議論什麼處所呢？」

又有山南溫造尚書問道：「領悟了禪理、止息了虛妄的人，在一生中不作業，壽終之後，其靈性依附在哪裡？」宗密禪師回答道：「一切眾生，沒有不具有覺性的，其靈明空寂，與佛本沒有差別。只是因為從無始劫中而來，不曾領悟，錯誤地執著於自身即是我之相，所以生出愛惡等情感，並隨情感而造業，隨業而受到報應，生、老、病、死，在長劫中輪迴不已。然而身中所具有的覺性卻未曾因生死而變化，就如同是夢中被人驅使勞役，而本身卻安閒；如同水變成了冰，而其潮濕之性卻沒有變化。如果能夠領悟此性，那就是法身。本來就無生，又有什麼可依託的？靈靈不蒙昧，了了常知曉。本無處可來，也無處可去。然因多生而虛妄執著，並習以成性。喜怒哀樂，如同細微的水流在灌注。真理雖然可以頓悟，可此情欲卻難以一下子去除。必須經過長時期的覺察，一點點地加以減少，如同大風突然停止，但波浪卻要漸漸平息一樣。怎麼能以一生所修行的，等同於諸佛的神力與功用呢？只能以空寂為自體，不承認色身；以靈知為自心，不承認妄念。妄念如果興起，也不要跟隨它，這樣，即使死亡降臨之時，也自然不會被業所束縛。雖然有中陰，但卻可以自由地來去，天上人間，可隨意寄託。如若喜愛、憎恨之念頭都已泯滅，就不再受分段之身，自然能變短為長，變粗為妙。如同微細之水流灌注，一切寂滅，惟有圓覺大智慧朗然獨自存在，就能隨機響應現出千百億化身，超度有緣的眾生，就稱之為佛。謹答所問。」宗密禪師又加以解釋道：「馬鳴菩薩曾摘引一百本大乘經的主要教義，編著了《大乘起信論》一書。他在書中立論，認為一切眾生之心，有覺之義與不覺之義的區別。覺之中又有本覺之義與始覺之義的區別。以上所述的，雖然只是大略根據理觀、心處而作的解釋，而與法義也相吻合。他書中所說的，從開始至『與佛無區別』，是說本覺之義。從『只因無始劫中來』以下，是說不覺之義。從『如若能夠領悟這個』以下，是說始覺之義。始覺之中又有頓悟、漸修的區別。從此以下至『也無所去』，是說頓悟。從『然而多生而虛妄執著』以下，是說漸修。漸修之中，從初發心直至成佛，有三位自在。從開始至『隨意寄託』止，是說受生自在。從『如同愛惡之念』以下，是說變易自在。從『如同微細水流灌注』以下至最後，是說究竟自在。另外從『只可以空寂為自體』至『自然不會被所作業束縛』止，正是領悟佛理之人朝暮修養心性、修習止觀的緊要關節。宗密以前撰有八句偈語顯示這一意思，曾在尚書處念誦，並奉命加以解釋，現在謹作注釋於後。偈語說：作有義之事，就是省悟之心。義是義理之意，不是仁義、恩義之意。說明凡是有所作為，先要仔細分析利害關係，必須有所作為以承當道理，然後實行，才能避免混同於昏醉、癲狂之人。根據佛法而言，有兩種義，可以立即去做：其一是對色身有好處幫助之事，指衣食、醫藥、房舍等世間義；其二是對法身有好處幫助之事，指戒定慧、六波羅蜜等第一義。三次弘揚正法，利濟眾生，乃至於創設法度。各種其餘因緣之事，是包括世間、出世而言的。作無義之事，就是狂亂之心。是說大凡有所作為，如果不依據上述的三件事，就叫作無義。這狂亂者，還如同世間醉人、狂人，所去之地也不挑揀處所，所做之事也不思量是非。現在既然不選擇什麼義理、利益，只是縱意相信妄念，要做就做，故而如同癲狂一樣。這前面四句敘述業因，後面四句敘述接受果報云云。狂亂隨著情念而動，臨終就被業所牽累。既然隨從妄念，想做就做，不因為領悟道理之智慧來抉擇是非，就如同是狂人，所以臨終之時，於業道被作之業所牽引，受到對應來到的報應。因此《涅槃經》說：「無明之郎主，貪圖愛欲之魔王，役使自己的身心，就如同是驅使僮僕一樣。」省悟不由情感，臨終之時能轉變其業。情感中想做的，然而覺察事理卻不相應，就必須即刻停止。情感中不想做的，然而推照事理卻相應，就必須即刻去做。只是根據是非之事理，不根據愛惡之情感，那麼臨終之時，業就不能來束縛，隨意自在，而遍及天上人間。統而言之，只要朝暮之間所做的事是被情感之塵所牽引的，那麼臨終之時就會被業所牽累，而受生如同自己所做的。所做的事是根據覺智而進行的，不依據情感之塵，那麼臨終之時就任我自在，而受生不依據業了。應當知道，想要驗明臨終之時受生自在不自在，只要驗證平常在塵境中修養自心是自由還是不自由的即可以了。」

【說　明】南宗禪在中國禪史上的獨尊地位，是由荷澤神會大師為之「殉命忘軀」而確立，但神會大師的法嗣卻是二世而衰，香火零落。宗密雖是荷澤神會一系最著名的禪僧，但又歸依華嚴宗四祖澄觀，並融合荷澤之禪與澄觀之教，故並不純粹。因而宗密研究禪的方法，也與荷澤神會，甚至與六祖慧能大師不同，即是以華嚴宗特有的分析手段進行的，注重於名相的精細辨析，學理的系統探討，故其著作的理路慎密井然，屬學術專著型，而迥然有別於禪師通常慣用的語錄體。這種風格，使宗密之禪顯然有別於祖師禪，因而遭到祖師禪諸禪師的批評。後人對宗密的批評，主要集中於兩點，一是批評其知見之觀點，二是批評其煩瑣之方法。宗密闡揚神會之禪學時，特別突出「知之一字，眾妙之門」。所謂知，即靈知，或靈靈知見，是真心空寂之體所本具的先天自性之用，因此眾生得以觀照自心佛性，頓悟成佛，實現圓覺。這種以寂知為心體，強調心靈空寂而靈明不昧，對宋、明時期的理學和心學都曾產生了一定的影響。宗密因為兼收華嚴宗以理論的邏輯演繹見長之研究風格，使其論禪頗具煩瑣性，而不同於禪師們慣用的簡明直接、直指人心之表述特點。而且其對禪學的不厭其煩地論證說明，反而影響其思想的流傳。宋代僧人行霆雖對宗密甚為推崇，但也認為由於宗密禪學的煩瑣，而使人「卒難討尋，或望涯而退」。這也是宗密之禪法傳嗣不繁的主要原因之一。

曹溪慧能大師別出第五世法嗣還有奉國神照禪師的法嗣三人，即鎮州常一禪師、滑州智遠禪師與鹿臺玄邃禪師，因無機緣語句，故未收錄。

慧能大師別出法嗣下六世存目

【說　明】曹溪慧能大師別出第六世法嗣有：圭峰宗密禪師的法嗣六人，即圭峰溫禪師、慈恩寺太恭禪師、興善寺太錫禪師、萬乘寺宗禪師、瑞聖寺覺禪師與化度寺仁瑜禪師；鹿臺玄邃禪師的法嗣一人，即龍興念禪師；滑州智遠禪師的法嗣四人，即彭門審用禪師、圓紹禪師、上方真禪師與東京法志禪師。以上十一人因無機緣語句，故未收錄。

卷一四

石頭宗法系表（一）

行思禪師（見卷五）→ 石頭希遷大師

- 石頭希遷大師
  - 道悟禪師
    - 崇信禪師
      - 宣鑒禪師等（見卷一五）
  - 尸利禪師
  - 天然禪師
    - 無學禪師
      - 令遵禪師等（見卷一五）
    - 義安禪師
    - 性空禪師
      - 茂源和尚等（見卷一五）
    - 本童和尚
    - 米倉和尚
    - 大隱禪師
    - 慧勤禪師
  - 慧朗禪師
  - 振朗禪師
  - 惟儼禪師
    - 圓智禪師
      - 慶諸禪師等（見卷一五）
    - 曇晟禪師
      - 良价禪師等（見卷一五）
    - 德誠禪師
      - 善會禪師（見卷一五）
    - 慧省禪師
    - 高沙彌
    - 明哲禪師
    - 光處禪師
    - 夔禪師
    - 落霞和尚
    - 李翺
  - 大川和尚
    - 仙天和尚
    - 普光和尚
  - 石樓和尚
  - 佛陀和尚
  - 華林和尚
  - 大顛和尚
    - 義忠禪師
    - 薯山和尚
  - 曠禪師
    - 善道和尚
  - 水空和尚
  - 寶通禪師
  - 大辯禪師
  - 渚涇和尚
  - 道詵禪師
  - 常清禪師
  - 碎石和尚
  - 商嶺和尚
  - 義興和尚

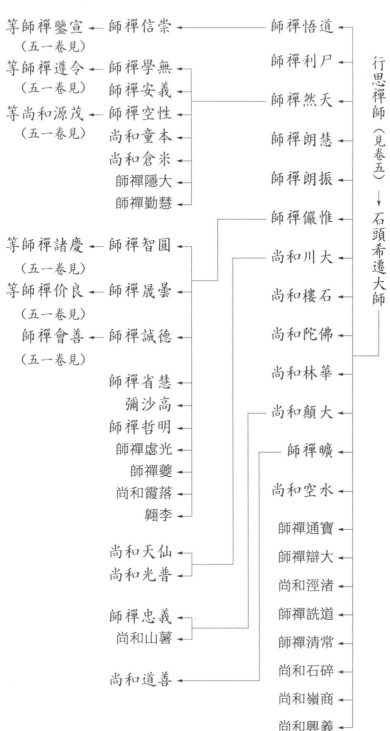

卷一四

前吉州青原山行思禪師法嗣

【題解】青原行思禪師住持江西吉州青原山靜居寺，門庭興旺，弟子眾多，但其著名弟子現今可知姓名者僅石頭希遷一人而已。希遷禪師得法後，來到南嶽衡山南寺東邊一塊平石上結庵而居，人稱「石頭和尚」。石頭宗因此而得名。本書自此至卷二六所載皆為青原行思一系石頭希遷以下禪師的言行事跡。

南嶽石頭希遷大師

石頭希遷大師，端州高要人也，姓陳氏。母初懷娠，不喜葷茹。師雖在孩提，不煩保母。既冠，然諾自許。鄉洞❶獠民❷畏鬼神，多淫祀❸，殺牛釃酒❹，習以為常。師輒往毀叢祠❺，奪牛而歸，歲盈數十，鄉老不能禁。後直造曹溪六祖大師，度為弟子，未具戒。屬祖師圓寂，稟遺命謁于廬陵清原山思禪師，乃攝衣❻從之。緣會語句，〈行思禪師〉章敘之。一日，思問師曰：「有人道嶺南有消息。」師曰：「有人不云云。」曰：「若恁麼，大藏小藏從何而來？」師曰：「盡從遮裡去，終不少他事。」思甚然之。師於唐天寶初荐之衡山南寺。寺之東有石，狀如臺，乃結庵其上，時號石頭和尚。

師一日上堂曰：「吾之法門，先佛傳受。不論禪定精進，唯達佛之知見，即心即佛。心佛❼眾生，菩提煩惱，名異體一。汝等當知，自己心靈，體離斷常，性非垢淨，湛然圓滿，凡聖齊同。應用無方，離心意識。三界六道，唯自心現。水月鏡像，豈有生滅？汝能知之，無所不備。」時門人道悟問：「曹溪意旨誰人得？」師曰：「會佛法人得。」曰：「師還得否？」師曰：「我不會佛法。」

僧問：「如何是解脫？」師曰：「誰縛汝？」又問：「如何是淨土？」師曰：「誰垢汝？」問：「如何是涅槃？」師曰：「誰將生死與汝？」

師問新到僧：「從什麼處來？」僧曰：「江西來。」師曰：「見馬大師否？」僧曰：「見。」師乃指一橛柴曰：「馬師何似遮箇？」僧無對。卻迴舉似馬大師，馬曰：「汝見橛柴大小？」僧曰：「勿量❽大。」馬曰：「汝甚有力。」僧曰：「何也？」馬曰：「汝從南嶽負一橛柴來，豈不是有力？」

問：「如何是西來意？」師曰：「問取露柱。」曰：「學人不會。」師曰：「我更不會。」

大顛問師：「古人云：道有道無是二謗。請師除。」師曰：「一物亦無，除箇什麼？」師卻問：「併卻咽喉脣吻，道將來？」顛曰：「無遮箇。」師曰：「若恁麼，即汝得入門。」

道悟問：「如何是佛法大意？」師曰：「不得不知。」悟曰：「向上更有轉處也無？」師曰：「長空不礙白雲飛。」

問：「如何是禪？」師曰：「碌❾塼。」又問：「如何是道？」師曰：「木頭。」

自餘門屬領旨所有問答，各於本章出焉。師著〈參同契〉❿一篇，辭旨幽濬，頗有注解，大行於世。南嶽鬼神多顯迹聽法，師皆與受戒。廣德二年，門人請下于梁端，廣闡玄化。江西主大寂，湖南主石頭，往來憧憧，並湊二大士之門矣。貞元六年庚午十二月二十五日順世，壽九十一，臘六十三。門人建塔于東嶺。長慶中，諡無際大師，塔曰見相。

【注　釋】❶洞　古代用以稱嶺南少數民族居住地。❷獠民　古代對西南地區少數民族的稱呼。❸淫祀　不合禮制的祭祀。《禮記・曲禮下》：「非其所祭而祭之，名曰淫祀。」❹釃酒　濾酒；斟酒。❺叢祠　建在荒野叢林中的神祠。❻攝衣　古人一般身著長袍。攝衣即提起衣襟，從事勞作之意。❼心佛　華嚴十種佛之一，即依心成佛，故名。❽勿量　無法估量。❾碌石塊貌。《文心雕龍・總術》：「碌碌之石，時似乎玉。」⑩參同契　東漢人魏伯陽曾撰有《周易參同契》一書。書中借用坎、離、水、火、龍、虎、鉛、汞等法象以明煉丹修仙之術，大旨是參同儒家「大易」、道家「黃老」與神仙長生術之「爐火」三家理法而會歸於一，以「妙契大道」，故名。是書為古代系統論述煉丹的最早著作，被道教奉為「丹經王」，歷代為之注釋者多達四十餘家。此是石頭希遷禪師仿效《周易參同契》之體例，為參同融合南北二宗而作。〈參同契〉全文收錄於本書卷三〇。

【語　譯】石頭希遷大師（七〇〇～七九〇年），端州高要（今廣東肇慶）人，俗姓陳。他的母親當初懷孕時，就不喜歡吃葷。希遷即使在孩童時期，也不麻煩保姆。他年滿二十歲後，以重諾言自許。其家鄉獠民害怕鬼神，設置了很多不合禮制的祭祀，殺牛擺酒，習以為常。希遷屢屢前往拆毀荒野叢林中的神祠，從刀下奪得耕牛而回，每年多達數十頭牛，鄉中老人們也不能加以阻止。後來，希遷直接去拜謁曹溪六祖大師，被剃度為弟子，但還沒有接受具足戒。正逢六祖大師圓寂，希遷秉承六祖大師的遺命，去拜謁了廬陵（今江西吉安）清原山行思禪師，便提衣侍奉在他的左右。因緣會見的語句，詳述於本書〈行思禪師〉章中。有一天，行思禪師問希遷道：「有人說嶺南有消息。」希遷回答：「有人不這樣說。」行思禪師說道：「如果是這樣的，大藏小藏從什麼地方傳來？」希遷回答：「都是從這裡傳出去的，終究不會少了他的事情。」行思禪師很是贊同他的話。希遷於唐代天寶（七四二～七五六年）初被推薦到衡山南寺。寺院東面有一塊大石頭，其形狀如同一座平臺，希遷就在上面蓋了一座小庵，當時號稱石頭和尚。

希遷禪師有一天上堂說法道：「我的道法門徑，都是前代佛陀所傳授的。不論修習禪定精進不懈，只求達到佛的智慧見解，即心就是佛。心佛與眾生，菩提與煩惱，名稱雖然不同，其實質卻是一致的。你們應當認識自己的心靈，其體離絕了斷滅與永恆，其性沒有汙垢與清淨，澄明而圓滿，凡人、聖人都相齊等同。其應用沒有範圍，離絕心、意與識。三界與六道，只從自心中體現。就如同是水中之月、鏡中之像，哪裡有生成與毀滅？你們能夠知道這些，就將沒有不具備的了。」當時門人道悟問道：「曹溪大師的意旨被什麼人得到了？」希遷回答：「被領會佛法的人得到了。」道悟再問道：「和尚可曾得到嗎？」希遷回答：「我沒領會佛法。」

有僧人問道：「怎樣才是解脫？」希遷禪師反問道：「誰束縛你了？」僧人又問道：「什麼是淨土？」希遷回答：「誰汙染你了？」僧人問道：「什麼是涅槃？」希遷回答：「誰把生死加給你了？」

希遷禪師問新到的僧人道：「你從什麼地方而來？」那僧人回答：「從江西來。」希遷問道：「看見馬大師了嗎？」僧人回答：「看見了。」希遷就指著一塊木柴問道：「馬大師可像這個？」僧人不能回答。那僧人返回江西後，把對話說給馬祖聽，馬祖問道：「你看見木柴的大小了？」僧人回答：「不能估量的大。」馬祖說道：「你很有力氣。」僧人問道：「什麼意思？」馬祖回答：「你從南嶽背了一塊木柴來，難道不是有力氣嗎？」

有僧人問道：「什麼是祖師西來的意旨？」希遷禪師回答：「去問露柱。」僧人說道：「學生不懂。」希遷說道：「我更不懂。」

大顛問希遷禪師道：「古代說：說有說無，兩者都是誹謗。請師父清除掉。」希遷說道：「一樣東西也沒有，清除個什麼呢？」希遷又反問道：「除去咽喉與嘴唇，你能說上來嗎？」大顛回答：「沒有這個。」希遷說道：「如果是這樣的，就是你得以入門之處。」

道悟問道：「什麼是佛法大意？」希遷禪師回答：「不能不知道。」道悟問道：「向上還有沒有轉變之處？」希遷回答：「長空不妨礙白雲飛渡。」

有僧人問道：「什麼是禪？」希遷禪師回答：「磚石。」僧人問道：「什麼是道？」希遷回答：「木頭。」

其他門人學生領會佛旨的所有問答，分別詳見於各人之章節。希遷禪師撰有〈參同契〉一篇，文辭旨意幽隱深微，頗有注解，廣傳於世。南嶽的鬼神常常顯示形跡，前來聽法，希遷禪師都給他們傳授了戒律。廣德二年（七六四年），門人請希遷禪師下山來到梁端（今湖南長沙），廣泛地闡發禪學。江西禪門以馬祖為主，湖南禪門以石頭希遷大師為主，路上憧憧來往的參禪人，都會聚於這兩位大師的門下。貞元六年庚午歲（七九〇年）十二月二十五日圓寂，享年九十一歲，法臘六十三歲。門人在東嶺上建造靈塔。長慶（八二一～八二四年）年中，天子賜希遷謚號曰無際大師，靈塔名見相。

【說　明】石頭希遷與馬祖道一，是當時齊名的兩位禪學大師。石頭、馬祖兩人皆直承曹溪宗旨，以「明心見性」為其思想基礎，但兩家又各具特色而分路發展。當代學者呂澂先生曾在《中國佛學源流略講》中以「即事而真」與「觸目是道」來概說兩人思想之區別。即馬祖從「觸目是道」出發，單刀直入，畢生參究「自心」，而最終發揮出一套富於實踐色彩的禪學體系：即心即佛——非心非佛——平常心是道。而石頭卻注意旁搜雜取，以曹溪宗旨為核心，吸收、調和牛頭禪、華嚴宗以及道家等思想，終於形成獨樹一幟的「迴互」理論。這「迴互」理論集中反映在〈參同契〉之中，此不詳論。「迴互」理論所描繪的世界往來轉化，圓融無往，故其禪學運用妙處，圓轉無礙，令學人得悟之時，見一切差別對待處皆現即事而真、平等一如的境界，從而形成不同於馬祖的獨特禪風，如馬祖所說的「石頭路滑」，即是對其禪風的精當概括。

青原行思禪師下二世

前南嶽石頭希遷大師法嗣

荊州天皇道悟禪師

荊州天皇❶道悟禪師，婺州東陽人也，姓張氏。神儀挺異，幼而生知，長而神儁。年十四，懇求出家，父母不聽。遂誓志損減飲膳，日才一食，形體羸悴❷，父母不得已而許之。依明州大德披削，二十五，杭州竹林寺具戒。精修梵行，推為勇猛❸。或風雨昏夜，宴坐丘塚，身心安靜，離諸怖畏。

一日，遊餘杭，首謁徑山國一禪師，受心法，服勤五載。唐大曆中，抵鍾陵，造馬大師，重印前解，法無異說，復住二夏。乃謁石頭遷大師，而致問曰：「離卻定慧，以何法示人？」石頭曰：「我遮裡無奴婢❹，離箇什麼？」曰：「如何明得？」石頭曰：「汝還撮得空麼？」曰：「恁麼即不從，今日去也！」石頭曰：「未審汝早晚從那邊來？」曰：「道悟不是那邊人。」石頭曰：「我早知汝來處。」曰：「師何以贓誣於人？」石頭曰：「汝身見在。」曰：「雖如是，畢竟如何示於後人？」石頭曰：「汝道阿誰是後人？」師從此頓悟，於前二哲匠❺言下有所得心罄殫❻其迹。後卜于荊州當陽柴紫山❼，（五百羅漢翺翔之地也。）學徒依附，駕肩接迹，都人士女，嚮風而至。時崇業寺上首以狀聞于連帥，迎入城。郡之左❽有天皇寺，乃名藍也，因火而廢。主寺僧靈鑒將謀修復，乃曰：「苟得悟禪師為化主❾，必能福我。」乃中宵潛往哀請，肩舁❿而至，遂居天皇。時江陵尹、右僕射⓫裴公稽首問法，致禮勤至。師素不迎送，客無貴賤，皆坐而揖之。裴公愈加歸向。由是石頭法道盛于此席。

僧問：「如何是玄妙之說？」師曰：「莫道我解佛法。」僧曰：「爭奈學人疑滯何？」師曰：「何不問老僧？」僧曰：「問了也。」師曰：「去，不是汝存泊⑫處。」

師元和丁亥四月示疾，命弟子先期告終。至晦日，大眾問疾。師驀召典座，典座近前，師曰：「會麼？」對曰：「不會。」師乃拈枕子拋於地上，即便告寂，壽六十，臘三十五。以其年八月五日，塔于郡東。

【注　釋】❶天皇　佛寺名，初建於晉代，名導因寺，南朝梁時改名天皇寺，唐末毀於戰火。❷羸悴　瘦弱憔悴。❸勇猛　比喻修習佛法勤勉精進，一往直前。❹奴婢　比喻學法僧人執著於外在之語像戒律，成為其奴婢，而喪失自心。❺哲匠　哲人；大師。此指道悟前參之徑山國一禪師與馬祖。❻罄殫　盡、完之意。❼柴紫山　《五燈會元》卷七作「紫陵山」。❽左　古代方位以東為左，以西為右。❾化主　勸化信徒布施以供三寶之僧。❿肩舁　兩人肩抬的簡易轎子。⓫右僕射　唐、宋時尚書省之長官。⓬存泊　安頓；留宿。

【語　譯】荊州（今屬湖北）天皇道悟禪師（七四八～八〇七年），婺州東陽（今屬浙江）人，俗姓張。他神采奕奕，儀表堂堂，幼年即生而知之，長成後神異雋秀。他十四歲時，向父母親懇求出家，但父母親不允許。他就發誓減少飲食，一天只吃一餐，形體極為瘦弱憔悴，父母親不得已，只好答應了他。他皈依明州（今浙江寧波）高僧披剃出家，二十五歲時，在杭州（今屬浙江）竹林寺受具足戒。他精心修習戒律，被眾僧推許為勤勉精進修習的人。有時在風雨交加的黑夜，他在墳場中打坐，身心安閒平靜，一點也不懼怕。

有一天，道悟禪師雲遊來到餘杭（今屬浙江），首先去參拜徑山國一禪師，接受了心法，在那裡做了五年打雜的事。唐代大曆（七六六～七七九年）年中，道悟抵達鍾陵（今江西進賢西北），拜訪馬祖大師，重新印證以前的理解，但所得之禪法並沒有不同，就在這裡又住了兩年。然後道悟去拜謁石頭希遷大師，並提問道：

「離開了定與慧，用什麼法來指示人呢？」石頭大師說道：「我這裡沒有奴婢，離開個什麼？」道悟問道：「怎樣才能明白？」石頭大師反問道：「你還能夠抓住虛空嗎？」道悟說道：「這樣的話就不依從你了，今天就離開這裡！」石頭大師問道：「不知道你幾時從那邊來？」道悟回答：「道悟不是那邊人。」石頭大師說道：「我早知道你的來處了。」道悟說道：「和尚憑什麼栽贓誣陷別人？」石頭大師說道：「你身體現在在此。」道悟說道：「即使是這樣的，那畢竟怎樣才能讓後人知道呢？」石頭大師反問道：「你說誰是後人？」道悟從此頓悟，於以前參拜的兩位大師言下有所得之心完全契合。後來道悟卜居於荊州當陽（今屬湖北）柴紫山，即五百羅漢曾經翱翔降臨之地。學人僧徒前來依附，摩肩接踵，城市士人與貴宦婦女，也仰慕其風采而至。當時崇業寺的住持呈上書狀請求當地長官，迎請道悟入城。荊州城東有天皇寺，是一座有名的寺院，因為遭受火災而被廢棄了。天皇寺住持僧靈鑒打算加以修復，就說道：「假若得到道悟禪師前來成為化主，一定能利於我成功。」於是就深更半夜悄悄地前來哀求，用一頂小轎將道悟抬來，道悟就居住於天皇寺。當時江陵尹、右僕射裴公也常來稽首詢問佛法，殷勤致禮。道悟向來不迎送，客人不分貴賤，都坐著行拱手禮。裴公更加欽慕歸心。由此石頭大師的宗法在此地大為興盛。

有僧人問道：「什麼是玄妙的道理？」道悟禪師回答：「不要說我領會佛法。」僧人說道：「可學生有疑難又怎麼辨呢？」道悟問道：「為什麼不來問老僧？」僧人回答：「已經問過了。」道悟說道：「去吧，這裡不是你停留的地方。」

道悟禪師於元和丁亥年（八〇七年）四月得病，命弟子在他未死之前就告訴眾人他臨終之日。到了三十日，眾僧前來探問病情。道悟忽然招呼典座，典座來到跟前，道悟問道：「領會了嗎？」典座回答：「沒有領會。」道悟就拿起枕頭拋在地上，隨即圓寂了，終年六十歲，法臘三十五歲。當年八月五日，建靈塔於州城東邊。

【說　明】道悟禪師傳龍潭崇信，雲門、法眼兩宗出其門下，禪史上本無異議。但自北宋後期潤州僧人達觀曇穎集錄五家宗派時出一新說，說當時荊州之道悟有二人，一為天皇寺道悟，是石頭希遷之法嗣，一為天王寺道悟，是馬祖道一之法嗣，而龍潭崇信為天王道悟之法嗣。但其說時人多未採信。元代越州開元寺僧業海清再刻《五燈會元》，採納達觀曇穎之說，於〈天皇道悟〉章下附錄注文詳論之，明、清間人時有採信此說者，但據後人考證，天王道悟之事跡不可信，是達觀曇穎為爭法統而假託者。

京兆尸利禪師

京兆尸利禪師，初問石頭：「如何是學人本分事？」石頭曰：「汝何從吾覓？」曰：「不從師覓，如何即得？」石頭曰：「汝還曾失卻麼？」師乃契會厥旨。

【語譯】京兆（今陝西西安）尸利禪師，當初問石頭大師道：「什麼是學生的本分事？」石頭大師回答：「你為什麼向我這裡尋找？」尸利問道：「不向師父這裡尋找，怎麼能夠得到？」石頭大師反問道：「你還曾丟失過嗎？」尸利方才領會了其中的禪理。

鄧州丹霞山天然禪師

鄧州丹霞❶天然禪師，不知何許人也。初習儒學，將入長安應舉，方宿於逆旅❷，忽夢白光滿室，占者曰：「解空之祥也。」偶一禪客問曰：「仁者何往？」

曰：「選官去。」禪客曰：「選官何如選佛？」曰：「選佛當往何所？」禪客曰：「今江西馬大師出世，是選佛之場。仁者可往！」遂直造江西，才見馬大師，以手托幞頭額。馬顧視良久，曰：「南嶽石頭是汝師也。」遽抵南嶽，還以前意投之。石頭曰：「著槽廠去[3]！」師禮謝，入行者房，隨次執爨役，凡三年。忽一日，石頭告眾曰：「來日剗佛殿前草。」至來日，大眾、諸童行[4]各備鍬钁剗草，獨師以盆盛水淨頭，於和尚前胡跪[5]。石頭見而笑之，便與剃髮，又為說戒法。師乃掩耳而出，便往江西再謁馬師。未參禮，便入僧堂內，騎聖僧頸而坐。時大眾驚愕，遽報馬師。馬躬入堂，視之曰：「我子天然[6]。」師即下地禮拜曰：「謝師賜法號。」因名天然。馬師問：「從什麼處來？」師云：「石頭。」馬云：「石頭路滑，還躂倒[7]汝麼？」師曰：「若躂倒即不來。」乃杖錫觀方，居天台華頂峰[8]三年，往餘杭徑山禮國一禪師。

唐元和中，至洛京龍門香山[9]，與伏牛和尚為莫逆[10]之友。後於慧林寺，遇天大寒，師取木佛焚之。人或譏之，師曰：「吾燒取舍利。」人曰：「木頭何有？」師曰：「若爾者，何責我乎？」

師一日謁忠國師，先問侍者：「國師在否？」曰：「在即在，不見客。」師曰：「太深遠生。」曰：「佛眼亦覷不見。」師曰：「龍生龍子，鳳生鳳兒⑪。」國師睡起，侍者以告，國師乃鞭侍者二十棒，遣出。後丹霞聞之，乃云：「不謬為南陽國師。」至明日，卻往禮拜，見國師便展坐具。國師云：「不用！不用！」師退步，國師云：「如是！如是！」師卻進前，國師云：「不是！不是！」師遶國師一匝便出，國師云：「去聖時遙，人多懈怠，三十年後，覓此漢也還難得。」

師訪龐居士，見女子取菜次，師云：「居士在否？」女子放下籃子，斂手⑫而立。師又云：「居士在否？」女子便提籃子去。

元和三年，師於天津橋⑬橫臥，會留守⑭鄭公出，呵之不起。吏問其故，師徐曰：「無事僧。」留守異之，奉束⑮素及衣兩襲⑯，日給米麵，洛下翕然⑰歸信。至十五年春，告門人言：「吾思林泉終老之所。」時門人令齊靜方卜南陽丹霞山，結庵以奉事。三年間，玄學者至盈三百眾，構成大院。

師上堂曰：「阿你渾家⑱，切須保護一靈之物，不是你造作名邈⑲得，更說什麼薦與不薦。吾往日見石頭和尚，亦只教切須自保護，此事不是你譚話得。阿你渾家，各有一坐具地，更疑什麼？禪可是你解底物？豈有佛可成？佛之一字，永不喜聞。阿你自看，善巧⑳方便，慈悲喜捨㉑，不從外得，不著方寸。善巧是文殊，方便是普賢。你更擬趁逐什麼物？不用經，不落空去！今時學者紛紛擾擾，皆是參禪問道。吾此間無道可修，無法可證。一飲一啄，各自有分㉒，不用疑慮，在在處處，有恁麼底。若識得釋迦即老凡夫，是阿你須自看取，莫一盲引眾盲，相將入火坑。夜裡暗雙陸，賽彩若為生㉓？無事珍重！」

有僧到參，於山下見師，乃問：「丹霞山向什麼處去？」師指山曰：「青黯㉔黯地。」僧曰：「莫只遮箇便是麼？」師曰：「真師子兒，一撥便轉。」

師問僧：「什麼處宿？」云：「山下宿。」師曰：「什麼處喫飯？」曰：「山下喫飯。」師曰：「將飯與闍梨喫底人，還具眼也無？」僧無對。長慶舉問保福：「將飯與人喫，感恩有分，為什麼不具眼？」保福云：「施者受者，二俱瞎漢。」長慶云：「盡其機來，又作麼生？」保福云：「道某甲瞎得麼？」玄覺徵云：「且道長慶明丹霞意，為復自用家財㉕？」

師以長慶四年六月二十三日告門人曰：「備湯㉖沐，吾欲行矣。」乃戴笠策杖受履，垂一足未及地而化，壽八十六。門人斲石為塔，敕諡智通禪師，塔號妙覺。

【注釋】❶丹霞　山名，在河南南陽，唐代元和年間天然禪師開山創建廣濟禪院。民國初寺院猶存。❷逆旅　客店；旅館。❸著槽廠去　為寺院收留行腳僧的常用語。槽廠原為牲口棚，借指學僧宿舍。❹童行　已進入寺院，但因年紀尚小而未正式受具足戒者。❺胡跪　一種跪姿，因從西域傳來，故名。❻天然　天性自然；天真本色。❼躂倒　跌倒。❽華頂峰　為浙江天台山最高峰，眾山環拱，華頂峰位其中，可觀日出。山上多雲霧，宜種茶，天台雲霧茶即產於此。❾香山　在河南洛陽龍門山之東，唐代詩人白居易於此疏沼種樹，構建石樓，自號香山居士。❿莫逆　情意相投。⓫龍生龍子二句　俗語。比喻有怎樣的父母或宗師，就有怎樣的兒女或弟子。⓬斂手　拱手作禮，表示恭敬。⓭天津橋　在河南洛陽西南，隋煬帝遷都洛陽，因洛水橫貫，有天河之象，就用鐵索連貫大船建此橋，名天津橋。唐初、宋初都加重修，累石為基，成為洛京之勝景。⓮留守　即東都留守，唐代東都洛陽之最高地方長官。⓯束　古代計數名。⓰襲　衣服一套稱一襲。⓱翕然　和順相合貌。⓲渾家　全家；大家。⓳邈　即「描」，描繪。⓴善巧　善良巧妙之方便，即「方便」之異譯。㉑喜捨　又稱淨捨、淨施等，即喜施財寶。㉒一飲一啄二句　比喻人吃什麼東西都由命中註定，泛指一切皆由命定。《莊子・養生主》：「澤雉十步一啄，百步一飲，不蘄畜乎樊中。」㉓若為生　怎麼；怎麼樣。生，語助詞。㉔黲　青黑色。㉕家財　此指自己的認識。㉖湯　熱水。

【語　譯】鄧州（今河南鄧縣）丹霞山天然禪師（七三九～八二四年），不知是什麼地方的人。他最初學習儒學，準備到長安（今陝西西安）參加科舉考試，正在住宿客店時，忽然夢見白光充滿房間，占夢的人說道：「這是悟解空相的徵兆。」偶然有一位禪客問他道：「仁者往哪裡去？」天然回答：「考官去。」那禪客便說道：「考官怎麼比得上參佛？」天然就問道：「參佛應當去哪裡？」禪客回答：「現今江西馬祖大師出世了，這就是參佛的地方。仁者可以前往！」天然就直接造訪江西，才拜見馬大師，就用手把幞頭托在額上。馬祖仔細觀察了許久，對他說道：「南嶽石頭和尚是你的師父。」天然就前往南嶽，還是用以前拜見馬祖的方法拜見石頭和尚。石頭和尚說道：「到槽廠去！」天然致禮道謝，進入行者所住的房間，從事炊事之事，一直做了三年。忽然有一天，石頭和尚告訴眾僧道：「明天剷除佛殿前面的雜草。」到了明天，眾僧侶、童行都各自準備了鐵鍬、鋤頭來鏟草，只有天然用盆盛著水洗頭，然後像胡人一樣跪在石頭和尚的面前。石頭和尚看見後笑了，就給他剃髮，又給他講說戒法。天然卻捂住耳朵跑了出去，前來江西再次拜謁馬祖。他還未參見馬祖，就進入僧堂，騎坐在聖僧像的脖子上。當時僧眾驚愕，即刻報告馬祖。馬祖親自來到僧堂，看見他說道：「我的弟子天性自然。」天然即刻下地禮拜道：「多謝和尚賜給法號。」因而其法號就叫作天然。馬祖問道：「你從什麼地方而來？」天然回答：「從石頭那裡。」馬祖問道：「石頭路滑，你可曾跌倒過嗎？」

天然回答：「如果跌倒過，就不來了。」此後天然禪師就杖錫雲遊四方，在天台山華頂峰居住了三年，再前往餘杭（今屬浙江）徑山，禮拜國一禪師。

唐代元和（八〇六～八二〇年）年間，天然禪師來到了洛京（今河南洛陽）龍門香山，與伏牛和尚結為莫逆之好友。後來天然在慧臨寺，遇到天氣極為寒冷，天然就將木頭佛像拿來燒火取暖。有人苛責他，天然就說道：「我這是在燒佛取舍利。」那人便道：「木頭怎麼會有舍利？」天然說道：「如果是這樣的，為什麼要苛責我啊？」

天然禪師有一天去拜謁慧忠國師，先詢問國師的侍僧道：「國師在嗎？」那侍僧回答：「在是在的，但不見客人。」天然就說道：「太過深遠了。」侍僧說道：「連佛眼也看不見。」天然說道：「龍生龍子，鳳生鳳兒。」慧忠國師睡醒起床，侍僧告訴他這件事情，慧忠國師就鞭打了那侍僧二十下，把他趕了出去。後來天然聽說了這事，就說道：「不愧是南陽國師。」到了第二天，天然再去拜訪，一看見慧忠國師就展開了坐具。慧忠國師說道：「不用！不用！」天然就向後倒走，慧忠國師說道：「是這樣！是這樣！」天然再向前走著，慧忠國師說道：「不對！不對！」於是天然就圍繞著慧忠國師走了一圈後出去，慧忠國師說道：「離開聖人之時已經太遙遠了，人們多鬆懈怠慢，到三十年後，再要尋這樣的人也很難得了。」

天然禪師去拜訪龐居士，看見他的女兒正在收拾蔬菜，天然就問道：「居士在家嗎？」龐居士的女兒就放下籃子，斂手而立。天然又問道：「居士在家嗎？」她提起籃子就走了。

元和三年（八〇八年），天然禪師在天津橋上橫躺著，正好遇到東都留守鄭公出巡，衙吏喝叱他也不起身。衙吏就問他原因，天然回答：「是沒有事的僧人。」鄭公看出他不是平常人，就送給他一束絲帛和兩套衣服，還每天供給他米麵，洛陽百姓也翕然跟著嚮慕信奉他。到了元和十五年（八二〇年）春天，天然禪師告訴門人道：「我想在林泉之下尋找一個終老之地。」當時門人就讓齊靜方選擇了南陽丹霞山，構建茅庵來侍奉他。此後三年期間，到這裡來的參拜禪學者超過三百人，於是形成了一個大寺院。

天然禪師上堂說法道：「你們大家，一定要保護自己的心靈之物，這不是你隨便創造一個名稱就能描繪的，更別說什麼省悟與不省悟了。我過去參拜石頭和尚，和尚也只是教我一定要自己保護，這個事情不是你談談話就能辦到的。你們大家，各自有一處坐具之地，還懷疑什麼呢？禪可是你們能解釋的東西嗎？哪裡又有什麼佛可成的？這一個佛字，我永遠都不喜歡聽到。你們自己看看，善巧方便，慈悲喜捨，不是從外面獲得的，不留在心中。善巧就是文殊菩薩，方便就是普賢菩薩。你們還打算追求什麼東西？不需要佛經，就不會落空而去！今天紛紛擾擾的學者，都是參禪學佛的人。我這裡沒有什麼道可以修習，也沒有什麼法可以印證。一飲一啄，各自有天命所定，用不著疑慮，每一個處所都是這樣的。如果能認識到釋迦牟尼只是一個平凡的老人，就是你們必須自己領會的，而不要一個盲人領著一群盲人，相扶著跳入火坑。夜裡暗中進行雙陸，那賭彩又怎麼樣呢？大家無事珍重！」

有僧人來參拜，在山下遇見天然禪師，就問道：「丹霞山向哪裡走？」天然指著山回答：「青黝黝的地方就是。」僧人問道：「莫非這個就是嗎？」天然說道：「真個是獅子兒，一撥就轉。」

天然禪師問一個僧人道：「你在什麼地方住宿？」僧人回答：「在山下住宿。」天然又問道：「在什麼地方吃飯？」僧人回答：「在山下吃飯。」天然便追問道：「拿飯給闍梨吃的人，還長著眼睛嗎？」僧人無語可對。長慶禪師舉此話頭問保福禪師道：「拿飯給人吃，感恩有份，為什麼不長眼睛？」保福說道：「施捨的人與接受的人，兩個都是瞎子。」長慶問道：「竭盡他們的禪機，還是瞎子嗎？」保福說道：「說我瞎了嗎？」玄覺禪師徵引道：「姑且說說長慶禪師是明白丹霞天然和尚的意思，還是又動用了自家的財物？」

長慶四年（八二四年）六月二十三日，天然禪師告訴門人道：「準備熱水沐浴，我要走了。」就戴上斗笠，拄著禪杖，穿上鞋子，垂下一隻腳還沒有碰到地面就圓寂了，終年八十六歲。門人採石建造靈塔，天子賜諡號曰智通禪師，靈塔名妙覺。

【說　明】自從六祖慧能主張不假文字，頓心自悟後，其後禪師進而將佛祖佛經都看成是對人的束縛，認為必須加以清除，才能達到佛即是我，我即是佛，佛我合一的境界。因此，禪師們反對偶像崇拜，輕視教條戒規，其極端者即表現為訶祖罵佛，非經毀教，其中丹霞天然禪師焚燒木佛的故事就很出名，流傳廣泛。天然禪師這種「佛之一字，永不喜聞」的言行，在當時禪界中是一種相當普遍的現象，其根本目的就在於不要任何外在之束縛，停止一切向外之追求，以自證自悟，明心見性。

潭州招提慧朗禪師

潭州招提慧朗禪師，始興曲江人也，姓歐陽氏。年十三，依鄧林寺摸禪師披剃。十七，遊南嶽。二十，於嶽寺受具，往虔州龔公山謁大寂。大寂問曰：「汝來何求？」師曰：「求佛知見。」曰：「佛無知見，知見乃魔界。汝從南嶽來，似未見石頭曹溪心要爾。汝應卻歸。」師承命迴嶽，造于石頭，問：「如何是佛？」石頭曰：「汝無佛性。」曰：「蠢動❶含靈❷，又作麼生？」石頭曰：「蠢動含靈，卻有佛性。」曰：「慧朗為什麼卻無？」石頭曰：「為汝不肯承當❸。」師於言下信入。後住梁端招提寺，不出戶三十餘年，凡參學者至，皆曰：「去！去！汝無佛性。」其接機大約如此。時謂大朗禪師。

【注　釋】❶蠢動　指蟲類從蟄眠中開始甦醒過來。此指蟲類。❷含靈　也稱含生、含類，泛指一切有生命者。❸承當　應承；承擔。此指承接禪機，領悟禪法。

【語　譯】潭州（今湖南長沙）招提寺慧朗禪師，始興曲江（今廣東韶關）人，俗姓歐陽。慧朗十三歲時，皈依鄧林寺摸禪師披剃。他十七歲時，雲遊到了南嶽。到了二十歲，在南嶽寺受具足戒，隨後去虔州（今江西贛州）龔公山拜謁馬祖大寂禪師。馬祖問道：「你到這裡來尋求什麼？」慧朗回答：「來求佛的知識見解。」馬祖說道：「佛沒有知識見解，有知識見解即是魔界。你從南嶽而來，似乎沒有看見過石頭和尚所具有的曹溪六祖之佛法心要呵。你應當回去。」慧朗就領命回到了南嶽，參拜石頭和尚，並問道：「什麼是佛？」石頭和尚回答：「你沒有佛性。」慧朗再問道：「那蟲類等眾生，又將怎麼樣呢？」石頭和尚回答：「那蟲類等眾生，卻具有佛性。」慧朗便問道：「那慧朗為什麼卻沒有？」石頭和尚說道：「因為你不肯承當。」慧朗於言語之間頓時領悟。後來慧朗住持梁端（今湖南長沙）招提寺，足不出戶達三十餘年，凡是有參學的人來到，都說道：「去！去！你沒有佛性。」他接引禪機大體都是這樣的。時人稱他為大朗禪師。

長沙興國寺振朗禪師

長沙興國寺振朗禪師，初參石頭，問：「如何是祖師西來意？」石頭曰：「問取露柱。」曰：「振朗不會。」石頭曰：「我更不會。」師俄然❶省悟。

住後，有僧來參，師乃召曰：「上座。」僧應諾，師曰：「孤負去也。」曰：「師何不鑑？」師乃拭目而視之，僧無語。時謂小朗禪師。

【注釋】❶俄然 時間短促。

【語譯】長沙（今屬湖南）興國寺振朗禪師，當初參拜石頭和尚時問道：「什麼是祖師西來的意旨？」石頭和尚說道：「問露柱去。」振朗說道：「振朗沒有領會。」石頭和尚便說道：「我更沒有領會。」振朗很快就省悟了。

振朗禪師住持寺院後，有僧人前來參拜，振朗就招呼道：「上座。」那僧人答應，振朗說道：「辜負了呵。」僧人問道：「和尚為什麼不加鑑別？」振朗於是擦了擦眼睛看著他，那僧人無語可對。時人稱他為小朗禪師。

澧州藥山惟儼禪師

澧州藥山❶惟儼禪師，絳州人，姓韓氏。年十七，依潮陽西山慧照禪師出家。唐大曆八年，納戒于衡嶽希操律師。乃曰：「大丈夫當離法自淨，豈能屑屑事細行於布巾邪？」即謁石頭，密領玄旨。

一日，師坐次，石頭覩之，問曰：「汝在遮裡作麼？」曰：「一切不為。」石頭曰：「恁麼即閑坐也。」曰：「若閑坐即為也。」石頭曰：「汝道不為箇什麼？」曰：「千聖亦不識。」石頭以偈讚曰：「從來共住不知名，任運相將只麼行。自古上賢❷猶不識，造次凡流豈可明！」石頭有時垂語曰：「言語動用勿交涉。」師曰：「不言語動用亦勿交涉。」石頭曰：「遮裡針箚不入❸。」師曰：「遮裡如石上栽華。」石頭然之。師後居澧州藥山，海眾雲會。《廣語》見別卷。

一日，師看經次，柏巖曰：「和尚休猱人❹得也。」師卷卻經曰：「日頭早晚？」曰：「正當午。」師曰：「猶有遮箇文彩在。」曰：「某甲無亦無。」師曰：「汝大殺聰明。」曰：「某甲只恁麼，和尚尊意如何？」師曰：「我跛跛挈挈❺，百醜千拙，且恁麼過。」

師與道吾說茗溪❻上世為節察❼來，吾曰：「和尚上世曾為什麼？」師曰：「我痿痿羸羸❽，且恁麼過時。」吾曰：「憑何如此？」師曰：「我不曾展他書卷。」（石霜別云：「書卷不曾展。」）

院主報：「打鐘也，請和尚上堂。」師曰：「汝與我擎鉢盂去。」曰：「和尚無手來多少時？」師曰：「汝只是枉披袈裟。」曰：「某甲只恁麼，和尚如何？」師曰：「我無遮箇眷屬。」

師見園頭❾栽菜次，師曰：「栽即不障，汝栽莫教根生。」曰：「既不教根生，大眾喫什麼？」師曰：「汝還有口麼？」（無對。）

僧問：「如何不被諸境惑？」師曰：「聽他何礙汝？」曰：「不會。」師曰：「何境惑汝？」

僧問：「如何是道中至寶？」師曰：「莫諂曲。」曰：「不諂曲時如何？」師曰：「傾國❿不換。」

有僧再來依附，師問：「阿誰？」曰：「常坦。」師呵曰：「前也是常坦，後也是常坦。」

一日，院主請師上堂，大眾才集，師良久，便歸方丈閉門。院主逐後曰：「和尚許某甲上堂，為什麼卻歸方丈？」師曰：「院主，經有經師[11]，論有論師，律有律師，又爭怪得老僧？」

師問雲巖：「作什麼？」巖曰：「擔屎。」師曰：「那箇底？」巖曰：「在。」師曰：「汝來去為誰？」曰：「替他東西。」師曰：「何不教並行？」曰：「和尚莫謗他。」師曰：「不合恁麼道。」曰：「如何道？」師曰：「還曾擔麼！」

師坐次，有僧問：「兀兀[12]地思量什麼？」師曰：「思量箇不思量底。」曰：「不思量底如何思量？」師曰：「非思量。」

僧問：「學人擬歸鄉時如何？」師曰：「汝父母偏身紅爛，臥在荊棘林中，汝歸何所？」僧曰：「恁麼即不歸去也。」師曰：「汝卻須歸去。汝若歸鄉，我示汝箇休糧方。」僧曰：「便請。」師曰：「二時上堂，不得齩破一粒米。」

僧問：「如何是涅槃？」師曰：「汝未開口時喚作什麼？」

師見遵布衲洗佛，乃問：「遮箇從汝洗，還洗得那箇[13]麼？」遵曰：「把將那箇來。」師乃休。長慶云：「邪法難扶。」玄覺云：「且道長慶恁麼道，在賓在主？眾中喚作洗佛語，亦云兼帶⑭語，且道盡善不盡善？」

僧問曰：「學人有疑，請師決。」師曰：「待上堂時來，與闍梨決疑。」至晚間上堂，大眾集定，師曰：「今日請決疑上座在什麼處？」其僧出眾而立，師下禪牀把卻曰：「大眾！遮僧有疑。」便托開，歸方丈。玄覺云：「且道與伊決疑否？若決疑，什麼處是決疑？若不與決疑，又道待上堂時與汝決疑？」

師問飯頭：「汝在此多少時也？」曰：「三年。」師曰：「我總不識汝。」飯頭罔測，發憤⑮而去。

僧問：「身命急處如何？」師曰：「莫種雜種。」曰：「將何供養？」師曰：「無物者。」

師令供養主⑯鈔化⑰。甘行者問：「什麼處來？」僧曰：「藥山來。」甘曰：「來怎麼？」僧云：「教化。」甘云：「將得藥來麼？」曰：「行者有什麼病？」甘便捨銀兩鋌⑱，曰：「有人即卻送來⑲，無人即休。」師怪僧歸太急，僧曰：「問佛法相當得兩鋌銀。」師令舉其語，舉已，師令僧速送還行者家。行者見僧迴，云：「猶來。」遂添銀施之。同安代云：「早知行者恁麼問，終不道藥山來。」

師問僧：「見說汝解筭虛實⑳？」曰：「不敢。」師曰：「汝試筭老僧看。」

僧無對。雲巖後來舉問洞山：「汝作麼生？」洞山云：「請和尚生日。」

師書「佛」字，問道吾：「是什麼字？」吾云：「佛字。」師云：「多口阿師！」

僧問：「己事未明，乞和尚指示。」師良久曰：「吾今為汝道一句亦不難，只宜汝於言下便見去，猶較些子。若更入思量，卻成吾罪過。不如且各合口，免相累及。」

大眾夜參，不點燈，師垂語曰：「我有一句子，待特牛[21]生兒，即向汝道。」時有僧曰：「特牛生兒也，何以不道？」師曰：「把燈來！把燈來！」其僧退入眾。雲巖後舉似洞山，洞山云：「遮僧卻會，只是不肯禮拜。」

僧問：「祖師未到此土，此土還有祖師意否？」師曰：「有。」僧曰：「既有祖師意，又來作什麼？」師曰：「只為有，所以來。」

師看經，有僧問：「和尚尋常不許人看經，為什麼卻自看？」師曰：「我只圖遮眼。」曰：「某甲學和尚還得也無？」師曰：「若是汝，牛皮也須看透。」長慶云：「眼有何過？」玄覺云：「且道長慶會藥山意，不會藥山意？」

朗州刺史李翺嚮師玄化，屢請不起，乃躬入山謁之。師執經卷不顧，侍者白曰：「太守在此。」翱性褊急㉒，乃言曰：「見面不如聞名。」師呼「太守」，翱應諾，師曰：「何得貴耳賤目㉓！」翱拱手謝之，問曰：「如何是道？」師以手指上下曰：「會麼？」翱曰：「不會。」師曰：「雲在天，水在缾㉔。」翱乃欣愜作禮，而述一偈曰：「練得身形似鶴形，千株松下兩函經。我來問道無餘說，雲在青天水在缾。」玄覺云：「且道李太守是讚他語，明他語？須是行腳眼始得。」翱又問：「如何是戒定慧？」師曰：「貧道遮裡無此閑家具。」翱莫測玄旨。師曰：「太守欲得保任此事，直須向高高山頂坐，深深海底行。閨閤中物，捨不得便為滲漏。」

師一夜登山經行，忽雲開見月，大笑一聲，應澧陽東九十許里居民盡謂東家，明辰迭相推問，直至藥山。徒眾云：「昨夜和尚山頂大笑。」李翱再贈詩曰：「選得幽居愜野情，終年無送亦無迎。有時直上孤峰頂，月下披雲笑一聲。」

師大和八年二月臨順世，叫云：「法堂倒！法堂倒！」眾皆持柱撐之，師舉手云：「子不會我意。」乃告寂，壽八十有四，臘六十。入室弟子沖虛建塔于院東隅，敕謚弘道大師，塔曰化城。

【注釋】❶藥山　在湖南常德之北九十里，與龍巖山相近。❷上賢　對大德高僧的尊稱。❸針劄不入　比喻禪機固密，禪法玄妙，有形之物無法契入。「石上栽華」的喻意相同。劄，同「扎」。❹猱人　戲弄人；作弄人。❺跛跛挈挈　也作波波劫劫、巴巴結結，意謂忙忙碌碌，處境艱難不易。❻苕溪　僧人名，生平不詳。❼節察　節度觀察留後，唐、五代藩鎮離鎮時，常以親信為留後，統率所部，主持本鎮事務。❽痿痿羸羸　形容身體瘦弱不堪。痿，肢體痲木。羸，瘦弱。❾園頭　管理寺院所屬菜園的僧人。❿傾國　全國、滿城之意。⓫經師　佛教經典分為經、律、論三藏，專門研究並講解佛經的僧人稱作經師，研究並講解佛戒的稱作律師，研究並講解佛論的稱作論師。⓬兀兀　呆鈍貌；昏昧貌。⓭那箇　禪家隱語，此隱指超越物相的真佛、佛性。⓮兼帶　天台宗名詞「兼但對帶」之略。即五時中，前四時之說相：第一華嚴時，圓教兼別教而言，故曰兼；第二阿含時，但說藏，故曰但；第三方等時，藏、通、別、圓四教彼此對等而說，故曰對；第四般若時，圓教挾帶藏、通、別之三教而說，故曰帶。⓯發憤　發洩鬱憤之氣。⓰供養主　寺院中從事外出募化的僧人。⓱鈔化　即外出募化。⓲鋌　即「錠」。⓳有人即卻送來　此指如有人識得其中禪機，知道供養主答語不契合，就會退還銀子。⓴筭虛實　即「算命」。㉑特牛　公牛。㉒褊急　狹隘、急躁。㉓貴耳賤目　相信耳聞傳說之言，而不信親眼所見之事。㉔雲在天二句　語含一切平常自然之意。

【語　譯】澧州（今湖南澧縣）藥山惟儼禪師（七五一～八三四年），絳州（今山西新絳）人，俗姓韓。惟儼十七歲時，皈依潮陽（今屬廣東）西山慧照禪師出家。唐代大曆八年（七七三年），在南嶽衡山希操律師處受具足戒。此後他說道：「大丈夫應當離開戒法自己清淨，怎麼能夠瑣碎地注意衣衫布巾之類細形末節呢？」於是惟儼去參拜石頭和尚，秘密領受了玄妙的宗旨。

有一天，惟儼禪師打坐時，石頭和尚看見了，就問道：「你在這裡幹什麼？」惟儼回答：「什麼都不做。」石頭和尚說道：「這樣的話就是閑坐了。」惟儼說道：「如果是閑坐，就是有所作為了。」石頭和尚便問道：「你說不做個什麼？」惟儼回答：「一千個聖人也不知道。」石頭和尚就用偈語讚歎道：「從來共住不知道姓名，就任從運命相扶這麼行進。自古大德況且不認識，造次的凡流之輩怎麼能明白！」石頭和尚有一次指示眾僧道：「言語動作行為與禪法沒有關係。」惟儼便說道：「沒有言語動作行為也與禪法沒有關係。」石頭和尚說道：「這裡是針扎不入。」惟儼說道：「這裡是石上種花。」石頭和尚肯定了他的話。惟儼後來住持澧州藥山，海內僧眾雲集於此。《廣語》記載在其他卷次內。

有一天，惟儼禪師看佛經的時候，柏巖禪師說道：「和尚不要作弄人。」惟儼捲起經書問道：「是什麼時候了？」柏巖回答：「正午時分。」惟儼說道：「你說話還帶有文采呢。」柏巖說道：「我無也沒有。」惟儼說道：「你太過聰明了。」柏巖說道：「我只是這樣，和尚的尊意怎樣？」惟儼說道：「我巴巴結結，百般醜陋，千般笨拙，就這麼過著。」

惟儼禪師向道吾述說茗溪前世是一個節察，道吾便問道：「和尚前世曾做什麼？」惟儼回答：「我痿痿羸羸，權且這麼過日子。」道吾問道：「憑什麼這樣說？」惟儼回答：「我不曾展開過他的書卷。」石霜禪師別為回答：「書卷不曾展開過。」

院主來告知：「打鐘了，請和尚上堂說法。」惟儼禪師說道：「你幫我拿著鉢盂過去。」院主問道：「和尚沒有手有多久了？」惟儼說道：「你真是白披了袈裟。」院主說道：「我就是這樣，和尚怎麼樣？」惟儼回答：「我沒有這個眷屬。」

惟儼禪師看見園頭在種菜，就說道：「種菜就不阻攔你了，但不要讓它的根長出來。」園頭說道：「既然不讓根長出來，那僧眾吃什麼？」惟儼問道：「你還有嘴巴啊？」園頭無言以對。

有僧人問道：「怎樣才不被各種塵境所迷惑？」惟儼禪師回答：「隨它又妨礙你什麼？」僧人說道：「不能領悟。」惟儼就問道：「什麼塵境迷惑了你？」

有僧人問道：「什麼是佛道中最寶貴的？」惟儼禪師回答：「不要曲意獻媚。」僧人問道：「不曲意獻媚的時候怎麼樣？」惟儼說道：「傾國之物也不交換。」

有一個僧人再次來依附，惟儼禪師問道：「你是誰？」僧人回答：「常坦。」惟儼喝叱道：「前面也是常坦，後面也是常坦。」

有一天，院主請惟儼和尚上堂，眾僧剛聚集起來，惟儼卻很久也不說話，然後就回到方丈室，關上了門。院主追在身後問道：「和尚答應我上堂說法，為什麼卻回方丈室去了？」惟儼回答：「院主，講經有經師，講論有論師，講戒律有律師，又怎麼能責怪老僧呢？」

惟儼禪師問雲巖道：「幹什麼？」雲巖回答：「挑糞。」惟儼問道：「是哪個人的？」雲巖回答：「在。」惟儼問道：「你來來去去是為了誰？」雲巖回答：「是代替他東奔西走。」惟儼問道：「為什麼不讓他並行呢？」雲巖說道：「和尚不要誹謗他。」惟儼就說道：「不應該這樣說。」雲巖問道：「怎麼說？」惟儼說道：「你可曾挑過麼！」

惟儼禪師閑坐時，有僧人問道：「和尚呆呆地在思考什麼？」惟儼回答：「思考那不可思考的東西。」僧人問道：「不可思考的東西怎麼思考？」惟儼回答：「不思考。」

有僧人問道：「學生打算回家鄉時怎麼辦呢？」惟儼禪師說道：「你父母渾身紅腫潰爛，睡在荊棘叢中，你回到哪裡去呢？」僧人便說道：「這樣的話就不回去了。」惟儼說道：「你還是要回去。你如果回到家鄉，我給你指示一個不吃飯的方法。」僧人說道：「那就請和尚說。」惟儼說道：「晨午二時上堂吃飯時，不要咬破一粒米。」

有僧人問道：「什麼是涅槃？」惟儼禪師反問道：「你沒有開口的時候叫作什麼？」

惟儼禪師看見遵布衲在清洗佛像，就問道：「這個就任從你清洗，你還能夠清洗那個嗎？」遵布衲便說道：「你把那個取來。」惟儼只好作罷了。長慶禪師說道：「邪法難以扶持。」玄覺禪師說道：「姑且說說看長慶禪師這樣說，是肯定客人，還是肯定主人？眾人中叫作洗佛之語，亦叫作兼帶之語，姑且說說看完美不完美呢？」

有僧人請求道：「學生有疑問，請和尚解答。」惟儼禪師回答：「等到上堂的時候，再與闍梨解說疑問。」到了晚上上堂時，眾僧齊集完畢，惟儼問道：「今天請求解說疑問的上座在什麼地方？」那僧人從眾僧中站立了出來，惟儼走下禪床，抓住他說道：「眾位僧人！這僧人有疑問。」說完就把他推開，自己回方丈室去了。玄覺禪師說道：「暫且說說看給他解說疑問了嗎？如果解說了疑問，什麼地方是解說疑問呢？如果沒給他解說疑問，為什麼又說等到上堂的時候給你解說疑問？」

惟儼禪師問飯頭道：「你在這裡多久了？」飯頭回答：「三年了。」惟儼說道：「我一直都不認識你。」飯頭不能理解惟儼的語意，就發憤而離去。

有僧人問道：「生命危急之處怎麼辦？」惟儼禪師回答：「不要種植雜種。」僧人問道：「拿什麼來供養呢？」惟儼回答：「沒有東西。」

惟儼禪師命令供養主外出募化。甘贄行者問道：「從什麼地方來？」供養主回答：「從藥山來。」甘行者問道：「來幹什麼？」供養主回答：「來教人布施。」甘行者問道：「還帶得藥來嗎？」供養主反問道：「行者得了什麼病？」甘行者就施捨了兩錠銀子，並說道：「有人就送回，沒人就算了。」惟儼奇怪供養主回來得太快了，供養主解釋道：「回答施主提問的佛法合適，得到了兩錠銀子。」惟儼讓供養主舉說甘行者的問話，供養主說完，惟儼就命令供養主趕快把銀子送還給甘行者。甘行者看見供養主回來，就說道：「還來呀。」便增添銀子布施供養主。同安顯禪師代為回答：「早知道甘行者這樣問話，我怎麼也不會說從藥山來。」

惟儼禪師問僧人道：「聽說你會算命？」那僧人回答：「不敢。」惟儼說道：「你試著給老僧算一算。」僧人無語對答。雲巖禪師後來舉給洞山禪師聽：「你怎麼辦？」洞山說道：「請教和尚的生日時辰。」

惟儼禪師寫了一個「佛」字，問道吾道：「這是什麼字？」道吾回答：「是佛字。」惟儼說道：「這個多嘴的禪師！」

有僧人請求道：「自己之事未能明瞭，乞請和尚指示。」惟儼禪師沉思片刻後說道：「我現在為你說一句話並不難，只是相比較你在言語之下便明心見性而去，還是差了一點兒。如果更讓你陷入沉思，反而成為我的罪過。不如暫且各自閉口，免得相互連累。」

眾僧夜參時，沒有點燈，惟儼禪師指示道：「我有一句句子，等到公牛生小牛時，再向你們說。」當時有一位僧人站出來說道：「公牛已生小牛了，為什麼還不說？」惟儼說道：「拿燈來！拿燈來！」那僧人退入僧眾中間。雲巖禪師後來說給洞山禪師聽，洞山禪師說道：「這個僧人卻是領會了，只是不肯禮拜。」

有僧人問道：「達磨祖師沒有來到此方土地時，此方土地上還有沒有祖師的意旨？」惟儼禪師回答：「有。」僧人問道：「既然有祖師的意旨，他又來這裡做什麼？」惟儼回答：「就因為有，所以要來。」

惟儼禪師看佛經時，有僧人問道：「和尚平常不許人看經書，為什麼自己卻看呢？」惟儼回答：「我只用來遮遮眼睛。」僧人問道：「我學和尚這樣做可不可以呢？」惟儼回答：「如果是你，牛皮也要被看穿。」長慶禪師說道：「眼睛有什麼過錯？」玄覺禪師說道：「暫且說說看長慶禪師是領會了藥山和尚的意思，還是沒有領會藥山和尚的意思呢？」

朗州（今湖南常德）刺史李翺嚮慕惟儼禪師的禪法教化，屢次禮請惟儼下山說法，惟儼均未曾動身，就親自入山來拜謁。惟儼手拿經書，並不看李翺一眼，侍者告訴他道：「太守在這裡。」李翺性情急躁，就說道：「見面不如聞名。」惟儼便招呼「太守」，李翺答應，惟儼問道：「為什麼貴耳賤目？」李翺便拱手賠罪，並問道：「什麼是道？」惟儼用手指一指上面與下面，問道：「領會了嗎？」李翺回答：「沒有領會。」惟儼說道：「雲在天，水在瓶。」李翺便欣喜地作禮拜謝，並口述一篇偈語道：「煉得身形好似仙鶴之形，千株松下兩函經書。我來問道沒有別的回答，雲在青天水在瓶。」玄覺禪師說道：「說說看李太守是讚揚藥山之語，還是領會了他的話呢？必須是行腳之眼才能領會。」李翺又問道：「什麼是戒、定、慧？」惟儼回答：「貧道這裡沒有此類閑家具。」李翺不能領會其中的微妙旨意。惟儼說道：「太守想要保護、持守這些東西，必須向高高的山頂上坐，向深深的海底去遨遊。閨房裡面的東西，捨不得扔掉，就會漏失正道。」

有一天夜裡，惟儼禪師登山行走，忽然雲開月現，便發出了一聲大笑，澧陽（今湖南澧縣）城東九十餘里外居民，都認為是東面鄰居的笑聲，第二天早晨互相推問，一直問到了藥山。他的徒弟們說道：「昨夜和尚山頂上大笑。」李翺再次贈詩道：「選擇幽居以欣慰郊野之情，終年不送客也不迎賓。有時候直上孤峰頂，月下披雲笑一聲。」

惟儼禪師於唐代大和八年（八三四年）二月臨逝世時，叫道：「法堂要倒了！法堂要倒了！」眾人都拿著木柱前來撐住，惟儼便舉手說道：「你們沒有領會我的意思。」說完就圓寂了，享年八十四歲，法臘六十歲。入室弟子沖虛在寺院東面建造靈塔，天子賜諡號曰弘道大師，靈塔名化城。

【說　明】惟儼禪師的門風孤峻，出言玄微，而格調高雅。雖其博涉經教，但住持藥山後，卻不許學人看經，認為看讀經論反為障道之因緣，「記持言語，多被經論惑」，此觀點為藥山惟儼以前所未聞。

潭州大川和尚

潭州大川和尚。（亦名大湖。）有江陵僧新到，禮拜了，在一邊立。師曰：「幾時發江陵？」僧拈起坐具。師曰：「謝子遠來，下去！」僧便出，師曰：「若不恁麼，爭知眼目❶端的！」僧拊掌曰：「苦殺人，幾錯判諸方老宿。」師肯之。（僧舉似丹霞，霞曰：「於大川法道即得，於我遮裡即不然。」僧曰：「未審此間怎麼生？」霞曰：「猶較大川三步。」其僧禮拜，霞曰：「錯判諸方底甚多，甚多！」洞山聞之曰：「不是丹霞，難分玉石。」）

【注　釋】❶眼目　指對禪旨的較高認識。

【語　譯】潭州（今湖南長沙）大川和尚。也稱大湖和尚。有一個江陵僧人新來參見，禮拜完畢，站立在一旁。大川和尚問道：「什麼時候從江陵出發的？」那僧人提起了坐具。大川和尚說道：「謝謝你遠道而來，下去吧！」僧人就出去，大川和尚說道：「如果不是這樣，怎麼知道眼目是否確實！」那僧人拍手說道：「辛苦煞人，幾乎誤會了各地高僧大德。」大川和尚認可了他的話。有僧人講給丹霞禪師聽，丹霞禪師說道：「對於大川和尚的法道來說是可以的，在我這裡就不行。」僧人問道：「不知道這裡是怎樣的？」丹霞禪師說道：「還差大川和尚三步。」那僧人便禮拜，丹霞禪師說道：「誤會各地高僧大德的人很多啊很多！」洞山和尚聽說後說道：「不是丹霞禪師，就難以分別寶玉與石頭。」

汾州石樓和尚

汾州石樓和尚。師上堂，有僧出問曰：「未識本生師，乞師方便指。」曰：

「石樓無耳朵。」僧曰：「某甲自知非。」師曰：「老僧還有過。」僧曰：「和尚過在什麼處？」曰：「過在汝非處。」僧禮拜，師乃打之。

師問僧：「近離什麼處？」曰：「漢國。」師曰：「漢國主人還重佛法麼？」曰：「賴遇某甲，若問別人，即禍生。尚不見有人，更有佛法可重？」師曰：「汝受戒得多少夏？」僧曰：「三十夏。」師曰：「大好不見人！」便打之。

【語譯】汾州（今山西汾陽）石樓和尚。石樓和尚上堂，有僧人站出來問道：「不認識本生之師，乞請和尚適當地指點。」石樓和尚說道：「石樓沒有耳朵。」那僧人便說道：「我自己知道不對了。」石樓和尚說道：「老僧也有過錯。」那僧人問道：「和尚的過錯在什麼地方？」石樓和尚回答：「過錯就在於你不對的地方。」那僧人便禮拜，石樓和尚就打他。

石樓和尚問僧人道：「近來離開了什麼地方？」僧人回答：「漢國。」石樓和尚問道：「漢國的主人還禮重佛法嗎？」那僧人說道：「你幸虧遇見了我，如果問到別人，就要惹禍了。尚且沒看見有人，還有什麼佛法可以禮重？」石樓和尚問道：「你受戒後過了多少年？」僧人回答：「三十年了。」石樓和尚說道：「好一個沒看見有人！」就打他。

鳳翔府法門寺佛陀和尚

鳳翔府法門寺[1]佛陀和尚。師常持一串數珠[2]，念三種名號，曰一釋迦，二元和，三佛陀，自餘是什麼「椀躂丘」，一箇過，終而復始。事迹異常，時人不可測。

【注 釋】❶法門寺 在鳳翔府，原為北周、隋代舊剎，唐代武德元年重修，改稱今名。寺中奉有如來舍利，唐代諸帝時常迎入皇宮供養。五代時寺院毀於戰火，宋代再修。二十世紀八十年代時，曾於法門寺塔之地宮中出土佛指舍利。❷數珠 也稱佛珠、念珠，佛教信徒念佛號或經咒時，用以計數的工具。通常用香木做成小圓粒，貫穿成串，也有用瑪瑙、玉石做的。念珠之數有十八顆、二十七顆、一百零八顆等分別。

【語 譯】鳳翔府（今屬陝西）法門寺佛陀和尚。佛陀和尚常常手拿一串數珠，口念三種名號，即一是釋迦，二是元和，三是佛陀，其餘的是什麼「椀躂丘」，然後數過一個念珠，數完後就又從頭開始。他的事跡不同於常人，當時人都不能推測。

潭州華林和尚

潭州華林和尚。僧到參，方展坐具，師曰：「緩！緩！」僧曰：「和尚見什麼？」師曰：「可惜許❶磕破鐘樓。」其僧大悟。

【注 釋】❶可惜許 即可惜，「許」為語助詞。

【語 譯】潭州（今湖南長沙）華林和尚。有僧人前來參拜，剛打開坐具，華林和尚就阻止道：「慢！慢！」僧人問道：「和尚看見了什麼？」華林和尚說道：「可惜磕頭磕破了鐘樓。」那僧人隨即於言下大悟。

潮州大顛和尚

潮州大顛和尚，初參石頭，石頭問師曰：「那箇是汝心？」師曰：「言語者是。」便被喝出。經旬日，師卻問曰：「前者既不是，除此外何者是心？」石頭曰：「除卻揚眉動目❶，將心來。」師曰：「無心可將來。」石頭曰：「元來有心，何言無心？無心盡同謗。」師言下大悟。異日，侍立次，石頭問曰：「汝是參禪僧？是州縣白蹋❷僧？」師曰：「是參禪僧。」石頭曰：「何者是禪？」師曰：「揚眉動目。」石頭曰：「除卻揚眉動目外，將你本來面目呈看。」師曰：「請和尚除揚眉動目外鑒某甲。」石頭曰：「我除竟。」師曰：「將呈和尚了也。」石頭曰：「汝既將呈我，心如何？」師曰：「不異和尚。」石頭曰：「不關汝事。」師曰：「本無物。」石頭曰：「汝亦無物。」師曰：「既無物，即真物。」石頭曰：「真物不可得，汝心見量❸意旨如此也，大須護持。」師後辭往潮州靈山❹隱居，學者四集。

師上堂示眾曰：「夫學道人須識自家本心，將心相示，方可見道。多見時輩只認揚眉動目，一語一默，驀頭印可，以為心要，此實未了。吾今為汝諸人分明說出，各須聽受。但除卻一切妄運想念，見量即汝真心。此心與塵境及守認靜默時全無交涉。即心是佛，不待修治。何以故？應機隨照，泠泠❺自用。窮其用處，了不可得。喚作妙用，乃是本心。大須護持，不可容易。」僧問：「其中人相見時如何？」師曰：「早不其中也。」僧曰：「其中者如何？」師曰：「不作箇❻問。」

問：「苦海波深，以何為船筏？」師曰：「以木為船筏。」曰：「恁麼即得度也。」師曰：「盲者依前盲，瘂者依前瘂。」

【注　釋】❶揚眉動目　也作「揚眉瞬目」，即思考問題的樣子。❷白蹋　轉徙奔走。❸見量　即「現量」，指不用思量分別的意識，如實地量知諸法現前的實相。❹靈山　在潮州西偏北五十里，山有開善寺，唐僧人大顛居此，潮州刺史韓愈與之往來，至其寺，留衣為別。寺中有留衣堂。❺泠泠　清涼貌。❻作箇　咋個；這麼。

【語　譯】潮州（今屬廣東）大顛和尚，初次參拜石頭和尚時，石頭和尚問他道：「哪個是你的心？」大顛回答：「說話的就是。」隨即被石頭和尚喝退。經過了十餘天，大顛反問道：「前次說的既然不對，那除此之外什麼是心呢？」石頭和尚說道：「除了揚眉動目，拿心來。」大顛回答：「沒有心可以拿來。」石頭和尚說道：「原來有心，為什麼說沒有心？說沒有心全同於誹謗。」大顛於言下即刻大悟。又有一天，大顛侍立時，石頭和尚問道：「你是參禪的僧人呢？還是奔忙於州縣各地的僧人？」大顛回答：「是參禪的僧人。」石頭和尚問道：「什麼是禪？」大顛回答：「揚眉動目。」石頭和尚說道：「除了揚眉動目之外，把你的本來面目呈給我看。」大顛說道：「請和尚除去揚眉動目之外觀察我。」石頭和尚說道：「我已經除去了。」大顛說道：「我已把本來面目呈給和尚了。」石頭和尚便問道：「你既然已經呈給我了，其心怎麼樣？」大顛回答：「與和尚沒有差別。」石頭和尚說道：「不關你的事情。」大顛說道：「本來就沒有物。」石頭和尚說道：「你也沒有物。」大顛說道：「既然沒有物，那就是真正之物。」石頭和尚說道：「真正之物不能得到，你的心中見量的意旨就是這樣的，必須很好地加以保護維持。」大顛和尚後來辭別石頭和尚，前往潮州靈山隱居，學法參禪的人從四方匯集而至。

大顛和尚上堂指示眾人道：「修學佛道的人必須認識自己本心，以心相指示，才能見到道。我常看見當今的人們只曉得揚眉動目，一句說話，或一時沉默，便被當頭印可，以為就是禪門心要，其實並沒有了悟。我現在為你們眾人明確地指出，大家必須各自領會。只要除去一切妄想雜念，見量就是你的真心。這心與塵世境界以及守護忍讓寂靜沉默之時完全沒有關係。這心就是佛，用不著修持治理。什麼原因呢？對應機緣隨處映照，清清自用。窮究其用處，完全不能得到。被叫做妙用的，就是本心。必須好好的護持，不可輕視疏忽。」有僧人問道：「其中有人相見時怎麼樣呢？」大顛回答：「早就不在其中了。」那僧人追問道：「其中的是什麼？」大顛回答：「不是這麼問的。」

有僧人問道：「苦海水深浪高，用什麼作船筏呢？」大顛禪師回答：「用木頭做船筏。」僧人說道：「這樣就可以超度了。」大顛說道：「瞎子依然是瞎子，啞巴依然是啞巴。」

潭州長髭曠禪師

潭州攸縣長髭曠禪師，初往曹溪禮祖塔，迴參石頭。石頭曰：「什麼處來？」曰：「嶺南來。」石頭曰：「嶺頭一尊功德❶成就❷也未？」師曰：「成就久矣，只欠點眼❸在。」石頭曰：「莫要點眼麼？」師曰：「便請。」石頭乃翹一足，師禮拜。石頭曰：「汝見什麼道理便禮拜？」師曰：「據某甲所見，如洪鑪❹上一點雪。」

玄覺云：「且道長髭具眼祇對，不具眼祇對？若具眼，為什麼請他點眼？若不具眼，又道成就久矣？且作麼生商量？」法燈代云：「和尚可謂眼昏。」

【注釋】❶嶺頭一尊功德　此指領悟禪旨。嶺頭，指廣東大庾嶺。❷成就　成功；成立。❸點眼　撥開法眼。❹洪鑪　火勢燒得很旺的爐子。

【語譯】潭州攸縣（今屬湖南）長髭曠禪師，當初前往曹溪禮拜六祖墓塔後，回來參拜石頭和尚。石頭和尚問道：「從什麼地方來的？」曠禪師回答：「從嶺南來。」石頭和尚問道：「大庾嶺頭的一尊功德完成了嗎？」曠禪師回答：「完成很久了，只是欠缺點眼。」石頭和尚問道：「你莫非要點眼嗎？」曠禪師說道：「便請點眼。」石頭和尚就翹起了一隻腳，曠禪師便禮拜。石頭和尚問道：「你看見了什麼道理就禮拜？」曠禪師回答：「根據我所看見的，如同是洪爐上面的一片雪。」玄覺禪師說道：「暫且說說看長髭禪師的應答是具備了法眼，還是沒有具備法眼？如果是具備了法眼，為什麼要請他點眼？如果沒有具備法眼，又為什麼說完成很久了？該作什麼解釋呢？」法燈禪師代替回答道：「和尚可說是眼睛昏花。」

【說明】片雪投入燒得通紅的火爐中，立刻熔化，無影無蹤。佛教用以比喻般若空慧能夠當下消除一切執著之見和虛妄之情。所謂空慧，即觀察一切事物緣起性空的智慧。相傳佛菩薩在地獄中開示緣生性空的道理，無數地獄眾生聽法後，地獄之相即刻化為烏有，如片雪入紅爐中，由此而得到解脫。

水空和尚

水空和尚。師一日廊下逢見一僧，乃問：「時中事作麼生？」僧良久，師曰：

「只恁便得麼？」僧曰：「頭上更安頭❶。」師便打之，曰：「去！去！已後惑亂人家男女❷在。」

【注　釋】❶頭上更安頭　比喻事物的累贅繁複。❷男女　即兒女，此為僧人的賤稱。

【語　譯】水空和尚。有一天，水空和尚在走廊下遇見了一個僧人，就問道：「時中之事怎麼辦呢？」那僧人沉默許久，水空和尚追問道：「只是這樣就行了嗎？」僧人回答：「頭上再安頭。」水空和尚就打了他，並說道：「去！去！以後將惑亂別人家的男女。」

【說　明】南嶽希遷禪師的法嗣還有寶通禪師、海陵大辯禪師、渚涇和尚、衡州道詵禪師、漢州常清禪師、福州碎石和尚、商州商嶺和尚、常州義興和尚等八人，因無機緣語句，故未收錄。

青原行思禪師下三世

前荊州天皇道悟禪師法嗣

澧州龍潭崇信禪師

澧州龍潭崇信禪師，本渚宮❶賣餅家子也，未詳姓氏。少而英異，初悟和尚為靈鑒潛請居天皇寺，人莫之測。師家于寺巷，常日以十餅饋之。悟受之，每食畢，常留一餅，曰：「吾惠汝以蔭子孫。」師一日自念曰：「餅是我持去，何以返遺我邪？其別有旨乎？」遂造而問焉。悟曰：「是汝持來，復汝何咎？」師聞之，頗曉玄旨，因請出家。悟曰：「汝昔崇福善，今信吾言，可名崇信。」由是服勤左右。一日問曰：「某自到來，不蒙指示心要。」悟曰：「自汝到來，吾未嘗不指汝心要。」師曰：「何處指示？」悟曰：「汝擎茶來，吾為汝接。汝行食來，吾為汝受。汝和南時，吾便低首。何處不指示心要？」師低頭良久。悟曰：「見則直下便見，擬思即差。」師當下開解，乃復問：「如何保任？」悟曰：「任性逍遙，隨緣放曠，但盡凡心，無別聖解。」師後詣澧陽龍潭棲止。

僧問：「髻中珠誰人得？」師曰：「不賞翫者。」僧曰：「安著何處？」師曰：「有處。」師曰：「有處即道來。」

尼眾問：「如何得為僧去？」師曰：「作尼來多少時也？」尼曰：「還有為僧時也無？」師曰：「汝即今是什麼？」尼曰：「現是尼身，何得不識？」師曰：「誰識汝？」

李翱問：「如何是真如般若？」師曰：「我無真如般若。」翱曰：「幸遇和尚。」師曰：「此猶是分外❷之言。」

德山問：「久嚮龍潭，到來，潭又不見，龍亦不現。」師曰：「子親到龍潭。」德山即休。

玄覺云：「且道德山肯龍潭，不肯龍潭？若肯龍潭，德山眼在什麼處？若不肯，為什麼承嗣他？」

【注　釋】❶渚宮　在湖北江陵城內，相傳為春秋時楚王造的別宮，南朝梁元帝曾於渚宮故地修築臺榭。❷分外　見外；客氣。

【語　譯】澧州（今湖南澧縣）龍潭崇信禪師（？～八三八年），本是渚宮賣炊餅人家的兒子，不詳他的姓氏。他少年時就才智超群，當初道悟和尚被僧人靈鑒秘密地請來住持天皇寺時，沒有人了解他的修為。崇信居住在天皇寺巷內，平日裡每天送給道悟和尚十個炊餅。道悟和尚收下了炊餅，但每次吃了後，卻常常留下一只餅，並對崇信說道：「我施與你以保佑你的子子孫孫。」有一天，崇信自己思想道：「餅是我拿去的，為什麼又反送給我呢？難道其中另有別的意思嗎？」於是前往天皇寺去問道悟和尚。道悟和尚說道：「是你拿來的，我還給你有什麼不對嗎？」崇信聽了解釋，大體曉得了一些玄妙的意旨，因而請求出家。道悟和尚說道：「你過去崇尚福德與善行，現在又信服我說的話，可以取名叫崇信。」崇信從此服侍在道悟和尚的身邊。有一天，崇信問道：「從我到來那天起，不曾承蒙和尚指示佛法心要。」道悟和尚回答：「自從你到來的那天起，我沒有一天不向你指示佛法的心要。」崇信問道：「什麼地方指示的？」道悟和尚回答：「你托著茶水來，我便為你接下。你遞送飲食來，我便為你收受。你叩頭禮拜時，我便為你低頭示意。什麼地方沒有指示佛法心要？」崇信低著頭沉默了許久。道悟和尚便說道：「要見性則當下就見了，如思慮推測就錯了。」崇信即刻就開悟了，便又問道：「怎樣才能護持？」道悟和尚回答：「順著你的真性而逍遙自在，隨著一切緣分而不拘禮節，只管盡平凡心而為，此外沒有別的聖人見解。」崇信後來前往澧陽龍潭隱居。

有僧人問道：「髮髻中的寶珠，什麼人能獲得？」崇信禪師回答：「不去賞玩的人能獲得。」僧人再問道：「安放在什麼地方？」崇信回答：「所有的地方。」崇信又說道：「有安放之處就說出來。」

有尼姑問道：「怎樣才能成為僧人？」崇信禪師反問道：「你作尼姑有多長時間了？」那尼姑再問道：「我還有能成為僧人之時嗎？」崇信反問道：「你現在是什麼？」尼姑回答：「我現在是尼姑之身，你怎麼會認不得呢？」崇信說道：「誰認得你？」

李翱問道：「什麼是真如般若？」崇信禪師回答：「我沒有真如般若。」李翱便說道：「幸虧遇見了和尚。」崇信說道：「這仍然是分外之言。」

德山宣鑒問道：「我早就嚮慕龍潭，到來後，卻潭也沒有看見，龍也沒有看見。」崇信禪師說道：「你親自來到了龍潭。」德山就作罷了。玄覺禪師說道：「暫且說一說德山宣鑒是認可龍潭禪師之語，還是不認可龍潭禪師？如果是認可龍潭禪師之語，德山的眼目在什麼地方？如果不認可，那為什麼要成為他的法嗣？」

【說　明】「平常心是道」本是馬祖道一的著名禪學命題，曾參學於馬祖的道悟和尚也接受了這一命題，故而在其指示崇信禪師之甚意味深長，且具有濃厚的道家色彩的四句話：「任性逍遙，隨緣放曠，但盡凡心，無別聖解。」即是對「平常心是道」的充分說明，因為道就在接茶、吃飯、禮拜等日常生活之中、平常心之中，此外並沒有什麼「心要」與「聖解」。

前鄧州丹霞山天然禪師法嗣

京兆終南山翠微無學禪師

京兆終南山翠微無學禪師，初問丹霞：「如何是諸佛師？」丹霞咄曰：「幸自可憐生，須要執巾箒作麼？」師退三步，丹霞曰：「錯！」師即進前，丹霞曰：「錯！錯！」師翹一足，旋身一轉而出，丹霞曰：「得即得，孤他諸佛。」師由是領旨，住翠微。

投子問：「未審二祖初見達磨，當何所得？」師曰：「汝今見吾，復何所得？」一日，師在法堂內行，投子進前接禮而問曰：「西來密旨，和尚如何示人？」師駐步少時。又曰：「乞師垂示。」師曰：「更要第二杓惡水作麼？」投子禮謝而退，師曰：「莫採❶卻。」投子曰：「時至根苗自生。」

師因供養羅漢，有僧問曰：「丹霞燒木佛，和尚為什麼供養羅漢？」師曰：「燒也不燒著，供養亦一任供養。」又問：「供養羅漢，羅漢還來也無？」師曰：「汝每日還喫麼？」僧無語。師曰：「少有靈利❷底！」

【注釋】❶採　培植。❷靈利　同「伶俐」。

【語譯】京兆（今陝西西安）終南山翠微無學禪師，初見丹霞天然和尚時問道：「什麼是諸佛之師？」丹霞和尚呵斥道：「真是可憐呀，還要手執毛巾、掃帚去服侍別人幹什麼？」無學後退了三步，丹霞和尚說道：「錯了！」無學就走上前來，丹霞和尚又說道：「錯了！錯了！」無學就翹起了一隻腳，把身體旋轉了一圈後出去，丹霞和尚便說道：「對是對了，只是辜負了他諸佛。」無學於是領悟了妙旨，後住持翠微寺。

投子大同問道：「不知道二祖大師初次拜見達磨祖師時，當有什麼收穫？」無學禪師反問道：「你現在拜見我，又有什麼收穫？」有一天，無學在法堂內行走，投子進屋向前施禮，並問道：「祖師西來的密旨，和尚怎樣傳示給人？」無學停住腳步，站了一會兒。投子又說道：「乞請和尚指示。」無學便說道：「還要第二杓髒水幹什麼？」投子禮拜道歉而退，無學說道：「不要培植它。」投子說道：「時節到了，其根與苗自然會長出來的。」

無學禪師在供養羅漢時，有僧人問道：「丹霞和尚燒木佛，和尚為什麼要供養羅漢呢？」無學回答：「燒也燒不了，供養也聽憑供養。」那僧人又問道：「供養羅漢，那羅漢還會來嗎？」無學反問道：「你每天還吃飯麼？」那僧人無語應答。無學便說道：「很少有伶俐的！」

丹霞山義安禪師

丹霞山義安禪師。第二世住。僧問：「如何是佛？」師曰：「如何是上座？」曰：「恁麼即無異去也。」師曰：「向汝道？」

【語譯】丹霞山義安禪師。第二世住持。有僧人問道：「什麼是佛？」義安回答：「什麼是上座？」僧人便說道：「這樣的話就沒有差別了。」義安說道：「誰跟你說的？」

吉州性空禪師

吉州性空禪師。有一僧來參，師乃展手示之。僧近前卻退，師曰：「父母俱喪，略不慘顏。」僧呵呵大笑，師曰：「少間與闍梨舉哀❶。」其僧打筋斗而出，師曰：「蒼天！蒼天！」

【注　釋】❶舉哀　發喪哀悼。

【語　譯】吉州（今江西吉安）性空禪師。有一位僧人前來參禪，性空便展開手給他看。那僧人走上前來，隨即退下，性空便說道：「父母都亡故了，卻絲毫沒有悲哀的神色。」僧人呵呵大笑，性空說道：「過一會兒給闍梨舉哀。」那僧人就翻著跟斗出去了，性空叫道：「蒼天啊！蒼天啊！」

本童和尚

本童和尚。因門僧寫師真呈師，師曰：「此若是我，更呈阿誰？」僧曰：「豈可分外❶？」師曰：「若不分外，汝卻收取遮箇。」僧便擬收，師打云：「正是分外彊為。」僧曰：「若恁麼即須呈於師。」師曰：「收取！收取！」

【注　釋】❶分外　格外；特別。

【語　譯】本童和尚。因為門下僧人把本童和尚的肖像畫呈上來，所以本童和尚問道：「這個如果是我，你還要呈送給誰？」僧人說道：「難道可以特別嗎？」本童和尚說道：「如果沒有特別，你就收回這個。」僧人便準備收回，本童和尚就打他，並說道：「正是格外的勉強。」僧人說道：「如果是這樣的，就必須呈給和尚。」本童和尚說道：「收下了！收下了！」

米倉和尚

米倉和尚。有僧新到參，遶師三匝，敲禪牀曰：「不見主人翁，終不下參眾。」師曰：「什麼處情識去來？」僧曰：「果然不在。」師打一拄杖。僧曰：「幾落情識，呵呵！」師曰：「村草步頭❶逢著一箇，有什麼話處？」僧曰：「且參眾去。」

【注釋】❶步頭　水邊停舟的渡口。

【語譯】米倉和尚。有一個新來參禪的僧人，圍繞著米倉和尚走了三圈，敲了敲禪牀說道：「沒有看見主人翁，終究不下去參見眾僧。」米倉和尚問道：「什麼地方得來的情識？」那僧人說道：「主人翁果然不在。」米倉和尚打了他一拄杖。那僧人說道：「差點陷於情識，呵呵！」米倉和尚說道：「小村野草步頭遇到一個，有什麼可說的？」那僧人便說道：「姑且參見眾僧去。」

【說　明】丹霞天然禪師的法嗣還有揚州六合大隱禪師、丹霞山慧勤禪師二人，因無機緣語句，故未收錄。

前藥山惟儼和尚法嗣

潭州道吾山圓智禪師

潭州道吾山❶圓智❷禪師，豫章海昏❸人也，姓張氏。幼依槃和尚受教登戒，

929 潭州道吾山圓智禪師

預藥山法會，密契心印。一日，藥山問：「子去何處來？」曰：「遊山來。」藥山曰：「不離此室，速道將來。」曰：「山上烏兒[4]白似雪，澗底游魚忙不徹[5]。」

師與雲巖侍立次，藥山曰：「智不到處，切忌道著。道著即頭角生[6]。智頭陀怎麼生？」師便出去。雲巖問藥山曰：「智師兄為什麼不祇對和尚？」藥山曰：「我今日背痛，是他卻會，汝去問取。」雲巖即來問師曰：「師兄適來為什麼不祇對和尚？」師曰：「汝卻去問取和尚。」

> 僧問雲居：「切忌道著，意怎麼生？」雲居云：「此語最毒。」僧云：「如何是最毒底語？」雲居云：「一棒打殺龍蛇。」

雲巖臨遷化時，遣人送辭書到，師展書覽之曰：「雲巖不知有，悔當時不向伊道。然雖如是，要且不違藥山之子。」

> 玄覺云：「古人恁麼道，還有也未？」又云：「雲巖當時不會，且道什麼處是伊不會處？」

藥山上堂云：「我有一句子，未曾說向人。」師出云：「相隨來也。」僧問：「藥山一句子如何說？」藥山曰：「非言說。」師曰：「早言說了也。」

師臥次，椑樹云：「作甚麼？」師云：「蓋覆。」椑云：「臥是坐是？」師云：「不在兩頭。」椑云：「爭奈蓋覆！」師云：「莫亂道。」師見椑樹坐次，師云：「作甚麼？」椑云：「和南。」師云：「隔闊來多少時？」椑云：「恰是。」乃拂袖出。

師提笠子出，雲巖云：「作甚麼？」師云：「有處。」巖云：「風雨來怎麼生？」師云：「蓋覆著。」巖云：「他還受蓋覆麼？」師云：「雖然如此，且無遺漏。」

因溈山問雲巖：「菩提以何為座？」雲巖曰：「以無為為座。」雲巖卻問溈山，溈山曰：「以諸法空為座。」溈山又問師：「怎麼生？」師曰：「坐也聽伊坐，臥也聽伊臥。有一人不坐不臥。速道！速道！」

溈山問師：「什麼處去來？」師曰：「看病來。」曰：「有幾人病？」師曰：「有病底，有不病底。」曰：「不病底莫是智頭陀否？」師曰：「病與不病，總不干他事。急道！急道！」

僧問：「萬里無雲未是本來天，如何是本來天？」師曰：「今日好曬麥。」

問：「無神通菩薩為什麼足迹難尋？」師曰：「同道方知。」曰：「和尚知否？」師曰：「不知。」曰：「為什麼不知？」師曰：「汝不識我語。」

雲巖問：「師兄家風作麼生？」師曰：「教汝指點著，堪作什麼？」曰：「無遮箇來多少時也？」師曰：「牙根猶帶生澁在。」

又問：「如何是今時著力處？」師曰：「千人喚不迴頭，方有少分。」曰：

「忽然火起時如何？」師曰：「能燒大地。」師問僧：「除卻星及燄，阿那箇是火？」僧曰：「不是火。」別一僧卻問師：「還見火否？」師曰：「見。」曰：「見從何起？」師曰：「除卻行住坐臥，更請一問。」

南泉示眾云：「法身具四大否？有人道得，與他一腰裩❼。」師云：「性地非空，空非性地。此是地大。四大亦然。」南泉不違前言，乃與師裩。

師見雲巖不安，乃謂曰：「離此殼漏子❽，向甚麼處相見？」巖云：「不生不滅處相見。」師曰：「何不道非不生不滅處，亦不求相見？」

師見雲巖補草鞋，云：「作甚麼？」巖云：「將敗壞補敗壞。」師云：「何不道即敗壞非敗壞？」

師聞僧念《維摩經》云：「八千菩薩，五百聲聞，皆欲隨從文殊師利。」師云：「甚麼處去？」其僧無對，師便打。後僧問禾山，禾山代云：「給侍者方詣。」

師下山到五峰，五峰問：「還識藥山老宿否？」師曰：「不識。」五峰曰：「為甚麼不識？」師曰：「不識！不識！」

問：「如何是和尚家風？」師下禪牀作女人拜曰：「謝子遠來，都無祇待。」

問：「如何是祖師西來意？」師曰：「東土不曾逢。」

問：「設先師齋，未審先師還來也無？」師曰：「汝諸人設齋作麼生？」問：「頭上寶蓋❾生，不得道我是如何？」師曰：「聽他。」曰：「和尚如何？」師曰：「我無遮箇。」

石霜問師：「百年後有人問極則事，作麼生向他道？」師喚沙彌，沙彌應諾，師曰：「添卻淨缾水著。」師良久，卻問石霜：「適來問什麼？」石霜再舉，師便起去。石霜異日又問：「和尚一片骨，敲著似銅鳴，向什麼處去也？」師喚侍者，侍者應諾，師曰：「驢年去！」

師唐大和九年乙卯九月示疾，有苦，僧眾慰問體候。師曰：「有受非償，子知之乎？」眾皆愀然❿。十一日，將行，謂眾曰：「吾當西邁，理無東移。」言訖告寂，壽六十有七。闍維，得靈骨數片，建塔于石霜山之陽。敕諡修一大師，塔曰寶相。

【注釋】❶道吾山　在湖南瀏陽北十里，山形如蓮花，又名蓮花峰。有七十二峰，東西環列如屏。山內有龍湫，俗稱老龍潭，上有雷劈石。❷圓智　《五燈會元》卷七作「宗智」。❸海昏　縣名，西漢時置，後為昌邑王封國，東漢為侯國，三國時為建昌都尉治所，南朝宋時始改名建昌縣，即今江西永修。❹烏兒　烏鴉。❺徹　盡；畢。唐詩人杜甫〈江畔獨步尋花七絕句〉：「江上被花惱不徹，無處告訴只顛狂。」❻頭角生　比喻變成畜生。頭角，指野獸頭上的角。❼裩　同「褌」。有襠的褲子，以區別於無襠的套褲。《晉書·阮籍傳》：「獨不見群虱之處褌……行不敢離縫際，動不敢出褌襠。」❽殼漏子　佛家常用以表示身體。❾寶蓋　用寶玉修飾的天蓋，佛、菩薩及講僧之高座上所懸掛者。❿愀然　心情悽楚貌。

【語　譯】潭州（今湖南長沙）道吾山圓智禪師（七六八～八三五年），豫章郡海昏縣（今江西永修）人，俗姓張。他幼年就皈依槃和尚接受教法，受具足戒，又參與藥山惟儼和尚的法會，秘密契合佛法心印。有一天，藥山和尚問道：「你到哪裡去了？」圓智回答：「遊山去了。」藥山便說道：「不離開這間房子，快說上來。」圓智說道：「山上烏鴉白如雪，澗底游魚忙不徹。」

圓智禪師與雲巖禪師侍立時，藥山和尚問道：「智慧不到的地方，切忌講說。講說了就會墮入畜生一類。圓智頭陀怎麼樣？」圓智就走了出去。雲巖問藥山和尚道：「圓智師兄為什麼不回答和尚？」藥山和尚說道：「我今天背痛，這意思他已領會了，你去問他吧。」雲巖便來問圓智道：「師兄剛才為什麼不回答和尚？」圓智回答：「你還是去問和尚吧。」有僧人問雲居禪師道：「切忌講說，其意思是什麼？」雲居禪師回答：「這句話最毒。」僧人問道：「什麼是最毒的話？」雲居禪師說道：「一棒打殺龍蛇。」雲巖快去世時，派人送來了告別書信，圓智展開書信看完後說道：「雲巖不知道有，我後悔當時未向他說明。但雖然這樣，還是不愧為藥山的弟子。」玄覺禪師說道：「古人這樣說，不知道還有嗎？」又說道：「雲巖當時沒有領會，姑且說說看什麼地方是他沒有領會之處？」

藥山和尚上堂說道：「我有一句話，從沒有對人說過。」圓智禪師站出來說道：「我跟隨著來了。」有僧人問道：「藥山一句話怎麼說？」藥山和尚回答：「不說話。」圓智說道：「早已說了。」

圓智禪師躺著時，椑樹慧省問道：「幹什麼？」圓智說道：「覆蓋。」椑樹問道：「躺著對呢，還是坐著對？」圓智回答：「不在這兩端。」椑樹問道：「那拿覆蓋怎麼辦呢！」圓智說道：「不要亂說。」圓智看見椑樹正在打坐，就問道：「幹什麼？」椑樹回答：「作禮拜。」圓智問道：「隔絕了多少時間了？」椑樹回答：「恰好是。」圓智便拂袖而出。

圓智禪師提著斗笠出去，雲巖問道：「幹什麼？」圓智回答：「有用處。」雲巖問道：「風雨來的時候怎麼辦？」圓智回答：「覆蓋住。」雲巖問道：「它還接受覆蓋嗎？」圓智回答：「雖然是這樣的，但沒有滲漏。」

因為溈山靈祐和尚問雲巖道：「菩提用什麼為座？」雲巖回答：「用無為為座。」雲巖用相同的問題反問溈山和尚，溈山和尚回答：「用諸法空為座。」溈山和尚又問圓智禪師道：「怎麼樣？」圓智回答：「坐也隨他坐，躺也隨他躺。有一個人不坐也不躺。快說！快說！」

溈山和尚問圓智禪師道：「到什麼地方去了？」圓智回答：「看病去。」溈山和尚問道：「有幾個人病了？」圓智回答：「有生病的，有沒生病的。」溈山和尚問道：「沒生病的，莫非就是圓智頭陀嗎？」圓智回答：「有病與沒病，總與他不相干。快說！快說！」

有僧人問道：「萬里無雲不是天的本來面目，什麼是天的本來面目？」圓智禪師說道：「今天好曬麥。」

有人問道：「無神通菩薩為什麼足跡難以尋覓？」圓智禪師回答：「同行的人才知道。」那人問道：「和尚知道嗎？」圓智回答：「不知道。」那人問道：「為什麼不知道？」圓智回答：「你不明白我說的話。」

雲巖問道：「師兄的家風怎麼樣？」圓智禪師回答：「讓你指指點著，還能做什麼？」雲巖問道：「沒有這個有多久了？」圓智回答：「牙根還帶有些生澀。」

又有僧人問道：「什麼是今天用力的地方？」圓智禪師回答：「一千人也呼喚不回頭，方才有少許相應。」

僧人問道：「忽然起火時怎麼辦？」圓智回答：「能燎燒大地。」圓智反問那僧人道：「除了火星與火焰，哪個是火？」僧人回答：「不是火。」另外有一個僧人反問圓智道：「和尚還能看見火嗎？」圓智回答：「能看見。」僧人問道：「看見從哪裡而起的？」圓智說道：「除了行、住、坐、臥，還請問別的。」

南泉普願和尚指示眾僧道：「法身具備四大嗎？有人能回答，我就送給他一條腰褌。」圓智禪師說道：「性地不是空，空不是性地。這是地大。四大都是這樣的。」南泉和尚不食前言，就送給圓智一條腰褌。

圓智禪師看見雲巖身體欠安，就問他道：「離開這殼漏子，到什麼地方再相見？」雲巖回答：「在沒有生沒有滅之處相見。」圓智問道：「為什麼不說不是沒有生沒有滅之處，也不求相見？」

圓智禪師看見雲巖在補草鞋，就問道：「做什麼呢？」雲巖回答：「用破爛來補破爛。」圓智說道：「為什麼不說使破爛成不破爛呢？」

圓智禪師聽到有僧人在念《維摩經》道：「八千尊菩薩，五百位聲聞，都想跟隨文殊師利。」圓智就問道：「到什麼地方去？」那僧人不能回答，圓智便打他。後來那僧人去問禾山禪師，禾山代為回答道：「給侍的人方才和諧。」

圓智禪師下山來到五峰寺院，五峰禪師問道：「還認識藥山老和尚嗎？」圓智回答：「不認識。」五峰問道：「為什麼不認識？」圓智回答：「不認識！不認識！」

有人問道：「和尚的家風怎麼樣？」圓智禪師走下禪床，作出女人行禮的樣子說道：「感謝你遠道而來，一點也沒有招待。」

有人問道：「什麼是祖師西來的意旨？」圓智禪師回答：「東土不曾遇到。」

有人問道：「為先師設置齋祭，不知道先師還來不來？」圓智禪師反問道：「你們眾人設置齋祭幹什麼？」

有人問道：「頭上寶蓋出現，不能說我是什麼？」圓智禪師回答：「隨他。」僧人問道：「和尚怎麼樣？」圓智回答：「我沒有這個。」

石霜慶諸問圓智禪師道：「和尚百年後如有人問起極則之事，應怎麼對他說呢？」圓智便招呼沙彌，沙彌答應，圓智說道：「給淨瓶裡添水。」圓智又沉默了許久，反問石霜道：「剛才問什麼？」石霜再提問，圓智就起身離去。另一天，石霜又問道：「和尚一塊骨頭，敲著像銅鳴，到什麼地方去了？」圓智招呼侍者，侍者答應，圓智說道：「驢年去！」

唐代大和九年乙卯歲（八三五年）九月，圓智禪師生了病，很痛苦，僧眾前來慰問。圓智說道：「是承受不是償還，你們知道嗎？」僧眾聽了都很悽楚。十一日，圓智將要逝世時，對眾僧說道：「我當西去，按理不應東移。」說完就圓寂了，終年六十七歲。火化，獲得了幾片靈骨，便在石霜山南面建造靈塔供養。天子賜謚號曰修一禪師，靈塔名寶相。

潭州雲巖曇晟禪師

潭州雲巖曇晟禪師，鍾陵建昌人也，姓王氏。少出家於石門，初參百丈海禪師，未悟玄旨，侍左右二十年。百丈歸寂，師乃謁藥山，言下契會。語見〈藥山〉章。

一日，藥山問：「汝除在百丈，更到什麼處來？」師曰：「曾到廣南來。」曰：「見說廣州城東門外有一團石，被州主❶移卻，是否？」師曰：「非但州主，闔❷國人移亦不動。」藥山乃又問：「聞汝解弄師子，是否？」師曰：「是。」曰：「弄得幾出❸？」師曰：「弄得六出。」曰：「我亦弄得。」師曰：「和尚弄得幾出？」曰：「我弄得一出。」師曰：「一即六，六即一。」師後到溈山，溈山問曰：「承聞長老在藥山弄師子，是否？」師曰：「是。」曰：「長弄麼，還有置時？」師曰：「要弄即弄，要置即置。」曰：「置時師子在什麼處？」師曰：「置也！置也！」

問：「從上諸聖什麼處去？」師良久云：「作麼！作麼！」問：「暫時不在，如同死人，如何？」師云：「好埋卻。」問：「大保任❹底人，與那箇是一是二？」

師云：「一機之絹，是一段，是兩段？」洞山聞云：「如人接樹。」

師煎茶次，道吾問：「煎與阿誰？」師曰：「有一人要。」曰：「何不教伊自煎？」師曰：「幸有某甲在。」

師問石霜：「什麼處來？」霜云：「潙山來。」師云：「在彼中得多少時？」霜云：「粗❺經冬夏。」師云：「恁麼即成山長也。」霜云：「雖在彼中卻不知。」師云：「他家亦非知非識。」無對。後道吾聞云：「得恁無佛法身心。」

師後居潭州雲巖山。一日，謂眾曰：「有箇人家兒子，問著無有道不得底。」洞山問：「他屋裡有多少典籍？」師曰：「一字也無。」曰：「爭得恁麼多知？」師曰：「日夜不曾眠。」曰：「問一段事還得否？」師曰：「道得卻不道。」

師問僧：「什麼處來？」僧曰：「添香來。」師曰：「見佛否？」曰：「見。」師曰：「什麼處見？」曰：「下界見。」師曰：「古佛，古佛！」

道吾問：「大悲千手眼如何？」師曰：「如無燈時把得枕子怎麼生？」道吾曰：「我會也！我會也！」師曰：「怎麼生會？」道吾曰：「通身是眼。」

師掃地次，潙山云：「太驅驅❻生！」師云：「須知有不驅驅者。」潙云：「恁即有第二月❼也。」師竪起掃箒，云：「是第幾月？」師低頭去。玄沙聞云：

「正是第二月。」

師問僧：「什麼處來？」僧曰：「石上語話來。」師曰：「石還點頭也無？」僧無對。師曰：「未問時卻點頭。」

師作鞋次，洞山問：「就師乞眼睛。」師曰：「汝底與阿誰去也？」曰：「良价無。」師曰：「有，汝向什麼處著？」洞山無語。師曰：「乞眼睛底是眼否？」曰：「非眼。」師咄之。

師問尼眾：「汝邪❽在否？」曰：「在。」師曰：「年多少？」曰：「年八十。」師曰：「汝有箇邪不年八十，還知否？」曰：「莫是恁麼來者？」師曰：「猶是兒子。」洞山云：「直是不恁麼來者，亦是兒孫。」

僧問：「一念瞥起便落魔界時如何？」師曰：「汝因什麼從佛界而來？」僧無對，師曰：「會麼？」曰：「不會。」師曰：「莫道體不得，設使體得也，只是左之右之。」

師問僧：「聞汝解卜，是否？」曰：「是。」師曰：「試卜老僧看。」僧無對。洞山代云：「請和尚生月。」

師唐會昌元年辛酉十月示疾，二十六日沐身竟，喚主事僧，令備齋，來日有上座發去。至二十七日，並無人去。及夜，師歸寂，壽六十，荼毗得舍利一千餘粒，瘞于石墳。敕諡無住大師，塔曰淨勝。

【注釋】❶州主　指刺史或州府長官。❷闔　全；都。❸出　戲劇一次演唱的段落，稱一出，也作一齣。❹保任　保持；護守。❺粗　才；僅。副詞。唐詩人白居易〈題新居寄元八〉詩：「階庭寬窄才容足，牆壁高低粗及肩。」❻驅驅　辛苦忙碌貌。❼第二月　指人因眼病而看見的第二個月亮。比喻物之似有還無。《圓覺經》曰：「妄認四大為自身相，六塵緣影為自心相。譬如彼病目見空中華及第二月。」❽邪　通「爺」。

【語譯】潭州（今湖南長沙）雲巖曇晟禪師（七八二～八四一年），鍾陵建昌（今江西永修）人，俗姓王。他少年就在石門山出家，最初參拜百丈懷海和尚，但未能領悟玄妙旨意，而侍從於百丈和尚左右達二十年。百丈和尚圓寂後，曇晟才去拜謁藥山和尚，於言下契合禪旨。其對話見本書〈藥山惟儼禪師〉章。

有一天，藥山和尚問道：「你除了在百丈山，還到什麼地方去過？」曇晟禪師回答：「曾到過廣南。」藥山和尚問道：「聽說廣州（今屬廣東）城東門外有一塊圓形大石，被州主搬掉了，是不是啊？」曇晟回答：「別說是州主，就是全國的人來搬，也搬不動。」藥山和尚便再問道：「聽說你能舞弄獅子，是不是啊？」曇晟回答：「對。」藥山和尚問道：「能舞弄幾齣？」曇晟回答：「能舞弄六齣。」藥山和尚便說道：「我也會舞弄。」曇晟問道：「和尚能舞弄幾齣？」藥山和尚回答：「我能舞弄一齣。」曇晟說道：「一就是六，六就是一。」曇晟此後來到了溈山，溈山靈祐和尚問道：「聽說長老在藥山舞弄獅子，是不是啊？」曇晟回答：「是。」溈山和尚問道：「是一直舞弄呢，還是有放下的時候？」曇晟回答：「要舞弄就舞弄，要放下就放下。」溈山和尚問道：「放下時那獅子在什麼地方？」曇晟說道：「放下了！放下了！」

有人問道：「從前諸位聖人到什麼地方去了？」曇晟禪師沉默片刻才說道：「幹什麼！幹什麼！」有人問道：「他們暫時不在，如同是死人，怎麼辦？」曇晟回答：「正好埋了。」有人問道：「大保任的人，與那個是一樣的還是不一樣的？」曇晟回答：「一架織機織出來的布，是一段呢，還是兩段？」洞山和尚聽說後說道：「如同人連接樹一樣。」

曇晟禪師煎茶的時候，道吾圓智禪師問道：「煎給誰？」曇晟回答：「有一個人需要。」道吾問道：「為什麼不叫他自己煎？」曇晟回答：「幸虧有我在。」

曇晟禪師問石霜慶諸道：「從什麼地方來？」石霜回答：「從溈山來。」曇晟問道：「在他那裡待了多少時間？」石霜回答：「僅經過了一個冬夏。」曇晟說道：「這樣就成為山長了。」石霜說道：「雖然在他那裡，卻不知道這事。」曇晟說道：「他家也是沒知沒識的。」石霜不能應對。後來道吾禪師聽說，便說道：「這樣的話就沒有佛法身心了。」

曇晟禪師後來住持潭州雲巖山。有一天，曇晟對眾僧說道：「有個人家的兒子，問他問題沒有回答不了的。」洞山良价問道：「他屋裡有多少書籍？」曇晟回答：「一個字也沒有。」洞山問道：「他怎麼會有這麼多的知識？」曇晟回答：「日日夜夜不曾睡過覺。」洞山問道：「問一件事還可以嗎？」曇晟回答：「能說的卻不說。」

曇晟禪師問僧人道：「從什麼地方來的？」僧人回答：「燒了香來。」曇晟問道：「看見佛了嗎？」僧人回答：「看見了。」曇晟問道：「什麼地方看見的？」僧人回答：「在下界看見的。」曇晟讚道：「古佛啊，古佛！」

道吾禪師問道：「大悲觀音菩薩有一千隻手一千隻眼，怎麼樣？」曇晟禪師回答：「就如同深夜沒有燈火時拿著枕頭怎麼辦？」道吾說道：「我領會了！我領會了！」曇晟問道：「領會了什麼？」道吾回答：「遍身都是眼。」

曇晟禪師掃地的時候，溈山和尚說道：「太辛勞了！」曇晟回答：「必須知道有不辛勞的。」溈山和尚說道：「這樣的話就有第二個月亮了。」曇晟豎起了掃帚，溈山和尚問道：「是第幾個月亮？」曇晟便低頭離去。玄沙禪師聽到後說道：「正是第二個月亮。」

曇晟禪師問僧人道：「從什麼地方來？」僧人回答：「在石頭上說話來。」曇晟問道：「石頭還點頭了沒有？」僧人不能回答。曇晟自己回答道：「沒有提問時倒是點頭的。」

曇晟禪師製作草鞋時，洞山良价請求道：「乞請和尚的眼睛用用。」曇晟問道：「你的給誰了？」洞山回答：「良价沒有眼睛。」曇晟問道：「如果有了，你往什麼地方放置呢？」洞山無語以對。曇晟問道：「乞求眼睛的是眼睛嗎？」洞山回答：「不是眼睛。」曇晟就喝叱他。

曇晟禪師問一個尼姑道：「你的父親健在嗎？」尼姑回答：「健在。」曇晟問道：「多大年歲了？」尼姑回答：「八十歲了。」曇晟問道：「你有一個父親沒有八十歲，你還知道嗎？」尼姑問道：「莫非就是這樣來的人嗎？」曇晟說道：「還是兒子。」洞山禪師說道：「即使不這樣來的，也還是兒孫。」

有僧人問道：「一個念頭忽然興起便落人魔界時怎麼樣？」曇晟禪師問道：「你因為什麼卻從佛界而來？」僧人無語以對，曇晟問道：「領會了嗎？」僧人回答：「沒有領會。」曇晟說道：「不要說體會不了，即使體會得出，也只是偏左偏右。」

曇晟禪師問僧人道：「聽說你會占卜，是不是啊？」僧人回答：「是。」曇晟說道：「試幫老僧占卜一下。」僧人無言以對。洞山禪師代為回答：「請問和尚的生日。」

唐代會昌元年辛酉歲（八四一年）十月，曇晟禪師生病了，二十六日，他洗澡完畢後，叫來了主事僧，命令準備齋飯，說明天有一位上座要離開。到了二十七日，並沒有人離去。等到夜裡，曇晟禪師圓寂了，享年六十歲，火化後得到舍利一千多粒，埋葬在石塔內。天子賜諡號曰無住大師，靈塔名淨勝。

華亭船子德誠禪師

華亭船子和尚，名德誠，嗣藥山，嘗於華亭吳江❶泛一小舟，時謂之「船子和尚」。

師嘗謂同參道吾曰：「他後有靈利座主，指一箇來。」道吾後激勉京口和尚善會參禮師。師問曰：「座主甚麼處住寺？」會曰：「寺即不住，住即不似。」師曰：「不似又不似箇什麼？」會曰：「目前無一法可似。」師曰：「何處學得來？」曰：「非耳目之所到。」師笑曰：「一句合頭❷語，萬劫繫驢橛❸。」師又曰：「垂絲千丈，意在深潭。離鉤三尺，速道！速道！」會擬開口，師便以篙撞在水中，因而大悟。師當下棄舟而逝，莫知其終。

【注釋】❶吳江　即吳淞江，為太湖的最大支流，也名笠津、松陵江、松江，俗稱蘇州河，於上海市區合黃浦江入海。❷合頭　指愚笨、不開竅。❸繫驢橛　此喻變成繫在木橛上的驢子。

【語譯】華亭（今上海松江）船子和尚，名德誠，為藥山和尚的法嗣，曾經在華亭吳江上盪一葉小船，時人稱之為「船子和尚」。

船子和尚曾經對同學道吾圓智禪師說道：「以後遇見有伶俐的座主，請指點一個前來。」道吾後來激勵京口（今江蘇鎮江）和尚善會來參拜船子和尚。船子和尚問道：「座主住在什麼寺裡？」善會回答：「寺就不住，住就不似。」船子和尚便問道：「不似，又不似個什麼？」善會回答：「眼前沒有一法可以比似。」船子和尚問道：「是從哪裡學得來的？」善會回答：「不是耳目所能達到的。」船子和尚笑著說道：「說了一句糊塗話，萬世繫在驢橛上。」船子和尚又說道：「垂下一千丈的絲線，其意圖就在於深潭。離開魚鉤三尺，快說！快說！」善會打算開口，船子和尚就用竹篙把他撞入水中，善會因此大悟。船子和尚當時就從船上跳入水中而去，沒有人知道他後來的情況如何。

宣州椑樹慧省禪師

宣州椑樹慧省禪師。洞山參師，師問曰：「來作什麼？」洞山曰：「來親近和尚。」師曰：「若是親近，用動兩片皮作麼？」洞山無對。曹山後聞，乃云：「一子❶親得。」

僧問：「如何是佛？」師曰：「貓兒上露柱。」曰：「學人不會。」師曰：「問取露柱去。」

【注釋】❶一子　一些。

【語譯】宣州（今安徽宣城）椑樹慧省禪師。洞山良价前來參拜，慧省禪師問道：「來幹什麼？」洞山回答：「來親近和尚。」慧省問道：「如果是來親近的，動用這兩片皮作什麼？」洞山無言以答。曹山禪師後來聽說了，就說道：「有一些親近得。」

有僧人問道：「什麼是佛？」慧省禪師回答：「貓兒跳上了露柱。」僧人說道：「學生不能領會。」慧省說道：「那就問露柱去吧。」

藥山高沙彌

高沙彌，藥山住庵。初參藥山，藥山問師：「什麼處來？」師曰：「南嶽來。」藥云：「何處去？」師曰：「江陵受戒去。」藥云：「受戒圖什麼？」師曰：「圖免生死。」藥云：「有一人不受戒，亦免生死，汝還知否？」師曰：「恁麼即佛戒何用？」藥云：「猶掛脣齒❶在。」便召維那云：「遮跛腳沙彌不任僧務安排，向後庵著。」藥山又謂雲巖、道吾曰：「適來一箇沙彌卻有來由。」道吾云：「未可全信，更勘始得。」藥乃再問師曰：「見說長安甚鬧？」師曰：「我國晏然。」法眼別云：「見誰說？」藥云：「汝從看經得，請益得？」師曰：「不從看經得，亦不從請益得。」藥云：「大有人不看經、不請益，為什麼不得？」師曰：「不道他無，只是他不肯承當。」

師乃辭藥山住庵，藥云：「生死事大，何不受戒去？」師曰：「知是遮般事，喚什麼作戒？」藥咄：「遮沙彌饒舌。入來❷近處住庵，時復要相見。」師住庵後，雨裡來相看，藥云：「你來也。」師曰：「是。」藥云：「可曬❸濕。」師曰：「不打遮箇鼓笛。」雲巖云：「皮也無，打什麼鼓？」道吾云：「鼓也無，打什麼皮？」藥云：「今日大好曲調。」

僧問：「一句子還有該不得處否？」師云：「不順世。」

藥山齋時自打鼓，高沙彌捧鉢作舞入堂。藥山便擲下鼓槌云：「是第幾和❹？」高曰：「第二和。」曰：「如何是第一和？」高就桶內舀一杓飯便出去。

【注　釋】❶脣齒　此指語言。❷入來　到來；進來。❸可曬　即「可煞」，也作「可殺」，極、甚之意。❹和　樂曲的一段稱作一和。

【語　譯】高沙彌，住在藥山後庵。初次參拜藥山和尚時，藥山和尚問他道：「從什麼地方來的？」高沙彌回答：「從南嶽來。」藥山和尚問道：「向哪裡去？」高沙彌回答：「到江陵（今湖北荊州）去受具足戒。」藥山和尚問道：「受戒圖個什麼？」高沙彌回答：「希望能免除生死。」藥山和尚問道：「有一個人沒有受戒，也免除了生死，你還知道嗎？」高沙彌說道：「這樣的話，那佛法戒律有什麼用處？」藥山和尚說道：「還是拘泥於言辭。」就召來維那吩咐道：「這個跛腳沙彌不要安排他做僧堂事務，讓他住在後面庵中。」藥山和尚又對雲巖曇晟、道吾圓智說道：「剛才來了一個沙彌，卻是有些根底。」道吾說道：「不可以完全相信，還要再勘驗一下才行。」藥山於是再問高沙彌道：「聽說長安（今陝西西安）很熱鬧啊？」高沙彌回答：「我的國土卻很安靜。」法眼禪師別作回答：「聽誰說的？」藥山和尚問道：「你是看經書學到的，還是請教別人學到的？」高沙彌回答：「不從看經書學到的，也不從請教別人學到的。」藥山和尚問道：「有很多人不看經書、不請教別人，為什麼不能學到？」高沙彌回答：「不能說他們沒有，只是他們不肯承當。」

高沙彌於是辭別藥山和尚去住那小庵，藥山和尚問道：「生死之事尤為重大，你為什麼不去受戒呢？」高沙彌回答：「知道是這回事，還叫什麼作佛戒？」藥山和尚喝叱道：「這沙彌多嘴。就到附近小庵居住，時常要與你相見。」高沙彌住到小庵後，有一個雨天來看望藥山和尚，藥山和尚說道：「你來了。」高沙彌說道：「是。」藥山和尚說道：「淋得太濕了。」高沙彌說道：「不打這個鼓笛。」雲巖說道：「皮也沒有，打什麼鼓呢？」道吾說道：「鼓也沒有，打什麼皮呢？」藥山和尚說道：「今天的曲調真美妙。」

有僧人問道：「一句話還有應該不說之處嗎？」高沙彌回答：「不逝世。」

開齋飯時，藥山和尚親自打鼓，高沙彌捧著食鉢跳著舞進入了齋堂。藥山和尚便放下鼓槌問道：「是第幾和？」高沙彌回答：「是第二和。」藥山和尚問道：「什麼是第一和？」高沙彌就在飯桶內舀了一杓飯後出去了。

鄂州百顏明哲禪師

鄂州百顏明哲禪師。洞山與密師伯到參，師問曰：「闍梨近離什麼處？」洞山曰：「近離湖南。」師曰：「觀察使姓什麼？」曰：「不得姓。」師曰：「名什麼？」曰：「不得名。」師曰：「還治事也無？」曰：「自有郎幕❶在。」師曰：「豈不出入？」洞山便拂袖去。師明日入僧堂曰：「昨日對二闍梨一轉語❷不穩，今請二闍梨道。若道得，老僧便開粥相伴過夏。速道！速道！」洞山曰：「太尊貴生！」師乃開粥，共過一夏。

【注　釋】❶郎幕　此指幕僚官員。❷轉語　禪家稱能撥轉對方心機，使之恍然大悟的片言隻語為轉語。

【語　譯】鄂州（今湖北武漢）百顏明哲禪師。洞山良价與密師伯前來參見，明哲禪師問道：「闍梨近來離開了什麼地方？」洞山回答：「近來離開湖南。」明哲問道：「那裡的觀察使姓什麼？」洞山回答：「不知道他的姓。」明哲問道：「叫什麼名字？」洞山回答：「也不知道他的名字。」明哲問道：「還處理政務嗎？」洞山回答：「自然有幕僚處理。」明哲問道：「難道不進出嗎？」洞山就拂袖而去。明哲第二天進入僧堂說道：「昨天老僧回答兩位闍梨的一句轉語不妥當，今天就請兩位闍梨說。如果能說得妥當，老僧就供給粥飯，相伴度過夏天。快說！快說！」洞山說道：「太尊貴了！」明哲就供給齋粥，共同度過一個夏安居。

【說　明】藥山惟儼和尚的法嗣還有鄂州涇源山光虔禪師、藥山夔禪師、宣州落霞和尚與朗州刺史李翱等四人，因無機緣語句，故未收錄。

前潭州長髭曠禪師法嗣

潭州石室善道和尚

潭州石室善道和尚，嗣攸縣長髭曠禪師。作沙彌時，長髭遣令受戒，謂之曰：「汝迴日須到石頭禮拜。」師受戒後，迴參石頭。一日，隨石頭遊山次，石頭曰：「汝與我斫卻面前頭樹子，礙我。」師曰：「不將刀來。」石頭乃抽刀，倒與師。師云：「不過那頭來？」石頭曰：「你用那頭作什麼？」師即大悟，便歸。長髭問：「汝到石頭否？」師曰：「到即到，不通號。」長髭曰：「從誰受戒？」師曰：「不依他。」長髭曰：「在彼即恁麼，來我遮裡作麼生？」師曰：「不違背。」長髭曰：「太忉忉❶生！」師曰：「舌頭未曾點❷著在。」長髭咄曰：「沙彌出去！」師便出。長髭曰：「爭得不遇於人！」

師尋值沙汰，乃作行者，居于石室。每見僧，便豎起杖子云：「三世諸佛，盡由遮箇。」對者少得冥契。長沙聞之，乃云：「我若見，即令放下杖子，別通箇消息。」三聖將此語到石室祇對，被師認破是長沙語。杏山聞三聖失機，又親到石室。師見杏山僧眾相隨，潛往碓米。杏山曰：「行者不易，貧道難消。」師曰：「無心椀子盛將來，無縫合盤合取去。說什麼難消？」杏山便休。

仰山問：「佛之與道，相去幾何？」師曰：「道如展手，佛似握拳。」曰：「畢竟如何的當❸可信可依？」師以手撥空三兩下曰：「無恁麼事，無恁麼事。」曰：「還假看教否？」師曰：「三乘十二分教是分外之事。若與他作對，即是心境兩法，能所雙行，便有種種見解，亦是狂慧❹，未足為道。若不與他作對，一事也無。所以祖師云『本來無一物』。汝不見小兒出胎時，可道我解看教、不解看教？當恁麼時，亦不知有佛性義、無佛性義。及至長大，便學種種知解出來，便道我能我解，不知是客塵❺煩惱。十六行❻中，嬰兒行為最哆哆和和❼時，喻學道之人離分別取捨心，故讚歎嬰兒，可況喻取之。若謂嬰兒是道，今時錯會。」

師一夕與仰山翫月，仰山問曰：「遮箇月尖時，圓相什麼處去？圓時，尖相又什麼處去？」師曰：「尖時圓相隱，圓時尖相在。」雲巖云：「尖時圓相在，圓時無尖相。」道吾云：「尖時亦不尖，圓時亦不圓。」

仰山辭，師送出門，乃召曰：「闍梨！」仰山應諾，師曰：「莫一向去，卻迴遮邊來。」

僧問師：「曾到五臺山否？」師曰：「曾到。」僧曰：「還見文殊麼？」師曰：「見。」僧曰：「文殊向行者道什麼？」師曰：「文殊道闍梨父母生在村草裡。」

【注　釋】❶忉忉　即「叨叨」，指言語囉嗦。❷點　沾。❸的當　定；準。❹狂慧　《觀音玄意》：「若慧而無定者，此慧名狂慧，譬如風中燃燈，搖颺搖颺，照物不了。」❺客塵　形容煩惱。煩惱非心性固有之物，因為迷理而起，故名之為客；因為其汙染心性，故名之為塵。《維摩經・問疾品》：「菩薩斷除客塵煩惱。」❻十六行　四諦之十六行相，略稱十六行，也稱十六諦觀，即苦法智忍等十六觀法。❼哆哆和和　象聲詞，形容嬰兒咿呀出聲。

【語　譯】潭州（今湖南長沙）石室善道和尚，為攸縣（今屬湖南）長髭曠禪師的法嗣。他為沙彌時，長髭禪師命令他去受戒，並對他說道：「你回來之日一定要到石頭和尚那裡去禮拜。」善道受戒後回來，就去參拜石頭和尚。有一天，善道跟隨石頭和尚遊山時，石頭和尚說道：「你給我砍掉面前的樹枝，它妨礙了我。」善道說道：「沒有帶刀來。」石頭和尚就抽出刀，倒過來遞給善道。善道問道：「為什麼不把那一頭遞給我？」石頭和尚問道：「你用那一頭幹什麼？」善道即刻大悟，就回長髭禪師那裡去了。長髭禪師問道：「你到石頭和尚那裡去了嗎？」善道回答：「到是到了，但沒有通報名號。」長髭禪師問道：「跟從誰受戒的？」善道回答：「沒跟從他。」長髭禪師問道：「你在他那裡就這樣了，又到我這裡來幹什麼呢？」善道回答：「不違背。」長髭禪師說道：「太嘮叨了！」善道說道：「舌頭沒有沾著。」長髭禪師喝叱道：「沙彌出去！」

善道就出去了。長髭禪師說道：「怎麼我就遇不到這個人呢！」

善道禪師不久就被沙汰了，便做了行者，居住在石室。善道每次看見僧人，就豎起了拄杖說道：「三世諸佛，全從這個來。」回答的人很少能契合的。長沙景岑禪師聽到後，就說道：「我如果看見，就命令他放下柱杖，另外說個消息。」三聖慧然拿這話來到石室裡對答，被善道識破是長沙景岑禪師的話。杏山鑒洪聽到三聖失去了機鋒，又親自來到了石室。善道看見杏山由僧眾相伴隨著到來，就悄悄地前去碓房碓米。杏山說道：「行者實在不容易，貧道難以消受。」善道說道：「用無心之碗盛著端上來，用無縫的盤子蓋著取下去。說什麼難以消受呢？」杏山就作罷了。

仰山慧寂問道：「佛與道相差多少呢？」善道禪師回答：「道如同展開的手，佛如同握著的拳頭。」仰山問道：「究竟怎麼確定可以信從、可以歸依的？」善道用手在空中撥弄了兩三下後說道：「沒有這樣的事，沒有這樣的事。」仰山問道：「還假借閱讀教義嗎？」善道回答：「三乘十二分教是分外的事。如果與他作對，就是心與境兩種法，能與所並行，就有種種見解，也即是狂慧，不值得稱說。如果不與他作對，就一件事也沒有。所以祖師說『本來無一物』。你沒有見到小孩出娘胎時，可以說我理解閱讀教義呢，還是不理解閱讀教義呢？正當這樣的時候，也不知道有佛性之義，還是沒有佛性之義。等到他長大後，就會學到種種知識見解，便說我有能力我能解釋，不知道這就是客塵煩惱。十六行中，嬰兒行為最為哆哆和和之時，人們用以比喻學道之人拋棄分別取捨之心，所以讚歎嬰兒，可用來作為比喻。如果說嬰兒就是道，那是世人誤會了。」

有一天晚上，善道禪師與仰山慧寂在賞玩明月，仰山問道：「這個月亮變尖時，那圓形到什麼地方去了？變圓形時，那尖形又到什麼地方去了？」善道回答：「月亮變尖時，圓形隱去了；變圓形時，尖形還存在著。」

雲巖禪師說道：「月亮變尖時，圓形還存在著；變圓時，尖形就不存在。」道吾禪師說道：「變尖時月亮也不尖，變圓時月亮也不圓。」

仰山慧寂來辭別，善道禪師送出了山門，又招呼道：「闍梨！」仰山答應一聲，善道說道：「不要一直去了，還回到這邊來吧。」

有僧人問善道禪師道：「曾到過五臺山嗎？」善道回答：「曾經到過。」僧人問道：「還見過文殊菩薩嗎？」善道回答：「見過。」僧人問道：「文殊菩薩對行者說了什麼？」善道回答：「文殊菩薩說闍梨的父母親生在村頭荒草裡。」

前潮州大顛和尚法嗣

漳州三平山義忠禪師

漳州三平義忠禪師，福州人也，姓楊氏。初參石鞏，石鞏常張弓架箭以待學徒。師詣法席次，石鞏曰：「看箭！」師乃披襟當之。石鞏曰：「三十年張弓架箭，只射得半箇漢。」

師後參大顛，往漳州，住三平山。示眾曰：「今時出來，盡學馳求走作，將當自己眼目，有什麼相當！阿你欲學麼？不要諸餘，汝等各有本分事，何不體取？作麼心憤憤、口悱悱❶？有什麼利益？分明說，若要修行路及諸聖建立化門，自有大藏教文在。若是宗門中事宜，汝切不得錯用心。」時有僧出問：「還有學路也無？」師曰：「有一路滑如苔。」僧曰：「學人躡得否？」師曰：「不擬心，汝自看。」

有人問：「黑豆未生芽時如何？」師曰：「佛亦不知。」

講僧問：「三乘十二分教，某甲不疑。如何是祖師西來意？」師曰：「龜毛❷拂子，兔角拄杖，大德藏向什麼處？」僧曰：「龜毛兔角豈是有邪？」師曰：「肉重千斤，智無銖兩❸。」

師又示眾曰：「諸人若未曾見知識即不可，若曾見作者來，便合體取些子意度，向巖谷間木食草衣，恁麼去方有少分相應。若馳求知解義句，即萬里望鄉關去也。珍重！」

【注　釋】❶悱悱　要說而又說不出的樣子。❷龜毛　龜本無毛，以喻有名無實之物。「兔角」義同。❸銖兩　古代稱量單位，一銖等於一兩的二十四分之一。

【語　譯】漳州（今屬福建）三平山義忠禪師，福州（今屬福建）人，俗姓楊。他最初參拜石鞏慧藏禪師，石鞏禪師常常張弓架箭來接引學人徒弟。義忠來到石鞏禪師的法席時，石鞏禪師叫道：「看箭！」義忠就拉開上衣承接。石鞏禪師說道：「三十年來張弓架箭，只射得半個漢子。」

義忠禪師後來參見大顛和尚，再前往漳州，住在三平山。義忠上堂指示眾僧道：「現在僧人出來，全都學著奔走尋求，妄自造作，把它當作自己的眼目，與禪法有什麼相干！你們想學嗎？不要其餘東西，你們各自有本分之事，為什麼不去體會呢？為什麼要心中憤懣、口內悱悱呢？有什麼好處呢？說得明白些，如果要了解修行之路與諸位聖人建立教化門徑，自然有大藏經文在。如果是禪宗門中的事宜，你們切記不要用錯了心思。」當時有一位僧人站出來問道：「還有沒有問學的路徑？」義忠回答：「有一條路像苔蘚一樣滑。」僧人問道：「學人能夠走嗎？」義忠回答：「不用心思考，你自己注意。」

有人問道：「黑豆沒有發芽時怎麼樣？」義忠禪師回答：「佛也不知道。」

講經僧問道：「三乘十二分教，我並不懷疑。但什麼是祖師西來的意旨？」義忠禪師回答：「龜毛做的拂塵，兔角做的拄杖，大德藏到什麼地方去呢？」那講經僧問道：「難道有龜毛兔角嗎？」義忠說道：「肉重達千斤，智慧卻沒有一點點。」

義忠禪師又指示眾僧道：「諸位如果沒有看見過高僧，那是不行的，如果曾經看見行家來，就應該體會一些意思、氣度，到山谷之間，以野果為食，以草葉作衣，就這樣去才與禪旨有少許相應。如果奔走尋求知識見解之義的語句，那就好像是萬里之外遙望家鄉一樣。珍重！」

【說明】潮州大顛和尚的法嗣還有吉州著山和尚一人，因無機緣語句，故未收錄。

前潭州大川和尚法嗣

仙天和尚

仙天和尚。新羅僧到參，方展坐具，擬禮拜，師捉住云：「未發本國時道取一句。」其僧無語，師便推出云：「問伊一句，便道兩句。」

又有一僧至，擬禮拜，師云：「野狐鬼見什麼了，便禮拜？」僧云：「老禿奴❶見什麼了，即便恁問？」師云：「苦哉！苦哉！仙天今日忘前失後。」僧云：「要且得時，終不補失。」師云：「爭不如此？」僧云：「誰？」師云：「呵呵！遠即遠矣。」

【注釋】❶禿奴　古代民間罵僧人之詞。

【語譯】仙天和尚。有新羅僧人前來參拜，剛展開坐具，打算禮拜，仙天和尚抓住他問道：「沒有離開本國時怎樣？說上一句來。」那僧人無言以對，仙天和尚就推他出去，並說道：「問他一句，卻回答了兩句。」

又有一位僧人來到，剛要禮拜，仙天和尚問道：「野狐狸精看見什麼了，就要禮拜？」那僧人反問道：「老禿奴看見什麼了，就這樣問話？」仙天和尚叫道：「苦啊！苦啊！仙天今日顧此失彼了。」僧人說道：「況且得到時，終究不能彌補失去的。」仙天和尚說道：「怎奈不是這樣的？」僧人問道：「是誰？」仙天和尚說道：「呵呵！說遠就更遠了。」

福州普光和尚

福州普光和尚。有僧立次，師以手開胸云：「還委老僧事麼？」僧云：「猶有遮箇在。」師卻掩胸云：「不妨❶太顯。」僧云：「有什麼避處？」師云：「的是無避處。」僧云：「即今作麼生？」師便打。

【注釋】❶不妨　或許；大概。

【語　譯】福州（今屬福建）普光和尚。有僧人侍立之時，普光和尚用手解開上衣露出胸膛問道：「還有委託老僧的事嗎？」僧人說道：「還有這個呢。」普光和尚就拉上衣服掩住胸膛說道：「或許太顯露了。」僧人問道：「有什麼躲藏的地方嗎？」普光和尚回答：「確實沒有躲藏的地方。」僧人問道：「那現在怎麼辦呢？」普光和尚就打他。

卷一五

石頭宗法系表（二）

- 石頭希遷大師（見卷一四）
  - 道悟禪師（見卷一四）
    - 崇信禪師（見卷一四）
      - 宣鑒禪師
        - 全豁禪師（見卷一六）
          - 師彥禪師等（見卷一七）
        - 義存禪師（見卷一六）
          - 師備禪師等（見卷一八）
        - 慧恭禪師（見卷一六）
        - 瓦棺和尚（見卷一六）
        - 簡禪師（見卷一六）
        - 資國和尚（見卷一六）
          - 志圓禪師（見卷一七）
        - 紹奭大師（見卷一六）
        - 無垢和尚（見卷一六）
        - 尉遲和尚（見卷一六）
      - 寶峰和尚
  - 天然禪師（見卷一四）
    - 性空禪師（見卷一四）
      - 茂源和尚
      - 光仁禪師
    - 無學禪師（見卷一四）
      - 令遵禪師
        - 令珪禪師
      - 大同禪師
        - 感溫禪師
        - 微禪師
        - 澄照大師
        - 天福和尚
        - 思明和尚
          - 善本禪師（見卷一七）
        - 招福和尚
        - 遵古禪師
        - 谷隱和尚
        - 九嵕山和尚
        - 盤山第二世和尚
        - 敬慧禪師
        - 巖俊禪師
        - 真禪師
      - 如訥禪師
      - 約禪師
      - 元通禪師

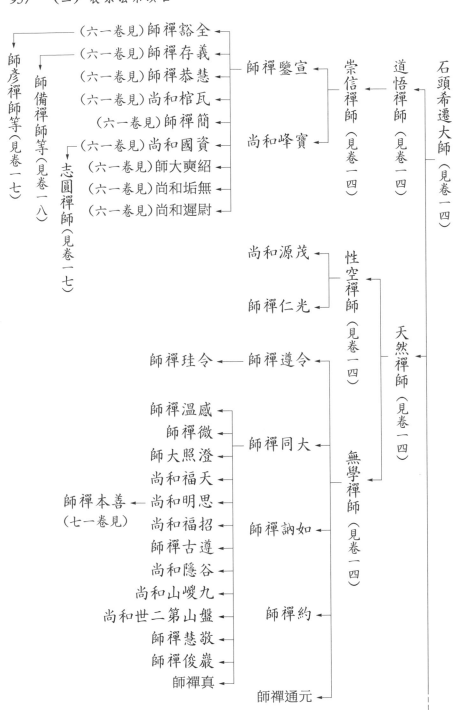

- 惟儼禪師（見卷一四）
  - 圓智禪師（見卷一四）
    - 諸慶禪師
      - 僧一禪師【以下見卷一六】
      - 居誨禪師 → 有緣禪師等（見卷一七）
      - 懷祐禪師
      - 道虔禪師 → 清院和尚等（見卷一七）
      - 景欣禪師 → 紹禪師（見卷一七）
      - 志元禪師 → 志罕禪師等（見卷一七）
      - 藏禪師 → 瑞巖和尚等（見卷一七）
      - 洪荐禪師
      - 存德禪師
      - 崇恩和尚
      - 輝禪師（石霜第三世）
      - 芭蕉和尚
      - 伏和尚
      - 輝禪師（潭州）
      - 約禪師
      - 海晏禪師
      - 文殊和尚
      - 石柱和尚
      - 中雲蓋和尚 → 景和尚（見卷一七）
      - 存壽禪師 → 道德禪師（見卷一七）
      - 玄泰上座
      - 敬禪師
      - 宗敏禪師
      - 欽忠禪師
      - 行寂禪師
      - 鹿源和尚
      - 大陽山和尚
      - 觀音和尚
      - 正覺和尚
      - 高明和尚
      - 慶壽和尚
      - 萬歲和尚
      - 靈壽和尚
      - 洪濟禪師
      - 簡之禪師
      - 洪方禪師
      - 守閑禪師
      - 朗禪師
      - 清虛禪師
      - 爽禪師
      - 通禪師
    - 興仲禪師
    - 清祿和尚

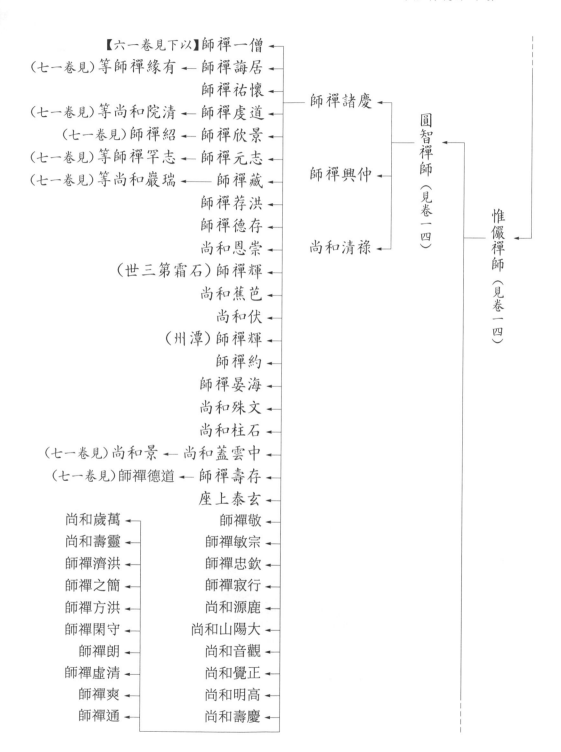

- 曇晟禪師（見卷一四）
  - 良价禪師（曹洞宗）
  - 鑒洪禪師
  - 僧密禪師
  - 幽溪和尚
- 德誠禪師（見卷一四）
  - 善會禪師
    - 元安禪師【以下見卷一六】→ 善靜禪師等（見卷二〇）
    - 令超禪師 → 簡禪師等（見卷二〇）
    - 四禪和尚
    - 懷忠禪師 → 師巍和尚等（見卷二〇）
    - 可文禪師 → 淨悟禪師等（見卷二〇）
    - 月輪禪師 → 桐泉山和尚（見卷二〇）
    - 寰普禪師 → 文殊和尚等（見卷二〇）
    - 海湖和尚
    - 白水寺和尚
    - 幽禪師
    - 同安和尚
    - 曇普禪師
    - 仙居山和尚
    - 端禪師
    - 延慶和尚
    - 越峰和尚
    - 祇闍山和尚
    - 棲穆和尚
    - 全禪師
    - 夾山院和尚
    - 雲巖和尚
    - 延休和尚

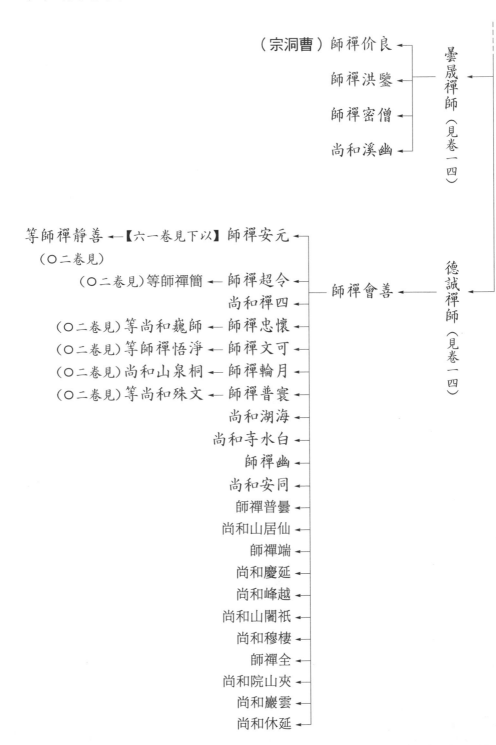

卷一五

青原行思禪師下四世

前澧州龍潭崇信禪師法嗣

朗州德山宣鑒禪師

朗州德山宣鑒禪師，劍南❶人也，姓周氏。丱歲出家，依年受具。精究律藏，於性相諸經❷，貫通旨趣。常講《金剛般若》，時謂之「周金剛」。厥後訪尋禪宗，因謂同學曰：「一毛吞海，海性無虧。纖芥投鋒，鋒利不動。學與無學，唯我知焉。」因造龍潭信禪師，問答皆一語而已。（前章出之。）師即時辭去，龍潭留之。一夕於室外默坐，龍問：「何不歸來？」師對曰：「黑。」龍乃點燭與師，師擬接，龍便吹滅，師乃禮拜。龍曰：「見什麼？」曰：「從今向去，不疑天下老和尚舌頭❸

也。」至明日，便發。龍潭謂諸徒曰：「可中有一箇漢，眼如劍，口似血盆，一棒打不迴頭。他時向孤峰頂上，立吾道在。」

師抵于溈山，從法堂西過東，迴視方丈，溈山無語。師曰：「無也！無也！」便出至僧堂前，乃曰：「然雖如此，不得草草❹。」遂具威儀上參，才跨門，提起坐具喚曰：「和尚！」溈山擬取拂子，師喝之，揚袂而出。溈山晚間問大眾：「今日新到僧何在？」對曰：「那僧見和尚了，更不顧僧堂，便去也。」溈山問眾：「還識遮箇師也無？」眾曰：「不識。」溈曰：「是伊將來有把茅蓋頭❺，罵佛罵祖去在。」師住澧陽三十年，屬唐武宗廢教，避難於獨浮山之石室。大中初，武陵太守薛廷望再崇德山精舍，號古德禪院，相國裴休題額見存。將訪求哲匠住持，聆師道行，屢請，不下山。廷望乃設詭計，遣吏以茶鹽誣之，言犯禁法，取師入州。瞻禮，堅請居之，大闡宗風。總印禪師開山創院，鑒即第二世住也。

師上堂謂眾曰：「於己無事，則勿妄求，而得亦非得。汝但無事於心，無心於事，則虛而靈，空而妙。若毛端許言之本末者，皆為自欺。毫氂繫念，三塗❻業因。瞥爾生情，萬劫羈鎖。聖名凡號，盡是虛聲。殊相劣形，皆為幻色。汝欲求之，得無累乎？及其厭之，又成大患，終而無益。」

師上堂曰：「今夜不得問話，問話者三十拄杖。」時有僧出，方禮拜，師乃打之。僧曰：「某甲話也未問，和尚因什麼打某甲？」師曰：「汝是什麼處人？」曰：「新羅人。」師曰：「汝上船時，便好與三十拄杖。」法眼云：「大小德山語作兩橛。」玄覺云：「叢林中喚作隔下語，且從只如德山道：問話者三十拄杖。意作麼生？」

有僧到參，師問維那：「今日幾人新到？」對曰：「八人。」師曰：「將來一時生案❼著。」

龍牙問：「學人仗鏌鎁劍❽擬取師頭時如何？」師引頸。法眼別云：「汝向什麼處下手？」龍牙曰：「頭落也。」師微笑。龍牙後到洞山，舉前語，洞山曰：「德山道什麼？」云：「德山無語。」洞山曰：「莫道無語，且將德山落底頭呈似老僧。」龍牙省過，懺謝。有人舉似師，師曰：「洞山老人不識好惡，遮箇漢死來多少時，救得有什麼用處？」

僧問：「如何是菩提？」師打曰：「出去，莫向遮裡屙！」僧問：「如何是佛？」師曰：「佛即是西天老比丘。」

雪峰問：「從上宗風，以何法示人？」師曰：「我宗無語句，實無一法與人。」巖頭聞之曰：「德山老人一條脊梁骨硬似鐵，拗不折。然雖如此，於唱教門中猶較些子。」保福拈問招慶：「只如巖頭出世，有何言教過於德山，便恁麼道？」慶云：「汝不見巖頭道：如人學射，久久方中。」福云：「中時如何？」慶云：「展闍梨，莫不識痛癢❾！」福云：「和尚今日非唯舉話。」慶云：「展闍梨是什麼心行？」明昭云：「大小招慶錯下名言。」

師尋常遇僧到參，多以拄杖打。臨濟聞之，遣侍者來參，教令：「德山若打，汝但接取拄杖，當胸一拄。」侍者到，方禮拜，師乃打，侍者接得拄杖，與一拄。師歸方丈。侍者迴舉似臨濟，濟云：「從來疑遮箇漢。」巖頭云：「德山老人尋常只據目前一箇杖子，佛來亦打，祖來亦打，爭奈較些子！」東禪齊云：「只如臨濟道：我從前疑遮漢。是肯底語，不肯語？為當別有道理？試斷看。」

師上堂曰：「問即有過，不問又乖。」有僧出禮拜，師便打。僧曰：「某甲始禮拜，為什麼便打？」師曰：「待汝開口，堪作什麼？」

師令侍者喚義存，即雪峰也。存上來。師曰：「我自喚義存，汝又來作什麼？」存無對。

師見僧來，乃閉門。其僧敲門，師曰：「阿誰？」曰：「師子兒。」師乃開門，僧禮拜，師便騎項曰：「遮畜生什麼處去來？」

雪峰問：「古人斬貓兒❿，意如何？」師乃打趁，卻喚曰：「會麼？」峰曰：「不會。」師曰：「我恁麼老婆也不會？」

僧問：「凡聖相去多少？」師便喝。

師因疾，有僧問：「還有不病者無？」師曰：「有。」曰：「如何是不病者？」師曰：「阿邪！阿邪！」師復告諸徒曰：「捫空追響⓫，勞汝心神。夢覺覺非，竟有何事？」言訖安坐而化，即唐咸通六年乙酉十二月三日也，壽八十六，臘六十五。敕諡見性大師。

【注　釋】❶劍南　道名，唐代貞觀元年置，以在劍閣之南得名，轄境相當今四川涪江流域以西、大渡河流域和雅礱江下游以東，以及雲南西部、貴州西部等地。❷性相諸經　指法性宗與法相宗之經論。❸舌頭　此指言語。❹草草　匆促；不從容。❺把茅蓋頭　指某禪師開始住持寺院。❻三塗　一為火途，地獄趣猛火所燒之處。二為血途，畜生趣互相食之處。三為刀途，餓鬼趣以刀劍杖逼迫之處。塗，通「途」。❼生案　生，生硬、勉強之意。案，通「按」。❽鏌鋣劍　即「莫邪劍」，古代寶劍名。傳說春秋時吳王令干將鑄劍，鐵汁不下，其妻莫邪投身爐中，鑄成兩劍，雄劍名干將，雌劍名莫邪。❾不識痛癢　比喻不懂得問題的要害、關鍵。❿古人斬貓兒　即南泉禪師斬貓的公案，參見本書〈南泉普願禪師〉章。⓫捫空追響　捫摸虛空，以圖追逐回聲，比喻虛妄徒勞無功的行為。

【語　譯】朗州（湖南常德）德山宣鑒禪師（七八〇～八六五年），劍南人，俗姓周。他幼年出家，隨著年齡長大而受具足戒。他精心研究佛經律藏著述，對於法性、法相兩宗的經論，都透徹地理解其宗旨趨向。因為宣鑒經常宣講《金剛般若經》，所以當時人們稱他為「周金剛」。此後，宣鑒想去參拜禪宗，就對同學說道：「用一根毛髮去兼併大海，大海的本性不會有絲毫的虧損。用纖維草籽去碰擊刀鋒，刀鋒的鋒利也不會產生變化。學習與不學習，只有我自己才知道。」於是他前去龍潭參拜崇信和尚，提問、回答都只有一句話而已。記載於前述之〈龍潭崇信禪師〉章。宣鑒當時就要辭別而去，被龍潭和尚給留下了。有一天晚上，宣鑒於室外默默地打坐，龍潭和尚問道：「為什麼還不歸去？」宣鑒回答：「天黑。」龍潭和尚就點亮一支蠟燭給宣鑒，宣鑒準備接下，龍潭和尚便吹滅蠟燭，宣鑒隨即禮拜。龍潭和尚問道：「看見了什麼？」宣鑒回答：「從今以後，再也不懷疑天下老和尚所說的話了。」到明天，宣鑒就離去了。龍潭和尚對眾徒說道：「我們當中有一個漢子，眼睛如劍，嘴巴像血盆，一棒子打下去也不回頭。日後會在孤峰頂上，建立我的宗門。」

宣鑒禪師來到溈山，在法堂裡，從西面走到東面，回頭注視著方丈，溈山靈祐和尚沉默不語。宣鑒說道：「沒有！沒有！」就走出法堂來到僧堂前，方才說道：「即使是這樣的，仍然不可以草率。」於是他整齊衣容，莊嚴地前去參拜，才跨進門，就提起坐具招呼道：「和尚！」溈山和尚打算拿拂塵，宣鑒大聲斷喝，衣袖一甩就出去了。到了晚上，溈山和尚問眾僧道：「今天新來的僧人在哪裡？」眾僧回答：「那僧人參見和尚完了，再也沒回頭看僧堂，一直去了。」溈山和尚問眾僧道：「還有人認識這位禪師嗎？」眾僧回答：「不認識。」溈山和尚說道：「這個人將來有把茅草蓋頭後，就會呵佛罵祖。」

宣鑒禪師在澧陽（今湖南澧縣）住了三十年，正遇到唐武宗廢滅佛教，就避難於獨浮山的石室。大中（八四七～八五九年）初年，武陵（今湖南常德）太守薛廷望再次修繕德山精舍，號稱古德禪院，相國裴休題寫的院額現在還保存著。準備訪求道行精深的高僧來住持，聽到宣鑒禪師的道行，就屢次延請，但宣鑒都不肯下山。薛廷望於是設下詭計，派遣官吏以茶、鹽之事誣告他，說他觸犯了禁令法律，把宣鑒捉到了州城。薛廷望瞻仰禮拜宣鑒後，堅決請求他居住在那裡，光大闡揚禪家宗風。總印禪師開山創置禪院，宣鑒禪師為第二世住持。

宣鑒禪師上堂對眾僧說道：「如果自己無事，就不要妄作追求，若是這樣得到的也就等於沒有得到。你們只要不把事情記掛在心中，而不在心中記掛事情，那麼心中就會虛而靈，空而妙。如果是一點點言談涉及事情的本末，也都是自己欺騙自己。有絲毫繫連心念，就會陷入三塗之果報因緣。忽然間產生的情緣，則會成為萬劫中的枷鎖。聖人之名與凡人之號，全都是虛假的聲音。不同的相貌與惡劣的形象，全都是虛幻之色。你們企圖追求這些，能不疲勞嗎？等到對這些聲色產生厭惡之心時，這又成為了大害，最終也沒有益處。」

宣鑒禪師上堂說道：「今夜不能問話，如有問話的就給他三十拄杖。」當時有僧人站出，剛剛禮拜，宣鑒就打他。僧人問道：「我話也沒有問，和尚為什麼打我？」宣鑒反問道：「你是哪裡人？」僧人回答：「新羅人。」宣鑒說道：「你上船的時候，就該挨三十拄杖了。」法眼禪師說道：「大小德山禪師的話分作兩截。」玄覺禪師說道：「叢林中叫做隔下語，且如德山禪師所說的：問話的人挨三十拄杖。其意思是什麼？」

有僧人前來參拜，宣鑒禪師問維那道：「今天新來了幾個人？」維那回答：「八個人。」宣鑒說道：「拿來一齊強按著。」

龍牙禪師問道：「學生手提莫邪劍打算砍下和尚的頭時怎麼樣？」宣鑒禪師伸長了脖子。法眼禪師別為回答：「你從什麼地方下手？」龍牙叫道：「頭落下了。」宣鑒微笑著。後來龍牙來到了洞山，把這話頭又舉了出來，洞山良价和尚問道：「德山和尚說了什麼？」龍牙回答：「德山和尚沒有回答。」洞山和尚說道：「不要說沒有說話，且把德山掉落下來的頭呈交給老僧。」龍牙這才明白了過錯，連忙懺悔道歉。有僧人把這事告訴了宣鑒禪師，宣鑒說道：「洞山老和尚不識好惡，這個傢伙死去多少時辰了，救活他有什麼用處？」

有僧人問道：「什麼是菩提？」宣鑒禪師打他道：「出去，不要在這裡屙屎！」僧人又問道：「什麼是佛？」宣鑒回答：「佛就是西天的老比丘。」

雪峰義存問道：「至極玄妙的禪宗門風，是拿什麼法來指示人的？」宣鑒禪師回答：「我的宗門沒有語句，實在沒有一法可以指示人。」巖頭全豁聽後說道：「德山老和尚的一條脊梁骨像鐵一樣硬，折不斷。即使這樣，在唱導教化之門中還只能算是馬馬虎虎的。」保福從展禪師舉出這話頭問招慶道匡禪師道：「只是像巖頭禪師出世，有什麼言語教化超過了德山和尚，就這樣說話？」招慶禪師回答：「你沒有看見巖頭禪師說道：就像是人學習射擊，練習了很久才能射中靶心。」保福禪師問道：「射中時怎麼樣？」招慶禪師說道：「從展闍梨，不要不識痛癢！」保福禪師說道：「和尚今天不只是舉這話頭。」招慶禪師說道：「從展闍梨是什麼心行？」明昭禪師說道：「大小招慶禪師錯下了名詞。」

宣鑒禪師平常遇到僧人前來參拜，多用拄杖打。臨濟義玄禪師聽說後，就派遣侍者來參拜，並教他道：「德山禪師如果打你，你只要接住拄杖，當胸拄他一下。」侍者來參見，剛禮拜，宣鑒就打他，侍者接住拄杖，向他拄了一下。宣鑒就回到方丈室。侍者回來說給臨濟禪師聽，臨濟禪師說道：「一開始就懷疑這個傢伙。」巖頭全奯禪師說道：「德山老和尚平常只帶眼前一條拄杖，佛來也打，祖師來也打，怎麼會有一點兒差別呢！」東禪齊禪師說道：「只是像臨濟禪師所說的：我一開始就懷疑這個傢伙。是許可他的話，還是不許可他的話？還是另外有什麼說法？試著說說看。」

宣鑒禪師上堂說道：「提問就已有過錯，不提問又違背道理。」有一個僧人站出禮拜，宣鑒就打他。那僧人問道：「我剛剛禮拜，為什麼就打？」宣鑒說道：「等到你開了口，還能作什麼呢？」

宣鑒禪師令侍者去叫義存，即雪峰和尚。義存上來。宣鑒問道：「我自己叫義存，你又來作什麼？」義存無言以對。

宣鑒禪師看見僧人前來，就關上了門。那僧人敲門，宣鑒問道：「是誰啊？」僧人回答：「獅子兒。」宣鑒這才開門，僧人禮拜，宣鑒就騎在僧人的頭頸上說道：「這畜生到什麼地方去了？」

雪峰義存問道：「古人斬殺貓兒，是什麼意思？」宣鑒就打著趕他出去，又招呼道：「領會了嗎？」雪峰回答：「沒有領會。」宣鑒說道：「我這樣的苦口婆心，你還不能領會？」

有僧人問道：「凡人與聖人之間相差有多少？」宣鑒禪師便大喝。

宣鑒禪師生了病，有僧人問道：「還有不生病的嗎？」宣鑒回答：「有。」僧人問道：「怎樣才是不生病的？」宣鑒叫道：「啊呀！啊呀！」宣鑒又告訴眾徒道：「捫摸虛空以追逐回聲，徒然使你們心神勞累。夢中醒來，才覺察是虛幻，畢竟有什麼事？」宣鑒說完，就端坐著圓寂了，這一天即唐代咸通六年乙酉歲（八六五年）十二月二日，他享年八十六歲，法臘六十五歲。天子賜諡號曰見性大師。

【說　明】禪宗認為佛法不可思議，開口即錯，用心即乖，故有些禪師為打破學人的迷情執著，或用棒，或用喝，或棒喝交施，作為施教之法。「喝」當始於馬祖道一，而「棒」即始於德山宣鑒。宣鑒「尋常只據目前一個杖子，佛來亦打，祖來亦打」，使得宗風峻烈的「德山棒」與「臨濟喝」一樣著名。同時，德山宣鑒為徹底破除學人對世出世法的執著，也拈出毀佛毀祖的手段，公然宣稱：「我先祖見處即不然，這裡無祖無佛，達磨是老臊胡，釋迦老子是乾屎橛，文殊、普賢是擔屎漢，等覺、妙覺是破執凡夫，菩提、涅槃是繫驢橛，十二分教是鬼神簿、拭瘡疣紙，四果、三賢、初心、十地是守古冢鬼，自救不了。」（見《五燈會元》卷七）。這種痛快淋漓的呵佛罵祖，實質上是六祖慧能南宗的不假文字，強調頓心自悟，掃除一切外在的經教與權威等特色之發展的必然結果，其根本目的，與棒喝齊施一樣，在於教導人們不要有任何外在的束縛，停止一切向外的追求，以自證自悟，達到佛我合一，佛即是我、我即是佛的境界。

洪州泐潭寶峰和尚

洪州泐潭寶峰和尚。有僧新到，師謂曰：「其中事即易道，不落其中事，始終難道。」僧曰：「某甲在途時，便知有此一問。」師曰：「更與二十年行腳，也不較❶多。」曰：「莫不契和尚意麼？」師曰：「苦瓜那堪待客！」師問僧：「古人有一路接後進初心，汝還知否？」曰：「請師指出古人一路。」師曰：「恁麼即闍梨知了也。」曰：「頭上更安頭。」師曰：「寶峰不合問仁者。」曰：「問又何妨！」師曰：「遮裡不曾有人亂說道理，出去！」

【注釋】❶較　太；甚。又作「教」。

【語譯】洪州（今江西南昌）泐潭寶峰和尚。有僧人新來參拜，寶峰和尚對他說道：「其中之事情容易說，不在於其中的事情，終究難以言說。」僧人說道：「我在來的途中，就知道有這樣一個問題。」寶峰和尚說道：「再讓你雲遊參學二十年，也不算太多。」僧人問道：「難道沒有契合和尚的意思嗎？」寶峰和尚說道：「苦瓜怎麼能用來招待客人！」寶峰和尚又問僧人道：「古人有一條路用以接引後進初心，你還知道嗎？」

僧人說道：「乞請和尚指示古人的這一條路。」寶峰和尚說道：「這麼說來闍梨是知道的了。」僧人說道：「頭上再安一個頭。」寶峰和尚說道：「寶峰不應該問仁者。」僧人說道：「問又有什麼妨礙！」寶峰和尚說道：「這裡不曾有人亂說道理，出去！」

前吉州性空禪師法嗣

歙州茂源和尚

歙州茂源和尚。平田來參，師欲起身，平田乃把住曰：「開口即失，閉口即喪。去卻恁麼時，請師道。」師以手掩耳而已。平田放手曰：「一步易，兩步難。」師曰：「有什麼死急？」平田曰：「若非此箇，師不免諸方點檢。」

【語　譯】歙州（今安徽歙縣）茂源和尚。平田普岸前來參禪，茂源和尚想要站起來，平田即攙住他說道：「開口就失去，閉口就喪失。除了這兩方面，請和尚快說。」茂源和尚只是用手捂住耳朵而已。平田放開了手說道：「一步容易，兩步艱難。」茂源和尚說道：「有什麼好死急的？」平田說道：「如果不是那個，和尚免不了會被各地大德指指點點。」

棗山光仁禪師

棗山光仁禪師，上堂次，大眾集，師從方丈出，未至禪牀，謂眾曰：「不負平生行腳眼目，致箇問訊將來❶，還有麼？」方乃升堂坐。時有僧出禮拜，師曰：「不負我且從大眾，何也？」便歸方丈。翌日，有別僧請辨前語意旨如何，師曰：「齋時有飯與汝喫，夜後有牀與汝眠，一向煎迫❷我作什麼？」僧禮拜，師曰：「苦！苦！」僧曰：「請師直指。」師乃垂足曰：「舒縮一任老僧。」

【注　釋】❶將來　取來；拿來。❷煎迫　吵鬧、逼迫。

【語　譯】棗山光仁禪師，上堂時候到，僧眾已聚集，他方從方丈中出來，還未走到禪牀，就對眾僧說道：「不要辜負平生行腳所得的眼目，向我提出個問題，還有沒有啊？」這才升堂坐下。當時有一個僧人站出禮拜，光仁問道：「不辜負我而隨從大眾，為什麼呢？」說完就回方丈了。第二天，另外有一個僧人請求辨明昨天所說的話是什麼意思，光仁說道：「到開齋時有飯給你吃，到晚上有牀給你睡，你卻一直吵吵鬧鬧地逼迫我幹什麼？」那僧人禮拜，光仁叫道：「苦啊！苦啊！」僧人說道：「請和尚直接指明。」光仁就垂下一隻腳說道：「舒展收縮，完全聽從老僧之意。」

前京兆翠微無學禪師法嗣

鄂州清平山令遵禪師

鄂州清平山令遵禪師，東平人也，姓王氏。少依本州北菩提寺，唐咸通六年落髮，後詣滑州開元寺受具，攻律學。一日謂同流曰：「夫沙門應決徹死生，玄通佛理，若乃孜孜❶卷軸，役役❷拘文，悉數海沙，徒勞片心。」遂罷所業，遠參禪會。至江陵白馬寺堂中，遇一老宿，名曰慧勤，師親近詢請，勤曰：「吾久侍丹霞，今既垂老，倦於提誘。汝可往謁翠微，彼即吾同參也。」師禮辭而去，造于翠微之堂，問：「如何是西來的的意？」翠微曰：「待無人即向汝說。」師良久，曰：「無人也，請師說。」翠微下禪牀，引師入竹園。師又曰：「無人也，請和尚說。」翠微指竹曰：「遮竿得恁麼長，那竿得恁麼短？」師雖領其微言，猶未徹其玄旨。文德元年，抵上蔡。會州將❸重法，創大通禪苑，請闡宗要。師自舉初見翠微語句謂眾曰：「先師入泥入水❹為我，自是我不識好惡。」師自此化導，將十稔。至光化中，領徒百餘遊鄂州，從節度使杜洪❺請，居清平山安樂院。

上堂曰：「諸上座，夫出家人須會佛意始得。若會佛意，不在僧俗、男女、貴賤，但隨家豐儉安樂便得。諸上座盡是久處叢林，偏參尊宿，且作麼生會佛意？試出來大家商量。莫空氣高❻，至後一事無成，一生空度。若未會佛意，直饒頭上出水，足下出火，燒身鍊臂❼，聰慧多辯，聚徒一千二千，說法如雲如雨，講得天華亂墜❽，只成箇邪說，爭競是非，去佛法大遠在。諸人幸值色身安健，不值諸難，何妨近前著些功夫，體取佛意好！」時有僧問：「如何是大乘？」師曰：「麻索❾。」曰：「如何是小乘？」師曰：「錢貫。」問：「如何是清平家風？」師曰：「一斗麪作三箇蒸餅。」問：「如何是禪？」師曰：「胡孫❿上樹尾連顛⓫。」問：「如何是有漏⓬？」師曰：「笊籬⓭。」曰：「如何是無漏？」師曰：「木杓。」問：「覿面相呈⓮時如何？」師曰：「分付與典座。」自餘逗機⓯方便，靡徇時情，逆順卷舒，語超格量。

天祐十六年正月二十五日午時歸寂，壽七十有五。周顯德六年，敕諡法喜禪師，塔曰善應。

【注釋】❶孜孜　勤懇的樣子。❷役役　勞碌的樣子。❸州將　守衛州城的將領，此泛指州府長官。❹入泥入水　比喻不辭辛勞地接引學人，其意與「老婆心」相近。❺杜洪　唐末鄂州人，黃巢起義軍進攻江南，他從軍為州將，後逐去岳州刺史而自居之，又乘虛入鄂州，自稱節度留後，尋拜本軍節度使。後陰附朱全忠，被李神福等擊敗，誅死。❻氣高　自視甚高。❼燒身鍊臂　用火來燒自己的身體，為佛教徒修習的苦行之一。鍊，通「煉」。❽天華亂墜　即「天花亂墜」。相傳佛說法時，諸天感動，飄撒香花作為供養，形成天花亂墜的場景。又《高僧傳》載南朝梁武帝延請雲光法師在金陵城南講經，天花紛墜。花雨落地即成斑斕的雨花石，雲光法師說法處的山丘也被稱作雨花臺。後以天花亂墜稱美高僧說法。❾麻索　令遵禪師故意將「大乘」諧音為「大繩」，故答以「麻索」（麻繩）。下文即將「小乘」諧音為「小繩」，因答以「錢貫」（穿銅錢的細麻繩）。❿胡孫　即「猢猻」，猴子。⓫顛　頭頂。⓬有漏　指具有種種俗世煩惱。無漏即指沒有這些煩惱。⓭笊籬　用竹片編成的勺形器具，水能從隙孔中漏下。⓮覿面相呈　也作「覿面相承」，指親自、當面承接禪機。⓯逗機　逗，止、投之意。小大頓漸之教法，各止於其機類而不通融於其他。此是就方便教法而言。

【語　譯】鄂州（今湖北武漢）清平山令遵禪師（八四五～九一九年），東平（今屬山東）人，俗姓王。他少年時就皈依本州城北菩提寺出家，唐代咸通六年（八六五年）落髮，後來前往滑州（今河南滑縣）開元寺受具足戒，攻讀戒律之學。有一天，他對同學說道：「作為沙門應該決然了徹生死大事，貫通佛理，如果只是孜孜於經卷之中，勞碌於現成的文字裡，就好像是要數清楚大海中的沙子一樣，徒然勞累此心。」於是他放棄自己的學業，遠來參拜禪會。令遵到了江陵（今湖北荊州）白馬寺法堂中，遇到一個老和尚，名叫慧勤，他親近慧勤和尚，詢問請益禪法，慧勤和尚說道：「我長年侍從丹霞和尚，現在已經年老了，懶於提攜誘導後學。你可以前往翠微拜謁無學禪師，他就是我的同學。」令遵便致禮拜謝而去，來到翠微無學和尚的法堂上，問道：「什麼是祖師西來確切的旨意？」翠微和尚說道：「等到沒有人的時候，就對你解說。」令遵過了片刻又說道：「現在沒有人了，請和尚解說吧。」翠微和尚走下了禪牀，引著令遵進入了竹園。令遵又說道：「現在沒有人了，請和尚解說。」翠微和尚指著竹子問道：「這根竹竿為什麼這麼長，那根竹竿為什麼這麼短？」令遵雖然領會了其中的微意，但還是沒有徹底曉悟其中玄妙旨意。文德元年（八八八年），令遵抵達上蔡（今屬河南）。正逢州將重視佛法，創立了大通禪苑，請令遵住持，闡揚佛宗要旨。令遵就把當初參見翠微和尚的語句告訴眾僧道：「先師不辭辛勞地接引我，只是我不識好歹，沒能領悟。」令遵從此教化誘導學人，將近十年。到光化（八九八～九〇一年）年間，令遵禪師率領徒眾百餘人來到鄂州，接受節度使杜洪的邀請，住持清平山安樂院。

令遵禪師上堂說法道：「諸位上座，出家人必須領會佛的旨意才行。如果能領會佛的旨意，不論是僧俗、男女、貴賤，只要隨自己家庭富裕或節儉而安樂生活就可以了。諸位上座都是久住叢林，到處參拜高僧大德，究竟是怎樣領會佛的旨意的？試說出來讓大家商量討論一下。不要徒然自視太高，到最後一事無成，一生白白地虛度。如果沒有領會佛的旨意，即使自己的頭上出水，腳下生火，燒身煉臂，聰慧且善於辯論，聚集了一千、二千個徒眾，說法如雲如雨，講得天花亂墜，也只是個邪說，爭論是是非非，離開佛法實在太遠了。諸位幸好身體安健，沒有陷入各種劫難中，不妨現在就多花些功夫，且體會佛的旨意為好！」當時有一位僧人問道：「什麼是大乘？」令遵回答：「麻繩。」僧人問道：「什麼是小乘？」令遵回答：「穿錢的細繩。」僧人問道：「什麼是清平的家風？」令遵回答：「一斗麵粉作了三個蒸餅。」僧人問道：「什麼是禪？」令遵回答：「猴子上樹尾巴連著頭頂。」僧人問道：「什麼是有漏？」令遵回答：「笊籬。」僧人問道：「什麼是無漏？」令遵回答：「木杓。」僧人問道：「當面相承時怎樣？」令遵回答：「就交給典座。」其他隨機指點學人機緣的方法，從不順合世俗所見，提問回答舒卷自如，出語驚人。

天祐十六年（九一九年）正月二十五日午時，令遵禪師圓寂，享年七十五歲。後周顯德六年（九五九年），天子賜令遵諡號曰法喜禪師，靈塔名善應。

舒州投子山大同禪師

舒州投子山大同禪師，本州懷寧人也，姓劉氏。幼歲依洛下保唐滿禪師出家。初習安般觀❶，次閱華嚴教，發明性海。復謁翠微山法席，頓悟宗旨。（語見〈翠微〉章。）由是放任周遊，歸旋故土，隱投子山，結茅而居。

一日，趙州諗和尚至桐城縣，師亦出山，途中相遇，未相識。趙州潛問俗士，知是投子，乃逆而問曰：「莫是投子山主麼？」師曰：「茶鹽錢乞一箇。」趙州即先到庵中坐，師後攜一缾油歸庵。趙州曰：「久嚮投子，到來秖見箇賣油翁。」師曰：「汝秖見賣油翁，且不識投子。」曰：「如何是投子？」師曰：「油！油！」趙州問：「死中得活時如何？」師曰：「不許夜行，投明須到。」趙州曰：「我早候白，伊更候黑。」同、諗二師互相問醻，廣如本集。其辭句簡捷，意趣玄險，諸方謂趙州、投子得逸群之用。自爾師道聞于天下，雲水❷之侶競奔湊焉。

師謂眾曰：「汝諸人來遮裡，擬覓新鮮語句，攢❸華四六❹，口裡貴有可道。我老人氣力稍劣，脣舌遲鈍。汝若問我，我便隨汝答對，也無玄妙可及於汝，亦不教汝採❺根，終不說向上向下、有佛有法、有凡有聖，亦不存坐❻繫縛。汝諸人變現千般，總是汝生解自擔帶將來，自作自受。遮裡無可與汝，不敢誑嚇汝。無表無裡，可得說似。汝諸人還知麼？」時有僧問：「表裡不收時如何？」師曰：「汝擬向遮裡採根？」

僧問：「大藏教中還有奇特事也無？」師曰：「演出大藏教。」問：「如何是眼未開時事？」師曰：「目淨修廣如青蓮。」問：「一切諸佛及諸佛法，皆從此經出，如何是此經？」師曰：「以是名字，汝當奉持。」問：「枯木中還有龍吟⑦也無？」師曰：「我道髑髏⑧裡有師子吼。」問：「一法普潤一切群生。如何是一法？」師曰：「雨下也。」問：「一塵含法界時如何？」師曰：「早是數塵也。」問：「金鎖未開時如何？」師曰：「開也。」問：「學人欲修行時如何？」師曰：「虛空不曾爛壞。」

雪峰侍立，師指庵前一塊石曰：「三世諸佛總在裡許。」雪峰曰：「須知有不在裡許者。」師乃歸庵中坐。一日，雪峰隨師訪龍眠庵主。雪峰問：「龍眠路向什麼處去？」師以拄杖指前面。雪峰曰：「東邊去，西邊去？」師曰：「漆桶⑨。」雪峰異日又問：「一槌便成時如何？」師曰：「不是性敏漢。」雪峰曰：「不假一槌時如何？」師曰：「漆桶。」師一日庵中坐，雪峰問：「和尚此間還有人參否？」師於牀下拈钁頭拋向面前，雪峰曰：「恁麼即當處掘去也。」師曰：「漆桶不快⑩。」雪峰辭去，師出門送，驀召曰：「道者⑪！」雪峰迴首應諾，師曰：「途中善為！」

僧問：「故歲已去，新歲到來。還有不涉此二途者無？」師曰：「有。」僧曰：「如何是不涉者？」師曰：「元正啟祚⑫，萬物惟新。」

問：「依稀似半月，罔象若三星⑬。乾坤收不得，師向何處明？」師曰：「道什麼？」僧曰：「想師只有湛水之波，且無滔天之浪。」師曰：「閑言語。」

問：「類中來時如何？」師曰：「人類中來，馬類中來？」

問：「佛佛授手，祖祖相傳，傳箇什麼法？」師曰：「老僧不解謾語。」問：「如何是山門不見佛？」師曰：「無所覩。」曰：「如何是入室別爺孃？」師曰：「無所生。」問：「如何是火燄裡藏身？」師曰：「有什麼掩處？」曰：「如何是炭堆裡藏身？」師曰：「我道汝黑似漆⑭。」問：「的的時如何？」師曰：「明也。」問：「如何是末後一句⑮？」師曰：「最初明不得。」問：「從苗辨地，因語識人，未審將何辨識？」師曰：「引不著。」問：「院裡三百人，還有不在數者無？」師曰：「一百年前，五十年後看取。」

師問僧：「久嚮疏山薑頭，莫便是否？」無對。法眼代云：「嚮重和尚日久。」

僧問：「抱璞⑯投師，請師雕琢。」師曰：「不為棟梁材。」曰：「恁麼即卞和⑰無出身處也。」師曰：「擔帶即伶俜⑱辛苦。」曰：「不擔帶時如何？」師曰：「不教汝抱璞投師，更請雕琢。」

問：「那吒太子⑲析骨還父，析肉還母，如何是那吒本來身？」師放下手中杖子。

問：「佛法二字，如何辨得清濁？」師曰：「佛法清濁。」曰：「學人不會。」師曰：「汝適來問什麼？」

問：「一等是水，為什麼海鹹河淡？」師曰：「天上星，地下水。」法眼別云：「大似相違。」問：「如何是祖師意？」師曰：「彌勒覓箇受記處不得。」問：「和尚住此來有何境界？」師曰：「丱角女子白頭絲。」問：「如何是無情[20]說法？」師曰：「惡。」問：「如何是毗盧？」師曰：「已有名字。」曰：「如何是毗盧師？」師曰：「未有毗盧時會取。」問：「歷落[21]一句，請師道。」師曰：「好。」問：「四山相逼時如何？」師曰：「五蘊皆空。」問：「一念未生時如何？」師曰：「真箇謾語。」問：「凡聖相去幾何？」師下禪牀立。問：「學人一問即和尚答，忽若千問萬問時如何？」師曰：「如雞抱卵。」

問：「天上天下，唯我獨尊[22]。如何是我？」師曰：「推倒遮老胡，有什麼過？」問：「如何是和尚師？」師曰：「迎之不見其首，隨之不見其形。」問：「塑像未成，未審身在什麼處？」師曰：「莫亂造作。」僧曰：「爭奈現不現何！」師曰：「隱在什麼處？」

問：「無目底人如何進步？」師曰：「偏十方。」僧曰：「無目為什麼偏十方？」師曰：「著得日也無？」

問：「如何是西來意？」師曰：「不諱。」

問：「月未圓時如何？」師曰：「吞卻兩三箇。」僧曰：「圓後如何？」師曰：「吐卻七八箇。」問：「日月未明，佛與眾生在什麼處？」師曰：「見老僧嗔便道嗔，見老僧喜便道喜。」

師問僧：「什麼處來？」曰：「東西山禮祖師來。」師曰：「祖師不在東西山。」僧無語。法眼代云：「和尚識祖師。」

問：「如何是玄中的？」師曰：「不到汝口裡道。」

問：「牛頭未見四祖時如何？」師曰：「與人為師。」又問：「見後如何？」師曰：「不與人為師。」

問：「諸佛出世，惟以一大事因緣㉓。如何是一大事因緣？」師曰：「尹司空㉔為老僧開堂。」問：「如何是佛？」師曰：「幻不可求。」問：「千里尋師，乞師一接。」師曰：「今日老僧腰痛。」

菜頭㉕入方丈請益，師曰：「且去，待無人時來，為闍梨說。」菜頭明日伺得無人，又來：「請和尚說。」師曰：「近前來！」菜頭近前，師曰：「輒不得舉似於人。」問：「併卻咽喉脣吻，請師道。」師曰：「汝只要我道不得。」問：「達磨未來時如何？」師曰：「偏天偏地。」曰：「來後如何？」師曰：「蓋覆不得。」問：「和尚未見先師時如何？」師曰：「通身不奈何。」曰：「見先師後如何？」師曰：「通身撲不碎。」曰：「還從師得也無？」師曰：「終不相孤負。」曰：「恁麼即從師得也。」師曰：「自著眼趁取。」曰：「恁麼即孤負先師也。」師曰：「非但孤負先師，亦乃孤負老僧。」

問：「七佛是文殊弟子，文殊還有師也無？」師曰：「適來恁麼道，也大似屈己推人。」問：「金雞未鳴時如何？」師曰：「無遮箇音響。」曰：「鳴後如何？」師曰：「各自知時。」問：「師子是獸中之王，為什麼被六塵吞？」師曰：「不作大，無人我。」

師居投子山三十餘載，往來激發，請益者常盈于室。師縱之以無畏[26]辯，隨問遽答，啐啄同時，微言頗多，今略錄少分而已。唐中和年巢寇暴起，天下喪亂，有狂徒持刃上山問師：「住此何為？」師乃隨宜說法，魁渠[27]聞而拜伏，脫身服施之而去。

師乾化四年甲戌四月六日示有微疾，大眾請醫。師謂眾曰：「四大動作，聚散常程。汝等勿慮，吾自保矣。」言訖，跏趺坐亡，壽九十有六。詔諡慈濟大師，塔曰真寂。

【注　釋】❶安般觀　也名數息觀、阿那波那、安那般那等，即數出息入息以鎮心之觀法。《大乘教義》：「安那般那觀，自氣息繫心數之，勿令忘失，名數息觀。」《安般守意經》：「安名出息，般名入息。」❷雲水　指僧人或行腳僧。❸攢　集聚。❹四六　即四六文，駢文的一種，形成於南朝，盛行於唐、宋。全篇多以四字六字相間為句，世稱駢四儷六。❺採　此為培植之意。❻存坐　即蹲坐，此指打坐。存，「蹲」的借字。❼枯木中還有龍吟　意指絕滅一切妄念妄想，至大死一番處，再復活還來，而獲得大自在。❽髑髏　死人頭骨。❾漆桶　比喻不明禪機。❿不快　不好。⓫道者　僧侶的尊稱。⓬元正啟祚　指一年之始。元正，元日正月。祚，年，三國詩人曹植〈元會〉詩：「初歲元祚，吉日惟良。」⓭依稀似半月二句　即「心」字。罔象，即「好像」。⓮黑似漆　意同「漆桶」。⓯末後一句　最後的關鍵性一句話。⓰璞　在石中尚未加工的玉。⓱卞和　春秋時楚國人，相傳他覓得玉璞，兩次獻給楚王，都被認為是假的，而先後被砍去雙腳。楚文王即位，他抱璞哭於荊山下，楚文王使人雕琢，果得寶玉，稱為「和氏璧」。⓲伶俜　此指使喚的人。伶，《玉篇・人部》：「伶，使也。」俜，《說文》：「俜，使也。」⓳那吒太子　為佛教護法神，相傳為毗沙門天王第三子，《五燈會元》卷二載：「那吒太子，析肉還母，析骨還父，然後現本身，運大神力，為父母說法。」⓴無情　也名「非情」，指一切沒有情識的生物與非生物，即草木土石、山河大地等，與「有情」、「眾生」相對。㉑歷落　也作「瀝然」，不齊貌。㉒天上天下二句　相傳為釋迦牟尼出生時所說的話。㉓一大事因緣　即一大事之因緣，為出世之本意。一大事指開顯實相妙理之事業，即開示佛知見之事業。《法華經・方便品》：「諸佛世尊，惟以一大事因緣故，出現于世。」㉔司空　古代官職名，為三公之一。㉕菜頭　寺院中管理菜園的僧人。㉖無畏　又作「無所畏」，稱佛於大眾中說法，泰然無畏之德。㉗魁渠　魁，此指亂軍或強盜中的頭目。渠，第三人稱代詞，此指狂徒。

【語　譯】舒州（今安徽潛山）投子山大同禪師（八一九～九一四年），舒州懷寧縣人，俗姓劉。他幼年就皈依洛下（今河南洛陽）保唐寺滿禪師出家。起初他學習安般觀，後來研讀華嚴教義，得以啟發開悟心性。接著他又參拜了翠微山無學禪師的法席，頓時領悟了禪宗宗旨。語見本書〈翠微無學禪師〉章。從此以後，大同隨心周遊各處，最後回到了故鄉，隱居在投子山，構建茅庵而住。

有一天，趙州從諗和尚來到桐城縣（今屬安徽），大同禪師也剛好出山，兩人在路上相遇，互不相識。趙州和尚悄悄地詢問世俗士人，知道他就是投子和尚，就迎上前來問道：「你莫非就是投子山的主人嗎？」大同回答：「茶鹽錢請施捨給我一個。」趙州和尚就先來到投子山茅庵中坐著，大同隨後攜帶著一瓶油回到庵中。趙州和尚說道：「早就嚮慕投子和尚，到來卻只見一個賣油的老翁。」大同便說道：「你只看見賣油的老翁，而不認識投子。」趙州和尚問道：「什麼是投子？」大同回答：「油！油！」趙州和尚問道：「臨死的人又活過來的時候怎麼樣？」大同說道：「不許晚上走路，天明時分必須到達。」趙州和尚說道：「我早就等候白天，你卻還在等候晚上。」大同、從諗兩位禪師互相提問酬答，多如其本集所載的。他倆辭句簡明敏捷，意趣玄妙險峻，各地就認為趙州和尚、投子和尚獲得了超逸群人之用。從此大同的禪風聞名於天下，行腳僧人競相奔走而至。

大同禪師對眾僧說道：「你們眾人來到這裡，打算尋覓新鮮的語句，花團錦簇的文辭，以嘴裡有所言說為可貴。我老頭子氣力漸漸衰弱，脣舌遲鈍。你們如果問我，我就隨著你們的提問回答應對，也沒有玄妙之意能惠及你們，也不教你們培植根基，終究也不說向上向下、有佛有法、有凡有聖的話，也沒有打坐的束縛。你們眾人作出千種變化，總是你們自己攜帶來的見解，所以自作自受。我這裡沒有什麼可以給你們的，所以不敢欺騙、恐嚇你們。沒有表面的，也沒有深層的含義，可得以比擬說出。你們諸位還知道嗎？」當時有僧人問道：「表面與深層都不能收錄時怎麼樣？」大同回答：「你打算在這裡培植根基嗎？」

有僧人問道：「大藏教中還有沒有奇特的事情？」大同禪師回答：「演化出於大藏教。」僧人問道：「什麼是眼目未睜開時的事情？」大同回答：「眼睛清澈修長好像是青蓮花。」僧人問道：「一切諸佛與諸佛法，都從這經中出來，什麼是這經？」大同回答：「因為這個名字，你應當敬奉護持。」僧人問道：「枯木當中還有沒有龍吟呢？」大同回答：「我說髑髏裡有獅子吼。」僧人問道：「一種法能普遍滋潤一切眾生。什麼是一種法？」大同回答：「下雨了。」僧人問道：「一粒灰塵中包含著法的境界時怎麼樣？」大同回答：「早就有幾粒灰塵了。」僧人問道：「金鎖沒有打開時怎麼樣？」大同回答：「打開了。」僧人問道：「學生準備修行時怎麼辦？」大同回答：「虛空不曾爛壞。」

雪峰義存侍立時，大同禪師指著庵前一塊石頭說道：「三世眾佛都在這裡面。」雪峰說道：「應該知道還有不在這裡面的。」大同就回到了庵中坐著。有一天，雪峰跟隨大同禪師去拜訪龍眠庵主。雪峰問道：「去龍眠的路是哪一條？」大同用拄杖指著前面。雪峰問道：「向東面去，還是向西面去？」大同說道：「漆桶。」另外一天，雪峰又問道：「一槌打下就領會時怎麼樣呢？」大同回答：「不是生性靈敏的人。」雪峰再問道：「不依靠這一槌就能領悟時又怎麼樣呢？」大同回答：「漆桶。」大同有一天在庵中打坐，雪峰問道：「和尚這裡還有人來參禪嗎？」大同從牀下拿出鋤頭扔在面前，雪峰說道：「這樣就當面挖去了。」大同說道：「漆桶不好。」雪峰辭別而去時，大同出山門相送，忽然招呼道：「道者！」雪峰回頭答應了一聲，大同說道：「路上珍重！」

有僧人問道：「舊年已經過去，新年已經到來。還有沒有不涉及這兩者的？」大同禪師回答：「有。」僧人問道：「什麼是不涉及的？」大同回答：「元日、正月開始了新的一年，萬物萬象更新。」

有僧人問道：「依稀似半個月，好像如三顆星。乾坤不能收去，和尚向哪裡證明？」大同禪師說道：「說個什麼？」僧人說道：「看來和尚只有靜水之波，而沒有滔天之浪。」大同說道：「閒言閒語。」

有僧人問道：「從同類中來時怎麼樣？」大同禪師反問道：「是從人類中來的，還是從馬類中來的？」

有僧人問道：「佛與佛親自授受，祖與祖代代相傳，傳授個什麼法呢？」大同禪師回答：「老僧不懂得狂妄之語。」僧人問道：「為什麼山門裡沒看見佛？」大同回答：「無所觀看的。」僧人問道：「什麼是入室辭別爺娘？」大同回答：「無所生育的。」僧人問道：「什麼是火焰之中隱藏身體？」大同說道：「有什麼掩蓋之處？」僧人問道：「什麼是炭堆裡隱藏身體？」大同回答：「我說你黑得像漆。」僧人問道：「確實之時怎樣？」大同回答：「明白了。」僧人問道：「什麼是末後一句？」大同回答：「最初不能明白的。」

僧人問道：「由禾苗來辨別土地，由言語來辨別人，不知道是怎樣辨別認識的？」大同回答：「接引不了。」僧人問道：「寺院中有三百個人，還有不在這個數字內的人嗎？」大同回答：「一百年以前，或五十年以後就知道了。」

大同禪師問僧人道：「早就嚮慕疏山的薑頭了，莫非這個就是嗎？」那僧人不能應對。法眼禪師代為回答：「嚮慕看重和尚很久了。」

有僧人請道：「懷抱璞玉投奔師父，請求和尚加以雕琢。」大同和尚說道：「不是棟梁之材。」僧人說道：「這樣的話卞和就沒有出頭之地了。」大同說道：「攜帶著而讓使喚的人太辛苦了。」僧人問道：「不攜帶時怎麼樣呢？」大同回答：「不讓你懷抱璞玉，更請人雕琢。」

有僧人問道：「那吒太子析骨還給父親，析肉還給母親，那什麼是那吒太子的本來身呢？」大同禪師放下了手中拄杖。

有僧人問道：「佛與法兩個字，怎樣才能辨別出清濁來？」大同禪師回答：「佛法清濁。」僧人說道：「學生沒有領會。」大同問道：「你剛才問什麼？」

有僧人問道：「一樣是水，為什麼海水鹹河水淡呢？」大同禪師回答：「天上星，地下水。」法眼禪師別為回答：「非常相似，實則不同。」

有僧人問道：「什麼是祖師西來的意旨？」大同禪師回答：「彌勒佛不能找到接受密記的地方。」僧人問道：「和尚住在此地以來，有什麼境界嗎？」大同回答：「丱角少女有著雪白的頭髮。」僧人問道：「什麼是無情說法？」大同回答：「惡。」僧人問道：「什麼是毗盧？」大同回答：「已經有名字了。」僧人問道：「什麼是毗盧之師？」大同回答：「還沒有毗盧之時就能領會。」僧人請道：「瀝然一句話，請和尚說。」大同說道：「好。」僧人問道：「四面山峰相逼時怎麼樣？」大同回答：「五蘊皆空。」僧人問道：「一念也沒有產生時怎樣？」大同回答：「真個是欺騙人的話。」僧人問道：「凡人與聖人相差有多少？」大同走下禪牀站立。僧人問道：「學生問一句和尚回答一句，如果忽然有千人萬人提問時怎麼辦？」大同回答：「就像母雞孵蛋一樣。」

有僧人問道：「天上天下，唯我獨尊。什麼是我？」大同禪師回答：「推倒這老胡人，有什麼過錯？」僧人問道：「誰是和尚的師父？」大同回答：「迎接他卻看不見他的頭，跟隨他卻看不見他的身體。」僧人問道：「塑像沒有完成時，不知道身體在什麼地方？」大同回答：「不要胡亂造作。」僧人說道：「怎奈該顯身卻不顯身！」大同問道：「隱藏在什麼地方？」

有僧人問道：「沒有眼睛的人怎樣向前走？」大同禪師回答：「走遍十方。」僧人問道：「沒有眼睛為什麼能走遍十方？」大同回答：「你還長著眼睛嗎？」

有僧人問道：「什麼是祖師西來的意旨？」大同禪師回答：「不避諱。」

有僧人問道：「月亮不圓時怎樣？」大同禪師回答：「吞了三、四個。」僧人問道：「圓了以後怎樣？」大同回答：「吐出七、八個。」僧人問道：「太陽、月亮沒有出來時，佛與眾生在什麼地方？」大同回答：「看見老僧生氣就說生氣，看見我高興就說高興。」

大同禪師問僧人道：「從什麼地方來的？」僧人回答：「從東西山禮拜祖師後來。」大同說道：「祖師不在東西山。」那僧人無言以對。法眼禪師代為回答：「和尚認識祖師。」

有僧人問道：「什麼是玄妙中的旨意？」大同禪師回答：「不會從你嘴中說出來。」

有僧人問道：「牛頭法融禪師沒有拜見四祖大師時怎麼樣？」大同禪師回答：「給人做老師。」僧人又問道：「拜見後又怎麼樣？」大同回答：「不給人做老師。」

有人問道：「諸佛出世，惟以一大事因緣。什麼是一大事因緣？」大同禪師回答：「尹司空為老僧開堂說法。」那人問道：「什麼是佛？」大同回答：「幻象不可尋求。」那人請求道：「千里來尋求師父，還請和尚接引一下。」大同說道：「今天老僧腰痛。」

菜頭進入方丈請求教益，大同禪師說道：「暫且離開，等到沒有人的時候再來，我為闍梨講說。」明天，菜頭等到沒有人的時候，又來請道：「請和尚解說。」大同說道：「走上前來！」菜頭走上前，大同說道：

「卻不能說給別人聽。」菜頭說道：「除去咽喉嘴脣，請和尚說。」大同說道：「你只是要我說不出來。」菜頭問道：「達磨祖師沒來這裡時怎麼樣？」大同回答：「遍天遍地。」菜頭問道：「來了以後怎麼樣？」大同回答：「遮蓋不了。」菜頭問道：「和尚沒有拜見先師時怎麼樣？」大同回答：「渾身都不怎麼樣。」菜頭問道：「拜見先師以後怎麼樣？」大同回答：「渾身都打不碎。」菜頭問道：「還是從先師那裡得來的嗎？」大同回答：「最終沒有辜負。」菜頭說道：「這樣就是從先師那裡得到了。」大同回答：「自己長眼睛獲得的。」菜頭說道：「這樣的話就辜負先師了。」大同說道：「不但辜負了先師，也還辜負了老僧。」

有僧人問道：「七佛是文殊的弟子，文殊還有老師嗎？」大同禪師回答：「剛才這樣說，也好像是委屈自己推許別人。」僧人問道：「金雞沒有啼叫之時怎麼樣？」大同回答：「沒有這個聲音。」僧人問道：「啼叫以後怎麼樣？」大同回答：「各自知道了時間。」僧人問道：「獅子是獸中之王，為什麼卻被六塵吞沒了呢？」大同回答：「不要妄自尊大，不要作人與我的分別。」

大同禪師居住在投子山三十餘年，縱橫激揚深發，前來請教者常常擠滿了法堂。大同施展以無所畏之辯論，隨人提問即刻回答，問答同時，微言大義相當多，現在只是略微收錄一部分而已。唐代中和（八八一～八八五年）年間，黃巢農民軍暴動，天下大亂，有狂徒手持利刃上山問大同禪師道：「住在這裡幹什麼？」大同就隨宜為他們說法，那夥狂徒聽了後拜伏在地，脫下身上的衣服作為布施，然後離去。

大同禪師於五代後梁乾化四年甲戌歲（九一四年）四月六日得了小病，眾僧想去請醫生。大同禪師對眾僧說道：「四大有所動作，聚散乃是常事。你們不要憂慮，我自己保重著。」說完，跏趺端坐圓寂，享年九十六歲。天子詔賜諡號曰慈濟大師，靈塔名真寂。

【說　明】投子大同禪師接引學人的語句簡捷而意趣玄險，皆斬釘截鐵之句，無平實說話，與趙州從諗和尚大為相似。

湖州道場山如訥禪師

湖州道場山❶如訥禪師。僧問：「如何是教意？」師曰：「汝自看。」僧禮拜，師曰：「明月鋪霄漢❷，山川勢自分。」問：「如何得聞性不隨緣去？」師曰：「汝聽看。」僧禮拜，師曰：「聾人也唱胡笳❸調，好惡高低自不聞。」僧曰：「恁麼即聞性宛然也。」師曰：「石從空裡立，火向水中焚。」問：「虛空還有邊際否？」師曰：「汝也太多知。」僧禮拜，師曰：「三尺杖頭挑日月，一塵飛起任遮天。」

問：「如何是道人？」師曰：「行運無蹤迹，起坐絕人知。」僧曰：「如何即是？」師曰：「三鑪力盡無煙燄，萬頃平田水不流。」問：「一念不生時如何？」師曰：「堪作什麼？」僧無語。師又曰：「透出龍門雲雨合，山川大地入無蹤。」

師目有重瞳，垂手過膝，自翠微受訣，乃止于道場山，薙草卓庵，學徒四至，遂成禪苑，廣闡法化。所遺壞衲三事及開山拄杖、木屐，今在影堂中。

【注釋】❶道場山　在浙江湖州西南十餘里，舊名雲峰，後建以佛寺，因改名。山頂一塔，下有伏虎巖、一掬泉、瑤席池等勝跡，峰巒秀麗，水石森爽，殊為絕境。❷霄漢　天空。❸胡笳　古代管樂器，漢代流行於塞北和西域一帶，故名。漢、魏鼓吹樂中常用之。

【語譯】湖州（今屬浙江）道場山如訥禪師。有僧人問道：「什麼是教意？」如訥回答：「你自己看。」那僧人禮拜，如訥說道：「明月光灑霄漢，山川之勢自然分別。」僧人問道：「怎樣才能使聞性不隨著塵緣而去？」如訥回答：「你聽聽看。」僧人禮拜，如訥說道：「聾子也唱胡笳曲調，音色好壞、音調高低自然不能聞聽。」僧人說道：「這樣的話聞性就宛然在眼前了。」如訥說道：「石頭從虛空中豎立，火焰向水底下燃燒。」僧人問道：「虛空還有沒有邊際？」如訥說道：「你知道的也太多了。」僧人禮拜，如訥說道：「三尺杖頭挑起了日月，一塵飛起任從遮天。」

有僧人問道：「什麼是得道之人？」如訥禪師回答：「行動沒有蹤跡，起來坐下不使人知道。」僧人問道：「怎樣才是呢？」如訥回答：「三爐力盡沒有煙焰，萬頃平田水不能流動。」僧人問道：「一個念頭都不產生時怎樣？」如訥反問道：「可以做什麼？」那僧人無言以對。如訥又說道：「跳過龍門雲雨際會，山川大地一入而無蹤跡。」

如訥禪師的眼睛中有兩個瞳仁，垂下雙手超過膝蓋，自從在翠微和尚那裡接受了密訣以後，就居住在道場山，除草建庵，學徒從四方而至，於是成為了禪寺，廣泛地闡揚佛法教化。如訥禪師所遺留的三件壞僧衲和開山拄杖、木屐，現在還存放在寺廟的影堂內。

建州白雲約禪師

建州白雲約禪師。曾住江州東禪院。僧問：「不坐偏空❶堂，不居無學❷位。此人合向什麼處安置？」師曰：「青天無電影。」

天台韶和尚參，師問：「什麼處來？」韶曰：「江北來。」師曰：「船來陸來？」曰：「船來。」師曰：「還逢見魚鼈麼？」曰：「往往遇之。」師曰：「遇時作麼生？」韶曰：「咄，縮頭去！」師大笑。

【注釋】❶偏空　指小乘所談的空理。❷無學　聲聞乘四果中，前三果為有學，第四阿羅漢果為無學，即學道圓滿，不需再修學了。

【語譯】建州（今福建建甌）白雲約禪師。曾經住持過江州（今江西九江）東禪院。有僧人問道：「不坐於偏空之堂，不居於無學之位。這樣的人應該安置在什麼地方？」約禪師回答：「晴天沒有閃電的影子。」

天台韶和尚來參見，約禪師問道：「從什麼地方來的？」韶和尚回答：「江北來的。」約禪師問道：「是坐船來的還是走路來的？」韶和尚回答：「坐船來的。」約禪師問道：「還碰見過魚鱉嗎？」韶和尚回答：「常常碰見。」約禪師問道：「碰見時怎麼辦？」韶和尚回答：「咄，縮頭離去！」約禪師呵呵大笑。

【說明】翠微無學禪師的法嗣還有伏牛山元通禪師一人，因無機緣語句，故未收錄。

前潭州道吾山圓智禪師法嗣

潭州石霜山慶諸禪師

潭州石霜山慶諸禪師，廬陵新淦人也，姓陳氏。年十三，依洪井西山❶紹鑾禪師落髮，二十三，嵩嶽受具，就洛下學毗尼之教。雖知聽制❷，終為漸宗。迴抵大溈山法會，為米頭❸。一日，師在米寮內篩米，溈山云：「施主物，莫拋撒。」師曰：「不拋撒。」溈山於地上拾得一粒云：「汝道不拋撒，遮箇什麼處得來？」師無對。溈山又云：「莫欺遮一粒子，百千粒從遮一粒生。」師曰：「百千粒從遮一粒生，未審遮一粒從什麼處生？」溈山呵呵笑，歸方丈。晚後上堂云：「大眾！米裡有蟲。」

師後參道吾，問：「如何是觸目菩提？」道吾喚沙彌，沙彌應諾，吾曰：「添淨缾水著。」吾卻問師：「汝適來問什麼？」師乃舉前問，道吾便起去。師從此省覺。

道吾曰：「我疾作，將欲去世，心中有物，久而為患，誰可除之？」師曰：「心物俱非，除之益患。」道吾曰：「賢哉！賢哉！」于時始為二夏之僧。

因避世，混俗于長沙瀏陽陶家坊，朝遊夕處，人莫能識。後因洞山价和尚遣僧訪尋，囊錐始露❹，乃舉之住石霜山。他日道吾將捨眾順世，以師為嫡嗣，躬至石霜而就之。師日勤執侍，全于師禮。暨道吾歸寂，學侶雲集，盈五百眾。《廣語》出別卷。

一日，謂眾曰：「一代時教❺整理❻時人腳手，凡有其由，皆落在今時，直至法身非身。此是教家極則。我輩沙門全無肯路，若分即差，不分即坐著泥水❼，但由心意妄說見聞。」僧問：「如何是西來意？」師曰：「空中一片石。」僧禮拜，師曰：「會麼？」曰：「不會。」師曰：「賴汝不會，若會即打破你頭。」問：「如何是和尚本分事？」師曰：「石頭還汗出麼？」問：「到遮裡為什麼卻道不得？」師曰：「腳底著口。」問：「真身還出世也無？」師曰：「不出世。」曰：「爭奈真身何！」師曰：「瑠璃缾子口。」

師居方丈，有僧在明窗❽外問：「咫尺之間，為什麼不覩師顏？」師曰：「我道偏界不曾藏。」僧舉問雪峰：「偏界不曾藏，意旨如何？」雪峰曰：「什麼處不是石霜？」僧迴舉雪峰之語呈師，師曰：「老大漢，有什麼死急！」東禪齊云：「只如雪峰是會石霜意，不會石霜意？若會也，他為什麼道死急？若不會，什麼生？雪峰豈可不會？然法且無異，奈以師承不同，解之差別。他云：『偏界不曾藏。』也須曾學來始得會，亂說即不可。」

雲蓋問：「萬戶俱閉即不問，萬戶俱開時如何？」師曰：「堂中事作麼生？」曰：「無人接得渠。」師曰：「道也大殺道，也只道得八九成。」曰：「未審和尚作麼生道？」師曰：「無人接得渠。」東禪齊云：「只如石霜意作麼生？若道一般前來，為什麼不許伊？若道別有道理，又只重說一遍。且道古人意作麼生？」

問：「佛性如虛空，如何？」師曰：「臥時即有，坐時即無。」問：「忘收一足時如何？」師曰：「不共汝同盤。」問：「風生浪起時如何？」師曰：「湖南城裡大殺鬧，有人不肯過江西。」

因僧舉洞山參次示眾曰：「兄弟！秋初夏末，或東去西去，直須向萬里無寸草處去始得。」又曰：「只如萬里無寸草處且作麼生去？」師聞之乃曰：「出門便是草。」僧舉似洞山，曰：「大唐國內能有幾人？」東禪齊拈云：「且道石霜會洞山意否？若道會去，只如諸上座每日折旋俯仰，迎來送去，為當是落路下草❾，為復一一合轍？若言不會，洞山意又爭解？恁麼下語，還有會處麼？上座擬什麼處去？於此若明得，可謂還鄉曲也不見，也曾著箇語云：恁麼即不去也。」

師止石霜山二十年間，學眾有長坐不臥，屹若株杌❿，天下謂之「枯木眾」也。唐僖宗⓫聞師道譽，遣使齎賜紫衣，師牢讓不受。光啟四年戊申二月二十日己亥，示疾告寂，壽八十有二，臘五十九。三月十五日，葬于院之西北隅。敕諡普會大師，塔曰見相。

【注釋】❶西山　在江西新建縣西北六十里，一名南昌山，為道教第十二洞天。唐初詩人王勃〈滕王閣序〉所曰「珠簾暮捲西山雨」之「西山」，即指此山。❷聽制　佛所說的三藏中，獨律藏有制聽二教。依理而制之法，謂之制教；隨緣計情而聽許之法，謂之聽教。❸米頭　寺院中管理米倉事務的僧人。❹囊錐始露　即「脫穎而出」之意。《史記・平原君虞卿列傳》：「平原君曰：『夫賢士之處世也，譬若錐之處囊中，其末立見。……』毛遂曰：『臣乃今日請處囊中耳。使遂蚤得處囊中，乃穎脫而出，非特其末見而已。』」末，錐的尖端。穎，錐的尖鋒。見，通「現」。❺時教　此指禪宗教法。❻整理　束縛；約束。❼坐著泥水　意同「拖泥帶水」，指糾纏不清。❽明窗　糊著窗紙、能映入亮光的窗戶。❾落路下草　謂拉車的牛離開道路走到路邊的草叢中，比喻背離了禪理。⑩株杌　木凳。株，樹根。杌，凳子。⑪唐僖宗　唐代後期皇帝，八七四至八八八年在位。

【語　譯】潭州（今湖南長沙）石霜山慶諸禪師（八〇七～八八八年），廬陵新淦（今江西新干）人，俗姓陳。慶諸十三歲時，皈依洪井（今江西南昌）西山紹鑾禪師剃髮出家，二十三歲時，至嵩嶽受具足戒，後來到洛陽（今屬河南）學習毗尼戒律之教。慶諸雖然已通曉了制、聽二教，但終屬於漸修之宗。慶諸回到了大溈山，參拜溈山靈祐和尚的法會，做了米頭。有一天，慶諸在米倉中篩米，溈山和尚說道：「這是施主施捨之物，不要撒落了。」慶諸說道：「沒有撒落。」溈山和尚從地上揀起了一粒米問道：「你說沒有撒落，這個是從什麼地方來的？」慶諸不能回答。溈山和尚又說道：「不要小看這一粒米，百千粒米都是從這一粒中產生的。」慶諸問道：「百千粒都是從這一粒中產生的，不知道這一粒是從什麼地方產生的？」溈山和尚呵呵大笑，回到了方丈室。晚上上堂時，溈山和尚說道：「眾位僧人！米裡有蟲子。」

慶諸禪師後來去參拜道吾和尚，問道：「什麼是目光所及之處皆為菩提？」道吾和尚招呼沙彌，沙彌答應了，道吾和尚吩咐道：「給淨瓶添上水。」道吾和尚回頭問慶諸道：「你剛才問什麼？」慶諸便重複了前面的問題，道吾就起身離去。慶諸從此而省悟了。

後來，道吾和尚說道：「我疾病發作了，將要去世，心中有一物，長久為害我，誰能為我去除它？」慶諸禪師說道：「心與物都不是真實的，去除它將更為有害。」道吾和尚說道：「賢明啊！賢明啊！」當時慶諸是個才住了兩個夏安居的僧人。

慶諸禪師後來為了躲避世人，就混跡於長沙瀏陽（今屬湖南）陶家坊，早晨出遊，晚上歸住，沒有人能了解他。後來因為洞山良价和尚派遣僧人訪尋，慶諸如同久處囊中的錐穎至此始得顯露，才被舉薦住持石霜山。後來道吾和尚將要捨棄眾僧逝世，以慶諸為嫡傳法嗣，親自來到石霜山依從他。慶諸每天勤勉地服侍道吾，成全師徒之禮節。等到道吾和尚圓寂後，向慶諸學習禪法的徒眾雲集，超過了五百人。《廣語》記載於其他卷次內。

有一天，慶諸禪師對眾僧說道：「一代時教只是束縛當時人的手腳，凡是有來由的，都歸於現在，直到法身非身。這就是教門的最高準則。我輩沙門完全沒有一條準確的路，如果有分別就錯了，沒有分別就坐在泥水之中了，只由著心意妄自訴述見聞。」有僧人問道：「什麼是祖師西來的意旨？」慶諸回答：「天空中一塊石頭。」那僧人禮拜，慶諸問道：「領會了嗎？」僧人回答：「沒有領會。」慶諸說道：「幸虧你沒有領會，如果領會了就打破了你的頭。」僧人問道：「什麼是和尚的本分事？」慶諸反問道：「石頭還出汗麼？」僧人問道：「到這裡卻為什麼不能說呢？」慶諸回答：「腳底下長著嘴巴。」僧人問道：「真身也能出世嗎？」慶諸回答：「不能出世。」僧人說道：「那拿真身怎麼辦呢！」慶諸說道：「琉璃瓶子的口。」

慶諸禪師居住在方丈內，有僧人在明窗外問道：「咫尺之間，為什麼不能看見和尚的容顏？」慶諸回答：「我說遍世界也未曾躲藏。」那僧人後來用這句話去問雪峰義存禪師：「遍世界也未曾躲藏，是什麼意思？」雪峰禪師反問道：「有什麼地方不是石霜和尚呢？」那僧人回來又把雪峰禪師的話說給慶諸聽，慶諸說道：「老老大大的漢子，有什麼可以死急的！」東禪齊禪師說道：「只如雪峰和尚是領會了石霜和尚的意思，還是沒有領會石霜和尚的意思？如果是領會了，石霜和尚為什麼要說死急？如果沒有領會，那是為什麼？雪峰和尚怎能沒有領會呢？看來佛法雖然沒有區別，但因為師承的不同，解說就有差別。石霜和尚他說：『遍世界也未曾躲藏。』也必須是曾經向他學習過才能領會，亂說一氣則不可以。」

雲蓋志元問道：「萬家門戶都關閉時就不問了，萬家門戶都打開時怎麼樣？」慶諸禪師反問道：「堂中的事情怎麼樣？」雲蓋說道：「沒有人能接引他。」慶諸說道：「說也算是拼命地說了，但也只是說得八、九分。」雲蓋問道：「不知道和尚怎樣說？」慶諸說道：「沒有人能接引他。」東禪齊禪師說道：「就如石霜和尚的意思是什麼？如果說另有道理，卻又只是重說了一遍。姑且說一說古人的意思是什麼？」

有僧人問道：「佛性如同虛空時怎麼樣？」慶諸禪師回答：「睡的時候就有，坐的時候就沒有。」僧人問道：「忘記收回一隻腳時怎樣？」慶諸回答：「不與你同一盤而食。」僧人問道：「風浪生起時怎麼樣？」

慶諸回答：「湖南城內鬧烘烘，有人不肯過江西。」

因為有僧人舉出洞山良价和尚接受參拜時指示眾僧的話頭：「兄弟！夏末秋初，住夏諸人有的向東而去，有的向西而去，必須是向萬里無寸草的地方去才可以。」洞山和尚又說道：「只是如萬里無寸草的地方該怎樣去？」慶諸禪師聞聽後說道：「出門就是草。」那僧人舉給洞山和尚聽，洞山和尚說道：「大唐國內能有幾人？」東禪齊禪師說道：「姑且說說看石霜和尚是否領會了洞山和尚的意思？如果說已經領會了，只如那諸位上座每天周旋俯仰，迎來送去，是應當離開道路來到路邊草叢中，還是每一步又都符合車轍呢？如果說石霜和尚沒有領會，那洞山和尚的意思又怎麼解釋？這樣下斷語，還有領會的地方麼？上座準備到什麼地方去？在此處如果能夠明白，就可說是連還鄉之歌也看不見了，也可說上一句話道：這樣就不去了。」

慶諸禪師住持石霜山二十年間，學生中有人長久打坐而不睡下，如同木凳屹然不動，天下人稱之為「枯木眾」。唐僖宗聽說慶諸禪師的佛法聲譽後，就派遣使臣攜帶紫衣宣賜，慶諸堅辭不接受。光啟四年戊申歲（八八八年）二月二十日己亥，慶諸禪師得病圓寂，享年八十二歲，法臘五十九歲。三月十五日，葬於寺院的西北角。天子詔賜謚號曰普會大師，靈塔名見相。

【說　明】禪家語中，「草」常用以比喻妄情俗念、無明煩惱。石霜慶諸禪師所言：「出門便是草。」意指自心是佛，自家有寶，無須特意做作，向外尋求，若出門一步，便陷於妄情俗念。

潭州漸源仲興禪師

潭州漸源仲興禪師，在道吾處為典座。一日，隨道吾往檀越家弔喪，師以手拊棺曰：「生邪？死邪？」道吾曰：「生也不道，死也不道。」師曰：「為什麼不道？」道吾曰：「不道！不道！」弔畢，同迴途次，師曰：「和尚今日須與仲興道。儻更不道，即打去也。」道吾曰：「打即任打，生也不道，死也不道。」師遂打道吾數拳。道吾歸院，令師：「且去！少間主事知了，打汝。」師乃禮辭，往石霜舉前語及打道吾之事：「今請和尚道。」石霜曰：「汝不見道吾道：生也不道，死也不道。」師於此大悟，乃設齋懺悔。師一日將鍬子於法堂上，石霜曰：「作麼？」師曰：「覓先師靈骨來。」石霜曰：「洪波浩渺，白浪滔天，覓什麼靈骨？」師曰：「正好著力❶。」石霜曰：「遮裡針劄不入，著什麼力？」太原孚上座代云：「先師靈骨猶在。」

【注釋】❶著力　用力；出力。

【語譯】潭州（今湖南長沙）漸源仲興禪師，在道吾和尚那裡擔任典座。有一天，仲興隨從道吾和尚前往檀越家中弔喪，他用手撫摩著棺材問道：「生的呢？還是死的呢？」道吾和尚說道：「生也不說，死也不說。」仲興便問道：「為什麼不說？」道吾和尚說道：「不說！不說！」弔喪完畢，一起回來的途中，仲興說道：「和尚今天必須要對仲興說。倘若再不說，就要打了。」道吾和尚說道：「打就任便你打，生也不說，死也不說。」仲興就打了道吾和尚幾拳。道吾和尚回到了寺院，命令仲興說：「離開這裡！等會兒主事僧知道了，就會打你。」仲興就禮拜道吾和尚後離去，前往石霜慶諸禪師處，說了前面的話和打道吾和尚的事，並說道：「現在請和尚說。」石霜禪師說道：「你沒聽見道吾和尚說的：生也不說，死也不說。」仲興於是恍然大悟，就設下齋席懺悔過失。有一天，仲興拿著鐵鍬來到了法堂上，石霜禪師問道：「幹什麼？」仲興回答：「尋找先師的靈骨。」石霜禪師說道：「洪波浩渺，白浪滔天，尋找什麼靈骨？」仲興說道：「正好用力氣。」石霜禪師說道：「我這裡針也扎不進，用什麼力氣？」太原孚上座代為回答：「先師的靈骨還存在。」

祿清和尚

祿清和尚。僧問：「不落道吾機，請師道。」師云：「庭前紅莧樹，生葉不生華。」良久云：「會麼？」僧云：「不會。」師云：「正是道吾機，因什麼不會？」僧禮拜，師便打云：「須是老僧打你始得。」

【語譯】祿清和尚。有僧人說道：「不落入道吾和尚的機鋒，請和尚講說。」祿清和尚說道：「庭前紅莧樹，生葉不生花。」過了片刻問道：「領會了嗎？」僧人回答：「沒有領會。」祿清和尚說道：「這就是道吾和尚的機鋒，你為什麼沒有領會呢？」那僧人便禮拜，祿清和尚就打他道：「必須要老僧打你才行。」

前潭州雲巖曇晟禪師法嗣

筠州洞山良价禪師

【題解】南禪五派中的曹洞宗、雲門宗、法眼宗均出於青原行思和尚一系，其中以洞山良价與其弟子曹山本寂兩位禪師所創立的曹洞宗較早。關於曹洞宗之名稱，有兩種解釋：其一認為是取曹溪六祖慧能及其六世傳人洞山良价中的「曹洞」兩字而成，以表示對曹溪六祖大師的紀念；其二認為是取本寂禪師所住的曹山與良价禪師所住的洞山為名，別無深義。此第二種解釋似較為自然。

筠州洞山良价禪師，會稽人也，姓俞氏。幼歲從師因念《般若心經》，以無根塵義問其師，其師駭異曰：「吾非汝師。」即指往五洩山，禮默禪師披剃。年二十一，嵩山具戒。遊方首謁南泉，值馬祖諱辰，修齋次，南泉垂問眾僧曰：「來日設馬師齋，未審馬師還來否？」眾皆無對，師乃出對曰：「待有伴即來。」南泉聞已讚曰：「此子雖後生，甚堪雕琢。」師曰：「和尚莫壓良為賤❶。」次參溈山，問曰：「頃聞忠國師有無情說法，良价未究其微。」溈山曰：「我遮裡亦有，只是難得其人。」曰：「便請師道。」溈山曰：「父母所生口，終不敢道。」曰：「還有與師同時慕道者否？」溈山曰：「此去石室相連，有雲巖道人，若能撥草瞻風，必為子之所重。」既到雲巖，問：「無情說法，什麼人得聞？」雲巖曰：「無情說法，無情得聞。」師曰：「和尚聞否？」雲巖曰：「我若聞，汝即不得聞吾說法也。」曰：「若恁麼，即良价不聞和尚說法也。」雲巖曰：「我說汝尚不聞，何況無情說法也！」師乃述偈呈雲巖曰：「也大奇，也大奇，無情解說不思議。若將耳聽聲不現，眼處聞聲方得知。」遂辭雲巖，雲巖曰：「什麼處去？」師曰：「雖離和尚，未卜所止。」曰：「莫湖南去？」師曰：「無。」曰：「莫歸鄉去？」師曰：「無。」曰：「早晚卻來？」師曰：「待和尚有住處即來。」曰：「自此一去，難得相見。」師曰：「難得不相見。」又問雲巖：「和尚百年後，忽有人問還邈得師真，如何祇對？」雲巖曰：「但向伊道，即遮箇是。」師良久，雲巖曰：「承當遮箇事，大須審細。」師猶涉疑，後因過水覩影，大悟前旨，因有一偈曰：「切忌從他覓，迢迢❷與我疏。我今獨自往，處處得逢渠。渠今正是我，我今不是渠。應須恁麼會，方得契如如。」他日，因供養雲巖真，有僧問曰：「先師道只遮是，莫便是否？」師曰：「是。」僧曰：「意旨如何？」師曰：「當時幾錯會先師語。」曰：「未審先師還知有也無？」師曰：「若不知有，爭解恁麼道？若知有，爭肯恁麼道？」長慶稜云：「既知有，為什麼恁麼道？」又云：「養子方知父慈。」

師在泐潭，見初上座示眾云：「也大奇，也大奇，佛界道界不思議。」師曰：「佛界道界即不問，且如說佛界道界是什麼人？只請一言。」初良久無對，師曰：「何不急道？」初曰：「爭即不得！」師曰：「道也未曾道，說什麼爭即不得？」初無對。師曰：「佛之與道，只是名字，何不引教？」初曰：「教道什麼？」師曰：「得意忘言。」初曰：「猶將教意向心頭作病在。」師曰：「說佛界道界病大小？」初因此遷化。

師至唐大中末於新豐山接誘學徒，厥後盛化豫章高安之洞山。今筠州也。因為雲巖諱日營齋，有僧問：「和尚於先師處得何指示？」師曰：「雖在彼中，不蒙他指示。」僧曰：「既不蒙指示，又用設齋作什麼？」師曰：「然雖如此，焉敢違背於他！」僧問：「和尚初見南泉發迹，為什麼與雲巖設齋？」師曰：「我不重先師道德，亦不為佛法，只重不為我說破。」又因設忌齋，僧問：「和尚為先師設齋，還肯先師也無？」師曰：「半肯半不肯。」曰：「為什麼不全肯？」師曰：「若全肯，即孤負先師也。」

僧問：「欲見和尚本來師，如何得見？」曰：「年涯❸相似，即無阻矣。」僧再舉所疑，師曰：「不躡前蹤，更請一問。」僧無對。雲居代云：「恁麼即某甲不見和尚本來師也。」後皎上座拈問長慶：「如何是年涯相似者？」長慶云：「古人恁麼道，皎闍梨又向遮裡覓箇什麼？」師又曰：「還有不報四恩❹三有❺者無？若不體此意，何超始終之患？直須心心❻不觸物，步步無處所，常不間斷，稍得相應。」

師問僧：「什麼處來？」曰：「遊山來。」師曰：「還到頂否？」曰：「到。」

師曰：「頂上還有人否？」曰：「無人。」師曰：「恁麼即闍梨不到頂也。」曰：「若不到頂爭知無人？」師曰：「闍梨何不且住？」曰：「某甲不辭往西天，有人不肯。」

師問太長老曰：「有一物上拄天，下拄地，常在動用中，黑如漆，過在什麼處？」太曰：「過在動用。」同安顯別云：「不知。」師乃咄云：「出去！」

問：「如何是西來意？」師曰：「大似駭雞犀。」

師問雪峰：「從什麼處來？」雪峰曰：「天台來。」師曰：「見智者否？」曰：「義存喫鐵棒有分。」

僧問：「蛇吞蝦蟇，救即是，不救即是？」師曰：「救即雙目不覩，不救即形影不彰。」

因夜間不點燈，有僧出問話。退後，師令侍者點燈，乃召適來問話僧出來。其僧近前，師曰：「將取三兩粉來，與遮箇上座。」其僧拂袖而退，自此省發玄旨，遂罄捨衣資設齋。得三年後，辭師。師曰：「善為！」時雪峰侍立次，問曰：「只如遮僧辭去，幾時卻來？」師曰：「他只知一去，不解再來。」其僧歸堂，就衣鉢下坐化。雪峰上報師，師曰：「雖然如此，猶較老僧三生在。」

雪峰上問訊，師曰：「入門來須得語，不得道早箇入了也。」雪峰曰：「義存無口。」師曰：「無口且從，還我眼來！」雪峰無語。雲居膺別前語云：「待某甲有口即道。」長慶稜別云：「恁麼即某甲謹退。」

師問僧：「什麼處來？」曰：「三祖塔頭來。」師曰：「既從祖師處來，又要見老僧作什麼？」曰：「祖師即別，學人與和尚不別。」師曰：「老僧欲見闍梨本來師，還得否？」曰：「亦須待和尚自出頭❼來始得。」師曰：「老僧適來暫時不在。」

雲居問：「如何是祖師西來意？」師曰：「闍梨，向後有把茅蓋頭，或有人問『闍梨且作麼生』，向伊道。」

官人❽問：「有人修行否？」師曰：「待公作男子即修行。」

僧問：「承古有言：相逢不擎出，舉意便知有時如何？」師乃合掌頂戴。

師問德山侍者：「從何方來？」曰：「德山來。」師曰：「來作什麼？」曰：「孝順和尚來。」師曰：「世間什麼物最孝順？」侍者無對。

師有時云：「體得佛向上事，方有些子語話分。」僧便問：「如何是語話？」師曰：「語話時闍梨不聞。」曰：「和尚還聞否？」師曰：「待我不語話時即聞。」

僧問：「如何是正問正答？」師曰：「不從口裡道。」曰：「若有人問，師還答否？」師曰：「也未曾問。」問：「如何是從門入者非寶⑨？」師曰：「便休！便休！」

師問講《維摩經》僧曰：「不可以智知，不可以識識，喚作什麼語？」對曰：「讚法身語。」師曰：「法身是讚，何用更讚？」

師有時垂語曰：「直⑩道『本來無一物』，猶未消得⑪他鉢袋子。」僧便問：「什麼人合得？」師曰：「不入門者。」僧曰：「只如不入門者還得也無？」師曰：「雖然如此，不得不與他。」師又曰：「直道『本來無一物』，猶未消得他衣鉢。遮裡合下得一轉語，且道下得什麼語？」有一上座下語，九十六轉，不愜師意，末後一轉，始可師意。師曰：「闍梨何不早恁麼道？」有一僧聞，請舉，如是三年執侍巾缾，終不為舉。上座因有疾，其僧曰：「某甲三年請舉前話，不蒙慈悲，善取不得，惡取。」遂持刀向之曰：「若不為某甲舉，即便殺上座也。」上座悚然曰：「闍梨且待，我為汝舉。」乃曰：「直饒將來亦無處著。」其僧禮謝。

僧問：「師尋常教學人行鳥道⑫，未審如何是鳥道？」師曰：「不逢一人。」曰：「如何行？」師曰：「直須足下無絲去。」曰：「只如行鳥道，莫便是本來面目否？」師曰：「闍梨因什麼顛倒？」曰：「什麼處是學人顛倒？」師曰：「若不顛倒，因什麼認奴作郎？」曰：「如何是本來面目？」師曰：「不行鳥道。」

師謂眾曰：「知有佛向上人，方有語話分。」時有僧問：「如何是佛向上人？」師曰：「非佛。」保福別云：「佛非。」法眼別云：「方便呼為佛。」

師問僧：「去什麼處來？」僧曰：「製鞋來。」師曰：「自解依他？」僧曰：「依他。」師曰：「他還指教闍梨也無？」僧曰：「允即不違。」

僧來舉問茱萸：「如何是沙門行？」茱萸曰：「行即不無，人覺即乖。」師令彼僧去進語曰：「未審是什麼行？」茱萸曰：「佛行，佛行。」僧迴舉似師，師曰：「幽州猶似可，最苦是新羅。」東禪齊拈云：「此語還有疑訛也無？若有，且道什麼處不得？若無，他又道最苦是新羅。還點檢得出麼？他道『行即不無，人覺即乖』，師令再問『是什麼行』，又道『佛行，佛行』，那僧是會了問，不會而問？請斷看。」僧卻問師：「如何是沙門行？」師曰：「頭長三尺，頸長二寸。」有僧舉問歸宗權和尚：「只如洞山意作麼生？」權云：「封皮⑬厚二寸。」

師見幽上座來，遽起向禪牀後立。幽曰：「和尚為什麼迴避學人？」師曰：「將謂闍梨覓老僧。」問：「如何是玄中又玄⑭？」師曰：「如死人舌。」

師洗鉢次，見兩烏爭蝦蟆。有僧便問曰：「遮箇因什麼到恁麼地？」師曰：「只為闍梨。」

僧問：「如何是毗盧師法身主？」師曰：「禾莖粟幹。」問：「三身之中，阿那身未墮眾數？」師曰：「吾常於此切。」僧問曹山：「先師道『吾常於此切』，意作麼生？」曹山云：「要頭即斫將去。」又問雪峰，雪峰以拄杖擬之云：「我亦曾到洞山來。」

師因看稻田次，朗上座牽牛曰：「遮箇牛須好看，恐喫稻去。」師曰：「若是好牛，應不喫稻。」

師問僧：「世間何物最苦？」僧曰：「地獄最苦。」師曰：「不然。」曰：「師意如何？」師曰：「在此衣線[15]下，不明大事[16]，是名最苦。」

師問僧：「名什麼？」僧曰：「某甲。」師曰：「阿那箇是闍梨主人公？」僧曰：「見祗對次。」師曰：「苦哉！苦哉！今時人例皆如此，只是認得驢前馬後[17]，將為自己。佛法平沉，此之是也。客中辨主尚未分，如何辨得主中主？」僧便問：「如何是主中主？」師曰：「闍梨自道取。」僧曰：「某甲道得，即是客中主。如何是主中主？」師曰：「恁麼道即易，相續也大難。」雲居別云：「某甲道得，不是客中主。」

師示疾，令沙彌去雲居傳語，又曰：「他忽問汝和尚有何言句，但道雲巖路欲絕也。汝下此語須遠立，恐他打汝去。」沙彌領旨去，語未終，早被雲居打一棒，沙彌無語。同安顯代云：「恁麼即雲巖一枝不墜也。」後雲居錫云：「上座且道雲巖路絕不絕？」崇壽稠云：「古人打此一棒，意作麼生？」

師將圓寂，謂眾曰：「吾有閑名⑱在世，誰為吾除得？」眾皆無對，時沙彌出曰：「請和尚法號。」師曰：「吾閑名已謝。」石霜云：「無人得他肯。」雲居云：「若有閑名，非吾先師。」曹山云：「從古至今，無人辨得。」疏山云：「龍有出水之機，無人辨得。」

問：「和尚違和，還有不病者也無？」師曰：「有。」僧曰：「不病者還看和尚否？」師曰：「老僧看他有分。」曰：「和尚爭得看他？」師曰：「老僧看時，即不見有病。」師又曰：「離此殼漏子，向什麼處與吾相見？」眾無對。

唐咸通十年三月，命剃髮披衣，令擊鐘，儼然坐化。時大眾號慟移晷⑲，師忽開目而起曰：「夫出家之人心不附物，是真修行。勞生息死，於悲何有！」乃召主事僧令辦愚癡齋一中⑳，蓋責其戀情也，眾猶戀慕不已。延至七日，食具方備，師亦隨齋畢，曰：「僧家勿事大率臨行之際喧動如斯。」至八日，浴訖，端坐長往，壽六十有三，臘四十二。敕諡悟本大師，塔曰慧覺。師昔在泐潭，尋譯《大藏纂出大乘經要》一卷，并激勵道俗偈頌誡等，流布諸方。

【注釋】❶壓良為賤　比喻用非常之手法尋求佛法，不僅無功，反受其害。良，良人。賤，賤人。❷迢迢　遙遠貌。❸年涯　年歲、生涯。❹四恩　《心地觀經》指父母恩、眾生恩、國王恩與三寶恩。《釋氏要覽》指父母恩、師長恩、國王恩與施主恩。❺三有　即「三界」之異名。生死之境界有因有果稱有。三有指三界之生死：一欲有、二色有、三無色有。《新譯仁王經》：「三有業果，一起皆空。」❻心心　指心與心所。《仁王經》：「心心寂滅，無身心相，猶如虛空。」❼出頭　露面；出面。唐人顧況〈贈僧三首〉詩：「出頭皆是新年少，何處能容老病翁。」又為脫身、解脫之意。唐僧人拾得詩：「死去入地獄，未有出頭辰。」❽官人　對男子的尊稱、泛稱。❾從門入者非寶　也作「從門入者不是家珍」，意從自家門外進來的東西，不是自家的珍寶。禪林用以比喻成佛必須自己體悟，從人所學終究不是自己的思想。❿直　縱然；即使。唐人杜牧〈池州送孟遲先輩〉詩：「人生直作百歲翁，亦是萬古一瞬中。」⓫消得　受用；消受。⓬鳥道　只有飛行的鳥才能通過的道路。比喻禪道極難極險。⓭封皮　封條。⓮玄中又玄　也作「玄玄」，原為道家名詞，用以形容道的微妙無形。⓯衣線　此指僧人所穿的僧衣。⓰大事　禪家將省悟禪法、超脫生死稱為大事。⓱驢前馬後　指隨從追逐於驢、馬前後的奴僕，以指斥凡人的識情分別。⓲閑名　意同「浮名」。⓳晷　日影。⓴一中　設齋食普及於一堂之中，也作「一普」。

【語　譯】筠州（今江西高安）洞山良价禪師（八〇七～八六九年），會稽（今浙江紹興）人，俗姓俞。良价幼年跟著師父念誦《般若心經》時，向師父詢問沒有根塵的意思，他的師父驚駭道：「我不能做你的老師。」就介紹良价前往五洩山，禮拜默禪師披剃出家。良价二十一歲時，前往嵩嶽受具足戒。然後良价雲遊諸方，首先拜謁南泉普願和尚，正遇到馬祖大師的圓寂忌日，舉行齋祭之時，南泉和尚問眾僧道：「明天為馬祖設齋祭，不知道馬祖來還是不來？」眾僧都不能回答，良价便站出來說道：「等到有道伴時就來。」南泉聽到後讚歎道：「這人雖然是個後生，卻很可以雕琢成器。」良价回答：「和尚不要壓良為賤。」良价隨後去參拜溈山靈祐和尚，問道：「近來聽說慧忠國師有無情說法，良价未能知道其究竟。」溈山和尚說道：「我這裡也有，只是難得聽講說的人。」良价說道：「那就請和尚講說。」溈山和尚說道：「父母親所生的嘴巴，終究不敢說。」良价問道：「還有沒有與和尚同時省悟佛道的人？」溈山和尚說道：「你去那石室相連之處，有一位雲巖道人，你如果能撥開草葉瞻仰其風骨，必定能被你所敬重。」良价來到了雲巖曇晟和尚之處，問道：「無情說法，什麼人能夠聽到？」雲巖和尚回答：「無情說法，無情者才能聽到。」良价問道：「和尚能夠聽到嗎？」雲巖和尚回答：「我如果能聽到，你就不能聽我說法了。」良价說道：「如果是這樣的，那麼良价就不聽和尚說法了。」雲巖和尚說道：「我說的你尚且不能聽到，何況是無情說法啊！」良价就口述了一首偈頌呈給雲巖和尚看：「真稀奇，真稀奇，無情說法不可思議。如果用耳朵去聽那聲音不出現，用眼睛聽聲音才得以知道。」良价於是辭別雲巖和尚，雲巖和尚問道：「到什麼地方去？」良价回答：「雖然離開了和尚，去哪裡卻還沒有定。」雲巖和尚問道：「莫非是去湖南嗎？」良价回答：「不是。」雲巖和尚問道：「莫非要回家鄉去嗎？」良价回答：「不是。」雲巖和尚問道：「什麼時候回來？」良价回答：「等到和尚有住處時就回來。」雲巖和尚說道：「自此一分別，就難得相見了。」良价說道：「難得不相見。」良价又問雲巖和尚道：「和尚百年以後，忽然有人詢問還能描繪出師父的肖像時，我怎樣應答？」雲巖和尚回答：「只管對他說，這個就是。」良价沉默了許久，雲巖和尚說道：「承當這樣的大事，要非常慎重仔細。」良价還是有些疑惑，後來涉水過河時看見了水中的倒影，豁然省悟日前老師所說的話旨，所以作了一首偈頌敘述心得：「切忌向他人尋覓，迢迢與我太過疏遠。我現今獨自前往，處處都與它相逢。它如今正是我，我如今不是它。應當這樣領會，方才契合真如之如。」後來有一天，在供養雲巖和尚的肖像時，有僧人問道：「先師說只這個就是，莫非就是嗎？」良价回答：「是的。」僧人問道：「是什麼意思？」良价回答：「當時幾乎錯會了先師的意思。」那僧人問道：「不知道先師還知道嗎？」良价回答：「如果不知道，怎麼會這樣說的？如果知道，又怎麼肯這樣說呢？」長慶慧稜禪師說道：「既然知曉，為什麼這樣說？」又說道：「撫養了兒子，才知道父親的慈愛。」

良价禪師在泐潭，聽到初上座指示眾人道：「真稀奇，真稀奇，佛界道界都不可思議。」良价就問道：「佛界道界就不問了，姑且說說看佛界道界是什麼人？只請說一句。」初上座沉默許久不能回答，良价問道：「為什麼不快點說？」初上座回答：「怎奈不能說出！」良价說道：「說也不曾說過，卻說什麼怎奈不能說出？」初上座不能應答。良价說道：「佛與道都只是名稱、概念，為什麼不引用教義？」初上座便問道：「教義上說什麼？」良价回答：「得到其意，忘記其言。」初上座說道：「把教義放在心頭而成為一塊心病。」良价問道：「比那說佛界道界之病，哪個更大？」初上座因此而寂滅了。

唐代大中（八四七～八五九年）末年，良价禪師在新豐山接引誘導學人徒眾，此後在豫章高安的洞山大行佛道教化。豫章高安即現今之筠州。

良价禪師在雲巖和尚的忌日舉行紀念齋會，有僧人問道：「和尚從先師處得到了什麼指示？」良价回答：

「我雖然在他的法會中，卻不曾得到他的指示。」僧人便問道：「既然不曾得到他的指示，又為他舉行齋會幹什麼？」良价回答：「雖然是這樣的，但怎麼敢違背他！」僧人問道：「和尚最初參見南泉和尚而得以省悟，為什麼卻為雲巖和尚舉行齋會呢？」良价回答：「我不看重先師的道德風範，也不為佛法開悟，只看重他不為我說破。」又一次因雲巖和尚的忌日而舉行齋會，有僧人問道：「和尚為先師舉行齋會，是贊成先師的學說嗎？」良价回答：「一半贊成一半不贊成。」僧人問道：「為什麼不完全贊成呢？」良价回答：「如果是完全贊成，就辜負先師的教誨了。」

有僧人問道：「若要見和尚的本來師，怎樣才能夠見到？」良价禪師回答：「年歲經歷相似，就沒有阻礙了。」那僧人打算再次舉出所疑問的，良价說道：「不要踩著前人的足跡，請再說一個問題。」僧人無言以對。雲居道膺禪師代為回答：「這樣我就不見和尚的本來師了。」此後皎然上座拈出這話頭問長慶慧稜禪師道：「什麼是年歲經歷相似者？」長慶禪師說道：「古人這樣說，皎然闍梨又在這裡看見了什麼？」良价又說道：「還有沒有報答四恩三有的人？如果不能體會這個意義，怎麼能超越自始至終的憂患呢？必須要心心不接觸物，步步沒有處所，永遠也不間斷，才能漸漸得到相應者。」

良价禪師問僧人道：「到什麼地方去了？」僧人回答：「遊山去了。」良价問道：「登上了山頂沒有？」僧人回答：「登上了。」良价問道：「山頂上還有人嗎？」僧人回答：「沒有人。」良价說道：「這樣的話，闍梨就沒有登上山頂。」僧人說道：「如果沒有登上山頂，怎能知道沒有人？」良价問道：「闍梨為什麼不住下？」僧人回答：「我並不推辭前往西天，只是有人不肯。」

良价禪師問太長老道：「有一件東西上拄著天，下拄著地，常在動用之中，暗黑如漆，其過錯在什麼地方？」太長老回答：「過錯在動用。」同安顯禪師別為回答：「不知道。」良价就叱責道：「出去！」

有人問道：「什麼是祖師西來的意旨？」良价禪師回答：「很像是害怕雞的犀牛。」

良价禪師問雪峰義存道：「從什麼地方而來？」雪峰回答：「從天台山來。」良价問道：「看見智者大師了嗎？」雪峰回答：「義存挨鐵棒有份。」

有僧人問道：「看見蛇吞食蝦蟆，去救援對呢，還是不去救援對？」良价禪師回答：「去救援是兩眼沒在看，不去救援是形象不明顯。」

因為晚上參拜時沒有點燈，有僧人站出來問話。那僧人退下後，良价禪師命令侍者點亮燈，並招呼剛才問話的僧人出來。那僧人走到面前，良价說道：「取三兩搽面的粉來，給這位上座。」那僧人拂袖而去，從此省悟發明玄妙旨意，於是將自己的衣服資財全部施捨出來設齋食。滿了三年以後，那僧人來辭別良价。良价說道：「好自為之！」當時雪峰義存侍立在旁邊，問道：「只是如這個僧人辭別而去，幾時才轉來？」良价回答：「他只知道離去，不懂得再來。」那僧人回到了僧堂，就在衣鉢下端坐著圓寂了。雪峰上堂告訴良价，良价說道：「雖然如此，還是比老僧三生差一些。」

雪峰義存上堂請安，良价禪師說道：「進門來必須要說話，但不能說早就進來了。」雪峰說道：「義存沒有嘴巴。」良价說道：「沒有嘴巴就罷了，把眼睛還給我！」雪峰沒有回話。雲居道膺禪師就前一句話別為回答：「等到我有嘴巴時就說。」長慶慧稜禪師別為回答：「這樣我就告退了。」

良价禪師問僧人道：「從什麼地方來？」僧人回答：「從三祖塔頭來。」良价問道：「既然是從祖師那裡來，又要見老僧幹什麼？」僧人回答：「祖師與我們有區別，學生與和尚沒有區別。」良价問道：「老僧要見闍梨的本來師，還可以嗎？」僧人說道：「也必須等到和尚自己出頭時才可以。」良价便說道：「老僧剛才一時不在。」

雲居道膺問道：「什麼是祖師西來的意旨？」良价禪師回答：「闍梨，日後你有把茅草蓋頭時，如果有人問道『闍梨且怎麼辦』時，就對他說。」

有官人問道：「還有人修行嗎？」良价禪師回答：「等到你成為男人的時候就修行。」

有僧人問道：「承聽古人有言：相逢時不舉出，而所舉的意思便知道時怎麼樣？」良价禪師就合掌頂禮膜拜。

良价禪師問德山和尚的侍者道：「從什麼地方而來？」那侍者回答：「從德山來。」良价問道：「來幹什麼？」那侍者回答：「來孝順和尚。」良价問道：「世界上什麼東西最孝順？」那侍者不能回答。

有一次，良价禪師說道：「能體悟到佛向上的事，方才有一些說話的緣分。」有僧人就問道：「什麼是說話？」良价回答：「說話時闍梨不能聽到。」僧人問道：「那和尚還能聽到嗎？」良价回答：「等到我不說話時就能聽到。」僧人問道：「什麼是正問正答？」良价回答：「不用嘴巴來說。」僧人問道：「如果有人提問，和尚還回答嗎？」良价說道：「也不曾有人提問。」僧人問道：「什麼是從門入者不是寶貝？」良价回答：「罷了！罷了！」

良价禪師問講說《維摩經》的僧人道：「不可以用智慧去了解，不可以用知識去認識，叫作什麼話語？」那僧人回答：「讚頌法身之語。」良价說道：「法身就是讚頌之語，為什麼還要再去讚頌？」

有一次，良价禪師垂告眾人道：「縱然說『本來無一物』，還是未能獲得他的衣鉢。」那僧人便問道：「什麼人該得到？」良价回答：「沒有進門的人。」僧人問道：「只要是沒有進門的人就能得到嗎？」良价回答：「雖然是這樣的，但不得不給他。」良价又說道：「縱然說『本來無一物』，還是未能獲得他的衣鉢。這裡應該說一句轉語，且說說看應該說一句什麼轉語？」有一位上座說了九十七句轉語，還是不符合良价的心意，直至最後一句，才使良价滿意。良价說道：「闍梨為什麼不早這麼說？」有一位僧人聽到後，就請那上座告訴他，並執持布巾、淨瓶服侍那上座長達三年，但那上座始終沒有告訴他。後來那上座生病了，那僧人就說道：「我三年來請求你告訴我那句話，沒有承蒙你的慈悲，看來善取不如惡取。」就拿著刀對那上座說道：「如果不說給我聽，立刻就殺死上座。」那上座害怕地說道：「闍梨且等一等，我說給你聽。」便說道：「就是拿來也沒有地方放。」那僧人於是施禮拜謝。

有僧人問道：「和尚平常教導學生要走鳥道，不知道什麼是鳥道？」良价禪師回答：「不遇見一個人。」僧人問道：「怎樣走？」良价回答：「必須腳下沒有絲毫離開。」僧人問道：「只要走了鳥道，莫非就是本來面目了？」良价說道：「闍梨為什麼顛倒事理？」僧人問道：「什麼地方是學生顛倒事理之處？」良价說道：「如果沒有顛倒，那為什麼要錯認奴僕為主人呢？」僧人問道：「什麼是本來面目？」良价回答：「不走烏道。」

良价禪師對眾僧說道：「知道有佛向上之事的人，方才有談話的份兒。」當時有一位僧人問道：「什麼是佛向上之事的人？」良价回答：「不是佛。」保福禪師別為回答：「佛不是。」法眼禪師別為回答：「方便就叫作佛。」

良价禪師問僧人道：「你去什麼地方了？」僧人回答：「製鞋去了。」良价問道：「自己會的，還是依靠他人。」僧人回答：「依靠他人。」良价問道：「他還指教闍梨了嗎？」僧人回答：「依允就是不違背。」

有僧人問茱萸和尚道：「什麼是沙門之行為？」茱萸和尚回答：「行為不是沒有，有人覺悟就是違背。」那僧人來說給良价禪師聽，良价就讓那僧人去提問道：「不知道是什麼行為？」茱萸和尚回答：「是佛的行為，是佛的行為。」那僧人回來說給良价聽，良价說道：「幽州（今北京市）還算可以，最苦的是新羅。」東禪齊禪師拈出此話頭說道：「這話還有沒有錯誤？如果有錯誤，且說說看什麼地方不對？如果沒有錯誤，他又說最苦的是新羅。還能檢點出來麼？他說『行為不是沒有，有人覺悟就是違背』，洞山和尚令人再去問『是什麼行為』，他又說是『佛的行為』，那僧人是領會了再問呢，還是沒有領會而提問？請判斷一下。」那僧人就問良价道：「什麼是沙門之行為？」良价回答：「頭長三尺，頸長二寸。」有僧人將這話頭舉給歸宗權和尚聽：「只是如洞山和尚的意思是什麼？」權和尚回答：「封條厚達二寸。」

良价禪師看見幽上座來，趕忙起身走到禪牀後面站立。幽上座問道：「和尚為什麼要迴避學生？」良价回答：「還以為闍梨在尋找老僧。」幽上座問道：「什麼是玄中又玄之理？」良价回答：「如同是死人的舌頭。」

良价禪師清洗食鉢的時候，看見兩隻烏鴉在爭搶一隻蝦蟆。有僧人就問道：「這個為什麼到了這樣的地步？」良价回答：「只是為了闍梨。」

有僧人問道：「什麼是毗盧師的法身之主？」良价禪師回答：「稻、粟的莖幹。」僧人問道：「三身之中，哪一個身沒有墮落於眾數？」良价回答：「我常常在此切斷。」有僧人問曹山本寂禪師道：「先師說『我常常在此切斷』，其意思是什麼？」曹山禪師說道：「要腦袋的話就砍將去。」那僧人又問雪峰義存禪師，雪峰義存禪師舉起拄杖做出打人的樣子說道：「我也曾到過洞山。」

良价禪師察看稻田時，朗上座牽著牛過來，說道：「這頭牛必須好好看著，只怕要去吃稻。」良价說道：「如果是頭好牛，就應該不去吃稻。」

良价禪師問僧人道：「世間什麼事情最苦？」僧人回答：「地獄最苦。」良价說道：「不對。」僧人問道：「和尚的意思是什麼？」良价回答：「在這衣線之下，不明生死大事，就稱作最苦之事。」

良价禪師問僧人道：「名叫什麼？」僧人回答：「某某。」良价問道：「哪個是闍梨的主人公？」僧人回答：「出現在應對之時。」良价叫道：「苦啊！苦啊！現今的人照例都是這樣的，只是認得驢前馬後，將為自己。佛法平地沉陷，這就是其原因。賓客中的主人尚且沒有分別，怎麼能辨別主人中的主人呢？」那僧人就再問道：「什麼是主人中的主人？」良价回答：「闍梨自己說。」僧人說道：「我說出來的，就是賓客中的主人。什麼是主人中的主人？」良价說道：「這樣說倒是容易，接下去卻很困難。」雲居道膺禪師別為回答：「我說出來的，不是賓客中的主人。」

良价禪師身體不適，命令沙彌帶個信到雲居道膺那裡去，又說道：「他如果忽然問你和尚有什麼話，你只說雲巖的路途將要斷絕了。你說這句話時必須站遠一些，當心他打你。」沙彌接受了旨意前去，所傳的話還沒有說完，早就被雲居道膺禪師打了一棒，沙彌無語以對。同安顯禪師代為回答：「這樣的話，雲巖一枝就不會墜落了。」後來雲居清錫禪師說道：「上座且說說看雲巖之路斷絕不斷絕？」崇壽稠禪師說道：「古人打這一棒，其意思是什麼？」

良价禪師將要圓寂了，對眾僧說道：「我有浮名在世上，誰能為我去除呢？」眾僧都不能回答，當時有一個沙彌站出來說道：「請教和尚的法號。」良价說道：「我的浮名已經凋謝了。」石霜慶諸禪師說道：「沒有人能得到他的認可。」雲居道膺禪師說道：「如果有浮名，就不是我先師。」曹山本寂禪師說道：「從古至今，沒有人能辨得清。」疏山匡仁禪師說道：「龍有出水之機鋒，沒有人能辨得清。」有僧人問道：「和尚身體欠安，還有不以為是病的人嗎？」良价回答：「有。」僧人問道：「不以為是病的人還來探視和尚嗎？」良价回答：「老僧去看他卻有份。」僧人問道：「和尚怎麼去看他？」良价回答：「老僧去看他，就不見有病。」良价又問道：「離開這個殼漏子，你們到什麼地方與我相見？」眾僧無言以答。

唐代咸通十年（八六九年）三月，良价禪師命人給他剃髮穿衣服，令鳴鐘告別，莊嚴地端坐圓寂。當時眾人悲痛號哭，時間過了很久還未停止，良价忽然睜開了眼睛，起身說道：「出家之人的心不附著外物，那才是真正的修行。使生人勞動讓死者安息，有什麼可悲哀的！」隨即招呼主事僧，命令備辦愚癡齋一中，其意是責備眾人戀癡於情懷，但眾人還是戀戀不已。拖到第七日，齋食才備齊，良价也隨同大家一起用齋，吃完後說道：「僧家不要在有人臨行時如此喧嘩搖動。」到了第八日，良价禪師沐浴完畢，端坐圓寂，終年六十三歲，法臘四十二歲。天子詔賜謚號曰悟本大師，靈塔名慧覺。良价禪師昔年在泐潭不久，就翻譯《大藏纂出大乘經要》一卷，以及激勵僧俗信徒的偈頌訓誡等，一起流傳於各地。

【說　明】曹洞宗開山宗師洞山良价禪師接引學人的方式較為溫和，綿密回互，妙用親切，反覆叮嚀，而與臨濟宗機鋒峻烈、棒喝齊施的禪風大相逕庭。禪宗史上所謂「臨濟將軍，曹洞士民」，即是對這兩宗不同的禪風之確切概括和形象比喻。洞山良价應機接人、方便開示的諸法中，以「五位之說」最具特色。五位分為正偏、功勳、君臣、王子四種，而以正偏五位為基礎。正偏五位指：正中偏，偏中正，正中來，兼中至，兼中到。其中正是體，是空，是理；偏是用，是色，是事。正中偏是背理就事，從體起用；偏中正是捨事入理，攝用歸體；兼是正偏兼帶，理事混融。其辨析雖有些煩瑣，但其宗旨是因事顯理，由相見真，充分體現了其綿密細緻、反覆叮嚀的家風。清涼文益《宗門十規論》中稱曹洞宗風為「敲唱為用」，即指洞山良价及以下的曹洞宗禪師在接引勘驗參學者時，以五位相配合來說法，因而有敲有唱，使參學者從中分辨出偏正、君臣等來。

涿州杏山鑒洪禪師

涿州杏山鑒洪禪師。臨濟問：「如何是露地白牛❶？」師曰：「吽！」濟曰：

「啞卻杏山口。」師曰：「老兄作麼生？」濟曰：「遮畜生！」師乃休。與石室問答，如彼章出之。

師有五詠十秀，皆暢玄風。滅後荼毗，收五色舍利❷。

【注釋】❶露地白牛　比喻大乘禪法。❷五色舍利　佛教徒認為佛、高僧之舍利質地堅硬，五彩奪目，由無染功德薰修而成。

【語譯】涿州（今屬河北）杏山鑒洪禪師。臨濟和尚問道：「什麼是露地白牛？」鑒洪叫道：「哞！」臨濟和尚說道：「啞了杏山的嘴。」鑒洪反問道：「老兄怎麼樣？」臨濟和尚罵道：「這個畜生！」鑒洪就作罷了。鑒洪禪師與石室禪師的問話對答，記載於〈石室禪師〉章中。

鑒洪禪師有五詠十秀之作，全都暢說玄妙之風。鑒洪圓寂後火化，收得了五色舍利。

潭州神山僧密禪師

潭州神山僧密禪師。師在南泉打羅次，南泉問：「作什麼？」師曰：「打羅。」南泉曰：「汝以手打腳打？」師曰：「卻請和尚道。」南泉曰：「分明記取，向後遇明眼作家，但恁麼舉似。」雲巖代云：「無手腳者始解打。」

師與洞山渡水，洞山曰：「莫錯下腳。」師曰：「錯即過不得也。」洞山曰：「不錯底事作麼生？」師曰：「共長老過水。」

一日，與洞山鋤茶園，洞山擲下钁頭曰：「我今日困，一點氣力也無。」師曰：「若無氣力，爭解恁麼道得？」洞山曰：「汝將謂有氣力底是也。」

裴大夫問僧：「供養佛還喫否？」僧曰：「如大夫祭家神。」大夫舉似雲巖，雲巖代曰：「有幾般❶飯食，但一時下來。」雲巖卻問師：「一時下來後作麼生？」師曰：「合取鉢盂。」巖肯之。

僧問：「如何是無所聞者乃曰聽經？」師曰：「要會麼？」僧曰：「要會。」師曰：「未解聽經在。」

問：「一地❷不見二地如何？」師曰：「汝莫錯否？汝是何地？」

有行者問：「生死事乞師一言。」師曰：「汝何時生死去來？」曰：「某甲不會，請師說。」師曰：「不會，須死一場去！」

【注釋】❶幾般　幾回；多少。❷一地　佛教以地譬喻眾生之佛性，即一切草木種子皆依地而生，而一切善根皆依一佛性而生。

【語譯】潭州（今湖南長沙）神山僧密禪師。僧密在南泉普願和尚那裡打鑼時，南泉和尚問道：「你在幹什麼？」僧密回答：「打鑼。」南泉和尚問道：「你是用手打還是用腳打的？」僧密說道：「還是請和尚說。」南泉和尚說道：「你要明白地記住，以後遇到明眼高手，只需這樣告訴他。」雲巖禪師代為回答道：「沒有手腳的人才懂得打鑼。」

僧密禪師與洞山良价和尚一起渡河，洞山和尚說道：「不要放錯腳。」僧密說道：「放錯就過不去了。」洞山和尚問道：「沒有錯誤的事怎麼做？」僧密回答：「同長老一起渡河。」

有一天，僧密禪師與洞山和尚一起鋤茶園，洞山扔下了鋤頭說道：「我今天很睏，一點力氣也沒有。」僧密說道：「如果沒有力氣，怎麼還能這樣的說話？」洞山和尚說道：「你就是所謂有力氣的。」

裴大夫問僧人道：「供養佛，佛還來吃嗎？」僧人回答：「就如同大夫祭奠家中祖先神靈一樣。」裴大夫就把這話舉給雲巖和尚聽，雲巖和尚代為回答道：「有多少飯食，只管一齊送來。」雲巖和尚回頭問僧密禪師道：「一齊送來後又怎麼辦？」僧密回答：「應該取缽盂。」雲巖和尚首肯了他的回答。

有僧人問道：「為什麼一無所聞者才說是聽經？」僧密禪師說道：「想知道嗎？」僧人回答：「想知道。」僧密說道：「還沒有懂得聽經的意思。」

有僧人問道：「一地不見二地時怎麼樣？」僧密禪師反問道：「你有沒有弄錯啊？你是什麼地啊？」

有一個行者提問道：「生死之事，乞請和尚說一句。」僧密禪師反問道：「你什麼時候曾有過生死？」行者說道：「我沒有領會，請和尚解說。」僧密說道：「沒有領會，那就去死一回吧！」

幽溪和尚

幽溪和尚。僧問：「大用現前，不存軌則❶時如何？」師起，遶禪牀一匝而坐。僧欲進語，師與一蹋，僧歸位而立。師曰：「汝恁麼，我不恁麼。汝不恁麼，我卻恁麼。」僧再擬進語，師又與一蹋，曰：「三十年後，吾道大行。」

【注釋】❶軌則 軌儀準則。

【語譯】幽溪和尚。有僧人問道：「最大的作用出現於眼前，不存在軌則時怎麼樣？」幽溪和尚站了起來，繞著禪牀走了一圈後坐下。那僧人想要上前再問，幽溪和尚給了他一腳，僧人回到了原來的位置上站立。幽溪和尚說道：「你要這樣，我就不這樣。你不要這樣，我卻要這樣。」那僧人再次準備上前說話，幽溪和尚又給了他一腳，說道：「三十年後，我的宗法將大大地盛行。」

前華亭船子德誠禪師法嗣

澧州夾山善會禪師

澧州夾山善會禪師，廣州峴亭人也，姓廖氏。九歲於潭州龍牙山出家，依年受戒，往江陵聽習經論，該練❶三學。遂參禪會，勵力參承。初住澧州，一夕，道吾策杖而至，遇師上堂。僧問：「如何是法身？」師曰：「法身無相。」曰：「如何是法眼？」師曰：「法眼無瑕。」師又曰：「目前無法，意在目前。不是目前法，非耳目所到。」道吾乃笑。師乃生疑，問吾：「何笑？」吾曰：「和尚一等❷出世未有師，可往浙中華亭縣參船子和尚去。」師曰：「訪得獲否？」道吾曰：「彼師上無片瓦遮頭，下無卓❸錐之地。」師遂易服直詣華亭，會船子鼓櫂而至。師資道契，微眹❹不留。語見〈船子〉章。

師比遁世忘機，尋以學者交湊，廬室星布，曉夕參依。唐咸通十一年庚寅，海眾卜于夾山，遽成院宇。

師上堂示眾曰：「夫有祖以來，時人錯會，相承至今，以佛祖句為人師範，如此卻成誑人、無智人去。他只指示汝：無法本是道，道無一法。無佛可成，無道可得，無法可捨。故云：目前無法，意在目前。他不是目前法。若向佛祖邊學，此人未有眼目，皆屬所依之法，不得自在。本只為生死茫茫，識性無自由分，千里萬里求善知識。須有正眼，永脫虛謬之見，定取目前生死，為復實有，為復實無。若有人定得，許汝出頭。上根之人言下明道，中下根器，波波❺浪❻走。何不向生死中定當取？何處更疑佛疑祖替汝生死？有智人笑汝。偈曰：『勞持生死法，唯向佛邊求。目前迷正理，撥火覓浮漚❼。』」僧問：「從上立祖意教意，和尚此間為什麼言無？」師曰：「三年不食飯，目前無饑人。」曰：「既無饑人，某甲為什麼不悟？」師曰：「只為悟迷卻闍梨。」師說頌曰：「明明無悟法，悟法卻迷人。長舒兩腳睡，無偽亦無真。」

僧問：「如何是道？」師曰：「太陽溢目，萬里不掛片雲。」曰：「如何得會？」師曰：「清清之水，游魚自迷。」問：「如何是本？」師曰：「飲水不迷源。」問：「古人布髮掩泥，當為何事？」師曰：「九烏射盡[8]，一翳猶存。一箭墮地，天下不黑。」問：「祖意與教意同別？」師曰：「風吹荷葉滿地青，十里行人較一程[9]。」

師有小師，隨侍日久。師住後，遣令行腳。游歷禪肆，無所用心，聞師聚眾，道播他室，迴歸省覲而問曰：「和尚有如是奇特事，何不早向某甲說？」師曰：「汝蒸飯，吾著火。汝行益[10]，吾展鉢。什麼處是孤負汝處？」小師從此悟入。

師一日喫茶了，自烹一椀，過與侍者，侍者擬接，師乃縮手曰：「是什麼？」侍者無對。

有一大德來問師：「若是教意，某甲即不疑。只如禪門中事如何？」師曰：「老僧也只解變生為熟。」問：「如何是實際[11]之理？」師曰：「石上無根樹，山含不動雲。」問：「如何是出窟師子？」師曰：「虛無無影象，足下野雲生。」

西川首座遊方至白馬，舉《華嚴》教語問曰：「一塵含法界[12]無邊時如何？」白馬曰：「如鳥二翼，如車二輪。」首座曰：「將謂禪門別有奇特事，元來不出教乘。」乃迴本地。尋嚮夾山盛化，遣小師持前語而問師，師曰：「雕沙無鏤玉之譚，結草⑬乖道人之思。」小師迴舉似首座，首座乃讚：「將謂禪門與教意不殊，元來有奇特之事。」

問：「如何是夾山境？」師曰：「猿抱子歸青嶂裡，鳥銜華落碧巖前。」

師再闢玄樞，迨于一紀⑭。唐中和元年辛丑十一月七日，召主事曰：「吾與眾僧話道累歲，佛法深旨，各應自知。吾今幻質⑮時盡即去，汝等善保護，如吾在日，勿得雷同世人，輒生惆悵。」言訖，至子夜奄然而逝。其月二十九日，塔于本山。壽七十七，臘五十七。敕諡傳明大師，塔曰永濟。

【注釋】❶該練　詳備純熟。❷一等　同樣；一樣。❸卓　直立的樣子。❹眹　間隙；空隙。❺波波　奔波，比喻辛苦勞困。唐人岑參〈閿鄉送上官秀才歸關西別業〉詩：「風塵奈汝何，終日獨波波。」❻浪　空；徒然。❼撥火覓浮漚　漚即水泡，火中顯然沒有水泡，故禪師多用此矛盾之句以形容徒勞。❽九烏射盡　古代神話傳說太陽中有三足烏，因以烏或金烏作為太陽的代稱。相傳海東湯谷扶桑樹上棲息有十個太陽，每日一個太陽巡天。有一天，忽然十個太陽並出，河水沸騰，草木焦枯，民不聊生。於是天帝命后羿挽長弓射下九個太陽，天下恢復正常。❾一程　一個時期；一段時間。❿行益　禪語，即行者行食，益者益食。⓫實際　極真如之實理，至於其窮極，謂之實際。《智度論》：「善人法性，是為實際。」⓬一塵含法界　佛教認為一微塵即法界。《圓悟錄》：「一塵含法界，一念徧十方。」⓭結草　據晉代葛洪《神仙傳》、皇甫謐《高士傳》載，古代隱士河上公、焦先都先後於河邊結草為廬。後世遂用作詠高士隱遁之典故。⓮一紀　即十二年。⓯幻質　意同「幻身」。佛教視人身無實如幻，是名幻身。

【語譯】澧州（今湖南澧縣）夾山善會禪師（八〇四～八八一年），廣州（今屬廣東）峴亭人，俗姓廖。善會九歲時在潭州（今湖南長沙）龍牙山出家，按年齡而接受具足戒，隨後前往江陵（今湖北荊州）聽講修習經論，詳備純熟地修習了佛法三學。於是善會前去參謁禪會，勉力參拜承受。善會最初住持澧州，一天晚上，道吾和尚拄著禪杖前來，遇見善會上堂說法。有僧人問道：「什麼是法身？」善會回答：「法身沒有形狀。」僧人又問道：「什麼是法眼？」善會回答：「法眼沒有瑕疵。」善會又說道：「眼前沒有法，法意就在眼前。不是眼前之法，就不是耳目所能達到的。」道吾和尚聽後不禁笑了起來。善會於是產生了疑問，問道吾和尚道：「為什麼失笑？」道吾和尚說道：「和尚同樣是出世卻沒有得到老師的指點，可以前往浙江華亭縣（今上海松江）參拜船子和尚去。」善會問道：「是否能尋訪著呢？」道吾和尚說道：「那位老師上沒有一片瓦遮蓋頭頂，下沒有立錐之地。」善會就換了一身衣服直奔華亭，正好遇見船子和尚揮動船槳而來。善會資性契合佛道，細微的疑惑也未留下。語錄參見本書〈船子和尚〉章。

善會禪師由此遠離塵世，忘卻了機鋒，不久學者就交相會聚，廬室如星羅棋布，早晚前來參拜皈依。唐代咸通十一年庚寅歲（八七〇年），海內眾人卜居於夾山，很快就建成了廟宇。

善會禪師上堂曉示眾人道：「從有祖師以來，世人就領會錯了，且相承至於今日，把佛和祖師的話語作為人們的師範，這樣就反成了誑騙之人、沒有智慧之人。其實佛和祖師只是指示你們：沒有法本就是道，道沒有任何一種法門。沒有佛可以修成，沒有道可以獲取，沒有法可以捨棄。所以說：眼前沒有法，法意就在眼前。但它也不是眼前之法。如果向佛、祖師身上去學，這個人就是沒有長眼目，都迷於所皈依之法，而不能獲得大自在。本來就是生死茫茫，自身認識沒有自由，才千里萬里尋求善知識，但必須有正法眼，才能永遠脫離虛妄謬誤的見識，確定眼前的生死，是確實有的，還是確實沒有的。如果有人能確定，我就認可你已經出頭了。上等根機之人於言語之下就能領悟，中、下等根機之人，終日奔波不停，而徒勞地奔走。為什麼不向生死中去確定呢？什麼地方還疑佛疑祖能替代你自己的生死呢？有智慧的人正在笑你呢。有偈頌道：『勞苦地持著生死之法，只向佛身上尋求。眼前迷惑了正理，恰如撥火而尋覓浮漚。』」有一個僧人問道：「自古以來就建立了祖意和教意，和尚這裡為什麼說沒有呢？」善會回答：「三年沒有吃飯，眼前也沒有饑餓之人。」僧人問道：「既然沒有饑餓之人，我為什麼沒有領悟呢？」善會說道：「只因為省悟迷惑了闍梨。」善會又說了一首偈語道：「明明沒有省悟之法，省悟之法反而迷惑人。舒展著兩腳睡覺，沒有偽也沒有真。」

有僧人問道：「什麼是道？」善會禪師回答：「太陽滿目，萬里不掛一片雲。」僧人問道：「怎樣才能領會？」善會回答：「清清之水中，游動的魚自己迷失了方向。」僧人問道：「什麼是根本？」善會回答：「飲水不迷失本源。」僧人問道：「古人布施頭髮以掩蓋泥土，當是為了什麼事？」善會回答：「九隻金烏已射盡，一片雲翳猶存。一箭墜落於地，天下並不黑。」僧人問道：「祖師之意與教法之意是相同的還是區別的？」善會回答：「風吹荷葉滿地青綠，十里行人差一程。」

善會禪師有一個小師，隨從侍奉多年。善會住持後，派遣他出外行腳雲遊。小師遍遊各地禪院，無所用心，後來聽說善會禪師聚眾講法，道法遠傳四方，就回來省視覲見，並問道：「和尚有這樣奇特的事情，為什麼不早向我說？」善會回答：「你要蒸飯，我就燒火。你要行食益食，我就拿出食鉢。什麼地方是我辜負你之處？」小師從此領悟了禪法。

有一天，善會禪師喝完了茶，又自己煮了一碗，遞給侍者，侍者準備接下，善會卻縮回了手，問道：「是什麼？」侍者不能對答。

有一位大德前來問道：「如果是佛教意旨，我即不懷疑。只是如禪門中事，是怎麼回事？」善會禪師回答：「老僧也只知道把生的變成熟的。」大德問道：「什麼是實際之理？」善會回答：「石上無根樹，山含不動雲。」大德問道：「什麼是出洞窟的獅子？」善會回答：「虛無沒有影像，足下野雲生。」

西川首座到處雲遊，來到白馬和尚那裡，舉出《華嚴經》中教語問道：「一塵含法界無有邊際時怎麼樣？」白馬和尚回答：「如同鳥有兩個翅膀，如同車子有兩個輪子。」西川首座說道：「我還以為禪門中別有奇特之處，原來不出於教乘。」就回轉了西川本寺。不久，他聽說夾山善會禪師盛行教化，就派遣小師用相同的問題來問善會，善會回答道：「雕琢的沙器不能與鏤刻的玉器並論，結草為廬違背了有道之士的意旨。」小師回去講給西川首座聽，西川首座這才禮讚道：「我還以為禪門與教意沒有區別，原來確有奇特之事在。」

有僧人問道：「什麼是夾山之境界？」善會禪師回答：「猿抱子歸青嶂裡，鳥銜花落碧巖前。」

善會禪師不斷闡發玄旨樞要，前後大約有十二年。唐代中和元年辛丑歲（八八一年）十一月七日，善會禪師召來主事僧吩咐道：「我與眾僧講道已經多年，佛法的深妙意旨，各人應當自知。我今天幻身的大限已到，即將離去，你們應好好保護自己，如同我在的時候，不要與世人雷同，我一走就生惆悵傷悲。」善會說完，至子夜就奄然圓寂。是月二十九日，在本山建造靈塔安葬。善會禪師享年七十七歲，法臘五十七歲。天子敕賜其謚號曰傳明大師，靈塔名永濟之塔。

【說　明】禪門中素有「殺人刀、活人劍」之說，如宋代圓悟禪師曰：「殺人須是殺人刀，活人須是活人劍。既殺得人，須活得人；既活得人，須殺得人。」此語初見於夾山善會禪師評論石霜楚圓、巖頭全奯兩家之禪法時：「石霜雖有殺人刀，且無活人劍；巖頭亦有殺人刀，亦有活人劍。」因為佛教認為妄想分別即是生死輪迴的根本，所以禪門諸多機鋒、話頭，無非是為了消除學人的各種妄想分別，即所謂「打念頭」。為此禪門又指出學道之人必須「大死一番」，也即須脫胎換骨才行。《碧巖集》第四一則評唱道：「大死底人都無佛法道理、玄妙得失、是非長短。到這裡，只恁麼休去。」所謂「休去，歇去，一條白練去，冷湫湫地去，枯木寒灰去」，即是此意。此「打念頭」的機用，喻如「殺人刀」，讓人「大死一番」。但人們如果片面理解「殺人刀」，一味「沉空滯寂」，也為大病。因為執著「斷滅空」者，必然否定因果。而佛教所謂「空」，只是空去一切妄想分別，而顯出「真性」的無窮妙用。「打得念頭死，救得法身活」，即是「活人劍」的大機大用。佛教以「劍」喻智慧，以智慧之利劍斬除一切妄想分別，以復活「真性」之妙用，即謂之「活人劍」。此一刀一劍，能殺能活，充分體現出禪家息妄顯真之宗風。

青原行思禪師下五世上

前舒州投子山大同禪師法嗣

第二世投子感溫禪師

投子感溫禪師。第二世住。僧問：「師登寶座，接示何人？」師曰：「如月覆千溪。」僧曰：「恁麼即滿地不虧也。」師曰：「莫恁麼道。」

僧問：「父不投，為什麼卻投子？」師曰：「豈是別人屋裡事？」僧曰：「父與子還屬功也無？」師曰：「不屬。」曰：「不屬功底如何？」師曰：「父子各自脫。」曰：「為什麼如此？」師曰：「汝與我會。」

師遊山見蟬蛻❶殼，侍者問曰：「殼在遮裡，蟬子向什麼處去也？」師拈殼就耳畔搖三五下，作蟬響聲，其僧於是開悟。

【注釋】❶蛻　蟲類所脫的皮。此處作蛻化、蛻下之意。

【語譯】投子感溫禪師。第二世住持。有僧人問道：「師父登上寶座，要接引指示什麼人？」感溫回答：「如同月光覆蓋千百條小溪。」僧人說道：「這樣的話就遍地都不虧缺了。」感溫說道：「不要這樣說。」

有僧人問道：「不去投靠父親，為什麼偏要去投靠兒子呢？」感溫禪師反問道：「這難道是別人家裡的事嗎？」僧人問道：「父親與兒子還能持續修行的功用嗎？」感溫回答：「不能持續。」僧人問道：「不能持續的功用又怎麼樣呢？」感溫回答：「父親、兒子各自解脫。」僧人問道：「為什麼是這樣的？」感溫回答：「你與我領會。」

感溫禪師遊山時看見了蟬蛻下的殼，侍者問道：「殼留在這裡，那蟬飛到什麼地方去了？」感溫拿起蟬蛻挨近耳邊搖了三、五下，口中發出蟬鳴聲，那侍僧由此開竅領悟。

福州牛頭微禪師

福州牛頭微禪師。師上堂示眾曰：「三世諸佛用一點伎倆不得。天下老師❶口似匾擔❷，諸人作麼生？大不容易，除非知有，莫能知之。」僧問：「如何是和尚家風？」師曰：「山畬❸粟米飯❹，野菜澹黃齏❺。」僧曰：「忽遇上客❻來，又作麼生？」師曰：「喫即從君喫，不喫任東西。」問：「不問驪龍頷下珠，如何識得家中寶？」師曰：「忙中爭得作閑人？」

【注釋】❶老師　此指老和尚、高僧。❷匾擔　即「扁擔」。❸山畬　燒荒開墾之山田。畬，通「畲」。指採用刀耕火種來耕種田地的方法，即在播種之前將田地中的草木燒去，以灰作肥料。❹粟米飯　即糙米飯。❺齏　用來調味的細碎菜末。❻上客　此指尊貴的客人。

【語譯】福州（今屬福建）牛頭微禪師。微禪師上堂曉示眾人道：「三世諸佛一點小花招都不施展。天下的老和尚嘴巴像扁擔，你們諸人怎麼辦？這是很不容易的，除非知道它的意義，其他沒有能知道的。」僧人問道：「什麼是和尚的家風？」微禪師回答：「用燒荒開墾之山田所種的粟米做飯，將野菜切碎製成淡黃色的鹹齏。」僧人問道：「忽然遇到尊貴的客人來訪，又怎麼招待呢？」微禪師回答：「願意吃就任便你吃，不願吃就任便你上路自投東西。」僧人問道：「我不問黑龍頷下的寶珠，只問怎樣才能識別家中的寶貝？」微禪師回答：「繁忙之中怎能作悠閒之人？」

西川香山澄照大師

西川青城❶香山澄照大師。僧問：「諸佛有難，向火燄裡藏身。未審衲僧有難，向什麼處藏身？」師曰：「水精瓮裡著波斯。」問：「如何是初生月？」師曰：「太半人不見。」

【注釋】❶青城　山名，在四川都江堰市西南。其群峰環屏，狀如城郭，圍繞空際，故有青城之名，為道教第五洞天。

【語譯】西川青城香山澄照大師。有僧人問道：「諸佛有劫難時，到火焰中藏身。不知道我們衲僧有劫難時，到什麼地方去藏身？」澄照大師回答：「水精甕裡放得下波斯國。」僧人問道：「什麼是初生的月亮？」澄照大師回答：「多半之人看不見。」

陝府天福和尚

陝府天福和尚。僧問：「如何是佛法大意？」師曰：「黃河無滴水，華嶽❶總平沉。」

【注釋】❶華嶽　即西嶽華山，在陝西西安市東。

【語　譯】陝府（今河南三門峽）天福和尚。有僧人問道：「什麼是佛法大意？」天福和尚回答：「黃河乾涸沒有一滴水，華山全部沉為平地。」

濠州思明和尚

濠州思明和尚，在投子眾時，有僧問：「如何是上座沙彌童行❶？」師曰：「諾。」僧問：「如何是清淨法身？」師曰：「屎裡蛆兒，頭出頭沒。」

【注　釋】❶童行　指禪寺中年少而未得剃度的童子。

【語　譯】濠州（今安徽鳳陽東北）思明和尚，在投子山身處眾僧之列時，有僧人問道：「什麼是上座的沙彌童行？」思明和尚回答：「諾。」僧人又問道：「什麼是清淨法身？」思明和尚回答：「糞堆裡的蛆蟲，頭伸出來，頭縮回去。」

鳳翔府招福和尚

鳳翔府招福和尚。僧問：「東牙❶烏牙皆出隊，和尚為什麼不出隊？」師曰：「住持各不同，闍梨爭得怪！」

【注　釋】❶牙　通「衙」。古代官署之稱。東牙、烏牙，所指不詳。

【語　譯】鳳翔府（今屬陝西）招福和尚。有僧人問道：「東牙、烏牙的人都出行列了，和尚為什麼不出行列呢？」招福和尚回答：「住持各自不同，闍梨怎能責怪老僧！」

興元府中梁山遵古禪師

興元府中梁山遵古禪師。問：「空劫❶無人能問法，即今有問法何安？」師曰：「大悲菩薩❷瓮裡坐。」問：「如何是祖師西來意？」師曰：「道士❸擔漏卮❹。」

【注　釋】❶空劫　四劫之一。指此世界毀壞後的二十中劫之間，唯為空空，故名。《俱舍論》：「謂此世間，災所壞已，二十中劫，唯有虛空。」❷大悲菩薩　即觀音菩薩。❸道士　此指僧人。《行事鈔資持記》下：「道士本釋氏之美稱，後為黃巾（道教）濫竊，遂不稱之。」❹漏卮　滲漏的酒器。

【語　譯】興元府（今陝西漢中）中梁山遵古禪師。有僧人問道：「空劫中沒有人能夠求問佛法，如今有人問佛法時又怎樣安排呢？」遵古回答：「大悲菩薩坐在瓦甕裡。」僧人問道：「什麼是祖師西來的意旨？」遵古回答：「道士挑著滲漏的酒具。」

襄州谷隱和尚

襄州谷隱和尚。僧問：「如何是不觸白雲機？」師曰：「鶴帶鴉顏，浮生❶

不棄。」

【注　釋】❶浮生　謂世事無定，生命短暫。

【語　譯】襄州（今湖北襄陽）谷隱和尚。有僧人問道：「什麼是不接觸白雲的機鋒呢？」谷隱和尚回答：「白鶴帶著烏鴉的顏色，短暫的生命也不放棄。」

安州九嵕山和尚

安州九嵕山❶和尚。僧問：「如何是佛？」師曰：「即汝是。」問：「遠聞九嵕，及至到來，只見一嵕。」師曰：「闍梨只見一嵕，不見九嵕。」曰：「如何是九嵕？」師曰：「水急浪華麤。」

【注　釋】❶九嵕山　一名九宗山，在湖北孝感縣東北八十五里，環阜疊嶂，林麓深幽。

【語　譯】安州（今屬湖北安陸）九嵕山和尚。有僧人問道：「什麼是佛？」九嵕山和尚回答：「你就是。」僧人說道：「在遠方就聽說了山有九嵕，等到來後，卻只看見一嵕。」九嵕山和尚說道：「闍梨只看見一嵕，沒有看見九嵕。」僧人問道：「怎樣才是九嵕？」九嵕山和尚回答：「水流湍急，浪花粗大。」

幽州盤山第二世和尚

盤山和尚。幽州第二世住。僧問：「如何出得三界？」師曰：「在裡頭來多少時耶？」

曰：「如何出得？」師曰：「青山不礙白雲飛。」問：「承教有言如化，人煩惱如石女兒❶，此理如何？」師曰：「闍梨直如石女兒去！」

【注釋】❶石女兒　即「石女」，亦稱「實女」，中醫學名詞，指先天性陰道口閉鎖或狹小的女性。

【語譯】盤山和尚。幽州（今北京市）第二世住持。有僧人問道：「怎樣才能解脫欲、色、無色三界呢？」盤山和尚反問道：「你在那裡頭有多少時間了？」僧人再問道：「怎樣才能解脫呢？」盤山和尚回答：「青山不妨礙白雲飛渡。」僧人問道：「承蒙教誨，猶如春風化雨，而人的煩惱猶如石女兒，這個道理是怎樣的呢？」盤山和尚說道：「闍梨就如石女兒去吧！」

安州九嵕敬慧禪師

安州九嵕敬慧禪師。第二世住。僧問：「解脫深坑❶，如何過得？」師曰：「不求過。」僧曰：「如何過得？」師曰：「求過亦非。」

【注釋】❶坑　同「坑」。《龍龕手鑑．土部》：「坑」，俗作「坑」。

【語譯】安州（今湖北安陸）九嵕山敬慧禪師。第二世住持。有僧人問道：「從深坑中解脫出來，怎樣才能通過呢？」敬慧回答：「不要求通過。」僧人又問道：「怎樣才能通過呢？」敬慧回答：「要求通過也不對。」

東京觀音院巖俊禪師

東京觀音院巖俊禪師，邢臺人也，姓廉氏。初參祖席，徧歷衡、廬、岷、蜀。嘗經鳳林深谷，欻❶覩珍寶發現，同侶相顧，意將取之，師曰：「古人鋤園，觸黃金若瓦礫❷。待吾菅覆頂❸，須此供四方僧。」言訖捨去。

造謁投子，投子問曰：「子昨宿何處？」師曰：「在不動道場。」曰：「既言不動，曷由至此？」師曰：「至此豈是動邪？」曰：「元來宿不著處。」然投子默認許之。

尋抵東京，會有梁少保李鄩，即河陽節度使罕之兄也，雅❹信內典，尤重才師，因捨宅建院，曰觀音明聖，請師居之。周高祖❺、世宗❻二帝潛隱❼時，每登方丈，必施跪禮。及即位，特賜紫，號淨戒大師。眾常數百。

乾德丙寅三月，示疾，垂誡門人訖，怡顏合掌而滅，壽八十五，臘六十五。其年四月八日，塔于東郊豐臺村。

【注釋】❶欻　忽然。❷觸黃金若瓦礫　東漢末，管寧與華歆在菜園中鋤菜，見地有片金，管寧揮鋤與瓦石不異。事見《世說新語・德行》。❸菅覆頂　菅草覆蓋頭頂，即指僧人住持一寺院。菅，草名，多生於山坡草地，我國西南、華南和華中各地皆有分布。❹雅　很；非常。❺周高祖　即周太祖郭威，少賤從軍，後執掌後漢軍政大權，弒後漢隱帝而自立，在位三年後駕崩。❻世宗　即五代後周世宗柴榮，後周太祖養子，通書史，即位後勵精圖治，取秦隴，平淮右，復三關，威武之聲振於夷夏；又延請儒學之士考訂制度禮樂刑法。並因國內乏錢，詔毀天下銅像以鑄錢，廢天下佛寺三千三百三十六所，佛史上所稱「三武一宗」佛難之「一宗」，即指此。其在位六年後駕崩。❼潛隱　指未登上皇位之時。

【語　譯】東京（今河南開封）觀音院巖俊禪師（八八二～九六六年），邢臺（今屬河北）人，俗姓廉。巖俊起初參謁祖師教席，遍遊衡山、廬山、岷山、蜀山。他曾經過鳳林深谷，忽然看見有珍寶出現，同伴們互相看了看，打算取走，巖俊說道：「古人在菜園鋤草，碰到黃金視若瓦礫一樣。等到我用菅草覆蓋頭頂時，需要這供養四方僧人。」他說完話就離去了。

巖俊禪師前往拜訪投子和尚，投子和尚問道：「你昨晚在什麼地方歇息？」巖俊回答：「在不動道場。」投子和尚問道：「既然說不動，為什麼能到達這裡呢？」巖俊反問道：「到達這裡難道是動嗎？」投子和尚說道：「原來你沒有歇息的地方。」但投子和尚心中已默許他已入禪境。

不久，巖俊禪師抵達東京，正好後梁少保李鄩，就是河陽節度使李罕的兄長，非常傾信佛典，尤其倚重有才能的禪師，因此施捨住宅建造禪院，名之曰觀音明聖院，迎請巖俊禪師來住持。周高祖、世宗這兩位皇帝未登上皇位之時，每次來到方丈，必定向巖俊禪師施跪拜之禮。等到他倆即位後，特地賞賜巖俊禪師紫衣袈裟，賜法號稱淨戒大師。跟從巖俊禪師參禪的僧眾常有數百人之多。

北宋乾德丙寅（九六六年）三月，巖俊禪師患病，垂示訓誡門人完了，就帶著愉悅的神態合掌圓寂，享年八十五歲，法臘六十五歲。當年四月八日，門人在東京城東郊豐臺村建造靈塔供養。

【說　明】投子大同禪師的法嗣還有桂陽龍福真禪師一人，因無機緣語句，故未收錄。

前鄂州清平山令遵禪師法嗣

蘄州三角山令珪禪師

蘄州三角山令珪禪師，初參清平，清平問曰：「來作麼？」師曰：「來禮拜。」師曰：「禮拜阿誰？」師曰：「特來禮拜和尚。」清平咄曰：「遮鈍根阿師！」師乃禮拜，清平於師頸上以手斫一下，師從此摳衣密領宗旨。

住後，僧問：「如何是佛？」師曰：「明日來向汝道，如今道不得。」

【語譯】蘄州（今湖北蘄春）三角山令珪禪師，他初次參謁清平令遵和尚，清平和尚問道：「你來幹什麼？」令珪回答：「我來禮拜。」清平和尚又問道：「來禮拜誰？」令珪回答：「特地來禮拜和尚。」清平和尚叱責道：「這個鈍根阿師！」令珪於是禮拜，清平和尚就用手在令珪的頭頸上砍了一下，令珪從此領悟了秘密宗旨，挽衣服侍。

令珪禪師住持後，有僧人問道：「什麼是佛？」令珪回答：「明天來對你說，現今說不得。」

卷一六

青原行思禪師下五世中

前朗州德山宣鑒禪師法嗣

鄂州巖頭全豁禪師

鄂州巖頭全豁❶禪師，泉州人也，姓柯氏。少禮清原誼公落髮，住長安寶壽寺稟戒，習經律諸部，優遊禪苑，與雪峰義存、欽山文邃為友。自餘杭大慈山邐迤❷造于臨濟，屬臨濟歸寂，乃謁仰山。才入門，提起坐具曰：「和尚！」仰山取拂子擬舉之，師曰：「不妨❸好手❹！」

後參德山和尚，執坐具上法堂瞻視。德山曰：「作麼？」師咄之。德山曰：「老僧過在什麼處？」曰：「兩重公案。」乃下參堂。德山曰：「遮箇阿師稍似箇行腳人！」至來日上問訊，德山曰：「闍梨是昨日新到否？」曰：「是。」德山曰：「什麼處學得遮箇虛頭❺來？」師曰：「全豁終不自謾。」德山曰：「他後不得孤負老僧。」

他日參，師入方丈門，側身問：「是凡是聖？」德山喝，師禮拜。有人舉似洞山，洞山曰：「若不是豁上座，大難承當。」師聞之，乃曰：「洞山老人不識好惡，錯下名言。我當時一手擡，一手搦❻。」

雪峰在德山作飯頭，一日飯遲，德山擎鉢下法堂。雪峰曬飯巾次，見德山，乃曰：「鐘未鳴，鼓未打，老和尚卻什麼處去？」德山卻歸方丈。師在堂中聞之，拊掌曰：「大小德山猶未會句在。」時大眾駭之，白德山曰：「豁上座不肯和尚，請勘❼過。」德山令侍者喚入方丈，問曰：「上座今日道老人未會句在，且作麼生？」師密而啟述。德山明日說法竟，大眾下堂，師於僧堂前拊掌曰：「慚愧❽大眾！喜德山老人會句也，他後天下人近不得。然雖如此，也只得三年。」德山果三年後示滅。

一日，與雪峰義存、欽山文邃三人聚話。存驀然指一椀水，邃曰：「水清月現。」存曰：「水清月不現。」師踢卻水椀而去。自此邃師於洞山，存、豁二士同嗣德山。

師與存同辭德山，德山問：「什麼處去？」師曰：「暫辭和尚下山去。」德山曰：「子他後作麼生？」師曰：「不忘。」曰：「子憑何有此說？」師曰：「豈不聞智慧過師，方傳師教；其或智慧齊等，他後恐滅師半德。」曰：「如是！如是！當善護持。」二士禮拜而退。存返閩川⑨，居象骨山⑩之雪峰。師庵于洞庭⑪臥龍山，徒侶臻萃。

僧問：「無師還有出身處也無？」師曰：「聲前古毳⑫爛。」問：「堂堂來時如何？」師曰：「刺破眼。」問：「如何是祖師意？」師曰：「移取盧山來向汝道。」

師一日上堂謂諸徒曰：「吾嘗究《涅槃經》七、八年，覩三兩段文，似衲僧說話。」又曰：「休！休！」時有一僧出禮拜，請師舉，師曰：「吾教意如伊字三點⑬。第一向東方下一點，點開諸菩薩眼。第二向西方下一點，點諸菩薩命根。第三向上方下一點，點諸菩薩頂。此是第一段義。」又曰：「吾教意如摩醯首羅⑭，劈開面門⑮，豎亞⑯一隻眼。此是第二段義。」又曰：「吾教意猶如毒塗鼓，擊一聲，遠近聞者皆喪，亦云俱死。此是第三段義。」時小嚴上座問：「如何是毒塗鼓？」師以兩手按膝，亞身曰：「韓信⑰臨朝底。」嚴無語。

夾山會下一僧到石霜，入門便道：「不審。」石霜曰：「不必，闍梨。」僧曰：「恁麼即珍重。」又到巖頭，如前道「不審」，師曰：「噓。」僧曰：「恁麼即珍重。」方迴步，師曰：「雖是後生，亦能管帶。」其僧歸，舉似夾山，夾山曰：「大眾還會麼？」眾無對。夾山曰：「若無人道，老僧不惜兩莖眉毛[18]道去也！」乃曰：「石霜雖有殺人刀，且無活人劍。」

師與羅山卜塔基，羅山中路忽曰：「和尚。」師迴顧曰：「作麼？」羅山舉手曰：「遮裡好片地。」師咄曰：「瓜州賣瓜漢[19]。」又行數里，徘徊間，羅山禮拜問曰：「和尚豈不是三十年在洞山而不肯洞山？」師曰：「是。」又曰：「和尚豈不是法嗣德山又不肯德山？」師曰：「是。」曰：「不肯德山即不問，只如洞山有何所闕？」師良久曰：「洞山好箇佛，只是無光。」

僧問：「利劍斬天下，誰是當頭者？」師曰：「暗。」擬再問，師咄曰：「遮鈍漢出去！」

問：「不歷古今時如何？」師曰：「卓朔[20]地。」曰：「古今事如何？」師曰：「任爛。」

師問僧：「什麼處來？」曰：「西京來。」師曰：「黃巢過後，還收得劍麼？」

曰：「收得。」師作引頸受刃聲，僧曰：「師頭落也。」師大笑。其僧後到雪峰，舉前語，被拄杖打趁下山。

問：「二龍爭珠，誰是得者？」師曰：「俱錯。」

僧問雪峰：「聲聞人[21]見性[22]，如夜見月。菩薩人[23]見性，如晝見日。未審和尚見性如何？」峰以拄杖打三下。其僧後舉前語問師，師與三摑。問：「如何是三界主？」師曰：「汝還解喫鐵棒麼？」

瑞巖問：「如何是毗盧師？」師曰：「道什麼？」瑞巖再問之，師曰：「汝年十七、八未？」問：「塵中如何辨主？」師曰：「銅鈔鑼[24]裡盛油。」問：「弓折箭盡時如何？」師曰：「去！」

問：「如何是巖中的的意？」師曰：「謝指示。」僧曰：「請和尚答話。」師曰：「珍重。」問：「如何是道？」師曰：「破草鞋與拋向湖裡著。」問：「萬丈井中如何得到底？」師曰：「吽。」僧再問，師曰：「腳下過也。」問：「古帆不掛時如何？」師曰：「後園驢喫草。」

邇後人或問佛、問法、問道、問禪者，師皆作噓聲，而常謂眾曰：「老漢去時，大吼一聲了去！」唐光啟之後，中原盜起，眾皆避地，師端居[25]晏如[26]也。一日，賊大至，責以無供饋，遂傳刃焉。師神色自若，大叫一聲而終，聲聞數十里。即光啟三年丁未四月八日也。門人後焚之，獲舍利四十九粒，眾為起塔。壽六十。僖宗諡清嚴大師，塔曰出塵。

【注　釋】❶全豁　也作「全奯」。❷邐迤　也作「迤邐」，彎彎曲曲連綿不斷的樣子。❸不妨　無比；非常。❹好手　高手；技藝高超者。❺虛頭　虛假不實。頭，詞綴。❻搦　握持。❼勘　查核；查問。❽慚愧　感激；難得；僥倖。❾閩川　即閩江，在福建境內，於福州附近入海。此指福州一帶。❿象骨山　在福州西北一百八十里，周四十里，其主峰名雪峰。五代時改名稱雪峰山。⓫洞庭　即洞庭湖，匯集湖南境內諸水，東北入於長江，現為我國第二大淡水湖。⓬毳　即毳衣，一種毛製的衣服。⓭伊字三點　梵書「伊」字作三點，上一下二，謂之「伊字三點」，其不縱不橫，而有三角之關係，故以譬喻物之不一不異，或非前非後，《涅槃經》譬喻為法身、般若、解脫之三德。⓮摩醯首羅　也作「莫醯伊濕伐羅」等，即大自在天，住色界之頂，為三千界之主，有三目八臂，乘白馬。摩醯，意「大」。濕伐羅，意「自在」。⓯面門　指面部。⓰亞　通「壓」。使低下的意思。⓱韓信　西漢初諸侯王，善於將兵，助劉邦滅項羽，封為楚王，後有人告他謀反，降為淮陰侯，此後為呂后所殺。⓲不惜兩莖眉毛　指禪師不顧危險，為學僧說破。⓳瓜州賣瓜漢　意同「老王賣瓜，自賣自誇」，即賣瓜人總說自己的瓜甜，比喻自我吹噓。⓴朔　通「搠」。舉、提的意思。㉑聲聞人　指只會依佛法行事、唯以解脫自己為目的之僧人。㉒見性　徹見自心之佛性。㉓菩薩人　修持自利利他圓滿佛果之道的人。㉔銅鈔鑼　銅製的擊打樂器，圓形，用槌敲擊發聲。㉕端居　深居、安居，與外界不相往來。㉖晏如　安然的樣子。

【語　譯】鄂州（今湖北武漢）巖頭全豁禪師（八二八～八八七年），泉州（今屬福建）人，俗姓柯。全豁少年時禮拜清原誼公和尚落髮出家，後來居住在長安（今陝西西安）寶壽寺接受具足戒，修習經律諸部佛典，優游於四方禪寺，與雪峰義存禪師。和欽山文邃禪師。為好友。後來全豁從餘杭（今浙江杭州西）大慈山迤邐北行，來到河北臨濟院，正好遇到臨濟和尚圓寂，於是全豁就去仰山參謁。全豁才進寺門，就提起坐具叫道：「和尚！」仰山和尚取下拂塵準備舉起，全豁便說道：「真個是高手！」

全豁禪師後來參拜德山宣鑒和尚，手拿坐具來到法堂上觀看。德山和尚問道：「幹什麼？」全豁便吆喝。

德山和尚問道：「老僧的過錯在什麼地方？」全豁回答：「兩重公案。」然後下堂參拜。德山和尚說道：「這個阿師稍微像一個行腳人！」到了第二天，全豁上堂問訊，德山和尚問道：「闍梨是昨天新到的嗎？」全豁回答：「是。」德山和尚問道：「你從什麼地方學來的這些虛頭？」全豁回答：「全豁從不自己欺騙自己。」德山和尚說道：「日後不要辜負老僧。」

另一天，全豁禪師去參拜德山和尚，剛進入方丈門，就側過身來問道：「是凡人還是聖人？」德山和尚便吆喝，全豁就禮拜。有人把這件事告訴了洞山良价和尚，洞山和尚說道：「如果不是全豁上座，很難承受擔當。」全豁聽說之後，就說道：「洞山老人不識好歹，錯下了判語。我當時是一隻手抬起，一隻手握著。」

雪峰義存禪師在德山上作飯頭，有一天開飯的時間晚了，德山和尚就手舉著飯鉢走下法堂。雪峰義存正在曬飯巾，看見德山和尚，就問道：「鐘還沒有敲，鼓還沒有打，老和尚到什麼地方去？」德山和尚就回到了方丈。全豁禪師在法堂中聽到後，拍手說道：「大小德山還有沒能領會的句子。」當時眾僧都十分驚駭，就告訴德山和尚道：「全豁上座不許可和尚，請查核他的過失。」德山和尚命令侍者把全豁叫進了方丈，問道：「上座今天說老人有沒能領會的句子，且說說是怎麼回事？」全豁悄悄地向德山和尚陳訴自己的見解。德山和尚第二天宣說佛法完畢，眾僧下堂，全豁在僧堂前面拍手笑道：「慚愧啊眾人！且喜德山老人領會句子了，以後天下人都近他身不得。但雖然這樣，也只有三年時間了。」德山和尚果然於三年後圓寂。

有一天，全豁禪師與雪峰義存禪師、欽山文邃禪師三人在一起交談。雪峰義存突然指著一碗水，欽山文邃說道：「水清而月現出。」雪峰義存說道：「水清而月不現出。」全豁卻踢翻了盛水的碗後離去。從此欽山文邃就拜洞山良价和尚為師，雪峰義存和全豁就同為德山宣鑒和尚的法嗣。

全豁禪師與雪峰義存禪師一起向德山和尚辭行，德山和尚問道：「到什麼地方去？」全豁回答：「暫時辭別和尚下山去。」德山和尚問道：「你們日後怎麼辦？」全豁回答：「不忘師父。」德山和尚問道：「你憑什麼這樣說？」全豁回答：「難道和尚沒有聽說過這樣一句話：智慧超過老師，方能傳授老師的教義；如果他的智慧與老師相齊等同，日後恐怕只能傳授老師的一半學問。」德山和尚說道：「是這樣的！是這樣的！

你們應當好好地保護堅持。」於是兩人禮拜後告辭而去。雪峰義存返回福州閩江，居住在象骨山的雪峰。全豁在洞庭湖臥龍山築庵居住，門徒會聚。

有僧人問道：「沒有老師還能有悟道出身之處嗎？」全豁禪師回答：「聲音之前古老的毳衣就朽爛了。」僧人又問道：「堂堂正正而來時怎麼樣？」全豁回答：「把眼睛刺破了。」僧人問道：「什麼是祖師的意旨？」全豁回答：「你把廬山移來，我就對你說。」

全豁禪師有一天上堂對眾僧說道：「我曾經研究了《涅槃經》達七、八年，看了三兩段經文，全像是衲僧在說話。」又說道：「罷了！罷了！」當時有一個僧人站出來禮拜，請全豁解說，全豁便說道：「我的教義如同是伊字三點。第一向東方點上一點，點開諸位菩薩的眼睛。第二向西方點上一點，點在諸位菩薩的命根上。第三向上方點上一點，點在諸位菩薩的頭頂上。這就是第一段的意思。」又說道：「我的教義如同是摩醯首羅，劈開面門，豎起低垂的一隻眼。這就是第二段的意思。」又說道：「我的教義如同是把毒藥塗在鼓上，敲一聲，遠近聽到的人都喪失了性命，也就是說都死了。這就是第三段的意思。」當時小嚴上座問道：「什麼是把毒藥塗在鼓上？」全豁用兩隻手按在膝蓋上，低下身體說道：「韓信上朝時的樣子。」小嚴上座不能對答。

夾山和尚門下有一個僧人來到石霜慶諸和尚那裡，進門就招呼道：「不審。」石霜和尚說道：「不必，闍梨。」僧人便說道：「這樣的話就請保重了。」那僧人又來到了巖頭寺，還如前說「不審」，全豁禪師就「噓」了一聲。僧人說道：「這樣的話就請保重了。」剛剛轉身要走，全豁說道：「雖然是一個後生，卻也能管帶。」那僧人歸去，把兩處所說的話舉給夾山和尚聽，夾山和尚問道：「大家還能領會嗎？」眾僧無言以對。夾山和尚說道：「如若沒有人能說，老僧就不惜兩莖眉毛說出來了！」這才評介道：「石霜和尚雖然有殺人刀，但卻沒有活人劍。」

全豁禪師與羅山禪師一起去選擇塔基，走到半路上，羅山忽然叫道：「和尚。」全豁回過頭來問道：「幹什麼？」羅山舉起手來說道：「這裡好一片土地。」全豁喝叱道：「瓜州賣瓜漢。」又走了數里路，在路上徘徊之間，羅山向全豁禮拜後問道：「和尚難道不就是三十年前在洞山卻不許可洞山和尚的人嗎？」全豁回答：「是。」羅山又問道：「和尚難道不就是作為德山和尚的法嗣卻又不許可德山和尚的人嗎？」全豁回答：「是。」羅山問道：「不許可德山和尚就不問了，只如洞山和尚有什麼不對的？」全豁沉默良久回答道：「洞山和尚好一尊佛，只是沒有光。」

有僧人問道：「利劍能斬天下人，誰是當面的人？」全豁禪師回答：「暗。」那僧人準備再提問，全豁喝叱道：「這個鈍漢出去！」

有僧人問道：「沒有經歷古今之事時怎麼樣？」全豁禪師回答：「高高地舉起。」僧人又問道：「古今之事怎麼樣？」全豁回答：「任憑他爛掉。」

全豁禪師問僧人道：「從什麼地方來的？」僧人回答：「從西京（今陝西西安）來的。」全豁問道：「黃巢的軍隊經過以後，還收得到劍嗎？」僧人回答：「收得到。」全豁於是伸出頭頸口中發出劍刃砍擊之聲，僧人說道：「和尚的頭落下來了。」全豁大笑。那僧人後來到雪峰和尚處，舉出上面之語，被雪峰和尚責打一頓，趕下了山。

有人問道：「二龍爭奪寶珠，誰是獲得者？」全豁回答：「都錯了。」

有僧人問雪峰義存禪師道：「聲聞人見性，如同是黑夜裡看見明月。菩薩人見性，如同是白天裡看見太陽。不知道和尚見性時怎麼樣？」雪峰禪師用拄杖打了他三下。那僧人後來又用同樣的問題來問全豁禪師，全豁給了他三巴掌。那僧人再問道：「什麼是三界之主？」全豁說道：「你還懂得吃鐵棒的滋味嗎？」

瑞巖禪師問道：「什麼是毗盧師？」全豁禪師說道：「你說什麼？」瑞巖再問了一遍，全豁反問道：「你年紀是十七、八歲了嗎？」瑞巖問道：「塵世中怎樣辨別主人？」全豁回答：「銅鈔鑼裡盛油。」瑞巖再問道：「弓折斷箭射完時怎麼樣？」全豁喝道：「去！」

有僧人問道：「什麼是巖中確實的旨意？」全豁回答：「謝謝你的指示。」僧人說道：「請和尚答話。」全豁說道：「珍重。」僧人問道：「什麼是道？」全豁說道：「破草鞋給我扔到湖裡去。」僧人問道：「萬丈深井，怎樣才能到達井底？」全豁叫道：「咋。」僧人再次提問，全豁說道：「從腳底下過去了。」僧人問道：「古帆沒有張掛時怎麼辦？」全豁回答：「後園驢吃草。」

此後僧人或者問佛，或者問法，或者問道，或者問禪，全豁禪師都發出噓聲，並常常對眾僧說道：「老漢去的時候，大吼一聲就去了。」唐代光啟年間，中原一帶盜賊四起，眾人都遠離避難，全豁禪師卻依舊安然端居。有一天，大批盜賊到來，責怪全豁禪師沒有供給他們食品飲水，就用刀刺他。全豁禪師神色自若，大叫一聲而死，聲音傳到數十里外。其時即光啟三年丁未歲（八八七年）四月八日。後來弟子火化全豁禪師的屍體，獲得舍利四十九粒，眾人為他建造靈塔供養。全豁禪師享年六十歲。唐僖宗敕賜諡號曰清巖大師，靈塔名出塵。

【說　明】全豁禪師曾居住唐年山，因山中石巖巉崒，故有「巖頭」之號。全豁禪師於《涅槃經》別具隻眼，指出《涅槃經》經文「似衲僧說話」，而認為祖師西來，教禪並傳，偏於教則其弊也迂，偏於禪則其弊也狂。

福州雪峰義存禪師

福州雪峰義存禪師，泉州南安人也，姓曾氏。家世奉佛，師生惡葷茹，於襁褓中聞鐘梵之聲，或見幡花像設，必為之動容。年十二，從其父遊莆田玉澗寺，見慶玄律師，遽拜曰：「我師也。」遂留侍焉。十七落髮，謁芙蓉山❶常照大師，照撫而器之。後往幽州寶刹寺，受具足戒。久歷禪會，緣契德山。唐咸通中，迴閩中，登象骨山雪峰創院，徒侶翕然。懿宗賜號真覺大師，仍賜紫袈裟。

僧問：「祖意與教意是同是別？」師曰：「雷聲震地，室內不聞。」又曰：「闍梨行腳為什麼事？」問：「我眼本正，因師故邪時如何？」師曰：「迷逢達磨。」曰：「我眼何在？」師曰：「得不從師。」問：「剃髮染衣❷，受佛依蔭，為什麼不許認佛？」師曰：「好事不如無。」

師問座主：「『如是』兩字盡是科文❸，作麼生是本文？」座主無對。五雲和尚代云：「更分三段著。」

問：「有人問三身中那箇身不墮諸數，古人云吾常於此切意旨如何？」師曰：「老漢九轉❹上洞山。」僧擬再問，師曰：「拽出此僧著！」

問：「如何是覿面事❺？」師曰：「千里未是遠。」問：「如何是大人相？」師曰：「瞻仰即有分。」問：「文殊與維摩對譚何事？」師曰：「義墮也。」

僧問：「寂然無依時如何？」師曰：「猶是病。」曰：「轉後如何？」師曰：「船子下揚州。」問：「承古有言。」師便作臥勢，良久起曰：「問什麼？」僧再舉，師曰：「虛生浪死❻漢！」

問：「箭露投鋒時如何？」師曰：「好手不中的。」僧曰：「盡眼勿標的時如何？」師曰：「不妨隨分好手。」

問：「古人道：路逢達道人，不將語默對。未審將什麼對？」師曰：「喫茶去！」

師問僧：「什麼處來？」對曰：「神光來。」師曰：「晝喚作日光，夜喚作火光，作麼生是神光？」僧無對。師自代曰：「日光火光。」

棲典座問：「古人有言：知有佛向上事，方有語話分。如何是語話？」師把住曰：「道！道！」棲無對。師蹋倒，棲起來汗流。

師問僧：「什麼處來？」僧曰：「近離浙中。」師曰：「船來陸來？」曰：「二途俱不涉。」師曰：「爭得到遮裡？」曰：「有什麼隔礙？」師便打。

問：「古人道覿面相呈。」師曰：「是。」曰：「如何是覿面相呈？」師曰：「蒼天！蒼天！」

師問僧：「此水牯牛年多少？」僧無對。師自代曰：「七十七也。」僧曰：「和尚為什麼作水牯牛？」師曰：「有什麼罪過？」

僧辭，師問：「什麼處去？」曰：「禮拜徑山和尚去。」師曰：「徑山若問汝此間佛法如何，作麼生道？」曰：「待問即道。」師以拄杖打。尋舉問道怤（怤即鏡清順德大師。）「遮僧過在什麼處，便喫棒？」怤曰：「問得徑山徹困也。」師曰：「徑山在浙中，因什麼問得徹困？」怤曰：「不見道遠問近對。」師乃休。東禪齊云：「那僧若會雪峰意，為什麼被打？若不會，又打伊作什麼？且道過在什麼處？鏡清雖即子父與他分析也，大似成就其醜拙，還會麼？且如雪峰便休，是肯伊不肯伊？」

師一日謂慧稜曰：稜即長慶。「吾見溈山問仰山：諸聖什麼處去？他道：或在天上，或在人間。汝道仰山意作麼生？」稜曰：「若問諸聖出沒處，恁麼道即不可。」師曰：「汝渾❼不肯，忽有人問，汝作麼生道？」稜曰：「但道錯。」師曰：「是汝不錯。」稜曰：「何異於錯？」

師問僧：「什麼處來？」對曰：「離江西。」師曰：「江西與此間相去多少？」曰：「不遙。」師豎起拂子曰：「還隔遮箇麼？」曰：「若隔遮箇，即遙去也。」師便打。

問：「學人乍入叢林，乞師指示箇入路。」師曰：「寧自碎身如微塵，終不敢瞎卻一僧眼。」問：「四十九年❽後事即不問，四十九年前事如何？」師以拂子驀口打。

有僧辭去參靈雲，問：「佛未出世時如何？」靈雲舉拂子。又問：「出世後如何？」靈雲亦舉拂子。其僧卻迴，師問：「闍梨近去返太速生！」僧曰：「某甲到彼，問佛法不相當乃迴。」師曰：「汝問什麼事？」僧舉前話，師曰：「汝問，我為汝道。」僧便問：「佛未出世時如何？」師舉拂子，又問：「出世後如何？」師放下拂子。僧禮拜，師便打。後僧舉似玄沙，玄沙云：「汝欲得會麼？我與汝說箇喻。如人賣一片園，東西南北一時結契總了也，中心有箇樹子猶屬我在。」崇壽稠云：「為當❾打伊解處別有道理。」

因舉六祖云「不是風動，不是幡動，仁者心動」，師曰：「大小祖師龍頭蛇尾❿，好與二十拄杖。」時太原孚上座侍立，聞之咬齒。師又曰：「我適來恁麼道，也好與二十拄杖。」雲居錫云：「什麼處是祖師龍頭蛇尾便好喫棒？只如雪峰自道我也好喫拄杖，且道佛法意旨作麼生？久在眾上座，無有不知初機，兄弟且作麼生會？」東禪齊云：「雪峰恁麼道，為當點檢別有落處眾中，喚作自抽過。抽過且置，祖師道『不是風動，不是幡動』，作麼生？」

師問慧全：「汝得入處作麼生？」全曰：「共和尚商量了。」師曰：「什麼處商量？」曰：「什麼處去來？」師曰：「汝得入處又作麼生？」全無對，師打之。

全坦問：「平洋淺草，麈鹿成群，如何射得麈中主？」師喚全坦，坦應諾。師曰：「喫茶去！」

師問僧：「近離什麼處？」僧曰：「離溈山。曾問如何是祖師西來意？溈山據坐。」師曰：「汝肯他否？」僧曰：「某甲不肯他。」師曰：「溈山古佛，子速去禮拜懺悔。」玄沙曰：「山頭老漢蹉過溈山也。」東禪齊云：「什麼處是蹉過？的當蹉過，莫便恁麼會也無？若恁麼會，即未會溈山意在。只如雪峰云『溈山古佛，子教去懺悔』，是證明溈山，是讚歎溈山？去事也難，子細好見，去也不難。」

問：「學人道不得處，請師道。」師曰：「我為法惜人。」

師舉拂子示一僧，其僧便出去。長慶稜舉似泉州王延彬⑪，乃曰：「此僧合喚轉，與一頓棒。」彬曰：「和尚是什麼心行？」稜曰：「幾放過。」

師問慧稜：「古人道『前三三，後三三』，意作麼生？」稜便出去。鵝湖別云：「諾。」

師問僧：「什麼處來？」對曰：「藍田來。」師曰：「何不入草⑫？」長慶稜云：「險。」

問：「大事作麼生？」師執僧手曰：「上座將此問誰？」

有僧禮拜，師打五棒。僧曰：「過在什麼處？」師又打五棒，喝出。

師問僧：「什麼處來？」僧曰：「嶺外來。」師曰：「還逢達磨也無？」僧曰：「青天白日。」師曰：「自己作麼生？」僧曰：「更作麼生？」師便打。

師送僧出，行三、五步，召曰：「上座。」僧迴首，師曰：「途中善為！」

僧問：「拈槌竪拂，不當宗乘，和尚如何？」師竪起拂子。其僧自把頭出，師乃不顧。法眼代云：「大眾，看此一員戰將。」

僧問：「三乘十二分教為凡夫開演，不為凡夫開演？」師曰：「不消⑬一曲〈楊柳枝〉⑭。」

師謂鏡清曰：「古來有老宿，引官人巡堂云：『此一眾盡是學佛法僧。』官人云：『金屑雖貴⑮，又作麼生？』老宿無對。」鏡清代曰：「比來⑯拋塼引玉。」法眼別云：「官人可得貴耳而賤目。」

師上堂舉拂子曰：「遮箇為中下。」僧問：「上上人來如何？」師舉拂子，僧曰：「遮箇為中下。」師打之。

問：「國師三喚侍者意如何？」師乃起入方丈。

師問僧：「今夏在什麼處？」曰：「涌泉。」師曰：「長時涌，暫時涌？」曰：「和尚問不著。」師曰：「我問不著？」曰：「是。」師乃打。

普請往寺莊，路逢獼猴，師曰：「遮畜生！一人背一面古鏡，摘山僧稻禾。」僧曰：「曠劫無名，為什麼章⑰為古鏡？」師曰：「瑕生也。」僧曰：「有什麼死急，話端也不識。」師曰：「老僧罪過。」

閩帥施銀交牀⑱，僧問：「和尚受大王如此供養，將何報答？」師以手托地曰：「少⑲打我！」僧問疏山曰：「雪峰道『少打我』，意作麼生？」疏山云：「頭上插瓜虀，垂尾腳跟齊。」

問：「吞盡毗盧時如何？」師曰：「福堂歸德平善否？」

師謂眾曰：「我若東道西道，汝則尋言逐句。我若羚羊掛角⑳，汝向什麼處捫摹？」僧問保福：「只如雪峰有什麼言教，便似羚羊掛角時？」保福云：「莫是與雪峰作小師不得麼？」

師住閩川四十餘年，學徒冬夏不減千五百人。梁開平二年戊辰春三月示疾，閩帥命醫診視。師曰：「吾非疾也。」竟不服其藥，遺偈付法。夏五月二日，朝遊藍田，暮歸澡身，中夜入滅，壽八十七，臘五十九。

【注釋】❶芙蓉山　在福州北六十里，山形秀麗如芙蓉，山麓有洞名靈洞，洞口可丈許，洞深迂迴十數里。洞內有義存禪師所闢開山堂。❷染衣　即僧衣。❸科文　指法規條文。❹九轉　九，形容次數之多。轉，此指「轉語」，禪家稱能撥轉對方心機，使之恍然大悟的片言隻語為「轉語」。❺覿面事　此指當面承接禪機之事。❻虛生浪死　指某人之生死都沒有價值，猶言白活一世。《舊唐書・太宗諸子・越王貞傳》：「諸王必須以匡救為急，不可虛生浪死，取笑于後代。」❼渾　全；甚；簡直。❽四十九年　據說釋迦牟尼成道後，宣說佛法達四十九年，然後於雙林下涅槃。❾為當　莫不是；難道是。❿龍頭蛇尾　意同「虎頭蛇尾」，比喻事情始盛終衰，有始無終。⓫王延彬　唐末福建節度使王潮侄子，多藝，工畫山水，頗通禪理。累官至檢校太尉，再任泉州刺史，前後達二十六年，吏民安之。後漸驕橫，密遣使朝貢五代後梁，求為泉州節度使，事覺被廢。⓬入草　即「落草」，入山林為盜。⓭不消　不須。⓮楊柳枝　唐代樂府名，七言四句，傳世者以白居易、劉禹錫之作較著名。白居易謂：「〈楊柳枝〉，洛下新聲也。洛之小妓有善歌之者，詞章音韻，聽可動人。」後亦配以舞蹈。⓯金屑雖貴　為「金屑雖貴，落眼成翳」之省略，佛經中的片言隻語、佛法中的一知半解被人稱作「金屑」，用以說明執著佛經文字、佛法知見，反而成為修行之障礙。⓰比來　近來；剛才。⓱章　通「彰」。顯明之意。⓲交牀　又稱「交椅」、「胡牀」，一種有靠背可活動折疊的椅子。⓳少　莫、不要之意，表示勸止。⓴羚羊掛角　北宋陸佃《埤雅・釋獸》：「羚羊似羊而大，角有圓繞蹙文，夜則懸角木上以防患。語曰『羚羊掛角』，此之謂也。」《本草綱目・獸部・羚羊》：「而羚羊有神，夜宿防患，以角掛樹不著地。」因其角掛樹而不著地，是以地上了無蹤跡可求，故人們以此比喻語涉玄妙，意境超脫。

【語　譯】福州（今屬福建）雪峰義存禪師（八二二～九〇八年），泉州南安（今屬福建）人，俗姓曾。曾家世代信奉佛教，義存生來就厭惡吃葷腥菜，還在襁褓中，聽到寺院敲鐘梵唱之聲，或者看見供佛的旗幡鮮花和佛菩薩之像，必定現出感動的臉容。義存十二歲時，隨從其父親遊歷莆田（今屬福建）玉澗寺，看見慶玄律師，馬上禮拜道：「是我的師父呵。」於是留在寺中服侍慶玄律師。義存十七歲剃髮出家，參謁芙蓉山常照大師，得到常照大師的撫慰和器重。後來義存前往幽州（今北京市）寶剎寺，接受具足戒。此後長久遊歷四方禪會，與德山宣鑒和尚機緣契合。唐代咸通年間（八六〇～八七四年），義存回轉福州，登上象骨山雪峰創建寺院，門徒翕然會聚。唐懿宗敕賜義存禪師法號曰真覺大師，並賜給紫袈裟。

有僧人問道：「祖師之意與教意是相同的還是不相同的？」義存禪師回答：「雷聲震地響，室內聽不見。」義存又說道：「闍梨雲遊行腳為的是什麼事？」那僧人問道：「我的眼睛本來是端正的，因為師父的緣故變斜時怎麼辦？」義存回答：「路逢達磨祖師而認不得。」僧人問道：「我的眼睛在哪裡？」義存回答：「並不從師父得到。」僧人問道：「剃除頭髮，穿上僧衣，接受佛的蔭佑，為什麼卻不許認識佛呢？」義存回答：「好事不如沒有事。」

義存禪師問座主道：「『如是』兩個字全是法令條文，那麼什麼是本文？」座主不能回答。五雲和尚代為回答道：「再分成三段。」

有僧人問道：「有人問法、報、化三身中哪個身不墜人於劫數，古人說我常常於此關切其意旨時怎麼樣？」義存禪師回答：「老漢九轉上洞山。」那僧人準備再提問，義存吩咐侍者道：「拖出這個僧人去！」

有僧人問道：「什麼是覿面之事？」義存禪師回答：「千里不算遠。」僧人問道：「什麼是大人之相？」義存回答：「瞻仰應當有份。」僧人問道：「文殊與維摩詰對談的是什麼事？」義存回答：「其意義丟失了。」

有僧人問道：「寂寞而沒有地方依附時怎麼辦？」義存禪師回答：「仍然是病。」僧人問道：「翻轉以後怎麼樣？」義存回答：「如同船兒下揚州（今屬江蘇）。」僧人說道：「古人有言。」義存就做出臥牀的樣子，過了許久起身說道：「你問什麼？」那僧人就再問一遍，義存說道：「這個白活了一生的傢伙！」

有僧人問道：「箭頭露出鋒刃時怎麼辦？」義存禪師回答：「高手也射不中靶心。」僧人問道：「滿眼都不見靶心時怎麼辦？」義存回答：「真是個隨緣分的高手。」

有僧人問道：「古人說：路上遇到達道之人，不可用語言或沉默相對。不知道用什麼去應對？」義存禪師說道：「吃茶去！」

義存禪師問僧人道：「從什麼地方來的？」那僧人回答：「從神光和尚那裡來。」義存問道：「白晝叫作日光，夜裡叫作火光，什麼是神光？」那僧人不能回答。義存自己代為回答道：「日光火光。」

棲典座問道：「古人曾經說過：知道佛有至極至妙事的，方才有語話的緣分。那什麼是語話？」義存禪師抓住他叫道：「快說！快說！」棲典座無言以對。義存於是踢倒棲典座，棲典座爬起來，汗流滿面。

義存禪師問僧人道：「從什麼地方來的？」僧人回答：「最近離開浙中。」義存問道：「坐船來的，還是陸路來的？」僧人回答：「與水陸兩路都沒有關涉。」義存就問道：「那怎麼到了這裡？」僧人反問道：「那有什麼阻礙嗎？」義存便打他。

有僧人問道：「古人說是當面親自承接禪機的。」義存禪師回答：「是的。」僧人問道：「那什麼是當面親自承接禪機？」義存叫道：「蒼天啊蒼天！」

義存禪師問僧人道：「這水牯牛多少歲了？」僧人不能回答。義存就自己代為回答道：「七十七歲了。」僧人就問道：「和尚為什麼變作了水牯牛？」義存反問道：「有什麼罪過嗎？」

有僧人前來辭行，義存禪師問道：「到什麼地方去？」僧人回答：「禮拜徑山和尚去。」義存問道：「徑山和尚如果問你這裡佛法怎麼樣，你怎樣回答？」僧人回答：「等他問了就答。」義存就用拄杖打他。不久，義存又舉前面的話頭來問道忞道：道忞就是鏡清順德大師。「這個僧人的過錯是什麼地方，就挨棒打？」道忞回答：「問得徑山和尚徹底困惑了。」義存問道：「徑山和尚遠在浙中，為什麼會被問得徹底困惑了？」道忞回答：「和尚難道沒有聽說過遠處問近處回答嗎？」義存這才罷休。東禪齊和尚說道：「那僧人如果領會了雪峰和尚的意思，為什麼會被打？如果沒有領會意思，雪峰和尚又打他幹什麼？且說說看他的過錯在什麼地方？鏡清禪師雖然根據子與父之關係幫他分析，卻很像是顯示他的醜陋笨拙，還能領會嗎？還有雪峰和尚便罷休了，是許可他還是不許可他呢？」

有一天，義存禪師對慧稜說道：慧稜即長慶禪師。「我聽說溈山和尚問仰山和尚道：從前諸位聖人什麼地方去了？仰山回答：有的在天上，有的在人間。你說說看仰山的意思是什麼？」慧稜回答：「如果是詢問諸位聖人出沒的地方，這樣回答就不行。」義存問道：「你完全不許可，如果忽然有人來問你，你該怎麼回答？」慧稜回答：「只要說錯了。」義存說道：「是你不錯。」慧稜說道：「與錯有什麼區別？」

義存禪師問一個僧人道：「從什麼地方來的？」僧人回答：「從江西來的。」義存問道：「江西離這裡有多少距離？」僧人回答：「不遠。」義存豎起了拂塵說道：「還隔著這個嗎？」僧人回答：「如果隔著這個，那就很遙遠了。」義存便打他。

有僧人請求道：「學生剛入叢林，乞請和尚指示一條進入的門徑。」義存禪師說道：「寧肯自己粉身碎骨如同微細的塵埃，終究不敢弄瞎一個僧人的眼目。」僧人問道：「四十九年後的事情就不問了，那四十九年前的事情是怎樣的？」義存用拂塵對著他的嘴巴打去。

有一個僧人辭別義存禪師去參拜靈雲和尚，問道：「佛沒有出世時怎麼樣？」靈雲舉起了拂塵。僧人又問道：「出世後怎麼樣？」靈雲又舉起了拂塵。那僧人就回來了，義存說道：「闍梨近日來來去去也太快了一點！」那僧人說道：「我到了那裡，詢問佛法不能契合我意，所以就回來了。」義存便問道：「你問的是什麼事？」僧人就舉出前面的問話，義存說道：「你問，我為你解說。」那僧人便問道：「佛沒有出世時怎麼樣？」義存舉起了拂塵。僧人又問道：「出世以後怎麼樣？」義存放下了拂塵。那僧人就禮拜，義存便打他。後來那僧人又把這話頭舉給玄沙禪師聽，玄沙禪師說道：「你想要領會嗎？我給你說一個比喻。如同有一個人出賣了一片園子，東西南北四方邊界都一齊交割完了，但園中心的一棵樹仍然屬於我的。」崇壽稠禪師說道：「莫不是打他之解釋處別有道理在。」

義存禪師因為舉起六祖慧能大師「不是風動，不是旗幡動，而是仁者的心在動」的話頭，評說道：「大小祖師龍頭蛇尾，好給他二十拄杖。」當時太原孚上座侍立在一旁，聽了這話後不覺咬了咬牙。義存又說道：「我剛才這樣說話，也好給二十拄杖。」雲居清錫禪師說道：「什麼地方是祖師龍頭蛇尾就好給他棒吃之處？只是如雪峰和尚自己說我也好吃拄杖，且說說看佛法意旨是什麼？眾位上座久處叢林，沒有不知道初機的，兄弟且是怎麼樣領會的？」東禪齊禪師說道：「雪峰和尚怎樣說，莫不是檢驗眾人中是否別有落腳處，且叫作自我抽身。抽身一事暫且放在一邊，祖師說『不是風動，不是旗幡動』，又是什麼意思？」

義存禪師問慧全道：「你獲得了進入的門徑時怎麼辦？」慧全回答：「同師父商量了再說。」義存問道：「什麼地方要商量？」慧全回答：「到什麼地方去？」義存再問道：「你獲得了進入的門徑時又怎麼辦？」慧全無言以對，義存便打他。

全坦問道：「平地淺草，麈鹿成群，怎樣才能射中麈鹿群中的領頭兒？」義存禪師招呼全坦，全坦答應。義存說道：「吃茶去！」

義存禪師問一個僧人道：「近來離開了什麼地方？」僧人回答：「離開溈山。我曾經問什麼是達磨祖師西來的意旨，溈山和尚卻只是坐在座位上不回答。」義存問道：「你認可他了嗎？」僧人回答：「我不認可他。」義存說道：「溈山和尚是一位古佛，你趕快去向他禮拜懺悔。」玄沙禪師說道：「山頭老漢錯過溈山了。」東禪齊禪師說道：「什麼地方是錯過之處？的確錯過了，莫不是就這樣領會了？如果是這樣領會，就沒有領會溈山和尚的意思。只是如雪峰和尚所說的『溈山和尚是一位古佛，你趕快去向他禮拜懺悔』，是證明溈山和尚的密意，還是在讚歎溈山和尚？去禮拜的事也犯難，如仔細好見，那麼去也不難。」

有僧人請求道：「學生說不出來的地方，請師父說。」義存禪師說道：「我為佛法而愛惜人。」

義存禪師舉起拂塵指示給一位僧人看，那僧人就走了出去。長慶慧稜禪師把這話頭舉給泉州王延彬聽，並說道：「這個僧人應當叫回來，給他一頓棒吃。」王延彬說道：「和尚是什麼心態？」慧稜禪師說道：「幾乎放過。」

義存禪師問慧稜道：「古人說『前三三，後三三』，是什麼意思？」慧稜就走了出去。鵝湖和尚別為回答道：「諾。」

義存禪師問一個僧人道：「從什麼地方來的？」僧人回答：「從藍田來。」義存問道：「為什麼不落草呢？」長慶慧稜禪師說道：「險。」

有僧人問道：「大事怎麼辦呢？」義存禪師抓住那僧人的手說道：「上座拿這話問誰？」

有一個僧人前來禮拜，義存禪師打了他五棒。那僧人叫道：「我的過錯在哪裡？」義存又打了他五棒，然後把他喝出。

義存禪師問一個僧人道：「你從什麼地方來的？」僧人回答：「從嶺南來。」義存問道：「還有沒有遇到達磨祖師？」僧人說道：「青天白日。」義存問道：「你自己怎麼樣？」僧人回答：「又能怎麼樣？」義存便打他。

義存禪師送僧人出門，等到那僧人走了三、五步後，便招呼道：「上座。」那僧人回過頭來，義存說道：「路上保重！」

有僧人問道：「拿起鼓槌，豎起拂塵，並不契合宗乘教義，和尚的看法怎麼樣？」義存禪師豎起了拂塵。那僧人就用手抱著自己的頭出去了，義存也不看他一眼。法眼禪師代為回答：「大眾，看看這一員戰將。」

有僧人問道：「三乘十二分教，是為世間俗人講說的，還是不為世間俗人講說的？」義存禪師回答：「不須一曲〈楊柳枝〉。」

義存禪師對鏡清說道：「古代有一位老禪師，引導官人巡視法堂，說道：『這一些都是修學佛法的僧人。』官人說道：『金屑雖然貴重，又怎麼樣呢？』那老禪師無言應對。」鏡清代為回答道：「剛才是拋磚引玉。」法眼禪師別為回答道：「官人可算是重耳朵所聞的而輕眼睛所見的。」

義存禪師上堂舉起拂塵說道：「這個是中下根機。」有僧人問道：「具有上上根機的人來時怎麼辦？」義存舉起了拂塵，那僧人說道：「這個是中下根機。」義存就打他。

有僧人問道：「慧忠國師三次招喚侍者，是什麼意思？」義存禪師就起身進入了方丈室。

義存禪師問一個僧人道：「今年夏天，你在什麼地方？」僧人回答：「在涌泉。」義存問道：「是長時間湧，還是暫時湧？」僧人說道：「和尚問不著。」義存說道：「我問不著？」僧人回答：「是。」義存就打他。

有一次普請，眾僧前往寺院的農莊幹活，在路上遇到一隻獼猴，義存禪師說道：「這畜生！一人背著一面古鏡，來摘山僧的稻穗。」有僧人問道：「自古以來就沒有名字，為什麼要明確地稱作古鏡呢？」義存說道：「鏽斑生了。」僧人說道：「有什麼死急的，連話頭也不知道。」義存說道：「老僧罪過。」

閩中帥臣施捨銀交牀，有僧人問義存禪師道：「和尚接受大王這樣的供養，準備怎樣報答？」義存用手撐著地說道：「不要打我！」有僧人問疏山和尚道：「雪峰和尚說『不要打我』，是什麼意思呢？」疏山和尚說道：「頭上插著醬瓜，垂下的尾巴拖到腳跟上。」

有僧人問道：「吞盡毗盧時怎麼樣？」義存禪師回答：「福堂歸德平安嗎？」

義存禪師對眾僧說道：「我如果東說西說，你們就將去尋章摘句。我如果像羚羊掛角，你們向什麼地方去摸索呢？」有僧人問保福和尚道：「只是像雪峰和尚有什麼言教，就好似羚羊掛角之時？」保福和尚說道：「莫不是給雪峰和尚作弟子也不能夠嗎？」

義存禪師住持閩川達四十餘年，學生冬夏都不少於一千五百人。五代後梁開平二年戊辰歲（九〇八年）春三月，義存禪師患了病，閩帥派了醫生來診視。義存禪師說道：「我這不是病。」竟然不肯吃醫生開的藥，而留下偈頌傳付佛法。夏五月二日，義存禪師早晨遊玩藍田，傍晚歸來，洗了澡，半夜去世，享年八十七歲，法臘五十九歲。

【說　明】雪峰義存禪師弘法閩中四十餘年，得到唐帝、閩王等官貴之崇信，其法席之盛卓冠當時，並使此後閩中佛法更盛。雪峰義存禪師的教法除棒打以外，其接引學人之言險，其理幽，認為「我若東道西道，汝則尋言逐句。我若羚羊掛角，汝向什麼處捫摹？」即是以不明白求明白，影響甚大。雪峰義存禪師的門徒眾多，著名的法嗣有雲門文偃、玄沙師備、長慶慧稜、保福從展、鼓山神晏等。其中雲門文偃創立了禪家五宗之一的雲門宗，玄沙師備的二傳弟子清涼文益又創立了禪家五宗之一的法眼宗。

天台瑞龍院慧恭禪師

天台瑞龍院慧恭禪師，福州人也，姓羅氏。家世為儒，年十七，舉進士，隨計❶京師。因遊終南山奉日寺，睹祖師遺像，遂求出家。二十二，受戒遊方，謁德山鑒禪師。鑒問曰：「會麼？」恭曰：「作麼？」鑒曰：「請相見。」恭曰：「識麼？」鑒大笑，遂入室焉。暨鑒順世，與門人之天台瑞龍院，大開法席。

唐天復三年癸亥十二月二日午時，命眾聲❷鐘，顧左右曰：「去！」言訖跏趺而化，壽八十四，臘六十二。門人建塔。

【注釋】❶計　計使，唐、宋時轉運使、副使的俗稱，負責一路財政、賦稅等事務。❷聲　此為敲擊之意。

【語譯】天台山瑞龍院慧恭禪師（八二〇～九〇三年），福州（今屬福建）人，俗姓羅。羅家世代為儒士，慧恭十七歲時，參加進士考試，跟隨計使來到了京城。他因而遊玩終南山奉日寺，看見祖師的遺像，就要求出家。慧恭二十二歲時，接受了具足戒，四方雲遊參學，拜謁德山宣鑒禪師。宣鑒禪師問道：「領會了嗎？」慧恭說道：「幹什麼？」宣鑒禪師說道：「請相見。」慧恭說道：「認識嗎？」宣鑒禪師哈哈大笑，就許可慧恭成為入室弟子。等到宣鑒禪師圓寂後，慧恭才與門人前往天台山瑞龍院，大開法席說法。

唐代天復三年癸亥歲（九〇三年）十二月二日正午時，慧恭禪師命令眾僧敲鐘，並回顧左右侍僧說道：「去！」說完就跏趺寂滅，享年八十四歲，法臘六十二歲。門人建造靈塔供養。

泉州瓦棺和尚

泉州瓦棺和尚。德山問曰：「汝還會麼？」師曰：「不會。」德山曰：「汝成持❶取箇不會好。」師曰：「不會，成持箇什麼？」德山曰：「汝似一團鐵。」師遂摳衣德山。

【注　釋】❶成持　幫助；扶持。

【語　譯】泉州（今屬福建）瓦棺和尚。德山和尚問道：「你已領會了嗎？」瓦棺和尚回答：「沒有領會。」德山和尚說道：「你扶持取個沒有領會的好。」瓦棺和尚說道：「沒有領會，扶持個什麼？」德山和尚說道：「你好像一團鐵塊。」瓦棺和尚於是就挽起衣服依附德山和尚。

襄州高亭簡禪師

襄州高亭簡禪師，初隔江見德山，遙合掌呼云：「不審。」德山以手中扇子再招之。師忽開悟，乃橫趨而去，更不迴顧。後於襄州開法，嗣德山。

【語　譯】襄州（今湖北襄陽）高亭簡禪師，當初隔著江面拜見德山和尚，遠遠地合掌招呼道：「不審。」德山和尚用手中的扇子再次招呼他。簡禪師忽然開悟，於是橫渡江水而去，更不回頭相看。後來，簡禪師在襄州開堂說法，嗣法德山和尚。

洪州感潭資國和尚

洪州大寧感潭資國和尚。白兆問：「家內停喪❶，請師慰問。」師曰：「苦痛蒼天！」兆曰：「死卻爺，死卻孃。」師打而趁之。

師凡遇僧來，亦多以拄杖打趁。

【注釋】❶停喪 舉行喪事。停，陳列、停放之意。

【語譯】洪州（今江西南昌）感潭資國和尚。一天，白兆志圓請求道：「家中舉行喪事，請師父去慰問。」資國和尚叫道：「苦啊！痛啊！蒼天啊！」白兆志圓說道：「像死了爺、死了娘一樣。」資國和尚把白兆志圓打著趕了出去。

資國和尚凡是遇見僧人來參謁，也多用拄杖把他們打走。

【說明】宣鑒禪師的法嗣還有德山鵝湖紹奭大師、鳳翔府無垢和尚、益州雙流尉遲和尚等三人，因無機緣語句，故未收錄。

前潭州石霜慶諸禪師法嗣

河中南際山僧一禪師

河中南際山僧一禪師。僧問：「幸獲親近，乞師指示。」師曰：「我若指示，即屈著汝。」僧曰：「教學人作麼生即是？」師曰：「切忌是非。」問：「如何是衲僧氣息？」師曰：「還曾薰著汝也無？」

問：「類即不問，如何是異？」師曰：「要頭即一任斫將去。」問：「如何是法身主？」師曰：「不過來。」又問：「如何是毗盧師？」師曰：「不超越。」

師初居末山，後閩帥請開法於長慶禪苑。卒，謚本淨大師，塔曰無塵。

【語 譯】河中（今山西永濟市西蒲州鎮）南際山僧一禪師。有僧人請求道：「有幸得以親近師父，還請師父指示點撥。」僧一禪師說道：「我如果指示點撥你，就要委屈你了。」僧人問道：「那讓學生怎樣做才對呢？」僧一禪師回答：「切忌肯定與否定。」僧人問道：「那什麼是衲僧的氣息呢？」僧一禪師反問道：「是否曾經薰染到你了？」

有僧人問道：「同類就不問了，什麼是異類？」僧一禪師說道：「要腦袋就任憑你砍將去。」僧人問道：「什麼是法身之主？」僧一禪師回答：「不過來。」僧人又問道：「什麼是毗盧師？」僧一禪師回答：「不超越。」

僧一禪師起初居住在末山，後來閩帥迎請他去長慶禪苑開堂說法。僧一禪師死後，天子敕賜謚號曰本淨大師，靈塔名無塵。

潭州大光山居誨禪師

潭州大光山居誨禪師，京兆人也，姓王氏。初造于石霜之室，函丈❶請益。

經二載，又令主此塔。麻衣草屨，殆忘身意。一日，石霜將試其所得，垂問曰：「國家每年放舉人及第，朝門還得拜也無？」師曰：「有人不求進。」曰：「憑何？」師曰：「且不為名。」石霜又因疾問曰：「除卻今日，別更有時也無？」師曰：「渠亦不道今日是。」石霜甚然之。如是徵詰數四，酬對無爽。盤桓❷二十餘祀，瀏陽信士❸胡公請居大光山，提唱❹宗致。

有僧問：「只如達磨是祖否？」師曰：「不是祖。」僧曰：「既不是祖，又來作什麼？」師曰：「為汝不薦❺祖。」僧曰：「薦後如何？」師曰：「方知不是祖。」

問：「混沌❻未分時如何？」師曰：「時教❼阿誰敘？」師又曰：「一代時教，只是收拾一代時人，直饒剝徹底，也只是成得箇了。汝不可便將當卻衲衣下事，所以道四十九年明不盡，四十九年標❽不起。」凡示學徒，大要知此。

唐天復三年癸亥九月三日歸寂，壽六十有七。

【注釋】❶函丈　《禮記・曲禮》上：「若非飲食之客，則布席，席間函丈。」鄭玄注：「謂講問之客也。函，猶客也，講問宜相對容丈，足以指畫。」舊時書函中常用作對師長的敬稱，猶言講席。❷盤桓　徘徊；逗留。❸信士　即居士，俗稱出財布施者為信士。❹提唱　禪師向學徒提起唱導宗要。因禪宗不立文字，專一悟入，不能如其他宗派那樣詳細講說解釋，故欲通過提起唱導宗要而激發化導信徒之心。❺薦　認識。❻混沌　同「渾沌」。古人想像中世界生成以前的狀態。三國魏人曹植〈七啟〉：「夫太極之初，渾沌未分。」❼時教　當代的教化。❽標　揭示；寫明。

【語　譯】潭州（今湖南長沙）大光山居誨禪師（八三七~九〇三年），京兆（今陝西西安）人，俗姓王。居誨當初拜訪石霜和尚時，於講席間請教開益。經過兩年後，石霜和尚又令居誨住持塔院。居誨身穿麻布衣服，腳穿草鞋，幾乎忘懷了身體及心念。有一天，石霜和尚準備驗察居誨所得之禪法，就詢問道：「國家每年都舉行科舉考試，授予合格的舉人以進士及第的資格，這種人是否還應該在朝廷大門前施行跪拜之禮？」居誨回答：「有一人不求進取。」石霜和尚問道：「憑什麼這樣呢？」居誨回答：「因為不圖功名。」石霜和尚又因為患病而提問道：「除了今天，是否還有其他的時候？」居誨回答：「他也沒有說今天就是這樣。」石霜和尚十分贊同他的答話。像這樣的提問經歷了多次，而居誨的應對回答毫無阻滯。居誨在那裡逗留了二十多年，此後瀏陽（今屬湖南）信士胡公迎請居誨禪師居住於大光山，提唱禪宗要旨。

有僧人問道：「只是如達磨大師才算是祖師嗎？」居誨禪師回答：「不是祖師。」僧人問道：「既然不是祖師，他又來到中土幹什麼？」居誨回答：「因為你不認識祖師。」僧人問道：「認識以後怎麼樣？」居誨回答：「才知道他不是祖師。」

有僧人問道：「混沌狀態沒有分判時怎麼樣？」居誨禪師反問道：「時教讓誰來闡述呢？」居誨又說道：「一代時教，只是為了收拾當代的人，就算剝除得徹底了，也只是成就個人了。你們不可以將此替代僧衣下的事情，所以說四十九年也不能完全明悟，四十九年也揭示不完。」居誨禪師指示學徒，大體要讓他們知曉這個道理。

唐代天復三年癸亥歲（九〇三年）九月三日，居誨禪師圓寂，終年六十七歲。

盧山懷祐禪師

盧山棲賢❶懷祐禪師，泉州仙遊人也。受業於九座山❷陳禪師，尋參學，預石霜之室。既承奧旨，居于謝山❸，其道未震，復還止棲賢，徒侶臻萃。

僧問：「如何是五老峰前句？」師曰：「萬古千秋。」僧曰：「恁麼莫成嗣絕也無？」師曰：「躊躇欲與誰？」

僧問：「自遠而來，請師激發。」師曰：「也不憑時。」曰：「請師憑時。」師曰：「我亦不換。」問：「如何是法法無差？」師曰：「雪上更加霜。」

師後終于廬山，謚玄悟大師，塔曰傳燈。

【注　釋】❶棲賢　寺廟名，南朝齊創建，位於廬山五老峰前，景物幽美，冠於諸方。明、清時屢加修建，殿宇塔垣，皆極宏麗。❷九座山　在福建仙遊西北，也稱仙遊山，仙遊縣以此而得名。其山重巒疊嶂，其中巍然高聳者有九座峰，上建有九座院。❸謝山　在江西萬載北七十里，以南朝宋詩人謝靈運而得名，泉石甚勝。

【語　譯】廬山棲賢寺懷祐禪師，泉州仙遊（今屬福建）人。懷祐依從九座山陳禪師受業，不久雲遊參學，參預石霜和尚的講席。懷祐既已承受石霜和尚的禪法要旨，就居住在謝山，但其教化還未盛行，此後又還居於棲賢寺，四方徒眾會聚。

有僧人問道：「什麼是五老峰前的句子？」懷祐禪師回答：「萬古千秋。」僧人問道：「這樣的話，不就成為斷絕後嗣了嗎？」懷祐反問道：「躊躇滿志地想要交付給什麼人？」

有僧人請求道：「我從遠方而來求教，請師父加以激勵啟發。」懷祐禪師回答：「也不憑借時間。」僧人說道：「請師父憑借時間。」懷祐說道：「我也不改換。」僧人問道：「什麼是佛法與佛法之間沒有差別？」

懷祐回答：「雪上更加霜。」

懷祐禪師此後死於廬山，天子賜諡號曰玄悟大師，靈塔名傳燈。

筠州九峰道虔禪師

筠州九峰道虔禪師，福州侯官人也，姓劉氏。徧歷法會，後受石霜印記，化徒於九峰焉。

師上堂，有僧問：「無間❶中人行什麼行❷？」師曰：「畜生行。」曰：「畜生復行什麼行？」師曰：「無間行。」曰：「此猶是長生路上人？」師曰：「汝須知有不共命者。」曰：「不共什麼命？」師曰：「長生氣不常。」師又曰：「諸兄弟還識得命麼？欲知命，流泉是命，湛寂是身，千波競涌是文殊境界，一亘❸晴空是普賢牀榻。其次，借一句子是指月❹，於中事是話月，從上宗門中事如節度使信旗❺。且如諸方先德，未建許多名目指陳已前，諸兄弟約什麼體格商量？到遮裡不假三寸試話會看，不假耳根試采聽看，不假眼試辨白看。所以道：聲前拋不出，句後不藏形。盡乾坤都來，是汝當人箇體，向什麼處安眼耳鼻舌？莫但向意根下圖度作解，盡未來際亦未有休歇分。所以古人道：擬將心意學玄宗，狀似西行卻向東。」時有僧問：「九重[6]無信，恩赦何來？」師曰：「流光[7]雖徧，閫[8]內不周[9]。」曰：「流光與閫內相去多少？」師曰：「淥[10]水騰波，青山秀色。」

問：「人人盡言請益，未審師將何拯濟？」師曰：「汝道巨嶽還曾乏寸土也無？」曰：「恁麼即四海參尋當為何事？」師曰：「演若迷頭[11]心自狂。」曰：「還有不狂者也無？」師曰：「有。」曰：「如何是不狂者？」師曰：「突曉途中眼不開。」問：「如何是學人自己師？」曰：「更問阿誰？」曰：「便恁麼承當時如何？」師曰：「還更戴須彌麼？」

問：「祖祖相傳，復傳何法？」師曰：「釋迦慳，迦葉富。」曰：「畢竟傳底事作麼生？」師曰：「同歲老人分夜燈。」

問：「諸佛非我道，如何是我道？」師曰：「我道非諸佛。」曰：「既非諸佛，為什麼卻立我道？」師曰：「適來暫喚來，如今卻遣出。」曰：「為什麼卻遣出？」師曰：「若不遣出，眼裡塵生。」

問：「一切處覓不得，豈不是聖？」師曰：「是什麼聖？」曰：「牛頭未見四祖時，豈不是聖？」師曰：「是聖境未忘。」曰：「二聖相去幾何？」師曰：「塵中雖有隱形術，爭奈全身入帝鄉[12]。」

問：「承古有言，真心妄心？」師曰：「是立真顯妄。」曰：「如何是真心？」師曰：「不雜食。」曰：「如何是妄心？」師曰：「攀緣起倒是。」曰：「離此二途，如何是學人本體？」師曰：「本體不離。」曰：「為什麼不離？」師曰：「不敬功德天⑬，誰嫌黑暗女⑭？」

問：「承古有言，盡乾坤都來是箇眼。如何是乾坤眼？」師曰：「乾坤在裡許。」曰：「乾坤眼何在？」師曰：「正是乾坤眼。」曰：「還照矚也無？」師曰：「不借三光勢。」曰：「既不借三光勢，憑何喚作乾坤眼？」師曰：「若不如是，髑髏⑮前見鬼人無數。」

問：「一筆丹青為什麼邈⑯不得？」師曰：「僧繇⑰卻許誌公。」曰：「未審僧繇得什麼人證旨，卻許誌公？」師曰：「烏龜稽首須彌柱。」

問：「動容沉古路，身沒乃方知。此意如何？」師曰：「偷佛錢買佛香。」曰：「學人不會。」師曰：「不會即燒香供養本爺孃。」

師後住泐潭而終，謚大覺禪師，塔曰圓寂。

【注釋】❶無間　「無間地獄」之省稱。佛教認為造五逆罪之一者，即墜入此地獄，一劫之間，受苦無間，故名無間地獄。❷行　身、口、意之造作稱行。❸亘　遍；窮盡。❹指月　以指譬喻佛教，以月譬喻佛法。《楞嚴經》曰：「如人以手指月示人，彼人因指當應看月。若復觀指以為月體，此人豈唯亡失月輪，亦亡其指。」《圓覺經》：「修多羅教如標月指，若復見月，了知所標，畢竟非月。一切如來種種言說開示菩薩，亦復如此。」下文「話月」之意與此相近。❺信旗　古代將帥指揮作戰的信號旗。❻九重　指天，借指帝王的居所。此代指帝王。❼流光　此指日光。❽閫　門限。❾周　普遍；周遍。❿淥水清貌。⓫演若迷頭　演若為「演若達多」之略。《楞嚴經》載：室羅城有一狂人名演若達多，某天用鏡子照面，見鏡中人頭上有眉目而大喜，然後因觀察自己而不能看見自己頭上眉目，故大憤怒，謂是鬼魅所作而狂走。此是以自己之頭譬喻真性，以鏡中之頭譬喻妄相。演若喜見鏡中之頭有眉目者，以喻認妄相為真，堅執不棄；不見自己之頭有眉目者，以喻真性無一切之相。⓬帝鄉　神話中天帝的住所。《莊子・天地》：「千歲厭世，去而上仙，乘彼白雲，至于帝鄉。」⓭功德天　也稱「吉祥天」、「吉祥天女」，本為婆羅門神，後被取入佛教中。其父為德叉迦，母為鬼子母，兄為毗沙門天。⓮黑暗女　又名黑耳女。《涅槃經》：「姊云功德天，授人以德，妹云黑暗女，授人以禍。此二人常同行不離。」⓯髑髏　死人頭骨。⓰邈　通「貌」。描繪肖像。⓱僧繇　即張僧繇，南朝時期著名的人物畫家。

【語　譯】筠州（今江西高安）九峰道虔禪師（？～九二三年），福州侯官（今福建福州）人，俗姓劉。道虔到處參歷法會，後來接受石霜禪師的印記，在九峰教化徒眾。

道虔禪師上堂，有僧人問道：「無間地獄中人施行什麼行？」道虔禪師回答：「畜生行。」僧人又問道：「畜生施行什麼行？」道虔回答：「無間行。」僧人問道：「這還是求長生路上的人嗎？」道虔回答：「你必須知道有不和命共同的人。」僧人問道：「不共同什麼命？」道虔回答：「長生之氣不常在。」道虔又說道：「諸位兄弟還認識命嗎？想要知道命，那流動的泉水就是命，清湛寂靜就是身，千條波浪競相翻湧就是文殊之境界，萬里晴空就是普賢的牀榻。其次呢，借一句子說話是指與月的關係，教法中的事是話與月的關係，從上宗門中的事就好像是節度使的信旗。況且如各門派過去的大師高僧一樣，並沒有建立許多名目來指示規範以前之事，諸位兄弟還要商量約定什麼體例、格式呢？到這裡就試著不運用舌頭而說給別人聽，試著不憑藉耳朵而聆聽別人的講話，試著不依靠眼睛而辨別東西。所以說：聲音之前表達不出意義，句子後面藏不住形狀。全乾坤的都來到跟前，是因為你具備了一個人的身體，又在什麼地方安置你的眼睛、耳朵、鼻子、舌頭呢？不要只是在意根下面想方設法作解答，那就將在整個未來世界中都不能有休息的份了。所以古人說道：打算帶著心意去學玄妙之宗教，就好像是要向西去卻實際上是向東走一樣。」當時有一個僧人問道：「居住深宮的帝王沒有信使，那恩典赦罪的詔書怎樣傳來呢？」道虔回答：「太陽光雖然能照遍世界，但門限的裡邊還是不能照到。」僧人問道：「太陽光與門限裡邊相隔有多少距離呢？」道虔回答：「清澈的水面波浪翻騰，青綠的山峰秀色可餐。」

有僧人問道：「每個人都說要來向和尚請求教益，不知道和尚將用什麼辦法來拯救他們？」道虔禪師反問道：「你是否認為高大的山峰還會缺少一寸土壤麼？」僧人問道：「那麼四海之人都在參拜尋訪高僧，是為什麼事情呢？」道虔回答：「演若迷失自己的頭顱，其心自狂妄。」僧人問道：「還有沒有不狂妄的人呢？」道虔回答：「有的。」僧人問道：「怎樣才是不狂妄的人呢？」道虔回答：「連夜趕路時突然天大亮了，眼睛也不能睜開。」僧人問道：「什麼才是學生自己的老師？」道虔反問道：「你還要去問誰？」僧人問道：「就這樣承受擔當的時候怎麼樣？」道虔反問道：「須彌山上還要再放上個須彌山嗎？」

有僧人問道：「祖師們代代相傳授，又傳授個什麼法呢？」道虔禪師回答：「釋迦牟尼吝嗇，大迦葉富裕。」僧人又問道：「究竟傳授的事情是什麼？」道虔回答：「同歲的老人在分開夜半的燈火。」

有僧人問道：「眾佛都不是我們所追尋的大道，那什麼才是我們所追尋的大道呢？」道虔禪師回答：「我們所追尋的大道不是眾佛。」僧人問道：「既然不是眾佛，為什麼卻創立了我們所追尋的大道呢？」道虔回答：「剛才暫時叫他進來，現在卻要遣送出去。」僧人問道：「為什麼卻要遣送出去？」道虔回答：「如果不遣送出去，眼睛裡就會生出灰塵來。」

有僧人問道：「一切地方都尋覓不到，難道不就是聖人嗎？」道虔禪師反問道：「是什麼聖人？」僧人問道：「牛頭法融大師沒有參見四祖時，難道不是聖人嗎？」道虔回答：「那是沒有忘卻聖人的境界。」僧人問道：「兩位聖人所達到的境界彼此相差多遠呢？」道虔回答：「塵世之中雖然有隱形的法術，又怎奈全身投入帝王之鄉。」

有僧人問道：「古人有說真心妄心的嗎？」道虔禪師回答：「是立真心而顯出妄心。」僧人問道：「什麼是真心？」道虔回答：「不亂吃東西。」僧人問道：「什麼是妄心？」道虔回答：「攀援外緣而起倒懸者就是。」僧人問道：「離開這兩種現象，什麼是學生的本體？」道虔回答：「本體不能分開。」僧人問道：「為什麼不能分開？」道虔說道：「不尊敬功德天，誰會厭惡黑暗女？」

有僧人問道：「古人有言，整個乾坤都來是一隻眼。什麼是乾坤眼呢？」道虔禪師回答：「乾坤正在裡面。」僧人問道：「那乾坤在什麼地方？」道虔回答：「正是乾坤眼。」僧人問道：「是否還能照耀和注目嗎？」道虔回答：「不借助日、月、星三光的力量。」僧人問道：「既然不借助日、月、星三光的力量，憑什麼叫做乾坤眼呢？」道虔回答：「如果不是這樣的，髑髏前面就可以看見無數的鬼魅。」

有僧人問道：「一筆丹青為什麼描不出誌公和尚的容貌？」道虔禪師回答：「張僧繇卻推許誌公和尚呢。」僧人問道：「不知道張僧繇得到什麼人的證明宗旨，卻推許誌公和尚？」道虔回答：「烏龜向須彌山石柱頂禮膜拜。」

有僧人問道：「一動容就沉浸於古路，身體沉沒後方才知曉。這句子的意思是什麼？」道虔禪師回答：「偷竊佛的錢買來燒給佛的香。」僧人說道：「學生不能領會。」道虔說道：「你不能領會，就燒香供養自己的爺娘。」

道虔禪師後來住持泐潭，並在那裡圓寂，天子賜諡號曰大覺禪師，靈塔名圓寂。

【說　明】道虔禪師因久住九峰，故世稱「九峰虔」；晚年住持石門，徒眾益盛，遂為泐潭第一世住持。

台州涌泉景欣禪師

台州涌泉❶景欣禪師，泉州仙遊人也。本白雲山❷受業，得石霜開示，而止丹丘❸涌泉之蘭若。

一日，師不披袈裟喫飯。有僧問：「莫成俗否？」師曰：「即今豈是僧邪？」

有彊、德二禪客到，於路次見師騎牛，不識師，乃曰：「蹄角甚分明，爭奈騎者不識！」師驟牛而去。二禪客憩於樹下，煎茶。師迴，下牛近前不審，與坐喫茶。師問曰：「二禪客近離什麼處？」曰：「離那邊。」師曰：「那邊事作麼生？」彼提起茶盞，師曰：「此猶是遮邊，那邊事作麼生？」二人無對，師曰：「莫道騎者不識好！」

【注　釋】❶涌泉　鎮名，在浙江臨海市東南五十五里靈江北岸，地當東南通道，市肆頗發達。❷白雲山　在浙江平陽縣西南百里，與雁蕩山相接，高出雲表，澗泉飛瀑，最為奇勝。❸丹丘　地名，在浙江寧海縣南九十里獅山附近。南朝人孫綽〈天台山賦〉：「訪羽人于丹丘，尋不死之福庭。」

【語　譯】台州（今浙江臨海）涌泉景欣禪師，泉州仙遊（今屬福建）人。景欣本來在白雲山受業，後來得到石霜和尚的開示，而居住在丹丘涌泉的寺廟中。

有一天，景欣禪師沒披袈裟吃飯。有僧人問道：「這不成俗人了嗎？」景欣反問道：「現在穿上難道就是僧人了嗎？」

有彊、德兩位禪客前來參拜，在路上遇見景欣禪師騎著牛經過，他倆不認識景欣，卻說道：「這牛的蹄、角很分明，怎麼騎的人不認識！」景欣騎著牛一下子跑開了。兩位禪客在大樹下休息，煎茶喝。景欣回來，從牛背上下來，上前打招呼，並坐著一起喝茶。景欣問道：「兩位禪客近來離開了哪裡？」禪客回答：「離開了那邊。」景欣問道：「那邊的事怎麼樣？」禪客提起了茶杯，景欣說道：「這還是這邊的事，那邊的事怎麼樣？」兩位禪客不能應對，景欣說道：「還是不要說騎牛的人不認識為好！」

潭州雲蓋山志元禪師

潭州雲蓋山志元，號圓淨大師，遊方時問雲居曰：「志元不奈何時如何？」雲居曰：「只為闍梨功力不到處。」師不禮拜而退，遂參石霜，亦如前問。石霜曰：「非但闍梨，老僧亦不奈何！」師曰：「和尚為什麼不奈何？」石霜曰：「老僧若奈何，拈過汝不奈何。」別有問答，〈石霜〉章出之。

有僧問：「如何是佛？」師曰：「黃面底是。」曰：「如何是法？」師曰：「藏裡是。」問：「然燈未出時如何？」師曰：「昧不得。」問：「蛇子為什麼吞師？」師曰：「通身色不同。」問：「如何是衲僧？」師曰：「參尋訪道。」

【語譯】潭州（今湖南長沙）雲蓋山志元禪師，法號圓淨大師，四方雲遊訪學時，問雲居和尚道：「志元不奈何時怎麼樣？」雲居和尚回答：「只是因為闍梨的功力還沒有達到。」志元沒有禮拜就退下了，隨後去參拜石霜和尚，也提出了與前面相同的問題。石霜和尚回答：「不但是闍梨，老僧也不奈何！」志元問道：「和尚為什麼不奈何？」石霜和尚回答：「老僧如若奈何，拈取來給你也不奈何呵。」還有其他問答，記載於前述〈石霜慶諸禪師〉章。

有僧人問道：「什麼是佛？」志元禪師回答：「那黃面孔的就是。」僧人問道：「什麼是佛法？」志元回答：「那藏在裡頭的就是。」僧人問道：「燃燈佛沒有出世的時候怎麼樣？」志元回答：「不能欺瞞。」僧人問道：「蛇為什麼要吞下獅子呢？」志元回答：「全身顏色都不相同。」僧人問道：「什麼是衲僧？」志元回答：「參拜尋訪佛道。」

潭州谷山藏禪師

潭州谷山❶藏禪師。僧問：「祖意教意是一是二？」師曰：「青天白日，夜半濃霜。」

【注釋】❶谷山　在湖南長沙西七十里，出產青紋花石，可製硯。

【語譯】潭州（今湖南長沙）谷山藏禪師。有僧人問道：「祖師之意與教意是一致的還是兩樣的？」藏禪師回答：「青天白日，夜半濃霜。」

福州覆船山洪荐禪師

福州覆船山洪荐禪師。僧問：「如何是本來面目？」師閉目吐舌，又開目吐舌。僧曰：「本來有如許多❶面目？」師曰：「適來見什麼？」問：「路逢達道人，不將語默對。未審將什麼對？」師曰：「老僧也恁麼。」

師將示滅三日前，令侍者喚第一座來。師臥，出氣一聲，第一座喚侍者曰：「和尚渴，要湯水喫。」師乃面壁而臥。臨終，令集眾，乃展兩手，出舌示之。時第三座曰：「諸人，和尚舌根硬也。」師曰：「苦哉！苦哉！誠如第三座所言，舌根硬去也。」再言之而告寂。諡紹隆大師，塔曰廣濟。

【注　釋】❶如許多　這麼多。

【語　譯】福州（今屬福建）覆船山洪荐禪師。有僧人問道：「什麼是本來面目？」洪荐閉著眼睛伸出了舌頭，又睜開眼睛吐出了舌頭。僧人問道：「本來有這麼多的面目嗎？」洪荐反問道：「你剛才看見了什麼？」僧人問道：「路上遇到通達大道的人，不能用語言或沉默來對待。不知道應該用什麼來對待？」洪荐回答：「老僧也是這樣的。」

洪荐禪師在去世前三天，命令侍者把第一座召來。洪荐禪師躺著，呼出了一聲粗氣，第一座便招呼侍者道：「和尚口渴，要熱水喝。」洪荐禪師於是面朝牆壁而躺。洪荐禪師臨終時，命令眾僧會聚，然後展開兩隻手，再伸出舌頭指示眾僧。當時第三座說道：「眾位，和尚的舌根硬了。」洪荐禪師說道：「苦啊！苦啊！確實如同第三座所說的，我的舌根發硬了。」再說了一遍後就圓寂了。天子敕賜諡號曰紹隆大師，靈塔名廣濟。

【說　明】「本來面目」最早見於《壇經》，是指「本覺真心」，也即「明心見性」，與今天泛指真相者不盡相同。《圓悟心要》云：「若以利根勇猛身心，直下頓休，到一念不生之處，即是本來面目。」禪家認為：一念不生是真心，屬悟境；一念才生是妄心，屬迷境。所以「明見本來面目」就是「明心見性」，就是一念不生、毫無「作為」「作念」而「直下頓休」。因此洪荐禪師反問僧人道：「適來見什麼？」

朗州德山存德慧空禪師

朗州德山存德，號慧空大師。第六世住。僧問：「如何是一句❶？」師曰：「更請問。」問：「如何是和尚先陀婆❷？」師曰：「昨夜三更見月明。」

【注　釋】❶一句　表詮唯一佛法之義理稱一句。《秘藏寶鑰》：「一句妙法，億劫難遇。」《碧巖錄》第七則垂示：「聲前一句，千聖不傳。」❷先陀婆　《涅槃經》：「先陀婆者，一名四實。一者鹽，二者器，三者水，四者馬。如是四法皆同其名。有智之臣善知此名，若王洗時索先陀婆即便奉水，若王食時索先陀婆即便奉鹽，若王食已及欲飲漿索先陀婆即便奉器，若王欲遊索先陀婆即便奉馬。如是智臣善解大臣四種密語。」

【語　譯】朗州（今湖南常德）德山存德禪師，法號慧空大師。德山第六世住持。有僧人問道：「什麼是一句話？」存德回答：「請再問。」僧人問道：「什麼是和尚的先陀婆呢？」存德回答：「昨夜三更見月明。」

吉州崇恩和尚

吉州崇恩和尚。僧問：「祖意教意是一是二？」師曰：「少林雖有月，葱嶺不穿雲。」

【語　譯】吉州（今江西吉安）崇恩和尚。有僧人問道：「祖師之意與教意是一致的還是兩樣的？」崇恩和尚回答：「少林寺雖然有月光普照，但葱嶺並不能穿透雲層。」

石霜第三世輝禪師

石霜輝禪師。第三世住。僧問：「佛出世，先度五俱輪❶。和尚出世，先度何人？」師曰：「總不度。」曰：「為什麼不度？」師曰：「為伊不是五俱輪。」

問：「如何是和尚家風？」師曰：「竹筯瓦椀❷。」

【注釋】❶五俱輪　也作「五俱倫」、「五拘鄰」等。如來佛成道之後所度化的五位比丘。❷竹筯瓦椀　皆為當時日常生活中極為普通之物品。竹筯，竹筷子。瓦椀，陶碗。

【語譯】石霜輝禪師。第三世住持。有僧人問道：「如來佛出世，首先度化了五俱輪。和尚出世，首先度化了什麼人？」輝禪師回答：「都不度化。」僧人問道：「為什麼不度化呢？」輝禪師回答：「因為他們不是五俱輪。」

有僧人問道：「什麼是和尚的家風？」輝禪師回答：「竹筷和陶碗。」

郢州芭蕉和尚

郢州芭蕉和尚。僧問：「從上宗乘如何舉唱？」師曰：「已被冷眼人覷破了。」

問：「不落諸緣，請師直指。」師曰：「有問有答。」問：「如何是和尚為人一句？」師曰：「只恐闍梨不問。」

【語譯】郢州（今湖北鍾祥）芭蕉和尚。有僧人問道：「從上的宗乘怎樣舉唱呢？」芭蕉和尚回答：「已經被冷眼人看破了。」僧人問道：「不落入各種思慮的外緣中，請和尚直截了當地加以揭示。」芭蕉和尚說道：「有提問就有回答。」僧人問道：「什麼是和尚接引學人的一句話？」芭蕉和尚說道：「只怕闍梨不提問。」

潭州肥田伏和尚

潭州肥田❶伏和尚，號慧覺大師。僧問：「此地名什麼？」師曰：「肥田。」曰：「宜什麼？」師以拄杖打而趁之。

【注釋】❶肥田　在湖南耒陽縣北五十里耒水南岸。

【語譯】潭州（今湖南長沙）肥田伏和尚，法號慧覺大師。有僧人問道：「這地方叫什麼名稱？」伏和尚回答：「肥田。」僧人問道：「適合栽種什麼呢？」伏和尚用拄杖打他，並把他趕了出去。

潭州鹿苑輝禪師

潭州鹿苑輝禪師。僧問：「不假諸緣，請師道。」師敲火鑪。僧曰：「親切處更請一言。」師曰：「莫睡語❶。」問：「牛頭未見四祖時如何？」師曰：「如月在水。」曰：「見後如何？」師曰：「如水在月。」問：「祖祖相傳，未審傳箇什麼？」師曰：「汝問我，我問汝。」僧曰：「恁麼即緇素❷不分也。」師曰：「什麼處去來？」

【注　釋】❶睡語　夢話。❷緇素　緇指緇衣，即禪僧常穿的黑色僧服。素指素衣，即白衣，指俗人所穿之衣。故此以緇素為僧俗的別稱。

【語　譯】潭州（今湖南長沙）鹿苑輝禪師。有僧人問道：「不借助各種思慮外境，請和尚解說。」輝禪師敲擊火爐。僧人說道：「緊要之處還請和尚解說一句。」輝禪師說道：「不要說夢話。」僧人問道：「牛頭法融大師沒有參見四祖的時候是怎麼樣的？」輝禪師回答：「如同月亮在水中。」僧人問道：「參見以後又怎麼樣呢？」輝禪師回答：「如同水在月亮中。」僧人問道：「祖師代代相傳授，不知道傳授個什麼東西？」輝禪師回答：「你問我，我問你。」僧人說道：「這樣的話就緇素不分了。」輝禪師反問道：「你去過什麼地方了？」

潭州寶蓋約禪師

潭州寶蓋約禪師。僧問：「寶蓋高高掛，其中事若何？請師言下旨，一句不消多❶。」師曰：「寶蓋掛空中，有路不曾通。儻求言下旨，便是有西東。」

【注　釋】❶不消多　同「不較多」。差不多的意思。

【語　譯】潭州（今湖南長沙）寶蓋山約禪師。有僧人問道：「寶蓋高高地掛著，其中表示的事是怎樣的？請教和尚言語中的意旨，一句話就差不多了。」約禪師回答：「寶蓋掛在空中，本來有路卻不曾開通。倘若想求得我言語下的意旨，就是有了東與西的差別。」

越州雲門山海晏禪師

越州雲門山❶拯迷寺海晏禪師。僧問：「如何是衲衣下事？」師曰：「如人齩硬石頭。」問：「如何是古寺一鑪香？」師曰：「廣大勿人齅。」曰：「齅者如何？」師曰：「六根俱不到。」問：「久嚮拯迷，到來為什麼不見拯迷？」師曰：「闍梨不識拯迷。」

【注　釋】❶雲門山　在浙江紹興市南三十二里，也名東山。山中有雲門寺，晉安帝時創建，唐代僧人智永居此三十年。

【語　譯】越州（今浙江紹興）雲門山拯迷寺海晏禪師。有僧人問道：「什麼是衲衣下面的事情？」海晏回答：「就像有人用牙齒去咬硬石頭。」僧人問道：「什麼是古寺廟中的一爐香火呢？」海晏回答：「因為香火廣大而沒有人來嗅聞。」僧人問道：「嗅聞的人怎麼樣？」海晏回答：「六根都不能到。」僧人問道：「早就嚮慕拯迷寺了，到來後為什麼沒有看見拯救迷茫之事呢？」海晏回答：「是闍梨自己不認識拯救迷茫之事。」

湖南文殊和尚

湖南文殊和尚。僧問：「僧繇為什麼邈誌公不得？」師曰：「非但僧繇，誌公也邈不成。」曰：「誌公為什麼邈不成？」師曰：「彩繢❶不將來。」曰：「和尚還邈得也無？」師曰：「我亦邈不得。」曰：「和尚為什麼邈不得？」師曰：「渠不似苟我顏色，教我作麼生邈？」

問：「如何是密室？」師曰：「緊不就。」曰：「如何是密室中人？」師曰：「不坐上牛。」

【注釋】❶繢 通「繪」。此指古代繪畫用的絹帛。

【語譯】湖南文殊和尚。有僧人問道：「張僧繇為什麼不能把誌公和尚的相貌畫得很逼真呢？」文殊和尚回答：「不但是張僧繇，就是誌公和尚也不能把自己的相貌畫得很逼真。」僧人問道：「誌公和尚為什麼不能把自己的相貌畫得很逼真呢？」文殊和尚回答：「色彩和絹帛沒有帶來。」僧人問道：「和尚還能把自己的相貌畫得很逼真嗎？」文殊和尚回答：「我也不能畫得很逼真。」僧人問道：「和尚為什麼不能畫得很逼真呢？」文殊和尚回答：「他的相貌不會苟同我所施用的彩繪顏色，教我怎樣畫得逼真呢？」

有僧人問道：「什麼是密室？」文殊和尚回答：「關不緊。」僧人問道：「什麼是密室中的人？」文殊和尚回答：「不坐上等的牛。」

鳳翔府石柱和尚

鳳翔府石柱和尚，遊方時，遇洞山和尚第三世。垂語曰：「有四種人：一人說過佛祖，一步行不得；一人行過祖佛，一句說不得；一人說得，行得；一人說不得，行不得。阿那箇是其人？」師出眾而對曰：「一人說過祖佛行不得者，只是無舌不許行。一人行過祖佛一句說不得者，只是無足不許說。一人說得行得者，即是函蓋相稱。一人說不得行不得，若有斷命❶而求活。此是石女披枷帶鏁❷。」洞山曰：「闍梨自己作麼生？」師曰：「該通❸會上卓卓寧彰❹。」洞山曰：「只如海上明公秀又作麼生？」師曰：「幻人相逢，拊掌呵呵。」

【注釋】❶斷命　死亡。❷披枷帶鏁　原指犯人帶著刑具。此指參禪人被佛法教義等所束縛。❸該通　該，遍及。通，到底。❹寧彰　顯明。寧，語助詞。

【語譯】鳳翔府（今屬陝西）石柱和尚，在其四方雲遊參學的時候，正遇見洞山和尚即洞山第三世住持。指示眾僧道：「存在著這樣四種人：一種人所講說的超過了佛、祖師，卻一步也不能行走；一種人所行走的超過了佛、祖師，卻一句話也不能講說；一種人能夠講說，也能夠行走；一種人既不能講說，也不能行走。這當中哪個是領悟禪機的人呢？」石柱和尚就從眾僧中站了出來，回答道：「一種人所講說的超過了佛、祖師而不能行走者，只是因為沒有舌頭所以不許他行走。一種人所行走的超過了佛、祖師而不能講說者，只是因為沒有腳所以不許他講說。一種人能夠講說也能夠行走者，就是如同盒子與蓋子相互符合的。一種人既不能講說又不能行走的，就像是已經死亡的人卻要求活命一樣不可能。這種人就是石頭女子又披帶著枷鎖而被束縛住。」洞山和尚問道：「闍梨自己怎麼樣呢？」石柱和尚回答：「該通會上卓然昭彰。」洞山和尚便問道：

「只是如海上明公秀又怎麼樣呢？」石柱和尚回答：「虛幻的人影相逢，一起拍手呵呵大笑。」

潭州中雲蓋和尚

潭州中雲蓋和尚。僧問：「和尚開堂，當為何事？」師曰：「為汝驢漢。」曰：「諸佛出世，當為何事？」師曰：「為汝驢漢。」問：「祖佛未出世時如何？」師曰：「像不得。」曰：「出世後如何？」師曰：「闍梨也須側身始得。」問：「如何是向上一句❶？」師曰：「文殊失卻口。」曰：「如何是門頭一句❷？」師曰：「頭上插花子。」問：「如何是超百億❸？」師曰：「超人不得肯。」

【注釋】❶向上一句　頓悟之至極一句話。❷門頭一句　進入禪門之一句話。門頭，即門戶。❸百億　此指芸芸眾生。

【語譯】潭州（今湖南長沙）中雲蓋和尚。有僧人問道：「和尚開堂說法，為的是什麼事呢？」中雲蓋和尚回答：「為了你這個驢子一樣的蠢漢。」僧人問道：「眾佛出世，為的是什麼事呢？」中雲蓋和尚回答：「為了你這個驢子一樣的蠢漢。」僧人問道：「佛、祖師沒有出世時怎麼樣？」中雲蓋和尚回答：「不像個樣子。」僧人問道：「出世以後怎麼樣呢？」中雲蓋和尚回答：「就是闍梨也必須側著身體才可以。」僧人問道：「什麼是向上頓悟至極的一句話？」中雲蓋和尚回答：「文殊菩薩失去了嘴巴。」僧人問道：「什麼是進入禪門的一句話？」中雲蓋和尚回答：「頭上插著花。」僧人問道：「什麼是超越芸芸眾生呢？」中雲蓋和尚回答：「超越的人不會同意。」

河中棲巖存壽禪師

河中府棲巖山大通院存壽禪師，不知何許人也，姓梅氏。初講經論，後入石霜之室。隨緣化，抵于蒲坂❶，緇素歸心。

僧問：「蓮華未出水時如何？」師曰：「汝莫問出水後蓮華事麼？」僧無語。

師平居❷罕言，叩之則應，度弟子四百人，尼眾百數。終，壽九十有三，諡真寂大師。

【注釋】❶蒲坂　上古舜帝所都之處，西漢置蒲反縣，東漢改曰蒲坂，隋朝省。故城在今山西永濟市北。❷平居　平時；平素。

【語譯】河中府（今山西永濟市西蒲州鎮）棲巖山大通院存壽禪師，不知道是什麼地方人，俗姓梅。存壽起初講說佛教經論，後來參謁石霜和尚的法席，成為石霜和尚的入室弟子。此後存壽禪師隨緣化導，抵達蒲坂，僧俗歸心信奉。

有僧人問道：「蓮花沒有長出水面的時候是怎麼樣的？」存壽禪師反問道：「你莫非是要問長出水面後的蓮花之事嗎？」那僧人無話作答。

存壽禪師在平日裡很少講話，但有人提問就即刻答覆，度化了弟子達四百人，女尼達一百餘人。存壽禪師死時，享年九十三歲，天子敕賜諡號曰真寂大師。

【說明】存壽禪師死於五代後梁（九〇七～九二二年）時。

南嶽玄泰上座

南嶽玄泰上座，不知何許人也，沉靜寡言，未嘗衣帛，眾謂之「泰布衲」。始見德山鑒禪師，升于堂❶矣。後謁石霜普會❷禪師，遂入室焉。所居蘭若在衡山之東，號七寶臺。誓不立門徒，四方後進依附，皆用交友之禮。

嘗以衡山多被山民斬木燒畬❸，為害滋甚，乃作〈畬山謠〉，遠邇傳播，達于九重，有詔禁止。故嶽中蘭若無復延燎，師之力也。

將示滅，並無僧至，乃自出門，召一僧入，付囑令備薪蒸，又留偈曰：「今年六十五，四大將離主。其道自玄玄，箇中無佛祖。不用剃頭，不須澡浴。一堆猛火，千足萬足。」偈終端坐，垂一足而逝。闍維收舍利，於堅固禪師塔左，營小浮圖❹置之。壽六十有五。

【注釋】❶升于堂　《論語·先進》：「由（子路）也升堂矣，未入于室也。」以升堂入室比喻學習所達到的境地有程度深淺的差別，後用以讚揚人在學問或技能方面有高深的造詣。《法言·吾子》：「如孔氏之門用賦也，則賈誼升堂，（司馬）相如入室矣。」❷普會　石霜慶諸禪師謚號曰普會大師。❸燒畬　「畬」通「畲」。燒畬即畲田，是一種採用刀耕火種進行耕種田地的方法，即在播種以前將田地中的草木燒去，以灰作肥料。南宋范成大〈勞畬耕〉詩序：「畬田，峽中刀耕火種之地也。春初斫山，眾木盡蹶。至當種時，伺有雨候，則前一夕火之，借其灰以糞。明日雨作，乘熱土下種，則苗盛倍收。無雨反是。」❹浮圖　即佛塔。

【語　譯】南嶽玄泰上座，不知道是什麼地方的人，他沉靜而很少言語，從來沒有穿過絲綢衣服，所以眾人稱他為「泰布衲」。玄泰上座最初參見德山宣鑒禪師，已經達到相當高深的境界了。此後他又參謁石霜慶諸和尚，遂成為他的入室弟子。

玄泰上座所居住的寺廟在南嶽衡山的東面，號稱七寶臺。玄泰上座發誓不收立門弟子，四方參禪訪道的人前來歸依，他都用朋友交往的禮數來接待他們。

玄泰上座曾經因為衡山的樹林多被山民砍伐燒畬而毀掉了，其危害十分嚴重，就創作了〈畬山謠〉一詩進行勸諭，被遠近人們所傳播，從而遠達京都皇宮之內，於是天子下詔禁止砍伐衡山的樹林燒荒。因此南嶽衡山中的寺廟不再遭受山民放火燒山的危害，全賴玄泰上座之力。

玄泰上座將要圓寂時，並沒有僧人前來，就自己走出門外，招呼一個僧人進門，吩咐他準備焚燒的木柴，又留下偈頌道：「我今年六十五歲，四大將要離開它的主人。其禪理自然很玄妙，但其中並沒有佛、祖師。用不著為我剃髮，也不須給我洗澡。有一堆猛烈的大火送我，就千知足萬知足了。」玄泰上座說完了偈頌，就端坐著垂下一隻腳而逝世。火化後，僧人收取了舍利，在堅固禪師塔的左面，再建造了一座小塔放置舍利。玄泰上座終年六十五歲。

【說　明】石霜慶諸禪師的法嗣還有杭州龍泉敬禪師、潞府盤亭宗敏禪師、新羅欽忠禪師、新羅行寂禪師、洪州鹿源禪師、郢州大陽山和尚、滑州觀音和尚、鄆州正覺和尚、商州高明和尚、許州慶壽和尚、鎮州萬歲和尚（第二世）、鎮州靈壽和尚、鎮州洪濟禪師、吉州簡之禪師、大梁洪方禪師、印州守閑禪師、新羅朗禪師、新羅清虛禪師、汾州爽禪師與餘杭通禪師等二十人，以其無機緣語句，故未收錄。

前澧州夾山善會禪師法嗣

澧州樂普山元安禪師

澧州樂普山❶元安禪師，鳳翔麟遊人也，姓淡氏。丱年出家，依本郡懷恩寺祐律師披削具戒，通經論。首問道于翠微、臨濟，臨濟常對眾美之曰：「臨濟門下一隻箭，誰敢當鋒？」師蒙許可，自謂已足。尋之夾山卓庵，後得夾山書，發而覽之，不覺竦然，乃棄庵至夾山禮拜，端身而立。夾山曰：「雞棲鳳巢，非其同類。出去！」師問曰：「自遠趨風，請師一接。」夾山曰：「目前無闍梨，夾山無老僧。」師曰：「錯也！」夾山曰：「住！住！闍梨且莫草草❷忩❸速。雲月是同，溪山各異。闍梨掐卻天下人舌頭，即得如何卻教無舌人解語❹？」師茫然無對，夾山遂打。師因茲服膺數載。興化代云：「但知作佛，莫愁眾生。」

師一日問夾山：「佛魔不到處如何體會？」夾山曰：「燭明千里像，闇室老僧迷。」又問：「朝陽已昇，夜月不現時如何？」夾山曰：「龍銜海珠，游魚不顧。」

夾山將示滅，垂語於眾曰：「石頭一枝，看看即滅矣。」師對曰：「不然。」夾山曰：「何也？」曰：「自有青山在。」夾山曰：「苟如是，即吾道不墜矣。」暨夾山順世，師抵于涔陽❺，遇故人，因話武陵事❻。故人問曰：「倏忽❼數年，何處逃難？」師曰：「只在闤闠❽中。」曰：「何不無人處去？」師曰：「無人處有何難？」曰：「闤闠中如何逃避？」師曰：「雖在闤闠中，人且不識。」故人罔測，又問曰：「承西天有二十八祖，至於此土，人傳一人。且如彼此不垂曲者如何？」師曰：「野老門前不話朝堂之事。」曰：「合譚何事？」師曰：「未逢別者，終不開拳。」曰：「有人不從朝堂來，相逢還話否？」師曰：「量外之機，徒勞目擊。」無對。

師尋之澧陽樂普山，卜于宴處，後遷止朗州蘇溪❾。四方玄侶，憧憧奔湊。

師示眾曰：「末後一句始到牢關❿，鎖斷要津，不通凡聖。欲知上流之士，不將祖佛見解貼在額頭，如靈龜負圖⓫，自取喪身之本⓬。」又曰：「指南一路，智者知疏。」

問：「瞥然便見時如何？」師曰：「曉星分曙色，爭似太陽輝。」問：「恁麼來不立，恁麼去不泯時如何？」師曰：「鬻薪樵子貴，衣錦道人輕。」問：「經云：『飯百千諸佛，不如飯一無修無證[13]者。』未審百千諸佛有何過？無修無證者有何德？」師曰：「一片白雲橫谷口，幾多歸鳥夜迷巢。」問：「日未出時如何？」師曰：「水竭滄溟龍自隱，雲騰碧漢鳳猶飛。」問：「如何是本來事？」師曰：「一粒在荒田，不耘苗自秀。」曰：「若一向不耘，莫草裡埋沒卻也無？」師曰：「肌骨異芻蕘[14]，稊稗[15]終難映。」問：「不傷物命者如何？」師曰：「眼花山影轉，迷者謾彷徨。」問：「不譚今古時如何？」師曰：「靈龜無卦兆，空殼不勞鑽。」問：「不掛明暗時如何？」師曰：「言中易舉，意外難提。」問：「不生如來家，不坐華王[16]座時如何？」師曰：「汝道火鑪重多少？」問：「祖意與教意是一是二？」師曰：「師子窟中無異獸，象王[17]行處絕狐蹤。」問：「行到不思議處如何？」師曰：「青山常舉足，白日不移輪。」問：「枯盡荒田獨立事如何？」師曰：「鷺倚雪巢猶可辨，烏投漆笠事難分。」問：「如何是賓主雙舉？」師曰：「枯樹無橫枝，鳥來難措足。」問：「終日朦朧時如何？」師曰：「將寶混沙中，識者天然異。」曰：「恁麼即展手不逢師也。」師曰：「莫將鶴唳誤作鸎啼。」問：「圓伊三點人皆會，樂普家風事若何？」師曰：「雷霆一震，布鼓[18]聲銷。」問：「停午[19]時如何？」師曰：「停午猶虧半，烏[20]沉始得圓。」問：「如何是西來意？」師曰：「颯颯[21]當軒竹，經霜不自寒。」僧擬再問，師曰：「只聞風擊響，不知幾千竿。」

師上堂謂眾曰：「孫賓[22]收鋪去也，有卜者出來。」時有僧出曰：「請和尚一卦。」師曰：「汝家爺死。」僧無語。法眼代拊掌三下。

問：「如何是西來意？」師敲禪牀曰：「會麼？」曰：「不會。」師曰：「天上忽雷[23]驚宇宙，井底蝦蟇不舉頭。」問：「佛魔不到處如何辨得？」師曰：「演若頭非失，鏡中認取乖。」問：「如何是救離生死？」師曰：「執水苟延生，不聞天樂妙。」問：「四大從何而有？」師曰：「湛水無波，漚因風擊。」曰：「漚滅歸水時如何？」師曰：「不渾不濁，魚龍任躍。」問：「生死事如何？」師曰：「一念忘機，太虛無玷。」問：「如何是道？」師曰：「存機猶滯迹，去瓦[24]卻通途。」問：「如何是一藏[25]收不得者？」師曰：「雨滋三草秀，片玉本來輝。」問：「一毫吞盡巨海，於中更復何言？」師曰：「家有白澤[26]之圖，必無如是妖怪。」保福別云：「家無白澤之圖，亦無如是之怪。」

問：「凝然時如何？」師曰：「時雷應節，震嶽驚蟄。」曰：「千般運動不異箇凝然時如何？」師曰：「靈鶴翥[27]空外，鈍鳥不離巢。」曰：「如何？」師曰：「白首拜少年，舉世人難信。」問：「諸聖恁麼來，將何供養？」師曰：「土宿[28]雖持錫，不是婆羅門。」

問：「祖意與教意同別？」師曰：「日月並輪空，誰家別有路！」曰：「恁麼即顯晦殊途，事非一槩也。」師曰：「但自不亡羊，何須泣歧路[29]！」問：「學人擬歸鄉時如何？」師曰：「家破人亡，子歸何處？」曰：「恁麼即不歸去也。」師曰：「庭前殘雪日輪消，室中遊塵遣誰掃？」問：「動是法王苗，寂是法王根。根苗即不問，如何是法王？」師舉拂子，僧曰：「此猶是法王苗。」師曰：「龍不出洞，誰人奈何！」

師二山開法，語播諸方。唐光化元年戊午秋八月，誡主事曰：「出家之法，長物[30]不留。播種之時，切宜減省。締構[31]之務，悉從廢停。流光迅速，大道深玄。苟或因循[32]，曷由體悟？雖激勵懇切，眾以為常，略不相儆。」至冬，師示有微疾，亦不倦參請。十二月一日，告眾曰：「吾非明即後也。今有一事問汝等：若道遮箇是，即頭上安頭[33]；若道遮箇不是，即斬頭求活[34]。」時第一座對曰：「青山不舉足，日下不挑燈。」師曰：「遮裡是什麼時節，作遮箇語話？」時有彥從上座別對曰：「離此二途，請和尚不問。」師曰：「未在更道。」曰：「彥從道不盡。」師曰：「我不管汝盡不盡。」曰：「彥從無侍者祗對和尚。」師乃下堂。至夜，令侍者喚彥從入方丈，曰：「闍梨今日祗對老僧，甚有道理。據汝合體先師意旨。先師道：目前無法，意在目前；不是目前法，非耳目之所到。且道那句是主句？若揀得出，分付鉢袋子。」曰：「彥從不會。」師曰：「汝合會。」但道曰：「彥從實不知。」師喝出，乃曰：「苦！苦！」玄覺云：「且道從上座實不會，是怕見鉢袋子粘著伊。」二日午時，別僧舉前語問師，師自代曰：「慈舟㉟不棹㊱清波上，劍峽徒勞放水鵝㊲。」便告寂，壽六十有五，臘四十六，塔于寺西北隅。

【注釋】❶樂普山　一作洛浦山，在今湖南保靖縣西。❷草草　草率。❸悤　通「匆」。急迫貌。❹解語　此指理解話語中的禪機。解，懂得。語，講話。❺涔陽　鎮名，在湖北公安縣南，以其在涔水之北而得名。❻武陵事　武陵，古郡名，治所在今湖南常德，境內少數民族與漢族雜居，稱武陵蠻，也稱五溪蠻。唐末、五代時期，武陵蠻乘中原混戰，多次舉兵侵掠湖南一帶州縣。❼倏忽　極快的樣子。❽闤闠　市場；鬧市。❾蘇溪　地名，在今湖南新化縣北一百里。❿牢關　指被關閉或禁閉的地方。牢，關牲畜或野獸的欄圈。關，門閂。⓫靈龜負圖　《周易．繫辭》上曰：「河出圖，洛出書，聖人則之。」傳說在伏羲氏時，有龍馬從黃河中出現，背負「河圖」；有神龜從洛水中出現，背負「洛書」。伏羲根據此「圖」、「書」畫成八卦，成為後來《周易》的來源。⓬自取喪身之本　商代時人認為龜有靈性，又曾背負「天書」佐助聖人，故取龜殼作為占卜的用具，用火在龜殼上鑽炙，然後根據龜殼上出現的紋路來判斷其所預示的吉凶徵兆。所以此言龜因自己具有靈性而招致殺身之禍。⓭無修無證　離修證情念之無為真人，即所謂為作性德之人。《四十二章經》：「飯千億三世諸佛，不如飯一無念無住無修無證之人。」⓮芻蕘　雜草。芻，餵牲畜的乾草。蕘，作燃料的草。⓯稊稗　稊，含有小米的草。稗，粟類，所結的實叫做稗子，可作為家畜的飼料。⓰華王　即毗盧舍那佛。⓱象王　象中之王。佛教以象王譬喻佛，《法苑珠林》：「佛有八十種好相，進止如象王，行步如鵝王，容儀如師子王。」⓲布鼓　以布為鼓面，敲擊無聲。《漢書・王尊傳》：「毋持布鼓過雷門。」顏師古注：「雷門，會稽城門也，有大鼓，越（人）擊此鼓，聲聞洛陽。布鼓，謂以布為鼓，故無聲。」後以「布鼓雷門」比喻在高手面前賣弄本領。⓳停午　即正午。⓴烏　即「金烏」，指太陽。㉑颯颯　風聲。㉒孫賓　即孫臏，戰國時兵家，齊國阿（今山東陽谷東北）人，孫武的後代。孫臏曾與龐涓同學兵法，後龐涓為魏惠王將軍，忌其才能，設計誆他至魏國，處以臏刑（去除膝蓋骨），故稱孫臏。後齊國使者將孫臏秘密載回齊國，被齊威王任為軍師。孫臏設計先後大敗魏軍於桂陵與馬陵，龐涓也死於馬陵，孫臏因此揚名天下。㉓忽雷　驚雷。㉔瓦　此通「杌」。危險不安。㉕一藏　此指全部佛教經典。藏，藏經。㉖白澤　古代神話傳說中的神獸，古代有在家中放置白澤圖像來驅除鬼魔邪惡的風俗。㉗翥　飛翔。㉘土宿　鄉中長老；野老。宿，指老人。㉙泣岐路　《淮南子・說林》云：「楊子見逵路而哭之，為其可以南，可以北。」逵路，即岐路。此謂身臨歧路，容易迷失方向，是以感傷。㉚長物　多餘的物件。㉛締構　構建；經營。㉜因循　守著舊習慣而不改變。㉝頭上安頭　比喻事物的累贅繁複。㉞斬頭求活　比喻徒勞無功。㉟慈舟　比喻佛法如船，可以度引世人過苦海。㊱棹航行。㊲劍峽徒勞放水鵝　此句意思是說在水流湍急、惡浪翻捲的劍峽中將鵝放入水中放生，實在是一件徒勞無功且有害的事情。劍峽，比喻峽谷兩側的山崖似寶劍削過的一樣陡峭。放水鵝，指把鵝放入水中放生。

【語　譯】澧州（今湖南澧縣）樂普山元安禪師（八三四～八九八年），鳳翔府麟遊（今屬陝西）人，俗姓淡。元安幼年就出家了，皈依本州懷恩寺祐律師披剃，接受了具足戒，通曉佛教經論。元安首先向翠微和尚、臨濟和尚參問佛道，臨濟和尚曾經對眾僧稱讚道：「他是臨濟門下一枝箭，有誰膽敢抵擋他的鋒芒？」元安蒙受臨濟和尚的印可，認為自己已經夠格了。不久，元安前往夾山構建小草庵居住，後來得到夾山善會和尚的書信，打開書信一看，不由得神情悚然，於是放棄了自己的草庵，前來禮拜夾山和尚，卻安然不動地挺身站立著。夾山和尚便喝道：「雞雖然棲息在鳳凰的巢中，但仍然不是鳳凰的同類。出去！」元安請求道：「我從遠方聞風趕來這裡，還請和尚加以接引。」夾山和尚說道：「眼前沒有闍梨，夾山也沒有老僧。」元安喝道：「錯了！」夾山和尚說道：「停下！停下！闍梨暫且不要草率急迫。雲中月光雖然相同，但照在溪谷山峰上就呈現出差別。闍梨掐斷了天下人的舌頭，卻是怎樣才能讓沒有舌頭的人懂得說話呢？」元安茫然不知應對，夾山和尚便打他。元安因此衷心信服，奉侍夾山和尚數年。興化和尚代為回答：「只知道自己做佛，不要憂慮眾生。」

有一天，元安禪師問夾山和尚道：「佛與魔鬼都不到的地方怎樣去體會呢？」夾山和尚回答：「蠟燭光照亮了千里之外的圖像，身處暗室之中的老僧迷失了方向。」元安又問道：「朝陽已經昇起來了，夜晚的月亮不出現時怎麼樣呢？」夾山和尚回答：「龍口銜著海中寶珠，游動的魚並不回頭觀看。」

夾山和尚將要逝世時，曉示眾僧道：「石頭這一支門派，眼看著就要消亡了。」元安禪師應對道：「不是這樣的。」夾山和尚問道：「為什麼呢？」元安回答：「自有青山存在。」夾山和尚說道：「如果真是這樣的，那我們宗派就不會衰落了。」

等到夾山和尚去世後，元安禪師抵達涔陽，遇見了老朋友，因而說起武陵戰亂之事。那老朋友問道：「一下子就過去了好幾年，你到什麼地方避難去了？」元安回答：「只是在城市中。」老朋友問道：「為什麼不去沒有人的地方呢？」元安回答：「沒有人的地方有什麼災難呢？」老朋友便追問道：「城市之中怎樣避難呢？」元安回答：「雖然身在城市之中，人們卻不認識我。」那老朋友不能測知高深，就又問道：「聽說西天有二十八位祖師，直至於中土，都是一位祖師傳授一位弟子。姑且說說看如他們彼此之間不降低身分時怎麼樣呢？」元安便回答道：「在鄉村野老的門前，不要談論朝堂裡的事情。」老朋友問道：「那應該談論什麼事情呢？」元安回答：「沒有遇到離別的人，終究不打開拳頭。」老朋友問道：「如果有人不是從朝堂上來的，相見時還要不要談話呢？」元安回答：「度量之外的根機，親眼看見也是徒勞。」那老朋友不能對答。

不久，元安禪師來到澧陽（今湖南澧縣）樂普山，構建了居住、禪修的住所，後來又遷到朗州（今湖南常德）蘇溪，四方僧侶，因嚮慕元安禪師的聲名，奔輳而至。

元安禪師指示眾僧道：「說最後關鍵性的一句話才到達牢關，並鎖住、截斷了要道渡口，不讓凡人、聖人通過。要知道見識高深之士，不會把佛、祖師的言語和教誨貼在額頭上，如同是靈龜背負天書，反而成為自取殺身之禍的原因。」元安又說道：「指引人們通達參悟禪理之路徑這一類事，就是有智慧的人也知曉是有疏漏的。」

有僧人發問道：「眼睛一瞥就見到的時候怎麼樣呢？」元安禪師回答：「清晨之星星雖然分得了朝陽的曙光，但怎麼比得上太陽的煒煒光芒。」僧人問道：「這樣來了不成立，這樣去了不消泯的時候怎麼樣呢？」元安回答：「賣柴的樵夫值得尊重，穿著錦衣的僧人應被輕視。」僧人問道：「佛經上說：『供養成百上千個眾佛，還不如供養一個無修無證的人。』不知道成百上千個眾佛有什麼過錯？無修無證的人有什麼功德？」元安回答：「一片白雲橫遮在山谷口，有多少歸飛的鳥雀迷失了自己的巢。」僧人問道：「太陽沒有出來時怎麼樣呢？」元安回答：「滄海之水乾枯了，龍自然隱遁而去；青碧的天空白雲翻騰，鳳凰依舊在飛翔。」僧人問道：「什麼是本來之事呢？」元安回答：「一粒穀種拋在荒田裡，即使不去耕耘，它的苗也自然茁壯成長。」僧人問道：「如果一直不去耕耘，難道不會被野草埋沒嗎？」元安回答：「它的肌肉骨骼與芻蕘不同，稊稗也最終難以遮住它的身姿。」僧人問道：「不傷害生命的人怎麼樣呢？」元安回答：「眼睛昏花，山的影子看起來旋轉不停，迷路的人更加被迷惑了，從而彷徨不前。」僧人問道：「不談論古今的事怎麼樣呢？」元安回答：「如果靈龜不呈現卦象徵兆，牠的空殼就不用被鑽孔了。」僧人問道：「不涉及光明和黑暗時怎麼樣呢？」元安回答：「言語之中容易徵舉，意旨之外就難以提示。」僧人問道：「不出生在如來佛的家中，不坐在華王的座位上時怎麼樣呢？」元安反問道：「你說火爐的重量是多少？」僧人問道：「祖師之意與教意是一致的還是兩樣的？」元安回答：「獅子的洞窟之中沒有其他種類的野獸，象王行走的道路上絕沒有狐狸的蹤跡。」僧人問道：「到達了不可思議的境界時怎麼樣呢？」元安回答：「在青翠的山嶺中時常漫步遊賞，白天裡不用改換車輪。」僧人問道：「在乾枯的荒田中獨自站立著的事情是怎麼樣呢？」元安回答：「白鷺在冰雪中倚靠著巢穴還可以辨認，烏鴉投入漆黑的斗笠內就難以分辨了。」僧人問道：「什麼是賓客、主人一起被包含呢？」元安回答：「乾枯的樹木沒有橫斜的枝幹，鳥雀飛來就難以停立。」僧人問道：「整天朦朧不清時怎麼辨呢？」元安回答：「把寶物混雜在泥沙中，有見識的人自然就能發現。」僧人說道：「這樣的話，就展開雙手不迎接和尚了。」元安說道：「不要錯把仙鶴的長鳴當作黃鶯的啼叫。」僧人問道：「推究伊字三點，人們都能領會，但樂普的家風之事是怎麼樣呢？」元安回答：「雷霆猛然一聲震響，布鼓之聲自然消泯。」僧人問道：「正當中午之時怎麼樣呢？」元安回答：「正午時分還虧缺了一半，等到太陽下山時才能圓滿。」僧人問道：「什麼是達磨祖師西來的意旨呢？」元安回答：「對著廊臺被風吹得颯颯作響的竹子，經歷了嚴霜也不覺得寒冷。」僧人打算再提問，元安便說道：「只聽到風聲作響，不知道有幾千竿竹子。」

元安禪師上堂對眾僧說道：「孫臏要收拾鋪面關門去了，要占卜的就站出來。」當時有一個僧人站出來說道：「請和尚占上一卦。」元安便說道：「你家父親死了。」那僧人無語以對。法眼和尚代為拍手三下。

有僧人問道：「什麼是祖師西來的意旨？」元安禪師敲著禪牀問道：「領會了嗎？」僧人回答：「沒有領會。」元安說道：「天上響雷震驚了宇宙，井底蝦蟆卻連頭也沒有抬一下。」僧人問道：「佛與魔鬼都不到達的地方怎樣辨別呢？」元安回答：「演若達多的頭顱並沒有丟失，鏡子中認得的並不是自己的面目。」僧人問道：「怎樣才能把人從生死輪迴中救離出來呢？」元安回答：「執著於水而苟且求得延長生命，不會聽到天庭中美妙的音樂。」僧人問道：「四大是從哪裡產生的呢？」元安回答：「清澈的水面沒有波浪，水泡的形成是由於風吹的激發。」僧人問道：「水泡破滅回歸於水的時候怎麼樣呢？」元安回答：「水不混不濁，任憑魚龍翻躍。」僧人問道：「生死之大事怎麼樣呢？」元安回答：「一念之間忘掉機心，太虛清湛而沒有一點沾汙。」僧人問道：「什麼是佛道呢？」元安回答：「存有機心就會帶有滯留的痕跡，去除阻礙就成為了通途。」僧人問道：「什麼是所有佛門經典都不能包容的？」元安回答：「雨水滋潤，三春的青草就生長茂盛，一片薄薄的玉片，本來就帶著光輝。」僧人問道：「一根毫毛吞掉了大海，在這裡面還有什麼話可說的呢？」元安回答：「家中因為有白澤神獸之圖像，故而必定沒有那樣的妖怪。」保福和尚別為回答：「家中沒有白澤神獸之圖，也沒有那樣的妖怪。」

有僧人問道：「凝然不動時怎麼樣呢？」元安禪師回答：「時雷應著節令到來，震撼了山嶽，驚醒了蟄伏的蟲子。」僧人問道：「千百種形式的運動與凝然不動沒有差別的時候怎麼樣呢？」元安回答：「通靈性的仙鶴飛翔在長空，而呆笨的鳥雀不飛離自己的巢穴。」僧人問道：「為什麼呢？」元安回答：「白髮老人禮拜青春少年，整個世間的人都難以相信。」僧人問道：「眾聖人這樣來到世間，拿什麼東西去供養他們呢？」元安回答：「鄉村野老雖然手持著錫杖，但依然不屬於婆羅門貴族。」

有僧人問道：「祖師的意旨與教門的意旨是相同的還是相異的？」元安禪師回答：「太陽、月亮都巡行天空，哪一家也沒有另外的通道！」僧人說道：「這樣的話，即明顯的與晦暗的不同路，事情不能一概而論了。」元安說道：「只要自己家裡不丟失羊，又何必對著岔路哭泣呢！」僧人問道：「學生打算歸鄉時怎麼樣呢？」元安反問道：「家破人亡，你回到哪裡去呢？」僧人說道：「這樣的話就不回去了。」元安說道：「庭院前殘存的雪自然被陽光消融了，房間內的灰塵又讓誰來打掃呢？」僧人又問道：「運動好像是法王的苗葉，寂滅好像是法王的根本。根本與苗葉就不問了，什麼才是法王呢？」元安舉起了拂塵，僧人說道：「這仍然是法王的苗葉。」元安說道：「龍不出洞窟，誰也對牠沒奈何！」

元安禪師在樂普山和蘇溪兩地開堂說法，所講說的話語傳播四方。唐代光化元年戊午歲（八九八年）秋八月，元安禪師告誡主事僧說：「出家修行的戒法，多餘的物件一點也不留下。在播種的時候，切記要減省開支。構建廟宇的勞作，務必全部廢除、凍結。流光迅速，而禪理玄奧深微。如果由於因循而守舊，怎麼能夠體驗省悟禪理呢？儘管我平時激勵眾僧的言語十分懇切，但眾僧都習以為常，一點也不自己警惕。」到了冬季，元安禪師患了小病，但依然不疲倦地回答僧眾的參禪問道。十二月一日，元安禪師告訴眾僧道：「我的死期不是在明天就是在後天。現在我有一件事要問你們：如果回答這個是對的，那就屬於頭上再安上一個頭；如果回答這個是不對的，那就屬於斬去頭而求活命。」當時第一座回答道：「面對青山不需舉步觀賞，在陽光底下不需挑燈看物。」元安禪師說道：「這裡是什麼時節，還在說這樣的話語？」當時有個名叫彥從的上座別為回答道：「離開這兩條途徑，請和尚不要提問。」元安禪師說道：「還未說到點子上，你再說說看。」彥從上座說道：「彥從說不完。」元安禪師說道：「我不管你說得完說不完。」彥從上座說道：「彥從沒有侍者回答和尚的提問。」元安禪師就下堂休息去了。到了夜裡，元安禪師命令侍者把彥從上座叫到方丈室裡，對他說道：「闍梨今天回答老僧的話，很有道理。你應該體會先師的意旨。先師說道：眼前沒有佛法，佛法之意就在眼前；不是眼前的佛法，就不是眼睛耳朵所能感受到的。你姑且說說看哪一句是為主的句子？你如果分辨得出，我就把盛鉢的袋子傳授給你。」彥從上座回答：「彥從不能領會。」元安禪師說道：「你應能領會。」彥從上座只是說道：「彥從確實不知道。」元安禪師就把他喝出，並叫道：「苦啊！苦啊！」玄覺禪師說道：「姑且說來，彥從上座說自己確實沒有領會，是因為害怕盛鉢的袋子粘著他。」二日正午時分，另有僧人舉出上面的話頭來問元安禪師，元安禪師就自己代為回答道：「慈愛之船不航行在清靜的水面上，在浪高流急的劍峽中徒勞地將鵜兒放入水中放生。」元安禪師說完就圓寂了，終年六十五歲，法臘四十六歲，門人在寺院的西北隅建造靈塔供養。

【說　明】樂普元安禪師臨終前對眾僧說的：「若道遮箇是，即頭上安頭；若道遮箇不是，即斬頭求活。」其究竟之意是什麼？佛教認為一切法平等不二，離開思量分別，稱之為「如如」。但一經思量分別，平等不二的「如如」便不復存在，而陷入「有無」等執見之中。《楞伽經》卷一指出：諸法不屬於「有」，執「有」為「建立」；諸法也不屬於「無」，執「無」為「誹謗」。而「建立及誹謗，愚夫妄想，不善觀察自心現量，非聖賢也」。所謂現量，即是不用思量分別的意識，如實地量知諸法現前的實相。而《通玄鈔》亦指出：「執有，是增益謗」；「執無，是損減謗」。如此可見，對於元安禪師的問話，如答以肯定的「是」，即是「頭上安頭」，屬於「增益謗」；若答以否定的「不是」，即是「斬頭求活」，屬於「損減謗」。故此「是」與「不是」，在佛家看來，畢竟是「愚夫」之妄想分別，無非是在平等不二的「如如」上妄加增損而已，皆不足取。

洪州上藍令超禪師

洪州上藍令超禪師，初住筠州上藍山，說夾山之禪，學侶俱會。後於洪井❶

創禪苑居之，還以「上藍」為名，化道益盛。

僧問：「如何是上藍本分事？」師曰：「不從千聖借，豈向萬機求！」曰：「只如不借不求時如何？」師曰：「不可拈放汝手裡得麼？」問：「鋒前如何辨事？」師曰：「鋒前不露影，莫向舌頭尋。」問：「二龍爭珠，誰是得者？」師曰：「其珠徧地，目覩如泥。」問：「善財見文殊，卻往南方意如何？」師曰：「學憑入室，知乃通方。」曰：「為什麼彌勒遣見文殊？」師曰：「道廣無涯，逢人不盡。」

至唐大順庚戌歲正月初，召眾僧而告曰：「吾本約住此十年，今化事既畢，當欲行矣。」十五日，齋畢聲鐘，端坐長往。諡元真大師，塔曰本空。

【注釋】❶洪井　即洪州。

【語譯】洪州（今江西南昌）上藍令超禪師（?～八九〇年），起初住持筠州（今江西高安）上藍山，宣講夾山和尚的禪法，學徒、禪侶都來相會。此後令超來到洪州創立禪院居住，還是用「上藍」作為寺名，布化禪道的事業更為興盛。

有僧人問道：「什麼是上藍的本分事呢？」令超禪師回答：「不向千位聖人那裡假借，難道能向萬事萬物中尋求嗎？」僧人問道：「只是如不假借不尋求時怎麼樣呢？」令超回答：「不能夠拈取來放在你的手裡，懂了嗎？」僧人問道：「在機鋒面前怎樣辨別事物呢？」令超回答：「在機鋒面前不要顯露影子，不要向言語之中去尋找。」僧人又問道：「兩條龍在爭奪寶珠，哪一個是獲得寶珠的呢？」令超回答：「那樣的寶珠遍地都是，看在眼睛裡就像是泥土一樣。」僧人問道：「善財童子去參拜文殊菩薩，為什麼卻要朝著南方去呢？」令超回答：「憑靠參學而達到入室的境界，有智慧才能通達大方之道。」僧人問道：「為什麼彌勒佛要讓善財童子去參見文殊菩薩呢？」令超回答：「道法之境界廣闊無邊，遇到請益的人也無窮無盡。」

到了唐代大順庚戌歲（八九〇年）正月初，令超禪師召來眾僧告訴道：「我本來打算在這裡住上十年，但今天傳化之事已經辦完了，應當馬上走了。」十五日，令超禪師吃過齋飯，敲響了鐘聲，端坐著圓寂了。天子敕賜諡號曰元真大師，靈塔名本空之塔。

鄆州四禪和尚

鄆州四禪和尚。僧問：「古人有請不背。今請和尚入井，還去也無？」師曰：「深深無別源，飲者消諸患。」問：「如何是和尚家風？」師曰：「會得底人❶意，須知月色寒。」

【注釋】❶底人　什麼人。

【語譯】鄆州（今山東東平）四禪和尚。有僧人問道：「古人只要有別人請求就不會不答應。現在請和尚跳入井中，和尚會去嗎？」四禪和尚回答：「那井水很深很深，沒有其他的源泉，飲用的人消除了各種疾病。」那僧人又問道：「什麼是和尚的家風呢？」四禪和尚回答：「領會了什麼人的意旨，必須知道月色寒冷。」

江西逍遙山懷忠禪師

江西逍遙山❶懷忠禪師。僧問：「不似之句還有人道得否？」師曰：「或即五日齋前，或即五日齋後。」問：「劍鏡明利，毫毛何惑？」師曰：「不空罥❷索。」

問：「洪鑪猛燄，烹鍛何物？」師曰：「烹佛烹祖。」曰：「佛祖作麼生烹？」師曰：「業在其中。」曰：「喚作什麼業？」師曰：「佛力不如。」

問：「四十九年不說一句。如何是不說底一句？」師曰：「隻履西行，道人❸不顧。」曰：「莫便是和尚消停❹處也無？」師曰：「馬是官馬❺不用印。」

問：「如何是一老一不老？」師曰：「三從六義❻。」曰：「如何是奇特一句？」師曰：「坐佛牀，斫佛朴❼。」問：「祖與佛阿那箇最親？」師曰：「真金不肯博，誰肯換泥丸？」曰：「恁麼即有不肯也。」師曰：「汝貴我賤。」

問：「如何是懸劍萬年松？」師曰：「非言可及。」曰：「當為何事？」師曰：「只汝道話。」曰：「言外之事如何明得？」師曰：「日久年多筋骨成。」

問：「不敵魔軍，如何證道？」師曰：「海水不勞杓子舀。」問：「不住有雲山，常居無底船時如何？」師曰：「果熟自然香。」曰：「更請師道。」師曰：「門前真佛子❽。」曰：「學人為什麼不見？」師曰：「處處王老師。」

【注　釋】❶逍遙山　在江西新建縣西南八十里，道教以為第四十福地，山之陽有許旌陽玉隆宮。❷罥　纏繞；牽掛。唐人杜甫〈茅屋為秋風所破歌〉：「茅飛渡江灑江郊，高者掛罥長林梢，下者飄轉沉塘坳。」❸道人　僧人，此指初祖達磨祖師。❹消停　停留；停待。❺官馬　官府所養的馬匹，為防止遭人盜竊，需烙上印文以便識別。❻三從六義　女子居家從父，出嫁從夫，夫死從子，稱作三從。六義，即六句意，一實、二德、三業、四有、五同異、六和合。❼朴　木皮，此指佛像的外表。❽佛子　總稱一切眾生，以其全具佛性故名。《梵網經》下：「眾生受佛戒，即入諸佛位。位同大覺已，真是諸佛子。」

【語　譯】江西逍遙山懷忠禪師。有僧人問道：「不相似的句子還有人說得出來嗎？」懷忠回答：「也許在五天齋前，也許在五天齋後。」僧人問道：「劍的鋒利，鏡的明亮，對毫毛又有什麼疑惑呢？」懷忠回答：「不會空著纏繞的繩索。」

有僧人問道：「大火爐猛烈的火焰，用來烹煮、煅煉什麼東西呢？」懷忠禪師回答：「烹煮佛、烹煮祖師。」僧人追問道：「佛、祖師為什麼要被拿來烹煮呢？」懷忠回答：「他的業在裡邊。」僧人問道：「叫做什麼業呢？」懷忠回答：「佛力及不上。」

有僧人問道：「四十九年不說一句話。什麼是不說的一句話呢？」懷忠禪師回答：「達磨祖師手拿一隻鞋子往西天而行，一去更不回頭。」僧人問道：「莫非就是和尚的停留之處嗎？」懷忠回答：「馬是官馬但卻不需要烙上印文。」

有僧人問道：「什麼是一老一不老呢？」懷忠禪師回答：「三從六義。」僧人問道：「什麼是奇特的一句話呢？」懷忠回答：「坐在佛牀上，砍削佛像的外表。」僧人問道：「祖師與佛哪一個最親近呢？」懷忠回答：「真正的黃金不肯拿來賭博，又有誰肯用來換取泥彈呢？」僧人說道：「這樣說來就是不肯了。」懷忠說道：「你尊貴，我低賤。」

有僧人問道：「什麼是懸掛寶劍的萬年松樹呢？」懷忠禪師回答：「不是用言語可以說清楚的。」僧人問道：「這是為了什麼事情呢？」懷忠回答：「只有你說話。」僧人問道：「言語之外的事情怎樣才能明白？」懷忠回答：「時間久了，年歲大了，筋骨也就硬朗了。」

有僧人問道：「如果敵不過妖魔的軍隊，怎麼才能證明得道了呢？」懷忠禪師回答：「海水不需要拿勺子舀來證明。」僧人問道：「不居住在有雲的山上，常住在無底船時怎麼樣呢？」懷忠回答：「果子成熟了自然香氣四溢。」僧人請求道：「請和尚更進一步講說。」懷忠說道：「門前真正的佛子。」僧人問道：「學生為什麼沒能看見？」懷忠回答：「處處都是王老師。」

袁州盤龍山可文禪師

袁州盤龍山可文禪師。僧問：「亡僧遷化向什麼處去也？」師曰：「石牛❶沿江路，日裡夜明燈❷。」問：「如何是佛？」師曰：「癡兒捨父逃。」師後居上藍院。

【注釋】❶石牛　古人常將石牛等置於沿江岸，用以鎮壓水災。❷夜明燈　指寺院內通宵點著的燈火。

【語譯】袁州（今江西宜春）盤龍山可文禪師。有僧人問道：「僧人死亡以後到什麼地方去了？」可文回答：「石牛鎮伏沿江之路，白天點燃著夜明燈。」僧人問道：「什麼是佛？」可文回答：「癡呆的兒子捨棄父親逃走。」可文禪師後來居住在上藍院。

撫州黃山月輪禪師

撫州黃山月輪禪師，福州福唐人也，姓許氏。志學之歲❶，詣本郡黃蘗山寺，投觀禪師禀教。及圓❷戒品❸，遂遊方，抵塗水❹，謁三峰和尚，雖問答有序，而機緣靡契。尋聞夾山盛化，乃往叩之。夾山問師：「名什麼？」師曰：「名月輪。」夾山作一圓相曰：「何似遮箇？」師曰：「和尚恁麼語話，諸方大有人不肯在。」曰：「貧道即恁麼，闍梨作麼生？」師曰：「還見月輪麼？」曰：「闍梨恁麼道，此間大有人不肯諸方。」師乃服膺參訊。一日，夾山抗聲問曰：「子是什麼處人？」師曰：「閩中人。」曰：「還識老僧否？」師曰：「和尚還識學人否？」曰：「不然。子且還老僧草鞋價❺，然後老僧還子江陵米價❻。」師曰：「恁麼即不識和尚。未委江陵米作麼價？」夾山曰：「子善能哮吼。」乃入室受印，依附七年，方辭往撫州，卜龍濟山隱居，玄侶雲集。師遂演夾山奧旨，名聞諸方。後歸臨川樂棲黃山。謂諸徒曰：「吾居此山，頗諧素志矣。」

師上堂謂眾曰：「祖師西來，特唱此事。自是諸人不薦，向外馳求，投赤水❼

以尋珠，就荊山❽而覓玉。所以道：從門入者，不是家珍。認影為頭，豈非大錯！」時有僧問：「如何是祖師意？」師曰：「梁殿不施功，魏邦絕心迹。」問：「如何是道？」師曰：「石牛頻吐三春霧，木馬嘶聲滿道途。」問：「如何得見本來面目？」師曰：「不勞懸石鏡，天曉自雞鳴。」問：「宗乘一句，請師商量。」師曰：「黃峰獨脫物外秀，年來月往冷颼颼。」問：「不辨中言，如何指撥？」師曰：「劍去遠矣，爾方刻舟。」問：「如何是衲衣下事？」師曰：「石牛水上臥，東西得自由。」問：「如何是目前意？」師曰：「秋風有韻，片月無方。」問：「如何是學人用心處？」師曰：「覺戶不掩，對月莫迷。」問：「如何是青霄❾路？」師曰：「鶴棲雲外樹，不倦苦風霜。」問：「過去事如何？」師曰：「龍叫清潭，波瀾自肅。」

師住黃山僅十三載，學者來無虛往。以後唐同光三年十二月二十一日示有微恙，至二十六日午時奄然坐化，壽七十二，臘五十三。明年正月二十日，塔于院西北隅。

【注釋】❶志學之歲　十五歲。《論語・為政》：「吾十有五，而志于學。」❷圓　圓滿，此指接受佛戒。❸戒品　戒之品類，有五戒、十善戒等。❹塗水　源出湖北咸寧縣南浚水嶺，名咸河、西河、金水，北流入斧頭湖，再西北流入武昌縣境，北至金口（亦名塗口）入長江。❺草鞋價　據說僧人四處參學訪問，浪費了不少草鞋，如若空學一場，沒有悟道，則入地獄時，閻王要討草鞋錢。❻江陵米價　「江陵」當作「廬陵」。《祖堂集》：曾有僧人向清原行思禪師提問：「如何是佛法大意？」行思回答：「廬陵米作麼價？」❼赤水　河名，出產大珠。❽荊山　在湖北陽新北，《輿地紀勝》認為是先秦卞和得和氏璧之處。❾青霄　青天；碧空。

【語譯】撫州（今屬江西）黃山月輪禪師（八五四～九二五年），福州福唐（今福建福清）人，俗姓許。月輪禪師十五歲時，前往本州黃蘗山寺，投靠觀禪師接受佛教。等到接受佛戒後，月輪禪師就四處雲遊參學，後抵達塗水，參謁三峰和尚，雖然他的問答很有次序，但是機緣並沒有契合。不久，月輪禪師聽說夾山和尚的教化盛行，就前往參拜，叩問禪理。夾山和尚問月輪禪師道：「你名叫什麼？」月輪禪師回答：「名叫月輪。」夾山和尚畫出了一個圓的樣子，問道：「像不像這個樣子？」月輪禪師說道：「和尚這樣說話，各地方就會有很多人不許可。」夾山和尚說道：「貧道就是這樣了，闍梨怎麼樣呢？」月輪禪師問道：「你還看見過月輪嗎？」夾山和尚說道：「闍梨這樣說話，這裡大有人不肯接納各地方人。」月輪禪師這才對夾山和尚衷心信服，參請問道。有一天，夾山和尚高聲問道：「你是什麼地方的人呢？」月輪禪師回答：「閩中人。」夾山和尚問道：「你還認得老僧嗎？」月輪禪師反問道：「和尚還認得學生嗎？」夾山和尚說道：「不對。你且還我的草鞋錢來，然後老僧再還你的江陵米價錢。」月輪禪師說道：「這樣就認不得和尚了。不知道江陵的米是什麼價錢？」夾山和尚說道：「你真善於咆哮。」於是月輪禪師就成為夾山和尚的入室弟子，接受印證，依附了夾山和尚七年，然後才辭別夾山和尚前往撫州，選擇龍濟山隱居，參學僧侶四方雲聚。月輪禪師於是演繹夾山和尚的禪學奧旨，名聲傳播於各地。此後月輪禪師歸居臨川縣（今江西撫州）樂棲黃山。月輪禪師對眾徒說道：「我居住在這座山上，很是符合自己平素的心願。」

月輪禪師上堂告訴眾僧道：「祖師從西方前來，特意倡導這件事情。只是眾人不認識，才向外面著急尋求，跳進赤水找尋寶珠，前往荊山尋覓寶玉。所以說：從門外拿進來的，不是自家的珍寶。把影子認作腦袋，豈不是大錯誤啊！」當時有一個僧人問道：「什麼是祖師的意旨呢？」月輪禪師回答：「梁國的宮殿不布施功德，魏國之中斷絕了信仰的心跡。」僧人問道：「什麼是佛道呢？」月輪禪師回答：「石牛頻頻吐出三春的霧氣，木馬嘶鳴的聲音充滿了道路。」僧人問道：「什麼是本來面目呢？」月輪禪師回答：「不必麻煩懸掛石雕的鏡子，天亮後雄雞自然會啼鳴的。」僧人請求道：「有關宗乘的一句話，請和尚商量斟酌。」月輪禪師說道：「黃山的山峰獨自超脫眾物而格外奇秀，年來月往冷風颼颼。」僧人問道：「不理解話語中的道理，和尚怎樣加以點撥呢？」月輪禪師回答：「寶劍已經離得很遠了，你才開始在船舷上刻記號。」僧人問道：「什麼是衲衣下面的事情呢？」月輪禪師回答：「石牛在水面上躺臥著，向東向西能夠自作主張。」僧人問道：「什麼是眼前的意旨呢？」月輪禪師回答：「秋風之聲很有點韻致，彎彎的月牙無法比擬。」僧人問道：「怎樣才是學生用心的地方呢？」月輪禪師回答：「睡覺時房門不關閉，對著月亮時不要迷失自我。」僧人問道：「什麼是通向青霄之路呢？」月輪禪師回答：「白鶴棲息在高出雲外的樹上，不會因為風吹霜打而感到厭倦苦惱。」僧人問道：「過去的事情怎麼樣呢？」月輪禪師回答：「龍在清澈的潭水中吟叫，波瀾自然平靜。」

月輪禪師在黃山居住了達十三年之久，學者往來請益，從沒有落空之感。五代後唐同光三年（九二五年）十二月二十一日，月輪禪師患了小病，到了二十六日中午時分安然端坐去世，享年七十二歲，法臘五十三歲。明年正月二十日，門人在寺院的西北隅建造靈塔供養。

洛京韶山寰普禪師

洛京韶山❶寰普禪師。有僧到參，禮拜起立，師曰：「大才藏拙戶。」僧過一邊立，師曰：「喪卻棟梁材。」

遵布衲山下見師，乃問：「韶山在什麼處？」師曰：「青青翠竹處。」遵曰：「莫只遮便是否？」師曰：「是即是，闍梨有什麼事？」曰：「擬申一問，未審師還答否？」師曰：「看君不是金牙❷作，爭解彎弓射尉遲❸！」遵曰：「鳳皇直入煙霄❹路，誰怕林中野鵲兒？」師曰：「當軒畫鼓❺從君擊，試展家風似老僧。」遵曰：「一句迥超今古格，松蘿❻不與月輪齊。」師曰：「饒君直得威音外，猶較韶山半月程。」遵曰：「過在什麼處？」師曰：「倜儻❼之辭，時人知有。」遵曰：「恁麼即真玉泥中異，不撥萬機塵。」師曰：「魯般❽門下，徒施巧妙。」遵曰：「學人即恁麼，師意如何？」師曰：「玉女❾夜拋梭，寄錦於西舍。」遵曰：「莫便是和尚家風也無？」師曰：「耕夫置玉漏，不是行家作。」遵曰：「此是文言，和尚家風如何？」師曰：「橫身當宇宙，誰是出頭人？」

終，諡無畏禪師。

【注　釋】❶韶山　在河南澠池縣北三十里，左右兩峰名金烏玉兔。❷牙　即「弩牙」，弩上鉤弦的器具。《釋名．釋兵》：「鉤弦者曰牙，似齒牙也。」《南齊書．東昏侯紀》：「金銀鏤弩牙，瑇瑁帖箭。」❸尉遲　即尉遲恭，字敬德，隋末歸秦王李世民，從討竇建德、王世充、劉黑闥等，戰功居多。唐初以功累封為鄂國公，卒諡忠武。❹煙霄　即雲霄。❺畫鼓　外表裝飾有花紋的鼓。❻松蘿　草名，地衣類植物。❼倜儻　舉動豪爽，態度大方，毫不拘束。❽魯般　即魯班，古代著名巧匠，被後世工匠奉為祖師。❾玉女　即織女，為天帝的孫女。神話傳說中，織女長年織造雲錦，但自嫁與銀河西面的牛郎後，便不再織錦。天帝大怒，責令她與牛郎分離，只准每年七夕相會一次。故事初見於《古詩十九首》。

【語 譯】洛京（今河南洛陽）韶山寰普禪師。有僧人前來參見，禮拜後起立，寰普說道：「很有才幹的人隱藏在破屋子裡。」那僧人就到一旁站立，寰普說道：「敗壞了棟梁之材。」

遵布衲在山下遇見了寰普禪師，就問道：「韶山在什麼地方呢？」寰普回答：「青青翠竹深處。」遵布衲說道：「莫非這個就是嗎？」寰普回答：「是就是，闍梨有什麼事情嗎？」遵布衲說道：「我打算問一個問題，不知道和尚還能回答嗎？」寰普說道：「你看上去亦不是用金子做的弩牙，怎能拉開弓箭射尉遲恭呢！」遵布衲說道：「鳳凰直入煙霄路，誰怕林中野鵲兒？」寰普說道：「對著廊臺的畫鼓任憑你擊打，像我一樣試著展示你的家風。」遵布衲說道：「我的一句話迥然超越了古今的格式，松蘿不能與月亮相提並論。」寰普說道：「就算你已超過了威音王佛，相差韶山還有半天的路程。」遵布衲問道：「那過錯在什麼地方呢？」寰普回答：「豪爽灑脫的言語，平常的人都知道。」遵布衲說道：「這樣即是真正的寶玉被埋在泥土中也會發出異彩，用不著撥除萬事的塵埃了。」寰普說道：「在魯班的門前，徒勞地施展巧術妙技。」遵布衲問道：「學生就是這個樣了，和尚的意思是怎麼樣的？」寰普回答：「織女夜裡拋動梭子，遙寄雲錦到河西牛郎的屋舍。」遵布衲問道：「莫非這個就是和尚的家風嗎？」寰普回答：「耕地的農夫建造金玉輝煌的樓宇，實在不是行家的作為。」遵布衲問道：「這還是修飾之語，和尚的家風究竟是怎樣的？」寰普回答：「橫過身體對著宇宙，誰是出頭之人？」

寰普禪師死後，被諡為無畏禪師。

太原海湖和尚

太原海湖和尚。因有人請灌頂❶三藏，供養敷坐訖，師乃就彼位坐。時有雲涉座主問曰：「和尚什麼年行道？」師曰：「座主近前來。」涉近前，師曰：「只如憍陳如❷是什麼年行道？」涉茫然，咄曰：「遮尿牀鬼！」

僧問：「和尚院內人何太少，定水院人何太多？」師曰：「草深多野鹿，巖高獬豸❸希。」

【注　釋】❶灌頂　佛教密宗的儀式。原為古印度帝王即位及立太子的儀式。佛教加以採用，凡入門或嗣阿闍梨位者，須先經師父以水灌灑頭頂，故名。❷憍陳如　釋迦牟尼成道後最初度化的五位比丘之一。❸獬豸　神話中的異獸名，相傳能辨別是非，見人鬥，就用角撞無理之人。

【語　譯】太原（今屬山西）海湖和尚。因為有人請求給通曉三藏的僧人舉行灌頂儀式，當供養布坐完畢時，海湖和尚才走到那僧人的座位上坐下。當時有一個名叫雲涉的座主問道：「和尚是什麼年紀開始修道的？」海湖和尚招呼道：「座主走近前來。」雲涉走上前來，海湖和尚反問道：「只是如憍陳如是什麼年紀開始修道的？」雲涉茫然不知應答，海湖和尚喝叱道：「這個尿牀鬼！」

有僧人問道：「和尚禪院內的人為什麼太少，定水院的人為什麼太多？」海湖和尚回答：「野草深了就會有很多野鹿，山巖高峻獬豸希見。」

嘉州白水寺和尚

嘉州白水寺和尚。僧問：「如何是西來意？」師曰：「四溟無窟宅，一滴潤乾坤。」問：「曹溪❶一路，合譚何事？」師曰：「澗松千載鶴來聚，月中香桂鳳皇歸。」

【注釋】❶曹溪　指六祖慧能大師，此指慧能創立的南宗禪法。

【語譯】嘉州（今四川樂山）白水寺和尚。有僧人問道：「什麼是祖師西來的意旨？」白水寺和尚回答：「四面大海中沒有洞窟，一滴水滋潤了乾坤。」僧人問道：「曹溪那一方面，應該談論什麼事情？」白水寺和尚回答：「山澗旁的千年老松，白鶴前來會聚，月中飄香的桂樹，鳳凰飛去歸宿。」

鳳翔天蓋山幽禪師

鳳翔天蓋山幽禪師。僧問：「如何是天蓋水？」師曰：「四海滂沲，不犯涓滴。」問：「學人擬看經時如何？」師曰：「既是大商，何求小利！」

【語譯】鳳翔府（今屬陝西）天蓋山幽禪師。有僧人問道：「什麼是天蓋之水？」幽禪師回答：「四海波瀾磅礴，卻不能侵犯涓涓滴水。」僧人問道：「學生打算閱讀佛經時怎麼樣呢？」幽禪師回答：「既然是大商人，何必去追逐小利！」

洪州同安和尚

洪州建昌鳳棲山同安和尚。第一世住。僧問：「如何是和尚家風？」師曰：「金雞❶

抱子歸霄漢❷，玉兔❸懷胎入紫微❹。」僧曰：「忽遇客來將何祇待？」師曰：「金果早朝猿摘去，玉華晚後鳳銜來。」問：「終日在潭，為什麼釣不得？」師曰：「玄源不隱無生寶，莫謾垂鉤向碧潭。」問：「澄機一句，曉露不逢時如何？」師曰：「太陽門下無星月，天子殿前無貧兒。」問：「如何是同安轉身處？」師曰：「曠劫不曾沉玉露，目前豈滯太陽機！」問：「險惡道中，如何進步？」師曰：「玄身透❺過千差路，碧海無波往即難。」問：「如何是衲衣下事？」師曰：「一片玉輪❻今古在，豈同漁父夜沉鉤！」問：「如何是大勿慚愧底人？」師曰：「空王❼不坐無生殿，迦葉堂前不點燈。」

【注　釋】❶金雞　古代大赦時舉行的一種儀式：豎起長竿，竿頂立金雞，然後集中罪犯，擊鼓，宣讀赦令。因古人迷信天雞星動時，就要有大赦，故有此儀式。❷霄漢　即雲霄、長空之意。❸玉兔　神話傳說月中有白兔，因用為月的代稱。晉人傅咸〈擬天問〉：「月中何有？玉兔搗藥。」❹紫微　星官名，在北斗星以北，按〈步天歌〉，有星十五顆，分兩列，以北極星為中樞，成屏藩的形狀。此指天空。❺透　穿過；超過。❻玉輪　指月亮。❼空王　佛的異名。法曰空法，佛曰空王。因為空無一切邪執，為入涅槃城之要門，故名。

【語　譯】洪州建昌（今江西南城）鳳棲山同安和尚。第一世住持。有僧人問道：「什麼是和尚的家風呢？」同安和尚回答：「金雞抱子歸霄漢，玉兔懷胎入紫微。」僧人問道：「忽然遇到客人來時，又怎樣招待呢？」同安和尚回答：「金做的果子在早晨被猿猴摘去了，玉雕的花朵是晚上由鳳凰銜來的。」僧人問道：「終日在深潭邊，為什麼釣不著魚呢？」同安和尚回答：「玄奧的源泉沒有隱蔽就不會生長寶物，不要向清碧的潭水輕易下鉤垂釣。」僧人問道：「澄清機鋒一句話，未逢著清晨露水之時怎麼樣呢？」同安和尚回答：「太陽門下沒有星星、月亮，天子殿堂前面沒有窮人。」僧人問道：「什麼是同安的轉身之處？」同安和尚回答：「遠古以來就不曾沉下玉露，眼前難道會滯留太陽之機鋒！」僧人問道：「在險惡的道路上，怎樣才能向前進步呢？」同安和尚回答：「玄妙的身體越過了千差萬別的路，碧海中沒有波浪卻前行困難。」僧人問道：「什麼是衲衣下面的事情呢？」同安和尚回答：「一彎月輪古今同在，難道會混同於漁父夜裡垂下的釣鉤！」僧人問道：「怎樣才是很不慚愧的人呢？」同安和尚回答：「空王不坐無生殿，迦葉堂前不點燈。」

【說　明】澧州夾山善會禪師的法嗣還有韶州曇普禪師、吉州仙居山和尚、太原資福端禪師、洪州盧仙山延慶和尚、越州越峰和尚、朗州祇闍山和尚、益州棲穆和尚、嵩山全禪師、益州夾山院和尚、西京雲巖和尚與安福延休和尚等十一人，以其無機緣語句，故未收錄。

卷一七

曹洞宗法系表（一）

- 良价禪師（見卷一五）
  - 道膺禪師
    - 佛日和尚【以下見卷二〇】
    - 真禪師
    - 丕禪師
    - 澹權禪師 → 蘊和尚等（見卷二三）
    - 廣濟和尚
    - 南臺和尚（潭州）
    - 謙禪師
    - 豐化和尚
    - 道簡禪師
    - 懷惲禪師 → 弘章禪師等（見卷二三）
    - 慧海禪師
    - 德山第七世和尚
    - 南臺和尚（南嶽）
    - 昌禪師
    - 章禪師 → 道虔禪師（見卷二三）
    - 大梵和尚
    - 雲住和尚
    - 懷岳禪師 → 令崇禪師等（見卷二三）
    - 阾珏和尚
    - 悟空大師
    - 減禪師
    - 幕輔山和尚
    - 瑋禪師
    - 治父山和尚
      - 法志和尚
      - 慶猷禪師
      - 慧禪師
      - 慧志禪師
  - 本寂禪師
    - 光慧禪師 → 福禪師（見卷二三）
    - 道延禪師 → 慶禪師（見卷二三）
    - 弘通禪師
    - 從志禪師 → 神降禪師等（見卷二三）
    - 處真禪師 → 崇真和尚等（見卷二三）
    - 慧霞大師 → 東汀和尚（見卷二三）
    - 範禪師
    - 容禪師
    - 行傳禪師
    - 布水巖和尚
    - 西禪和尚
    - 法義禪師 → 慧忠禪師（見卷二三）
    - 華嚴和尚
    - 羅漢池隆山主和尚
  - 道全禪師
  - ……

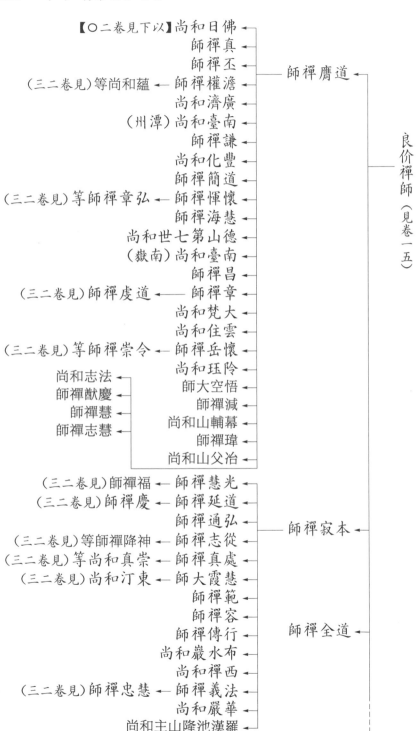

- 居遁禪師
  - 藏嶼禪師 → 存和尚(見卷二三)
  - 審哲禪師 → 龍穴山和尚等(見卷二三)
  - 弘寂禪師
  - 道欽禪師
  - 斌禪師
- 休靜禪師
  - 匡一禪師 → 道隱禪師等(見卷二三)
  - 惟直禪師
  - 化城和尚
- 蜆子和尚
- 普滿大師
  - 威禪師 → 石鏡和尚等(見卷二三)
- 道幽禪師
- 師虔禪師
  - 龍光和尚
  - 獻禪師 → 慧徹禪師(見卷二三)
  - 廣德和尚 → 延和尚(見卷二三)
  - 芭蕉和尚
  - 慧炬和尚
  - 延慶通性大師
- 遁儒禪師
  - 青剉山和尚
  - 保福和尚
- 乾峰和尚
- 禾山和尚
- 咸啟禪師
- 寶蓋山和尚
- 通禪師
  - 香城和尚 → 羅紋和尚(見卷二三)
- 本仁禪師
  - 智暉禪師
  - 幼璋禪師 → 德言禪師(見卷二三)

- 師禪仁光
  - 師禪證
  - 尚和安
  - 師禪慧
  - 師禪澄守 — (三二卷見)等師大欽守
  - 師禪仁歸 — (三二卷見)等尚和遵
  - 師禪璘奉
  - 師禪省
  - 師禪超
  - 尚和院王天
  - 師禪蘊
  - 尚和山洞後
  - 尚和相三
  - 師禪繼行
  - 尚和明高
  - 師禪泰道
  - 尚和山疏
  - 師禪約今
  - 師禪遠
  - 師大性傳
  - 師禪贏
- 師禪邃文
  - 師禪古自
  - 滿雷
- 師禪義
- 師禪方
- 尚和藏金
- 師禪白
- 尚和殊文
- 尚和山水白
- 尚和湖西
- 尚和玄通

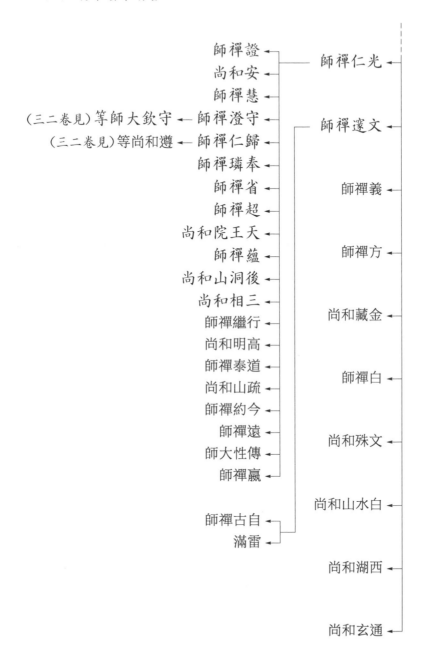

石頭宗法系表（三）

- 宣鑒禪師（見卷一五）
  - 全豁禪師（見卷一六）
    - 師彥禪師 → 橫龍和尚等（見卷二三）
    - 彥禪師 → 誨機禪師等（見卷二三）
    - 慧宗禪師
    - 道閑禪師 → 隱微禪師等（見卷二三）
    - 從範禪師
    - 嚴和尚
    - 海一禪師
    - 韶和尚
    - 訥和尚
  - 義存禪師（見卷一六） → （別見義存禪師法嗣法系表（一））
  - 資國和尚（見卷一六） → 志圓禪師 → 智洪禪師等（見卷二三）
- 大同禪師（見卷一五）
  - 思明和尚（見卷一五） → 善本禪師
- 慶諸禪師（見卷一五）
  - 居誨禪師（見卷一六）
    - 有緣禪師
    - 龍興和尚
    - 伏龍山第一世和尚
    - 善藏禪師
    - 伏龍山第二世和尚
    - 龍峻山和尚
    - 伏龍山第三世和尚
    - 玄禪師
    - 藤霞和尚 → 藥山第七世和尚等（見卷二三）
    - 淨覺和尚
    - 證和尚
    - 永壽和尚
    - 靈竹和尚

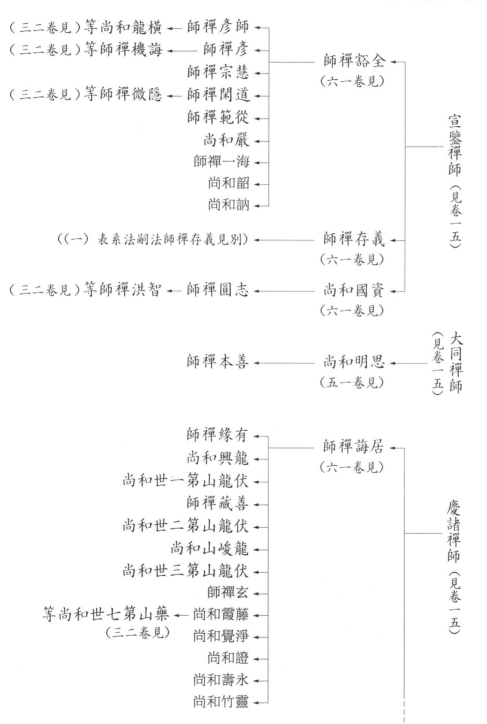

- 師禪虔道（六一卷見）
  - 尚和院清
  - 師禪黨神
  - 師禪修行
  - 師禪明
  - 尚和山秋
  - 師禪茂延
  - 師禪察常
    - （三二卷見）師禪洪良
  - 師禪悟匡
  - 師禪般無
    - （三二卷見）等師禪度慧
  - 尚和牟
- 師禪欣景（六一卷見）
  - 師禪紹
- 師禪元志（六一卷見）
  - 師禪罕志
  - 尚和龍臥
  - 尚和台天
- 師禪藏（六一卷見）
  - 尚和巖瑞
  - 尚和嚴泊
  - 尚和嶺大
- 尚和蓋雲中（六一卷見）
  - 尚和景
    - （三二卷見）等師禪藏
- 師禪壽存（六一卷見）
  - 師禪德道

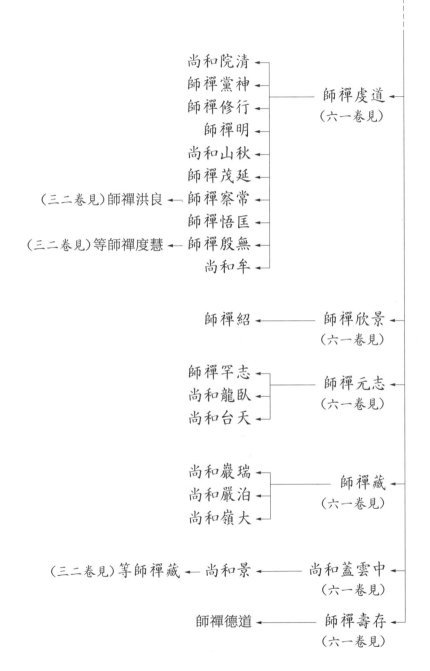

- 善會禪師（見卷一五）
  - 元安禪師（見卷一六）
    - 善靜禪師【以下見卷二〇】← 大明山和尚（見卷二三）
    - 彥賓禪師 ← 興古禪師等（見卷二三）
    - 傳楚禪師 ← 靈龕和尚等（見卷二三）
    - 中度和尚
    - 洞溪和尚
    - 臥龍和尚
    - 慧通大師
    - 盤龍和尚
    - 東禪和尚
    - 善雅和尚
  - 懷忠禪師（見卷一六）
    - 師巍和尚
    - 無休禪師
  - 可文禪師（見卷一六）
    - 淨悟禪師
    - 善道禪師
    - 龍溪和尚
    - 志通大師
    - 淨寂禪師
  - 月輪禪師（見卷一六）
    - 桐泉山和尚
  - 寰普禪師（見卷一六）
    - 文殊和尚
    - 白和尚 ← 碧雲和尚（見卷二三）
  - 令超禪師（見卷一六）
    - 簡禪師
    - 鍾傳

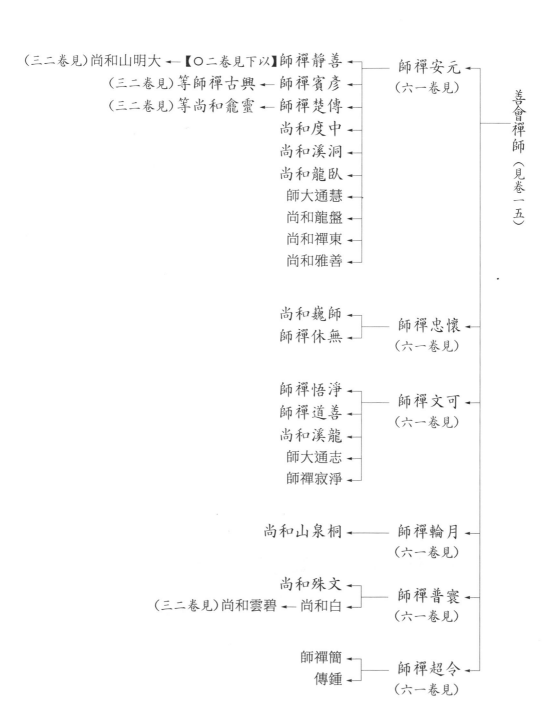

義存禪師法嗣法系表（一）

義存禪師（見卷一六）

- 師備禪師【以下見卷一八】→ 桂琛禪師等（見卷二一）
- 慧稜禪師 → 道匡禪師等（見卷二一）
- 玄通禪師
- 道怤禪師 → 師訥禪師等（見卷二一）
- 皎然禪師
- 智孚禪師 → 法進禪師（見卷二三）
- 懷嶽禪師 → 師浩禪師（見卷二一）
- 師郁禪師
- 神晏國師 → 子儀禪師等（見卷二一）
- 紹卿禪師
- 行瑫禪師
- 從弁禪師
- 靈照禪師 → 師進禪師等（見卷二二）
- 令參禪師 → 子興禪師等（見卷二一）
- 弘瑫禪師【以下見卷一九】→ 師貴禪師等（見卷二二）
- 歸本禪師
- 林泉和尚
- 南院和尚
- 可休禪師
- 行周禪師
- 通禪師
- 從展禪師 → 省僜禪師等（見卷二二）
- 道溥禪師 → 清豁禪師（見卷二二）
- 宗靖禪師
- 契璠禪師
- 師鼒禪師
- 可觀禪師 → 金輪和尚（見卷二二）
- 玄訥禪師

- 文偃禪師 → 祥和尚等（見卷二二）
- 仁禪師
- 東禪和尚
- 從襲禪師
- 永泰和尚
- 守訥禪師
- 夢筆和尚
- 元儼禪師
- 如體禪師
- 憩鶴山和尚
- 棲禪師
- 延宗禪師
- 普明大師
- 永禪師 → 大通和尚（見卷二三）
- 超悟禪師
- 孚上座
- 惟勁禪師
- 審超禪師
- 訥禪師
- 大無為禪師
- 玄暉禪師
- 清淨禪師
- 雪峰和尚
- 德明禪師
- 懷忠禪師
- 懷果禪師
- 行修禪師
- 安德禪師

卷一七

青原行思禪師下五世下

前袁州洞山良价禪師法嗣

洪州雲居道膺禪師

洪州雲居❶道膺禪師，幽州玉田人也，姓王氏。童丱依師稟教，二十五受具於范陽延壽寺❷。本師令習聲聞篇聚❸，乃歎曰：「大丈夫豈可桎梏❹於律儀耶？」乃去詣翠微山❺問道，經三載，有雲遊僧自豫章來，盛稱洞山价禪師法席，師遂造焉。洞山問曰：「闍梨名什麼？」曰：「道膺。」洞山云：「向上更道。」師云：「向上道即不名道膺。」洞山曰：「與吾在雲巖時祇對無異也。」後師問：「如何是祖師意？」洞山曰：「闍梨他後有一把茅蓋頭❻，忽有人問，闍梨如何祇對？」曰：「道膺罪過。」

洞山有時謂師曰：「吾聞思大和尚生倭國[7]作王，虛實[8]？」曰：「若是思大，佛亦不作，況乎國王？」洞山然之。

一日，洞山問：「什麼處去來？」師曰：「蹋[9]山來。」洞山曰：「阿那箇山堪住？」曰：「阿那箇山不堪住？」洞山曰：「恁麼即國內總被闍梨占卻也。」曰：「不然。」洞山曰：「恁麼即子得箇入路。」曰：「無路。」洞山曰：「若無路，爭得與老僧相見？」曰：「若有路，即與和尚隔生[10]去也。」洞山曰：「此子已後，千人萬人把[11]不住。」

師隨洞山渡水，洞山問：「水深淺？」曰：「不濕。」洞山曰：「麤人。」曰：「請師道。」洞山曰：「不乾。」

洞山謂師曰：「昔南泉問講《彌勒下生經》[12]僧曰：『彌勒什麼時下生？』曰：『見在天宮，當來下生。』南泉曰：『天上無彌勒，地下無彌勒。』」師隨舉而問曰：「只如『天上無彌勒，地下無彌勒』，未審誰與安字？」洞山被問直得禪牀震動，乃曰：「膺闍梨！」

師合醬次，洞山問：「作什麼？」師曰：「合醬。」洞山曰：「用多少鹽？」

曰：「旋[13]入。」洞山曰：「作何滋味？」師曰：「得。」洞山問：「大闡提[14]人殺父害母、出佛身血[15]、破和合僧[16]，如是種種，孝養何在？」師曰：「始得孝養。」自爾洞山許之為室中領袖。

初止三峰，其化未廣。後開雲居山，四眾臻萃。

一日，上堂，因舉古人云「地獄未是苦，向此衣服下不明大事[17]失卻最苦」，師乃謂眾曰：「汝等既在遮箇行流[18]，十分去九，不較多[19]也，更著些力，便是上座不屈平生行腳，不孤負叢林。古人道：欲得保任此事，須向高高山頂立，深深水底行，方有些子氣力。汝若大事未辦，且須履踐玄途。」

問：「如何是沙門所重？」師曰：「心識不到處。」問：「佛與祖有何階級[20]？」師曰：「俱是階級。」問：「如何是西來意？」師曰：「古路不逢人。」

可觀上座問：「的罷摽指，請師速接。」師曰：「即今作麼生？」觀曰：「道即不無，莫領話好。」師曰：「何必闍梨！」

問：「如何是口訣？」師曰：「近前來，向汝道。」僧近前曰：「請師道。」師曰：「也知，也知。」師擲癢和[21]問眾：「還會麼？」眾曰：「不會。」師曰：「趁雀兒也不會。」

問：「如何得不惱亂[22]和尚？」師曰：「與我喚處德來。」僧遂去喚來，師曰：「與我閉卻門。」

問：「馬祖出八十八人善知識，未審和尚出多少人？」師展手示之。問：「如何是向上人行履處？」師曰：「天下太平。」

問：「遊子歸家時如何？」師曰：「且喜歸來。」曰：「將何奉獻？」師曰：「朝打三千，暮打八百。」

師謂眾曰：「如好獵狗，只解尋得有蹤迹底，忽遇羚羊掛角，莫道迹，氣亦不識。」僧問：「羚羊掛角時如何？」師曰：「六六三十六。」又曰：「會麼？」僧曰：「不會。」師曰：「不見道無蹤迹？」有僧舉似趙州，趙州云：「雲居師兄猶在。」僧乃問：「羚羊掛角時如何？」趙州云：「六六三十六。」

眾僧夜參，侍者持燈來，見影在壁上。有僧便問：「兩箇相似時如何？」曰：「一箇是影。」

問：「學人擬欲歸鄉時如何？」師曰：「只遮是新羅。」僧問：「佛陀波利[23]見文殊，為什麼卻迴去？」師曰：「只為不將來，所以卻迴去。」師謂眾曰：「學佛法底人，如斬釘截鐵[24]始得。」時一僧出曰：「便請和尚釘鐵。」師曰：「口裡底是什麼？」

僧問：「承教有言『是人先世罪業，應墮惡道㉕，以今世人輕賤』，此意如何？」師曰：「動即應墮惡道，靜即為人輕賤。」崇壽稠答云：「心外有法，應墮惡道。守住自己，為人輕賤。」

僧問：「香積之飯㉖，什麼人得喫？」師曰：「須知得喫底人，入口也須挑出。」

有一僧在房內念經，師隔窗問：「闍梨，念者是什麼經？」對曰：「《維摩經》。」師曰：「不問《維摩經》，念者是什麼經？」其僧從此得入。

問：「孤迥㉗且巍巍㉘時如何？」師曰：「孤迥且巍巍。」僧曰：「不會。」師曰：「面前案山子㉙也不會。」

新羅僧問：「是什麼得恁麼難道？」師曰：「有什麼難道？」曰：「便請和尚道。」師曰：「新羅！新羅！」

問：「明眼人為什麼黑如漆㉚？」師曰：「何怪！」

荊南㉛節度使成汭㉜遣大將入山送供，問曰：「世尊㉝有密語，迦葉不覆藏。如何是世尊密語？」師召曰：「尚書。」其人應諾，師曰：「會麼？」曰：「不會。」師曰：「汝若不會，世尊有密語。汝若會，迦葉不覆藏。」

僧問：「才生為什麼不知有？」師曰：「不同生。」曰：「未生時如何？」

師曰：「不曾滅。」曰：「未生時在什麼處？」師曰：「有處不收。」曰：「什麼人受滅？」師曰：「是滅不得者。」

師謂眾曰：「汝等師僧家[34]發言吐氣[35]須有來由。凡問事須識好惡、尊卑、良賤，信口無益。傍家[36]到處覓相似語，所以尋常向兄弟道，莫怪不相似，恐同學太多去。第一莫將來不相似。八十老人出場屋[37]，不是小兒戲。一言參差，千里萬里，難為收攝。直至敲骨打髓[38]，須有來由。言語如鉗夾鉤鎖，相續不斷，始得頭頭[39]上具，物物上新，可不是精得妙底事！道汝知有底人，終不取次[40]。十度擬發言，九度卻休去。為什麼如此？恐怕無利益。體得底人，心如臘月扇[41]，口邊直得醭[42]出，不是汝強為，任運如此。欲得恁麼事，須是恁麼人。既是恁麼人，何愁恁麼事！學佛邊事，是錯用心。假饒解千經萬論，講得天花落[43]，石點頭[44]，亦不干自己事，況乎其餘，有何用處！若將有限心識作無限中用，如將方木逗[45]圓孔，多少差訛。設使攢花蔟錦[46]，事事及得，及盡一切事，亦只喚作了事[47]人、無過人，終不喚作尊貴。將知尊貴邊著得什麼物，不見從門入者非寶[48]，捧上不成龍[49]，知麼？」

師如是三十年開發玄鍵，徒眾常及千五百之數，南昌鍾氏[50]尤所欽風。唐天復元年秋示微疾，十二月二十八日為大眾開最後方便㊿¹，敘出世始卒⑤²之意，眾皆愴然⑤³。越明年正月三日，跏趺長往。今本山影堂存焉。敕諡弘覺大師，塔曰圓寂。

【注釋】❶雲居　山名，亦稱歐山，在江西永修西南三十里，有十一峰，皆削拔峻極，山頂常有雲霧。道膺禪師於山中開創真如禪院，至宋代改名真始寺。❷延壽寺　在河北涿州，始建於唐代，盛於遼、金時，重修於明代。❸篇聚　指記載佛教戒律、戒儀的文獻。❹桎梏　古代用於拘繫罪人的刑具，即腳鐐手銬。此比喻束縛人的佛教戒律。❺翠微山　在北京，原名平陂山，唐代於山麓建寺，名平陂寺，明代重建，改名香界寺。❻把茅蓋頭　用茅草修蓋茅屋，此借指禪師開始住持禪寺。❼倭國　古人對日本國的稱呼。❽虛實　「確實」之意。❾蹋　步行。❿隔生　生死隔絕。⓫把　持拿；捉握。⓬彌勒下生經　佛經名，說彌勒菩薩自兜率天下生閻浮世界成佛之事。十六國後秦僧人鳩摩羅什所譯。⓭旋　漸漸。⓮闡提　此指起大邪惡而斷絕一切善根。⓯出佛身血　為五逆罪之一。罪大惡極者謂之逆，五逆之罪比十惡更重，據說必受無間地獄之報。⓰破和合僧　比丘兩人以上，居住同一處，持守同樣戒律，修行同一道法，即名和合僧。若以某種手段使之分離，則名之為破和合僧，為五逆罪之一。⓱大事　即「大事因緣」，指佛出現於世而說法、轉迷開悟者。⓲行流　指人的類別，亦作「行留」。⓳不較多　差不多。⓴階級　此指「等級」。下文之「階級」指「臺級」。㉑癢和　當為搔癢之物，如竹如意之類。㉒惱亂　煩擾。㉓佛陀波利　人名，罽賓國之沙門，譯《尊勝陀羅尼經》。㉔斬釘截鐵　比喻果斷堅決。㉕惡道　與「惡趣」同，一般指地獄、餓鬼和畜生三個輪迴之所。㉖香積之飯　亦稱「香飯」，傳說是維摩詰於香積佛之世界齋供一會之大眾者。《維摩經・香積佛品》曰：上方界分，過四十二恒河沙佛土，有國名眾香，佛號香積。後用以指僧家之食廚或供料，取香積世界香飯之意。㉗孤迥　孤立迥遠而難近的樣子。㉘巍巍　高大的樣子。㉙案山子　古代放在書案上用以擱筆的文具。㉚黑如漆　比喻學僧心中一團漆黑，十分糊塗。㉛荊南　唐代方鎮名，治所在荊州，轄境為湖北西部、四川東部與湖南西北部一帶。㉜成汭　唐末青州人，少無賴，後從軍，唐昭宗署為荊南留後，後為人所擊敗，投江而死。㉝世尊　即釋迦牟尼。㉞師僧家　原指我敬仰以為師之僧，此泛指開堂說法之僧人。㉟發言吐氣　此指議論談吐。㊱傍家　挨家，有依次、逐一之意。此指僧尼行腳參禪。㊲場屋　指古代士人科舉考試之地。㊳敲骨打髓　比喻追根刨底、下死工夫的意思。㊴頭頭　事事；件件。㊵取次　即造次，有輕率之意。㊶臘月扇　意同「秋扇」，謂秋涼後棄置不用的扇子。此借指棄置不用的物品。㊷醭　原指酒、醋、醬油等存放日久，液體面上所起的白色黴點。此指因說話過多而在嘴角邊冒出的唾液。㊸天花落　即「天花亂墜」。傳說南朝梁武帝時雲光法師講經，感動上天，天花紛紛墜落。用以形容講說精彩，引人入勝。㊹石點頭　傳說南朝時道生法師入虎丘山，聚石為徒，講說《涅槃經》，群石皆為點頭。用以形容道理講得透徹，使人不得不心服。㊺逗　將二物對合；拼合。㊻攢花蔟錦　把鮮花美錦聚集在一起，形容五彩繽紛的景象。亦作「花團錦蔟」、「蔟錦攢花」。如唐代施肩吾〈少婦遊春詞〉：「蔟錦攢花鬥勝遊，萬人行處最風流。」「蔟」亦寫作「簇」。㊼了事　把事情辦妥；事情了結。㊽從門入者非寶　借喻成佛須自己體悟，從人所學終非自己的思想。㊾捧上不成龍　即使捧上了天，也成不了龍。比喻沒有出息的人，別人再加扶持也沒用。㊿鍾氏　唐末洪州高安人鍾傳，初為小校，以州兵鎮壓王仙芝部起義軍，乘機搶占州縣，後據洪州（今江西南昌），被任命為鎮南軍節度使，封南平王，盤踞江西達三十餘年。(51)最後方便　指臨死前的說法。最後，謂人之死時。(52)始卒　始終；始末。(53)愴然　悲痛貌。

【語　譯】洪州（今江西南昌）雲居山道膺禪師（？～九〇二年），幽州玉田（今屬河北）人，俗姓王氏。他童年時出家皈依法師，稟持佛教，二十五歲時在范陽（今河北涿州）延壽寺接受具足戒。他的師父令他修習聲聞戒律文獻，道膺便歎息道：「大丈夫難道可以被戒律、戒儀所束縛嗎？」就離開了師父，前往翠微山問道。經過了三年，有一個雲遊僧人從豫章（今江西南昌）而來，極口稱揚洞山良价禪師的法席盛大，於是道膺就去洞山造訪。洞山和尚問道：「闍梨叫什麼名字？」道膺禪師回答：「叫道膺。」洞山和尚說道：「向上再說。」道膺說：「向上說就不叫道膺了。」洞山和尚便說：「與我在雲巖和尚那裡時的對答沒有不同。」後來道膺問道：「什麼是祖師西來之意？」洞山和尚反問道：「闍梨日後有一把茅草蓋頭時，要是忽然有人問起，闍梨怎樣對答呢？」道膺說：「道膺罪過。」

洞山和尚有一次問道膺禪師道：「我聽說行思大和尚轉生在倭國做了國王的消息是確實的。」道膺說道：「如若是行思大和尚，連佛也不做，何況是國王了？」洞山和尚認為確實是這樣的。

有一天，洞山和尚問道：「到什麼地方去了？」道膺禪師回答：「蹋山去了。」洞山和尚問道：「哪座山可以居住？」道膺反問道：「哪座山不可以居住？」洞山和尚說道：「這樣的話，國內之山都要被闍梨占去了。」道膺說：「不對。」洞山和尚說道：「這樣的話，則你已得到了一條進山路了。」道膺說道：「並沒有路。」洞山和尚問道：「如果沒有路，怎能來與老僧相見？」道膺回答：「如果有路，就與和尚生死隔絕了。」洞山和尚便對他人說道：「這人今後千萬個人也對付不了。」

道膺禪師跟隨洞山和尚渡河，洞山和尚問道：「水深淺怎樣？」道膺回答：「不濕。」洞山和尚說道：「這粗人。」道膺說：「那就請和尚說。」洞山和尚說道：「不乾。」

洞山和尚對道膺禪師說道：「從前南泉和尚曾問講說《彌勒下生經》的僧人說：『彌勒菩薩什麼時候降生？』那僧人回答：『現在正在天宮，將要降生了。』南泉和尚說道：『天上沒有彌勒，地下沒有彌勒。』」道膺禪師隨即提問道：「假如『天上沒有彌勒，地下沒有彌勒』，不知道誰給安的這個名字？」洞山和尚被這一問，直問得禪牀震動，只叫道：「膺闍梨！」

道膺禪師在合醬時，洞山和尚問道：「在做什麼？」道膺回答：「合醬。」洞山和尚再問：「用了多少鹽？」道膺說：「漸漸放入。」洞山和尚問道：「做成了什麼滋味？」道膺說：「行了。」

洞山和尚問道：「大闡提人殺害父母，使佛身出血，破和合僧，有如此種種惡行，他的孝養在哪裡？」道膺禪師回答：「這才成為孝養。」從此以後，洞山和尚讚許他是入室弟子中的領袖。

道膺禪師起初住持三峰，但其化導並未廣布。此後他開創了雲居山，僧俗四眾會聚而來。

有一天，道膺禪師上堂，舉出古人說的「地獄還不算苦，穿著這身衣服卻不明白大事才是最苦的」話頭，對眾人說道：「你們既然已經出了家，就差不多是十分去了九分，再加些力道，就是上座不枉費平生行腳雲遊，不辜負叢林之處。古人說過：如要保住這件事，須得站立在高高的山頂上，行走在深深水底下，方才有一些氣力。你們如若未能辦了大事，就必須一步一個腳印探索玄妙之途。」

有僧人問道：「什麼是沙門所看重的？」道膺禪師回答：「心識達不到的地方。」僧人問道：「佛與祖師還分什麼階級嗎？」道膺回答：「都在階級之上。」僧人問道：「什麼是祖師西來的意旨？」道膺回答：「古道上沒有碰到人。」

可觀上座問道：「免去明白的標示指點，請和尚趕快接引學人。」道膺禪師說道：「現在幹什麼？」可觀上座說道：「說話也不是不可以，只是不要引領話頭為好。」道膺便說：「何必啊闍梨！」

有僧人問道：「什麼是口訣？」道膺禪師說道：「走上前來，我說給你聽。」那僧人走上前來說道：「請和尚說。」道膺說道：「也知道了，也知道了。」道膺又將癢和擲在地上問眾僧人道：「還懂嗎？」眾僧人回答：「不懂。」道膺說道：「趕雀兒也不懂。」

有僧人問道：「怎樣才能不惱亂和尚呢？」道膺禪師說道：「給我把處德叫來。」那僧人就去把處德叫來，道膺吩咐道：「給我把門關上。」

有僧人問道：「馬祖門下出了八十八個得道高僧，不知道和尚門下出了多少人？」道膺禪師展開了雙手示意。有僧人問道：「什麼是向上人的行履之處？」道膺回答：「天下太平。」

有僧人問道：「遊子歸家的時候怎麼樣？」道膺禪師回答：「很高興他歸來。」僧人再問道：「拿什麼作為奉獻？」道膺說：「早晨打三千板子，晚上打八百板子。」

道膺禪師對眾僧人說道：「就像是一隻好獵狗，只懂得尋找有蹤跡的東西，忽然遇到羚羊掛角，不要說蹤跡了，連氣味也不認識。」有僧人問道：「羚羊掛角的時候怎麼樣？」道膺回答：「六六三十六。」道膺又問眾人道：「領會了嗎？」眾僧回答：「沒有領會。」道膺說道：「不是說了沒有蹤跡嗎？」有僧人把這話頭舉說給趙州和尚聽，趙州和尚說道：「雲居師兄還有這個存在。」那僧人就問道：「羚羊掛角的時候怎麼樣？」趙州和尚回答：「六六三十六。」

眾僧人夜間參拜，有侍者拿來了燈火，只見人影映照在牆壁上。有僧人便提問道：「人與影子兩個相似的時候怎麼樣？」道膺禪師回答：「一個是影子。」

有僧人問道：「學生打算要歸家鄉時怎麼樣？」道膺禪師回答：「只當這裡是新羅。」僧人問道：「佛陀波利去見文殊，為什麼又退回去了？」道膺回答：「只因為沒有帶得來，所以就退回去了。」道膺又對眾僧說道：「學佛法的人，只有如斬釘截鐵一般果決才能有所收穫。」當時有一個僧人站出來說道：「那就請教和尚的釘和鐵。」道膺反問道：「你嘴裡的是什麼東西？」

有僧問道：「教義上說『按這人先世的罪業，應該墮入惡道，因為今世之人輕賤他』，這話是什麼意思呢？」道膺禪師回答：「心動則應墮入惡道，心靜則被人所輕賤。」崇壽契稠禪師別為回答說：「心外有法，應該墮入惡道。守住自己，則被世人所輕賤。」

有僧人問道：「香積之飯，什麼人才能吃得？」道膺禪師回答：「要知道就是能吃得的人，入了口以後也要被挑出。」

有一個僧人在房間內念經，道膺禪師隔著窗戶問道：「闍梨，念的是什麼經呢？」僧人回答：「是《維摩經》。」道膺說：「不問《維摩經》，念的是什麼經呢？」那僧人由此得以悟入佛法。

有僧人問道：「孤迥且巍巍之時怎樣？」道膺禪師回答：「孤迥且巍巍。」僧人說道：「不能領會。」道膺說道：「你面前的案山子也不知道。」

有一個新羅僧人問道：「是什麼東西居然這麼難講？」道膺禪師便說：「有什麼難說的？」那僧人說：「那就請和尚說。」道膺說道：「新羅！新羅！」

有僧人問道：「明眼之人為什麼會心中漆黑一團的呢？」道膺禪師回答：「有什麼可奇怪的！」

荊南節度使成汭派大將入山中來送供養之物，那大將問道：「世尊有秘密傳語，迦葉不能掩藏。什麼是世尊的秘密傳語？」道膺禪師招呼道：「尚書。」那人答應，道膺問道：「領會了嗎？」那人回答：「沒能領會。」道膺說道：「你如果不能領會，就是世尊有秘密傳語。你如果領會了，就是迦葉不能掩藏。」

有僧人問道：「剛發生的時候為什麼不知道『有』？」道膺禪師回答：「因為不同時發生。」僧人問道：「沒有發生的時候怎麼樣呢？」道膺回答：「也不曾毀滅。」僧人再問道：「沒有發生時在什麼地方呢？」道膺回答：「『有』之處不接受。」僧人問道：「什麼人被毀滅了？」道膺回答：「那不能被毀滅的人。」

道膺禪師對眾僧人說道：「你們師僧家議論談吐必須要有來由根據。凡是提問事由，必須要識得好惡、尊卑、良賤，信口亂說無益於事。在外行腳參禪，到處尋覓收集相似的話頭，所以我平常向兄弟們說，不要怪我說的話不相似，只是害怕同學的人太多了。第一不要帶來那不相似的話語。八十歲的老人出入科場，確實不是小孩兒的遊戲。有一個字錯誤，就有千里萬里的距離，難以收拾了。直至敲骨打髓下死功夫，才能獲得根據。言語如同是鉗子夾子、鐵鉤鐵鎖一樣，相續不斷絕，才得件件都具備，樣樣都煥新，這難道不是很精妙的事情！說你們這些知道佛法的人，終究不會造次。十次想發議論，卻有九次作罷了。為什麼會這樣呢？恐怕不會有收益。體會到妙義的人，心就如同是臘月裡的扇子，說得嘴角邊唾液直冒出來，不是你勉強做出的，任意揮灑如此。要做這種事，必須是這樣的人。既然是這樣的人，就何必擔憂這種事！修習佛那邊的事情，是用錯了心思。就算你能解說千卷經書，萬篇論文，講說得天花亂墜，群石點頭，亦不關自己的事，何況其餘之事，又有什麼用處！如果把有限的心識運用於無限之中，就好像是用方木來拼合圓孔，有著多少的錯訛。假使花團錦簇，事事都做成了，直至做盡了一切事情，也只能被稱作了事之人、無過失之人，終究不能被稱作尊貴之人。要知道尊貴那邊放著些什麼東西，沒有聽說過『從門外進入者不是家中的寶物』，『即使捧上了天，也成不了龍』的話嗎？你們知道嗎？」

道膺禪師就這樣三十年不斷地開發佛法妙旨，徒眾常常有一千五百人之多，南昌（今屬江西）的南平王鍾氏尤其欽佩他的風範。唐代天復元年（九〇一年）秋天，道膺生了小病，十二月二十八日為大眾開講最後方便道場，講述出世始終之意，眾僧都愴然淚下。到了明年正月三日，道膺禪師端坐著逝世。至今日雲居本山還有影堂留存。天子賜其謚號曰弘覺大師，靈塔名圓寂。

【說　明】雲居道膺禪師和曹山本寂禪師是洞山良价和尚門下兩大宗師。道膺禪師能得洞山和尚之法大體，主張「一法諸法宗，萬法一法通；惟心惟汝心，不說異兼同」。其法超脫無依，而行履極高邁，得江西一帶信徒所尊奉。

撫州曹山本寂禪師

撫州曹山❶本寂禪師，泉州莆田人也，姓黃氏。少慕儒學，年十九出家，入福州福唐縣靈石山，二十五登戒。唐咸通初，禪宗興盛，會洞山价禪師坐道場，往來請益。洞山問：「闍梨名什麼？」對曰：「本寂。」曰：「向上更道。」師曰：「不道。」曰：「為什麼不道？」師曰：「不名本寂。」洞山深器之。師自此入室，密印所解，盤桓❷數載，乃辭洞山。洞山問：「什麼處去？」曰：「不變異❸處去。」洞山云：「不變異豈有去耶？」師曰：「去亦不變異。」遂辭去，隨緣放曠❹。初受請，止于撫州曹山，後居荷玉山❺。二處法席，學者雲集。

問：「不與萬法❻為侶者是什麼人？」師曰：「汝道洪州裡許多人什麼處去也？」

問：「眉與目還相識也無？」師曰：「不相識。」曰：「為什麼不相識？」師曰：「為同在一處。」曰：「恁麼即不分也？」師曰：「眉且不是目。」曰：「如何是目？」師曰：「端的❼去。」曰：「如何是眉？」師曰：「曹山卻疑。」

曰：「和尚為什麼卻疑？」師曰：「若不疑，即端的去也。」

問：「於相何真？」師曰：「即相即真。」曰：「當何顯示？」師提起拂子。

問：「幻本何真？」師曰：「幻本元真。」法眼別云：「幻本不真。」曰：「當幻何顯？」師曰：「即幻即顯。」法眼別云：「幻即無當。」曰：「恁麼即始終不離於幻也？」師曰：「覓幻相不可得。」

問：「如何是常在底人？」師曰：「恰遇曹山暫出。」曰：「如何是常不在底人？」師曰：「難得。」

僧清銳問：「某甲孤貧，乞師拯濟。」師曰：「銳闍梨近前來。」銳近前，師曰：「泉州白家酒三盞，喫了猶道未霑脣。」玄覺云：「什麼處是與他酒喫？」

問：「擬豈不是類？」師曰：「直是不擬亦是類。」曰：「如何是異？」師曰：「莫不識痛癢！」

鏡清問：「清虛之理，畢竟無身時如何？」師曰：「理即如此，事作麼生？」曰：「如理如事。」師曰：「謾曹山一人即得，爭奈諸聖眼何！」曰：「若無諸聖眼，爭鑑得箇不恁麼？」師曰：「官不容針，私通車馬❽。」

雲門問：「不改易底人來，師還接否？」師曰：「曹山無恁麼閑功夫。」

人問：「古人云人人盡有。弟子在塵蒙⑨，還有也無？」師曰：「過手來。」乃點指曰：「一、二、三、四、五，足。」

問：「魯祖面壁，用表何事？」師以手掩耳。

問：「承古有言：未有一人倒地不因地而起。如何是倒？」師曰：「肯即是。」曰：「如何是起？」師曰：「起也。」

問：「承教有言：大海不宿死屍。如何是海？」師曰：「包含萬有。」曰：「為什麼不宿死屍？」師曰：「絕氣者不著。」曰：「既是包含萬有，為什麼絕氣者不著？」師曰：「萬有非其功，絕氣有其德。」曰：「向上還有事也無？」師曰：「道有道無即得，爭奈龍王按劍何！」

問：「具何知解，善能對眾問難？」師曰：「不呈句。」曰：「問難箇什麼？」師曰：「刀斧斫不入。」曰：「能⑩恁麼問難，還更有不肯者也無？」師曰：「有。」曰：「是什麼人？」師曰：「曹山。」

問：「無言如何顯？」師曰：「莫向遮裡顯。」曰：「向什麼處顯？」師曰：「昨夜三更，牀頭失卻三文錢。」

問：「日未出時如何？」師曰：「曹山也曾恁麼來。」曰：「日出後如何？」

師曰：「猶較曹山半月糧。」

師問僧：「作什麼？」曰：「掃地。」師曰：「佛前掃，佛後掃？」曰：「前後一時掃。」師曰：「與曹山過靸鞋來。」

師問彊德上座曰：「菩薩在定，聞香象⑪渡河。出什麼經？」曰：「出《涅槃經》。」師曰：「定前聞，定後聞？」曰：「和尚流也。」師曰：「道也大殺⑫道，始道得一半。」曰：「和尚如何？」師曰：「灘下接取。」

問：「學人十二時中如何保任？」師曰：「如經蠱毒⑬之鄉，水不得霑著一滴。」

問：「如何是法身主？」師曰：「謂秦無人。」曰：「遮箇莫便是否？」師曰：「斬。」

問：「親近什麼道伴⑭，即得常聞於未聞？」師曰：「同共一被蓋。」曰：「此猶是和尚得聞，如何是常聞於未聞？」師曰：「不同於木石。」曰：「何者在先，何者在後？」師曰：「不見道常聞於未聞？」

問：「國內按劍者是誰？」師曰：「曹山。」法燈別云：「汝不是恁麼人。」曰：「擬殺何人？」師曰：「但有一切總殺。」曰：「忽逢本父母作麼生？」師曰：「揀什麼！」曰：

「爭奈自己何！」師曰：「誰奈我何！」曰：「為什麼不殺？」師曰：「勿下手處。」

問：「一牛飲水，五馬不嘶時如何？」師曰：「曹山解忌口[15]。」又別云：「曹山老滿。」

問：「常在生死海中沉沒者是什麼人？」師曰：「第二月。」曰：「還求出離也無？」師曰：「也求出離，只是無路。」曰：「出離什麼人接得伊？」師曰：「擔鐵枷者。」

僧舉：「藥山問僧：『年多少？』僧曰：『七十二。』藥山曰：『是年七十二麼？』曰：『是。』藥山便打。此意如何？」師曰：「前箭猶似可，後箭射人深。」僧曰：「如何免得棒？」師曰：「王敕既行，諸侯避道。」東禪齊云：「曹山是明藥山意自出手，為復別有道理？還斷得麼？只如遮僧舉問曹山，伊還有會處麼？忽爾問『上座年多少』，別『作麼生』祇對。」

問：「如何是佛法大意？」曰：「填溝塞壑。」

問：「如何是師子？」師曰：「眾獸近不得。」曰：「如何是師子兒？」師曰：「能吞父母。」曰：「既是眾獸近不得，為什麼被兒吞？」師曰：「子若哮吼，祖父母俱盡。」曰：「只如祖父母還盡也無？」師曰：「亦盡。」曰：「盡後如何？」師曰：「全身歸父。」曰：「前來為什麼道祖父亦盡？」師曰：「不見道：王子能成一國事，枯木上更采些子⑯華。」

問：「才有是非，紛然失心如何？」師曰：「斬！斬！」

僧舉：有人問香嚴：「如何是道？」答曰：「枯木裡龍吟⑰。」學云：「不會。」曰：「髑髏裡眼睛⑱。」後問石霜：「如何是枯木裡龍吟？」石霜云：「猶帶喜⑲在。」又問：「如何是髑髏裡眼睛？」石霜云：「猶帶識在。」師因而頌曰：「枯木龍吟真見道，髑髏無識眼初明。喜識盡時消不盡，當人⑳那辨濁中清？」其僧卻問師：「如何是枯木裡龍吟？」師曰：「血脈不斷。」曰：「如何是髑髏裡眼睛？」師曰：「乾不盡。」曰：「未審還有得聞者無？」師曰：「盡大地未有一箇不聞。」曰：「未審龍吟是何章句？」師曰：「也不知是何章句，聞者皆喪。」

師如是啟發上機，曾無軌轍可尋。及受洞山五位㉑銓量㉒，特為叢林標準。時洪州鍾氏屢請不起，但寫大梅和尚〈山居頌〉一首答之。天復辛酉季夏夜，師問知事僧：「今是何日月？」對曰：「六月十五日。」師曰：「曹山一生行腳到處，只管九十日為一夏㉓。」至明日辰時告寂，壽六十有二，臘三十有七。門人奉真骨樹塔。敕諡元證大師，塔曰福圓。

【注釋】❶曹山　在江西宜黃北三十里，舊名荷玉山，也名梅山，山頂稱羅漢峰。唐代本寂禪師因禮拜六祖曹溪大師寺塔而回此處，故易名稱曹山。山中寶積寺，為本寂禪師駐錫之處。❷盤桓　逗留不走。❸變異　即「變易」，變易生死之意。❹放曠　曠達，不受禮法與世俗之見的拘束。❺荷玉山　即「曹山」，此處誤分一山為二山。❻萬法　萬物的事理一一有自體，具規則，故以名。❼端的　確實；果真。❽官不容針二句　按官家法令連一根針也不能放過，私底下卻可以把車馬都放過去。禪林用以比喻高僧啟發學僧，不得不採取語言文字這一方法，雖然禪宗主張不立文字。❾塵蒙　指俗世。❿能　如此；這樣。⓫香象　青色帶有香氣的大象。⓬大殺　即「大煞」，十分、甚的意思。⓭蠱毒　相傳為古代一種由人工培養成的毒蟲，人一沾上其毒汁就會中毒。《本草綱目・蟲部四》：「取百蟲入甕中，經年開之，必有一蟲盡食諸蟲，即此名蠱毒。」《左傳・昭公元年》孔穎達疏：「以毒藥藥人，令人不自知者，今律謂之蠱毒。」⓮道伴　同伴；同行者。⓯忌口　醫師囑咐病者禁忌某些食物的通稱。⓰些子　一點兒；少許。子，詞綴。⓱枯木裡龍吟　意指絕滅一切妄念妄想，直至大死一番之處再甦醒回來，而獲得了大自在。⓲髑髏裡眼睛　亦作「棺木裡瞪眼」，為死中得活之意。謂至道者不是心識所能識別的，至道不現，就是因為存在此心識。一旦心識消除已盡，即有大活之處，即為髑髏無識之活境界。意同「枯木裡龍吟」。⓳喜　眼等五識無分別而愉悅，謂之樂；意識分別而愉悅，謂之喜。為五受之二。⓴當人　本人。㉑五位　亦名「曹洞五位」、「五位君臣」，為曹洞宗的教義和教學方法。即用「正」、「偏」、「兼」三個概念，配以「君」、「臣」之位，用以分析佛教真如與其派生之世界萬有的關係，亦用作教授不同對象的方法。㉒銓量　銓是古代衡量輕重的器具。《漢書・王莽傳中》：「考量以銓。」顏師古注：「量，斗斛也。銓，權衡也。」引申為評量斟酌的意思。㉓一夏　從四月十六日至七月十六日共九十日為夏安居之日數，略稱一夏。

【語譯】撫州（今屬江西）曹山本寂禪師（八四〇～九〇一年），泉州莆田（今屬福建）人，俗姓黃。他少年時學習儒家的學說，到十九歲時出家，進入福州福唐縣（今福建福清東南）靈石山為僧，二十五歲時接受佛戒。唐代咸通（八六〇～八七四年）初，禪宗興盛，正好此時洞山良价和尚創建道場講授佛法，本寂便往來請益。洞山和尚問道：「闍梨名叫什麼？」本寂回答：「本寂。」洞山和尚說道：「向上再說。」本寂回答：「不說。」洞山和尚問道：「為什麼不說？」本寂說道：「不叫本寂。」洞山和尚認為十分正確。本寂由此登堂入室，秘密印證所理解的佛法，盤桓了幾年，才來辭別洞山和尚。洞山和尚問道：「到什麼地方去？」本寂回答：「到沒有變異的地方去。」洞山和尚問道：「沒有變異難道還能去嗎？」本寂回答：「去了也不變異。」於是他辭別而去，隨緣放曠。本寂起初接受人們請求，止息於撫州曹山說法，後來居住在荷玉山。兩地法席都很興盛，四方學者雲集此處。

有僧人問道：「不與萬法為伴侶的是什麼人？」本寂禪師反問道：「你說洪州（今江西南昌）城裡許多人到什麼地方去了？」

有僧人問道：「眉毛與眼睛還互相認識嗎？」本寂禪師回答：「不認識。」僧人再問：「為什麼互不認識？」本寂回答：「因為它們同在一處。」僧人問道：「這樣的話就不用分別了？」本寂說道：「眉毛並不是眼睛。」僧人便問道：「什麼是眼睛？」本寂回答：「確實的。」僧人問道：「什麼是眉毛？」本寂回答：「曹山卻疑惑。」僧人問道：「和尚為什麼還會疑惑？」本寂回答：「如果不疑惑，那就是真的了。」

有僧人問道：「什麼相是真的？」本寂禪師回答：「即相即真。」僧人問道：「用什麼來顯示呢？」本寂豎起了拂塵。

有僧人問道：「幻象本是哪一種真？」本寂禪師回答：「幻象本是元真。」法眼禪師別為回答：「幻象原本就不真。」僧人問道：「面對幻象時用什麼來顯示呢？」本寂回答：「即幻即顯。」法眼別為回答：「幻象即不能面對。」僧人問道：「這樣說來，則我們始終不能脫離幻象了？」本寂回答：「要去尋覓幻象卻得不到。」

有僧人問道：「什麼是常在的人？」本寂禪師回答：「正好遇到曹山暫時外出。」僧人又問：「什麼是常不在的人？」本寂回答：「難得啊。」

有個名叫清銳的僧人請道：「我孤苦貧困，請求和尚加以拯救。」本寂禪師說道：「銳闍梨近前來。」清銳走上前，本寂說道：「泉州白家酒三盞，吃了還說未沾唇。」玄覺禪師說道：「什麼地方給他酒吃？」

有僧人問道：「比擬難道不是類比嗎？」本寂禪師回答：「就是不比擬，也是類比。」僧人問道：「什麼是差異？」本寂說道：「不要不識痛癢！」

鏡清道怤禪師問道：「清虛之理，畢竟無身的時候怎麼樣呢？」本寂禪師反問道：「理就是這樣了，事怎麼樣呢？」鏡清回答：「如理如事。」本寂說道：「欺騙曹山一個人還行，怎奈還有諸位聖人的眼睛呢？」鏡清問道：「如果沒有諸位聖人的眼睛，怎能鑑別出來不是這樣的？」本寂說道：「依照官法連一根針也不放過，私底下卻可以把車馬都放過去。」

雲門文偃禪師問道：「不改弦易轍的人前來，和尚還接引他嗎？」本寂禪師回答：「曹山沒有這樣的閑功夫。」

有僧人問道：「古人說人人盡有佛性。弟子在俗世中，還有沒有佛性呢？」本寂禪師說道：「伸過手來。」就點著他的手指數道：「一、二、三、四、五，全了。」

有僧人問道：「魯祖面壁是為了表示什麼意思？」本寂禪師用手捂住了耳朵。

有僧人問道：「古來有這樣一句話：沒有一個人倒在地上不是就地爬起來的。什麼是倒？」本寂禪師回答：「願意就是。」僧人又問：「什麼是起？」本寂回答：「起來了。」

有僧人問道：「教義上說：大海不留宿死屍。什麼是海？」本寂禪師回答：「包含萬種物體。」僧人便問：「那為什麼不留宿死屍呢？」本寂回答：「不包括斷絕氣息的人。」僧人問道：「既然是包含萬種物體，為什麼斷絕氣息的不被包括在內？」本寂回答：「包含萬種物體並非它的功勞，斷絕氣息的人自有其德。」僧人問道：「向上還是否有事？」本寂回答：「說有事說無事都可以，怎奈龍王正按著寶劍！」

有僧人問道：「要具備什麼樣的知識能力，才能善於面對眾人問難？」本寂禪師回答：「不說話。」僧人問道：「那還問難個什麼？」本寂回答：「刀斧都砍不進去。」僧人問道：「如這樣的問難，還有沒有不同意的人？」本寂回答：「有。」僧人問道：「是什麼人？」本寂回答：「曹山。」

有僧人問道：「不說話怎麼顯現義理呢？」本寂禪師說道：「不要在這裡顯現。」僧人問道：「到什麼地方去顯現？」本寂說道：「昨夜三更，牀頭不見了三文錢。」

有僧人問道：「太陽沒有出來時怎麼樣呢？」本寂禪師回答：「曹山也曾這樣過來。」僧人問道：「太陽出來以後怎麼樣呢？」本寂回答：「還少曹山半月糧。」

本寂禪師問一個僧人道：「幹什麼？」僧人回答：「掃地。」本寂問道：「在佛前掃地，還是在佛後掃地？」僧人回答：「前後一起掃。」本寂吩咐道：「給曹山拿拖鞋來。」

本寂禪師問彊德上座道：「菩薩在禪定中，聽到香象渡河。這話出於什麼經書？」彊德上座回答：「出自《涅槃經》。」本寂問道：「是禪定前聽到的，還是禪定後聽到的？」彊德上座說道：「與和尚一類。」本寂說道：「說話也算是拼命說了，可是只說到了一半。」彊德上座問道：「和尚又怎樣說呢？」本寂說道：「到河灘去迎接牠。」

有僧人問道：「學生在十二時辰中怎樣來保持、鞏固自己的悟解？」本寂禪師回答：「就如同是經過有蠱毒的地方，水也不能沾上一滴。」

有僧人問道：「什麼是法身之主？」本寂禪師回答：「說秦國沒有能人。」僧人問道：「這個莫非就是答案嗎？」本寂說道：「斬去。」

有僧人問道：「接近什麼樣的同道人，才能在不聞聽中常聽到？」本寂禪師回答：「共蓋一牀被子。」僧人說道：「這還是和尚能聞聽的，什麼是在不聞聽中常聽到呢？」本寂回答：「不與樹木石頭相同。」僧人問道：「什麼在前，什麼在後？」本寂說道：「沒有聽見說是在不聞聽中常聽到嗎？」

有僧人問道：「國內按著利劍的人是誰呢？」本寂禪師回答：「曹山。」法燈禪師別為回答：「你不是這樣的人。」僧人問道：「打算殺什麼人？」本寂回答：「只要有的，一切都殺。」僧人問道：「忽然遇到自己的父母時怎麼辦？」本寂說道：「挑選什麼！」僧人問道：「那拿你自己怎麼辦呢？」本寂說道：「誰能拿我怎麼辦！」僧人問道：「為什麼不殺自己？」本寂回答：「沒有下手的地方。」

有僧人問道：「一頭牛飲水，五匹馬不嘶叫的時候怎麼樣？」本寂禪師回答：「曹山懂得忌口。」本寂又別為回答：「曹山老糊塗了。」

有僧人問道：「常常在生死海中沉沒的是什麼人呢？」本寂禪師回答：「第二個月亮。」僧人問道：「他還是否希望出來嗎？」本寂回答：「也要求出來，只是沒有路。」僧人問道：「什麼人能夠接引他出來？」本寂回答：「扛著鐵枷的人。」

有僧人告訴本寂禪師說：「藥山和尚問一個僧人道：『年齡多大了？』那僧人回答：『七十二歲了。』藥山和尚問道：『是七十二歲嗎？』僧人回答：『是。』藥山和尚就打他。這是什麼意思呢？」本寂回答：「前一箭好像還可以，後一箭射人太深了。」僧人問道：「怎樣才能避免這一棒？」本寂說道：「君王的詔令在路上傳送，諸侯遇見都必須讓開道路。」東禪齊禪師說道：「曹山和尚是明白了藥山和尚的意思後自己出手呢，還是另外有別的道理？你們還能夠判斷嗎？只是如這個僧人舉給曹山和尚聽，他還有領會之處嗎？忽然問『上座年齡多大了』，別作『幹什麼』來對答。」

有僧人問道：「什麼是佛法大意？」本寂禪師回答：「填滿了溝渠，堵塞了山壑。」

有僧人問道：「什麼是獅子？」本寂禪師回答：「眾獸都不能靠近。」僧人又問：「什麼是獅子兒？」本寂回答：「能吞噬父母。」僧人問道：「既然眾獸都不能靠近，為什麼會被兒子吞噬？」本寂回答：「兒子如若咆哮，那麼祖父、父母都要被嚇死。」僧人問道：「只如祖父、父母是否都要被嚇死？」本寂回答：「也都嚇死了。」僧人問道：「死後怎麼樣呢？」本寂回答：「全身歸於父親。」僧人問道：「剛才為什麼說祖父也死了？」本寂回答：「你難道沒有聽說過：王子能處理好一國事務，枯木上還可以再採一點兒花。」

有僧人問道：「才有是非心，雜亂失本心的時候怎麼樣？」本寂禪師回答：「斬斷！斬斷！」

有僧人告訴本寂禪師說：有一個學僧問香嚴和尚道：「什麼是道？」香嚴和尚回答：「枯木裡面的龍吟。」學僧說：「沒有領會。」香嚴和尚再說道：「髑髏裡頭的眼睛。」後來那學僧去問石霜和尚道：「什麼是枯木裡面的龍吟？」石霜和尚回答：「還帶著喜意呢。」學僧又問道：「什麼是髑髏裡頭的眼睛？」石霜和尚回答：「還帶著心識呢。」本寂禪師聽說後就說了一首偈頌：「枯木裡面的龍吟真正見識了道，髑髏沒有心識而眼睛初明亮。喜識除盡之時卻消除不盡，本人哪能辨別渾濁中的清澈？」那僧人卻問本寂道：「什麼是枯木裡面的龍吟?」本寂回答:「如血脈不斷絕。」那僧人又問道:「什麼是髑髏裡頭的眼睛?」本寂回答:「乾不了。」僧人問道:「不知道還有沒有能聽到這道理的人?」本寂回答:「普天下沒有一個人聽不到。」僧人問道:「不知道枯木裡面的龍吟出自什麼章句?」本寂回答:「也不知道是出自什麼章句,因為聽到的人都死了。」

本寂禪師就這樣啟發有上等根機的人,完全沒有固定的思路可以尋找。等到他接受洞山和尚的「五位君臣」銓量,成為曹洞叢林裡衡量教法的標準。當時洪州鍾氏屢次迎請本寂禪師,本寂只是抄寫了大梅法常禪師的〈山居頌〉一首作為回答。天復辛酉(九〇一年)季夏某日夜裡,本寂禪師問知事僧道:「今天是幾月幾日?」知事僧回答:「六月十五日。」本寂禪師說道:「曹山一生行腳所到的地方,只管以九十日為一夏。」到了明天辰時,本寂禪師圓寂,享年六十二歲,法臘為三十七歲。門人奉葬本寂禪師的真身,建塔奉養。天子詔賜其謚號曰元證大師,靈塔名福圓。

【說明】曹洞宗由石頭一系發源而出,洞山良价禪師創立,至曹山本寂禪師大成,故名為曹洞宗。「五位君臣」是曹洞宗教義和教法區別其他宗門的主要特點,本寂禪師撰有《解釋洞山五位顯訣》以作詮釋。「五位君臣」重在闡釋理與事、本體與現象、一般與個別之間存在的五種關係,其中四種是片面的、失當的,只有一種是事理俱融、全面正確的。其適當與否,可以用「正」(體、空、真、理淨)、「偏」(用、有、俗、事染)、「兼」(非正非偏,亦即中道)來表示,再配以「君」、「臣」之位,形成五位:其正位即君位,指真如本性,「本來無物」;偏位即臣位,指萬有事相;正中偏即「君視臣」,指惟見事相,不見真如,「背理就事」;偏中正即「臣向君」,指惟見真如,不見事相,「捨事入理」;兼帶即「君臣合道」,指將體用、真俗、理事、淨染等統一融合,不偏於一邊。為深入闡述「五位君臣」之旨,其還借助《周易》中的一些卦象以說明之:將「正中來」配以「大過卦」,「偏中至」配以「中孚卦」,「正中偏」配以「巽卦」,「偏中正」配以「兌卦」,「兼中到」(兼帶)則相當於「重離」之卦。或又用圓相符號來表示:◓為「正中偏」,為君位;◒為「偏中正」,

為臣位；⊙為「正中來」，表示「君視臣」；○為「兼中至」，表示「臣向君」；●為「兼中到」，為君臣合。本寂禪師認為「已上五位歸入兼帶之一位。一而五，五而一，正其妙用也」。但因本寂禪師著重於修行實踐之上，在良价禪師創立的「三種滲透」、「三路」之法外，又建立了「三種墮」、「四異類」、「三燃燈」諸說，而對本宗區別於他宗的特色，如重視見解、善於融會、坐禪看經等，並未作任何自覺系統的反思，從而使宗門伏下深刻的內在危機。日本學者忽滑谷快天於《中國禪學思想史》指出：「使洞山宗旨明於世者本寂也，使洞山宗旨墜於死型者亦本寂也。」即是針對此而言的。

洞山第二世道全禪師

洞山道全禪師，第二世住，亦云「中洞山」。初問洞山价和尚：「如何是出離❶之要？」洞山曰：「闍梨足下煙生。」師當下契悟，更不他遊。雲居膺進語云：「終不敢孤負和尚足下煙生。」洞山云：「步步玄者，即是功到。」暨价和尚圓寂，眾請踵迹住持，海眾❷悅服，玄風不墜。

僧問：「佛入王宮，豈不是大聖再來？」師曰：「護明❸不下生。」僧曰：「既是大聖再來，何更六年苦行❹？」師曰：「幻人呈幻事。」曰：「非幻者如何？」師曰：「王宮覓不得。」

問：「清淨行者不入涅槃，破戒比丘不入地獄，如何？」師曰：「度盡無遺影，還他越涅槃。」

問：「極目千里，是什麼風範？」師曰：「是闍梨風範。」曰：「未審和尚風範如何？」師曰：「不布婆娑❺眼。」

【注釋】❶出離　出離生死而證入於涅槃。《佛地論》：「言出離者，即是涅槃。」❷海眾　形容僧人數量眾多。❸護明　釋迦牟尼生於覩史多天，號護明大士。❹六年苦行　釋迦牟尼出家以後至成道日為六年苦行。見《因果經》。❺婆娑　舞蹈貌。《詩經・陳風・東門之枌》：「子仲之子，婆娑其下。」孔穎達疏：「舞者之容婆娑然。」

【語譯】洞山道全禪師，第二世住持，亦稱「中洞山」。起初問洞山良价和尚道：「什麼是出離生死的要旨？」洞山和尚說道：「闍梨的腳下生出煙來了。」道全當下就契悟了，再也不到其他地方行遊了。雲居道膺禪師進言說：「終究不敢辜負和尚的腳下生出煙來。」洞山和尚說道：「步步玄妙，就是功德到了。」等到洞山良价和尚圓寂後，眾僧迎請道全禪師接任寺院主持，海內禪眾都心悅誠服，宗門之風得以不墜。

有僧人問道：「佛陀進入了王宮，難道不是大聖人又來了嗎？」道全禪師回答：「護明大士不降生。」僧人便問道：「既然是大聖人又來到，何必再為六年苦行？」道全回答：「行幻術的人在表演幻戲。」僧人問道：「不是行幻術的人又怎麼樣？」道全回答：「王宮裡尋不到。」

有僧人問道：「清淨的行者不入涅槃，破戒的比丘不入地獄的時候怎麼樣呢？」道全禪師說道：「度人已盡沒留遺影，歸還給他超越生死的涅槃境界。」

有僧人問道：「放眼千里，那是什麼風範？」道全禪師回答：「是闍梨的風範。」僧人問道：「不知道和尚的風範怎麼樣？」道全回答：「不展示婆娑之眼。」

湖南龍牙山居遁禪師

湖南龍牙山❶居遁禪師，撫州南城人也，姓郭氏。年十四，於吉州滿田寺出家，後往嵩嶽受戒，乃杖錫遊諸禪會。因參翠微和尚，問曰：「學人自到和尚法席一箇餘月，每日和尚上堂，不蒙一法示誨，意在於何？」翠微曰：「嫌什麼？」有僧舉前語問洞山，洞山云：「闍梨爭怪得老僧！」法眼別云：「祖師來也。」東禪齊云：「此三人尊宿，語還有親疏也無？若有，阿那箇親？若無親疏，眼在什麼處？」又謁德山，問曰：「遠聞德山一句佛法，及乎到來，未曾見和尚說一句佛法。」德山曰：「嫌什麼！」師不肯，乃造洞山，如前問之，洞山曰：「爭怪得老僧！」師復舉德山頭落語，因而省過，遂止于洞山，隨眾參請。一日，問：「如何是祖師意？」洞山曰：「待洞水泝流❷，即向汝道。」師從此始悟厥旨，復摳衣八稔。受湖南馬氏❸請，住龍牙山妙濟禪苑，號證空大師。有徒五百餘眾，法無虛席。

上堂示眾曰：「夫參學人，須透❹過祖佛始得。新豐和尚❺云：祖教佛教似生怨家❻，始有學分。若透祖佛不得，即被祖佛謾去。」時有僧問：「祖佛還有謾人之心也無？」師曰：「汝道江湖還有礙人之心也無？」又曰：「江湖雖無礙人之心，為時人過不得，江湖成❼礙人去，不得道江湖不礙人。祖佛雖無謾人之心，為時人透不得，祖佛成謾人去，不得道祖佛不謾人。若透得祖佛過，此人過卻祖佛也。始是體得祖佛意，方與向上古人同。如未透得，但學佛學祖，則萬劫無有得期。」又問：「如何得不被祖佛謾去？」師曰：「則須自悟去。」

師在翠微時，問：「如何是祖師意？」翠微曰：「與我將禪板❽來。」師遂過禪板，翠微接得便打。師曰：「打即任和尚打，且無祖師意。」又問臨濟：「如何是祖師意？」臨濟曰：「與我將蒲團來。」師乃過蒲團，臨濟接得便打。師曰：「打即任和尚打，且無祖師意。」後有僧問：「和尚行腳時，問二尊宿祖師意，未審二尊宿道眼明也未？」師曰：「明即明也，要且無祖師意。」東禪齊云：「眾中道『佛法即有，只是無祖師意』。若恁麼會，有何交涉？別作麼生會『無祖師意』底道理？」

問：「如何是道？」師曰：「無異人心是。」又曰：「若人體得道無異人心，始是道人。若是言說，則勿交涉。道者，汝知打❾底道人否？十二時中，除卻著衣喫飯，無絲髮異於人心，無誑人心，此箇始是道人。若道我得我會，則勿交涉，大不容易。」

問：「如何是祖師西來意？」師曰：「待石烏龜解語，即向汝道。」曰：「石烏龜語也。」師曰：「向汝道什麼？」問：「古人得箇什麼便休去？」師曰：「如賊入空室。」

問：「無邊身菩薩❿為什麼不見如來頂相⓫？」師曰：「汝道如來還有頂相

麼？」

問：「大庾嶺頭⑫提不起時如何？」師曰：「六祖為什麼將得去？」

問：「二鼠侵藤⑬時如何？」師曰：「須有隱身處始得。」曰：「如何是隱身處？」師曰：「還見儂家⑭麼？」

問：「維摩掌擎世界，未審維摩向什麼處立？」師曰：「道者，汝道維摩掌擎世界？」

問：「知有底人還有生死也無？」師曰：「恰似道者未悟時。」

問：「如何是西來意？」師曰：「此一問最苦⑮。」（報慈云：「此一問最好。」）

問：「祖意與教意同別？」師曰：「祖師在後來。」

問：「祖師是無事沙門？」師曰：「若是沙門，不得無事。」曰：「為什麼不得無事？」師曰：「覓一箇難得。」

問：「蟾蜍⑯無返照之光，玉兔⑰無伴月之意時如何？」師曰：「堯、舜⑱之君，猶有化在。」（東禪齊云：「是什麼問訊與上座？十二時中是什麼時節？」）

問：「如何得此身安去？」師曰：「不被別身謾始得。」（法眼別云：「誰惱亂汝？」）

師唐龍德三年⑲癸未八月示有微疾，九月十三日夜半，大星隕于方丈前，詰日端坐而逝，壽八十有九。

【注釋】❶龍牙山　在湖南長沙。五代時於山中建妙濟禪苑，宋代改稱法濟寺。❷泝流　即逆流、倒流。❸馬氏　即馬殷，五代楚國創立者，字霸圖，河南許州人。少為木工，應募從軍，隨孫儒入揚州，後攻取潭州，被唐封為潭州刺史，進武安節度使，五代後梁時封為楚王。❹透　超越。❺新豐和尚　此指洞山良价禪師。❻怨家　仇敵。❼成　通「誠」。確實的意思。❽禪板　坐禪時用以擱手或靠身的用具。❾打　泛指各種行為動作。唐人王建〈揚州尋張籍不見〉詩：「西江水闊吳山遠，卻打船頭向北行。」❿無邊身菩薩　即如來的異名。《傳心法要》下：「問：無邊身菩薩為什麼不見如來頂相？師云：實無可見。何以故？無邊身菩薩即是如來，不應更見。但無諸見，即是無邊身。若有見處，即名外道。」⓫頂相　如來頭頂有一肉髻，一切人天都不能見，故名無見頂相。⓬大庾嶺頭　謂六祖慧能大師自梅山五祖弘忍大師處得傳衣鉢後南歸嶺南，途經大庾嶺時，為道明禪師所追及。慧能大師將衣鉢擲於石上，道明禪師去取，卻不能提起。事見本書〈道明禪師〉章。⓭二鼠侵藤　《名義集》五曰：「大集云：昔有一人，避二醉象（喻生死），緣藤（喻命根）入井（喻無常），有黑白二鼠（喻日月或晝夜）齧藤將斷。傍有四蛇（喻四大）欲螫，下有三龍（喻三毒）吐火張爪拒之。其人仰望二象已臨井上，憂惱無托。忽有蜂（喻五欲）過，遺蜜滴入口。是人唼蜜，全忘危懼。」⓮儂家　第一人稱代詞。家，詞綴，表人。⓯此一問最苦　因祖師西來之意不立文字，不可用語言來表述，故曰「此一問最苦」。⓰蟾蜍　傳說月中有蟾蜍，故用為月的代稱。唐代詩人李白〈古朗月行〉：「蟾蜍蝕圓影，大明夜已殘。」⓱玉兔　傳說月中有玉兔，故也用為月的代稱。晉人傅咸〈擬天問〉詩：「月中何有？玉兔搗藥。」⓲堯舜　傳說中上古時期的兩位賢君。⓳龍德三年　五代後梁末帝的年號，即後唐莊宗同光元年。是年後唐滅後梁，八月尚未改年號，故仍稱龍德三年。

【語譯】湖南龍牙山居遁禪師（八一五～九二三年），撫州南城（今屬江西）人，俗姓郭。他十四歲時，在吉州（今江西吉安）滿田寺出家，後來前往嵩嶽接受了具足戒，就杖錫雲遊各地禪寺佛會。居遁因參拜翠微和尚而詢問道：「學生自從來到和尚的法席已有一個多月了，每天侍從和尚上堂，卻未蒙有一法指示教誨，其意思是什麼呢？」翠微和尚說道：「嫌什麼？」。有僧人舉出上面的話頭來問洞山和尚，洞山和尚說道：「闍梨怎能責怪老僧！」法眼禪師別為回答：「祖師來了。」東禪齊禪師說道：「這三人都是高僧大德，所說的話，與佛法還有親近疏遠之分嗎？如果有，哪個親近？如果不分親近疏遠，法眼卻在什麼地方？」居遁又去拜謁德山和尚，問道：「我在遠方就聽說有德山一句佛法，等來到此地，卻沒有聽見和尚說過一句佛法。」德山和尚說道：「嫌什麼！」居遁不許可，就來參拜洞山和尚，如前提問，洞山和尚回答：「怎麼能責怪老僧！」居遁又舉出德山和尚頭落地的話頭，因此而省悟過失，就止息於洞山，隨從眾僧參拜請益。有一天，居遁問道：「什麼是祖師西來的意旨？」洞山和尚回答：「等到洞水逆流的時候，就對你說明。」居遁由此領悟了洞山和尚的意旨，就又在洞山和尚身邊服役八年。後來接受湖南節度使馬氏的迎請，住持龍牙山妙濟禪苑，號證空大師。有徒眾五百餘人，他講法從無有虛席的。

居遁禪師上堂對眾僧說法道：「參學佛法的人，其見解一定要超越佛和祖師才行。新豐和尚說：看待佛之言教與祖師之言教就好像是一對怨家一樣，才有參學的緣分。如果見解不能超過佛和祖師，就會被佛和祖師所矇騙。」當時有一位僧人問道：「佛和祖師還有矇騙人之心嗎？」居遁反問道：「你說江湖還有阻礙人之心嗎？」他接著又說道：「江湖雖然沒有阻礙人之心，因為人們過不去，所以江湖確實阻礙了人，不能說江湖沒有阻礙人。佛和祖師雖然沒有矇騙人之心，卻因為讓人們不能超越，所以佛和祖師確實矇騙了人，不能說佛和祖師沒有矇騙人。如果見解能超越佛和祖師，那人也就超過了佛和祖師。因此才能體會出佛和祖師的旨意，方才可以與向上的古人一樣。如果見解沒有超越，只是學佛學祖師，那麼歷盡萬劫也就沒有成功之日。」那僧人又問道：「怎樣才能不被佛和祖師所矇騙呢？」居遁回答：「那必須要自己去體悟。」

居遁禪師在翠微和尚那裡時，曾問道：「什麼是祖師西來的意旨？」翠微和尚說：「給我把禪板拿來。」居遁就拿來了禪板，翠微和尚接過了禪板就打。居遁叫道：「打就任從和尚打了，只是沒有祖師西來的旨意。」居遁後來又問臨濟和尚：「什麼是祖師西來的意旨？」臨濟和尚說：「給我拿蒲團來。」居遁拿來了蒲團，臨濟和尚接過來就打。居遁叫道：「打就任從和尚打了，只是沒有祖師西來的意旨。」此後有僧人問道：「和尚行腳的時候，向兩位高僧詢問祖師西來的意旨，不知道兩位高僧的法眼是否明亮？」居遁回答：「明亮是明亮的，主要是沒有祖師西來的意旨。」東禪齊禪師說道：「眾人認為『佛法是有的，只是沒有祖師西來的意旨』。如果是作這樣的理解，同教義又有什麼關涉？另外又怎麼來領會『沒有祖師西來的意旨』的道理呢？」

有僧人問道：「什麼是道？」居遁禪師回答：「無異於人心就是道。」他接著又說：「如果一個人體會到了道無異於人心，才是一個道人。如果只是言說，那同道就沒有關涉了。道者，你知道所謂的道人嗎？在十二個時辰中，除去穿衣吃飯，沒有絲毫不同於人心，也不誑騙人心，這個才算是道人。如果只是稱說我悟得了，我領會了，其實與道並沒有關涉，這太不容易了。」

有僧人問道：「什麼是祖師西來的意旨？」居遁禪師回答：「等到石烏龜能夠說話了，就對你說。」僧人說道：「石烏龜說話了。」居遁問道：「對你說了什麼？」僧人又問道：「古人得到了什麼才罷休？」居遁回答：「就如同是小偷來到了空空如也的房間內。」

有僧人問道：「無邊身菩薩為什麼看不見如來佛的頂相？」居遁禪師反問道：「你說如來佛還有頂相嗎？」

有僧人問道：「道明禪師在大庾嶺頭提不起衣鉢時怎麼樣？」居遁禪師反問道：「六祖大師為什麼能拿去？」

有僧人問道：「二鼠侵齧藤條的時候怎麼辦？」居遁禪師回答：「必須有一個藏身之處才行。」僧人問道：「什麼是藏身之處？」居遁反問道：「你還看得見我嗎？」

有僧人問道：「維摩以手掌高擎世界，不知道維摩站立在什麼地方？」居遁禪師反問道：「道者，你是說維摩以手掌高擎世界嗎？」

有僧人問道：「知道『有』的人，還有沒有生死輪迴？」居遁禪師回答：「恰如道者沒有悟道的時候。」

有僧人問道：「什麼是祖師西來的意旨？」居遁禪師回答：「這一個問題最苦了。」報慈禪師說道：「這一個問題最好。」

有僧人問道：「祖師之意與教意是相同的還是不同的？」居遁禪師回答：「祖師在後面。」

有僧人問道：「祖師是一個無事沙門嗎？」居遁禪師回答：「如果是沙門，就不會無事。」僧人問道：「為什麼不能無事？」居遁回答：「找出一個都很難。」

有僧人問道：「蟾蜍沒有返照之光，玉兔沒有伴月之意的時候怎麼樣？」居遁禪師回答：「堯、舜這樣的賢君，其教化延續到了今天。」東禪齊禪師說道：「是什麼樣的問題給上座？十二時辰中是指什麼時候？」

有僧人問道：「怎樣才能使此身安寧？」居遁禪師回答：「不受他人的欺矇才行。」法眼禪師另外回答：「誰惱亂了你？」

居遁禪師於五代後唐龍德三年癸未歲（九二三年）八月患了小病，九月十三日半夜，有一顆大星隕落在方丈室前，凌晨，居遁禪師端坐圓寂，享年八十九歲。

京兆華嚴寺休靜禪師

京兆華嚴寺❶休靜禪師。師曾在樂普作維那，白槌普請曰：「上間搬柴，下間鋤地。」時第一座問：「聖僧作麼生？」師曰：「當堂不正坐，不赴兩頭❷機。」

師在洞山時，問曰：「學人未見理路，未免情識。」洞山曰：「汝還見理路也無？」曰：「見無理路。」洞山曰：「什麼處得情識來？」曰：「學人實問。」洞山曰：「恁麼須向萬里無寸草處立。」曰：「無寸草處還許立也無？」洞山曰：「直須恁麼去！」

搬柴次，洞山把住柴問：「狹路相逢時作麼生？」曰：「反仄❸何幸！」洞山曰：「汝記吾言，汝向南住，有一千人，若向北住，即三、二百而已。」師初住福州東山❹之華嚴，未幾屬後唐莊宗皇帝❺徵入輦下，大闡玄風，其徒果三百矣。

問：「祖意與教意同別？」師曰：「探盡龍宮藏，眾義不能詮。」

問：「大悟底人為什麼卻迷？」師曰：「破鏡不重照，落花難上枝。」

問：「大軍❻設天王齋❼求勝，賊軍❽亦設天王齋求勝，未審天王赴阿誰願？」師曰：「天垂雨露，不揀榮枯。」

一日，車駕❾入寺燒香。帝問曰：「遮箇是什麼神？」師對曰：「護法善神。」帝曰：「沙汰時什麼處去來？」師曰：「天垂玉露❿，不為榮枯。」

師後遊河朔⓫，於平陽示滅，荼毗獲舍利，建四浮圖：一晉州，二房州，三終南山逍遙園⓬，四終南山華嚴寺。敕諡寶智大師、無為之塔。

【注釋】❶華嚴寺　在陝西西安南終南山麓。❷兩頭　比喻頭緒甚多。❸反仄　同「反側」。不順從。❹東山　在福州市東。❺後唐莊宗皇帝　即李存勖，沙陀部首領李克用之子，五代後梁政權的創立者。初嗣位為晉王，據太原，與後梁連年混戰，專事殺戮。後梁龍德三年稱帝，國號唐，史稱後唐。同年攻滅後梁。同光三年因兵變被殺。❻大軍　此指後唐軍隊。❼天王齋　奉祀天王的齋會。天王，為佛教之護法神。傳說唐代天寶年間，吐蕃人侵犯西安州，天子詔令不空三藏法師誦咒語禳之，忽見金甲神人，不空法師說此是毗沙門天王第二子獨健，將前往救助。後來西安州奏捷報，稱西北有天王顯形，而取勝之。唐廷因命諸道立天王像。後戰陣間多設天王齋祀以求保佑之。❽賊軍　此指後梁軍隊。❾車駕　天子的坐車，此代指後唐莊宗。❿玉露　意同「雨露」。⓫河朔　地區名，泛指黃河以北。⓬逍遙園　在陝西長安西北。《十六國春秋》：「姚興時鳩摩羅什至長安。姚興如逍遙園，引諸沙門聽（羅）什說佛經。」一說唐代鄠縣的草堂寺即是姚興時之逍遙園。

【語　譯】京兆（今陝西西安）華嚴寺休靜禪師。休靜曾經在樂普和尚那裡做維那，有一次鳴槌普請道：「上面房間的搬柴，下面房間的鋤地。」當時第一座就問道：「中堂的聖僧做什麼？」休靜回答：「當堂的不正坐，不赴兩頭之機。」

休靜禪師在洞山之時，曾說道：「學生沒有看見理路，未免產生了情識。」洞山和尚問道：「你還有沒有看見理路？」休靜回答：「看見了無理之路。」洞山和尚問道：「什麼地方得來的情識？」休靜說道：「學生問的正是這個。」洞山和尚說道：「這樣的話，就須到荒漠萬里不生寸草之處站立。」休靜問道：「不生寸草之處還許我站立嗎？」洞山和尚回答：「就得這樣去！」

搬柴的時候，洞山和尚抓住木柴問道：「狹路相逢的時候怎麼辦？」休靜禪師回答：「反仄何其幸運！」洞山和尚便說道：「你記住我的話，你向南居住，就有一千個弟子，如果向北居住，就只有二、三百個徒弟而已。」休靜起初主持福州（今屬福建）東山之華嚴寺，不久就被後唐莊宗皇帝徵召進京城，大力闡述玄門禪風，其門下果然只有三百人。

有僧人問道：「祖師之意與教意是相同的還是不同的？」休靜禪師回答：「探盡龍宮的寶藏，也不能詮釋這眾多的意義。」

有僧人問道：「大悟大徹的人為什麼反而迷惑了？」休靜禪師回答：「破鏡不能再照，落花難重上枝頭。」

有僧人問道：「大軍設立天王齋來祈求勝利，賊軍也設立天王齋來求勝利，不知道天王會前往哪一個齋會？」休靜禪師回答：「上天垂降雨露，並不挑揀草木的榮茂和枯萎。」

有一天，唐莊宗來寺內燒香。唐莊宗問道：「這個是什麼神？」休靜禪師回答：「是護持佛法的善神。」唐莊宗問道：「那當年廢佛之時，他在什麼地方？」休靜回答：「上天垂降雨露，並不挑揀草木的榮茂和枯萎。」

後來休靜禪師雲遊河朔地區，在平陽（即晉州，今山西臨汾）圓寂，火化後獲得舍利，分建四座舍利塔：第一座在晉州，第二座在房州（今湖北房縣），第三座在終南山逍遙園，第四座在終南山華嚴寺。天子下詔賜其諡號曰寶智大師，靈塔名無為之塔。

京兆蜆子和尚

京兆蜆子和尚，不知何許人也，事迹頗異，居無定所。自印心於洞山，混俗於閩川，不畜道具❶，不循律儀。常日沿江岸採掇蝦蜆❷以充腹，暮即臥東山白馬廟❸紙錢❹中，居民目為「蜆子和尚」。華嚴靜師聞之，欲決真假，先潛入紙錢中。深夜師歸，靜把住問曰：「如何是祖師西來意？」師遽答曰：「神前酒臺盤。」靜奇之，懺謝而退。後靜師化行京都，師亦至焉，竟不聚徒演法，惟佯狂而已。

【注釋】❶道具　凡衣鉢什物等一切資助學道身之具，就稱之為道具。❷蜆　軟體動物，與文蛤同類，殼外褐色，肉紫色，可吃。❸白馬廟　道觀，在福州東山。❹紙錢　舊俗祭祀時燒化給私人當錢用的紙錠之類。

【語譯】京兆（今陝西西安）蜆子和尚，不知是什麼地方的人，他的事跡很是奇特，沒有固定的居所。他自從在洞山和尚那裡印證了佛心之法後，就混跡於福州一帶的俗塵之間，不置辦道具，不遵循戒律儀規。他經常沿著江岸採捉一些小蝦和蜆子來填飽肚子，晚上就睡在東山白馬廟裡的紙錢之中，當地百姓因此稱呼他為「蜆子和尚」。華嚴寺的休靜禪師聽說後，想辨明真假，就預先躲在紙錢之中。深夜，蜆子和尚回來，休靜禪師一把抓住了他，問道：「什麼是祖師西來的意旨？」蜆子和尚立即回答道：「神位前的酒臺酒盤。」休靜禪師十分驚奇，就慚愧地道歉而退。後來休靜禪師在京師教化禪法時，蜆子和尚也來到了京師，卻從不聚集徒眾演示佛法，只是裝瘋而已。

筠州九峰普滿大師

筠州九峰❶普滿大師，問僧：「離什麼處？」曰：「閩中。」師曰：「遠涉不易。」曰：「不難，動步便到。」師曰：「有不動步者麼？」僧曰：「有。」師曰：「爭得到此間？」僧無對，師曰：「賺殺人！」

問：「如何是和尚家風？」師曰：「即今是什麼？」曰：「學人不會。」師曰：「十字路上馬蘭花❷。」

【注釋】❶九峰　山名，在江西高安。山中有寺，五代南唐時建，宋代時名正覺寺。❷馬蘭花　多年生草本，春季開藍色花，產於我國河北、山東、安徽、江蘇等地。

【語譯】筠州（今江西高安）九峰山普滿大師，有一次問僧人道：「最近離開了什麼地方？」僧人回答：「閩中。」普滿說道：「跋涉這麼遠，真不容易。」僧人說道：「不難，抬腿就到。」普滿問道：「還有不抬腿的人嗎？」僧人回答：「有。」普滿問道：「怎麼來到了這裡？」那僧人不能回答，普滿說道：「賺殺人了！」

有僧人問道：「什麼是和尚的家風？」普滿大師反問：「就現在是什麼？」僧人說：「學生不明白。」普滿說道：「十字路上馬蘭花。」

台州幽棲道幽禪師

台州幽棲道幽禪師。鏡清問：「如何是少父？」師曰：「無標的❶。」曰：「無標的以為少父耶？」師曰：「有什麼過？」曰：「只如少父作麼生？」師曰：「道者是什麼心行？」

問：「如何是佛？」師曰：「汝不信，是眾生。」曰：「學人大信。」師曰：「若作勝解，即受群邪。」

師將示滅，有僧問曰：「和尚百年後向什麼處去？」師曰：「迢然❷！迢然！」言訖坐亡。

【注釋】❶標的　標準；標幟。❷迢然　遼遠貌。

【語譯】台州幽棲道幽禪師。鏡清禪師問道：「什麼是少父？」道幽回答：「沒有標準。」鏡清問道：「沒有標準就可看作是少父嗎？」道幽反問：「有什麼錯誤嗎？」鏡清問道：「只是拿少父怎麼辨呢？」道幽說道：「道者是什麼心行？」

有僧人問道：「什麼是佛？」道幽禪師回答：「你不相信，就是眾生。」僧人說道：「學生非常相信。」道幽說道：「如果作取勝理解，即接受了眾邪。」

道幽禪師將要圓寂時，有僧人問道：「和尚百年以後到什麼地方去？」道幽回答：「遠啊！遠啊！」說完就坐著圓寂了。

洞山第三世師虔禪師

後洞山師虔禪師，第三世住也，亦號青林和尚。初自夾山來參，先洞山价和尚問曰：「近離什麼處？」師曰：「武陵。」曰：「武陵法道何似此間？」師曰：「胡地冬抽筍。」价曰：「別甑❶炊香飯，供養於此人。」師乃出去。洞山曰：「此子向後走殺天下人在。」

師在洞山栽松，有劉翁者從師求偈，師作偈曰：「長長三尺餘，鬱鬱覆荒草。不知何代人，得見此松老？」劉翁得偈，呈于洞山。洞山曰：「賀翁翁❷喜，只此人是第三世也。」師先住隨州土門小青林蘭若，後果迴洞山接踵。

凡有新到僧，先令搬柴三轉，然後參堂。有一僧不肯，問曰：「三轉內即不問，三轉外如何？」師曰：「鐵輪天子❸寰中旨❹。」僧無對，師便打令去。

僧問：「昔年疾苦，又中毒，請師醫。」師曰：「金鎞❺撥破腦，頂上灌醍醐❻。」曰：「恁麼即謝師醫。」師便打。

問：「久負不逢時如何？」師曰：「古皇尺一寸。」問：「請師答話。」師曰：「修羅❼掌於日月。」

師上堂謂眾曰：「祖師宗旨，今日施行，法令已彰，復有何事？」時有僧問：「正法眼藏，祖祖同印。未審和尚傳付何人？」師曰：「靈苗生有地，大悟不存師。」

問：「如何是道？」師曰：「迴牛尋遠澗❽。」曰：「如何是道中人？」師曰：「擁雪首揚眉❾。」

問：「千差路別，如何頓曉？」師曰：「足下❿背驪珠，空怨長天月。」

【注釋】❶甑　古代一種蒸飯用的瓦器。❷翁翁　祖父；對老人的尊稱。❸鐵輪天子　即四輪王之一的鐵輪王，因感得鐵之輪寶而統御南閻浮提一洲的帝王，在增劫時人壽二萬歲出現，或者在減劫時人壽八萬歲以上出現。❹寰中旨　當為「寰中天子，塞外將軍」之略。意謂將兵在外，君命有所不受，以比喻學佛者當以自己感受為主，不要顧忌思慮太多。❺金鎞　古時醫生用以治眼病的器械。《正字通・金部》引《方書》：「刀似箭鏃者曰鎞。」《涅槃經》：「有盲人為治目，故造詣良醫。是時良醫即以金鎞療其眼膜。」❻頂上灌醍醐　即「醍醐灌頂」。醍醐是從牛乳中製得的甘美食品，古印度人視為牛乳「五味」之首與「世間第一上味」，且有很高的藥用價值。故佛教多用「醍醐」比喻無上「法味」亦即最高的教義。《涅槃經》曰：「從佛出生十二部經，從十二部經出修多羅，從修多羅出方等經，從方等經出般若波羅蜜，從般若波羅蜜出大涅槃，猶如醍醐。言醍醐者，喻于佛性。」灌頂本是古印度國王登基時的儀式，佛教密宗仿效此俗，在僧人嗣阿闍梨位時，舉行灌頂儀式。唐代善無畏《大日經疏》記：「以甘露法水而灌佛子之頂，令佛種永不斷故。」後代以「醍醐灌頂」比喻通過智慧啟迪，生發靈感，從而除卻疑慮和煩惱，坐受清涼。❼修羅　即阿修羅，六道眾生之一，意為不端正、非天。其形貌醜陋，似天而非天，常與帝釋交戰，為好鬥的惡神。❽迴牛尋遠澗　比喻人們通過「制心」之法才能從生死的此岸渡向涅槃的彼岸。佛家常言「制心一處，無事不辦」，並以「牛」來喻「心」。❾揚眉　思慮貌。❿足下　舊時對朋友的尊稱。

【語　譯】後洞山師虔禪師，洞山第三世住持，也稱青林和尚。當初從夾山和尚那裡來參拜，洞山首任住持良价和尚問道：「近來離開了什麼地方？」師虔回答：「武陵（今湖南常德）。」洞山和尚問道：「武陵的說法之道與這裡相似嗎？」師虔回答：「胡人居住之地，寒冬抽出竹筍。」洞山和尚說道：「另用甑器蒸煮香飯，來供養這個人。」師虔就出去了。洞山和尚說道：「這人以後會讓天下人競相來歸附他。」

師虔在洞山栽種松樹時，有一個劉姓老翁來向師虔求偈頌，師虔就作了一首偈頌道：「長長三尺餘，鬱鬱覆荒草。不知何代人，得見此松老？」劉翁得到這首偈頌，就呈獻給洞山和尚。洞山和尚說道：「向翁賀喜，這人就是洞山的第三世住持。」師虔起先住持隨州（今屬湖北）土門小青林蘭若，後來果然回到了洞山接任住持。

凡是有僧人新來到，師虔禪師就讓他先搬三次柴，然後再參堂拜見。有一個僧人不願意，問道：「三次之內就不問了，三次以外怎麼樣呢？」師虔回答：「鐵輪天子寰中旨。」那僧人不能應答，師虔便打他，把他趕了下去。

有僧人問道：「我往昔多疾病痛苦，現在又中了毒，請求和尚醫治。」師虔禪師回答：「金鎚撥破腦殼，從頂上灌下醍醐。」僧人說道：「這樣就謝謝和尚的醫治。」師虔就打他。

有僧人問道：「久負壯志而不遇知音的時候怎麼樣呢？」師虔禪師回答：「上古帝王高一尺一寸。」僧人請道：「請和尚答話。」師虔回答：「阿修羅掌握著日月。」

師虔禪師上堂告訴眾僧道：「祖師的宗旨，今日正在施行，法令已經彰明，還有什麼事可做？」當時有一個僧人問道：「如來的正法眼藏，祖師代代相印證。不知道和尚把它傳付給什麼人？」師虔回答：「靈苗自有生長之地，徹悟佛法不需要老師。」

有僧人問道：「什麼是道？」師虔禪師回答：「迴牛尋找遠處的澗流。」僧人再問道：「什麼是道中人？」

師虔回答：「擁抱著冰雪先揚眉。」

有僧人問道：「道路千差萬別，怎樣才能頓悟？」師虔禪師回答：「足下背負驪龍寶珠，卻徒然地怨恨長天明月。」

洛京白馬遁儒禪師

洛京白馬❶遁儒禪師。問：「如何是衲僧本分事❷？」師曰：「十道❸不通風，啞子傳遠信。」曰：「傳什麼信？」師乃合掌頂戴❹。

問：「如何是密室中人？」師曰：「才生不可得，不貴未生時。」曰：「是箇什麼不貴未生時？」師曰：「是汝阿爺。」

問：「三千里外嚮白馬，及乎到來為什麼不見？」師曰：「是汝不見，干老僧什麼事？」曰：「請和尚指示。」師曰：「指即勿交涉。」

問：「如何是學人本分事？」師曰：「昨夜三更日正午。」

問：「如何是法身向上事？」師曰：「井底蝦蟇吞卻月。」僧問黃龍：「如何是井底蝦蟇吞卻月？」黃龍云：「不奈何。」僧云：「恁即吞卻去也。」黃龍云：「一任吞。」僧云：「吞後如何？」黃龍云：「好蝦蟇！」

問：「如何是學人急切處❺？」師曰：「俊鳥❻猶嫌鈍，瞥然早已遲。」

問：「如何是西來意？」師曰：「點額❼猢猻探月波❽。」

【注　釋】❶白馬　即洛陽白馬寺，漢代置，傳為我國第一所佛寺，數毀於兵火，皆能修復，唐末五代時，為禪僧弘化之所。❷本分事　指領悟佛法、超脫生死之事。❸十道　即十字路口。❹頂戴　敬禮。梁武帝〈金剛般若懺悔文〉：「頂戴奉侍，終不捨離。」❺急切處　隱指頓悟之門徑。❻俊鳥　矯捷的鳥，指鷹類。❼點額　此指仕途失意或科場落第。❽猢猻探月波　意同俗語「猴子撈月一場空」。探月波，水中撈月之意。

【語　譯】東京洛陽白馬寺遁儒禪師。有僧人問道：「什麼是衲僧的本分事？」遁儒回答：「十字路口密不通風，啞巴捎來了遠方的口信。」僧人問道：「捎來了什麼口信？」遁儒便合掌敬禮。

有僧人問道：「什麼是密室中的人？」遁儒禪師回答：「剛生下的不能得到，沒有出生時卻不可貴。」僧人問道：「是個什麼沒有出生時卻不可貴？」遁儒回答：「是你的阿爺。」

有僧人問道：「我在三千里外就嚮慕白馬寺的禪機，等來到後卻為什麼沒有看見？」遁儒禪師回答：「是你沒看見，干老僧什麼事？」僧人請道：「還請和尚指示門徑。」遁儒說道：「指示就與禪法沒關涉了。」

有僧人問道：「什麼是學生的本分事？」遁儒禪師回答：「昨夜三更時分，日頭正在中天。」

有僧人問道：「什麼是法身向上之處？」遁儒禪師回答：「井底蛤蟆吞掉了月亮。」有僧人問黃龍禪師道：「什麼是井底蛤蟆吞掉了月亮？」黃龍禪師說道：「沒奈何。」僧人說道：「這樣就吞掉了。」黃龍禪師說道：「任憑它吞掉。」僧人再問道：「吞掉以後怎麼樣？」黃龍說道：「好一隻蛤蟆！」

有僧人問道：「什麼是學生的急切之處？」遁儒禪師回答：「俊鳥還嫌牠愚鈍，瞬間消失也已經遲了。」

有僧人問道：「什麼是祖師西來的意旨？」遁儒禪師回答：「點額猢猻探月波。」

越州乾峰和尚

越州乾峰和尚，或云瑞峰。問僧：「什麼處來？」曰：「天台。」師曰：「見說石橋❶作兩段，是否？」曰：「和尚什麼處來得遮消息來？」師曰：「將謂華頂峰❷前客，元是平田❸莊裡人。」

問：「如何得出三界？」師曰：「喚院主來，趁出遮僧著！」

師問眾僧：「輪迴六趣，具什麼眼？」眾無對。

問：「如何是超佛越祖之談？」師曰：「老僧問汝。」曰：「和尚且置。」師曰：「老僧一問尚自不會，問什麼超佛越祖之談！」

【注釋】❶石橋　指浙江天台山之石樑飛瀑景點上的天生石樑。❷華頂峰　為天台山的主峰，眾山環拱，可觀日出。上有拜經臺，為智者大師拜經之處。山上多霧，宜栽茶，名雲霧茶。❸平田　地名，在天台山麓。

【語譯】越州（今浙江紹興）乾峰和尚，有人稱他為瑞峰和尚。問一個僧人道：「最近離開了什麼地方？」僧人回答：「天台山。」乾峰和尚便問道：「聽說石橋斷作了兩段，是不是啊？」僧人反問道：「和尚從什麼地方得到的這個消息？」乾峰和尚說道：「還當是華頂峰上的禪客，卻原來是平田莊裡的農夫。」

有僧人問道：「怎麼才能超出三界之外？」乾峰和尚說道：「把院主叫來，趕這個僧人出去！」

乾峰和尚問眾僧人道：「輪迴於六趣之中，具備了什麼眼？」眾僧不能應答。

有僧人問道：「什麼是超佛越祖之談論？」乾峰和尚說道：「老僧問你。」那僧人說道：「和尚的問題暫且放在一邊。」乾峰和尚說道：「老僧的一個問題尚且不能領會，還問什麼超佛越祖之談論！」

吉州禾山和尚

吉州禾山和尚。僧問：「學人欲申一問，師還容許否？」師曰：「禾山答汝了也。」問：「如何是西來意？」師曰：「禾山大頂❶。」問：「如何是和尚家風？」師曰：「滿目青山起白雲。」

【注釋】❶大頂　大腦門。頂，頭頂；腦門。

【語譯】吉州（今江西安吉）禾山和尚。有僧人問道：「學生想要提一個問題，和尚還許可嗎？」禾山和尚回答：「禾山已經回答你了。」又有僧人問道：「什麼是祖師西來的意旨？」禾山和尚回答：「禾山的大頂。」僧人問道：「什麼是和尚的家風？」禾山和尚回答：「滿目青山白雲起。」

明州天童山咸啟禪師

明州天童山❶咸啟禪師。先住蘇州寶花山。僧問：「如何是本來無物？」師曰：「石潤無含玉，鑛異自金生。」

伏龍山❷和尚來，師問：「什麼處來？」曰：「伏龍來。」師曰：「還伏得龍麼？」曰：「不曾伏遮畜生。」師曰：「喫茶去！」

簡大德問：「學人卓卓❸上來，請師的的❹。」師曰：「我遮裡一屙便了，有什麼卓卓的的！」曰：「和尚恁麼對話，更買草鞋行腳好！」師曰：「近前來。」簡近前，師曰：「只如老僧恁麼對，過在什麼處？」簡無對，師便打。

【注釋】❶天童山　在浙江寧波東六十五里，山勢甚高秀，有玲瓏巖、龍隱潭諸勝跡。山麓天童寺，為禪宗名寺。❷伏龍山　又名箬山，在浙江鎮海西北八十里，首尾跨東西兩海門，蜿蜒如龍，中有千丈巖等。❸卓卓　突出貌。《世說新語・容止》：「嵇延祖卓卓如野鶴之在雞群。」❹的的　明亮貌。《淮南子・說林》注：「的的，明也，為眾所見也。」

【語譯】明州（今浙江寧波）天童山咸啟禪師。起先住持蘇州（今屬江蘇）寶花山。有僧人問道：「什麼是本來無物？」咸啟回答：「石頭濕潤並不一定內含寶玉，礦石奇異自然藏金。」

伏龍山和尚來拜訪，咸啟禪師問道：「你從什麼地方來的？」伏龍和尚回答：「從伏龍山來。」咸啟問道：「還降伏龍了嗎？」伏龍和尚回答：「不曾降伏那畜生。」咸啟喝道：「吃茶去！」

簡大德請道：「學生卓卓前來，請和尚的的應答。」咸啟禪師喝道：「我這裡屙屎一下便了，有什麼卓卓的的！」簡大德說道：「和尚這樣答話，還是買雙草鞋去行腳為好！」咸啟招呼道：「上前來。」簡大德走上前，咸啟問道：「只如老僧這麼答話，過錯在什麼地方？」簡大德不能應答，咸啟便打他。

潭州寶蓋山和尚

潭州寶蓋山和尚。僧問：「一間無漏舍❶，合是何人居？」師曰：「無名不掛體。」曰：「還有位也無？」師曰：「不處。」

問：「如何是寶蓋❷？」師曰：「不從人天得。」曰：「如何是寶蓋中人？」師曰：「不與時人知。」僧曰：「佛來時如何？」師曰：「覓他路不得。」

問：「切切❸時為什麼不立人？」師曰：「歸亦蹋不著。」曰：「恁麼時如何成立？」師曰：「不與時人知。」

問：「世界壞時，此箇何處去？」師曰：「千聖尋不得。」曰：「時人如何歸向？」師曰：「直須❹似他去。」曰：「還有的也無？」師曰：「不立標則❺。」

【注釋】❶無漏舍　不破不陋的房間，比喻能斷三界煩惱，臻達至上之境界。❷寶蓋　裝飾以寶玉的天蓋，懸掛於佛、菩薩及講經師等之高座上。❸切切　形容聲音輕微。❹直須　必須；應當。❺標則　標準規則。

【語譯】潭州（今湖南長沙）寶蓋山和尚。有僧人問道：「一間無漏房屋，應當由誰來住？」寶蓋和尚回答：「無名便不提及。」僧人問道：「還有位置嗎？」寶蓋和尚回答：「不在那裡。」

有僧人問道：「什麼是寶蓋？」寶蓋和尚回答：「不從人天兩道而得。」僧人再問道：「什麼是寶蓋中的人？」寶蓋和尚回答：「不讓世人知曉。」僧人問道：「佛來的時候怎麼樣？」寶蓋和尚回答：「找不到他的蹤跡。」

有僧人問道：「聲音輕微的時候為什麼不讓人站立？」寶蓋和尚回答：「歸來也踩不著他。」僧人問道：「這樣的時候怎麼能讓人站立？」寶蓋和尚回答：「不讓世人知曉。」

有僧人問道：「世界崩潰的時候，此物到什麼地方去了？」寶蓋和尚回答：「千萬個聖人也找不到它。」僧人問道：「那麼世人怎麼歸依嚮慕呢？」寶蓋和尚回答：「必須像他一樣。」僧人問道：「還有方向嗎？」

寶蓋和尚回答：「不建立標準規則。」

益州北院通禪師

益州北院通禪師，在夾山時，一日夾山上堂曰：「坐斷❶主人公❷，不落第二見❸。」師出曰：「須知有一人不合伴❹。」夾山曰：「猶是第二見。」師乃掀倒禪牀，夾山曰：「老兄作麼生？」師曰：「待某甲舌頭爛，即向和尚道。」異日，師又問夾山曰：「『目前無法，意在目前。不是目前法，非耳目之所到。』豈不是和尚語？」夾山曰：「是。」師乃掀倒禪牀，叉手立地。夾山起來，打一拄杖，師便下去。法眼云：「是他掀倒禪牀，何不便去？須待夾山打一棒了去，意在什麼處？」

師在洞山，隨眾參請，未契旨，遂辭洞山，擬入嶺去。洞山曰：「善為！飛猿嶺❺峻，好看❻。」師沉吟良久，洞山曰：「通闍梨。」師應諾，洞山曰：「何不入嶺去？」師因此不入嶺，師事於洞山。時號「钁頭❼通」。

住後，上堂示眾曰：「諸上座有什麼事，出來論量❽取。若上上根機，不假如斯。若是中下之流，直須團❾削門戶，索索❿地，莫教入泥水⓫。第一速疾省事⓬，應須無心。若不無心，舉得千般萬般，只成知解，與此衲僧門下有什麼交涉？」

僧問：「如何是無心？」師曰：「不管繫。」

問：「二龍爭珠，誰是得者？」師曰：「得即失。」曰：「不失如何？」師曰：「還我珠來！」

問：「如何是清淨法身？」師曰：「無點汙。」問：「轉⑬不得時如何？」師曰：「功不到。」

問：「如何是大富貴底人？」師曰：「如輪王寶藏⑭。」曰：「如何是赤窮⑮底人？」師曰：「如酒店腰帶⑯。」

問：「水灑不著時如何？」師曰：「乾剝剝⑰地。」問：「一槌便成時如何？」師曰：「不是偶然。」

示滅後，敕諡證真大師。

【注釋】❶坐斷　占住；占盡。宋人戴復古〈玉華洞〉詩：「中有補陀仙，坐斷此瀟灑。」❷主人公　禪家提倡自心是佛、自我為主，「主人公」之稱呼隱含此意。❸第二見　意同「第二意」。禪家常以「第一意」指超越通常的言句義理，而與之相對的「第二意」即指不合禪法的、通常的言句義理。❹合伴　贊同；認可。❺飛猿嶺　在江西黎川東六十里，亦名飛猿嶠。❻好看　留心；注意。唐人杜荀鶴〈送舍弟〉詩：「好看前路事，不比在家時。」❼钁頭　鋤頭。❽論量　商量；討論。❾團　「剸」的借詞。剸，原意為裁，引申為斟酌、估量。❿索索　恐懼貌。《易·震》：「震索索。」⓫入泥水　即糾纏不清，拖泥帶水。⓬速疾省事　此指頓悟。⓭轉　「轉大法輪」之略。即向學僧演示禪法。⓮輪王寶藏　轉輪王有七寶，一曰金輪寶，二日白象寶，三日紺馬寶，四日神珠寶，五日玉女寶，六日居士寶，七日主兵寶。⑮赤窮　比喻十分貧窮。⑯酒店腰帶　比喻身入酒家，卻腰間金盡而不能沽酒之窘狀。⑰乾剝剝　乾枯的；乾硬的。

【語　譯】益州（今四川成都）北院通禪師，當初在夾山的時候，夾山和尚有一天上堂說法道：「坐斷主人公，不落第二見。」通禪師站出來說道：「要知道有一個人不贊同。」夾山和尚說道：「還是第二見。」通禪師就掀翻了禪牀，夾山和尚叫道：「老兄怎麼了？」通禪師回答：「等到我舌頭爛掉後，再告訴和尚。」又有一天，通禪師問夾山和尚道：「『眼前沒有法，法意在眼前。不是眼前法，即不是耳目所能到的。』這難道不是和尚說的話嗎？」夾山回答：「是的。」通禪師就掀翻了禪牀，雙手合十站在那裡。夾山和尚站起來，打了他一拄杖，通禪師就下去了。法眼禪師說道：「是他掀翻了禪牀，為什麼不立刻離去？還要等到夾山和尚打了他一拄杖才走，這是什麼意思？」

通禪師在洞山時，隨從僧眾參拜請益，沒能契合宗旨，就前來辭別洞山和尚，打算進入深山去修行。洞山和尚說道：「好好保重！飛猿嶺險峻，當心一些。」通禪師沉吟了許久，洞山和尚招呼道：「通闍梨。」通禪師答應一聲，洞山和尚問道：「為什麼還不進山去？」通禪師因此有所省悟，就不再進山，而師從洞山和尚。當時號為「鑊頭通」。

通禪師當住持以後，有一次上堂指示眾僧道：「諸位上座有什麼事，就站出來探討。假如是上上根機者，就不需要這樣。假如是中下之流，就必須裁量消除門戶之見，要謹慎小心，不要讓他拖泥帶水。第一速疾的省悟，應當做到無心。如果不能做到無心，縱然學得千般萬般，也只是一些知識見解，與這衲僧門下又有什麼關涉？」有僧人問道：「什麼是無心？」通禪師回答：「不加管束。」

有僧人問道：「二龍爭珠，哪一個能獲得呢？」通禪師回答：「獲得就是失去。」僧人問道：「不失去的怎麼樣？」通禪師說道：「還我寶珠！」

有僧人問道：「什麼是清淨法身？」通禪師回答：「沒有一點汙染。」僧人問道：「不能轉大法輪時怎麼辦？」通禪師回答：「功夫不到。」

有僧人問道：「什麼是大富貴的人？」通禪師回答：「如同是轉輪王的寶藏。」僧人問道：「什麼是赤窮的人？」通禪師回答：「如同是酒店裡的腰帶。」

有僧人問道：「水灑不到時怎麼樣？」通禪師回答：「乾剝剝的。」僧人問道：「一槌敲下去就成的時候怎麼樣？」通禪師回答：「不是偶然的。」

通禪師圓寂以後，天子賜諡號曰證真大師。

高安白水本仁禪師

高安白水❶本仁禪師，自洞山受記，唐天復中遷止洪井❷高安白水院，眾盈三百，玄言流播。

因設洞山忌齋，有僧問：「供養先師，先師還來也無？」師曰：「更下一分供養著。」

洪州西山眾行者來禮拜，問曰：「今日不為別事，乞師指示。」師曰：「汝諸人求指示邪？」對曰：「是。」師曰：「教我委付❸阿誰？」

鏡清行腳到，師謂之曰：「時寒，道者清。」曰：「不敢。」師曰：「還有臥單❹得蓋否？」曰：「設有，亦無展底功夫。」師曰：「直饒道者滴水滴凍❺，亦不干他事。」曰：「滴水冰生，事不相涉。」師曰：「是。」曰：「此人意作麼生？」師曰：「此人不落意❻。」曰：「不落意，此人那❼？」師曰：「高山頂上，無可與道者啗❽啄。」

問：「如何是西來意？」師曰：「還見庭前杉欏樹❾否？」曰：「恁麼即和尚今日因學人致得是非。」師曰：「多口！」

座主皎然去後，師知是雪峰禪客，乃曰：「盜法之人，終不成器。」皎然後住長生山，有僧問：「從上宗乘，如何舉唱？」然曰：「不可為闍梨一人，荒卻長生山也。」玄沙聞之曰：「然師兄佛法即大行❿，受記⓫之緣亦就⓬矣。」厥後眾緣不備，果如仁和尚所記。

僧問：「如何是不遷義？」師曰：「落花隨流水，明月上孤岑⓭。」

師將順世，四眾俱集，營齋聲鐘，焚香白眾曰：「香煙絕處，是吾涅槃時也。」言訖跏趺而坐，息隨煙滅。

【注釋】❶白水 即白水院，在江西高安，創建於晚唐。❷洪井 據古代占星術，洪州一帶為天上井宿之分野，故以名。❸委付 委託；囑咐。❹臥單 被褥。❺滴水滴凍 即滴水成冰。❻落意 即樂意。❼那 同「嗎」。疑問語氣詞，用於表示反詰的問句中。❽啗 吃。❾欏樹 形似茱萸而稍小，花紅色，出淮南。❿大行 死的代稱。⓫受記 此指接受高僧的預言。⓬就 伴隨；跟從。唐人陶翰〈經殺子谷〉詩：「束身就一劍，壯志皆棄捐。」⓭岑 窄而高的山。

【語譯】高安（今屬江西）白水院本仁禪師，自從在洞山和尚那裡接受了密記後，於唐代天復（九〇一～九〇四年）年間遷居洪州高安的白水院，僧眾滿三百人，玄妙禪語流傳四方。

本仁禪師在洞山和尚的忌日張設齋食，有僧人問道：「我們供養先師，先師還會來嗎？」本仁說道：「再擺一份供品。」

洪州西山的眾位行者前來禮拜，並請道：「今天來不是為了別的事，是想請和尚加以指示。」本仁禪師問道：「你們諸人是來求指示嗎？」眾人回答：「是的。」本仁說道：「教我託付給誰呀？」

鏡清禪師行腳到此，本仁禪師對他說道：「氣候寒冷，見得道者心清。」鏡清說道：「不敢當。」本仁問道：「還有臥單可蓋嗎？」鏡清說道：「假使有，也沒有展開的功夫。」本仁說道：「就算是道者滴水滴凍，也不干他的事。」鏡清說道：「滴水與成冰，兩件事並不相干。」本仁說道：「是的。」鏡清問道：「此人的意思是什麼？」本仁回答：「此人不樂意。」鏡清說道：「不樂意，是這個人嗎？」本仁說道：「高高的山頂上，沒有東西可給道者吃。」

有僧人問道：「什麼是祖師西來的意旨？」本仁禪師問道：「你還看見庭院前的杉樹、櫚樹嗎？」僧人便說道：「這樣的話，則是和尚今天因為學生而招致了是非。」本仁喝道：「多嘴！」

皎然座主離開後，本仁禪師才知道他是雪峰和尚門下的禪客，就說道：「偷盜禪法的人，終究不成大器。」

皎然後來住持長生山，有僧人問道：「宗門最玄妙的意旨，要怎樣才能闡述？」皎然回答：「不可以為了闍梨一個人，而荒蕪了長生山。」玄沙禪師聽說了這句話後，就說道：「皎然師兄的佛法即要大行了，受記的緣分也隨從而至了。」此後諸般因緣不齊備，果然如同本仁和尚所預言的那樣。

有僧人問道：「什麼是不遷之意？」本仁禪師回答：「落花隨流水，明月上孤峰。」

本仁禪師即將圓寂時，僧俗四眾聚集一處，他就為眾人經營齋飯，擊鐘號眾，並焚香告訴眾僧道：「香的煙霧斷絕之處，就是我的涅槃之時。」說完，跏趺而坐，呼吸隨著煙盡而絕滅。

撫州疏山光仁禪師

撫州疏山❶光仁❷禪師，身相短陋，精辯冠眾。洞山門下，時有齧鏃之機❸，激揚玄奧，咸以仁為能詮量者，諸方三昧，可以詢乎銼師叔❹。

僧問：「如何是諸佛師？」師曰：「何不問疏山老漢？」僧無對。

師手握木蛇，有僧問：「手中是什麼？」師提起曰：「曹家女。」

問：「如何是和尚家風？」師曰：「尺五頭巾。」曰：「如何是尺五頭巾？」師曰：「圓中取不得。」

師舉香嚴語問鏡清：「肯重不得全，怤道者作麼生會？」怤曰：「全歸肯重。」師曰：「不得全肯者作麼生？」怤曰：「箇中無肯路。」師曰：「始愜病僧意。」

因鼓山舉威音王佛師，師乃問：「作麼生是威音王佛師？」鼓山曰：「莫無慚愧好！」師曰：「闍梨恁麼道即得，若約❺病僧即不然。」曰：「作麼生是威音王佛師？」師曰：「不坐無貴位。」

洞山第四世。問：「如何是一句？」師曰：「不道。」曰：「為什麼不道？」師曰：「少時輩❻。」

問：「恁麼時如何？」師曰：「將軍不上便橋，金牙❼徒勞拈筈❽。」

問：「如何是直指？」師曰：「珠中有水君不信，擬向天邊問太陽。」

冬至夜，有僧上堂問：「如何是冬來意？」師曰：「京中出大黃❾。」

問：「和尚百年後向什麼處去？」師曰：「背底芒叢❿，四腳指天。」師遷化時，有偈曰：「我路碧空外，白雲無處閑。世有無根樹⓫，黃葉風送還。」偈終而逝。又著《四大等頌略》、《華嚴長者論》，流傳於世。

【注釋】❶疏山　在江西金溪西北五十里。相傳為南朝梁將領周迪起兵處。唐時有何仙舟隱居讀書於此，因號書山。五代南唐時改為疏山。有疏山寺，唐代中和年間建。❷光仁　《五燈會元》作「匡仁」，因避宋太祖趙匡胤之諱而改。❸齧鏃之機　齧鏃，意謂一口咬住疾飛之箭，比喻禪機之敏捷。齧，咬。鏃，箭頭。❹矬師叔　指光仁禪師，也稱「矮佛叔」。矬，短、矮之意。唐釋玄應《一切經音義》引《通俗文》：「侏儒曰矬。」❺約　依；依據。❻少時輩　指年輕人。❼牙　弩牙。❽筈　箭的尾部，即射箭時搭在弓弦上的部分。也作「栝」。❾大黃　多年生高大草本，夏季開花，花淡綠色或黃白色，分布於湖北、四川、陝西等地。❿芒叢　草叢。⓫無根樹　《七女經》：「七女告帝釋曰：願與我輩願。帝釋許諾。一女曰：我願欲得無根無枝無葉樹。」

【語譯】撫州（今屬江西）疏山光仁禪師，身材短小而粗陋，但精於辯論，冠於眾僧。他在洞山和尚門下時，有咬住飛箭之機鋒，激揚佛禪玄旨奧意，人們都認為光仁能夠詮釋度量禪法，各地三昧之旨，都可以詢問於矬師叔。

有僧人問道：「什麼人是諸佛的老師？」光仁禪師反問：「為什麼不來問疏山老漢？」那僧人不能回答。

光仁禪師曾手握著一條木蛇，有一個僧人問道：「手中是什麼？」光仁提起木蛇說道：「曹家女兒。」

有僧人問道：「什麼是和尚的家風？」光仁禪師回答：「一尺五寸長的頭巾。」僧人問道：「什麼是一尺五寸長的頭巾？」光仁說道：「圓相之中取不出來。」

光仁禪師舉出香嚴和尚的話頭問鏡清道忿禪師道：「肯重不得全，道忿道者怎麼領會呢？」鏡清回答：

「全部歸於肯重。」光仁問道：「不能全部肯重者怎麼辦呢？」鏡清回答：「其中沒有肯的道路。」光仁說道：「這才契合病僧的心意。」

因為鼓山和尚談起了威音王佛之師，光仁禪師就問道：「怎樣才是威音王佛之師？」鼓山和尚說道：「不要不知道羞愧為好！」光仁便說道：「闍梨這樣說是可以的，如若依照病僧之說則不對。」鼓山和尚便問道：「怎樣才是威音王佛之師？」光仁回答：「不居於不尊貴之位。」

洞山禪師洞山第四世住持。問道：「什麼是關鍵性的一句話？」光仁禪師說道：「不說。」洞山便問道：「為什麼不說？」光仁回答：「年輕人。」

有僧人問道：「正當這樣的時候怎麼樣？」光仁禪師回答：「將軍不上便橋，金做的弩牙徒勞地拈著弓弦。」

有僧人問道：「什麼是直截指明？」光仁禪師回答：「寶珠中有水你卻不相信，還打算向天邊問太陽。」冬至之夜，有僧人上堂問道：「什麼是冬天到來之意？」光仁禪師回答：「京城中出產大黃。」

有僧人問道：「和尚百年以後到什麼地方去？」光仁禪師回答：「背靠草叢，四腳朝天。」光仁圓寂時，作了一首偈頌道：「我的路在碧空之外，在無白雲處閒居。世上自有無根樹，黃葉又被秋風吹回。」偈頌所完就逝世了。光仁禪師又撰有《四大等頌略》、《華嚴長者論》等書，流傳於世。

【說　明】光仁禪師為吉州新淦（今江西新干）人，因其身材似契此（布袋和尚），平日亦喜提布袋自隨，故人們又都稱他為「布袋仁」。

澧州欽山文邃禪師

澧州欽山❶文邃禪師，福州人也。少依杭州大慈山寰中禪師受業，時巖頭、雪峰在眾，覩師吐論，知是法器，相率遊方。二士緣契德山，各承印記，師雖屢激揚，而終然凝滯。一日，問德山曰：「天皇也恁麼道，龍潭也恁麼道，未審德山作麼生道？」德山曰：「汝試舉天皇、龍潭道底來。」師方欲進語，德山以拄杖打，舁❷入涅槃堂。師曰：「是即是，打我太殺。」法眼別云：「是即是，錯打我。」更有語句，如〈德山〉、〈巖頭〉章出焉。

師後於洞山言下發解，乃為洞山之嗣。年二十七，止于欽山，對大眾前自省過，舉初參洞山時，洞山問：「什麼處來？」師曰：「大慈來。」曰：「還見大慈麼？」師曰：「見。」曰：「色前見，色後見？」師曰：「非前後見。」洞山默置。師乃曰：「離師太早，不盡師意。」

問：「如何是祖師西來意？」師曰：「梁公曲尺❸，誌公剪刀。」

問：「一切諸佛法皆從此經出，如何是此經？」師曰：「常轉。」曰：「未審經中說什麼？」師曰：「有疑請問。」

問：「如何是和尚家風？」師曰：「錦帳❹銀香囊，風吹滿路香。」

有僧寫師真呈，師問：「還似我也無？」僧無對。師自代曰：「眾僧看取。」

一日，師入浴院❺，見僧踏水輪❻。僧見師，乃下不審。師曰：「幸自碌碌地轉，何須卻恁麼？」僧云：「不恁麼，又爭得？」師曰：「若恁麼，欽山眼堪作什麼也？」僧云：「作麼生是師眼？」師乃以手作撥眉勢，僧云：「和尚又得恁麼？」師曰：「是！是！為我恁麼，便不得恁麼。」僧無對。師曰：「索戰❼無功，一場氣悶。」良久乃問僧云：「會麼？」僧云：「不會。」師云：「欽山為汝擔一半。」

師與雪峰、巖頭因過江西，到一茶店內喫茶次，師曰：「不會轉身通氣❽者，今日不得茶喫。」巖頭云：「若恁麼，我定不得茶喫也。」雪峰云：「某甲亦然。」師曰：「兩人老漢俱不識語在。」巖頭云：「什麼處去也？」師曰：「布袋裡老鴉，雖活如死。」巖頭云：「退後著！退後著！」師曰：「豁兄且置，存公作麼生？」雪峰以手畫箇圓相，師曰：「不得不問。」巖頭呵呵云：「太遠生。」師曰：「有口不喫茶人多。」巖頭、雪峰俱無語。

有良禪客參次，才禮拜後，便問云：「一箭射三關❾時如何？」師曰：「放出關中主看。」良云：「恁麼即知過必改去也。」師云：「更待何時？」良云：「好隻箭，放不著所在。」便出去，師曰：「擬射三關且從，試為欽山發箭。」良近前，良久而退。師乃打良七拄杖，良乃出去。師曰：「且聽箇亂統漢❿心內疑三十年。」有人舉似同安和尚，安云：「良公雖發箭，要且⓫未中的。」其僧便問同安云：「未審如何得中的去？」安云：「關中主是什麼人？」其僧卻迴舉向師，師曰：「良公若解恁麼，也免得欽山口也。然雖如此，同安不是好心，亦須看始得。」

僧參，師豎起拳頭云：「若開成掌，即五指參差。如今為拳，必無高下。汝道欽山通商量不通商量？」其僧近前，卻豎拳而已。師曰：「便恁麼，只是箇無開合漢⑫。」僧云：「未審和尚如何接人？」師曰：「我若接人，共汝一般去也。」僧云：「特參於師，也須吐露宗風。」師曰：「汝若特來，我須吐露。」僧云：「便請。」師乃打之，其僧無語。師曰：「守株待兔，枉用心神。」

【注釋】❶欽山　在湖南澧縣。唐末乾寧年間，僧人文邃於山中創建乾明院，宋代改為禪寺。❷舁　抬東西。❸曲尺　木工所用可折曲之尺。❹錦帳　錦繡華美的帳子。❺浴院　即浴室。❻水輪　即水車，用牛馬或人力從河流中提水的工具。❼索戰　挑戰。❽轉身通氣　比喻轉迷為悟、通徹禪法的路徑。❾一箭射三關　喻指機鋒之迅疾銳利。關指玄關，為禪家機鋒問答中的緊要處，祖師常用以驗證學人是否開悟見性。在禪門中，玄關往往湊成三句，稱三關。❿亂統漢　指糊塗無條理的人。⓫要且　表示轉折，猶「卻」。⓬開合漢　指不會說話的人。開合，開口論說。

【語　譯】澧州（今湖南澧縣）欽山文邃禪師（八三四～八九六年），福州（今屬福建）人。文邃少年時皈依杭州（今屬浙江）大慈山寰中禪師出家受業，當時巖頭全豁禪師、雪峰義存禪師都在僧眾中，看到文邃談吐議論不凡，知道他是佛法大器，便同他一起行遊參學。全豁、雪峰兩僧都與德山有緣，各自得到了德山和尚的印證，文邃雖然經過多次激揚，但始終凝滯不開悟。有一天，文邃問德山和尚道：「天皇和尚也這麼說，龍潭和尚也這麼說，不知道德山和尚怎樣說？」德山和尚說道：「你就試著把天皇、龍潭兩人說的話舉給我聽。」文邃剛要進語，德山和尚就用拄杖打他，把他抬進了涅槃堂。文邃說道：「是倒是，只是打我太厲害了。」法眼和尚另外回答：「是倒是，只是錯打了我。」還有其他應對語句，本書〈德山禪師〉、〈巖頭禪師〉之章有記載。文邃後來在洞山和尚的言談中得以悟解，就成為洞山和尚的法嗣。文邃二十七歲時，止息於欽山，面對僧眾反省自己的過失，舉出自己初次參見洞山和尚的話語，洞山和尚問道：「從什麼地方來的？」文邃回答：「從大慈和尚那裡來。」洞山和尚問道：「還看見大慈嗎？」文邃回答：「見過。」洞山和尚問道：「是色前見的，還是色後見的？」文邃回答：「不是色前也不是色後見的。」洞山和尚默然不語。文邃因此說道：「我離開師父太早，不能探盡師父的意旨。」

有僧人問道：「什麼是祖師西來的意旨？」文邃禪師回答：「梁公的曲尺，誌公的剪刀。」

有僧人問道：「一切諸佛與佛法都從此經中出來，什麼是此經？」文邃禪師回答：「經常講論的。」僧人問道：「不知道經中說些什麼？」文邃說道：「有疑問就請提問。」

有僧人問道：「什麼是和尚的家風？」文邃禪師回答：「錦帳銀香囊，風吹滿路香。」

有僧人給文邃禪師畫了一幅肖像，文邃問道：「還像不像我呀？」那僧人無語以對。文邃就代替他回答：「請眾僧看去。」

有一天，文邃禪師進入了浴室，看見一個僧人正在踏水車。那僧人看見文邃，就從水車上下來問候。文邃說道：「讓它自己骨碌碌地轉，何需這樣去踏？」僧人說道：「不這樣，又怎能打上水來？」文邃說道：「如果是這樣的，欽山的眼睛還派什麼用場？」僧人問道：「什麼是和尚的眼睛？」文邃就用手做出撥眉毛的樣子，僧人問道：「和尚又能怎麼樣呢？」文邃說道：「對！對！因為我這樣，所以就不能這樣。」那僧人無語以對。文邃說道：「挑戰無功，一場氣悶。」過了許久，文邃又問那僧人道：「領會了嗎？」僧人回答：「沒有領會。」文邃說道：「欽山為你分擔了一半。」

文邃禪師曾與雪峰義存、巖頭全豁在經過江西時，到一家茶館喝茶，文邃說道：「不懂得轉身通氣的人，今天不許吃茶。」巖頭說道：「如果是這樣的，我肯定不能吃茶了。」雪峰說道：「我也一樣。」文邃說道：「這兩個老漢都不明白話語。」巖頭問道：「到什麼地方去了？」文邃回答：「布袋裡的老鴉，雖生猶死。」巖頭說道：「退後著！退後著！」文邃說道：「全豁兄姑且不論，義存公怎麼樣？」雪峰用手畫了一個圓相，文邃說道：「不得不問。」巖頭呵呵笑道：「太遠了。」文邃說道：「有嘴卻不能吃茶的人多的是。」巖頭、雪峰都不說話。

有一位良禪師來參見，剛禮拜之後就問道：「一箭射三關時怎麼樣？」文邃禪師回答：「放出關中主人來看。」良禪師說道：「這樣則是知錯必改了。」文邃回答：「還要等到什麼時候？」良禪師說道：「好一支箭，只是沒放在合適的地方。」便要出去，文邃說道：「打算一箭射三關就隨你，再試為欽山放一箭。」良禪師走上前，過了許久才退下。文邃就打了良禪師七下拄杖，良禪師才走出去。文邃說道：「姑且讓這個亂統漢心中疑惑三十年。」有人把這話說給同安和尚聽，同安和尚說道：「良公雖然會放箭，卻沒有射中靶心。」那僧人便問同安和尚道：「不知道怎樣才能射中靶心？」同安和尚反問道：「關中的主人是什麼人？」那僧人就回來把這話舉給文邃聽，文邃說道：「良公如果能明白這點，也免得欽山費口舌了。但雖然如此，同安也不是好心，也要分析才行。」

有僧人來參拜，文邃禪師舉起了拳頭問道：「如果張開成掌，那麼就見五根手指參差不齊。如今握成了拳頭，必定沒有高低的分別。你說欽山是可以商量的還是不能商量的？」那僧人走上前，卻也只是舉起了拳頭而已。文邃便說道：「就是這樣，不過是一個不懂開合的漢子。」那僧人問道：「不知道和尚是怎樣接引人的？」文邃說道：「我如果接引人，就跟你一樣了。」僧人便說道：「我特地來參拜和尚，和尚也應該吐露一下宗風。」文邃說道：「你如若是特地而來的，我一定吐露。」僧人說道：「那就請講。」文邃就打他，那僧人也無語應答。文邃說道：「守株待兔，枉費心神。」

【說 明】洞山良价禪師的法嗣還有明州天童山義禪師、太原資聖方禪師、新羅國金藏和尚、益州白禪師、潭州文殊和尚、舒州白水山和尚、邵州西湖和尚與青陽通玄和尚等八人，因無機緣語句，故未收錄。

青原行思禪師下六世一

前鄂州巖頭全豁禪師法嗣

台州瑞巖師彥禪師

台州瑞巖師彥禪師，閩越❶人也，姓許氏。自幼披緇❷，秉戒無缺。初禮巖頭，致問曰：「如何是本常理？」巖頭曰：「動也。」曰：「動時如何？」巖頭曰：「不是本常理。」師沉思良久，巖頭曰：「肯即未脫根塵，不肯即永沉生死。」師遂領悟，身心皎如❸。巖頭頻召與語，徵酬❹無忒❺。師復謁夾山會和尚，會問：「什麼處來？」曰：「臥龍來。」會曰：「來時龍還起未？」師乃顧視之，會曰：「灸瘡❻上更著艾❼燋❽。」曰：「和尚又苦如此作什麼？」會便休。師尋抵丹丘❾，終日如愚，四眾欽慕，請住瑞巖。統眾嚴整，江表❿稱之。

僧問：「頭上寶蓋現，足下雲生時如何？」師曰：「披枷帶鎖⓫漢。」曰：

「頭上無寶蓋，足下無雲生時如何？」師曰：「猶有杻⑫在。」曰：「畢竟如何？」師曰：「齋後困。」

鏡清問：「天不能覆，地不能載，豈不是？」師曰：「若是即被覆載。」清曰：「若不是瑞巖幾遭也。」師自稱曰：「師彥。」

問：「如何是佛？」師曰：「石牛。」曰：「如何是法？」師曰：「石牛兒。」曰：「恁麼即不同也。」師曰：「合不得。」曰：「為什麼合不得？」師曰：「無同可同，合什麼？」

問：「作麼生商量，即得不落階級？」師曰：「排不出。」曰：「為什麼排不出？」師曰：「他從前無階級。」曰：「未審居何位次？」師曰：「不坐普光殿⑬。」曰：「還理⑭化也無？」師曰：「名聞三界重，何處不歸朝？」

一日，有村媼⑮來作禮，師曰：「汝疾歸去，救取數千物命。」媼忩忙⑯至舍，乃見兒婦提竹器拾田螺歸。媼接取，放諸水濱。

師之異迹頗多，存諸別錄。

【注釋】❶閩越　指福建、浙江一帶。❷披緇　指出家為僧。緇，黑色的僧衣。❸皎如　此指身心澄澈。❹徵酬　徵，討還；索要。酬，應酬；酬答。❺忒　差誤。❻灸瘡　用點燃的艾草在皮膚上灸灼以醫治疾病後而留下的傷疤。❼艾　多年生草本，蒼白色，可用作印泥和灸病之藥。❽燋　燒灼。❾丹丘　在浙江寧海南九十里獅山附近。東晉孫綽〈天台山賦〉：「訪羽人于丹丘，尋不死之福庭。」❿江表　指長江中下游地區。⓫披枷帶鎖　此指受佛法的束縛。⓬杻　刑具。《舊唐書・刑法志》：「繫囚之具，有枷、杻、鉗、鎖，皆有長短廣狹之制。」⓭普光殿　唐代宮殿名。⓮理　即「治」。唐人避唐高宗李治之諱，改「治」為「理」。⓯媪　年老婦人的通稱。⓰忩忙　匆忙。忩，通「悤」。即「匆」。

【語　譯】台州（今屬浙江）瑞巖院師彥禪師，閩越地區人，俗姓許。他自幼年就披緇出家，稟持戒律沒有缺失。師彥起初禮拜巖頭和尚時詢問道：「什麼是本來常住之理？」巖頭和尚回答：「活動啦。」師彥問道：「活動時怎麼樣呢？」巖頭和尚回答：「不是本來常住之理。」師彥沉思了許久，巖頭和尚說道：「同意的話，則沒有脫離根塵，不同意的話，就永遠沉陷於生死輪迴。」師彥於是領悟佛旨，身心澄澈。巖頭和尚屢次召師彥交談，徵問酬答皆沒差誤。師彥又去拜謁夾山善會和尚，夾山和尚問道：「從什麼地方來的？」師彥回答：「從臥龍那裡來。」夾山和尚問道：「你來的時候龍起身了嗎？」師彥便回頭觀看，夾山和尚說道：「灸瘡上再用艾草來灸灼。」師彥就說道：「和尚這樣吃苦又為了什麼？」夾山和尚就作罷了。不久，師彥抵達丹丘，整天枯坐如同傻子一樣，僧俗大眾欽佩嚮慕，便迎請住持瑞巖院。師彥統領僧眾嚴格整肅，江表一帶之人都稱讚他。

有僧人問道：「頭上寶蓋出現，腳下白雲生時怎麼樣呢？」師彥禪師回答：「披枷帶鎖的傢伙。」僧人又問道：「頭上沒有寶蓋，腳下不生白雲時怎麼樣？」師彥回答：「還有杻具存在。」僧人問道：「究竟怎麼樣呢？」師彥回答：「齋飯後困倦了。」

鏡清道忩禪師問道：「天不能覆蓋，地不能承載，難道就不是天與地嗎？」師彥禪師回答：「如果是就要被覆蓋、承載。」鏡清說道：「如若不是瑞巖和尚的指點，就幾乎遭到矇騙了。」師彥自稱其名道：「師彥。」

有僧人問道：「什麼是佛？」師彥禪師回答：「石牛。」僧人問道：「什麼是法？」師彥回答：「石牛的兒子。」僧人說道：「這樣的話就不同了。」師彥說道：「不能混合。」僧人問道：「為什麼不能混合呢？」

師彥回答：「沒有相同的地方可以混同，混合個什麼？」

有僧人問道：「怎麼講解，才能不陷於等級分別？」師彥禪師回答：「排列不出。」僧人問道：「為什麼排列不出？」師彥回答：「他從前就沒有陷入等級分別。」僧人問道：「不知道他處於什麼位次？」師彥回答：「不能坐在普光殿裡。」僧人問道：「還能治導教化嗎？」師彥回答：「名聲傳遍了三界之中，哪裡的人不來皈依朝拜？」

有一天，一位村中老婦人前來禮拜，師彥禪師對她說道：「你趕快回去，救救那數千個生靈之命。」老婦人匆忙趕回家裡，就看見兒媳婦提著竹籃子拾取了很多田螺回來。老婦人接過籃子，就在河邊把田螺放生了。

師彥禪師的奇異事跡很多，都記載在其他傳錄中。

懷州玄泉彥禪師

懷州玄泉彥禪師。僧問：「如何是道中人？」師曰：「日落投孤店。」問：「如何是佛？」師曰：「張家三箇兒。」曰：「學人不會。」師曰：「孟、仲、季❶便不會。」

問：「如何是聲前一句？」師曰：「吽。」曰：「轉後如何？」師曰：「是什麼？」

【注釋】❶孟仲季　古代每以孟、仲、季排列兄弟間的次序。

【語　譯】懷州（今河南沁陽）玄泉寺彥禪師。有僧人問道：「什麼是禪道中人？」彥禪師回答：「日落時分投宿孤寂的小店。」僧人問道：「什麼是佛？」彥禪師回答：「張家的三個兒子。」僧人說道：「學生沒領會。」彥禪師說道：「連以孟、仲、季排序也不懂。」

有僧人問道：「什麼是聲音前的第一句？」彥禪師叫道：「吽。」僧人問道：「講法以後怎麼樣？」彥禪師反問：「是什麼？」

吉州靈巖慧宗禪師

吉州靈巖慧宗禪師，福州長溪人也，姓陳氏，受業於龜山。

僧問：「如何是靈巖境？」師曰：「松檜森森❶密密遮。」曰：「如何是境中人？」師曰：「夜夜有猿啼。」

問：「如何是學人自己本分事？」師曰：「拋卻真金，拾瓦礫作麼？」師後住禾山❷而終。

【注　釋】❶森森　森嚴可怖；寒凜凜。❷禾山　在江西永新西北六十里，有七十一峰，連綿五百里，山頂平袤，相傳曾產嘉禾，故名禾山。主峰下有寺，舊名甘露寺，後改名禾山寺，唐、宋時僧眾極盛。

【語　譯】吉州（今江西吉安）靈巖禪院慧宗禪師，福州長溪（今福建霞浦）人，俗姓陳，在龜山出家受業。

有僧人問道：「什麼是靈巖之境？」慧宗禪師回答：「松樹檜樹森森密密，遮天蔽日。」僧人再問：「什麼是境中之人？」慧宗回答：「夜夜有猿猴啼叫。」

有僧人問道：「什麼是學生自己的本分事？」慧宗禪師反問：「拋棄真金，而去拾瓦礫做什麼？」慧宗禪師後來住持禾山而逝。

福州羅山道閑禪師

福州羅山道閑禪師，郡之長溪人也，姓陳氏。出家於龜山，年滿受具，遍歷諸方。嘗謁石霜，問：「去住不寧時如何？」石霜曰：「直須盡卻。」師不愜意，乃參巖頭，問同前語。巖頭曰：「從他去住，管他作麼？」師於是服膺。尋遊清涼山。閩帥欽❶其法味，請居羅山，號法寶大師。

初上堂日，方升座斂衣，乃曰：「珍重！」少頃又曰：「未識底近前來。」時有僧出禮拜，師抗聲曰：「也大苦！」僧起，擬伸問，師乃喝出。

問：「如何是奇特一句？」師曰：「道什麼？」

問：「佛放眉間白毫光❷，照萬八千世界❸。如何是光？」師曰：「高聲道。」僧曰：「照何世界？」師乃喝出。

問：「急急相投，請師一接。」師曰：「會麼？」曰：「不會。」師曰：「箭過也❹。」

問：「九女不攜，誰是哀提❺者？」師曰：「高聲問。」僧擬再問，師曰：「什麼處去也？」

問：「如何是宗門流布？」師展足示之。

問：「當鋒事如何辨明？」師舉如意❻，僧曰：「乞和尚垂慈。」師曰：「大遠也。」

問：「如何是最妙一句？」師曰：「披露識麼？」僧擬進語，師曰：「話墮❼也。」

定慧上座參，師問：「什麼處來？」曰：「遠離西蜀❽，近發開元❾。」又進前，問：「即今作麼生？」師曰：「喫茶去！」慧猶未退，師曰：「秋氣稍暖去。」慧出法堂外，歎曰：「今日擬打羅山寨，弓折箭盡也。休！休！」乃下參眾。明日，師上堂，慧出問：「豁開戶牖，當軒者誰？」師乃喝，慧無語。師又曰：「毛羽未備，且去！」

僧舉寒山❿詩，問師曰：「百鳥銜苦華時如何？」師曰：「貞女⓫室中吟。」曰：「千里作一息⓬時如何？」師曰：「送客遊庭外。」曰：「欲往蓬萊山⓭時如何？」師曰：「欹⓮枕覷⓯獼猴。」曰：「將此充糧食時如何？」師曰：「古劍髑髏前。」

問：「如何是百草頭上盡是祖師意？」師曰：「刺破汝眼。」

問：「聲前古毳⑯爛，意作麼生？」師曰：「倚著壁。」

問：「前是萬丈洪⑰崖，後是虎狼師子，正當恁麼時如何？」師曰：「自在。」

問：「三界誰為主？」師曰：「還解喫飯麼？」

師臨遷化，上堂集眾，良久展左手，主事罔測，乃令東邊師僧退後。又展右手，又令西邊師僧退後。師謂眾曰：「欲報佛恩，無過流通大教。歸去也！歸去也！珍重！」言訖莞爾⑱而寂。

【注釋】❶飲　沒入；沉浸。❷眉間白毫光　佛的三十二相之一。佛之眉間有白毛，內外映徹如白琉璃，宛轉右旋。《法華經·序品》：「爾時佛放眉間白毫相光，照于東方萬八千世界，靡不周遍。」❸萬八千世界　佛將說《法華經》，眉間白毫放光明照東方世界之總數。❹箭過也　喻指機鋒已經逝去。❺提　通「禔」。安的意思。《史記·司馬相如列傳》：「遐邇一體，中外提福。」❻如意　器物名，用金、玉或竹木製成，頭作靈芝形或雲形。❼話墮　應對之時禪機不契合。❽西蜀　指四川成都一帶。❾開元　佛寺名，在陝西鳳翔城內，唐開元元年建，相傳寺內有吳道子所畫的佛像，東閣有王維所畫的墨竹。❿寒山　唐代僧人，居天台山國清寺側寒巖石隙中，以樺樹皮為冠，布衣木鞋，喜與群童戲玩，言語無度，人莫能測。後人於巖壁間收得其散題詩作二百餘首，流傳於世。⓫貞女　堅貞不移的女子。⓬千里作一息　意指將千里當作半步之遙。一息當為「一息半步」之略，即禪定結束時的修習之法：從禪定狀態中醒來，自座上起身，先於呼吸之間，舉左足，進於右足之半；於次呼吸間，舉右足與左足相並，再自左足始，進十步或二十步，則轉右而返就原座。⓭蓬萊山　海上三仙山之一。《史記・封禪書》載：山在海中，諸仙人及不死藥在焉。其物禽獸皆白，而以黃金白銀為宮闕。⓮欹　側向一邊。⓯覷　偷看；窺視。⓰毳　鳥獸的細毛，此指毛製的衣服。⓱洪　「大」的意思。⓲莞爾　微笑貌。

【語　譯】福州羅山道閑禪師，本州長溪（今福建霞浦）人，俗姓陳。他早年在龜山出家，到了年齡接受具足戒，此後四處遊訪，遍參各地高僧。道閑曾經參謁石霜慶諸和尚，問道：「離去與棲止都不定的時候怎麼樣呢？」石霜和尚回答：「應該全部除去。」道閑因為不能契意，就去參拜巖頭和尚，也提出與前面相同的問題。巖頭和尚回答：「任隨他離去、棲止，管他做什麼？」道閑對此回答十分信服欽佩。不久，道閑雲遊至清涼山。福州軍帥沉浸於道閑所宣講的教義禪法之中，便請他住持羅山，號稱法寶大師。

道閑禪師初次上堂時，剛登上講座，整理好僧衣，就宣告道：「諸位珍重！」過了片刻，他又說道：「沒有領悟的走上前來。」當時有一個僧人站出禮拜，道閑高聲說道：「真苦呀！」僧人起身，打算提問，道閑將他喝出。

有僧人問道：「什麼是奇特的一句？」道閑禪師反問：「你說什麼？」

有僧人問道：「佛放出眉間白毫光，照耀東方一萬八千個世界。什麼是光？」道閑說道：「大聲說。」僧人叫道：「照耀什麼世界？」道閑便把他喝出。

有僧人請求道：「我急切地來投拜，請和尚接引一下。」道閑禪師問道：「領會了嗎？」僧人回答：「沒領會。」道閑說道：「箭飛過去了。」

有僧人問道：「九個女兒都不攜帶，誰悲哀誰安逸呢？」道閑禪師說道：「大聲提問。」僧人打算再問，道閑說道：「你到什麼地方去了？」

有僧人問道：「什麼是宗門流行廣布之事？」道閑禪師伸展了雙腳示意。

有僧人問道：「直面機鋒之事怎樣來辨明？」道閑禪師舉起了如意，僧人請求道：「乞請和尚大發慈悲。」道閑說道：「太遠了。」

有僧人問道：「什麼是最妙的一句？」道閑禪師反問：「還知道披露嗎？」僧人打算再提問，道閑說道：「話語墮落了。」

定慧上座前來參拜，道閑禪師問道：「你從什麼地方來的？」定慧回答：「遠離西蜀，近發開元寺。」然後走上前來問道：「現在怎麼樣？」道閑喝道：「吃茶去！」定慧還沒有退下時，道閑說道：「秋氣稍稍暖和了。」定慧走到了法堂外，歎息道：「今天本準備來攻打羅山的營寨，不料卻是弓斷箭盡了。罷了！罷了！」就下去與眾人一起參拜。第二天，道閑上堂，定慧站出來問道：「敞開門窗，當軒站立的人是誰？」道閑便大喝，定慧無語應答。道閑又喝道：「羽毛還沒有具備，去吧！」

有僧人舉出寒山和尚所寫的詩，問道閑禪師道：「百鳥銜來苦花時怎麼樣？」道閑回答：「貞女在屋內吟唱。」僧人問道：「千里當作一息時怎麼樣？」道閑回答：「送客來到庭院外。」僧人問道：「想去蓬萊山時怎麼樣？」道閑回答：「側靠在枕頭上窺視獮猴。」僧人問道：「把這充糧食時怎麼樣？」道閑回答：「古劍前面的髑髏。」

有僧人問道：「什麼是百草頭上都是祖師的意旨？」道閑禪師回答：「刺破你的眼睛。」

有僧人問道：「講經聲前古毛衣爛掉了，這是什麼意思？」道閑禪師回答：「倚靠在牆壁上。」

有僧人問道：「前面是萬丈懸崖，後面是虎狼獅子，正當這樣的時候怎麼樣？」道閑禪師回答：「自在。」

有僧人問道：「在三界之中誰是主人？」道閑禪師反問：「你還會吃飯嗎？」

道閑禪師臨終之前，上堂召集眾僧，沉默了許久後展開了左手，主事僧不明白他的意思，就讓站在東邊的僧人朝後退。道閑又展開了右手，主事僧就又讓站在右邊的僧人朝後退。道閑對眾僧說道：「想要報答佛的大恩，沒有比繼承傳布大教更好的了。回去了！回去了！大家珍重！」說完，道閑微笑著圓寂了。

福州香溪從範禪師

福州香溪從範禪師。僧到參，師曰：「汝豈不是鼓山僧？」對曰：「是。」

師曰：「額上珠❶為何不見？」無對。

僧辭，師門送，召曰：「上座。」僧迴首，師曰：「滿肚是禪。」曰：「和尚是什麼心行？」師大笑而已。

師因僧披衲衣，示偈曰：「迦葉上名衣，披來須捷機❷。才分招的箭，密露不藏龜。」

【注釋】❶額上珠　額上之金剛珠。比喻各人固有的佛性。❷捷機　迅疾的機鋒。

【語譯】福州（今屬福建）香溪從範禪師。有僧人前來參見，從範問道：「你難道不就是鼓山的僧人嗎？」那僧人回答：「是的。」從範問道：「那額頭上的佛珠為什麼不見了？」那僧人不能應對。

有僧人前來告辭，從範禪師送到大門口，招呼道：「上座。」那僧人回頭，從範說道：「滿肚子都是禪。」僧人問道：「和尚這是什麼心行？」從範哈哈大笑而已。

從範禪師因為僧人幫助穿僧衣，就說偈句示意說：「迦葉名上之衣，披上必須要有迅疾的機鋒。剛分別招致靶心之箭，悄悄暴露了沒有隱藏之龜。」

福州羅源聖壽嚴和尚

福州羅源聖壽嚴和尚。有僧自泉州迴來參，師補衲次，提起示之曰：「山僧一衲衣，展似眾人見。雲水❶請兩條❷，莫教露針線。快道！」僧無對，師曰：「如許多時在彼作什麼！」

【注　釋】❶雲水　指行腳僧，取行雲流水之意。❷條　同「件」。量詞。

【語　譯】福州羅源（今屬福建）聖壽禪院嚴和尚。有僧人從泉州（今屬福建）回來參拜，嚴和尚正好在縫補僧衣，就提起僧衣示意道：「山僧的一件僧衣，展開讓眾人看。行腳僧請縫兩件，不要讓針線露出來。快快回答！」那僧人無語以對，嚴和尚就喝道：「這麼多時間在那裡幹什麼去了！」

【說　明】巖頭全豁禪師的法嗣還有洪州大寧海一禪師、信州鵝湖山韶和尚與洪州大寧訥和尚等三人，因無機緣語句，故未收錄。

前洪州感潭資國和尚法嗣

安州白兆山志圓禪師

安州白兆山竺乾院❶志圓，號顯教大師。僧問：「諸佛心印，什麼人傳得？」師曰：「達磨大師。」曰：「達磨爭能傳得？」師曰：「汝道什麼人傳得？」問：「如何是直截一路？」師曰：「截。」問：「如何是佛法大意？」師曰：

「苦。」問：「如何是道？」師曰：「普。」問：「如何是學人自己？」師曰：「失。」問：「如何是得無山河大地去？」師曰：「不起見。」

玄則問：「如何是佛？」師曰：「丙丁童子❷來求火。」則師後參法眼，方明厥旨，住金陵報恩院❸。問：「如何是畢鉢羅窟❹迦葉道場中人？」師曰：「釋迦牟尼佛。」問：「如何是朱頂王菩薩？」師曰：「問那箇赤頭漢作麼？」

【注　釋】❶白兆山竺乾院　山在湖北安陸西三十里處，院五代時建，後改稱寺。❷丙丁童子　專管火的神童。古人認為丙丁之日為火日，後世遂以丙丁代稱火。❸報恩院　在江蘇南京，五代後周顯德二年清護禪師創建，入宋稱報恩寺。❹畢鉢羅窟　在天竺摩竭陀國王舍城竹林精舍之西，以窟上畢鉢羅樹（即菩提樹）叢生，故名。為大迦葉結集三藏之處。《佛祖統紀》：「如來滅後，于畢鉢羅窟立三座部主結為三藏。」

【語　譯】安州（今湖北安陸）白兆山竺乾院志圓禪師，法號顯教大師。有僧人問道：「諸佛的心印，什麼人可以傳付？」志圓回答：「達磨大師。」僧人問道：「達磨怎麼能被傳授？」志圓反問：「你說什麼人可以傳授？」

有僧人問道：「什麼是直截的一條路？」志圓禪師回答：「截。」僧人問道：「什麼是佛法大意？」志圓回答：「苦。」僧人問道：「什麼是道？」志圓回答：「普。」

有僧人問道：「什麼是學生自己？」志圓禪師回答：「失去。」僧人問道：「什麼是可以沒有山河大地的？」志圓回答：「不要起發知見。」

玄則來問道：「什麼是佛？」志圓禪師回答：「丙丁童子來求火。」玄則禪師後來參拜法眼和尚，方才明白這話中的旨意，後來住持金陵（今江蘇南京）報恩院。

有僧人問道：「什麼是畢鉢羅窟迦葉道場中的人？」志圓禪師回答：「釋迦牟尼佛。」僧人問道：「什麼是朱頂王菩薩？」志圓反問：「問那個赤頭傢伙做什麼？」

前濠州思明和尚法嗣

襄州鷲嶺善本禪師

襄州鷲嶺善本禪師，因入浴室，有僧問：「和尚是離垢❶底人，為什麼卻浴？」師曰：「定水湛然❷滿，浴此無垢人。」問：「祖意教意是同是別？」師曰：「鷲嶺峰上，青草森天。鹿野苑中，狐兔交横❸。」

【注釋】❶垢　妄惑汙垢心性，故名垢，煩惱的異名。❷定水湛然　以定水湛然比喻止水。❸交横　此指野獸的蹤跡交錯。

【語譯】襄州（今湖北襄樊）鷲嶺善本禪師，在他入浴室的時候，有一個僧人問道：「和尚是離絕塵世汙垢的人，為什麼還要洗澡呢？」善本回答：「定水清湛充溢，洗沐這個沒有塵垢的人。」

有僧人問道：「祖師之意與教義之意是相同的還是差別的？」善本禪師回答：「鷲嶺峰上，青草漫天。鹿野苑中，狐兔交横。」

前潭州大光山居誨禪師法嗣

潭州谷山有緣禪師

潭州谷山❶有緣禪師。僧問：「伶俜❷之子如何歸向？」師曰：「會人路不通。」曰：「恁麼即無奉重處也。」師曰：「我道你鉢盂落地拈不起。」問：「一撥便轉時如何？」師曰：「野馬走時鞭轡斷，石人撫掌❸笑呵呵。」

【注釋】❶谷山　在湖南長沙西七十里，產青紋花石，可為硯。❷伶俜　伶仃孤獨。❸撫掌　拍手。

【語譯】潭州（今湖南長沙）谷山有緣禪師。有僧人問道：「伶仃孤獨的人怎麼皈依嚮慕？」有緣回答：「能遇見人的道路走不通。」僧人便說道：「這樣的話就沒有尊奉佛法的地方了。」有緣說道：「我說你的鉢盂落地拿不起來。」僧人問道：「一撥便轉時怎麼樣？」有緣回答：「野馬奔跑時馬鞭與馬轡都斷了，石頭人拍手笑呵呵。」

潭州龍興和尚

潭州龍興和尚。僧問：「一撥便轉時如何？」師曰：「根不利。」

問：「得坐披衣時如何？」師曰：「不端嚴。」曰：「為什麼不端嚴？」師曰：「不從證得。」

問：「如何是道中人？」師曰：「終日寂攢眉❶。」

【注　釋】❶攢眉　把眉毛蹙起，不快活貌。

【語　譯】潭州（今湖南長沙）龍興和尚。有僧人問道：「一撥就轉時怎麼樣？」龍興回答：「根機不敏利。」

有僧人問道：「能夠坐下就披上僧衣時怎麼樣呢？」龍興和尚回答：「不端莊嚴肅。」僧人問道：「為什麼不端莊嚴肅？」龍興回答：「不是從修行正果而來。」

有僧人問道：「什麼是佛道中的人？」龍興和尚回答：「終日寂寂而蹙起了眉毛。」

潭州伏龍山第一世和尚

潭州伏龍山和尚。第一世住。僧問：「攪長河為酥酪，變大地為黃金時如何？」師曰：「臂長衫袖短。」問：「隨緣認果❶。如何是果？」師曰：「雪內牡丹花。」

問：「如何是祖師西來意？」師曰：「你得恁麼不識痛癢！」

【注　釋】❶隨緣認果　意謂從外在的現象中體認到禪法的真諦。

【語　譯】潭州（今湖南長沙）伏龍山和尚。第一世住持。有僧人問道：「攪動長河的水變作酥酪，把大地變成黃金的時候怎麼樣？」伏龍山和尚回答：「手臂長而衣衫的袖子短。」僧人問道：「隨緣而認果。什麼是果？」

伏龍山和尚回答：「雪天裡的牡丹花。」僧人問道：「什麼是祖師西來的意旨？」伏龍山和尚喝道：「你怎麼這樣不知痛癢啊！」

京兆白雲善藏禪師

京兆白雲善藏禪師。僧問：「如何是深深處❶？」師曰：「矮子渡深溪。」問：「赤腳時如何？」師曰：「何不脫卻？」問：「如何是法法不生？」師曰：「萬水千山。」

【注釋】❶深深處　喻指禪法的微妙之處。

【語譯】京兆（今陝西西安）白雲善藏禪師。有僧人問道：「什麼是深深之處？」善藏回答：「矮子涉水過深溪。」僧人問道：「赤腳的時候怎麼樣？」善藏回答：「為什麼不脫去？」僧人問道：「什麼是法法不生？」善藏回答：「萬水千山。」

潭州伏龍山第二世和尚

潭州伏龍山和尚。第二世住。僧問：「隨緣認得時如何？」師曰：「汝道與國門樓高多少？」問：「子不譚父❶德時如何？」師曰：「低聲！低聲！」

【注　釋】❶父　此指佛。

【語　譯】潭州（今湖南長沙）伏龍山和尚。第二世住持。有僧人問道：「隨緣而認得佛果時怎麼樣？」伏龍山和尚反問：「你說興國門的門樓有多高？」僧人問道：「做兒子的不談起父親的德行時怎麼樣？」伏龍山和尚說道：「小點聲！小點聲！」

陝府龍峻山和尚

陝府龍峻山和尚。僧問：「如何是龍峻山？」師曰：「佛眼看不見。」曰：「如何是山中人？」師曰：「作麼？」

問：「如何是不知善惡底人？」師曰：「千聖近不得。」曰：「此人還知有向上事也無？」師曰：「不知。」曰：「為什麼不知？」師曰：「不識善惡，說什麼向上事？」曰：「如何？」師曰：「不見道犴❶狢❷上俄寒切❸，下音欲。？」

問：「如何是佛向上人？」師曰：「不戴容。」

問：「凡有展拓，盡落今時。不展拓時如何？」師曰：「不展，不展。」曰：「畢竟如何？」師曰：「不拓，不拓。」

【注　釋】❶犴　通「豻」，北方一種野狗。《說文・豸部》：「豻，胡地野狗。」❷狢　古獸名。《說文・犬部》：「狢，獨狢，獸也。」《廣韻・屋部》：「狢，獸，如赤豹，五尾。」❸切　即「反切」，古代用兩個字音拼讀成一個字音的注音法。

【語　譯】陝府（今河南三門峽）龍峻山和尚。有僧人問道：「什麼是龍峻山？」龍峻山和尚回答：「佛眼也看不見。」僧人問道：「什麼是山中人？」龍峻山和尚反問：「做什麼？」

有僧人問道：「什麼是不懂得善惡的人？」龍峻山和尚回答：「千百個聖人都不能靠近他。」僧人問道：「這人還知道有向上的事嗎？」龍峻山和尚回答：「不知道。」僧人問道：「為什麼不知道？」龍峻山和尚回答：「善惡都分不清，還說什麼向上的事？」僧人問道：「究竟怎麼樣？」龍峻山和尚回答：「沒有聽說過犴、狢上字為俄寒切，下字音欲。嗎？」

有僧人問道：「什麼是拜佛向上的人？」龍峻山和尚回答：「不表現在臉上。」

有僧人問道：「凡是有伸展開拓，就全落入現在。那麼不伸展開拓的時候怎麼樣？」龍峻山和尚回答：「不伸展，不伸展。」僧人問道：「不伸展開拓的時候怎麼樣？」龍峻山和尚回答：「不開拓，不開拓。」

潭州伏龍山第三世和尚

潭州伏龍山和尚。第三世住。問：「行盡千山路，玄機事若何？」師曰：「鳥道❶不曾棲。」

【注　釋】❶鳥道　此喻禪道至難，高險如鳥道。

【語　譯】潭州（今湖南長沙）伏龍山和尚。第三世住持。有僧人問道：「走遍了千座山路，玄妙的禪機之事怎麼樣呢？」伏龍山和尚回答：「不曾在鳥道上棲息。」

漳州藤霞和尚存目

【說　明】大光山居誨禪師的法嗣還有大光山玄禪師、漳州藤霞和尚、宋州淨覺和尚、華州崇勝證和尚、鄂州永壽和尚與鄂州靈竹和尚等六人，因無機緣語句，故未收錄。

筠州九峰道虔禪師法嗣

新羅清院和尚

新羅清院和尚。問：「奔馬爭毬❶，誰是得者？」師曰：「誰是不得者？」曰：「恁麼即不爭是也。」師曰：「直得不爭，亦有過在。」曰：「如何免得此過？」師曰：「要且不曾失。」曰：「不失處如何鍛鍊❷？」師曰：「兩手捧不起。」

【注　釋】❶奔馬爭毬　即「擊鞠」，我國古代的馬球運動，用以練武，盛行於唐、宋時期。亦稱「打毬」、「擊毬」。❷鍛鍊　即訓練。

【語　譯】新羅清院和尚。有僧人問道：「奔馬爭毬，誰是得到的人？」清院和尚反問：「誰是沒有得到的人？」僧人就說：「這樣就不要爭奪了。」清院和尚說道：「就算是不爭奪，也還有過錯存在。」僧人問道：「怎樣才能避免這樣的過失？」清院和尚回答：「關鍵在於不曾失去。」僧人問道：「要做到不失去應該怎樣訓練呢？」清院和尚回答：「兩手捧不起來。」

洪州泐潭神黨禪師

洪州泐潭寶峰神黨禪師。僧問：「四威儀❶中如何辨主？」師曰：「正遇寶峰不脫鞋。」問：「如何是佛法大意？」師曰：「虛空駕鐵船，嶽頂浪滔天。」

【注釋】❶四威儀　一行二住三坐四臥皆有儀則，不損威德，故以稱。

【語譯】洪州（今江西南昌）泐潭寶峰神黨禪師。有僧人問道：「四威儀中怎樣辨別主人？」神黨回答：「正好遇到寶峰沒有脫鞋。」僧人問道：「什麼是佛法大意？」神黨回答：「在長空中駕駛著沉重的鐵船，山嶽之頂白浪滔天。」

吉州南源山行修禪師

吉州南源山行修，號慧觀禪師，亦云光睦和尚。僧問：「如何是南源境致❶？」師曰：「幾處峰巒猿鳥嘯，一帶平川遊子迷。」問：「如何是南源深深處？」師曰：「眾人皆見。」曰：「恁麼即淺去也。」師曰：「也是兩頭遙。」

【注釋】❶境致　此謂「境界」。

【語譯】吉州（今江西安吉）南源山行修禪師，號慧觀禪師，亦稱光睦和尚。有僧人問道：「什麼是南源山的境界？」行修回答：「幾處峰巒猿鳥鳴嘯，一帶平川卻使遊子迷失了道路。」僧人問道：「什麼是南源山的深遠之處？」行修回答：「眾人都看得見。」僧人說道：「這樣就淺易了。」行修說道：「也是兩邊都遙遠。」

洪州泐潭明禪師

洪州泐潭明禪師，一日下到客位❶，眾請師歸方丈。師曰：「道得即去。」時牟和尚對曰：「大眾請。」師乃上法堂。

問：「非思量處識情難測時如何？」師曰：「我不欲違古人。」曰：「不違古人意作麼生？」師曰：「也合消得❷禮三拜。」

僧問：「碓擣磨磨，不得忘卻，此意如何？」師曰：「虎口裡活雀兒。」

問：「如何是道者？」師曰：「毛毶毶❸。」曰：「如何是道者家風？」師曰：「佛殿前逢尊者。」

問：「如何是和尚終日事？」師曰：「缽盂裡無折筯❹。」曰：「如何是沙門終日事？」師曰：「轟轟❺不借萬人。」

【注釋】❶客位　指寺院內安置行腳僧等來客歇息之處。❷消得　受得；消受。❸毶毶　毶，同「毿」。毛髮或枝條等細長物披散貌。《一切經音義》引《通俗文》：「毛長曰毿毿。」❹筯　即「箸」，筷子。❺轟轟　熱鬧貌。

【語　譯】洪州（今江西南昌）泐潭明禪師，有一天來到了客位歇息，眾僧請他回方丈室去。明禪師說道：「說對了就回去。」當時有個牟和尚對答道：「大眾請。」明禪師就上了法堂。

有僧人問道：「非思量之處識見情由難以預測時怎麼樣呢？」明禪師回答：「我不想違背古聖人的意願。」僧人問道：「不違背古聖人的意願是什麼意思？」明禪師回答：「也可以消受你三次禮拜。」

有僧人問道：「用石碓搗，用石磨磨，而不能忘記，這是什麼意思？」明禪師回答：「老虎嘴裡的活雀兒。」

有僧人問道：「什麼是得道之人？」明禪師回答：「毛髮毿毿就是。」僧人問道：「什麼是得道之人的家風？」明禪師回答：「佛殿前面遇到尊者。」

有僧人問道：「什麼是和尚整天忙碌的事？」明禪師回答：「鉢盂內沒有折斷的筷子。」僧人又問道：「什麼是沙門整天忙碌的事？」明禪師回答：「轟轟隆隆不需借萬人之力。」

吉州秋山和尚

吉州秋山❶和尚。僧問：「如何是祖師西來意？」師曰：「杉樹子。」

【注　釋】❶秋山　《五燈會元》卷六作「禾山」。

【語　譯】吉州（今江西安吉）秋山和尚。有僧人問道：「什麼是祖師西來的意旨？」秋山和尚回答：「杉樹子。」

洪州泐潭延茂禪師

洪州泐潭延茂禪師。僧問：「如何是古佛心？」師曰：「終不道土木瓦礫是。」問：「日落西山去，林中事若何？」師曰：「庭前紅華秀，室內不知春。」

【語　譯】洪州（今江西南昌）泐潭延茂禪師。有僧人問道：「什麼是古佛之心？」延茂回答：「終究不會說土木瓦礫都是。」僧人問道：「太陽落西山，森林中的事怎麼樣了？」延茂回答：「庭院前面紅花繁盛，房間裡的人還不知道春天已經來臨。」

洪州同安常察禪師

洪州鳳棲山同安院❶常察禪師。僧問：「如何是鳳棲家風？」師曰：「鳳棲無家風。」曰：「既是鳳棲，為什麼卻無家風？」師曰：「不迎賓，不待客。」曰：「恁麼即四海參尋，當為何事？」師曰：「盤飣❷自有旁人施。」問：「如何是鳳棲境？」師曰：「千峰連嶽秀，萬嶂不知春。」曰：「如何是境中人？」師曰：「孤巖倚石坐，不下白雲心。」

【注釋】❶鳳棲山同安院　山在江西南昌，晉代時有鳳現於此山，故名。院由唐代僧人念禪師所創。❷飣　陳放食物於盤。唐人韓愈〈贈劉師服〉：「妻兒恐我生悵望，盤中不飣栗與梨。」

【語譯】洪州（今江西南昌）鳳棲山同安院常察禪師。有僧人問道：「什麼是鳳棲山的家風？」常察回答：「鳳棲山沒有家風。」僧人問道：「既然名為鳳棲，為什麼卻沒有家風？」常察回答：「不迎接來賓，不招待客人。」僧人便問道：「這樣的話則四海之人來參學尋訪，究竟為了什麼事？」常察回答：「盤中食物自有旁人來施捨。」

有僧人問道：「什麼是鳳棲山的境界？」常察禪師回答：「千峰連嶽峻秀，萬嶂不知春至。」僧人問道：「什麼是這境界中的人？」常察回答：「在孤聳的山巖上依靠大石坐著，不降下如白雲一樣清高的心志。」

洪州泐潭匡悟禪師

洪州泐潭匡悟禪師。第四世住。僧問：「如何是直截一路？」師曰：「恰好消息。」曰：「還通向上事也無？」師曰：「魚從下過。」

問：「如何是閉門造車❶？」師曰：「活計❷一物無。」曰：「如何是出門合轍？」師曰：「坐地進長安。」

問：「香煙馥郁❸，大張法筵，從上宗乘，如何舉唱？」師曰：「莫錯舉似人。」曰：「恁麼即總應如是。」師曰：「還是沒交涉。」

問：「六葉❹芬芳，師傳何葉？」師曰：「六葉不相續，花開果不成。」曰：

「豈無今日事？」師曰：「若是今日即有。」曰：「今日事如何？」師曰：「葉葉連枝秀，花開處處芳。」

【注　釋】❶閉門造車　宋人朱熹《中庸或問》：「古語所謂閉門造車，出門合轍，蓋言其法之同也。」意指只要按照同一規格關門造的車，出門也能適用。❷活計　生計；謀生手段。❸馥郁　香氣濃盛。❹六葉　此指祖師傳下的六門支派，然具體所指不詳。

【語　譯】洪州（今江西南昌）泐潭匡悟禪師。第四世住持。有僧人問道：「什麼是直截了當的一條路徑？」匡悟回答：「恰是好消息。」僧人問道：「是否還能通達向上之事呢？」匡悟回答：「魚兒從下面經過。」

有僧人問道：「什麼是閉門造車？」匡悟禪師回答：「活計一件都沒有。」僧人問道：「什麼是出門合轍？」匡悟回答：「坐在地上進入長安。」

有僧人問道：「寺院中香煙馥郁，大開佛法講席，本門宗乘禪法，應當怎樣來舉唱呢？」匡悟禪師回答：「不要錯誤地舉唱給人聽。」僧人說道：「這麼則都是這樣的了。」匡悟回答：「還是沒有關涉。」

有僧人問道：「祖師傳下的六門支派香火鼎盛，和尚傳承的是哪一支門派呢？」匡悟禪師回答：「六支門派並不相連續，花開了而果子沒有成熟。」僧人問道：「難道就沒有今天的事嗎？」匡悟回答：「如果是今天就有了。」僧人問道：「今天的事怎麼樣呢？」匡悟回答：「每一片葉子都連著枝幹繁秀，花開了到處都芳香。」

吉州禾山無殷禪師

吉州禾山無殷禪師者，福州人也，姓吳氏。七歲依雪峰真覺大師出家，年滿受戒遊方，抵筠陽，謁九峰，峰許入室。一日，謂之曰：「汝遠遠而來，暉暉❶音衰。隨眾，見何境界而可修行，由何徑路而能出離？」師對曰：「重昏❷廓闢❸，盲者自盲。」峰初未許。師於是發明厥旨，頓忘知見。

先受請止吉州禾山大智院，學徒濟濟。嘗述《垂誡》十篇，諸方歎伏，咸謂禾山可以為叢林表則。時江南李氏❹召而問曰：「和尚何處來？」師曰：「禾山來。」曰：「山在什麼處？」師曰：「人來朝鳳闕❺，山嶽不曾移。」國主重之，命居揚州祥光院。復乞入山，以翠巖院乃江西之勝概❻，遂棲心❼焉。時上藍院❽復虛其室，命師來往闡化，號澄源禪師。

僧問：「學人乍入叢林，乞師指示。」師曰：「於汝不惜。」

問：「仰山插鍬❾意作麼生？」師曰：「汝問我。」曰：「玄沙蹋倒鍬意作麼生？」師曰：「我問汝。」問：「未辨真宗，如何體悉？」師曰：「頭大尾尖❿。」

問：「咫尺之間，為什麼不覩師顏？」師曰：「且與闍梨道一半。」曰：「為什麼不全道？」師曰：「盡法無民。」曰：「不怕無民，請師盡法。」師曰：「為知己喪身。」曰：「為什麼卻喪身？」師曰：「好心無好報。」

問：「尊者撥眉擊目⓫，視育王⓬時如何？」師曰：「即今也恁麼。」曰：

「學人如何領會？」師曰：「莫非摩利支山⑬。」

問：「摩尼寶殿⑭有四角，一角常露。如何是露底角？」師舉手曰：「汝打我。」卻問：「汝還會麼？」曰：「不會。」師曰：「汝爭解打得我？」

問：「如何是西來意？」師曰：「撲破著。」

問：「已在紅焰，請師烹鍊。」師曰：「槌下成器。」曰：「恁麼即烹鍊去也。」師曰：「池州和尚。」

問：「四壁⑮打禾，中行⑯剗草。和尚赴阿那頭？」師曰：「什麼處不赴。」曰：「恁麼即同於眾去也。」師曰：「小師⑰弟子。」

師建隆元年庚申二月示有微疾，三月二日，令侍者啟方丈，集大眾告辭曰：「後來學者未識禾山，即今識取。珍重！」先是大眾為立生藏⑱。本國⑲諡法性禪師，塔曰妙相。

【注釋】❶暉暉　瞪大眼睛觀物之貌。❷昏　昏霾不清。❸廓闢　肅清；展開。❹江南李氏　指五代十國時期由李姓創建的南唐政權。南唐於西元九三七年創立，極盛時有今江蘇、安徽淮河以南和福建、江西、湖南及湖北東部，九七五年為北宋所滅。❺鳳闕　京城；皇宮。❻勝概　風景最佳之處。❼棲心　此指修習禪定。❽上藍院　在江西南昌，唐代令超禪師於廣明元年創建。❾仰山插鍬　事見本書卷一一〈仰山慧寂禪師〉章。❿頭大尾尖　意同「有頭無尾」。⓫撥眉擊目　即思考問題的樣子。⓬育王　即阿育王。⓭摩利支山　不可見其形相之山。摩利支，梵文，意陽焰，以其形相不可見、不可取，故名。

⓮摩尼寶殿　摩尼意珠寶、離垢、如意。佛寺中多用以名大殿。⓯四壁　四周。⓰中行　中間。⓱小師　小和尚。⓲生藏　指人活著時所建的墳墓。⓳本國　此指南唐。

【語　譯】吉州（今江西吉安）禾山無殷禪師（八九一～九六〇年），福州（今屬福建）人，俗姓吳。他七歲時皈依雪峰真覺大師出家，到年齡後接受了具足戒，雲遊諸方，抵達筠陽（今江西高安），拜謁九峰和尚，九峰和尚收他為入室弟子。有一天，九峰和尚問道：「你遠遠地前來，又瞪著眼睛隨從眾人參拜，看見什麼境界而可以修行，從什麼途徑而能超出世俗、脫離輪迴呢？」無殷回答：「重重昏霾已經肅清，不識途徑的人是自己像瞎子一樣。」九峰和尚最初並沒有許可。於是無殷就激發明悟其中的意旨，頓時忘記了智慧見識。

無殷禪師起初接受迎請，棲止於吉州禾山大智院，學僧徒眾濟濟一堂。無殷曾經撰述《垂誡》十篇，各地僧眾驚歎欽服，都說禾山和尚可以作為天下叢林的表率準則。當時江南南唐國主李氏徵召無殷來問道：「和尚從什麼地方來？」無殷回答：「從禾山來。」南唐國主問道：「山在什麼地方？」無殷回答：「人來朝拜鳳闕，山嶽卻不曾移動過。」南唐國主非常尊重他，命無殷住持揚州（今屬江蘇）祥光院。無殷又請歸禾山，認為翠巖院是江西地區風光最佳之處，就在那裡修習禪心。當時上藍院也虛席以待，就命無殷往來宣講禪理，號澄源禪師。

有僧人請道：「學生剛剛進入叢林，還請和尚加以指示。」無殷禪師回答：「對你我不吝惜。」

有僧人問道：「仰山和尚插鐵鍬是什麼意思？」無殷禪師回答：「你問我。」僧人再問道：「玄沙和尚踏倒鐵鍬又是什麼意思？」無殷回答：「我問你。」僧人問道：「沒有明辨真實的宗旨，怎樣來體悟理解？」無殷回答：「頭大尾尖。」

有僧人問道：「咫尺之間，為什麼不能看見和尚的容顏？」無殷禪師回答：「姑且給闍梨說一半。」僧人問道：「為什麼不全說？」無殷回答：「完全依據法就沒有百姓了。」僧人說道：「不怕沒有百姓，就請和尚完全依據法。」無殷說道：「那我就為知己喪失了性命。」僧人問道：「為什麼反會喪失性命？」無殷說道：「好心沒有好報。」

有僧人問道：「尊者撥開眉毛，張開眼目，來看阿育王的時候怎麼樣？」無殷禪師回答：「就是今天也是這樣的。」僧人問道：「學生怎樣來領會呢？」無殷說道：「無非是摩利支山。」

有僧人問道：「摩尼寶殿有四個角，其中一個角時常顯露。什麼是顯露的角？」無殷禪師舉手說道：「你打我。」又反問道：「你已領會了嗎？」僧人回答：「沒有領會。」無殷說道：「你怎麼懂得能夠打我？」

有僧人問道：「什麼是祖師西來的意旨？」無殷禪師回答：「打破了。」

有僧人請道：「我已經處在熊熊的火焰中，請和尚加以鍛打。」無殷禪師說道：「在鐵錘鍛打下成為器物。」僧人說道：「這樣就鍛打去了。」無殷說道：「你這個池州（今屬安徽）和尚。」

有僧人問道：「四周打麥子，中間割野草。和尚前往哪一邊？」無殷禪師回答：「什麼地方也不去。」僧人便說道：「這樣就跟眾人相同了。」無殷說道：「小師的弟子。」

無殷禪師於北宋建隆元年庚申歲（九六〇年）二月顯示得了小病，三月二日，他令侍僧開啟了方丈室，集合眾僧告別道：「後來的學者不認識禾山和尚，就在今天好好認識一下。珍重！」此前僧眾已為無殷禪師建立了生藏。南唐國主賜無殷謚號曰法性禪師，靈塔名妙相。

洪州泐潭牟和尚

洪州泐潭牟和尚。問：「如何是學人著力❶處？」師曰：「正是著力處。」

問：「古人卷席意如何？」師曰：「珍重！」便下堂。

【注釋】❶著力　用力。

【語譯】洪州（今江西南昌）泐潭牟和尚。有僧人問道：「什麼是學生用力的地方？」牟和尚回答：「正是用力的地方。」僧人問道：「古人捲去講席是什麼意思？」牟和尚說了聲：「珍重！」就走下了法堂。

前台州涌泉景欣禪師法嗣

台州六通院紹禪師

台州六通院紹禪師，初參涌泉和尚，入室領旨。一日，燒畬❶歸院，泉問：「去什麼處來？」師曰：「燒畬來。」泉曰：「火後事作麼生？」紹曰：「鐵蛇鑽不入。」泉許之。後居六通院，玄侶依附。

僧問：「不出咽喉脣吻事如何？」師曰：「待汝一钁斸斷巾子山❷，我亦不向汝道。」問：「南山有一毒龍，如何近得？」師曰：「非但闍梨，千聖亦近不得。」

人問：「承聞南方有一劍話，如何是一劍？」師曰：「不當鋒。」曰：「頭落又作麼生？」師曰：「我道不當鋒，有什麼頭？」其人禮謝而去。

師休夏❸，入天台山華頂峰晦迹，莫知所終。

【注　釋】❶燒畬　即燒荒種地，在春天播種之前將田裡的草木燒去，以灰作肥料。❷巾子山　在浙江青田南六十里，卓立如巾，盤繞青田、瑞安兩縣界。❸休夏　即坐夏、夏安居。

【語　譯】台州（今浙江臨海）六通院紹禪師，起初參拜涌泉景欣和尚，成為入室弟子，領悟了真旨。有一天，紹禪師燒荒種地歸來，涌泉和尚問道：「到什麼地方去了？」紹禪師回答：「燒畬去了。」涌泉和尚問道：「火燒以後的事情怎麼辦？」紹禪師回答：「鐵做的蛇也鑽不進去。」涌泉和尚稱許了他的回答。後來紹禪師住持六通院，僧眾依附而來。

有僧人問道：「不從咽喉嘴脣中出來的事怎麼樣呢？」紹禪師說道：「等到你一鋤頭掘斷了巾子山，我也不對你說。」僧人問道：「南山中有一條毒龍，怎樣才能靠近牠呢？」紹禪師回答：「不要說是闍梨了，就是千百位聖人也不能靠近牠。」

有一個人來問道：「聽說南方有一劍的話頭，什麼是一劍？」紹禪師回答：「不能抵擋它的劍鋒。」那人問道：「人頭落地以後又怎麼樣呢？」紹禪師說道：「我已經說了不能抵擋它的劍鋒，還有什麼人頭落地的事呢？」那人施禮拜謝之後離去。

紹禪師在休夏時，進入天台山華頂峰隱藏形跡，再也沒有人知道他後來的事情如何。

前潭州雲蓋山志元禪師法嗣

潭州雲蓋山志罕禪師

潭州雲蓋山志罕禪師。僧問：「如何是嶽頂浪滔天？」師曰：「文殊正作鬧❶。」曰：「正作鬧時如何？」曰：「不向機前展大悲。」

【注釋】❶作鬧　鬧騰。

【語譯】潭州（今湖南長沙）雲蓋山志罕禪師。有僧人問道：「什麼是山嶽頂上白浪滔天？」志罕回答：「文殊菩薩正在鬧騰。」僧人問道：「正在鬧騰時怎麼樣呢？」志罕回答：「不在機鋒之前展示大慈悲。」

新羅臥龍和尚

新羅臥龍和尚。問：「如何是大人相？」師曰：「紫羅帳❶裡不垂手。」曰：「為什麼不垂手？」師曰：「不尊貴。」

問：「十二時中如何用心？」師曰：「猢猻喫毛蟲。」

【注釋】❶羅帳　用錦羅製成的華貴帳子。

【語譯】新羅國臥龍和尚。有僧人問道：「什麼是大人之相？」臥龍和尚回答：「在紫色的錦羅帳裡不垂下手。」僧人問道：「為什麼不垂下手？」臥龍和尚回答：「因為不尊貴。」有僧人問道：「一天十二個時辰中怎樣用心呢？」臥龍和尚回答：「猢猻在吃毛毛蟲。」

彭州天台和尚

彭州天台和尚。先住天台❶。問：「古佛向什麼處去？」師曰：「中央甲第❷高，歲歲出靈苗。」

問：「古鏡未磨時如何？」師曰：「不施功。」曰：「磨後如何？」師曰：「不照燭。」

【注　釋】❶天台　即四川羅江縣南的天台山，山形似浙江的天台山，故名。❷甲第　本指封侯者的住宅，後泛指貴顯的宅第。

【語　譯】彭州（今四川彭縣）天台和尚。起初住持天台山。有僧人問道：「古佛到什麼地方去了？」天台和尚回答：「中央的甲第高聳，年年都生長出靈驗的根苗。」

有僧人問道：「古鏡沒有研磨的時候怎麼樣呢？」天台和尚回答：「不施加功夫。」僧人再問：「研磨以後又怎麼樣呢？」天台和尚回答：「就不用燭光照耀了。」

前潭州谷山藏禪師法嗣

新羅瑞巖和尚

新羅瑞巖和尚。問：「黑白❶兩亡開佛眼❷時如何？」師曰：「恐你守內❸。」

問：「如何是誕生王子❹？」師曰：「深宮引❺不出。」

【注　釋】❶黑白　善惡的異名。《俱舍論》曰：「諸不善業一向名黑，汙染故也。色界善業一向名白，不雜惡故。」❷開佛眼　以新作佛像成而召開的法會。《一切如來安像三昧儀規經》曰：「如是供養儀則已周備，復為佛像開眼之光明，如點眼相似，即誦開眼光真言兩道。」❸內　「內子」之略，即妻子。❹王子　指釋迦牟尼。❺引　招致；引起。

【語　譯】新羅國瑞巖和尚。有僧人問道：「黑白兩業都不存在，而開佛眼的時候怎麼樣呢？」瑞巖和尚回答：「恐怕你守著妻子。」僧人又問道：「什麼是誕生的王子？」瑞巖和尚回答：「深幽的王宮不能招致。」

新羅泊嚴和尚

新羅泊嚴❶和尚。問：「如何是禪？」師曰：「古塚❷不為家。」問：「如何是道？」師曰：「徒勞車馬迹。」問：「如何是教？」師曰：「貝葉❸收不盡。」

【注　釋】❶泊嚴　《五燈會元》卷六作「百巖」。❷塚　墳墓。❸貝葉　印度貝多羅樹的葉子，用水漚後可以代紙，古代印度人多用以寫佛經，後因稱佛經為「貝葉經」，或簡稱「貝葉」。

【語　譯】新羅國泊嚴和尚。有僧人問道：「什麼是禪？」泊嚴和尚回答：「古代的墳墓不能作為居室。」僧人問道：「什麼是道？」泊嚴和尚回答：「徒然地留下了車馬的痕跡。」僧人問道：「什麼是教義？」泊嚴和尚回答：「貝葉也不能全部容納。」

新羅大嶺和尚

新羅大嶺和尚。僧問：「只到潼關便卻休時如何？」師曰：「只是途中活計。」

曰：「其中活計如何？」師曰：「體即得，當即不得。」曰：「體得為什麼當不得？」師曰：「體是什麼人分上事？」曰：「其中事如何？」師曰：「不作尊貴。」

【語　譯】新羅國大嶺和尚。有僧人問道：「只到了潼關就罷休的時候怎麼樣呢？」大嶺和尚回答：「這只是半路上的謀生手段。」僧人問道：「這當中的謀生手段怎麼樣呢？」大嶺和尚回答：「能體會就對，要承當就不對。」僧人問道：「能體會的卻為什麼不能承當？」大嶺和尚反問：「能體會卻是什麼人分上的事呢？」僧人問道：「這當中的事怎麼樣呢？」大嶺和尚回答：「不顯示尊貴。」

前潭州中雲蓋和尚法嗣

潭州雲蓋山景和尚

潭州雲蓋山景和尚，號證覺禪師。僧問：「國土晏清❶，功歸何處？」師曰：「銀臺門❷下不賀。」曰：「轉為無功時如何？」師曰：「王家事宛然。」

【注　釋】❶晏清　平安清靜。❷銀臺門　唐代宮門名，翰林院、學士院都在銀臺門內。

【語　譯】潭州（今湖南長沙）雲蓋山景和尚，號證覺禪師。有僧人問道：「國土之內和平清靜，應該把功勞歸於什麼地方呢？」景和尚回答：「銀臺門下並不舉行賀功慶典。」僧人問道：「轉為無功的時候怎麼樣呢？」景和尚回答：「帝王家的事情正是這個樣子。」

【說明】清原行思禪師的第六世法嗣尚有河中府棲巖存壽禪師的法嗣道德禪師一人，因無機緣語句，故未收錄。

卷一八

青原行思禪師下六世二

前福州雪峰義存禪師法嗣上

【題解】雪峰義存禪師之門徒甚眾，著名的嗣法弟子有雲門文偃（雲門宗的創立者）、玄沙師備（其二世弟子創立法眼宗）、長慶慧稜、保福從展、鼓山神晏等，影響頗大。

福州玄沙師備禪師

福州玄沙❶宗一大師，法名師備，福州閩縣人也，姓謝氏。幼好垂釣，泛小艇於南臺江❷，狎❸諸漁者。唐咸通初年，甫❹三十，忽慕出塵❺，乃棄釣舟，投芙蓉山靈訓禪師落髮，往豫章開元寺道玄律師受具。布衲芒屨❻，食才接氣❼。常終日宴坐，眾皆異之。與雪峰義存本法門昆仲❽，而親近若師資❾。雪峰以其苦行，呼為頭陀。一日，雪峰問曰：「阿那箇是備頭陀？」對曰：「終不敢誑於人。」異日，雪峰召曰：「備頭陀，何不遍參去！」師曰：「達磨不來東土，二祖不往西天。」雪峰然之。暨登象骨山，乃與師同力締構⑩，玄徒臻萃。師入室咨決，罔⑪替晨昏。又閱《楞嚴經》，發明心地，由是應機敏捷，與《修多羅》冥契。諸方玄學有所未決，必從之請益。至若與雪峰和尚徵詰，亦當仁不讓。雪峰曰：「備頭陀其再來人⑫也。」

一日，雪峰上堂曰：「要會此事，猶如古鏡當臺，胡來胡現，漢來漢現。」師曰：「忽遇明鏡來時如何？」雪峰曰：「胡、漢俱隱。」師曰：「老和尚腳跟猶未點地⑬。」

師上堂，時久，大眾盡謂不說法，一時各歸。師乃呵云：「看！總是一樣底，無一箇有智慧。但見我開遮兩片皮，盡來簇⑭著覓言語意度⑮，是我真實⑯為⑰他，卻總不知。看！恁麼大難！大難！」

師有時云：「諸禪德⑱，汝諸人盡巡方⑲行腳來，稱我參禪學道，為有奇特去處，為當只任恁麼東問西問⑳？若有，試通㉑來，我為汝證明。是非我盡識得，還有麼？若無，當知只是趂謴㉒。古困切。是汝既到遮裡來，我今問汝，汝諸人還有眼麼？若有，即今便合識得。還識得麼？若不識，便被我喚作生㉓盲生聾底人。還是麼？肯恁麼道麼？禪德，亦莫自屈，是汝真實，何曾是恁麼人！十方諸佛把汝向頂上著，不敢錯誤著一分子。只道此事，唯我能知，會麼？如今相紹繼㉔盡道承他釋迦，我道釋迦與我同參。汝道參阿誰？會麼？大不容易知。莫非大悟，始解得知。若是限劑㉕所悟，亦莫能覩㉖。汝還識大悟麼？不可是汝向髑髏前認他鑑照，不可是汝說空說無，說遮邊那邊。有世間法，有一箇不是世間法。和尚子㉗，虛空猶從迷妄幻生。如今若是大肯去，何處有遮箇稱說？尚無虛空消息，何處有三界業次？父母緣生㉘，與汝椿㉙立前後。如今道無尚是誑語，豈況是有知麼？是汝多時行脚。和尚子，稱道有覺悟底事，我今問汝，只如巔山巖崖迥絕人處，還有佛法麼？還裁辨得麼？若辨不得，卒未在。我尋常道，亡僧面前正是觸目菩提㉚，萬里神光頂後相。若人覩得，不妨出得陰界，脫汝髑髏前意。想都來只是汝真實人體，何處更別有一法解蓋覆㉛？汝知麼？還信得麼？解承當得麼？大須努力！」

師又云：「我今問汝諸人，且承得箇什麼事？在何世界安身立命？還辨得麼？若辨不得，恰似揑目生花㉜，見事便差。知麼！如今現前，見有山河大地、色空、明暗種種諸物，皆是狂勞花相，喚作顛倒知見。夫出家人識心達本，故號沙門。汝今既已剃髮披衣，為沙門相，即合有自利利他分。如今看著，盡黑漫漫[33]地如黑汁[34]相似，自救尚不得，爭解為得他人？仁者！佛法因緣事大，莫當等閑，相聚頭亂說，雜話趁讚。過時光陰難得[35]，可惜許大丈夫兒，何不自省察，看是什麼事？只如從上宗風，是諸佛頂族[36]。汝既承當不得，所以我方便勸汝，但從迦葉門接續頓超。去此一門，超汝凡聖因果，超他毗盧妙莊嚴世界海，超他釋迦方便門，直下永劫，不教有一物與汝作眼見，何不急急究取？未必道我且待三生兩生，久積淨業[37]。仁者！汝宗乘是什麼事？不可由汝身心用工莊嚴便得去，不可他心宿命便得法。會麼？只如釋迦出頭[38]來作如許多變弄，說十二分教，如缾灌水，大作一場佛事。向汝此門中用一點不得，用一毛頭[39]伎倆不得。知麼？如同夢事，亦如寐語[40]。沙門不應得出頭來，蓋為識得。知麼？識得即是大出脫[41]、大出頭。所以道超凡越聖，出生離死，離因離果，超毗盧，越釋迦，不被凡聖因果所謾，一切處無人識得。汝知麼？莫只長戀生死愛網，被善惡業拘將去，無自由分。饒汝鍊得身心同空去，饒汝得到精明湛不搖處，不出他識陰[42]。古人喚作如急流水，流急不覺，妄為澹淨[43]。恁麼修行，盡不出他輪迴際，依前被輪轉去。

所以道諸行無常[44]，直是三乘功果，如是可畏。若無道眼，亦不為究竟，何如從今日博地凡夫[45]，不用一毫工夫，便頓超去，解省心力麼？還願[46]樂麼？勸汝：我如今立地待汝覯去，不用汝加功練行。如今不恁麼，更待何時？還肯麼？還肯麼？」

師有時上堂謂眾曰：「是汝真實如是。」又有時云：「達磨如今現在，汝諸人還見麼？」

師云：「是諸人見有險惡，見有大蟲、刀劍諸事逼汝身命，便生無限怕怖。如似什麼？恰似世間畫師一般，自畫作地獄變相[47]，作大蟲刀劍了，好好地看了，卻自生怕怖。汝今諸人亦復如是。百般見有，是汝自幻出，自生怕怖，亦不是別人與汝為過。汝今欲覺此幻惑麼？但識取汝金剛眼睛。若識得，不曾教汝有纖塵可得露現，何處更有虎狼刀劍解懾嚇得汝。直至釋迦，如是伎倆，亦覓出頭處不得。所以我向汝道：沙門眼把定[48]世界，函蓋乾坤，不漏絲髮，何處更有一物為汝知見？知麼？如是出脫，如是奇特，何不究取？」

師云：「汝諸人如似在大海裡坐，沒頭水浸卻了，更展手問人乞水喫。還會麼？夫學般若菩薩[49]，是大根器，有大智慧始得。若有智慧，即今便得出脫。若是根機遲鈍，直須勤苦志，耐日夜，忘疲失食，如喪考妣[50]相似。恁麼急切，盡一生去，更得人荷挾[51]，剋骨[52]究實不妨，亦得覯去。且況如今，誰是堪任受學底人？仁者！莫只是記言記語，恰似念《陀羅尼》相似，蹋步向前來，口裡哆哆啝啝[53]地，被人把住詰問著沒去處[54]，便嗔道：『和尚不為我答話。』恁麼學事大苦。知麼？有一般坐繩牀和尚，稱為善知識，問著便動身動手，點眼[55]吐舌瞪視。更有一般便說昭昭靈靈[56]，靈臺智性，能見能聞，向五蘊身田[57]裡作主宰。恁麼為善知識，大賺人。知麼？我今問汝：汝若認昭昭靈靈是汝真實，為什麼瞌睡時又不成昭昭靈靈？若瞌睡時不是，為什麼有昭昭時？汝還會麼？遮箇喚作認賊為子[58]，是生死根本、妄想緣氣。汝欲識此根由麼？我向汝道：汝昭昭靈靈，只因前塵色聲香等法而有分別，便道此是昭昭靈靈。若無前塵，汝此昭昭靈靈同於龜毛兔角[59]。仁者！真實在什麼處？汝今欲得出他五蘊身田主宰，但識取汝秘密[60]金剛體[61]。古人向汝道：『圓成[62]正遍，遍周沙界。』我今少分[63]為汝，智者可以譬喻得解，汝見此南閻浮提[64]日麼？世間人所作興營[65]、養身、活命種種心行作業，莫非承他日光成立。只如日體，還有多般及心行麼？還有不周遍處麼？欲識此金剛體，亦如是。只如今山河大地、十方國土、色空明暗，及汝身心，莫非盡承汝圓成。威光(66)所現，直是天人群生類所作業次，受生果報(67)，有性無情，莫非承汝威光。乃至諸佛成道成果，接物利生，莫非盡承汝威光。只如金剛體，還有凡夫諸佛麼？有汝心行麼？不可道無便得當去也，知麼？汝既有如是奇特當陽出身(68)處，何不發明取？便隨他向五蘊身田中鬼趣(69)裡作活計，直下(70)自謾卻去。忽然無常殺境(71)到來，眼目譸張(72)，身見命見，恁麼時大難枝荷(73)，如生(74)脫龜筒(75)相似，大苦。仁者！莫把瞌睡見解便當(76)卻去，未解蓋覆得毛頭許。汝還知麼？三界無安，猶如火宅(77)。且汝未是得安樂底人，只大作群隊干(78)他人世，遮邊那邊飛走，野鹿相似，但知求衣為食。若恁麼，爭行他王道(79)？知麼？國王大臣不拘汝，父母放汝出家，十方施主供汝衣食，土地龍神護汝，也須具慚愧知恩始得。莫孤負人好！長連牀上排行(80)著地(81)銷將去，道是安樂未在，皆是粥飯將養(82)得汝，爛冬瓜相似變將去，土裡埋將去。業識茫茫，無本可據。沙門因什麼到恁麼地？只如大地上蠢蠢者，我喚作地獄劫住。如今若不了，明朝後日(83)，看變入驢胎馬肚裡，牽犂拽杷(84)，銜鐵負鞍，碓擣磨磨，水火裡燒煮去，大不容易受，大須(85)恐懼好！是汝自累，知麼？若是了去，直下永劫，不曾教汝有遮箇消息。若不了此，煩惱惡業因緣，未是一劫兩劫得休，直與汝金剛齊壽，知麼？」

南際長老到雪峰，雪峰令訪于師。師問曰：「古人道此事唯我能知，長老作麼生？」南際曰：「須知有不求知者。」（歸宗柔別拊掌三下。）師曰：「山頭和尚喫許多辛苦作麼？」

雪峰因普請畬田，見一蛇，以杖挑起，召眾曰：「看！看！」以刀芟為兩段。師以杖拋於背後，更不顧視，眾愕然。雪峰曰：「俊哉！」

師一日隨侍雪峰遊山，雪峰指一片地曰：「此處造得一所無縫塔。」師曰：「高多少？」雪峰乃顧視上下，師曰：「人天依報[86]即不如和尚，若是靈山受記[87]，大遠在。」雪峰曰：「世界闊一尺，古鏡闊一尺。世界闊一丈，古鏡闊一丈。」師指火鑪曰：「火鑪闊多少？」雪峰曰：「如古鏡闊。」師曰：「老和尚腳跟未點地。」

師初受請住梅溪場[88]普應院，中間遷止玄沙山，自是天下叢林海眾皆望風而賓之。閩帥王公[89]請演無上乘[90]，待以師禮，學徒餘八百，室戶不閉。

師上堂，良久，謂眾曰：「我為汝得徹困也，還會麼？」僧問：「寂寂無言時如何？」師曰：「寐語作麼？」曰：「本分事請師道。」師曰：「瞸睡作麼？」曰：「學人即瞸睡，和尚如何？」師曰：「爭得恁麼不識痛癢！」又曰：「可惜如許大師僧，千道萬里行腳到遮裡，不消箇瞌睡寐語，便屈卻去。」問：「如何是學人自己？」師曰：「用自己作麼？」

僧問：「從上宗門中事，師此間如何言論？」師曰：「少人聽。」僧曰：「請和尚直道。」師曰：「患聾作麼？」又曰：「仁者，如今事不獲已，教我抑下如是威光，苦口相勸，百千方便，道如此如彼，共汝相知聞，盡成顛倒知見。將此咽喉脣吻，只成得箇野狐精業謾汝，我還肯麼？只如有過無過，唯我自知，汝爭得會？若是恁麼人出頭來，甘伏呵責。夫為人師匠[91]大不易，須是善知識始得知。我如今恁麼方便助汝，猶尚不能覯得。可中[92]純舉宗乘，是汝向什麼處措？還會麼？四十九年是方便，只如靈山會有百萬眾，唯有迦葉一人親聞，餘盡不聞。汝道迦葉親聞事作麼生？不可道如來無說說，迦葉不聞聞，便得當。不可是汝修因成果、福智莊嚴[93]底事，知麼？且如道『吾有正法眼付囑大迦葉』，我道猶如話月[94]。曹溪豎拂子還如指月。所以道『大唐國內宗乘中事，未曾見有一人舉唱』。設有人舉唱，盡大地人失卻性命，如無孔鐵槌[95]相似，一時亡鋒結舌[96]去。汝諸人賴遇我不惜身命[97]，共汝顛倒知見，隨汝狂意，方有申問[98]處。我若不共汝恁麼知聞去，汝向什麼處得見我？會麼？大難。努力珍重！」乃有偈曰：「萬里神光頂後相，沒頂之時何處望？事已成，意亦休，此箇來蹤觸處[99]周。智者撩[100]著便提取，莫待須臾失卻頭。」又偈曰：「玄沙遊逕[101]別，時人切須知。三冬陽氣盛，六月降霜時。有語非關舌，無言切要詞。會我最後句[102]，出世少人知。」

問：「四威儀外如何奉王？」師曰：「汝是王法罪人，爭會問事？」

問：「古人拈槌豎拂，還當宗乘中事也無？」師曰：「不當。」曰：「古人意作麼生？」師舉拂子。

僧曰：「宗乘中事如何？」師曰：「待汝悟始得。」問：「如何是金剛力士[103]？」師乃吹之。

文桶頭[104]下山，師問：「桶頭下山幾時歸？」曰：「三、五日。」師曰：「歸時，有無底桶子將一擔[105]歸。」文無對。歸宗柔代云：「和尚用作什麼？」

師有時垂語曰：「諸方老宿盡道接物利生，且問汝只如盲、聾、瘂三種病人，汝作麼生接？若拈槌豎拂，他眼且不見；共他說話，耳又不聞，口復瘂。若接不得，佛法盡無靈驗。」時有僧出曰：「三種病人，和尚還許人商量否？」師曰：「許。汝作麼生商量？」其僧珍重出，師曰：「不是！不是！」法眼云：「我當時見羅漢和尚舉此僧語，我便會三種病人。」雲居錫云：「只如此僧會不會？若道會，玄沙又道不是；若道不會，法眼為什麼道我『因此僧語便會三種病人』？上座，無事上來商量，大家要知。」羅漢云：「桂琛見有眼耳，和尚作麼生接？」中塔云：「三種病人即今在什麼處？」又一僧云：「非唯謾他，兼亦自謾。」

長慶稜來，師問：「除卻藥忌，作麼生道？」稜曰：「憨作麼！」師曰：「雪峰山橡子拾食來，遮裡雀兒放糞。」

師見僧來禮拜，乃曰：「禮拜著，因我得禮拜汝。」

一日，普請往海坑斫柴，見一虎，僧曰：「和尚，虎！」師曰：「是汝虎。」歸院後，僧問：「適來見虎，云是汝，未審尊意如何？」師曰：「娑婆世界有四重障[106]，若人透得，許汝出陰界。」東禪齊云：「上座，古人見了，道我身心如大地虛空，如今人還透得麼？」

師問長生然和尚：「維摩觀佛，前際不來，後際不去，今則無住。汝作麼生觀？」對曰：「放皎然過，有商量。」師曰：「放汝過作麼生？」長生良久，師曰：「教阿誰委[107]？」曰：「徒勞側耳。」師曰：「情知[108]汝向山鬼窟裡作活計。」崇壽稠別長生云：「喚什麼作如來？」

僧問師：「學人為什麼道不得？」師曰：「畐[109]塞汝口，爭解道得？」法眼云：「古人恁麼道甚奇特，且問上座口是什麼？」

問：「凡有言句，盡落棬樻[110]。不落棬樻，請和尚商量。」師曰：「拗折秤衡來，與汝商量。」

問：「古人瞬視111接人，和尚如何接人？」師曰：「我不瞬視接人。」僧問：「是什麼得恁麼難見？」師曰：「只為太近。」法眼云：「也無可得近，直下是上座。」

師在雪峰時，光侍者謂師曰：「師叔若學得禪，某甲打鐵船下海112去。」師住後，問曰：「光侍者打得鐵船也未？」光無對。法眼代云：「請和尚下船。」玄覺代云：「貧兒思舊債。」

師一日遣僧送書上雪峰和尚，雪峰開緘，唯白紙三幅，問僧：「會麼？」曰：「不會。」雪峰曰：「不見道君子千里同風。」其僧迴舉似於師，師曰：「遮老和尚蹉過也不知。」東禪齊云：「什麼處蹉過？若的蹉過，師豈不會弟子意？若不恁麼會，只如玄沙意作麼生？若會，便參取玄沙。」

師問鏡清：「教中道菩薩摩訶薩113不見一法為大過失，且道不見什麼法？」鏡清指露柱云：「莫是不見遮箇法麼？」同安顯別云：「也知和尚不造次。」師曰：「浙中清水白米從汝喫，佛法未會在。」玄覺云：「且道玄沙恁麼道，意在什麼處不見？」僧問洞山云：「不見一法為大過失，此意如何？」洞山云：「不見一法好言語，二坐一宿。」覺云：「不見一法即如來，方得名為觀自在114普賢菩薩115。」又云：「不見一法為大過失，是一箇，是兩箇？試斷看。」

僧問：「承和尚有言，盡十方世界是一顆明珠。學人如何得會？」師曰：「盡十方世界是一顆明珠，用會作麼？」師來日卻問其僧：「盡十方世界是一顆明珠，汝作麼生會？」對曰：「盡十方世界是一顆明珠，用會作麼？」師曰：「知汝向山鬼窟裡作活計。」（玄覺云：「一般恁麼道，為什麼卻成山鬼窟去？」）

問：「如何是無縫塔？」師曰：「遮一縫大小？」（玄覺云：「叢林中道：恁麼來何處得無縫？還會得著不著？」）

韋監軍來謁，舉：「曹山和尚甚奇怪。」師乃問：「撫州取[116]曹山多少？」韋指傍僧云：「上座曾到曹山否？」曰：「曾到。」韋曰：「撫州取曹山多少？」曰：「一百二十里。」韋曰：「恁麼即上座不到曹山。」韋卻起禮拜師，師曰：「監軍卻須禮此僧，此僧卻具慚愧。」（雲居錫云：「什麼處是此僧具慚愧？若檢得出，許上座有行腳眼。」）

西天有聲明三藏到，閩帥令與師相見。師以火筯敲銅鑪，問：「是什麼聲？」三藏對曰：「銅鐵聲。」（法眼別云：「請大師為大王。」法燈別云：「聽和尚問。」）師曰：「大王莫受外國人謾。」三藏無對。（法眼代云：「大師久受大王供養。」法燈代云：「卻是和尚謾大王。」）

師南遊，莆田縣排百戲[117]迎接。來日，師問小塘長老：「昨日許多喧鬧，向什麼處去也？」小塘提起衲衣角，師曰：「料掉[118]勿交涉。」（法眼別云：「昨日有多少喧鬧？」法燈別云：「今日更好笑。」）

師問僧：「乾闥婆城[119]，汝作麼生會？」僧曰：「如夢如幻。」（法眼別敲物示之。）

師與地藏在方丈內說話，夜深，侍者閉卻門。師曰：「門總閉了，汝作麼生得出去？」琛曰：「喚什麼作門？」（法燈別云：「和尚莫欲歇去？」）

師一日以杖拄地，問長生曰：「僧見俗見，男見女見，汝作麼生見？」長生曰：「和尚還見皎然見處麼？」師曰：「相識滿天下。」

問：「承和尚有言：『聞性遍周法界。』雪峰打鼓，遮裡為什麼不聞？」師曰：「誰知不聞？」

問：「險惡道中，以何為津梁？」師曰：「以汝眼為津梁。」曰：「未得者如何？」師曰：「快救取！」

師與韋監軍喫果子[120]，韋問：「如何是日用而不知？」師拈起果子曰：「喫。」韋喫果子了，再問之，師曰：「只首[121]是日用而不知。」

普請搬柴，師曰：「汝諸人盡承吾力。」一僧曰：「既承師力，何用普請？」師叱之曰：「不普請，爭得柴歸？」

師問明真大師：「善財參彌勒，彌勒指歸文殊，文殊指歸佛處，汝道佛指歸什麼處？」對曰：「不知。」師曰：「情知汝不知。」法眼別云：「喚什麼作佛？」

大普玄通到禮覲，師謂曰：「汝在彼住，莫誑惑人家男女。」對曰：「玄通只是開箇供養門，晚來朝去，爭敢作恁麼事？」師曰：「事難。」曰：「其情是難。」師曰：「什麼處是難處？」曰：「為伊不肯承當。」師便入方丈，拄卻門。

問：「學人乍入叢林，乞師指箇入路。」師曰：「還聞堰溪水聲否？」曰：「聞。」師曰：「是汝入處。」

泉守王公請師登樓，先語客司⑫曰：「待我引大師到樓前，便昇卻梯。」客司稟旨。公曰：「請大師登樓。」師視樓，復視其人，乃曰：「佛法不是此道理。」

法眼云：「未昇梯時，一日幾度登樓？」

師與泉守在室中說話，有一沙彌揭簾入見，卻退步而出。師曰：「那沙彌好與二十拄杖。」曰：「恁麼即某甲罪過。」師曰：「佛法不恁麼。」

同安顯別云：「祖師來也。」

鏡清云：「不為打水。」有僧問：「不為打水意作麼生？」鏡清云：「青山碾為塵，敢保勿閑人。」東禪齊云：「只如玄沙意作麼生？或云：直饒恁麼去，也好與拄杖。或云：事在當機。或云：拈破會處。此三說，還會玄沙意也無？」

師應機接物，僅三十祀，致清原、石頭之濬流，迨今不絕。轉導來際所演法要，有大、小錄行于海內。自餘語句，各隨門弟子章及《諸方徵舉》出焉。梁開平二年戊辰十一月二十七日，示疾而終，壽七十有四，臘四十有四。閩帥為之樹塔。

【注釋】❶玄沙　即福州玄沙院，五代時僧人師備禪師所創，後改稱寺，為榕城巨剎之一。❷南臺江　閩江經福州南臺山下為南臺江，亦名白龍江。❸狎　此為親近之意。❹甫　方才；剛剛。❺出塵　即「出世」。❻芒屨　草鞋。❼接氣　此謂勉強維持一口氣。❽昆仲　兄弟。❾師資　此指師父、老師。❿締構　構成；經營。此指創建寺院，弘揚宗門。⓫罔　不；莫。⓬再來人　此謂再度轉世皈依佛門之人。⓭腳跟猶未點地　僅以腳尖走路，此喻還未徹底省悟。⓮蔟　同「簇」。聚集、叢聚之意。⓯意度　意思。⓰真實　真心實意。⓱為　接引。師備禪師認為上堂沉默不語，實在是顯示禪機，啟發學者領悟不立語言文字的禪法。⓲禪德　即禪師大德。⓳巡方　指佛教徒到各處去參拜。⓴東問西問　此謂到處諮詢參問。㉑通　陳述；通報。唐代封演《封氏聞見錄・飲茶》：常伯熊「手執茶器，口通茶名」。㉒讉　詑弄人。㉓生　天生的；先天的。㉔紹繼　繼承；接續。㉕限劑　限，阻隔；限度。劑，劑量。㉖覯　遇見；窺見。此指了悟禪機之意。㉗和尚子　僧人的尊稱。㉘緣生　謂一切有為法皆由緣而生，意同「緣起」。然緣起者由其因而立名，緣生者由其果而立名。㉙椿　古代傳說中的木名。《莊子・逍遙遊》：「上古有大椿者，以八千歲為春，八千歲為秋。」後以其形容高壽。㉚觸目菩提　謂明瞭觸之性而得菩提。觸目者謂用目光而觸於欲境之煩惱。㉛蓋覆　此喻佛法庇護眾生。㉜捏目生花　擠壓眼睛使眼中幻生出花草之相。形容自己欺騙自己。㉝黑漫漫　形容漆黑一團。㉞黑汁　黑漆。㉟過時光陰難得　形容光陰似箭，一去不返。過時，意為逝去的。㊱諸佛頂族　謂「大根機人」。佛頂，密教用語，表示最高智慧。㊲淨業　清淨之善業。㊳出頭　脫身；解脫；出世。唐代詩人拾得詩：「死去入地獄，未有出頭辰。」㊴毛頭　毛髮之尖，形容極其細小。㊵寐語　即夢話。㊶出脫　同「出頭」。㊷識陰　即「識蘊」。㊸澹淨　清澈明淨。㊹諸行無常　萬物常變轉之意。《涅槃經》：「諸行無常，是生滅法。」諸行，指諸三世遷流之有為法。㊺博地凡夫　即遍地都是的普通平常之人。㊻願　誓言。《法界次第》：「自制其心，名之曰誓。志求滿足，故云願也。」㊼地獄變相　寺廟內所畫的地獄種種形狀之圖像。變相，指應機變現地獄或極樂世界之相。㊽把定　看守；管住。㊾般若菩薩　為胎藏界五尊中之中尊，現天女之形，有六臂，其左一手持梵篋，內中放有般若真文，開其法味以與其餘四大明王，故以般若為名。密宗號為智慧金剛，與大日四波羅蜜中之金剛波羅蜜同體，為大日之正法輪身。㊿考妣　舊時稱已死的父母。(51)荷挾　扶持；提攜。(52)剋骨　深入地；深刻地。(53)哆哆啝啝　說話絮煩貌。(54)去處　可去的地方。唐人岑參〈題虢州西樓〉詩：「愁來無去處，只在郡西樓。」(55)點眼　眨眼。(56)昭昭靈靈　明白靈驗的樣子。(57)身田　以身能生善惡之業，故名身田。《法事讚》上：「大悲恩重，等潤身田。」(58)認賊為子　比喻本末倒置。(59)龜毛兔角　龜本無毛，兔本無角，此比喻有名無實之物。《智度論》：「如兔角龜毛，亦但有名而無實。」(60)秘密　秘指其法門之深奧；密指不輕易示人。佛說諸經各有秘密之法。《圓覺經》：「為諸菩薩開秘密藏。」《涅槃經》：「此經名如來秘密藏。」(61)金剛體　如金剛般堅固之體，指佛身功德而言。《維摩經・方便品》：「如來身者，金剛之體，諸惡已斷，重喜普會。」(62)圓成　成就圓滿。

《楞嚴經》：「發意圓成一切眾生無量功德。」(63)少分　稍微；略微。(64)南閻浮提　洲名，在須彌山南方鹹海中，故稱南閻浮，樹名。提，梵語「洲」之意。因此洲中生長有閻浮樹，故以名。(65)興營　興作、經營。(66)威光　威猛之光。此喻人之靈性。(67)生果報　即生報與果報。此生作善惡之業，來世受苦樂之果報稱生報。人們今日之境遇，為對於過去世業因之結果稱果報。(68)當陽出身　此喻當場領悟超脫。(69)鬼趣　五趣之一，又曰鬼道，鬼神所趣之境土。(70)直下　當下；當即。(71)無常殺境　即無常殺鬼。因無常之理，故有生者有死，因而喻無常之理為殺鬼，即殺人之幽鬼。(72)譸張　欺誑。《玉篇·言部》：「譸，譸張，誑也。」(73)枝荷　支撐；承受。(74)生　活生生的。(75)龜筒　龜殼；龜甲。(76)便當　順適無礙；方便。(77)火宅　比喻三界之生死。《法華經·譬喻品》：「三界無安，猶如火宅，眾苦充滿，甚可怖畏。常有生老病死憂患，如是等火，熾然不息。」(78)干　干預；參與。(79)王道　儒家主張以仁義治理天下，稱作「王道」，與「霸道」相對。此指佛法。(80)排行　兄弟姐妹等長幼次序。(81)著地　全部；所有。(82)將養　調養；撫養。(83)明朝後日　以後；日後。(84)牽犁拽杷　犁，耕田的農具。杷，即耙，把土塊弄碎的農具。(85)大須　務必，叮囑之辭。(86)依報　心身者為正實之果報，此心身依止之身外諸物謂之依報。(87)靈山受記　即指如來佛在靈山說法，拈花示意，迦葉一見，破顏微笑，悠然心會其中旨意之事。(88)梅溪場　為福建閩清縣治所在。唐代貞元元年，割福州十里為梅溪場，後改置為閩清縣。(89)王公　唐末王潮占據福建泉、汀五州，任福建節度使。王潮死後，其弟王審知接任其職，並盡有福建之地，五代後梁開平三年封為閩王。(90)無上乘　讚歎教法之至極，即大乘的異名。(91)師匠　老師；師傅。(92)可中　如果；假使。唐人李涉〈早春齋後發頭陀寺寄院中〉詩：「草檄可中能有假，迎春一醉也無妨。」(93)福智莊嚴　即一福德、二智慧兩種莊嚴。菩薩自初發心修六度萬行，具足所有的福德，能顯現法身，稱作福德莊嚴。修習正知見，淨盡無明，能顯現法身，謂之智慧莊嚴。福德屬利他，智慧屬自利。《涅槃經》：「二種莊嚴，一者智慧，二者福德。若有菩薩具足如是二種莊嚴者則知佛性。」(94)話月　禪家常用「指」（包含手指和指向的意思）與「月」來比喻語言文字、義理概念和微妙禪法之間的關係，「指」為讓人見「月」，但此「指」並不是彼「月」，以喻佛法禪旨切不可被語言文字、義理概念所束縛。「話月」意同「指月」，但以前者形容話語，以後者形容動作。(95)無孔鐵槌　鐵槌上沒有孔，而無從安裝木柄以使用。(96)結舌　即「張口結舌」之略。(97)不惜身命　指禪師不顧危險為學僧說破。(98)申問　提問。(99)觸處　到處。(100)撩　用手提或抓東西。(101)逕　同「徑」。(102)最後句　同「末後句」。即最後的關鍵性一句話。(103)金剛力士　執金剛杵護持佛法的天神。(104)桶頭　寺廟內負責挑水的僧人。(105)一擔　即兩只。(106)四重障　一為惑障，指貪欲、瞋恚、愚痴等之思惑；二為業障，指身口意所造之惡業；三為報障，指三惡趣之苦報；四為見障，指諸邪見。四者皆能障蔽正道，故稱四重障。(107)委即「委備」，意為詳細。[108]情知　明知；誠知。唐人李山甫〈贈彈琴李處士〉：「情知此事少知音，自是先生枉用心。」[109]畐滿。《廣韻．職韻》：「畐，道滿也。」[110]棬樻　棬，彎曲木材而製成的盂。樻，同「櫃」。[111]瞬視　貶眼。[112]鐵船下海　古代受工藝所限，不能用鐵來造船舶。此喻不能辦到的事。[113]菩薩摩訶薩　為菩薩薩埵、摩訶薩埵的合稱。菩薩薩埵意為覺有情，即道眾生；摩訶薩埵意為大有情，即大眾生。道眾生指求道果之眾生。求道果者通於聲聞緣覺，故為區別於此，更稱之為大眾生。[114]觀自在　法藏《心經略疏》：「于事理無礙之境，觀達自在，故立此名。又應機往救，自在無閡，故以為名。前釋就智，後釋就悲。」[115]普賢菩薩　也名普賢大士，主一切諸佛之理德、定德、行德，與文殊菩薩之智德、證德相對，即理智一雙、行證一雙、三昧般若一雙，而成為釋迦如來的左右雙脅士，乘白象，侍從於佛陀之右方。[116]取　向；往。取道的意思。[117]百戲　古代樂舞雜技表演的總稱，唐、宋時很盛行。[118]料掉　即「料到」。[119]乾闥婆城　也名「犍闥婆城」，梵語稱樂人作乾闥婆。樂人能幻作樓閣以使人觀看，故名之為乾闥婆城。[120]果子　生果、乾果、涼果、蜜餞、餅食等的總稱。[121]只首　也作「只手」、「只守」等，實在的意思。[122]客司　官府中負責招待賓客的官員。

【語　譯】福州（今屬福建）玄沙院宗一大師，法名師備（八三四～九〇八年），福州閩縣（今福建福州）人，俗姓謝。他少年時喜好垂釣，常常坐著小船泛波於南臺江上，與江中的捕魚人十分親近。唐代咸通（八六〇～八七四年）初年，師備年方三十歲，忽然思慕脫離塵世，就棄去釣魚小船，投奔芙蓉山的靈訓禪師出家落髮，此後前往豫章（今江西南昌）開元寺，在道玄律師那裡接受了具足戒。師備身穿粗布僧衣，腳著草鞋，吃得很少，勉強才能維持生命。師備經常整天坐禪，眾僧都不把他視為平常之人。師備與雪峰義存和尚本是同一法門中的師兄弟，而如同老師一樣親近。雪峰和尚因為師備修習苦行，就稱他「頭陀」。有一天，雪峰和尚問道：「哪個是師備頭陀？」師備回答道：「我終究不敢欺騙人。」又有一天，雪峰和尚招呼道：「師備頭陀，為什麼不到處參學去！」師備回答：「達磨祖師不來東土，二祖大師不往西天。」雪峰和尚認為確實是這樣的。等到雪峰和尚登上象骨山，師備就與他同心協力創建寺院，弘揚宗門，天下僧侶聚集於此。師備進入方丈室為學法僧諮詢、決斷，不分早晨與黃昏。師備又通過閱讀《楞嚴經》，發明證悟心地，由此應對機鋒敏明迅捷，與佛教經典《修多羅》暗暗契合。各地佛學禪門中若有未能決斷之事，必定到師備那裡請教。就是遇到雪峰和尚的徵問詰難，師備也當仁不讓。因此雪峰和尚讚道：「師備頭陀正是一個再來人啊。」

有一天，雪峰和尚上堂說法道：「要領會這事，就好像是把古鏡放到臺子當中，胡人前來就現出胡人，漢人前來就現出漢人。」師備禪師問道：「忽然遇到明鏡來到時怎麼樣呢？」雪峰和尚回答：「胡人、漢人都隱沒不見。」師備說道：「老和尚的腳跟還是沒有碰到地面。」

有一天，師備禪師上堂，沉默了許久，眾僧都以為今天不說法了，就一起歸去了。師備便呵責道：「看啊！都是一樣的，而沒有一個人是有智慧的。只是看見我這裡張開這張嘴巴，就都聚來這兒尋覓言語、意思。這實在是我真心實意地接引他，卻總是不知道。看啊！這樣的參學真個是太難啦！太難啦！」

師備禪師有一次對眾僧說道：「諸位禪師大德，你們諸人到各處去參拜行腳，宣稱說我在參禪學道，是因為確有奇特的去處，還是因為僅僅作這樣的東問西問？如果確有奇特之處，就試著通報上來，我為你們證明。對與錯，我都能辨別得出，還有沒有啊？如果沒有，就可以知道這只是些驅趕與謔弄。你們既然已經到這裡來了，那我現在就來問你們，你們眾人還有眼光嗎？如果有眼光，現在就應該能識別了。你們還能識別嗎？如果不能識別，就要被我叫做天生眼瞎、天生耳聾的人。還是不是呀？還認可這樣的說法嗎？諸位禪師大德，也不要自我屈服，這正是你們的真實之性，又何曾是那樣的人！十方諸佛把你們放在頭頂上，不敢放錯一點點地方。只說這件事，惟有我一個人知道，你們領會了嗎？如今人們都相續不斷地說是承繼他釋迦牟尼，我說釋迦牟尼與我共同參道。你們說還要參拜誰？領會了嗎？很不容易明白啊。只有是那大悟大徹的人，才能懂得那知見。如果是有限度的悟解，也不能窺見其中真旨。你們還能夠識別大悟大徹嗎？不可以是你們在髑髏前面承認它有鑑別映照之功，不可以是你們說空說無，說這邊那邊。有世間之法，還有一個不是世間之法。和尚子，虛空猶且是從迷妄的幻境中生出。到今天如果是大加許可，那什麼地方還有這樣的講說？尚且沒有虛空的消息，什麼地方有三界業次？父母親皆由緣而生，如同椿木一樣站立在你的身前身後。到今天說『無』況且是騙人的話，何況是說有知見呢？這是你們長期行腳帶來的結果。和尚子，你們稱說有覺悟之事，那我現在就來問你們，只是如高山絕頂、萬丈懸崖等絕無人跡之處，還有沒有佛法啊？還裁剪分辨得出嗎？如果不能分辨，即是最終未在那裡。我平常對你們說道，在死亡的僧人面前正是觸目菩提，以萬里神光現出頭頂後之相。如果有人能看出，就不妨礙你超出陰界，脫離你在髑髏之前鑑別映照之意。想起來這只是你們真心實意之人體認所得，什麼地方再建立一個方法來解說那蓋覆眾生之意？你們知道嗎？還能崇拜信仰嗎？懂得所承當領悟的事嗎？你們還要更加努力！」

師備禪師又對眾僧說道：「我現在問你們這些人，能夠承當什麼事業？在哪個世界裡安身立命？還能辨別嗎？如果不能辨別，就好像是擠壓眼睛而幻生出花草之象，看事物就有差錯。你們知道嗎？如今現在，所看見的山河大地、色空、明暗等種種事物，都是捏目所生的極其紛亂的花草幻象，就叫做顛倒知見。出家之人認識自心、通曉本源，所以稱作沙門。你們現在既然已經剃掉了頭髮，披上了僧衣，成為沙門的樣子，就應該有自利並且利他的緣分。現在看來，全都是漆黑的一團，如同黑漆一樣，自己救自己尚且不能夠，怎麼能夠接引他人？仁者！佛法因緣之事重大，不要等閒視之，把頭相聚在一起胡亂講說，用雜亂的言語來謔弄人。逝去的光陰難以再得到，可惜這些大丈夫們，為什麼不自我省察，看看是什麼事？只是如至極玄妙的禪宗旨意，才是大根機之人。你們既然不能領悟，所以我想方設法鼓勵你們，只管從迦葉尊者的門下繼承道統，頓悟超脫。進入了這一門徑，就能超越你們凡人聖人的因果，超越他毗盧妙莊嚴世界海，超越他釋迦牟尼的方便法門，直到永遠，不使有一件東西讓你們注意到，你們為什麼不急切地探求去呢？不要說我還要等待三生兩生之後，以長久地積累清淨之善業。仁者！你們說所謂的宗乘究竟是什麼事？不可以由你們的身心用力裝飾就能得到，不可以依靠他心、宿命而能得到佛法。領會了嗎？只是如釋迦牟尼出世來採取許多權變的方法，解說十二分教的教義，就如同是水瓶灌水一樣流暢，大大地做了一場佛事。我告訴你們，這宗門中不能用一點心計，用一根毛髮尖般細小的伎倆也不行。你們知道了嗎？就如同是夢中之事一樣，也如同是在說夢話一樣。沙門不應該追求出世來，這是因為能認識到真旨。你們知道嗎？能認識到就是大解脫、大出世。所以說超出凡人越過聖人，跳出生死輪迴，離開因果，超出毗盧佛，越過釋迦牟尼，不被凡聖因果所欺矇，在一切地方都沒有人能認識。你們知道嗎？不要只是長久地愛戀著生死情欲之網，被善惡之業所拘束著，沒有自由。就算你們已經修煉得身心如同虛空一般，就算你們達到了精神明潔至誠而不動搖的地步，還是沒有能超出識蘊。古人把它叫作如同急流之水，流動湍急而不感覺，妄以為是清澈明淨。這樣的修行，完全不能超出它輪迴之間，依舊要被它輪迴轉去。所以說諸行無常，真的是三乘功德圓滿之聖果，就如同這樣的可怕。如果沒有法眼，也不去探究，那不就像遍地都是的凡夫一樣，不用一絲一毫的工夫，便能頓悟超脫而去，解省心力嗎？還誓願滿足快樂嗎？我勸你們：我現在站立在這裡等待你們的省悟，而用不著你們更加努力修煉心行。如今再不這樣做，還要等到什麼時候？可同意嗎？可同意嗎？」

師備禪師有時候上堂對眾僧說道：「是你們真實這樣的。」有時候又說道：「達磨祖師如今正在這裡，你們這些人還能看見嗎？」

師備禪師說法道：「你們眾人看見有險惡之處，看見有老虎、刀劍等東西來危逼你們的身體性命，就生出了無限的恐怖。這就像什麼呢？這就像是世上的畫師一樣，自己畫成了地獄變相，畫成了老虎、刀劍之後，好好地看著，反而自己生出恐怖來。你們眾人現在也是這樣的。由種種途徑所見的東西，都是你們自己從虛幻中幻化出來的，自己反而生出恐怖，卻不是別人給你們所帶來的過失。你們現在想要覺察這個幻象嗎？只要用你們的金剛眼睛去識別就行了。如果能識別，就不會使你看到有細微的塵埃得以顯露，什麼地方還有虎狼刀劍來威脅恐嚇你們。就算是釋迦牟尼，這樣的伎倆，也不能尋覓到一個出世的地方。所以我對你們說：用沙門之眼看管住世界，涵蓋著乾坤，不洩漏出一絲一毫，什麼地方再有一件東西被你們所知道看見？你們知道嗎？像這樣的解脫，像這樣的奇特之事，你們為什麼不去探究呢？」

師備禪師對眾僧說道：「你們眾人就像是在大海裡坐著，水把頭頂都淹沒了，卻還在伸手向別人討水喝。你們已領會了嗎？學習般若菩薩，一定是大根器，要具有大智慧才能成功。如果具有智慧，當下就能得到解脫。如若根機遲鈍，則必須勤勉刻苦，磨鍊意志，耐得住日夜困苦，忘記疲勞，忘記飲食，如同死了父母親一樣。這樣的急切情形，整個一生都是如此，再得到別人的扶持提攜，深刻地探究真實而不加妨礙，也能夠領悟。但是瞧瞧現在，哪個是能夠接受教義承擔大法的人？仁者！不要只是記住言語，就好像是在念誦《陀羅尼經咒》似的，邁步向前走來，嘴裡絮絮叨叨的，被別人抓住盤問得沒一個去處，反而怪罪道：『和尚不為我答話。』這樣的學習太苦了。你們知道嗎？有一種坐在繩牀上的和尚，叫做善知識，問到他就擺身搖手，眨著眼吐著舌，瞪著眼觀看。還有一種人，更說得昭昭靈靈，說靈臺智慧之性，能見能聞，在五蘊身田裡作主宰。這樣成為善知識，太騙人了。你們知道嗎？我現在來問你們：你們如果認為昭昭靈靈是你們的真實自己，那為什麼在睡覺的時候又不是昭昭靈靈了呢？如果睡覺的時候不是這樣的，那為什麼又有昭昭的時候呢？你們可領會了嗎？這個就叫做認賊作子，是生死的根本、妄想的緣故。你們想要搞清楚這根由嗎？我對你們說：你們昭昭靈靈，只是因為能對眼前之塵、色、聲、香等境有所分別，就說這便是昭昭靈靈。如果沒有眼前的塵境，你們的這種昭昭靈靈就如同是龜毛兔角一樣有名無實。仁者！真實的自我在什麼地方？你們現在想要從它五蘊身田主宰中超脫出來，只需認識了你們自己身田中的秘密金剛體即可。古人曾對你們說過：『成就圓滿普遍，遍及一切世界。』我現在對你們略微接引一下，有智慧者可以通過譬喻而理解，你們看見過這南閻浮提的太陽嗎？世上人們所作的興造、經營、養生、活命等等心行作業，沒有不是蒙受太陽光的恩惠而成功的。只是如太陽的本體，還有這麼多的心行嗎？還有未被照耀的地方嗎？想要認識這金剛體，也應該這樣看。就如現在的山河大地、十方國土、色空明暗，以及你們的身心，沒有不是完全承蒙你們自性而成就圓滿的。威光所現之處，就是天上人間眾生所作之業，接受生報與果報，有性無情，沒有不是承蒙你們的威光。甚至眾佛成道成果，接引人物，利益眾生，也沒有不是完全承蒙你們的威光。就如同是金剛體，還有凡夫與諸佛的不同嗎？有那心行嗎？不能說『無』就認為領悟了，你們知道嗎？你們既然有這樣奇特的能當場領悟超脫的本事，為什麼不去闡發教義？卻隨它在五蘊身田之中、鬼道趣裡謀取活計，當下即成自己騙自己。忽然間無常殺鬼到來，眼目欺誑放肆，身命現露，這樣的時候就很難承受了，就好像是烏龜被活生生地剝去了甲殼一樣，太痛苦了。仁者！不要把瞌睡時的見解輕易除去，而不明白其僅能覆蓋了毫髮尖大小的地方。你們可知道嗎？三界沒有安寧之處，就如同是個火宅。況且你們不是得到安樂的人，只是成群結隊地參與那人世之事，這邊飛那邊走的，與野鹿一樣，只知追逐衣食。如果是這樣的，怎麼能施行那王道呢？你們知道嗎？

國王大臣不拘執你們服役，父母們放你們出家，十方施主供給你們衣服食品，土地神龍王神來呵護你們，你們也得具有慚愧感恩的心情才對。不要辜負人為好！長連牀上按排行次序全部地銷毀而去，說是安樂並不在這裡，都是粥飯把你們養著，卻變得像爛冬瓜一樣，埋到土地裡去了。業識茫茫，沒有根本可以倚靠。沙門因為什麼原因到了這種地步？只是如大地上蠢蠢蠕動的群生，我把它叫作地獄劫住。如果現在不能了悟，就眼看著以後投胎到驢、馬的肚子裡去，變作驢、變作馬來牽拉犁耙，口銜轡，背負鞍，用石椎舂搗，用石磨研磨，在水裡煮，在火裡燒，太不容易忍受了，務必讓人恐懼為好！這些都是你們自己束縛自己，知道嗎？如果明悟了，就直到永遠，也不能讓你們有這樣的事情。如果不能了悟這點，那煩惱惡業因緣，就不是經過一劫兩劫能休止的，就同那金剛的壽命一樣長久，知道了嗎？」

南際長老來到雪峰參謁，雪峰和尚讓他去拜訪師備禪師。師備問道：「古人說的這件事只有我才能知道，長老怎麼樣呢？」南際長老回答：「要知道還有不要求知道的人。」歸宗柔禪師另外拍手三下作為回答。師備問道：「山頭和尚吃這許多辛苦為的是什麼？」

雪峰和尚在普請燒荒耕種時，看見了一條蛇，就用拄杖把牠挑起，招呼眾僧道：「看！看！」然後用刀把牠斬為兩段。師備禪師用拄杖把牠挑起拋到了身後，再也不去看牠，眾僧都非常驚訝。雪峰和尚讚歎道：「真英俊啊！」

有一天，師備禪師隨從雪峰和尚去遊山，雪峰和尚指著一塊地說道：「這裡可以建造一座無縫塔。」師備問道：「高多少呢？」雪峰和尚就回頭觀察上下，師備便說道：「人天的依報即不如和尚，如果是指靈山接受佛如來之印記，卻是太遠了。」雪峰和尚說道：「世界寬一尺，古鏡寬一尺。世界寬一丈，古鏡寬一丈。」師備就指著火爐問道：「火爐寬多少呢？」雪峰和尚回答：「如同古鏡一樣寬。」師備便說道：「老和尚的腳跟還是沒有碰到地面。」

師備禪師起初接受請求住持梅溪場普應院，此後遷住玄沙山，從此天下的叢林僧眾全都景仰他的德行而皈依他。福建節度使王公迎請師備演講無上宗乘，並以師父之禮接待師備，學徒有八百多人，教化所至，家家戶戶都不關門閉戶。

師備禪師上堂，沉默了許久才說道：「我為了你們弄得完全困倦了，你們可領會了嗎？」有一位僧人問道：「寂寞無言時怎麼樣呢？」師備反問：「說夢話怎麼樣？」僧人便請道：「衲僧的本分事請和尚說說。」師備說道：「打瞌睡怎麼樣？」那僧人便問道：「學生就去瞌睡，和尚怎麼樣呢？」師備呵責道：「怎麼能這樣不知痛癢！」師備接著又說道：「可惜這樣長長大大的一個師僧，千道萬里行腳來到這裡，不過是一個瞌睡夢話，就已屈服了。」僧人又問道：「什麼是學生自己？」師備反問：「就用自己怎麼樣？」

有僧人問道：「從上宗門中的事，和尚這裡怎麼議論？」師備禪師回答：「很少有人聽。」僧人說道：「就請和尚直截了當地說。」師備反問：「你患了耳聾的病嗎？」師備又說道：「仁者，如今的事情實不得已，讓我壓抑住這樣的威光，苦口婆心地相勸，千方百計地隨機化導，說像這樣的像那樣的，同你們一起相知相聞，全部成為顛倒的知見。把這咽喉唇齒，只化成個野狐狸精之業來騙你們，我還能願意嗎？就如有過失與無過失，只有我自己才知道，你們怎麼能領會呢？如果是這樣的人已出世來，我甘願服從他呵斥指責。做人的老師很不容易，必須是得道高僧才能知道其中關鍵。我現在這樣隨機設法來幫助你們，你們還不能領悟。假使我一味舉唱宗乘的奧意，那你們向什麼地方措手？還能領悟嗎？佛陀四十九年來方便說法，接引世人，正如靈山大會上參加者有百萬之眾，但只有迦葉一人親聞佛的講法，其他人都沒有聽到。你們說迦葉親聞的事是什麼？不可以說如來佛沒有說過，迦葉沒有聽到過，以為那樣就合適了。不可以是你們修習因成正果、福德智慧二莊嚴的事，知道嗎？而且如同『我有正法眼藏付囑給大迦葉』的話，我說這就像是在談論明月一樣。六祖曹溪大師舉起了拂塵，還如同是用手指著明月一樣。所以說『大唐國內宗乘中的事，沒有看見有一個人舉唱的』。假使有人舉唱，那整個大地上的人都失去了性命，就和那無孔的鐵槌相似，一下子都失去了機鋒，張口結舌。你們這些人幸虧遇到了我不惜顧自家身命，同你們一起顛倒知見，順隨你們狂亂的意念，方才有了一個提問之處。我如果不同你們這樣去知見聞識，你們在什麼地方能夠看見我？領會了嗎？太難了。努力珍重！」師備接著說了一首偈頌道：「萬里神光映照頭頂後之相，大水沒頂之時於何處張望？大事已成，意情已休止，這來往之蹤跡到處都在。智者撩著就提取，不要為等待須臾之時而失去了頭。」師備又說了一首偈頌道：「玄沙行走的路徑有不同，世人切切要記取。三冬時節陽氣盛大，六月正是降霜之時。話語卻不與舌頭相關，無言就一定要說話。領會我最後的一句話，出世很少有人知道。」

有僧人問道：「在四威儀之外，怎麼來侍奉大王？」師備禪師反問：「你是王法的罪人，怎麼會問這件事？」

有僧人問道：「古人拿起鼓槌豎起拂塵，還能契合宗乘之事嗎？」師備禪師回答：「不契合。」僧人問道：「古人的意思是什麼？」師備舉起了拂塵。

有僧人問道：「宗乘中的事情怎麼樣？」師備禪師回答：「等到你領悟了才能知道。」僧人又問道：「什麼是金剛力士？」師備就向他吹了一口氣。

文益桶頭下山去，師備禪師問道：「桶頭下山什麼時候歸來？」文益回答：「三、五天後。」師備說道：「你歸來的時候，如果有沒有底的木桶就帶兩只回來。」文益不能應對。歸宗柔禪師代為回答：「和尚用來做什麼？」

師備禪師有時候訓示僧眾道：「各地老禪師都說接引世人利益眾生，我姑且問你們，假使有盲、聾、啞三種病人，你們怎麼接引？如果是拿起鼓槌豎起拂塵，但他的眼睛看不見；同他講話，因耳聾不能聽聲音，又是啞巴不能說話。如果不能接引，佛法就完全沒有靈驗了。」當時有一個僧人站出來問道：「這三種病人，和尚還允許我同他商討嗎？」師備回答：「允許。你怎麼商討呢？」那僧人說了聲「珍重」後出去了，師備說道：「不對！不對！」法眼和尚說道：「我當時遇見羅漢和尚舉出那僧人的話，我就領會了『三種病人』的意思。」雲居錫禪師說道：「只是那個僧人領會了還是沒有領會？如果說已經領會了，玄沙和尚卻又說『不對』；如果說沒有領會，法眼和尚為什麼說我因為那僧人的話，而領會了『三種病人』的意思？上座，沒有事就上來商討，大家都想要知道。」羅漢和尚說道：「桂琛禪師現在有眼有耳，和尚怎麼接引他？」中塔和尚說道：「那三種病人現在在什麼地方？」又有一個僧人說道：「不但是騙他，而且還是騙自己。」

長慶慧稜禪師來拜見，師備禪師問道：「除了藥和忌諱，怎麼講說？」慧稜說道：「饞什麼！」師備說道：「在雪峰山上撿橡樹子吃，來這裡卻被鳥雀在頭頂上拉屎。」

師備禪師看見有僧人來禮拜，就說道：「禮拜吧，因為我應該禮拜你。」

有一天，寺院中普請到海坑去砍柴，看見了一隻老虎，有僧人叫道：「和尚，老虎！」師備禪師說道：「是你老虎。」回到寺院後，那僧人來問道：「剛才看見老虎，和尚說是你，不知道和尚的尊意是什麼？」師備說道：「娑婆世界有四重障，如果有人能夠看穿，就許可你從蘊界出頭。」東禪齊禪師說道：「上座，古人見了，說我身心如同大地天空，現在的人還能看得穿嗎？」

師備禪師問長生皎然禪師道：「維摩詰觀看佛，前邊不來，後邊不去，現在則不停留。你怎麼看待？」皎然回答：「放過皎然的過失，另有商討處。」師備問道：「放過你的過失又怎麼樣呢？」皎然沉默了許久，師備便問道：「讓誰詳細知曉？」皎然回答：「側耳偷聽，白費心力。」師備說道：「誠知你往山鬼窟裡求活計。」崇壽稠禪師代長生皎然另外回答：「把什麼叫作如來？」

有僧人問師備禪師道：「學生為什麼說不得？」師備禪師說道：「塞滿了你的口，怎麼能解說？」法眼和尚說道：「古人這麼說非常奇特，請問上座的嘴巴是什麼？」

有僧人說道：「凡是有語句，都落入棬和櫃。不落入棬和櫃，請和尚講說。」師備禪師說道：「折斷了秤桿量具，再給你講說。」

有僧人問道：「古人都是用眨眼來接引人，和尚怎樣來接引？」師備禪師回答：「我不用眨眼來接引人。」僧人問道：「是什麼原因這麼難以相見？」師備回答：「只因為太近了。」法眼和尚說道：「也不可能太近，當下就是上座。」

師備禪師當初在雪峰和尚那裡時，光侍者對師備說道：「師叔假若學到了禪法，我就造鐵船下海去。」師備當了住持以後，問光侍者道：「光侍者造好鐵船了嗎？」光侍者不能應對。法眼和尚代為回答：「和尚到底不這麼樣。」法燈和尚代為回答：「請和尚下船。」玄覺禪師代為回答：「窮人思量著過去的舊債。」

有一天，師備禪師派一個僧人送一封信給雪峰和尚，雪峰和尚打開信封，內中只有白紙三張，就問那送信的僧人道：「領會了嗎？」那僧人回答：「沒有領會。」雪峰和尚說道：「沒有聽說過君子遠隔千里，風致依然相同。」那僧人回來，就把那話語舉給師備聽，師備就說道：「這老和尚錯過了也不知道。」東禪齊禪師說道：「什麼地方錯過了？如果確實錯過了，那老師難道不懂得弟子的意思？如果不是這樣領會，那麼玄沙和尚的意旨又是什麼？如果領會了，就參取了玄沙和尚的意旨。」

師備禪師問鏡清和尚道：「教義中說菩薩薩埵、摩訶薩埵不見一法為大過失，你就說說不見什麼法？」鏡清指著露柱說道：「難道是不見這個法嗎？」同安顯禪師另外回答：「也知道和尚不造次。」師備說道：「浙中的清水白米隨便你吃，佛法卻並沒有領會。」玄覺禪師說道：「就說說玄沙和尚這樣說，認為是什麼地方不見法？」有僧人問洞山和尚道：「不見一法為大過失，是什麼意思？」洞山和尚回答：「不見一法是一好句子，兩個坐一個睡。」玄覺禪師說道：「不見一法就是釋迦如來，方才得名稱作觀自在普賢菩薩。」玄覺又說道：「不見一法為大過失，是一個，還是兩個？試著判斷一下。」

有僧人問道：「承蒙和尚指示說，整個十方世界是一顆明珠。學生怎麼才能領會？」師備禪師回答：「整個十方世界是一顆明珠，你領會了做什麼？」第二天，師備反問那僧人道：「整個十方世界是一顆明珠，你怎麼來領會呢？」那僧人回答：「整個十方世界是一顆明珠，你領會了做什麼？」師備說道：「知道你在山鬼窟裡求活計。」玄覺禪師說道：「一般都這樣說，為什麼那僧人卻進了山鬼窟裡？」

有僧人問道：「什麼是無縫塔？」師備禪師反問道：「這一條縫有多寬？」玄覺禪師說道：「叢林中說：這樣說來則什麼地方才能得無縫塔？還能不能領會啊？」

韋監軍前來參謁師備禪師，舉出「洞山和尚很奇怪」的話頭。師備就問道：「撫州（今屬江西）往曹山有多少路？」韋監軍指著身旁的僧人問道：「上座曾經到過曹山嗎？」那僧人回答：「曾經到過。」韋監軍問道：「撫州往曹山有多少路？」那僧人回答：「一百二十里。」韋監軍說道：「這麼說來上座沒有到過曹山。」韋監軍反過來禮拜師備，師備說道：「監軍應該禮拜那位僧人，那僧人卻應感到慚愧。」雲居錫禪師說道：「什麼地方是那僧人應感到慚愧之處？如果能找出來，就許可上座具備了行腳之眼目。」

從西天竺來了一個名叫聲明三藏的僧人，閩帥令他與師備禪師相見。師備用火夾子敲了敲銅爐子，問道：「這是什麼聲音？」聲明三藏回答：「這是銅鐵聲。」法眼和尚另外回答：「請大師接引大王。」法燈禪師另外回答：「聽到和尚在提問。」師備便對閩帥說道：「大王不要受外國人的欺騙。」聲明三藏無語以對。法眼和尚代為回答：「大師長久地接受大王的供養。」法燈禪師代為回答：「卻是和尚在欺騙大王。」

師備禪師到南方去遊玩，莆田縣（今屬福建）人排演了多種樂舞雜技來迎接。第二天，師備問小塘長老道：「昨天那多少喧鬧，都到什麼地方去了？」小塘長老提起了僧衣的衣角，師備說道：「已料到沒有關涉。」法眼和尚另外回答：「昨天有多少喧鬧？」法燈禪師另外回答：「今天更加好笑。」

師備禪師問一位僧人道：「犍闥婆城，你怎麼來領會呢？」僧人回答：「如同夢幻一樣。」法眼和尚另外敲打東西示意以作回答。

師備禪師與地藏琛禪師在方丈裡說話，夜深了，侍僧把房門關上了。師備便問道：「門都給關上了，你怎樣才能出去？」地藏琛禪師反問道：「把什麼叫做門？」法燈禪師另外回答：「和尚莫非想歇息去了？」

有一天，師備禪師用拄杖拄在地上，問長生皎然禪師道：「用僧人之禮相見，用俗人之禮相見，用男人之禮相見，用女人之禮相見，你怎麼來理解？」皎然反問道：「和尚還看見了皎然的所見之處嗎？」師備回答：「相識之人滿天下。」

有僧人問道：「承蒙和尚有言：『聞聽之性遍布於法界。』雪峰和尚打鼓的聲音，為什麼這裡不能聽到？」師備回答：「誰說不能聽到？」

有僧人問道：「在險惡的道路中，把什麼當作渡口和橋梁？」師備禪師回答：「用你的眼睛作為渡口和橋梁。」那僧人又問道：「沒有眼睛的人怎麼辦呢？」師備說道：「趕快救他！」

師備禪師在與韋監軍一起吃果子時，韋監軍問道：「什麼是每天都要用卻不知道的？」師備拿起了果子說道：「吃。」韋監軍吃了果子後，又問了一遍，師備回答：「實在這個就是每天都要用卻不知道的。」

寺院內普請搬柴，師備禪師說道：「你們這些人都承借了我的力氣。」有一個僧人問道：「既然都承借了和尚的力氣，何必再來普請？」師備呵斥道：「不普請，怎麼能把柴搬回去？」

師備禪師問明真大師道：「善財童子參拜彌勒菩薩，彌勒菩薩指示他回到文殊菩薩那裡，文殊菩薩指示他回到佛陀那裡，你說佛陀將指示他回到什麼地方去？」明真大師回答：「不知道。」師備說道：「就知道你不知道。」法眼和尚另外回答：「把什麼叫做佛？」

大普玄通禪師前來禮拜參見，師備禪師對他說道：「你在那裡居住，不要矇騙人家男女。」玄通回答：「玄通只是開了一個供養的門徑，晚上來早晨去，怎麼敢做那樣的事？」師備說道：「做事真難。」玄通說道：「其情形確實是難。」師備問道：「什麼地方是難做之處？」玄通回答：「因為他們都不肯領悟。」師備就回到了方丈室，把房門給拄著。

有僧人請道：「學生剛剛進入叢林，乞求和尚指示一個悟人的門徑。」師備禪師問道：「你可聽到偃溪的水聲了嗎？」那僧人回答：「聽到了。」師備說道：「那就是你的悟入之處。」

泉州（今屬福建）太守王公邀請師備禪師登樓，而事先吩咐客司說：「等到我引大師到樓前，你就抬去樓梯。」客司稟承王公的意思而行事。王公請道：「請大師登樓。」師備看了看樓，又看了看那人，然後說道：「佛法不是這個道理。」法眼和尚說道：「沒有抬去樓梯時，一天登了幾次樓？」

師備禪師與泉州太守在房間裡說話，有一個沙彌掀開門簾進來拜見，然後倒退著走了出去。師備說道：「這個沙彌應該給他二十拄杖。」泉州太守說道：「這樣就是我的罪過了。」同安顯禪師另外回答：「祖師來了。」師備說道：「佛法不是這樣的。」鏡清禪師說道：「不是為了打水。」有僧人問道：「不是為了打水是什麼意思？」鏡清禪師回答：「把青山碾成了塵埃，敢保沒有了閒人。」東禪齊禪師說道：「就如玄沙和尚的意思是什麼？有人說：假使這樣去，也應該給他拄杖。有人說：事在當機而行。有人說：拈破了領會之處。這三種說法，可是領會了玄沙和尚的意思嗎？」

師備禪師根據各人的機鋒而加以接引，長達三十年，使得青原和尚、石頭和尚的法門流傳至今不絕。師備禪師講演未來世所演示的法要，有大、小語錄流傳於世。其他接引人的語句，各隨其門生弟子之章加以闡述，以及記載於本書《諸方徵舉》之章。五代後梁開平二年戊辰歲（九〇八年）十一月二十七日，師備禪師罹患疾病而逝世，享年七十四歲，法臘四十四年。閩帥親自為師備禪師建造了靈塔。

【說　明】玄沙師備禪師的教法與雪峰義存禪師同其轍，也是以離奇言行破執一路，但有時近於常情，出語在可解不可解之間，並善作譬喻，享譽禪林。師備禪師又為救當時禪門中胡說亂道、拂拳棒喝之類時弊，故提唱「三種病人」之話頭。這不但是為設機關以挫破人之舌頭，還欲指摘諸方老宿大德接物之通弊，以剝落其假面具。

福州長慶慧稜禪師

福州長慶慧稜禪師，杭州鹽官人也，姓孫氏。幼歲稟性淳澹❶，年十三，於蘇州通玄寺❷出家登戒，歷參禪肆。唐乾符五年，入閩中，謁西院，訪靈雲，尚有凝滯。後之雪峰，疑情冰釋。因問：「從上諸聖傳受一路，請垂指示。」雪峰默然，師設禮而退，雪峰莞❸爾而笑。異日，雪峰謂師曰：「我尋常向師僧道：南山有一條鼈鼻蛇，汝諸人好看取。」對曰：「今日堂中大有人喪身失命。」雪峰然之。

師入方丈參，雪峰曰：「是什麼？」師曰：「今日天晴，好普請。」自此酬問，未嘗爽❹於玄旨，乃述〈悟解頌〉曰：「萬象之中獨露身，唯人自肯乃方親。

昔時謬向途中覓，今日看如火裡冰❺。」

師在西院，問詵上座曰：「遮裡有象骨山，汝曾到麼？」曰：「不曾到。」師曰：「為什麼不到？」曰：「自有本分事。」師曰：「作麼生是上座本分事？」詵乃提起衲衣角，師曰：「為當❻只遮箇，別更有？」曰：「上座見什麼？」師曰：「何得龍頭蛇尾❼？」

師在宣州，保福後辭歸雪峰，保福問師曰：「山頭和尚❽或問上座信，作麼生祗對？」師曰：「不避腥膻❾，亦有少許。」曰：「信道什麼？」師曰：「教我分付阿誰？」曰：「從展雖有此語，未必有恁麼事。」師曰：「若然者，前程全自闍梨。」

師與保福遊山，保福問：「古人道妙峰山頂，莫即遮箇便是也無？」師曰：「是即是，可惜許。」僧問鼓山：「只如稜和尚恁麼道，意作麼生？」鼓山云：「孫公若無此語，可謂髑髏徧野，白骨連山。」

師來往雪峰二十九載，至天祐三年受泉州刺史王延彬❿請，住招慶⓫。初開堂日，公朝服⓬趨隅，曰：「請師說法。」師曰：「還聞麼？」公設拜，師曰：「雖然如此，慮恐有人不肯。」於是敷揚祖意，隨機與奪，故毳客⓭憧憧，日資道化。後閩帥請居長樂府⓮之西院，奏額曰長慶，號超覺大師。

上堂，良久，謂眾曰：「還有人相悉麼？若不相悉，欺謾兄弟去。只今有什麼事？莫有窒塞也無？復是誰家屋裡事？不肯當荷，更待何時？若是利根參學，不到遮裡來，還會麼？如今有一般行腳人，耳裡總滿也，假饒收拾得底，還當諸人行腳事麼？」時有僧問：「行腳事如何學？」師曰：「但知就人索取。」又問：「如何是獨脫一路[15]？」師曰：「何煩更問？」又問：「名言[16]妙義，教有所詮。不涉三科[17]，請師直道。」師曰：「珍重！」師乃謂眾曰：「明明[18]歌詠，汝尚不會，忽被暗來底事，汝作麼生？」又僧問：「如何是暗來底事？」師曰：「喫茶去！」中塔云：「便請和尚相伴。」

問：「如何是不隔毫端底事？」師曰：「當不當。」

問：「如何得不疑不惑去？」師乃展兩手，僧不進語。師曰：「汝更問，我與汝道。」僧再問之，師露膊而坐，僧禮拜。師曰：「汝作麼生會？」僧曰：「今日風起。」師曰：「恁麼道未定人見解。汝於古今中有什麼節要[19]齊得長慶？若舉得，許汝作話主。」其僧但立而已。師卻問：「汝是什麼處人？」曰：「向北人。」師曰：「南北三千里外，學妄語作麼？」僧無對。

師上堂，良久曰：「莫道今夜較些子。」便下座。

問：「如何是合聖之言？」師曰：「大小長慶被汝一問，口似匾擔。」僧曰：「何故如此？」師曰：「適來問什麼？」

師謂眾曰：「我若純舉唱宗乘，須閉卻法堂門，所以盡法無民。」時有僧曰：「不怕無民，請師盡法。」師曰：「還委落處麼？」

問：「如何是西來意？」師曰：「香嚴道底，一時坐卻。」

師有時示眾曰：「總似今夜，老狐[20]有望。」保福聞之，乃曰：「總似今夜，老狐絕望。」玄覺云：「恁麼道，是相見語，不是相見語？」東禪齊云：「此二尊宿語，一般各有道理。眾中道總似如此，嫌什麼？又道總似今夜，堪作什麼？若如此會欠悟在。」

安國瑫和尚新得師號，師去賀，瑫出接，師問曰：「師號來邪？」曰：「來也。」師曰：「是什麼號？」曰：「明真。」師乃展手，瑫曰：「什麼處去來？」師曰：「幾不問過。」

師問僧：「什麼處來？」曰：「鼓山來。」師曰：「鼓山有不跨石門底句，有人借問，汝作麼生道？」曰：「昨夜報慈宿。」師曰：「拍脊棒汝，又作麼生？」曰：「和尚若行此棒，不虛受人天供養。」師曰：「幾放過！」

問：「古人有言『相逢不擎出，舉意便知有』時如何？」師曰：「知有也未？」僧將前語問保福，福云：「此是誰語？」僧云：「丹霞語。」福云：「去，莫妨我打睡。」

師入僧堂，舉起疏頭㉑曰：「見即不見，還見麼？」眾無對。法眼代云：「縱受得，到別處亦不敢呈人。」師到羅山，見新製衾龕子，師以杖敲之曰：「大煞豫備。」羅山曰：「拙布置。」師曰：「還肯入也無？」羅山曰：「吽！」

師上堂，大眾集定，師乃拽出一僧曰：「大眾！師拜此僧。」又曰：「此僧有什麼長處，便教大眾禮拜？」眾無對。

問：「如何是文彩未生時事？」師曰：「汝先舉，我後舉。」其僧但立而已。法眼別云：「請和尚舉。」師曰：「汝作麼生舉？」僧曰：「某甲截舌有分。」

保福遷化，人問師：「保福拋卻殼漏子，向什麼處去也？」師曰：「且道保福在那箇殼漏子裡？」法眼別云：「那箇是保福殼漏子？」

閩帥夫人崔氏，奉道，自稱練師㉒。遣使送衣物至，云：「練師令就大師請取迴信。」師曰：「傳語練師：領取迴信。」須臾，使卻來師前唱喏㉓便迴。師明日入府，練師曰：「昨日謝大師迴信。」師曰：「卻請昨日迴信看。」練師展兩手。閩帥問師曰：「練師適來呈信，還愜大師意否？」師曰：「猶較些子。」法眼別云：「遮一轉語㉔，大王自道取。」曰：「未審大師意旨如何？」師良久，帥曰：「不可思議，大師佛法深遠。」

僧舉高麗有僧造一觀音像，於明州上船，眾力舁不起，因請入開元寺供養，問師：「無剎㉕不現身，為什麼不肯去高麗？」師曰：「現身雖普，覩相生偏。」

法眼別云：「汝識得觀音未？」

有人問僧：「點什麼燈？」曰：「長明燈㉖。」曰：「什麼時點？」曰：「去年點。」曰：「長明何在？」僧無語。師代曰：「若不如此，爭知公不受人謾？」

法眼別云：「利動君子。」

師兩處開法，徒眾一千五百，化行閩越二十七載。後唐長興三年壬辰五月十七日歸寂，壽七十有九，臘六十。王氏建塔。

【注釋】❶淳澹　淳厚平和。❷通玄寺　在江蘇蘇州，世傳三國吳赤烏初年所創建，六朝數百年間昌盛冠於一方。❸莧　「莞」的訛字。《廣雅．釋詁》一：「莞，笑也。」王念孫疏證：「莞，各本作莧，乃隸書之訛，今訂正。」❹爽　失；差。❺火裡冰　形容疑情冰釋，渙然領悟。❻為當　莫不是；難道是。❼龍頭蛇尾　同「虎頭蛇尾」。比喻做事前緊後鬆，有始無終。❽山頭和尚　因雪峰和尚居住在象骨山頂，故稱「山頭和尚」。❾羶　同「膻」。❿王延彬　五代閩帥王審知之侄，累官至檢校太尉，再任泉州刺史，前後二十餘年，吏民安之。其人多藝，工詩歌，頗通禪理。後漸驕縱，密遣使貢於中原後梁，事覺被廢。⓫招慶　佛寺名，也作「昭慶寺」，在福建泉州。五代時，王延彬為泉州刺史，請慧稜禪師為住持。後來發展為巨剎，東南禪子出身於此者，率多為名住持，而為世人所重。⓬朝服　官員上朝拜見天子時所穿的官服。⓭毳客　此指禪師。毳，指毳衣，以鳥雀羽毛所織成的衣服。⓮長樂府　五代時閩王的王宮。⓯獨脫一路　獨自解脫的一條路。一路，意謂到涅槃的唯一之道路。《首楞嚴經》：「此阿毗達磨，十萬薄伽梵，一路涅槃門。」⓰名言　名目與言句。唐《華嚴經》：「于一一法名言悉得無邊無盡法藏。」⓱三科　即五蘊十二處十八界之三門。三門皆為欲破凡夫實我之執而施設。⓲明明　分明；顯然。⓳節要　關節、要緊之處。⓴老狐　此指禪宗初祖菩提達磨。狐，通「胡」。即胡人。㉑疏頭　古人書寫祝禱之詞而焚燒於神像前的文書，稱之為疏頭。㉒練師　也作「煉師」，即道士。《唐六典》曰：「道士修行有三號，曰法師，曰威儀師，曰律師，其德高思精者謂之練師。女道士亦同，亦作煉師。」㉓唱諾　行禮答應，口中稱「諾」。「唱」為呼叫，「諾」為答應之聲。㉔轉語　參禪至進退維谷之處，請人代下一語以為撥轉，而得轉身自在，而至轉迷開悟，故名轉語。㉕剎　梵語，土田、國土的意思，又作「剎土」。㉖長明燈　又名「續明燈」、「無盡燈」，佛像前晝夜常明之燈。

【語　譯】福州（今屬福建）長慶慧稜禪師（八五四～九三二年），杭州鹽官（今浙江海寧鹽官鎮）人，俗姓孫。他幼年即稟性淳厚平和。十三歲時，慧稜在蘇州（今屬江蘇）通玄寺剃度出家。並接受了具足戒，然後去各地歷參禪院。唐代乾符五年（八七八年），慧稜進入閩中地區，拜謁西院和尚，參訪靈雲和尚，但還是存在著凝滯不決之處。此後他造訪雪峰和尚，疑惑之情如同冰塊一樣融化。慧稜因此問道：「從上各位聖人傳付承受的源流，請和尚給予指示。」雪峰和尚默然不語，慧稜於是施禮而退下，雪峰和尚莞爾而笑。又有一天，雪峰和尚對慧稜說道：「我平常對師僧們說道：南山有一條長著鱉鼻的蛇，你們眾人要好生看管。」慧稜回答道：「今天法堂中定有人會喪失了法身慧命。」雪峰和尚認可了他的話。

慧稜禪師進入方丈中參拜，雪峰和尚問道：「是什麼事？」慧稜回答：「今天天氣晴朗，正好普請。」從此之後慧稜的應對，都沒有與禪宗的玄旨有所差失，並述作〈悟解頌〉道：「萬象之中獨自露身，惟有人自己願意方才親近。從前錯誤地在途中尋覓，今天看來如同火裡之冰一樣。」

慧稜禪師在西院時，曾問詵上座道：「這裡有座象骨山，你曾經到過那裡嗎？」詵上座回答：「不曾到過。」慧稜問道：「為什麼沒到過？」詵上座回答：「自有自己的本分事。」慧稜問道：「什麼是上座的本分事？」詵上座提起了自己僧衣的衣角，慧稜說道：「莫不是只有這個，再沒有別的了嗎？」詵上座反問：「上座看見了什麼？」慧稜說道：「怎麼可以龍頭蛇尾？」

慧稜禪師在宣州（今安徽宣城）時，保福從展禪師向慧稜辭別要回到雪峰和尚那裡去，臨行前，從展問慧稜道：「山頭和尚如果詢問上座的口信，該怎麼來回答？」慧稜說道：「不避開腥膻之物，也有一點點。」從展問道：「口信中說什麼？」慧稜說道：「讓我吩咐誰呢？」從展說道：「從展雖然有過這樣的話，卻未必有這樣的事。」慧稜說道：「假使這樣的話，前程全在於闍梨自己。」

慧稜禪師與從展禪師一起遊山，從展問道：「古人所說的妙峰山頂，莫非這個就是嗎？」慧稜回答：「是倒是的，就是可惜了。」有僧人問鼓山和尚道：「就如慧稜和尚這樣說的，是什麼意思？」鼓山和尚說道：「孫公如果沒有說這樣的話，可以說是髑髏遍野，白骨連山了。」

慧稜禪師往來雪峰長達二十九年，至天祐三年（九〇六年）接受泉州刺史王延彬的邀請，住持招慶寺。第一次開堂說法之日，王延彬身穿朝服，快步走到講臺邊上請道：「請和尚說法。」慧稜問道：「可聽到說法了嗎？」王延彬便設禮參拜，慧稜說道：「雖然是這樣的，恐怕有人不贊同。」於是慧稜宣講祖師微妙的旨意，根據各人的根機而給予或奪去，所以各地禪客會集於此，往來不絕，道化日盛。後來閩帥邀請慧稜禪師居住在長樂府的西院中，並奏請天子賜院額曰長慶院，賜慧稜法號曰超覺大師。

慧稜禪師上堂，沉默了許久，才對眾僧說道：「可有人知道嗎？如果不知道，就是瞞騙弟兄們了。現在有什麼事情？莫非還有滯流堵塞嗎？又是誰家屋裡的事情？如不願意承擔，還要等到什麼時候？如果是根機敏利的人參學，就不到這裡來了，可領會了嗎？現在有一種行腳的人，耳朵裡總是聽得滿滿的，假使能收拾整理所聽來的東西，還能承當諸位行腳的事嗎？」當時有一個僧人問道：「行腳的事怎麼學呢？」慧稜回答：「只知道向人索取。」那僧人又問道：「什麼是獨自解脫的一條路？」慧稜回答：「何必煩勞你再提問？」那僧人又問道：「名言中的微妙意義，教義中有所詮釋。不涉及三科，請和尚直截了當地解說。」慧稜說道：「珍重！」慧稜接著對眾僧說道：「含義分明的歌詠，你們尚且不能領會，忽然遇到暗底裡來的事，你們怎麼辦呢？」僧人便又問道：「什麼是暗地裡來的事？」慧稜喝道：「吃茶去！」中塔和尚說道：「就請和尚陪伴一起去。」

有僧人問道：「什麼是不隔開毫毛尖端的事？」慧稜禪師回答：「毫毛尖端對著沒對著？」

有僧人問道：「怎樣才能不疑不惑呢？」慧稜禪師就展開了雙手，那僧人便不再說話。慧稜說道：「你再提問，我給你講說。」那僧人就再提問，慧稜裸露著肩膀坐著，那僧人便禮拜。慧稜問道：「你怎麼領會？」

那僧人說道：「今天起風了。」慧稜說道：「這樣說還是沒有禪定的人所持的見解。你從古今的事中見到什麼緊要之處及得上我長慶的？如果能舉出來，就允許你成為話主。」那僧人只是站著而已。慧稜便反問道：「你是什麼地方的人？」那僧人回答：「向北的人。」慧稜說道：「南北相距三千里之多，你學那妄語作什麼？」那僧人不能回答。

慧稜禪師上堂，沉默了許久後說道：「不要說今晚有一些兒。」說完就離開了座位。

有僧人問道：「什麼是契合聖人的話語？」慧稜禪師回答：「多少長慶和尚被你這一問，問得嘴巴像一條扁擔一樣啞口無言。」僧人問道：「為什麼會這樣的？」慧稜反問：「剛才問什麼？」

慧稜禪師對眾僧說道：「我如果單純舉唱禪理宗乘，一定會使法堂大門關閉了，所以說完全依據佛法就沒有聽眾了。」當時有一個僧人說道：「不怕沒有聽眾，就請和尚完全依據佛法舉唱。」慧稜問道：「還有遺漏的地方嗎？」

有一個僧人問道：「什麼是祖師西來的意旨？」慧稜禪師回答：「香嚴和尚說過的，一起坐下。」

慧稜禪師有一次指示眾僧道：「老是像今晚，老胡就有指望了。」保福從展禪師聽說後說道：「老是像今晚，老胡就要絕望了。」玄覺禪師說道：「這樣說，是相見之語，還是不相見之語？」東禪齊禪師說道：「這兩位尊宿所說的話，一樣都有道理。在眾人中說話總是這樣的，嫌棄什麼呢？他們又說老是像今晚，可以做什麼事？如果這樣來領會，就不能領悟。」

安國弘瑫禪師剛得到大師的法號，慧稜禪師前往祝賀，弘瑫出門迎接，慧稜問道：「大師之號來啦？」弘瑫回答：「來了。」慧稜問道：「是什麼法號？」弘瑫回答：「明真。」慧稜就展開了雙手，弘瑫問道：「從什麼地方來的？」慧稜說道：「幾乎不過問。」

慧稜禪師問一個僧人道：「從什麼地方來的？」僧人回答：「從鼓山來。」慧稜問道：「鼓山和尚有不跨石門的話頭，有人提問，你怎麼說呢？」那僧人回答：「昨天晚上在報慈寺住了一宿。」慧稜問道：「給你一棒朝背脊上打來，你又怎麼樣呢？」那僧人回答：「和尚如果拿起了那棒子，就不能白白地接受人天的供養。」慧稜喝道：「幾乎放過了你！」

有僧人問道：「古人說過『相逢不拿出，一有舉起之意就知道有』的時候怎麼樣呢？」慧稜禪師反問：「是知道有還是不知道有？」有僧人又把那個問題去問保福從展禪師，從展禪師問道：「這是誰說的話？」僧人回答：「是丹霞和尚說的話。」從展禪師說道：「去，不要妨礙我睡覺。」

慧稜禪師走進僧堂，舉起祝禱之疏頭問道：「看見即是沒有看見，你們還看見嗎？」眾僧都不能應對。法眼和尚代為回答：「縱然能夠接受，到了別的地方也不敢拿出給人看。」

慧稜禪師來到羅山和尚那裡，看見新做好的神龕，就用拄杖敲了敲，說道：「太花工夫預備了。」羅山和尚說道：「布置得不好。」慧稜問道：「還肯讓我進去嗎？」羅山叫道：「咋！」

慧稜禪師上堂，等到眾僧集合站定，就拉出一位僧人說道：「眾位！用拜師之禮禮拜這僧人。」接著又問道：「這僧人有什麼長處，而讓眾人向他禮拜？」眾僧都不能應答。

有僧人問道：「什麼是文彩沒有發生以前的事？」慧稜禪師說道：「你先說，我後說。」那僧人只是站著而已。法眼和尚另外回答：「請和尚說。」慧稜問道：「你怎麼說呢？」那僧人回答：「我是切斷舌頭有份。」

保福從展禪師圓寂，有人問慧稜禪師道：「保福和尚拋棄了殼漏子，到什麼地方去了？」慧稜反問道：「你就說說保福和尚在哪個殼漏子裡？」法眼和尚另外回答：「哪個是保福和尚的殼漏子？」

閩帥的夫人崔氏，奉行道教，自稱練師。遣派使人送衣物來到慧稜禪師那裡，那使人說道：「練師令我從大師這兒要一個回信。」慧稜說道：「你帶話給練師：領受回信了。」過了一會，那使人又回過來，到慧稜面前唱諾行禮，然後回去。第二天，慧稜來到閩帥的府第，練師說道：「昨天謝謝大師的回信。」慧稜說道：「還請拿出昨天的回信來看看。」練師展開了雙手。閩帥便問慧稜道：「練師剛才呈上的回信，可滿足大師的心意嗎？」慧稜說道：「還差一點兒。」法眼和尚另外回答：「這一個轉語，大王自己說去。」閩帥便問道：「不知道大師的意思是什麼？」慧稜沉默了許久，閩帥說道：「真正不可思議，大師的佛法深遠。」

有一位高麗僧人造了一尊觀音菩薩像，準備在明州（今浙江寧波）上船運回故鄉，但眾人都抬不動，因此把那尊像請入當地的開元寺中供養。有僧人舉出這件事問慧稜禪師道：「觀音菩薩無處不現身，為什麼不肯去高麗？」慧稜回答：「菩薩雖然無處不現身，但看見其相而生偏見。」法眼和尚另外回答：「你認識觀音菩薩嗎？」

有人問一個僧人道：「點什麼燈？」那僧人回答：「長明燈。」那人問道：「什麼時候點的？」那僧人回答：「去年點的。」那人追問道：「那長明之意在什麼地方？」那僧人無語可對。慧稜禪師代為回答：「如果不這樣說，怎麼知道你不受別人欺騙？」法眼和尚另外回答：「有利於君子行動。」

慧稜禪師在這兩個地方開堂說法，徒眾有一千五百人，教化傳行於浙江、福建一帶，長達二十七年。後唐長興三年壬辰歲（九三二年）五月十七日，慧稜禪師圓寂，享年七十九歲，法臘六十年。閩帥王氏為慧稜禪師建造了靈塔。

【說　明】長慶慧稜禪師與之交往的閩帥當為二人：其一即為請慧稜禪師住持長慶院之閩帥王審知，字信通，五代後梁開平三年（九〇九年）封為閩王，諡忠懿。其二即為王審知之子王延翰，於後唐同光三年（九二五年）自稱大閩國王，建宮殿百官，威儀文物皆效天子之制，次年為其弟王延鈞等所弒。其夫人即崔氏。

福州大普山玄通禪師

福州大普山玄通禪師，福州福唐人也。受業於兜率山，師事雪峰，經數稔，受心法，止于大普焉。

僧問：「驪龍頷下珠如何取得？」師乃拊掌瞬視。問：「方便以前事如何？」師托出其僧。

問：「如何是祖師西來意？」師曰：「咬骨頭漢❶出去！」

問：「撥塵見佛時如何？」師曰：「脫枷來商量。」問：「急急相投，請師接。」師曰：「鈍漢！」

【注釋】❶咬骨頭漢　此喻不求佛法大意而追逐細枝末節的人。

【語譯】福州（今屬福建）大普山玄通禪師，福州福唐（今福建福清）人。他在兜率山受業，後拜雪峰和尚為師，經過了數年，獲得了禪宗心法，而居住於大普山。

有僧人問道：「驪龍頷下的寶珠怎樣才能取得？」玄通禪師就拍掌眨眼以示意。僧人問道：「隨機接引學人以前的事怎麼樣？」玄通一掌把那個僧人推了出去。

有僧人問道：「什麼是祖師西來的意旨？」玄通禪師喝道：「咬骨頭的傢伙出去！」

有僧人問道：「撥去汙塵發見佛陀的時候怎麼樣？」玄通禪師回答：「脫掉枷鎖後再來討論。」僧人說道：「我急急地前來投奔，還請和尚接引。」玄通喝道：「這個笨拙的傢伙！」

杭州龍冊寺道怤禪師

杭州龍冊寺❶順德大師道怤，永嘉人也，姓陳氏。丱歲不食葷茹❷，親黨強啖以枯魚，隨即嗢❸烏沒❹。噦❺乙劣。，遂求出家，于本州開元寺受具。

遊方抵閩川，謁雪峰。峰問：「什麼處人？」曰：「溫州人。」雪峰曰：「恁麼即與一宿覺❻是鄉人也。」曰：「只如一宿覺是什麼處人？」雪峰曰：「好喫一頓棒，且放過。」一日，師問：「只如古德，豈不是以心傳心？」雪峰曰：「兼不立文字語句。」曰：「只如不立文字語句，師如何傳？」雪峰良久，師禮謝。雪峰曰：「更問我一轉❼豈不好？」曰：「就和尚請一轉問頭❽。」雪峰曰：「只恁麼，為別有商量？」曰：「和尚恁麼即得。」雪峰曰：「於汝作麼生？」曰：「孤負殺人！」

雪峰有時謂眾曰：「堂堂密密❾地。」師出問曰：「是什麼堂堂密密？」雪峰起立曰：「道什麼！」師退步而立，雪峰垂語曰：「此事得恁麼尊貴，得恁麼綿密❿。」對曰：「道怤自到來數年，不聞和尚恁麼示誨。」雪峰曰：「我向前雖無，如今已有，莫有所妨麼？」曰：「不敢。此是和尚不已而已。」雪峰曰：「致使我如此。」師從此信入，而且隨眾，閩中謂之小怤布衲。

因普請處，雪峰舉溈山「見色便見心」語，問師：「還有過也無？」曰：「古人為什麼事？」雪峰曰：「雖然如此，要共汝商量。」曰：「恁麼即不如道怤鋤地去。」

一日，雪峰問師：「何處來？」曰：「從外來。」雪峰曰：「什麼處逢見達磨？」曰：「更什麼處？」雪峰曰：「未信汝在。」曰：「和尚莫恁麼粘膩[11]好！」雪峰肯之。

師後遍歷諸方，益資權智[12]。因訪曹山，寂和尚問：「什麼處來？」曰：「昨日離明水。」寂曰：「什麼時到明水？」曰：「和尚到時到。」寂曰：「汝道我什麼時到？」曰：「適來猶記得。」寂曰：「如是！如是！」

師罷參受請，止越州鏡清禪苑，唱雪峰之旨，學者奔湊。副使[13]皮光業[14]者，日休[15]之子也，辭學宏贍，屢擊難之，退謂人曰：「怤師之高論，人莫窺其極也。」

新到僧參，師拈起拂子，僧曰：「久嚮鏡清，猶有遮箇在。」師曰：「今日遇人，又不遇人。」問：「如何是靈源一直道[16]？」師曰：「鏡湖[17]水可殺[18]深。」

師問僧：「什麼處來？」曰：「應天來。」師曰：「還見鰻鱺魚[19]麼？」曰：「不見。」師曰：「闍梨不見鰻鱺，鰻鱺不見闍梨？」曰：「總不恁麼。」師曰：「闍梨只解慎初護末。」

問：「學人未達其原[20]，請師方便。」師曰：「是什麼原？」僧曰：「其原。」師曰：「若是其原，爭受方便？」僧禮拜退後，侍者問曰：「和尚適來莫是成他問否？」師曰：「無。」曰：「莫是不成他問否？」師曰：「無。」曰：「未審畢竟意作麼生？」師曰：「一點水墨，兩處成龍。」

師在帳中坐，有僧問訊，師撥帳開曰：「當斷不斷，反招其亂㉑。」僧曰：「既是當斷，為什麼不斷？」師曰：「我若盡法，直恐無民。」曰：「不怕無民，請師盡法。」師曰：「維那，拽出此僧著！」又曰：「休！休！我在南方識伊和尚來。」

因普請鋤草次，浴頭㉒請師浴，師不顧，如是三請，師舉钁作打勢，浴頭乃走。師召曰：「來！來！」浴頭迴首，師曰：「向後遇作家，分明舉似。」其僧後至保福，舉前語未了，保福以手掩其僧口。僧卻迴舉似師，師曰：「饒汝恁麼也未作家。」

師問荷玉：「什麼處來？」曰：「天台來。」師曰：「我豈是問汝天台？」曰：「和尚何得龍頭蛇尾？」師曰：「鏡清今日失利。」

師看經，僧問：「和尚看什麼經？」師曰：「我與古人鬬百草㉓。」師卻問：「汝會麼？」曰：「小年㉔也曾恁麼來。」師曰：「如今作麼生？」僧舉拳，師曰：「我輸汝也。」

僧到參，師問：「闍梨從什麼處來？」曰：「佛國來。」師曰：「佛以何為國？」曰：「清淨莊嚴為國。」師曰：「國以何為佛？」曰：「妙淨真常㉕為佛。」師曰：「闍梨從妙淨來，莊嚴來？」曰：「無不答對。」師曰：「噓！噓！別處有人問，汝不可作遮箇語話！」

錢王㉖欲廣府中禪會，命居天龍寺㉗，始見師，乃曰：「真道人也。」致禮勤厚，由是吳越盛於玄學㉘。其後又創龍冊寺，延請居焉。

師上堂曰：「如今事不得已，向汝道，若自驗著實箇親切㉙到汝分上，因何特地㉚生疏？只為拋家㉛日久，流浪㉜年深，一向緣塵致見如此。所以喚作背覺合塵，亦名捨父㉝逃逝。今勸兄弟未歇歇去好，未徹徹去好！大丈夫兒得恁麼無氣概㉞，還惆悵㉟麼？終日茫茫地㊱，何不且覓取箇管帶㊲路好，也無人問我管帶一路。」時有僧問：「如何是管帶一路？」師曰：「噓！噓！要棒即道。」曰：「恁麼即學人罪過也。」師曰：「幾被汝打破蔡州㊳。」

問：「無源有路不歸時如何？」師曰：「遮箇師僧，得坐便坐。」

問：「如何是心？」師曰：「是即二頭㊴。」曰：「不是如何？」師曰：「又不成㊵是頭？」曰：「是不是總不恁麼時如何？」師曰：「更多饒過。」

問：「十二時中以何為驗？」師曰：「得力即向我道。」僧曰：「諾。」師曰：「十萬八千猶可近。」問：「如何是方便門速易成就？」師曰：「速易成就。」曰：「爭奈學人領覽未的？」師曰：「代得也代卻。」

問：「如何是玄中玄？」師曰：「不是是什麼？」曰：「還得當也無？」師曰：「木頭也解語。」

問：「如何是人無心合道？」師曰：「何不問道無心合人？」曰：「如何是道無心合人？」師曰：「白雲乍可來青嶂，明月那教下碧天！」

問：「學人問不到處，請師不答。和尚答不到處，學人即不問。」師乃搊住曰：「是我道理，是汝道理？」曰：「和尚若打學人，學人也即卻打也。」師曰：「得對相耕去。」

僧舉：有僧辭歸宗，宗問：「什麼處去？」曰：「百丈學五味禪[41]去。」歸宗不語。師乃曰：「緣[42]歸宗單行底事。」僧問：「如何是歸宗單行底事？」師曰：「棒了趁出院。」僧禮拜，師曰：「作麼生會？」曰：「學人罪過。」師曰：「料汝恁麼去。」

問：「承師有言：諸方若不是走作人[43]，便是籠罩人[44]。未審和尚如何？」師曰：「被汝致此一問，直得當門齒落。」

問：「如何是親的㊺密密底事？」師曰：「常用及人。」曰：「不知者如何？」師曰：「好晴好雨。」

師問僧：「門外什麼聲？」曰：「雨滴聲。」師曰：「眾生顛倒，迷己逐物。」法眼別云：「畫出。」

僧問：「如何是同相？」師將火筯插向鑪中。僧又問：「如何是別相？」師又將火筯插向一邊。法眼別云：「問不當理。」

有僧引童子到曰：「此兒子㊻常愛問僧佛法，請和尚驗看。」師乃令點茶㊼。童子點茶來，師啜訖，過盞托與童子，童子近前接，師卻縮手曰：「還道得麼？」童子曰：「問將來。」法眼別云：「和尚更喫茶否？」僧問：「和尚，此兒子見解如何？」師曰：「也只是一兩生㊽持戒僧。」

師三處開法，語要隨門人編錄，今但梗概而已。晉天福二年丁酉八月示滅，壽七十四。黑白㊾哀號，制服㊿者甚眾。茶毗於大慈山，獲舍利，就龍冊山之陽建塔。

【注釋】❶龍冊寺　在浙江杭州，五代吳越王錢元瓘為道怤禪師所創建，道怤禪師於此弘揚禪法，風靡東南。❷葷茹　葷菜與蔬菜，此單指葷菜。❸嘔　吞嚥。《說文・口部》：「嘔，嚥也。」❹烏沒　即「烏沒切」之略。下文「乙劣」即「乙劣切」之略。❺嚱　嘔吐。《正字通・口部》：「方書：有物無聲曰吐，有聲無物曰嚱，有物有聲曰嘔。」❻一宿覺　唐代永嘉玄覺禪師謁曹溪六祖印證所見，言畢即歸。六祖歎曰：「善哉！善哉！少留一宿。」人因名之「一宿覺」。詳見本書卷五〈溫州永嘉玄覺禪師〉章。❼一轉　即「一轉語」之略。❽問頭　問題，也特指審問時寫在書面上的問題。❾堂堂密密　堂堂，明白敞亮的樣子。密密，秘密的樣子。❿綿密　細緻緊湊的樣子。⓫粘膩　亦作「捻捻膩膩」，原以形容年輕女子窈窕、纖美之狀。此喻矯情、不大方。⓬權智　指隨機應變之智慧。⓭副使　當指浙東節度副使，唐末、五代時節度使的副手。⓮皮光業　唐末皮日休之子，字文通，十歲能屬文，善談論，美儀容，見者以為神仙中人。少為錢鏐幕府，天福年間錢鏐建吳越國，官拜丞相。⓯日休　唐末襄陽人，字襲美，一字逸少，性孤傲，能文章，隱居鹿門山，與陸龜蒙為友，時稱「皮陸」。咸通年間中進士，拜太常博士。傳說黃巢農民軍攻陷長安時，曾任黃巢之翰林學士，後為黃巢所殺。一說其逃出長安，南奔錢鏐，死於吳越。⓰靈源一直道　即單刀直入、直指人心的意思。靈源，指「心」。⓱鏡湖　在浙江紹興南，也名「鑑湖」、「慶湖」、「長湖」。北宋熙寧年後，湖面漸廢為田。⓲可殺　極；甚。⓳鰻鰲魚　即「鰻鱺」，簡稱「鰻」，體長，圓筒形，可食用，肉質細嫩。⓴原　通「源」。即本源。㉑當斷不斷二句　凡事該作決斷時卻不當機立斷，猶豫不決，反而使自己受害。㉒浴頭　寺院內掌管浴室的僧人。㉓鬭百草　唐、宋時民俗，在端陽節有踏青比賽識認百草的遊戲，稱鬭百草，也簡稱「鬭草」。㉔小年　少年；幼年。唐人杜甫〈醉歌行〉詩：「陸機二十作文賦，汝更小年能綴文。」㉕妙淨真常　指如來佛所得之法微妙清淨、真實常住。㉖錢王　此指五代吳越王錢鏐。㉗天龍寺　寺位於杭州天龍山，五代後期吳越王所建。北宋大中祥符年間改稱招感寺，後復舊名。㉘玄學　此指禪宗。㉙親切　真切；分明。㉚特地　更加；反而。㉛家　此喻自心。㉜流浪　此喻迷失本心。㉝父　此喻佛法。㉞氣概　出息；氣派。㉟惆悵　擔心；憂愁。㊱茫茫地　迷濛不清貌；模糊不清貌。㊲管帶　管轄統領，意同「管領」。㊳打破蔡州　唐代後期淮西節度使吳元濟盤踞蔡州（今河南汝南）多年，唐朝官軍屢征不果。元和十二年（八一七年），宰相裴度督大將李愬雪夜攻克蔡州，生擒吳元濟。河北藩鎮大懼，多表示服從朝廷，藩鎮叛亂局面暫告結束。㊴二頭　指前後、上下、善惡、是非等相對的概念。㊵不成　難道。㊶五味禪　指由淺入深的五種禪法，即外道禪、凡夫禪、小乘禪、大乘禪和最上乘禪。㊷緣　詞綴，無義。《變文集》卷二《韓擒虎話本》：「皇帝亦見，宣問皇后：『緣即罪楊堅一人，不干皇后之事。』」㊸走作人　喻學佛參禪而誤入歧路的人。走作，即不合原意，猶「走樣」。㊹籠罩人　喻為佛法所束縛的人。籠罩，通「籠牢」。㊺親的　真切；確切。㊻兒子　指青年男子。唐人張祜〈獵〉詩：「歸來逞餘勇，兒子亂彎弓。」㊼點茶　泡茶。㊽一兩生　此喻道行甚淺的意思。㊾黑白　此指僧俗之人。因僧人穿黑色的僧衣，俗人穿白色的素衣，故以名。㊿服　喪服。古代喪俗，死者子弟晚輩在喪期都要穿喪服以致哀。

【語　譯】杭州（今屬浙江）龍冊寺順德大師道怤（八六四～九三七年），永嘉（今浙江溫州）人，俗姓陳。他幼年時就不吃葷食，親戚鄉鄰硬讓他吃乾魚，他卻是隨吃即吐，於是請求出家，在本州開元寺接受具足戒。

道怤禪師到各地行腳，來到福建閩江一帶，拜謁雪峰和尚。雪峰和尚問道：「是什麼地方人？」道怤回答：「溫州人。」雪峰和尚說道：「這樣說來就與一宿覺是同鄉人了。」道怤問道：「那個一宿覺是什麼地方人？」雪峰和尚說道：「本該好好地讓你吃一頓棒，暫且饒了你。」有一天，道怤問道：「那些古代的高僧，難道不是以心傳心的嗎？」雪峰和尚回答：「而且還不立文字語句。」道怤問道：「如果不立文字語句，和尚怎麼來傳授？」雪峰和尚沉默了許久，道怤便禮拜道歉。雪峰和尚說道：「再問我一句轉語難道不好嗎？」道怤就說道：「就向和尚請教一句轉語的問題。」雪峰和尚便問道：「只有這些，或者另外還有講究？」道怤說道：「和尚這樣就可以了。」雪峰和尚問道：「對你怎麼樣嗎？」道怤說道：「辜負煞人！」

雪峰和尚有一次對眾僧說道：「堂堂密密地。」道怤禪師站出來問道：「是什麼堂堂密密？」雪峰和尚站起來喝道：「說什麼！」道怤退後數步站立，雪峰和尚就指示道：「這件事得以這麼尊貴，得以這麼綿密。」道怤應對說：「道怤自從來到這裡已有好多年了，從沒有聽到過和尚這樣開導教誨的。」雪峰和尚說道：「我以前雖然沒有，但現在已有了，莫非有什麼妨礙嗎？」道怤說道：「不敢。這是和尚不得已罷了。」雪峰和尚說道：「你使得我這樣的。」道怤由此信心悟入，而且隨眾僧參拜，福州一帶的人都稱他為小怤布衲。

在僧眾普請之處，雪峰和尚舉出溈山和尚「見色便見心」的話語，問道怤禪師道：「這話可有過失嗎？」道怤反問：「古人為了什麼事情？」雪峰和尚說道：「雖然是這樣的，可還要給你講解。」道怤便說道：「這樣的話，還不如道怤鋤地去。」

有一天，雪峰和尚問道怤禪師說：「從什麼地方回來？」道怤回答：「從外面回來。」雪峰和尚便問道：「在什麼地方遇見了達磨祖師？」道怤回答：「還能在什麼地方？」雪峰和尚說道：「不能相信你了。」道忿說道：「和尚還是不要這麼粘膩為好！」雪峰和尚同意他的意見。

道忿禪師後來遊歷各地禪林，增加了隨機應變之智慧。道忿在拜訪曹山本寂和尚時，曹山和尚問道：「從什麼地方來的？」道忿回答：「昨天離開了明水。」曹山和尚再問道：「什麼時候到達明水的？」道忿回答：「是在和尚到達的時候到的。」曹山和尚問道：「你說我是什麼時候到達的？」道忿回答：「我剛才還記得。」曹山和尚說道：「是這樣的！是這樣的！」

道忿禪師結束了雲遊參學後，接受了邀請，而止息於越州（今浙江紹興）的鏡清禪苑，舉唱雪峰和尚的玄旨，參學的人紛紛聚合在這裡。節度副使皮光業，為著名文人皮日休之子，文章議論都很擅長宏富，屢次來向道忿問難，但都遭到了道忿的反擊，皮光業回去後告訴別人道：「道忿大師的高論，沒有人能窺測他的極處。」

有一個新到的僧人來參拜，道忿禪師拿起了拂塵，那僧人說道：「早就嚮慕鏡清和尚，不料卻還存有這個。」道忿說道：「今天遇到了人，又沒有遇到人。」那僧人問道：「什麼是靈源的一條直道？」道忿回答：「鏡湖中的水極深。」

道忿禪師問一個僧人道：「從什麼地方來的？」那僧人回答：「從應天來。」道忿又問道：「可曾看見過鰻鱺嗎？」僧人回答：「沒有看見過。」道忿問道：「是闍梨沒有看見鰻鱺，還是鰻鱺沒有看見闍梨？」那僧人說道：「都不是這樣的。」道忿說道：「闍梨只知道謹慎開始、護守末尾。」

有僧人請道：「學生未能達到那個本源，請求和尚隨機接引。」道忿禪師問道：「是什麼本源？」僧人回答：「就是那個本源。」道忿便問道：「如果是那個本源，怎麼能夠被接引？」那僧人禮拜退出後，侍僧問道：「和尚剛才莫非是在作成他的問題嗎？」道忿回答：「沒有。」侍僧又問道：「莫非不是在作成他的問題嗎？」道忿回答：「沒有。」侍僧問道：「不知道究竟是什麼意思？」道忿說道：「用了一點水墨，在兩處都畫成了龍。」

道忿禪師坐在帳幕內，有個僧人前來問候，道忿撩開帳幕說道：「當斷不斷，反受其亂。」那僧人問道：

「既然是應當決斷的，為什麼不決斷呢？」道怤回答：「假若我完全依據佛法，只怕沒有了聽眾。」僧人說道：「不要怕沒有聽眾，請和尚完全依據佛法。」道怤便喝道：「維那，把這個僧人拖出去！」隨即又說道：「罷了！罷了！我在南方的時候就認識了那個和尚。」

在普請鋤草的時候，浴頭來請道怤禪師去洗澡，道怤不睬他，浴頭就這樣連請了三次，道怤舉起了鋤頭作出要打他的樣子，浴頭逃走了。道怤就招呼他道：「回來！回來！」浴頭回過頭來，道怤說道：「以後遇到行家，就清清楚楚地舉給他聽。」那僧人此後來到保福從展禪師那裡，還未把前面的那些話說完，從展禪師就用手掩住了那僧人的嘴巴。那僧人返回來又舉給道怤聽，道怤說道：「饒你這樣也未成為行家。」

道怤禪師問荷玉禪師道：「從什麼地方來的？」荷玉回答：「從天台來。」道怤喝道：「我難道是問你天台嗎？」荷玉說道：「和尚怎麼能龍頭蛇尾？」道怤說道：「鏡清今天失利了。」

道怤禪師在看經書時，有僧人問道：「和尚在看什麼經書？」道怤回答：「我正在與古人鬬百草。」道怤又反問道：「你會嗎？」那僧人回答：「少年時也曾這樣過來。」道怤問道：「現在怎麼樣？」那僧人舉起了拳頭，道怤說道：「我輸給你了。」

有僧人前來參拜，道怤禪師問道：「闍梨從什麼地方來的？」那僧人回答：「從佛國來。」道怤問道：「佛以什麼為國家？」那僧人回答：「以清淨莊嚴為國家。」道怤再問道：「國家以什麼為佛？」那僧人回答：「以微妙清淨、真實常住為佛。」道怤問道：「闍梨是從妙淨中而來，還是從莊嚴中而來？」那僧人回答：「沒有不答對的。」道怤說道：「噓！噓！如果別的地方有人提問，你不可以作這個話語！」

吳越王錢元瓘想擴大王府禪會的影響，就讓道怤禪師住在天龍寺，他一看見道怤，就讚歎道：「這才是真正的道人啊。」施禮殷勤深厚，由此吳越國內禪學盛行。此後，吳越王又創建龍冊寺，邀請道怤禪師住持。

道怤禪師上堂說法道：「如今的事不得已對你們講說，如果各自檢驗禪義確實真切到達了你們的分上，因為什麼原因反而顯得疏遠了？只是因為離開自心的日子太久了，迷失自心而流浪的年月太長了，一直被因緣塵世影響而招致這樣。所以叫做背棄省悟而混合於塵世，也叫做丟下父親自己逃走。現今勸說兄弟們不要歇息為好，不要徹底知曉為好！大丈夫卻是這樣沒有出息，可還有憂慮嗎？整天模糊迷濛地，何不去尋找一個管帶一路的為好！但也沒有人來問我那管帶一路是什麼。」當時有一個僧人便問道：「什麼是管帶一路？」道忖說道：「噓！噓！要挨棒就說。」那僧人說道：「這樣說來則是學生的罪過了。」道忖說道：「幾乎被你打破了蔡州城。」

有僧人問道：「沒有本源而有通路卻不歸去的時候怎麼樣呢？」道忖禪師回答：「這個師僧，能坐就坐吧。」

有僧人問道：「什麼是心？」道忖禪師回答：「肯定就是兩頭。」僧人問道：「不是的時候怎麼樣？」道忖回答：「又難道是頭？」僧人問道：「是不是都不這樣的時候怎麼樣呢？」道忖回答：「更多饒過。」

有僧人問道：「一天十二個時辰中，用什麼來檢驗？」道忖禪師說道：「得力領會時就向我說。」僧人說：「好的。」道忖說道：「相距十萬八千里還能夠接近。」那僧人又說道：「怎奈學生還是沒有領會明白？」道忖說道：「能替代就替代吧。」

有僧人問道：「什麼是玄中之玄？」道忖禪師反問：「不是玄中之玄又是什麼？」僧人問道：「還能承當嗎？」道忖說道：「木頭也懂得說話。」

有僧人問道：「什麼是人無心就契合道？」道忖禪師反問道：「為什麼不問道無心就契合人呢？」那僧人就問道：「什麼是道無心就契合人？」道忖說道：「白雲暫能來青嶂，明月怎讓下碧天！」

有僧人請道：「學生沒有問到的地方，請和尚不要回答。和尚不能回答的地方，學生就不提問。」道忖禪師一把揪住他問道：「是我有道理，還是你有道理？」那僧人說道：「和尚假若打學生，學生也要打和尚。」道忖說道：「可以相對著耕田去了。」

有一位僧人辭別歸宗和尚，歸宗和尚問道：「你到什麼地方去？」那僧人回答：「到百丈那裡去學五味禪。」歸宗和尚便沉默不語。有僧人便舉這話頭問道忖禪師，道忖就說：「這是歸宗和尚個人所做的事。」那僧人就問道：「什麼是歸宗和尚個人所做的事？」道忖喝道：「打一頓棒趕出院去。」那僧人便禮拜，道忺問道：「怎麼領會的？」那僧人回答：「學生罪過。」道忺說道：「料你也就是這樣了。」

有僧人問道：「承蒙和尚有話：各地禪師不是學佛參禪走樣之人，就是為佛法所籠罩之人。不知道和尚怎麼樣？」道忺禪師說道：「被你這一提問，直問得當門牙齒掉落。」

有僧人問道：「什麼是確切秘密的事？」道忺禪師回答：「常常用及於人。」僧人問道：「不知道的人怎麼樣？」道忺回答：「好個晴天，好個雨天。」

道忺禪師問一個僧人道：「門外是什麼聲音？」僧人回答：「雨滴聲。」道忺說道：「眾生顛倒認識，迷失了自身而去追逐外物。」法眼和尚另外回答：「像畫出來的一樣。」

有僧人問道：「什麼是相同之相？」道忺禪師把火夾子插進了爐子當中。那僧人又問道：「什麼是相異之相？」道忺又把火夾子插到了一邊。法眼和尚另外回答：「問得不合禪理。」

有一個僧人把一個青年男子帶到道忺禪師那裡，說道：「那青年經常向小僧問佛法，請和尚加以測驗。」道忺就讓那青年泡茶。那青年泡好茶端來，道忺喝完，把茶杯遞向那青年，那青年走近來要接，道忺卻把手縮了回來，問道：「可能說出來嗎？」那青年說道：「提問吧。」法眼和尚另外回答：「和尚還要吃茶嗎？」那僧人問道：「和尚，那青年的見解怎麼樣？」道忺回答：「也只是個一兩生持守戒律的僧人。」

道忺禪師在這三個寺院內開講佛法，語錄要旨由其門人記錄編撰，現在所介紹的只是一些梗概而已。五代後晉天福二年丁酉歲（九三七年）八月，道忺禪師圓寂，享年七十四歲。僧俗大眾哀傷哭泣，穿喪服悼念的人很多。在大慈山火化，獲得了舍利，就在龍冊山的南麓建造靈塔。

【說　明】道忺禪師因為吳越王錢鏐所甚瞻禮，被署為順德大師。然世人一般稱之為「鏡清道忺」。

福州長生山皎然禪師

福州長生山皎然禪師，本郡人。入雪峰室，密受心印，執侍經十載。因與僧斫樹，雪峰曰：「斫到心且住。」師曰：「斫卻著。」雪峰曰：「古人以心傳心，汝為什麼道斫卻？」師擲下斧子曰：「傳。」雪峰打一拄杖而去。

僧問雪峰：「如何是第一句❶？」雪峰良久，僧退，舉似於師。師曰：「此是第二句。」雪峰再令其僧來問：「如何是第一句？」師曰：「蒼天！蒼天！」

雪峰普請搬柴，問師曰：「古人道：『誰知席帽❷下，元是昔愁人。』古人意作麼生？」師側戴笠子曰：「遮箇是什麼人語？」

雪峰問師：「持經者能荷擔如來。作麼生是荷擔如來？」師乃捧雪峰向禪牀上著。

雪峰普請歸，自將一束藤，路逢一僧，放下藤，叉手立。其僧近前拈，雪峰即蹋其僧。歸院後，舉示於師曰：「我今日蹋那僧得恁麼快！」師對曰：「和尚卻替那僧入涅槃堂。」法眼住崇壽寺時，有二僧各說道理請師斷。法眼云：「汝兩僧一時入涅槃堂。」玄覺云：「什麼處是替那僧入涅槃堂處？」崇壽稠云：「此一轉語卻還老兄。」東禪齊云：「只如長生意作麼生？」

師嘗訪一庵主款話❸，庵主曰：「近有一僧問某甲西來意，遂舉拂子示之，不知還得也無？」師曰：「爭敢道得與不得？有人問庵主：此事有人保任❹，如虎頭帶角❺；有人嫌棄，則不直一文錢。此事為什麼毀譽不同？請試揀出看。」曰：「適來出自偶然，爭揀得出？」師曰：「若恁麼，此後不得為人。」玄覺云：「一等❻是恁麼事，為什麼有得有失？上座若無智眼，難辨得失。」

雪峰問師：「光境俱亡，復是何物？」師曰：「放皎然過，敢有商量。」雪峰曰：「許汝過，作麼生商量？」曰：「皎然亦放和尚過。」雪峰深許之。尋受記止于長生山，分化❼焉。

僧問：「從上宗乘，如何舉唱？」師曰：「不可為闍梨荒卻長生山也。」

問：「古人有言：『無明即佛性，煩惱不須除。』如何是無明即佛性？」師忿然作色，舉拳呵曰：「今日打遮師僧去也！」僧曰：「如何是煩惱不須除？」師以手拏女余切，又音如，牽引也。頭❽曰：「遮師僧得恁麼發人業❾！」

問：「路逢達道人，不將語默對。未審將什麼對？」師曰：「上紙墨堪作什麼？」

閩帥署禪主大師，莫知所終。

【注釋】❶第一句　意同「最先一句」，指契合禪法至極妙理的一句話。相對於「第一句」之「第二句」，指不合禪法的、通常的言句。❷席帽　以藤條為骨架編成的涼帽。唐人李匡乂《資暇集》下：「永貞之前，組藤為蓋，曰席帽，取其輕也。」

❸款話　聊天。❹保任　保護；護守。❺虎頭帶角　謂老虎頭上長角，將更為兇猛，難以抵擋。❻一等　同樣；全。❼分化　此指分立禪寺以傳授雪峰和尚之禪旨的意思。❽挐頭　搔頭。❾發人業　讓人生氣；使人發怒。業，脾氣。

【語　譯】福州（今屬福建）長生山皎然禪師，福州本地人。皎然為雪峰和尚的入室弟子，秘密接受禪法心印，執役侍從長達十年。有一天，皎然與其他僧人一起去砍樹，雪峰和尚吩咐道：「砍到樹心就停下來。」皎然說道：「砍去了。」雪峰和尚問道：「古人以心傳心，你為什麼說砍去了？」皎然扔下斧子說道：「傳。」雪峰和尚打了他一拄杖就走了。

有僧人問雪峰和尚道：「什麼是第一句？」雪峰和尚沉默了許久，那僧人退下，把這事說給皎然禪師聽。皎然說道：「這是第二句。」雪峰和尚再讓那僧人來問皎然道：「那什麼是第一句？」皎然叫道：「蒼天哪！蒼天！」

在寺內普請搬柴時，雪峰和尚問皎然禪師道：「古人說：『誰知席帽下，原是過去的憂愁之人。』古人的意思是什麼？」皎然歪戴著斗笠反問道：「這個是什麼人說的話？」

雪峰和尚問皎然禪師道：「持有經書的人能夠擔負起如來。怎樣才是擔負起如來？」皎然就抱起雪峰和尚放到了禪牀上。

雪峰和尚普請歸來，親自背著一捆藤條，在路上遇到了一位僧人，就放下藤條，合十而立。那僧人走上前要拿，雪峰和尚就把那僧人踢倒。回到寺院後，雪峰和尚說給皎然禪師聽：「我今天踢倒那僧人，這麼快活！」皎然應對道：「和尚卻是在代替那僧人到涅槃堂去。」法眼和尚住持崇壽寺時，有兩個僧人各堅持自己的道理，來請法眼和尚詳斷。法眼和尚說道：「你們兩人一起到涅槃堂去。」玄覺禪師說道：「什麼地方是代替那僧人到涅槃堂去？」崇壽稠禪師說道：「這一個轉語卻是還給老兄。」東禪齊禪師說道：「只是那長生和尚的意思是什麼？」

皎然禪師曾經拜訪過一位庵主，與他聊天，庵主說道：「最近有一位僧人來問我祖師西來的意旨，我就舉起了拂塵示意，不知道是否答對了？」皎然說道：「我怎麼敢說對與不對！如若有人來問庵主：這事有人保任，就好像是虎頭帶角一樣不可抵擋；如有人嫌棄，就一文錢也不值。這事為什麼會毀譽不同？請庵主試著鑑別一下。」庵主說道：「那時剛好是出自偶然，怎麼能鑑別出？」皎然說道：「如果是這樣的，以後不要再接引人了。」玄覺禪師說道：「同樣是這樣一件事，為什麼有得有失？上座如若沒有智慧之眼，就難以辨別得失。」

雪峰和尚問皎然禪師道：「光像與境界都消失了，剩下的又是什麼東西？」皎然說道：「如若能饒過皎然說錯之處，就敢於有所應對。」雪峰和尚說道：「允許你說錯，你怎麼應對呢？」皎然回答：「皎然也饒過和尚的過失。」雪峰和尚很以為然。不久，皎然接受密記，在長生山住持，以傳授雪峰和尚的禪旨。

有僧人問道：「從上之宗乘，怎樣來舉唱？」皎然禪師說道：「不可為了闍梨而荒廢了長生山。」

有僧人問道：「古人曾說過：『無明就是佛性，煩惱不須去除。』什麼是無明就是佛性？」皎然禪師憤然現出怒色，舉起拳頭呵責道：「今天要打這個師僧了。」那僧人又問道：「什麼是煩惱不須去除？」皎然用手搔頭挐，道：「這個師僧怎能這樣讓人生氣！」

有僧人問道：「路上遇到悟徹大道之人，不能用言語和沉默來應對。不知道應該用什麼來應對？」皎然禪師回答：「點染在紙上的墨跡，還可以派什麼用處呢？」

閩帥尊署皎然禪師為禪主大師，但沒有人知道他以後的情況。

信州鵝湖智孚禪師

信州鵝湖❶智孚禪師，福州人也。始依講肆❷，肄業❸於長安。因思玄極之理，乃造雪峰，師事數年。既領心訣，隨緣而止鵝湖，大張法席。

僧問：「萬法歸一，一歸何所？」師曰：「非但闍梨一人忙。」問：「虛空講經，以何為宗？」師曰：「闍梨不是聽眾，出去！」

問：「五逆❹之子，還受父約也無？」師曰：「雖有自裁❺，未免傷己。」

問：「如何是佛向上人？」師曰：「情知闍梨不奈何！」曰：「為什麼不奈何？」師曰：「未必小兒得見君子。」

有人報云：「徑山和尚遷化也。」僧問：「徑山遷化向什麼處去？」師曰：「大有靈利底過於闍梨。」

問：「在先一句❻，請師道。」師曰：「腳跟下採取什麼？」曰：「即今見問。」師曰：「看闍梨變身❼不得。」

問：「雪峰拋下拄杖，意作麼生？」師以香匙❽拋下地，僧曰：「未審此意如何？」師曰：「不是好種❾，出去！」

問：「如何是鵝湖第一句？」師曰：「道什麼？」曰：「如何即是？」師曰：「妨我打睡❿。」

問：「不問不答時如何？」師曰：「問人焉知？」

問：「迷子未歸家時如何？」師曰：「不在途。」曰：「歸後如何？」師曰：「正迷。」

問：「如何是源頭事？」師曰：「途中覓什麼？」

問：「如何是一句？」師曰：「會麼？」曰：「恁麼莫便是否？」師曰：「蒼天！蒼天！」

鏡清問：「如何是即今底？」師曰：「何更即今？」清曰：「幾就支荷。」

師曰：「語逆言順。」

【注　釋】❶鵝湖　湖在江西鉛山東北之鵝湖山上，多荷花，舊名荷湖山。晉代末有人於湖中蓄鵝，故改名鵝湖山。山有鵝湖寺，南宋理學大家朱熹與呂祖謙、陸九淵兄弟講學於此，後建為書院。❷講肆　指以講論佛經為主的寺院。❸肄業　此指在佛寺中講習經律之學業。❹五逆　也稱五無間業。為五件極逆於理、墮入無間地獄之惡業：一殺父，二殺母，三殺阿羅漢，四刺佛身出血，五破和合僧。❺自裁　即「自殺」。❻在先一句　即「最先一句」。❼變身　即「變易身」。謂變易生死之身，是三乘聖人於界外淨土所受的正報。❽香匙　用以撥開香灰的小勺子。❾不是好種　不是好人，罵人語。❿打睡　即「睡」。「打」為動詞前綴，用於表示人的行為動作的動詞之前。

【語　譯】信州（今江西上饒）鵝湖智孚禪師，福州（今屬福建）人。他起初依附講肆，在長安（今陝西西安）肄業。因為思慕禪學的玄妙極致之理，所以去參拜雪峰和尚，侍奉雪峰和尚多年。智孚領悟了傳心之秘訣後，隨緣止息於鵝湖，極力弘揚法席。

有僧人問道：「萬法歸於一，一歸於什麼地方？」智孚禪師回答：「不只是闍梨一個人在奔忙。」僧人問道：「虛空講佛經，以什麼為宗旨？」智孚喝道：「闍梨不是聽眾，出去！」

有僧人問道：「犯有五逆罪的兒子，可還受父親的約束嗎？」智孚禪師回答：「雖然有讓他自殺之法，卻不免損傷了自己。」

有僧人問道：「什麼是佛向上之人？」智孚禪師回答：「明知闍梨是無可奈何！」僧人問道：「為什麼無可奈何？」智孚回答：「未必小人能見到君子。」

有人來報喪說：「徑山和尚圓寂了。」於是有僧人問智孚禪師道：「徑山和尚圓寂以後到什麼地方去了？」智孚說道：「還有更多比闍梨更聰明的人。」

有僧人問道：「最先一句，請和尚說。」智孚禪師說道：「在腳跟下尋找什麼呢？」僧人說道：「現在被問到了。」智孚說道：「看來闍梨不能變身了。」

有僧人問道：「雪峰和尚扔下拄杖，是什麼意思？」智孚禪師即把香勺子扔在了地上，那僧人問道：「不知道這是什麼意思？」智孚喝道：「不是好種，出去！」

有僧人問道：「什麼是鵝湖的第一句？」智孚禪師說道：「說什麼？」僧人說道：「什麼才是第一句？」智孚說道：「妨礙我睡覺。」

有僧人問道：「不問不答的時候怎麼樣？」智孚禪師說道：「問的人怎麼知道？」

有僧人問道：「迷路的人沒有歸家時怎麼樣呢？」智孚禪師回答：「不在路上。」僧人又問道：「歸家後怎麼樣？」智孚回答：「正迷路哩。」

有僧人問道：「什麼是源頭上的事？」智孚禪師回答：「那在半路上尋覓什麼？」

有僧人問道：「什麼是第一句？」智孚和尚反問：「領會了嗎？」僧人便問道：「這樣的話，莫非就是這句嗎？」智孚叫道：「蒼天哪！蒼天！」

鏡清道怤禪師問道：「什麼是現在的？」智孚禪師反問：「什麼又是現在？」道怤說道：「幾乎勉強支撐。」智孚說道：「語不順而言順。」

漳州報恩懷嶽禪師

漳州報恩院懷嶽禪師，泉州人也。少依本州聖壽院受業，罷參雪峰，止龍溪❶，玄侶❷奔湊。

僧問：「十二時中，如何行履❸？」師曰：「動即死。」曰：「不動時如何？」師曰：「猶是守古塚鬼。」

問：「如何是學人出身處？」師曰：「有什麼物纏縛闍梨？」曰：「爭奈出身不得何！」師曰：「過在阿誰？」

問：「如何是報恩一靈物❹？」師曰：「喫如許多酒糟❺作麼？」曰：「還露腳手也無？」師曰：「遮裡是什麼處所？」

僧問：「牛頭未見四祖時如何？」師曰：「萬里一片雲。」曰：「見後如何？」師曰：「廓落❻地。」

僧問：「如何是佛法大意？」師曰：「昨夜三更失卻火。」

問：「黑雲斗❼暗，誰當雨者？」師曰：「峻處先傾。」

問：「宗乘不卻，如何舉唱？」師曰：「山不自稱，水無間斷。」

問：「佛未出世時如何？」師曰：「汝爭得知？」問：「撥塵見佛時如何？」師曰：「什麼年中得見來？」

問：「師子在窟時如何？」師曰：「師子是什麼家具❽？」又問：「師子出窟時如何？」師曰：「師子在什麼處？」

問：「如何是目前佛？」師曰：「快禮拜。」

師臨遷化，上堂示眾曰：「山僧十二年來舉提❾宗教，諸人怪我什麼處？若要聽三經五論❿，此去開元寺咫尺。」言訖告寂。

【注釋】❶龍溪　即九龍江，在福建漳平匯合九鵬溪、雁石溪而名九龍江，也稱九龍溪，東南流經漳州，至海口鎮入海。❷玄侶　即禪僧。❸行履　即行為動作。❹靈物　指鬼神。《舊唐書・劉禹錫傳》：「在在處處，應有靈物護持。」❺酒糟　此指供祭鬼神的清酒。❻廓落　廣大；疏闊。也指人的豁達、大度。❼斗　通「陡」。突然。❽家具　家用什物，不專指木器類。唐人孟郊〈借車〉詩：「借者載傢俱，傢俱少于車。」❾舉提　舉唱提撕。提撕，有提攜、振作、警覺之意。❿三經五論　指數量眾多的佛教經論。三、五，表示概數。

【語譯】漳州（今屬福建）報恩院懷嶽禪師，泉州（今屬福建）人。他少年時皈依泉州聖壽寺受業，後來參拜雪峰和尚，止息於龍溪，禪僧們自四方來會聚。

有僧人問道：「在一天十二個時辰中，應該怎樣行動呢？」懷嶽禪師回答：「一動就死。」僧人再問道：「不行動的時候怎麼樣呢？」懷嶽回答：「還是一個守護古墳的鬼。」

有僧人問道：「什麼是學生的出世悟入之處？」懷嶽禪師反問：「有什麼東西纏繞束縛著你？」僧人說道：「怎奈不能出世悟入呢！」懷嶽問道：「過錯在誰身上呢？」

有僧人問道：「什麼是報恩院的一件靈物？」懷嶽禪師說道：「吃這麼多酒糟做什麼？」僧人問道：「可露出手腳了嗎？」懷嶽說道：「這裡是什麼去處？」

有僧人問道：「牛頭和尚沒有去見四祖大師的時候怎麼樣？」懷嶽禪師回答：「萬里長空中的一片雲彩。」

僧人又問道：「見過以後怎麼樣？」懷嶽回答：「疏闊空寂地。」

有僧人問道：「什麼是佛法大意？」懷嶽禪師回答：「昨夜三更失了火。」

有僧人問道：「黑雲突然暗了下來，誰將被雨水淋著？」懷嶽禪師回答：「峻峭之處先傾側。」

有僧人問道：「宗乘不卻，怎麼舉唱？」懷嶽禪師回答：「山峰不自稱其名，水流從不間斷。」

有僧人問道：「佛沒有出世的時候怎麼樣？」懷嶽禪師反問：「你怎麼能知道？」那僧人又問道：「撥開塵埃看見佛的時候又怎麼樣？」懷嶽反問：「在哪一年看見的？」

有僧人問道：「獅子在洞窟裡的時候怎麼樣？」懷嶽禪師反問：「獅子是什麼傢俱？」那僧人又問道：「獅子出洞窟的時候怎麼樣？」懷嶽反問道：「獅子在什麼地方？」

有僧人問道：「什麼是眼前之佛？」懷嶽禪師說道：「趕快禮拜。」

懷嶽禪師臨近圓寂的時候，上堂指示眾僧道：「山僧十二年來舉唱提撕禪法教旨，諸位有什麼地方可責怪我的？如果想要聽三經五論的話，這裡離開開元寺只有咫尺之遠，可去那裡聽。」懷嶽禪師話一說完就圓寂了。

杭州西興化度師郁禪師

杭州西興❶化度悟真大師師郁，泉州人也。自得雪峰心印，化緣❷盛于杭、越之間。後居西興鎮之化度院，法席大興。

僧問：「如何是西來意？」師舉拂子，僧曰：「學人不會。」師曰：「喫茶去！」

問：「如何是無縫塔？」師曰：「五尺、六尺。」

問：「如何是一塵？」師曰：「九世❸剎那分。」曰：「如何含得法界？」

師曰：「法界在什麼處？」

問：「溪谷各異，師何明一？」師曰：「汝喘作麼？」

問：「學人初機，乞和尚指示入路。」師曰：「汝怪化度什麼處？」

問：「如何是隨色摩尼珠？」師曰：「青黃赤白。」曰：「如何是不隨色摩尼珠？」師曰：「青黃赤白。」

問：「如何是西來意？」師曰：「是東來西來？」

問：「牛頭未見四祖時如何？」師曰：「鳥獸俱迷。」曰：「見後如何？」

師曰：「山深水冷。」

問：「維摩與文殊對譚何事？」師曰：「唯有門前鏡湖水，清風不改舊時波。」

師自是聲聞于遐邇，錢王欽其道德，奏紫衣、師號。

【注釋】❶西興　即西興鎮，在浙江蕭山西二十里，濱臨大運河，當水陸要衝，市廛繁盛。❷化緣　調度化有緣之人。❸九世　過去、現在、未來各三世，合成九世。

【語　譯】杭州（今屬浙江）西興鎮化度院悟真大師師郁，泉州（今屬福建）人。師郁自從得到雪峰和尚所傳的心印後，就於杭州、越州（今浙江紹興）之間度化有緣之人，徒眾很盛。師郁後來住持西興鎮的化度院，法席十方興盛。

有僧人問道：「什麼是祖師西來的意旨？」師郁禪師舉起了拂塵，那僧人說道：「學生沒有領會。」師郁喝道：「吃茶去！」

有僧人問道：「什麼是無縫塔？」師郁禪師回答：「五尺、六尺高。」

有僧人問道：「什麼是一粒灰塵？」師郁禪師回答：「九世於剎那間分別。」僧人又問道：「怎麼才能包含法界？」師郁反問：「法界在什麼地方？」

有僧人問道：「溪和谷並不一樣，和尚為什麼只說明了一種？」師郁禪師反問：「你喘息什麼？」

有僧人請道：「學生是初入禪林之人，請求和尚指示一條悟入的門徑。」師郁禪師說道：「你怪我師郁什麼？」

有僧人問道：「什麼是隨外境而變顏色的摩尼寶珠？」師郁禪師回答：「青、黃、赤、白。」那僧人又問道：「什麼是不隨外境而變顏色的摩尼寶珠？」師郁回答：「青、黃、赤、白。」

有僧人問道：「什麼是祖師西來的意旨？」師郁禪師反問：「是東來還是西來？」

有僧人問道：「牛頭和尚沒有參見四祖大師的時候怎麼樣呢？」師郁禪師回答：「鳥獸都迷路了。」僧人又問道：「參見以後又怎麼樣呢？」師郁回答：「山高水冷。」

有僧人問道：「維摩詰居士與文殊菩薩對談什麼事？」師郁禪師回答：「唯有門前鏡湖水，清風不改舊時波。」

師郁禪師此後聲名遠近傳播，吳越王錢氏欽慕他的道德修為，奏請天子賜予他紫衣和大師的法號。

福州鼓山神晏國師

福州鼓山❶興聖國師神晏，大梁人也，姓李氏。幼惡葷羶，樂聞鐘梵❷。年十二時，有白氣數道騰于所居屋壁，師即揮毫書其壁曰：「白道從茲速改張❸，休來顯現作妖祥❹。定祛❺邪行歸真見❻，必得超凡入聖❼鄉。」題罷，氣即隨滅。年甫志學❽，遘❾疾甚亟❿，夢神人與藥，覺而頓愈。明年，又夢梵僧⓫告云：「出家時至矣。」遂依衛州白鹿山⓬道規禪師披削，嵩嶽受具。

謂同學曰：「古德云：『白四羯磨⓭後，全體戒定慧。』豈準繩而可拘也？」於是杖錫⓮遍叩禪關⓯，而但記語言，存乎知解。及造雪嶺⓰，朗然符契。一日，參雪峰，雪峰知其緣熟⓱，忽起搊住曰：「是什麼？」師釋然了悟，亦忘其了心，唯舉手搖曳而已。雪峰曰：「子作道理耶？」師曰：「何道理之有！」雪峰審其懸解⓲，撫而印之。暨雪峰歸寂，閩帥於府城之左二十里，開鼓山，創禪宮，請揚宗旨。

師上堂，眾集，良久曰：「南泉在日，亦有人舉，要且不識南泉。即今還有識南泉者麼？試出來對眾驗看。」時有僧出，禮拜才起，師曰：「作麼生？」僧近前曰：「咨和尚。」師曰：「不才[19]請退。」又曰：「經有經師，論有論師，律有律師，有函有號，有部有帙[20]，各有人傳持。且佛法是建立[21]教，禪道乃止啼之說，他諸聖興來，蓋為人心不等，巧開方便，遂有多門。受疾不同，處方還異。在有破有，居空叱空。二患既除，中道[22]須遣。鼓山所以道：句不當機，言非展事。承言者喪，滯句者迷。不唱言前，寧譚句後？直至釋迦掩室，淨名[23]杜口。大士[24]梁時童子，當日一問二問三問，盡有人了也。諸仁者作麼生？」時有僧禮拜，師曰：「高聲問。」僧曰：「學人咨和尚。」師乃喝出。問：「己事未明，以何為驗？」師抗音[25]：「似未聞。」其僧再問，師曰：「一點隨流，食咸不重。」

問：「如何是包盡乾坤底句？」師曰：「近前！」僧近前，師曰：「鈍置[26]殺人！」問：「如何紹得？」師曰：「豻（寒、岸二音。）䝚[27]（音欲。）無風，徒勞展掌[28]。」曰：「如何即是？」師曰：「錯。」問：「學人便承當時如何？」師曰：「汝作麼生承當？」（法燈別云：「莫費力。」）

問：「如何是學人正立處？」師曰：「不從諸聖行。」（法燈別云：「汝擬亂走。」）

問：「千山萬山，阿那箇是正山？」師曰：「用正山作麼？」法燈云：「千山萬山。」

師與招慶相遇，招慶曰：「家常[29]。」師曰：「無厭生。」招慶曰：「且款款[30]。」師卻云：「家常。」招慶曰：「今日未有火。」師曰：「太鄙吝生。」招慶曰：「穩便[31]將取去。」東禪齊拈[32]云：「此二尊宿語，還有得失也無？若有，阿那箇得，阿那箇失？若無得失，諸人未具行腳眼在。」

問：「如何免得輪迴生死？」師曰：「把將生死來！」

問：「如何是宗門中事？」師側掌曰：「吽！吽！」

問：「如何是向上一關棙子？」師乃打之。

問：「如何是鼓山正主？」師曰：「瞎作麼！」

師問保福：「古人道：『非不非，是不是。』意作麼生？」保福拈起茶盞，師曰：「莫是非好！」

問：「如何是真實人體？」師曰：「即今是什麼體？」曰：「究竟如何？」師曰：「爭得到恁麼地！」

問：「如何是佛法大意？」師曰：「金烏[33]一點，萬里無雲。」

師問僧：「鼓山有不跨石門句，汝作麼生道？」僧曰：「請。」師乃打之。

問：「如何是古人省心力處？」師曰：「汝何費力？」

問：「言滿天下無口過，如何是無口過？」師曰：「有什麼過？」

問：「如何是省要處？」師曰：「還自恥麼？」

師與閩帥瞻仰佛像，閩帥問：「是什麼佛？」曰：「請大王鑑。」曰：「鑑即不是佛。」曰：「是什麼？」無對。長慶代云：「久承大師在眾㉞，何得造次？」

問：「從上宗乘，如何舉唱？」師以拂子驀口打。

問：「如何是教外別傳㉟底事？」師曰：「喫茶去！」又曰：「今為諸仁者，刺頭㊱入他諸聖化門裡，斗藪㊲不出。所以向仁者道：教排㊳不到，祖不西來，三世諸佛不能唱，十二分教載不起，凡聖攝不得，古今傳不得。忽爾㊴是箇漢，未通箇消息。向他恁麼道，被他驀口摑，還怪得他麼？雖然如此，也不得亂摑。鼓山尋常道更有一人不跨石門，須有不跨石門句。作麼生是不跨石門句？鼓山自住三十餘年，五湖四海來者，向高山頂上看山翫水，未見一人快利㊵通得。如今還有人通得，也不昧兄弟。珍重！」乃有偈示眾曰：「直下猶難會，尋言轉更賒㊶。若論佛與祖，特地隔天涯。」

閩帥禮重，常詢法要焉。

【注　釋】❶鼓山　在福建福州東，延袤三十里，形勢險峻，風景幽勝。其山顛有一巨石如鼓，故名。❷梵　此指梵唄，佛教歌讚。唄為梵文「唄匿」之略，意為讚歎。相傳佛世時有妙聲尊者，嫻於唄道，稱「唄比丘」。中國佛教因其傳自梵土天竺，故稱「梵唄」。❸改張　即「改弦更張」之略。❹妖祥　不祥；壞的徵兆。❺祛　除掉。❻真見　悟徹真如之理。❼超凡入聖　超越凡人而進入聖賢的境界。比喻修養極高。❽志學　指十五歲。《論語・為政》：「吾十有五，而志於學。」❾遘　遭遇。❿亟　急切；嚴重。⓫梵僧　古代稱來自天竺或西域的僧人。⓬白鹿山　在河南輝縣西五十里，接修武縣界。山有石自然如鹿形，遠視皎然獨立，故以名。⓭白四羯磨　僧寺中行事，如授戒等重法，先向僧眾告白其事，曰「白」；次三問其可否而決斷其事，曰「三羯磨」。合稱白四羯磨。羯磨，舉行授戒、懺悔等佛事的一種宣告儀式。⓮杖錫　同「振錫」。因禪師素用錫杖，故稱其出行曰杖錫。⓯禪關　禪家有「初關」、「重關」、「黃龍三關」等說，以作為表達參禪所到境界之詞，故稱之為「禪關」。關，有關口、關卡、難關之意。⓰雪嶺　即福州雪峰山。⓱緣熟　謂禪悟之機緣已成熟。⓲懸解　指領悟玄妙禪義。⓳不才　自稱謙詞。⓴有函有號二句　函，匣子，此指盛放佛經書卷的盒子。號，編號。部，佛經書卷的數量單位。帙，書套，唐代以前書籍寫在一長紙上，捲起而成一卷軸，外面所包的書衣即稱之為帙。㉑建立　設立法門；建塔立像。㉒中道　中者為不二之義、絕待之稱、雙非雙照之目。〈中論偈〉：「因緣所生法，我說即是空。亦名為假名，亦是中道義。」㉓淨名　即淨名居士，也即維摩詰居士。㉔大士　指南朝梁居士傅翕，自號善慧大士，人稱傅大士。㉕抗音　高聲。㉖鈍置　指愚弄人或使人難堪。㉗豻䝤　此指古代鄉里中的牢獄。㉘展掌　此謂展開手掌來測試風向或風力。㉙家常　僧人乞食時口叫「家常」，施僧人之飯食也稱家常。㉚款款　從容。唐人杜甫〈喜觀即到復題短篇〉詩：「泊船悲喜後，款款話歸秦。」㉛穩便　同「即便」。《全唐詩》卷八六二，黃冠野夫〈授馬氏女〉：「若遇寇相淩，穩便拋家族。」㉜拈　指禪師舉出話頭以開示學人。㉝金烏　指太陽。㉞在眾　在僧眾之中，即為信徒。㉟教外別傳　禪宗向上之宗旨，不施設文字，不安立言句，直傳佛祖的心印，故稱教外別傳。達磨大師〈悟心論〉：「直指人心，見性成佛，教外別傳，不立文字。」㊱刺頭　埋頭；鑽。㊲斗擻　即「抖擻」，擺脫之意。唐人白居易〈贈鄰里往還〉詩：「但能斗擻人間事，便是逍遙地上仙。」㊳排　安排；排遣。㊴忽爾　假若；倘若。㊵快利　鋒利；順利。㊶賒　表示不足，有渺茫、疏少、衰落、差違等意。

【語　譯】福州（今屬福建）鼓山興聖國師神晏（？～九四三年），大梁（今河南開封）人，俗姓李。神晏幼年就厭惡葷腥，喜歡聽寺院內的鐘鳴和梵唄。他十二歲時，有數條白氣在他所居住的房間牆壁上翻騰而出，神晏就揮筆在牆壁題寫道：「告訴你從此趕快改弦更張，不要到這兒來顯現作妖祥。定當除掉邪惡知見而歸於悟徹真如之理，必定到達超凡入聖之地。」他題寫完畢，那白氣也隨之消失了。神晏剛滿十五歲，得了一場大病，很危急，但夢見一位神人給他藥吃，一覺醒來，頓時感覺大病已經痊癒了。明年，神晏又夢見一位梵僧告訴他說：「出家的時候到了。」於是神晏就皈依衛州（今河南汲縣）白鹿山道規禪師披剃，到嵩嶽去接受具足戒。

神晏禪師對同學說道：「古代高僧大德說過：『白四羯磨以後，完全體悟戒、定、慧。』難道佛法的準繩還會束縛人嗎？」因此神晏杖錫出遊，到處參問禪關，但只是記誦語言，內存知識見解。等到神晏拜訪雪峰山，豁然明瞭而契合禪旨。有一天，神晏參拜雪峰和尚，雪峰和尚知道他禪悟的機緣已經成熟，就忽然揪住他問道：「是什麼？」神晏這時恍然頓悟，也忘掉了自己平日的省悟之心，只是舉手搖晃而已。雪峰和尚問道：「你還要解釋道理嗎？」神晏說道：「哪裡還有什麼道理呢！」雪峰和尚審察神晏已經領悟了玄妙的禪義，便慰撫他並且給予印證。等到雪峰和尚圓寂之後，閩帥在福州城東面二十里的鼓山上創建禪寺，迎請神晏禪師弘揚禪宗玄旨。

神晏禪師上堂，僧眾會集，神晏沉默了許久才說道：「南泉和尚在世之日，也有人舉唱佛法，而且不認識南泉和尚。今天可有認識南泉和尚的人嗎？請站出來當眾檢驗一下。」當時有一位僧人站出來，禮拜後剛起身，神晏就問道：「怎麼樣？」那僧人走上前說道：「向和尚諮詢。」神晏說道：「不才請告退。」接著又說道：「經有講經的經師，論有講論的論師，律有講律的律師，有函盒有編號，有部有帙，各有人傳授護持。而且佛法只是建立之教，禪道僅是讓小孩停止哭泣的說法，其他諸聖出世來，是因為人心不一樣，就靈活地設法接引，於是就出現了多種接引的門徑。患的疾病不同，那診斷的處方還應該有不同。存在『有』就破除『有』，居住在『空』之中則叱責『空』。『有』、『空』兩個病患既已去除，中道就必須遣去。鼓山所以說：語句對不上機鋒，言語不能展示事情的經過。承接話頭的人喪命，滯留於語句的人迷茫。不在言語之前舉唱，難道要在語句之後談論？直到釋迦牟尼關上了房門，淨名居士絕口不言。傅大士為南朝梁時童子，當日一問二問三問，已全都有人了。諸位仁者怎麼樣呢？」當時有一位僧人出來禮拜，神晏說道：「高聲問。」那僧人說道：「學生向和尚諮詢。」神晏就把他喝了出去。又有一個僧人問道：「自己的本分之事未能明白，用什麼作為驗證？」神晏高聲說道：「好像沒有聽到。」那僧人就再問一遍，神晏說道：「一點隨流，食物都不重複。」

有僧人問道：「什麼是包容整個乾坤的句子？」神晏禪師說道：「走近來！」那僧人走近了，神晏喝道：「愚弄煞人！」僧人問道：「怎樣才能繼承？」神晏回答：「牢獄裡面沒有風，徒勞地展開了手掌。」僧人問道：「怎樣才是？」神晏說道：「錯了。」僧人又問道：「學生就這樣領悟的時候怎麼樣呢？」神晏反問道：「你怎樣來領悟呢？」法燈禪師另外回答：「不費力氣。」

有僧人問道：「什麼是學生正確站立的地方？」神晏禪師回答：「不跟從諸位聖人走。」法燈禪師另外回答：「你打算亂走。」

有僧人問道：「千山萬山，哪個是真正的山？」神晏禪師反問：「用真正的山做什麼？」法燈禪師說道：「千山萬山。」

神晏禪師與招慶和尚在路上相遇，招慶說道：「家常。」神晏說道：「貪得無厭。」招慶說道：「姑且從容。」神晏卻也說道：「家常。」招慶說道：「今天沒有火。」神晏說道：「太吝嗇了。」招慶說道：「穩便就取去。」東禪齊禪師拈出說道：「這兩位尊宿的話，可還有得失嗎？如果有，哪個人得，哪個人失？如果沒有得失，那眾人都沒有具備行腳之眼。」

有僧人問道：「怎樣才能避免生死輪迴？」神晏禪師說道：「把那生死拿來！」

有僧人問道：「什麼是宗門中的事？」神晏禪師就側過手掌施禮道：「吽！吽！」

有僧人問道：「什麼是向上一路的關鍵所在？」神晏禪師就打他。

有僧人問道：「什麼是鼓山真正的主人？」神晏禪師喝道：「眼瞎什麼！」

神晏禪師問保福從展禪師道：「古人說：『非不非，是不是。』是什麼意思？」從展拿起了茶杯，神晏說道：「沒有是非為好！」

有僧人問道：「什麼是真實的人體？」神晏反問：「現在是什麼體？」僧人問道：「究竟怎麼樣？」神晏說道：「怎能到這樣的地步！」

有僧人問道：「什麼是佛法大意？」神晏禪師回答：「金烏一點，萬里無雲。」

神晏禪師問一個僧人道：「鼓山有不跨石門的句子，你怎麼說？」那僧人說道：「請。」神晏就打他。

有僧人問道：「什麼是古人省心省力的地方？」神晏禪師反問：「你費什麼力？」

有僧人問道：「言語滿天下就沒有言句的過失，什麼是沒有言句的過失？」神晏禪師反問：「有什麼過失？」

有僧人問道：「什麼是省要之處？」神晏禪師反問：「你可自知羞恥嗎？」

神晏禪師與閩帥一起瞻仰佛像，閩帥問道：「這是什麼佛？」神晏禪師說道：「請大王察看。」閩帥說道：「察看就不是佛了。」神晏問道：「那是什麼？」閩帥不能應對。長慶慧稜和尚代為回答：「久聞大師是一個信徒，怎麼能造次？」

有僧人問道：「從上之宗乘，怎麼樣來舉唱？」神晏禪師拿起拂塵對著他嘴巴打去。

有僧人問道：「什麼是教外別傳的事？」神晏禪師喝道：「吃茶去！」接著又對眾僧說道：「今天我為了各位仁者，埋頭進入他諸聖人的教化門徑裡，擺脫不出來。所以對仁者說，教義排遣不到，祖師不西來，三世諸佛不能舉唱，十二分教載不起，凡人聖人都秉持，古今都不能相傳。倘若是一位漢子，也沒有通一個消息。對他這樣說，卻被他對面打了一耳光，可能責怪他嗎？雖然是這樣的，也不能亂打耳光。鼓山平日裡說過，還有一個人不跨石門，就必須有不跨石門的句子。什麼是不跨石門的句子？鼓山自從住持山門以來有三十餘年了，從五湖四海來的人，在高山頂上看山玩水，沒有看見一個人能敏捷領悟。現今可有人能領悟，也算不蒙昧兄弟了。珍重！」並作了一首偈頌指示眾僧道：「當下猶且難以領會，尋覓言句反而更疏少了。如若議論佛與祖師，更加遠隔天涯。」

閩帥對神晏禪師十分禮待敬重，經常來諮詢佛法禪要。

【說　明】鼓山神晏禪師認為：諸聖之興，「蓋為人心不等，巧開方便，受疾不同，處方會異」，所以經有經師，論有論師，律有律師，各有傳持，不宜貶黜諸家，獨尊禪宗。因為從本質上說，一切佛法均屬言教，都為遣除執著，故「禪道」也只是「止啼之說」。因此他提出這樣的觀點：「句不當機，言非展事，承言者喪，滯句者迷。」這是在否定言教真實性的同時，肯定佛教一切教化法門的合理性。神晏禪師的接引語錄稱《玄要廣集》，收錄於《古尊宿語錄》卷三七，有北宋初乾德三年釋紹文序。

漳州隆壽紹卿禪師

漳州隆壽興法大師紹卿，泉州人也，姓陳氏。幼於靈巖寺習經論，講業❶既就，而深慕禪那，乃問法于雪峰之室，服勤數載，從緣開悟。因侍經行，見芋葉動，雪峰指動葉視之，師對曰：「紹卿甚生怕怖。」雪峰曰：「是汝屋裡底，怕怖什麼？」師於是洗然❷省悟，頓息他遊。尋受請居龍溪焉。

僧問：「古人道：摩尼殿有四角，一角常露。如何是常露底角？」師舉拂子。

問：「糧不畜一粒，如何濟得萬人饑？」師曰：「俠客面前如奪劍，看君不是黠兒郎❸。」

問：「大拍❹盲底人來，師還接否？」師曰：「前後❺大應得此便也。」曰：

「莫便是接否？」師曰：「遮漢來遮裡插觜。」問：「耳目不到處如何？」師曰：「汝無此作。」曰：「恁麼即聞也。」師曰：「真箇聾漢。」

漳守王公欽尚祖風，為奏紫衣、師名。

【注　釋】❶講業　禪宗稱禪宗、律宗外的諸宗為講宗，以其多講說經義之故。❷洗然　肅靜貌。《資治通鑑》唐則天后長安二年：「(張)循憲召見，詢以事。(張)嘉貞為條析理分，莫不洗然。」胡三省注：「洗，與『灑』同。洗然，悚然也。」❸黠兒郎　聰明人。❹大拍　表示程度很深，猶「極」、「甚」，副詞。❺前後　估計時間之辭，相當於「不久」。

【語　譯】漳州（今屬福建）隆壽院興法大師紹卿，泉州（今屬福建）人，俗姓陳。他幼年時在靈巖寺學習佛教經論，講習之業已經完成後，深切嚮慕禪學，就去造訪雪峰和尚之室以問佛參禪，在雪峰和尚身邊殷勤服侍了數年，因為機緣已成熟而開悟。有一次，紹卿在侍從雪峰和尚行走時，看見芋頭的葉子在搖動，雪峰和尚就指著搖動的葉子讓紹卿看，紹卿應答說：「紹卿十分害怕。」雪峰和尚喝道：「是你屋裡的東西，害怕什麼？」紹卿於是悚然省悟，頓時消失了到其他地方去行腳的念頭。不久，紹卿接受迎請住持龍溪。

有僧人問道：「古人說過：摩尼殿有四個角，其中一個角長年顯露。什麼是長年顯露的角？」紹卿禪師舉起了拂塵。

有僧人問道：「糧食也不儲備一粒，怎麼能救濟千萬人的饑餓？」紹卿禪師回答：「如果在俠客面前搶奪寶劍，我看你不是一個聰明人。」

有僧人問道：「眼睛完全瞎了的人前來，和尚可接引嗎？」紹卿禪師回答：「不久後應該有人得到這個方便。」僧人問道：「莫非就接引嗎？」紹卿喝道：「這傢伙跑到這裡來插嘴。」

有僧人問道：「眼睛耳朵都沒有帶來時怎麼樣呢？」紹卿禪師說道：「你不做這樣的事情。」僧人說道：「這樣的話就是在聽了。」紹卿喝道：「真的是個聾子。」

漳州太守王公欽佩嚮慕紹卿禪師紹繼祖師之風範，為紹卿奏請天子賜予紫衣、大師稱號。

福州仙宗行瑫禪師

福州仙宗院仁慧大師行瑫，泉州人也，姓王氏。本州開元寺受業，預雪峰禪會，聲聞四遠。閩帥請轉法輪❶，玄徒奔至。

上堂曰：「我與釋迦同參❷，汝道參什麼人？」時一僧出禮拜，擬伸問，師曰：「錯！」

問：「如何是西來意？」師曰：「熊耳❸不曾藏。」

問：「直下❹事乞師方便。」師曰：「不因汝問，我亦不道。」

問：「如何是西來意？」師曰：「白日無閑人。」

【注釋】❶轉法輪　指向學僧演示禪法。❷同參　僧人之間的稱呼，有二意：一指同參謁侍從一位老師；二指互相參學研究。❸熊耳　即熊耳山，為達磨祖師之靈塔所在。❹直下　當下；當即。

【語譯】福州（今屬福建）仙宗院仁慧大師行瑫，泉州（今屬福建）人，俗姓王。行瑫在本州開元寺受業，參預雪峰和尚的禪會，聲名遠傳四方。閩帥請行瑫轉大法輪，演示禪法，學僧奔走而至。

行瑫禪師上堂問道：「我與釋迦牟尼是同參，你們說是參拜什麼人？」當時有一位僧人站出來禮拜，打算提問，行瑫喝道：「錯！」

有僧人問道：「什麼是達磨祖師西來的宗旨？」行瑫禪師回答：「熊耳山裡未曾埋藏。」

有僧人請道：「當下之事，請和尚方便接引。」行瑫禪師說道：「要不是你提問，我也不說。」

有僧人問道：「什麼是達磨祖師西來的意旨？」行瑫禪師回答：「白天裡沒有閒人。」

福州蓮華山永福從弇禪師

福州蓮華山永福院超證大師從弇。先住漳州報恩院。僧問：「儒門❶以五常❷為極則❸，未審宗門以何為極則？」師良久，僧曰：「恁麼即學人造次也。」師曰：「好與拄杖。」

問：「教云『唯有一乘法❹』。如何是一乘法？」師曰：「汝道我在遮裡作什麼？」曰：「恁麼即不知教意也。」師曰：「雖然如此，卻不孤負汝。」

問：「不向問處領，猶是學人問處。和尚如何？」師曰：「喫茶去！」

長慶常云：「盡法無民。」師曰：「永福即不然。若不盡法，又爭得民？」

時有僧曰：「請師盡法。」師曰：「我不要汝納稅。」

問：「諸餘❺即不問，聊徑處乞師垂慈。」師曰：「不快禮三拜！」

師上堂曰：「咄！咄！看箭。」便歸方丈。

問：「請師盡令。」師曰：「莫埋沒。」

問：「大眾雲集，請師說法。」師曰：「聞麼？」曰：「若更佇思❻，應難得及。」師曰：「實即得。」

問：「摩尼殿有四角，一角常露。如何是常露底角？」師曰：「不可更點❼。」

師上堂，於座邊立，謂眾曰：「二尊不並化。」便歸方丈。

【注釋】❶儒門　即儒家。❷五常　指仁、義、禮、智、信。西漢董仲舒〈舉賢良對策一〉：「夫仁、誼（義）、禮、知（智）、信五常之道，王者所當修飭也。」儒家用以配合「三綱」作為封建等級制度的道德準則。❸極則　最高準則。❹一乘法　成佛惟一的教法。❺諸餘　其他；別的。❻佇思　長時間地沉思。❼點　即「點檢」，意為查看、清點。

【語譯】福州（今屬福建）蓮華山永福院超證大師從弇。從弇起初住持漳州（今屬福建）報恩院。有僧人問道：「儒家把五常作為最高準則，不知道佛教禪門把什麼作為最高準則？」從弇沉默了很久，那僧人說道：「這樣的話是學生造次了。」從弇說道：「正好用拄杖揍你。」

有僧人問道：「教義上說『只有一乘法』。什麼是一乘法？」從弇禪師反問道：「你說我在這裡做什麼？」僧人便說道：「這樣說來就不知道教意了。」從弇說道：「雖然是這樣的，卻沒有辜負你。」

有僧人問道：「不在提問的地方領會，仍然是學生提問的地方。和尚怎麼樣呢？」從弇禪師喝道：「吃茶去！」

長慶慧稜和尚曾經說過：「完全依據佛法講論就沒有聽眾了。」從弇禪師便說道：「我永福就不是這樣的。如若不完全依據佛法講論，又怎能獲得聽眾？」當時有一位僧人說道：「請和尚完全依據佛法講論。」從弇說道：「我不需要你來納稅。」

有僧人問道：「別的就不問了，稍微直接之處請和尚發慈悲給予指示。」從弇禪師喝道：「還不趕快禮拜三次！」

從弇禪師上堂喝道：「咄！咄！看箭。」說完就回到了方丈室。

有僧人請道：「請和尚完全遵照律令。」從弇禪師說道：「不要埋沒了。」

有僧人請道：「僧眾已經雲集，請和尚講說佛法。」從弇禪師問道：「聽到了嗎？」僧人說道：「假使再要長時間地沉思，應該難以企及了。」從弇說道：「實際即能得到。」

有僧人問道：「摩尼殿有四個角，其中一個角長年顯露。什麼是長年顯露的角？」從弇禪師回答：「不可以再加查點。」

從弇禪師上堂，在禪座旁邊站立，對僧眾說道：「兩位尊者不同時化導。」說完就回方丈室去了。

杭州龍華寺靈照禪師

杭州龍華寺真覺大師靈照，高麗人也。萍遊❶閩、越，升雪峰之堂，冥符玄旨。居唯一衲，服勤眾務，閩中謂之「照布衲」。一夕，指半月，問溥上座：「那一片什麼處去也？」溥曰：「莫忘想。」師曰：「失卻一片也。」眾雖歎美，而恬澹自持。初止婺州齊雲山。

上堂良久，忽舒手視其眾曰：「乞取些子，乞取些子。」又曰：「一人傳虛，萬人傳實❷。」

僧問：「草童❸能歌舞，未審今時還有無？」師下座作舞，曰：「沙彌會麼？」僧曰：「不會。」師曰：「山僧蹋曲子❹也不會？」

問：「靈山會上法法相傳，未審齊雲將何付囑？」師曰：「不可為汝一人荒卻齊雲也。」曰：「莫便是親付囑也無？」師曰：「莫令大眾笑。」

問：「還丹❺一粒，點鐵成金。至理一言，點凡成聖。請師一點。」師曰：「還知齊雲點金成鐵麼？」曰：「點金成鐵，未之前聞。至理一言，敢希垂示。」師曰：「句下不薦，後悔難追。」

師次居越州鏡清院，海眾悅隨。一日，謂眾曰：「盡令去也。」僧曰：「請師盡令。」師曰：「吽！吽！」

問：「如何是學人本分事？」師曰：「鏡清不惜口。」問：「請師雕琢。」師曰：「八成。」曰：「為什麼不十成？」師曰：「還知鏡清生修理❻麼？」

師問僧：「什麼處來？」曰：「五峰來。」師曰：「來作什麼？」曰：「禮拜和尚。」師曰：「何不自禮？」曰：「禮了也。」師曰：「鏡湖水淺。」

問：「如何是第一句？」師曰：「莫錯下名言。」曰：「師豈無方便？」師曰：「烏頭❼養雀兒。」

問：「向上一路，千聖不傳。未審什麼人傳得？」師曰：「千聖也疑我。」曰：「莫便是傳也無？」師曰：「晉帝斬嵇康❽。」

問：「釋迦掩室於摩竭❾，淨名杜口於毗耶❿。此意如何？」師曰：「東廓下兩兩三三。」

師謂眾曰：「諸方以毗盧法身為極則，鏡清遮裡即不然。須知毗盧有師，法身有主。」問：「如何是毗盧師、法身主？」師曰：「二公爭敢論！」

問：「古人道見色便見心，此即是色，阿那箇是心？」師曰：「恁麼問，莫欺山僧麼？」問：「未剖以前，請師斷。」師曰：「落在什麼處？」曰：「恁麼即失口也。」師曰：「寒山⓫送溈山⓬。」又曰：「住！住！闍梨失口，山僧失口。」曰：「惡虎不食子⓭。」師曰：「驢頭出，馬頭迴。」

師驀問一僧：「記得麼？」曰：「記得。」師曰：「道什麼？」曰：「道什麼。」師曰：「淮南小兒入寺。」

問：「是什麼即俊鷹俊鷂趁不及？」師曰：「闍梨別問，山僧別答。」曰：

「請師別答。」師曰：「十里行人較一程⓮。」

問：「金屑雖貴，眼裡著不得時如何？」師曰：「著不得，還著得麼？」僧禮拜，師曰：「深沙神⓯。」

問：「菩提樹下度眾生，如何是菩提樹？」師曰：「大似苦楝樹⓰。」曰：「為什麼似苦楝樹？」師曰：「素非良馬，何勞鞭影？」

後湖守錢公卜杭之西關，創報慈院，延請開法，禪眾翕然依附。尋而錢王建龍華寺，迎金華傅大士靈骨、道具寘焉，命師住持。晉天福十二年丁未閏七月二十六日，終於本寺，壽七十八，塔于大慈山。

【注釋】❶萍遊　如浮萍一樣飄浮。喻僧人雲遊行腳。❷一人傳虛二句　原本沒有的事，因傳說的人多了，大家就信以為真。❸草童　草紮的童子。❹躅曲子　根據樂曲的節奏跳舞。❺還丹　相傳道士煉丹，使丹砂燒成水銀，積久又還成丹砂，此丹砂即名「還丹」。見《抱朴子・金丹》。傳說此還丹能點鐵成金，人服用後並能返老還童。❻修理　處置。❼烏頭　此指烏鴉。❽嵇康　三國魏人，字叔夜，譙郡（今安徽亳州）人，官中散大夫，世稱嵇中散。崇尚老、莊哲學，為「竹林七賢」之一，與阮籍齊名。因聲言「非湯、武而薄孔、周」，並不滿當時掌握朝政的司馬氏，而為司馬昭（後被追封為晉文帝）所殺。嵇康長於四言詩，善鼓琴，臨刑前彈〈廣陵散〉一曲，曲畢喟然長歎：以前有人要向我學〈廣陵散〉，我沒有教，現今此曲要絕傳了。❾釋迦掩室於摩竭　《肇論》：「釋迦掩室于摩竭，淨名杜口于毗耶。」掩室，指釋迦牟尼禪定的普光法堂。摩竭，指摩竭陀國。據《諸佛要集經》上：佛在摩竭陀國說法，以是時眾生不肯聽聞奉行，故於因沙石室坐夏九旬，不使一切人天入室。此間佛以神力變形詣東方普光國天王如來所，講說諸佛之要集法。❿毗耶　指毗耶離，國名，也稱毗舍離，在中印度恆河之南，維摩詰居士（即淨名居士）曾隱居於此地。⑪寒山　唐代詩僧，一稱寒山子，貞觀年間人，居浙江天台寒巖，好吟詩唱偈，與國清寺僧拾得為友。其詩語言通俗，存世三百餘首，後人輯為《寒山子詩集》三卷。⑫溈山　即溈山良价禪師。溈山，《五燈會元》卷七〈龍華靈照禪師〉章作「拾得」。⑬惡虎不食子　意同俗語「虎毒不食子」。⑭一程　一個時期；一段時間。⑮深沙神　語義不明，唐代僧人不空譯有《深沙大將儀軌》一卷，謂天上、虛空、下地之三使者，使成就一切所願。並各解說其印明，但未說其形相種子三形。⑯苦楝樹　落葉亞喬木，高一丈多，春天開淡紫色花，果實橢圓形。

【語　譯】杭州（今屬浙江）龍華寺真覺大師靈照（八七〇～九四七年），高麗國人。靈照雲遊行腳在福建、浙江一帶，而升登雪峰和尚的法堂，其法旨與自己的見解暗暗相符。靈照平時只穿一件衲衣，在寺院內做著各種雜務，閩中一帶的人都稱他為「照布衲」。有一天晚上，靈照指著天空中半圓的月亮問溥上座道：「那一半到什麼地方去了？」溥上座說道：「不要胡思亂想。」靈照說道：「丟掉一半啦。」眾人雖然感歎稱美，但靈照依舊恬澹自持。靈照起初止息於婺州（今浙江金華）齊雲山。

靈照禪師上堂，沉默了許久，忽然伸出手看著眾僧說道：「討一點兒，討一點兒。」接著又說道：「一人傳虛，萬人傳實。」

有僧人問道：「草童能唱歌跳舞，不知道現在還有沒有草童了？」靈照禪師就走下了禪座，作出跳舞的樣子，問道：「沙彌領會了嗎？」那僧人回答：「沒有領會。」靈照說道：「山僧踏著曲拍跳舞也不能領會？」

有僧人問道：「靈山大會上法法相傳，不知道齊雲和尚拿什麼囑咐？」靈照禪師說道：「不可以為了你一個人荒廢了整座齊雲山。」那僧人便又問道：「莫非那就是親自囑咐嗎？」靈照說道：「不可以使大眾發笑。」

有一個僧人說道：「一粒還丹，可以點鐵成金。一句至理名言，可以點撥凡人變成聖人。現在就請和尚點上一點。」靈照禪師問道：「可知道齊雲能點金成鐵嗎？」那僧人說道：「點金成鐵，以前從來沒有聽說過。一句至理名言，斗膽懇請和尚加以指示。」靈照說道：「在語句之下不能領會，後悔就來不及了。」

靈照禪師接下來住持越州（今浙江紹興）鏡清院，海內僧俗悅服隨從。有一天，靈照對眾人說道：「都讓他們去。」有僧人說道：「請和尚都讓他們去。」靈照就叫道：「咄！咄！」

有僧人問道：「什麼是學生本分之事？」靈照禪師說道：「鏡清不惜口舌。」僧人就請求道：「請和尚加以雕琢。」靈照說道：「只有八成。」僧人問道：「為什麼不是十成？」靈照反問道：「你可知道鏡清能活生生地處置嗎？」

靈照禪師問一個僧人道：「從什麼地方來的？」那僧人回答：「從五峰和尚那裡來。」靈照問道：「來做什麼？」僧人回答：「來禮拜和尚。」靈照再問道：「為什麼不禮拜自己？」僧人回答：「已經禮拜了。」靈照便說道：「鏡湖裡的水淺。」

有僧人問道：「什麼是第一句？」靈照禪師說道：「不要錯下了名言。」那僧人便問道：「和尚難道不靈活方便地接引人嗎？」靈照說道：「烏頭養雀兒。」

有僧人問道：「向上的一條路，千位聖人沒有傳授。不知道什麼人能夠傳授？」靈照禪師回答：「千位聖人也不相信我。」僧人問道：「莫非那就是傳授了？」靈照說道：「晉文帝殺嵇康。」

有僧人問道：「釋迦佛掩室於摩竭陀國，淨名居士杜口於毗耶離城。這是什麼意思？」靈照禪師回答：「東邊走廊下的人三三兩兩。」

靈照禪師對眾僧說道：「諸方都把毗盧佛的法身當作最高準則，鏡清這裡卻不是這樣的。要知道毗盧佛還有老師，法身還有主人。」有僧人問道：「什麼是毗盧佛的老師、法身的主人？」靈照說道：「那兩位貴人怎麼敢加以議論！」

有僧人問道：「古人說見色便見心，這就是色，哪個是心呢？」靈照說道：「這樣提問，不是欺負山僧嗎？」那僧人說道：「沒有剖開之前，請和尚決斷。」靈照問道：「失落在什麼地方？」僧人說道：「這樣的話是我失口了。」靈照說道：「寒山子送溈山。」接著又說道：「住口！住口！闍梨失口了，山僧失口了。」那僧人說道：「惡虎不食子。」靈照說道：「驢頭出去，馬頭回來。」

靈照禪師突然問一個僧人道：「記得嗎？」那僧人回答：「記得了。」靈照問道：「說什麼？」僧人回答：「說什麼。」靈照說道：「淮南的小孩進了寺院。」

有僧人問道：「什麼是迅疾的老鷹和鷂子也追不上？」靈照禪師回答：「闍梨另外提問，山僧另外回答。」那僧人就說道：「請和尚另外回答。」靈照說道：「十里遠的路程，行人還差了一段時間。」

有僧人問道：「金屑雖然貴重，眼睛裡置放不得的時候怎麼樣呢？」靈照禪師反問：「置放不得，還置放它做什麼？」那僧人便禮拜，靈照說道：「深沙神。」

有僧人問道：「菩提樹下普度眾生，什麼是菩提樹？」靈照禪師回答：「十分像苦楝樹。」僧人問道：「為什麼像苦楝樹？」靈照回答：「原本就不是良馬，又何必虛晃馬鞭呢？」

此後湖州（今屬浙江）太守錢公在杭州的西關擇地創建報慈院，延請靈照禪師開講禪法，禪眾翕然依附。不久，吳越國錢王創建了龍華寺，迎奉金華（今屬浙江）傅大士的靈骨、道具放置在寺裡，並命靈照禪師住持。五代後晉天福十二年丁未歲（九四七年）閏七月二十六日，靈照禪師在本寺內逝世，享年七十八歲，於大慈山上建造靈塔。

明州翠巖令參禪師

明州翠巖永明大師令參，湖州人也。自雪峰受記，止于翠巖，大張法席。

問：「不借三寸，請師道。」師曰：「茶堂裡貶剝❶去！」

問：「國師三喚侍者，意旨如何？」師曰：「抑逼❷人作麼？」

問：「諸餘即不問。」師默之，僧曰：「如何舉似於人？」師喚侍者：「點茶來。」

師上堂曰：「今夏與諸兄弟語論，看翠巖眉毛❸還在麼？」長慶聞舉云：「生也。」

問：「凡有言句，盡是點汙。如何是向上事？」師曰：「凡有言句，盡是點汙。」問：「如何是省要處？」師曰：「大眾笑汝。」

問：「坦然不滯鋒鋩時如何？」師云：「大有人作此見解。」曰：「畢竟如何？」師曰：「坦然不滯鋒鋩。」

問：「古人拈槌豎拂，意旨如何？」師曰：「邪法難扶。」

問：「僧繇為什麼寫誌公真不得？」師曰：「作麼生合殺！」

問：「險惡道中，以何為津梁？」師曰：「藥山再三叮囑。」

問：「不帶凡聖，當機何示？」師曰：「莫向人道翠巖靈利。」

問：「妙機言句，盡皆不當。宗乘中事如何？」師曰：「禮拜著。」曰：「學人不會。」師曰：「出家行腳，禮拜也不會？」

錢王嚮師道風，請居龍冊寺終焉。

【注釋】❶貶剝　強行除掉。❷抑逼　逼迫；迫使。也作「抑勒」。❸眉毛　禪師教育學僧少說為好，小心多說遭報應，稱之為「惜取眉毛」。

【語　譯】明州（今浙江寧波）翠巖永明大師令參，湖州（今屬浙江）人。令參自從在雪峰和尚那裡接受了印記後，就止息於翠巖，大力弘揚法席。

有僧人請道：「不借助三寸之舌，請和尚講說。」令參禪師喝道：「到茶堂裡貶剝去！」

有僧人問道：「慧忠國師三次招呼侍者，是什麼意思？」令參禪師說道：「逼迫別人做什麼？」

有一個僧人說道：「其他的即不問了。」令參禪師默然不語，那僧人再問道：「怎樣舉唱給人聽？」令參招呼侍者道：「泡茶來。」

令參禪師上堂說法道：「今年夏天我與諸位兄弟談論禪法，看看翠巖的眉毛可還在嗎？」長慶慧稜禪師聽說後說道：「生出來了。」

有僧人問道：「凡是有語句，都是點點汙染。那什麼才是向上的事呢？」令參禪師回答：「凡是有語句，都是點點汙染。」僧人又問道：「那什麼是省要的地方呢？」令參說道：「大眾在笑話你。」

有僧人問道：「坦然不滯留於鋒芒的時候怎麼樣呢？」令參禪師回答：「很多人都作這樣的見解。」僧人問道：「終究怎麼樣呢？」令參回答：「坦然不滯留於鋒芒。」

有僧人問道：「張僧繇為什麼不能畫出誌公的肖像？」令參禪師說道：「那麼就該殺！」

有僧人問道：「在險惡的道路中，用什麼來作為渡口、橋梁？」令參禪師說道：「藥山和尚再三叮囑過。」

有僧人問道：「不管凡人和聖人，正當機緣時怎樣來指點呢？」令參禪師回答：「不要向別人說翠巖聰明伶俐。」

有僧人問道：「巧妙的機鋒與語句，全都不恰當。那麼宗乘中的事情怎麼樣呢？」令參禪師回答：「禮拜著。」僧人說道：「學生沒有領會。」令參說道：「出家行腳，連禮拜也不會嗎？」

吳越國王錢氏嚮慕令參禪師的道骨風範，迎請他住持龍冊寺，並在那裡圓寂。

卷一九

青原行思禪師下六世三

前福州雪峰義存禪師法嗣下

福州安國院弘瑫禪師

福州安國院明真大師弘瑫，泉州人也，姓陳氏。幼絕葷茹，自誓出家，於龍華寺東禪始圓戒體，而造于雪峰。雪峰觀其少雋，堪為法器，乃導以本心，信入過量❶。復徧參禪苑，獲諸方三昧，卻迴雪峰。雪峰問：「什麼處來？」曰：「江西來。」雪峰曰：「什麼處見達磨？」曰：「分明向和尚道。」雪峰曰：「道什麼？」曰：「什麼處去來。」

一日，雪峰見師，忽搊住曰：「盡乾坤是箇解脫門，把手教伊入不肯入。」

曰：「和尚怪弘瑫不得。」雪峰曰：「雖然如此，爭奈背後許多師僧何！」

師因舉國師碑文云：「得之於心，伊蘭❷作旃檀❸之樹；失之於旨，甘露❹乃蒺藜之園❺。」拈問僧曰：「一語須具得失兩意，汝作麼生道？」僧舉拳曰：「不可喚作拳頭也。」師不肯，亦舉拳別云：「只為喚遮箇作拳頭。」

師受請止囷山，毳徒臻集。後閩帥嚮師道德，命居安國寺，大闡玄風，徒餘八百矣。

僧問：「如何是西來意？」師曰：「是即是，莫錯會。」

問：「如何是第一句？」師曰：「問，問。」問：「學人上來❻未盡其機，請師盡機。」師良久，僧禮拜。師曰：「忽到別處，人問，汝作麼生舉？」曰：「終不敢錯舉。」師曰：「未出門已見笑具❼。」

問：「如何是達磨傳底心？」師曰：「素非後躅❽。」

問：「如何是宗乘中事？」師曰：「不可為老兄散卻眾也。」

問：「不落有無之機，請師全道。」師曰：「汝試斷看。」

問：「如何是一毛頭事？」師拈起袈裟，僧曰：「乞師指示。」師曰：「抱璞❾不須頻下淚，來朝更獻楚王看。」

問：「寂寂無言時如何？」師曰：「更進一步。」

問：「凡有言句，皆落因緣方便。不落因緣方便事如何？」師曰：「桔槔⑩之士頻逢，抱甕之流罕遇。」

問：「向上一路，千聖不傳。未審和尚如何傳？」師曰：「且留口喫飯著。」

問：「如何是高尚底人？」師曰：「河濱無洗耳之叟⑪，磻溪絕垂鈎之人⑫。」

問：「十二時中，如何救得生死？」師曰：「執鉢不須窺眾樂，履冰何得步參差⑬？」

問：「學人擬問宗乘，師還許也無？」師曰：「但問。」僧擬問，師乃喝出。

問：「目前生死，如何免得？」師曰：「把將生死來。」

問：「知有底人為什麼道不得？」師曰：「汝爺名什麼⑭？」

問：「如何是活人之劍⑮？」師曰：「不敢瞎卻汝。」曰：「如何是殺人之刀？」師曰：「只遮箇是。」

問：「不犯鋒鋩，如何知音？」師曰：「驢年去！」

問：「苦澀處乞師一言。」師曰：「可殺沉吟。」曰：「為什麼如此？」師曰：「也須相悉好！」

問：「常居正位底人，還消得人天供養否？」師曰：「消不得。」曰：「為什麼消不得？」師曰：「是什麼心行？」曰：「什麼人消得？」師曰：「著衣喫飯底消得。」

師舉：「稜和尚住招慶時，在法堂東角立，謂僧曰：『遮裡好致一問。』僧便問：『和尚為何不居正位？』稜曰：『為汝恁麼來。』曰：『即今作麼生？』稜曰：『用汝眼作麼？』」師舉畢，乃曰：「他家恁麼問，別是箇道理。如今作麼生道？」後安國曰：「恁麼即大眾一時散去得也。」師亦自代曰：「恁麼即大眾一時禮拜。」

【注釋】❶信人過量　比喻學僧未能契悟。❷伊蘭　樹名，花頗可愛，但氣味甚惡臭，四十里外可聞。佛教經論中多以伊蘭比喻煩惱，以旃檀之妙香比喻菩提。❸旃檀　香木名，出自南印度摩羅耶山，其山形似牛頭，故名牛頭旃檀，可入藥治病。❹甘露　即「甘露界」，喻涅槃界。❺蒺蔾之園　「蔾」一般寫作「藜」。謂寺院中如遵佛法，三寶清淨，則供養於此者，可得無量之福果，是為良福田。若寺院中非法聚會，眾僧不依法，則不生福利，是為蒺藜園。《行事鈔》下：「經云：眾僧良福田，亦是蒺藜園。斯言實矣。」❻上來　以上；上面。❼笑具　笑料。❽後躅　躑躅不前的樣子。❾抱璞　指先秦時卞和懷抱玉璞哭於楚山之下的故事。❿桔槔　《莊子・天地》：「子貢南遊于楚，反于晉，過漢陰，見一丈人方將為圃畦，鑿隧而入井，抱甕而出灌，搰搰然用力甚多而見功寡。子貢曰：『有械于此，一日浸百畦，用力甚寡而見功多，夫子不欲為乎？』為圃者仰而視之曰：『奈何？』曰：『鑿木為械，後重前輕，挈水若抽，數如泆（通溢）湯，其名為槔（即桔槔，一種利用槓桿作用提水的工具）。』為圃者忿然作色而笑曰：『吾聞之吾師，有機械者必有機事，有機事者必有機心。機心存于胸中，則純白不備；純白不備，則神生不定；神生不定者，道之所不載也。吾非不知，羞而不為也。』」此以「桔槔之士」喻有機心者，以「抱甕之流」喻心地純正淳樸者。⓫洗耳之叟　上古賢士許由聽到堯帝說把天下讓給他，惡聞其言，便洗耳於潁水之濱。後以「洗耳」比喻不願聽或不願過問世事。⓬垂釣之人　據《史記》載：商末姜太公年老，在渭水之濱磻溪垂絲釣魚，幸遇周文王而得以重用。後以作為隱士得知遇之典故。⓭參差　事情乖違，不如人意，意近「蹉跎」、「錯失」。⓮汝爺名什麼　古代禮俗，為子孫者避父祖的名諱，不能口言筆書。⓯活人之劍　禪家以殺人之刀喻破人們妄想執著的智慧寶刀，並以活人之劍喻使沉空滯寂者起死回生而真性復活的智慧神劍。

【語　譯】福州（今屬福建）安國院明真大師弘瑫，泉州（今屬福建）人，俗姓陳。弘瑫幼年時就斷絕葷腥食物，自己立誓出家，在龍華寺東禪院內接受具足戒，然後造訪雪峰和尚。雪峰和尚看到他年齡尚輕，但雋特出眾，可以成為法器，就用本心來引導他，但超出了弘瑫的信人程度。於是弘瑫就到各地遍參禪席，獲得了諸方禪德的三昧，再回到了雪峰山。雪峰和尚問道：「從什麼地方來的？」弘瑫回答：「從江西來。」雪峰和尚又問道：「什麼地方遇見了達磨祖師？」弘瑫回答：「清楚地對和尚說了。」雪峰和尚問道：「說了什麼？」弘瑫回答：「從什麼地方來的。」

有一天，雪峰和尚看見弘瑫禪師，忽然揪住他說道：「整個乾坤就是一個解脫之法門，抓住他的手叫他進去都不肯進去。」弘瑫說道：「和尚卻不能責怪弘瑫。」雪峰和尚說道：「雖然是這樣的，怎奈背後的許多師僧呢！」

弘瑫禪師舉說國師的碑文道：「得之於本心，伊蘭變成了旃檀之樹；失之於宗旨，甘露界變成了蒺藜之園。」接著問一個僧人道：「一句話必須具備得與失兩種意思時，你怎樣說？」那僧人舉起了拳頭說道：「不可以把它叫作拳頭。」弘瑫不同意，也舉起了拳頭另外回答道：「只因為把這個叫作拳頭。」

弘瑫禪師接受僧俗的邀請止息於困山，僧眾自四方奔走雲聚於此。後來，閩帥嚮慕弘瑫禪師的道德風範，迎請弘瑫住持安國寺，大闡宗風，徒眾多達八百人。

有僧人問道：「什麼是祖師西來的意旨？」弘瑫禪師說道：「是就是，不要領會錯了。」

有僧人問道：「什麼是第一句？」弘瑫禪師說道：「問，問。」僧人請道：「學生上面沒有徹底了悟機鋒，請和尚把機鋒的意思全都說出來。」弘瑫沉默了許久，那僧人便禮拜。弘瑫問道：「如果忽然到了其他地方，別人問你，你怎麼來舉說呢？」那僧人回答：「終究不敢錯舉。」弘瑫說道：「還沒有出門就已經看見笑料了。」

有僧人問道：「什麼是達磨祖師所傳之心？」弘瑫禪師回答：「向來就不是躑躅不前。」

有僧人問道：「什麼是宗乘中的事？」弘瑫禪師說道：「不可以為了老兄而使僧眾離散。」

有僧人問道：「不陷入有和無的機緣，請和尚全部說出。」弘瑫禪師說道：「你試著判斷一下。」

有僧人問道：「什麼是一根毫毛尖端上的事情？」弘瑫禪師拈起了袈裟，那僧人說道：「乞請和尚指點。」弘瑫說道：「懷抱著玉璞不必頻頻掉下眼淚，等到明天再去獻給楚王看。」

有僧人問道：「寂寞無言的時候怎麼樣呢？」弘瑫禪師說道：「再進一步。」

有僧人問道：「凡是有言語句子，都陷入因緣方便之中。不陷入因緣方便之中的事情怎麼樣呢？」弘瑫禪師回答：「桔槔之士經常能碰到，抱甕之人卻難以遇見。」

有僧人問道：「向上的一路，千位聖人都不傳授。不知道和尚怎樣傳授？」弘瑫禪師回答：「還是留著嘴巴吃飯吧。」

有僧人問道：「什麼是高尚的人？」弘瑫禪師回答：「潁水之濱沒有洗耳之叟，磻溪岸邊也沒有垂釣之人。」

有僧人問道：「在一天十二個時辰中，怎樣才能擺脫生死輪迴？」弘瑫禪師回答：「手裡拿著飯鉢，不必去窺視眾生的歡樂，腳下踩著薄冰，怎能步履參差？」

有僧人問道：「學生準備詢問宗乘妙旨，和尚是否還許可呢？」弘瑫禪師說道：「你只管問。」那僧人準備提問，弘瑫卻把他喝了出去。

有僧人問道：「眼前的生死輪迴，怎樣才能避免？」弘瑫禪師說道：「把那生死帶過來。」

有僧人問道：「知道『有』的人為什麼不能說？」弘瑫禪師反問道：「你的父親名叫什麼？」

有僧人問道：「什麼是活人之劍？」弘瑫禪師回答：「不敢瞎了你的眼睛。」那僧人又問道：「什麼是殺人之刀？」弘瑫回答：「只這個就是。」

有僧人問道：「不觸犯鋒芒，怎樣才能知曉機語的妙音？」弘瑫禪師喝道：「驢年馬月去！」

有僧人請道：「苦澀之處請和尚指示一句話。」弘瑫禪師說道：「太費沉吟啦。」僧人問道：「為什麼這樣呢？」弘瑫說道：「也應該相互知悉為好！」

有僧人問道：「長久居於正位的人，可還能消受人天的供養嗎？」弘瑫禪師回答：「不能消受。」僧人問道：「為什麼不能消受？」弘瑫反問：「是什麼心行？」僧人又問道：「什麼人能夠消受呢？」弘瑫回答：「穿衣吃飯的人能夠消受。」

弘瑫禪師舉例說：「慧稜和尚住持昭慶寺的時候，在法堂東邊角上站立，對僧人說道：『這裡好向他提一個問題。』那僧人就問道：『和尚為什麼不居正位？』慧稜和尚回答：『為了你這樣來。』僧人又問道：『現在怎麼樣呢？』慧稜和尚反問：『用你的眼睛怎麼樣？』」弘瑫舉說完畢，便說道：「他這樣問，另外有個道理。現在怎麼說呢？」後安國禪師回答：「這樣的話，則大眾可以一起散去了。」弘瑫也自己代為回答：「這樣的話則大眾一起禮拜。」

【說　明】安國弘瑫禪師晚年至浙江，吳越王贈署其為明真大師。

襄州雲蓋山歸本禪師

襄州雲蓋山雙泉院歸本禪師，亦曰「西雙泉」，以隨州有「東雙泉」故也。京兆府人也。幼出家，十六納戒，念《法華經》。初禮雪峰，雪峰下禪牀，跨背而坐，師於是省覺。

僧問：「如何是雙泉？」師曰：「可惜一雙眉。」曰：「學人不會。」師曰：「不曾煩禹❶力，湍流事不知。」

問：「如何是西來的的意？」師乃搊住，其僧變色。師曰：「我遮裡無遮箇。」

師手指纖長，特異于人，號「手相大師」。

【注釋】❶禹 傳說中古代部落聯盟領袖，亦稱大禹、夏禹，奉舜帝命治理洪水，使九河歸流大海。其子夏啟建立中國歷史上第一個王權國家夏代。

【語譯】襄州（今湖北襄樊）雲蓋山雙泉院歸本禪師，也稱「西雙泉」，因為隨州（今屬湖北）有「東雙泉」的緣故。京兆府（今陝西西安）人。歸本幼年出家，十六歲時接受具足戒，以念《法華經》為日課。歸本初次禮拜雪峰和尚時，雪峰和尚走下禪牀，跨上他的背脊坐著，歸本因此有所省悟。

有僧人問道：「什麼是雙泉？」歸本禪師說道：「可惜一雙眉毛。」僧人說道：「學生沒有領會。」歸本說道：「不曾勞煩大禹的神力，人們已不知道還有河流湍急之事了。」

有僧人問道：「什麼是祖師西來確切的意旨？」歸本禪師就一把抓住他，那僧人驚得變了臉色。歸本禪師說道：「我這裡沒有這個。」

歸本禪師手指細長，特別與人不同，故號稱「手相大師」。

韶州林泉和尚

韶州林泉和尚。先住巘山。僧問：「如何是塵？」師曰：「不覺成丘山。」

師謁白雲慈光大師，辭出，白雲門送，扶師下堦曰：「款款莫教蹉倒❶。」師曰：「忽然蹉倒又作麼生？」白雲曰：「更不用扶也。」師大笑而退。

【注　釋】❶蹉倒　跌倒。《一切經音義》引《字書》：「及地曰蹉。」

【語　譯】韶州（今廣東韶關）林泉和尚。最初住持巘山。有僧人問道：「什麼是塵？」林泉和尚回答：「不知不覺堆成了山丘。」

林泉和尚謁見白雲慈光大師，告辭出門時，白雲大師送出門外，攙扶著林泉和尚走下臺階，說道：「慢慢地不要跌倒了。」林泉和尚問道：「忽然跌倒了又怎麼辦呢？」白雲大師說道：「不用再攙扶了。」林泉和尚大笑告退。

洛京南院和尚

洛京南院和尚。問：「如何是法法不生？」師曰：「生也。」

有儒士博覽古今，時人呼為「張百會❶」。一日來謁師，師曰：「莫是張百會麼？」曰：「不敢。」師以手於空畫一畫，曰：「會麼？」曰：「不會。」師曰：「『一』尚不會，什麼處得『百會』來？」

【注　釋】❶百會　什麼都懂。

【語　譯】洛京（今河南洛陽）南院和尚。有僧人問道：「什麼是法法不生？」南院和尚回答：「生了。」

有一位儒士博覽古今書籍，當時人們稱呼他為「張百會」。有一天，張百會來謁見南院和尚，南院和尚問道：「莫不是張百會嗎？」張百會回答：「不敢。」南院和尚就用手在空中畫了一畫，問道：「領會了嗎？」張百會回答：「沒有領會。」南院和尚便說道：「『一』字尚且認不得，什麼地方獲得這『百會』的稱呼？」

越州洞巖可休禪師

越州洞巖可休禪師。問：「如何是洞巖正主？」師曰：「開著。」

問：「如何是和尚親切為人處？」師曰：「大海不宿屍。」

問：「如何是向上一路？」師舉衣領示之。問：「學人遠來，請師方便。」

師曰：「方便了也。」

【語譯】越州（今浙江紹興）洞巖可休禪師。有僧人問道：「什麼是洞巖的正主？」可休回答：「開著。」有僧人問道：「什麼是和尚親切接引人的地方？」可休禪師回答：「大海不留死屍過夜。」有僧人問道：「什麼是向上的一路？」可休禪師舉起僧衣的領子示意。那僧人又說道：「學生從遠方來投，請和尚方便接引。」可休回答：「已方便接引了。」

定州法海院行周禪師

定州法海院行周禪師。問：「風恬[1]浪靜時如何？」師曰：「吹倒南牆。」

問：「如何是道中寶？」師曰：「不露光。」曰：「莫便是否？」師曰：「是即露也。」

【注釋】❶恬　安；靜。

【語譯】定州（今屬河北）法海院行周禪師。有僧人問道：「風平浪靜時怎麼樣呢？」行周回答：「吹倒了南牆。」

有僧人問道：「什麼是道中之寶？」行周禪師回答：「不露光。」僧人便問道：「莫非這就是嗎？」行周回答：「如果是的話，那就是露光了。」

杭州龍井通禪師

杭州龍井❶通禪師。處棲上座問：「如何是龍井龍？」師曰：「意氣❷天然別，神筆畫不成。」曰：「為什麼畫不成？」師曰：「出群❸不戴角，不與類中同。」曰：「還解行雨❹也無？」師曰：「普潤無邊際❺，處處皆結粒❻。」曰：「還有宗門中事也無？」師曰：「有。」曰：「如何是宗門中事？」師曰：「從來無形段❼，應物不曾虧。」

問：「如何是吹毛劍？」師曰：「拽出死屍著！」

【注釋】❶龍井　在浙江杭州鳳凰嶺，也名龍泉。其地產茶最佳，名龍井茶，有「雨前」、「明前」之區別，世人多珍貴之。❷意氣　意態、氣概。《史記・管晏列傳》：「擁大蓋，策駟馬，意氣揚揚，甚自得也。」❸出群　同「出眾」。❹行雨　傳說龍掌管著世間降雨之事。❺無邊際　此指世界。❻結粒　此指莊稼成熟結穗豐收。❼形段　形體；形狀。

【語譯】杭州（今屬浙江）龍井通禪師。處棲上座問道：「什麼是龍井之龍？」通禪師回答：「意態氣概天然有區別，神工之筆也畫不出來。」處棲問道：「為什麼畫不出來？」通禪師回答：「出眾不是因為頭上帶角，不與同類相同。」處棲又問道：「可知道行雨之事嗎？」通禪師回答：「普遍滋潤無邊世界，到處都莊稼豐收。」處棲再問道：「可否有宗門中的事情嗎？」通禪師回答：「有。」處棲問道：「什麼是宗門中的事情？」通禪師回答：「從來就沒有形段，接應事物卻不曾有虧欠。」

有僧人問道：「什麼是吹毛立斷的寶劍？」通禪師喝道：「拖出這個死屍！」

漳州保福從展禪師

漳州保福院❶從展禪師，福州人也，姓陳氏。年十五，禮雪峰為受業師。十八，本州大中寺具戒。遊吳、楚❷間，後歸執侍。雪峰一日忽召曰：「還會麼？」師欲近前，雪峰以杖拄之，師當下知歸❸，作禮而退。又常以古今方便詢于長慶稜和尚，稜深許之。長慶稜和尚有時云：「寧說阿羅漢有三毒❹，不說如來有二種語❺。不道如來無語，只是無二種語。」師曰：「作麼生是如來語？」曰：「聾人爭得聞！」師曰：「情知和尚向第二頭❻道。」長慶卻問：「作麼生是如來語？」

師曰：「喫茶去！」雲居錫云：「什麼處是長慶向第二頭道處？」因舉：「盤山云：光境俱亡，復是何物？洞山云：光境未亡，復是何物？」師曰：「據此二尊者商量，猶未得勦絕。」乃問長慶：「如今作麼生道得勦絕？」長慶良久，師曰：「情知和尚向山鬼窟裡作活計。」長慶卻問：「作麼生？」師曰：「兩手將犁水過膝。」

一日，長慶問：「見色便見心，還見船子麼？」師曰：「見。」曰：「船子且置，作麼生是心？」師卻指船子。歸宗柔別云：「和尚只解問人。」

雪峰謂眾曰：「諸上座，到望州亭⑦與上座相見了，到烏石嶺與上座相見了，到僧堂前與上座相見了。」師舉問鵝湖曰：「僧堂前相見即且置，只如望州亭、烏石嶺什麼處是相見？」鵝湖驟步入方丈，師歸僧堂。東禪齊云：「此二尊宿會古⑧是相見不相見？試斷看。」

梁貞明四年丁丑歲⑨，漳州刺史王公欽承道譽，創保福禪苑，迎請居之。開堂日，王公禮跪三請，躬自扶掖⑩升堂。師曰：「須起箇笑端⑪作麼？然雖如此，再三不容推免。諸仁者還識麼？若識得便與古佛齊肩⑫。」時有僧出，方禮拜，師曰：「晴乾不肯去，要待雨淋頭。」僧乃申問曰：「郡守崇建精舍，大闡真風，便請和尚舉揚宗教。」師曰：「還會麼？」曰：「恁麼即群生有賴也。」師曰：

「莫把那不淨[13]塗汙人好！」僧出禮拜，師曰：「大德好與，莫覆卻船子。」

問：「泯默將何為則？」師曰：「落在什麼處？」曰：「不會。」師曰：「瞌睡漢出去！」

師見一僧，乃以杖子打露柱，又打其僧頭。僧作痛聲，師曰：「那箇為什麼不痛？」僧無對。玄覺代云：「貪行拄杖。」

問：「摩騰[14]入漢，一藏分明。達磨西來，將何指示？」師曰：「上座行腳事作麼生？」曰：「不會。」師曰：「不會會取好，莫傍家取人處分。若是久在叢林，粗委此子[15]，遠近可以隨處任真。其有初心後學，未知次序，山僧所以不惜口業，向汝道塵劫來事，只在如今。還會麼？然佛法付囑，國王、大臣、郡守昔同佛會，今方如是。若是福祿榮貴則且不論，只如當時受佛付囑底事還記得麼？若識得，便與千聖齊肩。儻未識得，直須諦信此事不從人得，自己亦非。言多去道轉遠。直道言語道斷，心行處滅，猶未是在。久立，珍重！」

異日上堂，大眾雲集。師曰：「有人從佛殿後過，見是張三、李四[16]。從佛殿前過，為什麼不見？且道佛法利害在什麼處？」僧曰：「為有一分麤境[17]，所以不見。」師乃叱之，自代曰：「若是佛殿即不見。」僧曰：「不是佛殿還可見否？」師曰：「不是佛殿，見什麼？」

問：「十二時中，如何據驗？」師曰：「恰好據驗。」曰：「學人為什麼不見？」師曰：「不可更捏目[18]去也。」

問：「主伴重重[19]，極十方而齊唱。如何是極十方而齊唱？」師曰：「汝何不教別人問？」

問：「因言辯意時如何？」師曰：「因什麼言？」僧低頭良久，師曰：「擊電之機，徒勞佇思。」

問：「欲入無為海，須乘般若船。如何是般若船？」師曰：「便請。」曰：「便恁麼進去時如何？」師曰：「也是涅槃堂裡漢！」

師見僧喫飯，乃托鉢曰：「家常。」僧曰：「和尚是什麼心行？」

有尼到參，師曰：「阿誰？」侍者報曰：「覺師姑[20]。」師曰：「既是覺師姑，用來作麼？」尼曰：「仁義道中即不無。」師自別云：「和尚是什麼心行？」

玄覺因舉：法眼見僧擔土，乃以一塊土放擔上云：「吾助汝。」僧云：「謝和尚慈悲。」法眼不肯。有一僧別云：「和尚是什麼心行？」法眼便休。玄覺徵云：「此三則語一般，別有道理？什麼處是心行處？」

閩帥遣使送朱記[21]到，師上堂曰：「去即印住，住即印破。」僧曰：「不去不住，用印奚為？」師乃打之。僧曰：「恁麼即山鬼窟裡全因今日也。」師默而已。玄覺云：「什麼處是山鬼窟？叢林中道住在不去不住處便是山鬼窟，所以打破。如此商量，正是鬼窟。且道保福打伊，意作麼生？」

師問僧：「什麼處來？」曰：「江西。」師曰：「學得底那？」曰：「拈不出。」師曰：「作麼生？」法眼別云：「謾語。」僧無對。

師舉洞山真讚云：「徒觀紙與墨，不是山中人。」僧問：「如何是山中人？」師曰：「汝試邈掠[22]看。」曰：「若不點兒，幾成邈掠。」師曰：「汝是點兒。」曰：「和尚是什麼心行？」師曰：「來言不豐。」

師見僧數錢，乃展手曰：「乞我一錢。」曰：「和尚因何到恁麼地？」師曰：「我到恁麼地。」曰：「若到恁麼地，將取一文去。」師曰：「汝為何到恁麼地？」

師問僧：「什麼處來？」曰：「江西觀音。」師曰：「還見觀音麼？」曰：「見。」師曰：「左邊見，右邊見？」曰：「見時不歷左右。」法眼別云：「如和尚見。」

問：「如何是入火不燒，入水不溺？」師曰：「若是水火，即被燒溺。」

師問飯頭：「鑊闊多少？」曰：「和尚試量看。」師以手作量勢，曰：「和尚莫謾某甲。」師曰：「卻是汝謾我。」

問：「欲達無生路，應須識本源。如何是本源？」師良久，卻問侍者：「適來僧問什麼？」其僧再舉，師乃喝出，曰：「我不患聾。」

問：「學人近入叢林，乞師全示入路。」師曰：「若教全示，我卻禮拜汝。」

師見一僧，乃曰：「汝作什麼業來，得恁麼長大？」曰：「和尚短多少？」師蹲身作短勢，僧曰：「和尚莫謾人好！」師曰：「卻是汝謾我。」

師令侍者屈㉓隆壽長老云：「但獨自來，莫將侍者來。」壽曰：「不許將來，爭解離得？」師曰：「大殺恩愛。」壽無對。師自代曰：「更謝和尚上足傳示。」

師住保福僅一紀㉔，學眾常不下七百，其接機利物不可備錄。閩帥禮重，為奏命服㉕。唐天成三年戊子，示有微疾，僧入丈室問訊。師謂之曰：「吾與汝相識年深，有何方術㉖相救？」僧曰：「方術甚有，聞說和尚不解忌口。」法燈別云：「和尚解忌口麼？」又謂眾曰：「吾旬日來氣力困劣，別無他，只是時至。」僧問：「時既至矣，師去即是，住即是？」師曰：「道！」曰：「恁麼即某甲不敢造次。」師曰：「失錢遭罪。」言訖跏趺告寂，即三月二十一日也。

【注釋】❶保福院　在福建漳州，五代後梁刺史王某為從展禪師創建。北宋大盛，改稱禪寺。後屢經兵火，皆能興復。❷吳楚　指今江南、江西一帶。❸知歸　此指悟解佛法。歸，即歸命、歸依。❹三毒　又稱「三根」：一貪毒，二瞋毒，三痴毒。《智度論》：「有利益我者生貪欲，違逆我者生瞋恚，此結使不從智生、從狂惑生，故是名為痴。三毒為一切煩惱根本。」

❺二種語　即「二語」、「二舌」，指前後相違之語。《大集經》：「不可說佛有二語。」❻第二頭　喻玄妙禪法以外的義理，多餘、累贅的義理。❼望州亭　地名。❽古　即「古則」，謂古人所示之語句，為參禪者之法則。❾丁丑歲　貞明四年為戊寅歲，丁丑歲為貞明三年。是書記載有誤。❿扶掖　攙扶。⓫笑端　此指笑料。⓬齊肩　一樣高，形容程度相同。⓭不淨　指糞便。唐人王梵志詩：「飲酒是痴報，如人落糞坑。情知有不淨，豈合岸頭行？」⓮摩騰　即迦葉摩騰，又名攝摩騰，中天竺人，漢明帝遣使臣去天竺求佛法，遇之，於永平十年與竺法蘭等人同至洛陽，譯《四十二章經》等佛籍。漢地有佛法始此。⓯粗委些子　稍微知道一點兒。⓰張三李四　泛指某甲某乙。⓱麤境　即「塵境」。⓲捏目　即「捏目生花」之略，謂自己欺騙自己。⓳主伴重重　華嚴宗所談法界緣起之法，如以此為主，則以彼為伴；以彼為主，則以此為伴。如此主伴具足而萬有相即相入、重重無有窮盡。⓴師姑　為尼姑的尊稱。㉑朱記　唐代以後官印的一種，印文中有「朱記」的字樣。也稱用紅色顏料鈐印在紙帛上的印文。㉒邈掠　描摹。㉓屈　邀請；延請。唐人王梵志詩：「主人相屈至，客莫先入門。」㉔一紀　即十二年。㉕命服　古代官員按其等級所穿著的禮服。此指朝廷所賜高僧的紫衣。㉖方術　此指醫藥。

【語譯】漳州（今屬福建）保福院從展禪師（?～九二八年），福州（今屬福建）人，俗姓陳。從展十五歲時，禮拜雪峰和尚為受業之師。他十八歲時，在福州大中寺接受具足戒。此後從展行腳雲遊吳、楚一帶，後來又回到寺內執役侍奉雪峰和尚。有一天，雪峰和尚忽然招呼從展道：「可領會了嗎？」從展想走上前，雪峰和尚用拄杖抵住他，從展當即就悟解了，施禮後退下。從展又曾經向長慶慧稜和尚談論古今高僧方便接應學僧的方法，慧稜和尚對他的意見十分贊同。長慶慧稜和尚有一次說道：「寧可說阿羅漢有三毒，不說如來有二種語。但並不是說如來沒有話語，只是沒有二種語。」從展問道：「什麼是如來的語話？」慧稜和尚說道：「聾子怎麼能聽到！」從展便說道：「就知道和尚是在向第二頭講說。」慧稜和尚反問道：「什麼是如來的語話？」從展喝道：「吃茶去！」雲居清錫禪師說道：「什麼地方是長慶和尚向第二頭講說之處？」

從展禪師因為舉說：「盤山和尚說：光芒和境界都消亡了，還有什麼東西？洞山和尚反問：光芒和境界沒有消亡，還有什麼東西？」接著說道：「根據這二位尊宿的講解之語，仍然不能剷滅斷絕。」並向長慶慧稜和尚問道：「如今怎麼說才能剷滅斷絕呢？」長慶和尚沉默了許久，從展說道：「就知道和尚是向山鬼窟裡作活計。」長慶和尚反問：「怎麼樣呢？」從展回答：「兩手扶著犁而水流漫過了膝蓋。」

有一天，長慶慧稜和尚問道：「見色便見心，可看見小船了嗎？」從展禪師回答：「見了。」長慶和尚問道：「小船暫且放在一邊，那什麼是心？」從展卻用手指著小船。歸宗柔禪師另外回答：「和尚只知道問別人。」

雪峰和尚告訴眾僧道：「諸位上座，到望州亭與上座相見了，到烏石嶺與上座相見了，到僧堂前與上座相見了。」從展禪師便舉出問鵝湖智孚禪師道：「僧堂前相見就暫且放在一邊，只是如望江亭、烏石嶺的相見處在什麼地方？」鵝湖智孚禪師快步步入方丈室，從展也回到了僧堂。東禪齊禪師說道：「這兩位尊宿舉說古則是看見了古人之意了，還是沒有看見？試著判斷一下。」

後梁貞明四年戊寅歲（九一八年），漳州刺史王公親承從展禪師的道德風範，創建保福禪苑，迎請從展住持。從展開堂講法之日，王公多次行使跪拜之禮請求，並親自攙扶從展升登法堂。從展說道：「要搞一個笑端做什麼？但雖然如此，再三禮請也不容推辭。各位仁者可認識了嗎？如果能認識，就與古佛齊肩並驅了。」當時有一位僧人站出來，剛施行禮拜，從展就說道：「晴天乾燥的時候不願意走，一直等到大雨當頭淋澆。」那僧人便請問道：「郡守崇敬地創建精舍，大力闡揚宗風，還請和尚舉揚宗法教義。」從展問道：「可領會了嗎？」那僧人說道：「這樣的話則眾生就有依靠了。」從展說道：「不要把那不淨之物汙染別人為好！」又有一位僧人站出來禮拜，從展說道：「大德好啊！不要弄翻了船。」那僧人便問道：「寂然無言的時候，把什麼作為準則？」從展反問：「落在了什麼地方？」那僧人說道：「不能領會。」從展喝道：「瞌睡蟲出去！」

從展禪師看見了一個僧人，就用拄杖先敲打露柱，再打那僧人的頭。那僧人口中發出了疼痛的叫聲，從展問道：「那一個為什麼不叫痛？」那僧人無語應對。玄覺禪師代為回答：「貪行拄杖。」

有僧人問道：「迦葉摩騰來到漢地，一藏經書才得以分明。菩提達磨西來中土，拿什麼來指示呢？」從展禪師反問：「上座行腳的事怎麼樣呢？」那僧人說道：「沒有領會。」從展便說道：「以不領會的領會為好，不要到處去行腳接受別人的處分。如果是久處叢林的人，稍微知道一點兒，遠近都可以隨時隨地一任天然。那初學佛參禪的人，不知道次序，所以山僧不惜造口業，向你們講說塵劫以來之事，就在現在。可領會了嗎？但是佛法的囑咐，國王、大臣、郡守過去在同一個佛會上，現在也是這樣的。如果是福祿榮貴就暫且不討論了，只是如當時接受佛囑咐的事可還記得嗎？如果能認識，就與千位聖人齊肩並驅。假如不能認識，就必須確信這件事不是從他人那裡得到的，自己也不是。言語多了，就反而會離開大道更遠。直到言語之路斷絕，心行之處消滅，仍然不對。諸位站立已久，珍重！」

又有一天，從展禪師上堂，僧眾會聚。從展說道：「有人從佛殿後面經過，看見是張三李四。從佛殿之前經過，為什麼看不見？姑且說說佛法的利害在什麼地方？」有僧人說道：「因為有一分塵境，所以看不見。」從展便叱責他，然後自己代為回答道：「如果是佛殿，就不能看見。」那僧人問道：「不是佛殿還能看見嗎？」從展喝道：「不是佛殿，那看什麼？」

有僧人問道：「在一天十二個時辰中，應該怎樣來驗證？」從展禪師回答：「正好驗證。」僧人問道：「學生為什麼看不見？」從展說道：「不可以再捏著眼睛生花來欺騙自己了。」

有僧人問道：「主伴重重，窮盡十方世界而一齊舉唱。什麼是窮盡十方世界而一齊舉唱？」從展禪師反問：「你為什麼不讓別人問？」

有僧人問道：「憑藉言語來辨別意旨的時候怎麼樣呢？」從展禪師反問道：「憑藉什麼言語？」那僧人低頭沉默了許久，從展說道：「像雷擊電閃一樣迅疾的機鋒，久久地思量是徒勞的。」

有僧人問道：「想進入無為之海，必須乘坐般若智慧之船。什麼是般若智慧之船？」從展禪師回答：「就請乘坐。」那僧人問道：「就這樣進入的時候怎麼樣呢？」從展喝道：「也是個涅槃堂裡的傢伙！」

從展禪師看見僧人吃飯，就托著鉢說道：「家常。」有一個僧人說道：「和尚這是什麼心行？」

有尼姑前來參拜，從展禪師問道：「是誰？」侍者稟報說：「是覺師姑。」從展說道：「既然是覺師姑，又來作什麼？」覺師姑說道：「佛道之中並不是沒有仁義。」從展自己另外回答：「和尚是什麼心行？」玄覺禪師因為舉說：法眼和尚看見僧人在挑土，就把一塊泥土放入擔中，說道：「我來幫你。」那僧人說道：「謝謝和尚大發慈悲。」法眼和尚沒有許可。有一個僧人另外回答：「和尚是什麼心行？」法眼和尚就作罷了。玄覺因此詢問道：「這三則話頭都是一樣的，還是另外有道理？什麼地方是心行之處？」

閩帥派使者送來了朱記，從展禪師上堂說道：「離去就把記文留下，住下來就把印文撕破。」有僧人便問道：「不離去不住下，又用印文做什麼？」從展就打他。那僧人說道：「這樣的話，則山鬼窟裡的事情都是因為今日的緣故了。」從展沉默而已。玄覺禪師說道：「什麼地方是山鬼窟？叢林中把住在不離去不住下的地方叫做山鬼窟，所以要打破。這樣的講說，正是山鬼窟。就說說保福和尚打他，是什麼意思？」

從展禪師問一個僧人道：「從什麼地方來的？」那僧人回答：「從江西而來。」從展問道：「學到了什麼？」僧人回答：「拿不出來。」從展問道：「怎麼了？」法眼和尚另外回答：「騙人的鬼話。」那僧人不能應答。

從展禪師舉說洞山和尚肖像畫上的題詞道：「光是觀看紙張與墨色，不是山中之人。」有僧人便問道：「什麼是山中之人？」從展說道：「你試著描摹一下。」那僧人說道：「如果不是聰明人，幾乎就被描摹了。」從展便說道：「你是聰明人。」僧人說道：「和尚是什麼心行？」從展說道：「來言並不多。」

從展禪師看見一個僧人正在數錢，就伸開手來說道：「求你給我一文錢。」那僧人問道：「和尚為了什麼淪落到這種地步？」從展回答：「我就是淪落到這種地步。」那僧人說道：「如果是這樣的，就拿一文錢去吧。」從展問道：「你為了什麼淪落到這種地步？」

從展禪師問一個僧人道：「從什麼地方而來？」那僧人回答：「從江西觀音寺來。」從展問道：「可看見觀音菩薩了嗎？」僧人回答：「看見了。」從展問道：「左邊看見的，還是右邊看見的？」僧人回答：「看見的時候沒有經過左右。」法眼和尚另外回答：「如同和尚看見的一樣。」

有僧人問道：「什麼東西是放入火中不燃燒，放入水中不沉溺？」從展禪師回答：「如果是水火，就會被燃燒和沉溺。」

從展禪師問飯頭道：「鍋子有多寬？」飯頭說道：「和尚試著量量看。」從展就用手作出量鍋的樣子，飯頭說道：「和尚不要矇騙我。」從展說道：「還是你在矇騙我。」

有僧人問道：「想要達到沒有生滅的境界，就應當認識本源。那什麼是本源？」從展禪師沉默了許久，卻去問侍者道：「剛才那僧人問什麼？」那僧人準備再問一遍，從展就把他喝了出去，說：「我又不是聾子。」

有僧人請道：「學生近來才進入叢林，請求和尚明白指示一條悟入的門徑。」從展禪師說道：「如果我明白地指示門徑，我就要向你禮拜了。」

從展禪師遇見一個僧人，就問道：「你作了什麼業，長得這麼高大？」那僧人問道：「和尚矮了多少？」從展就蹲下身來，作出矮小的樣子，那僧人便說道：「和尚不要矇騙人為好！」從展說道：「卻是你在矇騙我。」

從展禪師讓侍者去邀請隆壽長老道：「只管獨自前來，不要帶侍者來。」隆壽反問：「不帶侍者來，怎麼能離開呢？」從展說道：「太過恩愛了。」隆壽無語應對。從展就自己代為回答：「再次謝謝和尚高足的傳話。」

從展禪師住持保福寺長達十二年，學僧徒眾經常不少於七百人，他接引機鋒利益人物的言行不能夠全部記錄。閩帥對從展禪師十分禮待敬重，為他奏請天子賜給紫衣。五代後唐天成五年戊子歲（九二八年），從展禪師患了小病，有僧人進入方丈室請安。從展對他說道：「我和你相識年深日久，你有什麼方藥能救治我？」那僧人說道：「方藥倒是有許多，但我聽說和尚不懂得忌口。」法燈禪師另外回答：「和尚懂得忌口嗎？」從展禪師又對眾僧說道：「我近十天來困倦乏力，不是別的原因，只是時候到了。」有僧人便問道：「時候既然到了，和尚是去呢，還是住下來？」從展喝道：「你說！」那僧人說道：「這樣的話，那我就不敢造次了。」從展說道：「掉失了錢而遭罪。」說完就端坐著圓寂了，這一天為三月二十一日。

【說　明】從展禪師於保福禪苑初開堂之日，漳州刺史王某「禮跪三請，躬自扶掖升堂」。此於當時禪林中頗少見，故有僧人不無譏諷道：「郡守崇建精舍，大闡真風。」故請從展禪師即此「舉揚宗教」。從展禪師為此解釋道：「久在叢林」可以「隨處任真」，對「初心後學」則需有所「次第」，而其中官府之崇信尤不可少。

從展禪師這一觀點，大體代表著雪峰義存禪師一派之政治態度，也從而說明雪峰之門徒，在五代南方數個小朝廷中普遍處於顯貴地位之重要原因。

泉州睡龍山道溥禪師

泉州睡龍山道溥，號弘教大師，福州福唐人也，姓鄭氏。寶林院受業，自雪峰印心，住五峰。

上堂曰：「莫道空山無祇待❶。」便歸方丈。

僧問：「凡有言句，不出大千頂。未審頂外事如何？」師曰：「凡有言句，不是大千頂。」曰：「如何是大千頂？」師曰：「摩醯首羅天❷，猶是小千界。」問：「初心後學，近入叢林，方便門中，乞師指示。」師敲門枋❸，僧曰：「向上還有事也無？」師曰：「有。」曰：「如何是向上事？」師再敲門枋。

【注　釋】❶祇待　侍奉；供奉。❷摩醯首羅天　全稱作「摩醯伊濕伐羅」，也作「莫醯伊濕伐羅」。摩醯意大，伊濕伐羅意自在，即大自在天，即是位於色界頂上之天神。《智度論》：「摩醯首羅天，秦言（即漢語）大自在，八臂三眼騎白牛。」❸門枋　門框。

【語　譯】泉州（今屬福建）睡龍山道溥禪師，法號弘教大師，福州福唐（今福建福清）人，俗姓鄭。道溥在寶林院受業，自從參拜雪峰和尚印證心法之後，便住持五峰。

道溥禪師上堂說道：「不要說空山沒有供奉。」說完就回方丈室去了。

有僧人問道：「凡是有語句，出不了大千世界之頂。不知道大千世界之頂以外的事怎麼樣？」道溥禪師回答：「凡是有語句，就不是大千世界之頂。」僧人問道：「什麼是大千世界之頂？」道溥回答：「摩醯首羅天，還是小千世界。」

有僧人問道：「學生作為初心後學，剛進入禪林，方便接引之門中，請求和尚加以指點。」道溥禪師敲了敲門框，那僧人又問道：「向上可還有事情嗎？」道溥回答：「有。」僧人問道：「什麼是向上的事？」道溥又敲了敲門框。

杭州龍興宗靖禪師

杭州龍興宗靖禪師，台州人也。初參雪峰，密承宗印，乃自誓充飯頭，服勞逾十載。嘗於眾堂❶中袒一膊釘簾，雪峰覩而記曰：「汝向後住持有千僧，其中無一人衲子也。」師悔過，辭歸故鄉，住六通院。錢王命居龍興寺，有眾千餘，唯三學❷講誦之徒，果如雪峰所誌。周廣順初，年八十一，錢王請於寺之大殿演無上乘，黑白駢擁❸。

僧問：「如何是六通奇特之唱？」師曰：「天下舉去。」

問：「如何是六通家風？」師曰：「一條布衲一斤有餘。」

僧問：「如何是學人進前一路？」師曰：「誰敢謾汝？」曰：「豈無方便？」師曰：「早是屈抑也。」

問：「如何是和尚家風？」師曰：「早朝粥，齋時飯。」曰：「更請和尚道。」師曰：「老僧困。」曰：「畢竟作麼生？」師大笑而已。

錢王特加禮重，屢延入府，以始住院署六通大師。顯德元年甲寅季冬月❹示滅，壽八十四。塔于大慈山。

【注釋】❶眾堂　即禪林，眾僧依止之堂舍。❷三學　指戒、定、慧三學。此指禪宗以外的宗派。❸駢擁　人頭簇擁。駢，並列的；成雙的。擁，擁擠的。❹季冬月　最後一個冬月，即十二月。

【語譯】杭州（今屬浙江）龍興寺宗靖禪師（八七一～九五四年），台州（今浙江臨海）人。宗靖初次參拜雪峰和尚，就秘密承受了宗門心印，便立誓充當飯頭，辛勤服務了十餘年。宗靖曾經在僧堂中袒露著一條胳膊往牆上釘簾子，雪峰和尚看見後就預言道：「你以後會住持有一千個僧人的寺院，但其中沒有一個是禪僧。」宗靖就向雪峰和尚悔過，辭行回歸故鄉，住持六通院。吳越國錢王命宗靖住持龍興寺，有僧眾一千多人，但盡是三學講經誦論之徒，果然符合雪峰和尚的預言。五代後周廣順初年（九五一年），宗靖八十一歲，宗靖應錢王的請求在龍興寺的大殿內演示無上宗乘，僧俗簇擁雲聚。

有僧人問道：「什麼是六通院奇特的舉唱？」宗靖禪師回答：「整個天下都說到了。」

有僧人問道：「什麼是六通院的家風？」宗靖回答：「一件布做的僧衣重一斤有餘。」

有僧人問道：「什麼是學生走向前方的一條路？」宗靖禪師反問：「誰敢矇騙你？」僧人再問道：「難

道就沒有方便接引的法門？」宗靖回答：「早就被壓抑了。」

有僧人問道：「什麼是和尚的家風？」宗靖禪師回答：「早上吃粥，正午齋時吃飯。」僧人便說道：「再請和尚講說。」宗靖說道：「老僧困倦了。」僧人問道：「終究怎麼樣呢？」宗靖大笑而已。

錢王對宗靖禪師特別加以禮待敬重，多次延請宗靖入王府說法，並以宗靖最初住持的寺院之名署稱他為六通大師。宗靖禪師於顯德元年甲寅歲（九五四年）十二月圓寂，享年八十四歲。人們在大慈山建靈塔供奉。

福州南禪契璠禪師

福州南禪契璠禪師，上堂曰：「若是名言妙句，諸方總道了也。今日眾中還有超第一義❶者致得一句麼？若有，即不孤負於人。」時有僧問：「如何是第一義？」師曰：「何不問第一義？」曰：「見問。」師曰：「已落第二義也。」問：「古佛曲調請師和。」師曰：「我不和汝雜亂底。」曰：「未審為什麼人和？」師曰：「什麼處去來？」

【注　釋】❶第一義　指禪宗微妙旨意，即超越通常語句義理的。

【語　譯】福州（今屬福建）南禪院契璠禪師，上堂說道：「如果是名言妙句，諸方高僧都已經講說了。今天眾人中可有超越第一義的能舉說一句嗎？如果有，就沒有辜負人。」當時有一位僧人問道：「什麼是第一義？」契璠反問：「為什麼不問第一義？」僧人回答：「正問著。」契璠說道：「已經落入第二義了。」

有僧人說道：「古佛的曲調請和尚唱和。」契璠禪師說道：「我不唱和你這種雜亂無章的。」僧人問道：

「不知道給什麼人唱和？」契璠回答：「你什麼地方去了？」

越州越山師鼐禪師

越州諸暨縣越山❶師鼐，號鑒真禪師，初參雪峰而染指❷，後因閩王請，於清風樓齋，坐久舉目，忽覩日光，豁然頓曉，而有偈曰：「清風樓上赴官齋，此日平生眼豁開。方知普通年❸遠事，不從葱嶺路將來。」歸呈雪峰，雪峰然之。

僧問：「如何是佛身？」師曰：「汝問那箇佛身？」曰：「釋伽佛身。」師曰：「舌覆三千界。」

師臨終時，集眾示一偈曰：「眼光隨色盡，耳識逐聲消。還源無別旨，今日與明朝。」偈畢，跏趺而逝。

【注釋】❶越山　即越王山，在浙江紹興西南百餘里，相傳越王句踐曾棲兵於此。❷染指　《左傳》宣公四年：「楚人獻黿于鄭靈公，公子宋（即宋子公）與子家將見，子公之食指動，以示子家，曰：『他日我如此，必嘗異味。』……及食大夫黿，召子公而弗與也。子公怒，染指于鼎，嚐之而出。」原以「染指」喻沾取非所應得之利益，此喻稍涉禪意而未深得禪法妙旨。❸普通年　指中土禪宗初祖菩提達磨在南朝梁普通年間自天竺至中華弘法之事。

【語譯】越州諸暨縣（今屬浙江）越山師鼐，號鑒真禪師，初次參拜雪峰和尚而有所染指，後來因為接受閩王的邀請，在清風樓上齋食，端坐時久，抬頭放眼，忽然看見日光，心底豁然頓悟，並作了一首偈頌道：「清風樓上赴官府齋食，因這日光而平生之眼豁然開朗。這才知道普通年間遙遠之事，並不是從葱嶺之路上帶將來的。」歸寺後，師鼐把這偈頌呈給雪峰和尚看，雪峰和尚認可他已徹悟。

有僧人問道：「什麼是佛身？」師鼐禪師反問：「你問的是哪一個佛身？」那僧人回答：「是釋迦佛身。」師鼐說道：「舌頭覆蓋三千大千世界。」

師鼐禪師臨終前，集合眾僧指示一首偈頌道：「眼光隨著色而盡，耳識追逐聲音而消失。想回歸本源並沒有別的意旨，就是今天與明天。」偈頌說完，師鼐端坐著逝世了。

南嶽金輪可觀禪師

南嶽金輪可觀禪師，福州福唐人也，姓薛氏。依石佛寺齊合禪師披剃，戒度既圓，便參雪峰。雪峰曰：「近前！」師方近前作禮，雪峰舉足蹋之，師忽然冥契，師事十二載。復歷叢林，止南嶽法輪峰。師上堂謂眾曰：「我在雪峰，遭他一蹋，直至如今眼不開，不知是何境界？」

僧問：「如何是西來意？」師曰：「不是。」

大眾夜參後下堂，師召曰：「大眾！」眾迴首，師曰：「看月！」大眾看月。師曰：「月似彎弓，少雨多風。」眾無對。

問：「古人道毗盧有師，法身有主。如何是毗盧師、法身主？」師曰：「不可牀上安牀❶。」

問：「如何是日用事？」師拊掌三下。僧曰：「學人未領此意。」師曰：「更待什麼？」

問：「從上宗乘，如何為人？」師曰：「我今日未喫茶。」曰：「請師指示。」師曰：「過也。」

問：「正則不問，請師傍指。」師曰：「抱取貓兒❷去！」

師問僧：「什麼處來？」曰：「華光。」師即托出閉門，僧無對。

問：「路逢達道人，不將語默對。未審將何對？」師曰：「咄！出去！」

師問僧：「作麼生是覿面❸事？」曰：「請師鑑。」師曰：「恁麼道還當麼？」曰：「故為即不可。」師曰：「別是一著❹。」

問：「如何是靈源一路？」師曰：「蹋過作麼？」

雪峰院主有書來招師曰：「山頭和尚❺年尊也，長老何不再入嶺一轉❻？」師迴書曰：「待山頭和尚別有見解，即入嶺。」有僧問：「如何是雪峰見解？」師曰：「我也驚。」

【注　釋】❶牀上安牀　比喻事物累贅繁複，意同「頭上安頭」。❷抱取貓兒　指南泉和尚斬貓事。❸覿面　即當面承接禪機。❹一著　原指下棋時下一子或走一步，引申為計策、方法。❺山頭和尚　此指雪峰義存禪師。❻一轉　即「一轉語」，然此處尚有去那裡參拜一下之意。

【語　譯】南嶽衡山金輪寺可觀禪師，福州福唐（今福建福清）人，俗姓薛。可觀皈依石佛寺齊合禪師出家披剃，完成了度戒之後，就去參拜雪峰和尚。雪峰和尚說道：「走近來！」可觀剛走近前施禮，雪峰和尚便抬起腳踢了他，可觀因此忽然契悟，侍奉雪峰和尚達十二年。此後可觀又遊歷各地禪苑，止息於南嶽法輪峰上。可觀禪師上堂對眾人說道：「我在雪峰和尚那裡時，被他踢了一腳，直到今天眼睛也睜不開，不知道現在外面是什麼境界？」

有僧人問道：「什麼是祖師西來的意旨？」可觀禪師回答：「不是。」

眾僧夜參結束後下堂，可觀禪師招呼道：「大眾！」眾僧回頭，可觀說道：「看月亮！」眾僧一起看月亮。可觀說道：「月亮好像彎弓，少雨多風。」眾僧不能應對。

有僧人問道：「古人說毗盧佛有老師，法身有主人。什麼是毗盧佛的老師、法身的主人？」可觀禪師回答：「不可以在牀上再安放一張牀。」

有僧人問道：「什麼是天天都要發生的事？」可觀禪師拍手三下。那僧人說道：「學生沒有領會這意思。」可觀說道：「還等待什麼？」

有僧人問道：「從上的宗乘，怎樣來接引人？」可觀禪師說道：「我今天沒有吃茶。」那僧人說道：「請和尚指點。」可觀說道：「過去了。」

有僧人問道：「正面的就不問了，請和尚從側面加以指點。」可觀禪師喝道：「抱取貓兒去！」

可觀禪師問一個僧人道：「從什麼地方而來？」那僧人回答：「從華光和尚那裡來。」可觀就把他推出並關上了門，那僧人無語以對。

有僧人問道：「在路上遇到徹悟大道之人，不可用語句和沉默來對待。不知道用什麼來應對？」可觀禪師喝道：「咄！出去！」

可觀禪師問一個僧人道：「什麼是當面相承接之事？」那僧人說道：「請和尚鑑定。」可觀問道：「這麼說來還能夠承當嗎？」那僧人回答：「故意去作為就不可以。」可觀說道：「另外是一著。」

有僧人問道：「什麼是靈源的一條路？」可觀禪師說道：「踏過去怎麼樣？」

雪峰院主寫信來招可觀禪師道：「山頭和尚年歲大了，長老為什麼不再到嶺上一轉？」可觀禪師回信道：「等到山頭和尚另外有了見解，我就再到嶺上來。」有僧人問道：「什麼是雪峰和尚的見解？」可觀回答：「我也感到驚奇。」

泉州福清玄訥禪師

泉州福清院玄訥禪師，高麗人也。初住福清道場，傳象骨之燈❶，學者歸慕。

泉守王公問：「如何是宗乘中事？」師叱之。

僧問：「如何是觸目菩提？」師曰：「闍梨失卻半年糧。」曰：「為什麼失卻半年糧？」師曰：「只為圖他一斗米。」

問：「如何是清淨法身？」師曰：「蝦蟇曲蟮❷。」

問：「教云：唯一堅密身，一切塵中現。如何是堅密身？」師曰：「驢馬貓兒。」曰：「乞師指示。」師曰：「驢馬也不會。」

問：「如何是物物上辨明？」師展一足示之。

師住福清三十年，大闡玄風，終於本山。

【注釋】❶燈　此指宗門法旨。❷曲蟮　即蚯蚓。

【語譯】泉州（今屬福建省）福清院玄訥禪師，高麗國人。玄訥起初住持福清道場，傳授象骨山雪峰和尚的法旨，學禪法者紛紛嚮慕依附。

泉州太守王公問道：「什麼是宗乘中的事？」玄訥禪師呵責他。

有僧人問道：「什麼是觸目菩提？」玄訥禪師回答：「闍梨丟失了半年口糧。」那僧人問道：「為什麼丟失了半年口糧？」玄訥回答：「只因為貪圖他一斗米。」

有僧人問道：「什麼是清淨法身？」玄訥禪師回答：「蝦蟆蚯蚓。」

有僧人問道：「教義上說：唯一堅密身，一切都在塵中顯現。什麼是堅密身？」玄訥禪師回答：「驢子、馬兒、貓兒。」僧人說道：「請和尚指點。」玄訥說道：「連驢子、馬兒也不懂？」

有僧人問道：「什麼是事事物物上都分辨明白？」玄訥禪師伸出一隻腳示意。

玄訥禪師住持福清院長達三十年，大闡玄妙禪風，此後圓寂於象骨山。

韶州雲門山文偃禪師

韶州雲門山❶文偃禪師，姑蘇❷嘉興人也，姓張氏。初參睦州陳尊宿發明大旨，後造雪峰而益資玄要，因藏器混眾于韶州靈樹敏禪師法席，居第一座。敏將滅度，遺書於廣主❸，請接踵住持。師不忘本，以雪峰為師。

開堂日，廣主親臨曰：「弟子請益。」師曰：「目前無異路。」法眼別云：「不可無益於人。」

師云：「莫道今日謾諸人好！抝理❹不得已，向諸人道遮裡作一場狼藉❺。忽遇明眼人見，謂之一場笑具。如今亦不能避得也。且問你諸人從上來有什麼事？欠少什麼？向你道無事，亦是謾你。也須到遮田地❻始得。亦莫趁口頭問，自己心裡黑漫漫地。明朝後日，大有事在。你若是根性遲迴，且向古人建化門庭❼東覷西覷，看是箇什麼道理。汝欲得會麼？都緣是汝自家無量劫來妄想濃厚，一期聞人說著，便生疑心。問佛問祖，向上向下求覓解會，轉沒交涉。擬心即差，況復有言，莫是不擬心麼？更有什麼事？珍重！」

師上堂云：「我事不獲已，向你諸人道，直下無事，早是相埋沒了也。你諸人更擬進步向前，尋言逐句，求覓解會，千差萬巧，廣設問難，只是贏得一場口滑❽，去道轉遠，有什麼休歇時？此箇事❾若在言語上，三乘十二分教豈是無言語？因什麼更道教外別傳？若從學解機智得，只如十地聖人說法如雲如雨，猶被呵責見性如隔羅縠❿。以此故知一切有心，天地懸殊。雖然如此，若是得底人道火不可燒，終日說事，不曾掛著脣齒⓫，未曾道著一字。終日著衣喫飯，早晚⓬

觸一粒米，掛一縷線。雖然如此，猶是門庭[13]之說也。須實得恁麼始得。若約[14]衲僧門下，句裡呈機，徒勞佇思。直饒一句下承當得，猶是瞌睡漢。」

師云：「三乘十二分教橫說豎說，天下老和尚縱橫十字說[15]，與我拈針鋒說底道理來，看恁麼道死馬醫[16]。雖然如此，且有幾箇到此境界？不敢望汝言中有響[17]，句裡藏鋒，瞬目千差，風恬浪靜。伏惟尚饗[18]！珍重！」

師上堂云：「諸兄弟盡是諸方參尋知識，決擇生死，到處豈無尊宿垂慈方便之詞？還有透不得底句麼？出來舉看，老漢、大家共你商量。」時有僧出來禮拜，擬舉次，師云：「去去西天路，迢迢十萬餘。」

師問學人：「蔟蔟地商量箇什麼？」云：「大眾久立。」師云：「舉一切語，教汝直下承當，早是撒屎著汝頭上。直然[19]拈一毫頭[20]盡大地，一時明得，也剜肉作瘡。雖然如此，汝亦須實到遮箇田地始得。若未切，不得掠虛[21]，卻退步向自己根腳下推尋，看是箇甚麼道理？實無絲髮與汝作解會，與汝作疑惑。汝等各各[22]且當人[23]一段事，大用現前，更不煩汝一毫頭氣力，便與祖佛無別。自是諸人信根淺薄，惡業濃厚，突然起得許多頭角[24]，擔鉢囊，千鄉萬里受屈。且汝諸人有什麼不足處？大丈夫漢阿誰無分？觸目承當得，猶是不著[25]，便不可受人欺謾，取人處分。才見老和尚動口，便好把特[26]石驀口塞，便是屎上青蠅相似，鬪競接將去，三箇五箇聚頭地商量，苦[27]屈兄弟。他古德一期為你諸人不奈何，所以方便垂一言半句，通汝入路。遮般事捻放一邊，獨自著些子筋骨，豈不是有少許相親處？快與快與，時不待人。出息不保入息[28]，更有什麼身心別處閑用？切須在意在意！珍重！」

師云：「盡乾坤把一時將來著汝眼睫上，你諸人聞恁麼道，不敢望你出來性燥[29]，把老漢打一摑，且緩緩子細看，是有是無什麼？直饒向遮裡明得，若遇衲僧門下，好槌折[30]兩腳。汝若是箇人，聞說道恁麼處有老宿出世，便好驀面唾汙我耳目。汝若不見箇腳手[31]，才聞人舉，便當荷得，早落第二機也。汝且看他德山和尚才見僧上來，拽拄杖便打趁。睦州和尚才見入門來，便云『且放汝十棒』，或時云『現成公案』。自餘之輩合作麼生？若是一般掠虛漢，食人涎唾[32]，記得一堆一擔骨幢[33]，到處逞驢脣馬嘴[34]，誇我解問十轉五轉。饒你從朝問到夜，論劫恁麼，還曾夢見也未？什麼處是與人著力處？似遮般底，有人屈衲僧齋，也道我得飯喫，堪什麼共語？他日閻羅王面前，不取你口解脫。諸兄弟若是得底人，他家[35]依眾遣日。若也未得，切莫容易過時，大須子細。古人大有葛藤[36]相為處，即如雪峰和尚道：『盡是汝。』夾山云：『百草頭識取老僧，市門頭認取天子。』樂普云：『一塵才舉，大地全收。一毛師子，全身總㊲是。』汝把取翻覆思量，日久歲深，自然有箇入路。此事無你替代處，莫非各在當人分上。老和尚出世，只是為你證明。汝若有少許來由，且昧你亦不得。你若實未得方便，撥汝則不可。兄弟！一等是蹋破草鞋，拋卻師僧、父母行腳，直須著此子精彩始得實。若有箇人，入頭㊳處遇著一箇咬豬狗腳手，不惜性命，入泥入水㊴相為。有可咬嚼，搓上眉毛㊵，高掛鉢囊㊶，拗折拄杖，十年二十年，擬取徹頭㊷，莫愁不成辦。直是今生未得徹頭，來生亦不失人身，向此箇門中亦乃省力，不虛孤負平生，亦不孤負師僧、父母、十方施主。直須在意，莫空遊州獵縣，橫擔拄杖㊸，一千二千里走趁，遮邊經冬，那邊過夏，好山水堪取性㊹多，齋供易得，衣鉢苦屈，圖他一粒米，失卻半年糧。如此行腳，有什麼利益？信心檀越把菜粒米，作麼生消得？直須自看，時不待人。忽然有一日眼光㊺落地，到來前頭將什麼抵擬？莫一似㊻落湯螃蟹，手腳忙亂，無你掠虛說大話處。莫將等閑，空過時光，一失人身，萬劫不復。不是小事，莫據目前。古人尚道『朝聞夕死可矣㊼』，況我沙門，日夕合履踐箇什麼事？大須努力，努力！珍重！」

師云：「汝等沒可恁麼了，見人道著祖意，便問箇超佛越祖之談。汝且喚那箇為佛，那箇為祖？且說箇超佛越祖底道理。問箇出三界，你把將三界來，看有什麼見聞覺知隔礙著？什麼聲塵色可與你了？了什麼椀？以阿那箇為差殊之見？他古聖不奈何，橫身[48]為物，道箇舉體全真物，覿體不可得。我向你道，直下有什麼事，早是相埋沒了也，實未有入頭處。且中思量，獨自參詳，除卻著衣喫飯，阿屎送尿，更有什麼事無端起得許多妄想作什麼？更有一般底恰似等閑相似，聚頭學得箇古人話路，識性記持，妄想卜度，道我會佛法了也。只管說葛藤，取性過時，更嫌不稱意。千鄉萬里，拋卻老爺孃、師僧、和尚，遮般底去去。遮打野菜禿[49]，有什麼死急行腳去！」

師上堂云：「故知時運澆醨[50]，迨[51]于像季[52]。近日師僧北去禮文殊，南去遊衡嶽，若恁麼行腳，名字比丘[53]，徒消信施。苦哉！苦哉！問著黑似漆相似，只管取性過時。設使有三箇兩箇，枉學多聞，記持話路，到處覓相似言語，印可老宿，輕忽[54]上流，作薄[55]福德業，他日閻羅王釘你之時，莫道無人向你說。若是初心後學，直須著精神，莫空記人說處，多虛不如少實，向後只是自賺[56]。有什麼事，近前。」

師上堂，大眾雲集，師以拄杖指面前云：「乾坤大地微塵諸佛，總在遮裡許爭佛法，各覓勝負，還有人諫得麼？若無人諫得，待老漢與你諫。」時有僧出云：「便請和尚諫。」師云：「遮野狐精！」

師云：「汝諸人傍家行腳，皆是河南海北，各各盡有生緣所在，還自知得，試出來舉看，老漢與汝證明。有麼？有麼？出來。汝若不知，老漢謾你去也。汝欲得知，若生緣在北，北有趙州和尚，五臺山有文殊，總到遮裡。若生緣在南，南有雪峰、臥龍、西堂、鼓山，總在遮裡。汝欲得識麼？欲得識，向遮裡識取。若不見，亦莫掠虛。見麼？見麼？且看老僧騎佛殿出去也。珍重！」

師上堂云：「天親菩薩[57]無端變作一條楖標[58]木杖。」乃畫地一下云：「塵沙諸佛盡向遮裡葛藤。」便下堂。

師云：「我看你諸人，二三機中不能搆得，空披衲衣何益？汝還會麼？與汝注破，久後諸方，若見老宿舉一指，豎一拂子，云是禪是道什麼，打破頭便行。若不如此，盡是天魔[59]眷屬，壞滅吾宗。汝若不會，且向葛藤社[60]裡看。我尋常向汝道，微塵剎土，三世諸佛，西天二十八祖，唐土六祖，盡在拄杖頭上說法。神通變現，聲應十方，一任蹤橫。你還會麼？若不會，且莫掠虛。然雖據實，實是諦見也，未直說到此田地，未審夢見衲僧沙彌在。三家村[61]裡，不逢一人。」師驀起，以拄杖劃地一下，云：「總在遮裡。」又劃一下，云：「總從遮裡出去也。珍重！」

師上堂云：「和尚子，衲僧直須明取衲僧鼻孔[62]。且作麼生是衲僧鼻孔？」眾皆無對。師云：「摩訶般若波羅蜜[63]，大普請。下去！」

師上堂云：「諸和尚子，饒你有什麼事，猶是頭上著頭[64]，雪上加霜，棺木裡棖眼[65]，灸瘡盤上著艾燋[66]，遮箇一場狼籍，不是小事，你合作麼生？各自覓取箇托生[67]處好！莫空遊州打縣，只欲捉搦[68]閑話。待和尚口動，便問禪問道，向上向下，如何若何，大卷[69]抄了，塞在皮袋[70]裡卜度，到處火鑪邊，三箇五箇聚頭，口喃喃舉，更道遮箇是公，才悟遮箇是從裡道出，遮箇是就事上道，遮箇是體悟。體你屋裡老爺老孃！噇[71]卻飯了，只管說夢，便道我會佛法了也。將知你行腳，驢年得箇休歇麼？更有一般底，才聞人說箇休歇處，便向陰界裡閉眉合眼，老鼠孔裡作活計，黑山下坐，鬼趣裡體，當便道得箇入頭路。夢見麼？似遮般底，殺一萬箇有什麼罪過？喚作打底不遇作家至，竟只是箇掠虛漢。你若實有箇見處，試拈來看，共你商量。莫空不謝兩惡[72]，矻矻[73]地聚頭說閑葛藤，莫教老漢見捉來，勘[74]不相當，搥折腳。莫道不道，你還皮下有血[75]麼？以拄杖一時趁下。」

問：「如何是佛法大意？」師曰：「春來草自青。」

師問新羅僧：「將什麼物過海？」曰：「草賊敗也。」師引手曰：「汝為什麼在我遮裡？」曰：「恰是。」師曰：「更跱跳[76]。」

問：「牛頭未見四祖時如何？」師曰：「家家觀世音。」曰：「見後如何？」師曰：「火裡蟭蟉[77]吞大蟲。」

問：「如何是雲門一句？」師曰：「臘月二十五。」

問：「如何是雲嶺泥牛吼？」師曰：「天地黑。」曰：「如何是雲門木馬嘶？」師曰：「山河走。」

問：「從上來事，請師提綱。」師曰：「朝看東南，暮看西北。」曰：「便恁麼領會時如何？」師曰：「東屋裡點燈，西屋裡暗坐。」

問：「十二時中，如何即得不空過？」師曰：「向什麼處著此一問？」曰：「學人不會，請師舉。」師曰：「將筆硯來。」僧乃取筆硯來，師作一頌曰：「舉不顧，即差互。擬思量，何劫悟？」

問：「如何是學人自己？」師曰：「游山翫水去。」曰：「如何是和尚自己？」師曰：「賴遇維那不在。」

問：「一口吞盡時如何？」師曰：「我在汝肚裡。」曰：「和尚為什麼在學人肚裡？」師曰：「還我話頭來！」

問：「如何道？」師曰：「去！」曰：「學人不會，請師道。」師曰：「闍梨公憑[78]分明，何得重判？」

問：「生死到來，如何排遣[79]？」師展手曰：「還我生死來。」

問：「如何是父母不聽，不得出家？」師曰：「淺。」曰：「學人不會。」師曰：「深。」

問：「如何是學人自己？」師曰：「汝怕我不知。」

問：「萬機俱盡時如何？」師曰：「與我拈卻佛殿來，與汝商量。」曰：「佛殿豈關他事？」師喝曰：「遮謾語漢！」

問：「如何是教外別傳一句？」師曰：「對眾將來。」曰：「直得恁麼時如何？」師曰：「照[80]從何立？」

問：「如何是和尚家風？」師曰：「門前有人讀書。」

問：「如何是透法身句？」師曰：「北斗裡藏身。」

問：「如何是西來意？」師曰：「久雨不晴。」又曰：「粥飯氣。」

問：「古人橫說豎說，猶未知向上一關棙子。如何是向上一關棙子？」師曰：「西山嶺青。」

問：「如何是西來意？」師曰：「河裡失錢河裡漉81。」

師有時坐良久，僧問：「何似釋迦當時！」師曰：「大眾立久，快禮三拜。」

師嘗有頌曰：「雲門聳峻白雲低，水急游魚不敢棲。入門已知來見解，何煩再舉力中泥？」

【注釋】❶雲門山　在廣東韶關乳源縣北，山有雲門寺，五代南漢時僧人文偃居此，名大覺寺。❷姑蘇　即江蘇蘇州。唐代蘇州治域大於今日，包括今蘇江東南部、上海、浙江東北一部，今浙江嘉興正為其轄地。❸廣主　即五代時盤踞廣東地區的南漢國王劉氏。❹扼理　限於常理。❺狼藉　雜亂；麻煩。❻田地　地方；地面，引申為程度、境界。❼建化門庭　建立宗門、化導眾生。❽口滑　此指口舌之爭。❾此箇事　此指領悟佛法禪機之事。❿縠　縐紗。⓫掛著脣齒　此喻言說。⓬早晚　天天。唐人杜甫〈江雨有懷鄭典設〉詩：「春雨暗暗塞峽中，早晚來自楚王宮。」⓭門庭　門徑；門路。⓮約　即退出之意。⓯縱橫十字說　亦即「橫說豎說」之意。⓰死馬醫　即把死馬當作活馬醫，比喻盡最後的努力。⓱響　禪門以此喻於語句中當即領悟。⓲伏惟尚饗　古代祭文於結尾處之祈禱語。⓳直然　已是。⓴一毫頭　線頭。㉑掠虛　弄虛作假；說大話，賣弄言詞。禪家主張頓悟，故將心中未悟，卻在嘴上賣弄文詞者稱為「掠虛」或「弄虛頭」。㉒各各　各自。㉓當人　本人。㉔頭角　本指野獸頭上的角，引申比喻突出、著名。㉕不著　不用；不須。㉖特　單個；單獨。㉗苦　過分；甚。㉘出息不

保入息　指死期隨時要來，故應當抓緊目前。㉙性燥　性急。㉚椎折　打斷。㉛腳手　角色；手段。㉜食人涎唾　比喻只知重複別人說過的話語。㉝骨幢　同「骨董」。即古董，此指佛經和高僧大德說法之語錄、話頭。㉞驢脣馬嘴　即驢脣不對馬嘴的意思。㉟他家　他；別人。㊱葛藤　糾纏不清，此喻言語囉嗦。㊲惣　即「總」。㊳入頭　入門；入手。㊴入泥入水　即糾纏不清、拖泥帶水。㊵搓上眉毛　眨動眼睛。㊶高掛鉢囊　僧人行腳時隨身攜帶鉢囊，入寺院掛單時便將此囊掛起。此指行腳僧人入寺掛單，不再四處雲遊。㊷徹頭　徹底了悟。㊸橫擔拄杖　指僧人把拄杖當扁擔，挑著衣鉢行李，到處行腳遊方。㊹取性　隨意；任意。唐人吳融〈谷口寓居偶題〉詩：「涔涔骨肉怯朝天，谷口歸來取性眠。」㊺眼光　通「眼目」。即對禪旨的較高認識。㊻一似　好像。㊼朝聞夕死可矣　西漢劉向《新序．雜事一》：「故孔子曰：『朝聞道，夕死可矣。』」意謂早晨得知真理，當晚死去都可以。形容對真理的追求非常迫切。㊽橫身　從中插身進去。㊾打野菜禿　打野菜，吃野草，驢子食草，故以代指驢子。禿，禿驢，古人罵和尚之語。㊿澆醨　人情輕薄。即「澆漓」。(51)迨　及。(52)像季　像法之末季。佛滅後五百年為正法，正法後一千年為像法，為似正法之法所行之時。(53)名字比丘　只有比丘之名而無比丘之實，謂無戒之僧。(54)輕忽　輕視；小看。唐人盧仝〈感古〉詩：「君莫以富貴，輕忽他年少。」(55)作薄　減少；削弱。(56)賺　騙人。(57)天親菩薩　也作「世親」，梵名婆藪槃豆。婆藪意世天，為毗紐天之異名，以其父母求世天親愛而得名，或稱是天帝之弟。(58)榔標　樹名，可做拐杖，因以代指木杖。《廣韻．質韻》：「榔，榔標，木名。」(59)天魔　天子魔之略稱，為四魔之一，即第六天之魔王，名波旬，當釋迦牟尼出世時的魔王。(60)葛藤社　此喻一群糾纏不清的人聚集在一起。社，社團組織，也泛指群體。南宋人陸游〈老甚自詠〉詩：「身入兒童鬥草社，心如太古結繩時。」(61)三家村　指人煙稀少、偏僻的小村落。(62)鼻孔　此喻關鍵所在，禪林以此喻玄妙之禪機。(63)摩訶般若波羅蜜　梵語，意謂大智慧到彼岸，六度之一。摩訶意「大」，般若意「智慧」，波羅蜜意「到彼岸」，指大智慧為到涅槃岸之要法，故名到彼岸。(64)頭上著頭　即「頭上安頭」，比喻累贅繁複。下文「雪上加霜」之意同。(65)棺木裡棖眼　在棺材板上鑽出通氣的洞眼。比喻多此一舉。棖，通「振」。碰撞。(66)灸瘡盤上著艾燋　在針灸的瘡疤上再用艾草來灼療。比喻有害無益。瘡盤，瘡疤；傷疤。艾，艾草，點燃後可置於皮膚上以治病。(67)托生　死後投生。(68)捉搦　捉拿；捕捉。(69)大卷　此指數量甚多。(70)皮袋　此指身體，意通「臭皮囊」。(71)噇　吃、喝，貶義詞。唐人寒山詩：「背後噇魚肉，人前念佛陀。」(72)兩惡　即見思煩惱與無明煩惱，也指已生惡與未生惡。(73)矻矻　辛勞不懈貌。唐人張碧〈野田行〉詩：「秦皇矻矻築長城，漢祖區區白蛇死。」(74)勘　即「勘驗」，查核、查問之意。(75)皮下有血　指活人。(76)跱跳　即跳，有撲地一下子跳起之意。(77)蟭蟉　小蟲名。(78)公憑　即公案，已經官府審理判決的文書。(79)排遣　排除；消散。80照 看鏡中的形影。81漉 通「摝」。打撈。

【語譯】韶州（今廣東韶關）雲門山文偃禪師（八六四～九四九年），蘇州嘉興縣（今屬浙江）人，俗姓張。文偃最初參拜睦州（今浙江建德東）陳尊宿而發明宗法大旨，然後參拜雪峰和尚而更深入了悟禪機玄要，從而隱藏聲名混跡於韶州靈樹敏禪師的法席之中，並成為第一座。敏禪師臨終以前，寫信給廣主，請求讓文偃接任住持。文偃不忘其本，以雪峰和尚為其老師。

文偃禪師開堂之日，廣主親自前來，說道：「弟子請教。」文偃說道：「眼前沒有其他的路。」法眼和尚另外回答：「不可對別人沒有益處。」

文偃禪師說法道：「不要說今天矇騙了諸位就好了！限於常理而不得已，對眾位講說而成為一場狼藉。忽然遇到明眼人看見，就會稱之為一場笑話。現在也不能躲避了。姑且問問你們諸位從上而來有什麼事？欠缺了什麼？對你們說沒有事，也還是在矇騙你們。也必須到了這一田地才行。也不要趁著口快而亂問，自己心裡卻是漆黑一團。明天後天，還有很多事情。你們如果是根機遲鈍的，就姑且在古人建置的教化門庭中東看西看，看看是一個什麼道理。你們還想要領會嗎？都是因為你們自己從無量劫中帶來的妄想眾多，一旦聽見別人說起，就生出了疑心。去問佛問祖師，向上向下尋求理解領會，轉而沒有關係了。起心就已錯了，況且還有語句，莫非是不起心麼？還有什麼事？珍重！」

文偃禪師上堂說法道：「我是事不得已，才向你們講說，當下沒有事情，早就被埋沒了。你們諸位要是打算進一步向前，研究古人語句，追逐話頭，尋覓理解領會，千般差別，萬般機巧，廣泛設置問難，卻只不過贏得了一場口舌之爭，離開大道反而更加遙遠了，哪還有什麼休歇的時候？這個事如果只是在言談語句之中，那三乘十二分教難道就不是言談語句嗎？為什麼還要說是教外別傳呢？如果是從參學、解釋、機鋒、智慧中獲得的，只如那十地聖人講說佛法如雲如雨一樣奧妙，還是被呵責說是見性領悟就如同隔著絲綢縐紗一樣。因此知道一切有心，與佛法就如同是天地隔絕懸殊一樣。雖然是這樣的，但如果是達道的人說烈火不能燒著，整天講說此事，也不曾掛著脣齒，沒有說著一個字。整天穿衣吃飯，天天接觸一粒米，披掛一縷布線。雖然是這樣的，那還是指點門路的說法。必須確實是這樣的，那才可以。如果退出禪僧門下，即使語句中包含玄機，還是徒勞思慮。假使在一句之下得以領悟，也還是一個瞌睡漢。」

文偃禪師又說道：「三乘十二分教橫說豎說，天下的老和尚縱橫十字說，與我拿著針尖說出的道理，看看怎麼把死馬當作活馬醫。雖然是這樣的，卻有幾個人能夠達到這個境界？不敢指望你們於語句中當即領悟，語句之中暗藏機鋒，瞬息萬變，風平浪靜。伏惟尚饗！珍重！」

文偃禪師上堂說法道：「諸位兄弟都是在各方參禪拜佛，以抉擇生死大事，所到的地方難道沒有高僧大德垂慈指示方便接引之詞？可有參悟不透的句子嗎？舉說出來聽聽，老漢和大家來同你一起探究。」當時有一位僧人站出來禮拜，正打算提問的時候，文偃說道：「此去西天之路，迢迢十萬多里。」

文偃禪師問一個學僧道：「會聚在一起議論什麼？」學僧回答：「大眾已站立很久了。」文偃說道：「舉說出一切語句，讓你們當即領悟，早就像是在你們頭上屙屎了。已是拿起一根線頭以窮盡大地，一下子能夠明悟，也是挖肉補瘡。雖然是這樣的，你們也必須確實達到這個地步才行。如果未能徹悟，就不要弄虛作假，賣弄言辭，而要退後一步，在自己的腳跟底下觀察尋找，看看是個什麼道理？確實沒有絲毫東西讓你們去解說理會，成為你們的煩惱。你們各自都有本人的一段事，大用於當前，再不需要勞煩你們一點點力氣，就可與佛、祖師沒有差別。自然是諸位信心的根機淺薄，惡業濃厚，突然興起了許多頭角，擔負著鉢盂和行囊，走千鄉、行萬里遭受委屈。況且你們還有什麼不滿足的地方？大丈夫誰沒緣分？觸目能領會的，還是用不著的，就可不被別人矇騙，不必聽取別人的管束了。一看見老和尚動口，就可拿一塊石頭當口塞住，就是同糞堆上的蒼蠅相似了，互相競鬥而去，三五個人把頭聚在一起議論，甚是委屈了兄弟。他們古代高僧因為一時沒有接引你們諸人的方法，所以想方設法垂示一言半句，開通你們悟入之路。這樣的事情暫且放在一邊，獨自摸著一些筋骨，難道不是有一些相親近的地方嗎？快點快點，時不待人。出息不保入息，還有什麼身心可放到其他地方去閒用？一定要牢記在心！珍重！」

文偃禪師講法道：「把整個乾坤一下子全部拿來放置在你的眼睫毛上，你們諸位聽到這樣的說法後，不敢指望你們急急地出來，摑老漢一個巴掌，暫且慢慢地仔細觀看，是有什麼道理，還是沒有道理的？假使在這裡已經明白了，如果遇見禪僧門下，就好打斷他的雙腿。你們如果是一個人物，聽說這樣的地方有一個老宿出世，就好當面吐口水汙穢我的耳朵、眼睛。你如果不施展一個手段，剛聽到有人舉說，就來承擔，早就落到第二機了。你們且看那個德山和尚一看見有僧人上堂來，就拿著拄杖打趕。睦州和尚一看見有僧人進門來，就說『姑且饒你十棒』，或者說『現成公案』。其餘之人還該怎樣呢？如果是平常的弄虛作假、賣弄言辭的人，只是在食人口水，記誦一堆一擔的老古董，到處誇耀，卻驢脣不對馬嘴，還自誇能解答十轉八轉的問題。讓你從早問到晚，議論劫難什麼的，還曾經夢見過嗎？什麼地方是給人著力之處？如果是這樣的，有的人屈居禪僧齋舍中，也可以誇說我能得到一碗飯吃吃，但又有什麼值得共同談論的？今後在閻羅王的面前，並不會因為你的口辯而獲得解脫。諸位兄弟如果是達道之人，可以同別人一樣依附在僧眾中度日。如果沒有能達道，就千萬不要輕易浪費時間，一定要仔細。古人很有些葛藤相接引人的地方，就如雪峰和尚所說的：『全部大地都是你自己。』夾山和尚所說的：『百草前頭認識老僧，鬧市門口認識天子。』樂普和尚所說的：『一塵才舉起，大地全部收入。一根毛髮上顯現獅子，全身上就都顯現了。』你們取來這些話反覆思量，天長日久，自然而然有一個悟入的門徑。這件事沒有你替代的地方，沒有不各在本人的分上。老和尚出世，只是給你們以證明。你們如果有一些來頭，就是要矇騙你們也不能夠。你們如果確實沒有獲得方便法門，那點撥你們都不行。兄弟！同樣是穿破草鞋，拋卻師長、父母親去雲遊行腳，一定要有些精彩的事跡才行。如果有一個人，在入門之處遇到一個咬豬狗的角色，不惜性命，糾纏不清，拖泥帶水相接引。有可咬嚼者，眨動著眼睛，高掛起衣鉢行囊，拗斷拄杖，經過十年、二十年，打算徹底了悟，不要憂愁不能辦成。即使今生沒有能徹底悟入，來生也不失為人身，到這個門庭中來也還省力，便沒有辜負平生，也沒有辜負師長、父母親和十方施主。一定要注意，不要徒然地遊歷州縣，橫擔著拄杖，一千里、二千里去趕路，這裡過冬，那裡住夏，好山好水頗多，隨意可見，齋食供養容易得到，卻頗為委屈了這衣鉢，想圖謀他一粒米，卻反而丟失了自己的半年口糧。像這樣的行腳遊方，又有什麼益處呢？信心施主一把把菜、一粒粒米來供養你，你怎麼能夠消受呢？一定要自己去察看，時不待人。忽然有一天眼光落地，來到眼前時你拿什麼去應對？不要好像那落入熱湯的螃蟹，手忙腳亂，沒有你弄虛作假說大話的地方。不要等閒視之，空度時光，一旦失去人身，那就萬劫不得超生。這可不是小事，不要只管眼前。古代賢士尚且說道『朝聞道，夕死可矣』，何況我們沙門，日夜之間應該履行個什麼事情？極需努力！珍重！」

文偃禪師說法道：「你們不可以這樣的，看見有人在講說祖師的意旨，就要問一個超越佛、祖師的說法。你們把哪一個叫做佛，把哪一個叫做祖師？姑且說一說超越佛、祖師的道理。問一個出三界的題目，你就把那三界拿來，看看有什麼見、聞、覺、知阻隔著？有什麼聲、塵、色可與你了結？了結個什麼碗？把什麼作為差別之見？那古代聖人沒有辦法，只得從中插身進去權作物體，說是舉一個體全真之物，但觀察其體卻不能得到。我對你們說，當下有什麼事情，早就被埋沒了，實際並沒有一個入門之處。暫且就其中思慮，獨自一人去參詳推究，除了穿衣吃飯，屙屎送尿，再有什麼事情能平白無端地引起這許多妄想做什麼？還有一種人，就好像是那等閒之人一般，把頭聚集在一起學習一個古人說話的方法，強記識性，妄想猜測，說我已經領會佛法了。只管囉嗦地講說，隨意地虛度時光，還要嫌恨不稱心如意。走千鄉行萬里，拋卻年老的爺娘和師長、和尚，就這樣去了。這吃野草的禿驢，有什麼死急要行腳去！」

文偃禪師上堂說法道：「因為知道時世氣運人情輕薄，到了像法之末季。近來師僧向北去禮拜文殊菩薩，向南去遊歷衡山南嶽，像這樣的行腳，只是一個名字比丘，白白地享受信徒的施捨。苦啊！苦啊！如被問到，他的心中就像一桶黑漆一樣糊塗，只知道隨意地虛度時光。假使有那麼三個兩個學僧，卻徒然地學習、掌握了很多見識，記誦了談話的技巧，到處尋覓相似的語句，與老宿大德的語錄相印證，小看有上等根機的人，減少了自己的福德功業，今後當閻羅王盯上你的時候，不要說沒有人告訴過你。如果是初入禪門的後學僧人，就必須打起精神，不要光記誦別人說過的話，因為很多虛的東西比不上少許事實，否則今後只能自己欺騙自己。有什麼事情，走上前來說。」

文偃禪師上堂，僧眾雲集在堂上，文偃用拄杖指點面前說道：「如乾坤大地上微小塵埃一樣眾多的諸佛，總是在這裡爭論佛法，各自尋覓一個勝負，可有人能夠勸阻嗎？如果沒有人能夠勸阻，就等老漢幫你們勸阻。」這時有一個僧人站出來說道：「就請和尚去勸阻。」文偃喝道：「這個野狐狸精！」

文偃禪師上堂說法道：「你們眾人到處挨家挨戶地去雲遊行腳，都在河南海北，各自都有自己出世的因緣所在，你們可有自己知道的，就試著說出來，等老漢來給你們證明。有嗎？有嗎？你們如果不知道，那老漢就矇騙了你們。你們要知道，如果出世的因緣在北方，那河北有趙州和尚，五臺山有文殊菩薩，都在這裡。如果出世的因緣在南方，那南方有雪峰和尚、臥龍和尚、西堂和尚、鼓山和尚，也都在這裡。你們想要認識嗎？想要認識，就到這裡來認識。如果沒有見到的話，也不要弄虛作假說大話。見到了嗎？見到了嗎？就看老僧騎著佛殿出去了。珍重！」

文偃禪師上堂說法道：「天親菩薩無緣無故變成了一根榔櫟木杖。」隨即在地上劃了一下，說道：「如同塵沙一樣繁多的諸佛都來到這裡糾纏不清。」說完就下堂了。

文偃禪師說道：「我看你們眾人，在二三個機鋒中不能夠領悟，徒然披著一件衲衣有什麼好處呢？你們可領會了嗎？我給你們說破，如果今後看見老宿高僧舉起了一根手指，豎起了一根拂塵，說這就是禪是道什麼的，就打破他的頭便離去。如果不是這樣的，全都是天魔的眷屬，毀壞我們的宗乘佛法。你們如果沒有領會，就向葛藤社裡觀看。我平常對你們說，微塵數量的剎土，三世諸佛，西天二十八祖，唐土六祖，都在這拄杖頭上講說佛法。神通變化而顯身，聲音傳遍十方世界，任憑他縱橫來往。你們可領會了嗎？如果沒有領會，就不要弄虛作假說大話。雖然這是根據事實，確實是真實的看法，也沒有一直說到這個地步，不曾夢見衲僧沙彌。就像在三家村裡，沒有遇見一個人。」文偃突然站起身來，用拄杖在地上劃了一下，說道：「都在這裡。」再劃了一下說道：「都是從這裡出去的。珍重！」

文偃禪師上堂說法道：「諸位僧人，作為衲僧就必須明確地抓住衲僧的鼻孔。那什麼是衲僧的鼻孔呢？」眾僧都不能回答。文偃喝道：「摩訶般若波羅蜜，大家去普請，下堂去！」

文偃禪師上堂說法道：「諸位僧人，就算你們有了什麼事，仍然屬於頭上再安上一個頭，雪上再加上霜，在棺材板上鑽出通氣的洞眼，在針灸的瘡疤上再用艾草來灼療病痛，這一場煩亂，可不是小事，你們應當怎麼辦呢？各自尋找一個托生之處為好！不要徒勞地遊歷州縣，只想捉拿話頭來閒聊問答。等到和尚口動說話，就問禪問道，向上向下追問，如何怎樣，大量地抄寫了，塞在臭皮囊裡猜測思量，每到一處就在火爐旁，三個五個人聚集在一起，口中喃喃地舉說，再說這個是表面的，方才領會這個是從裡面說出來的，這個是依據事上而說的，這個是體悟。體你家裡的老爹老娘去！吃完了飯，只管說夢話，就說我領會了佛法。可知道你這樣的行腳，到驢年才能有個休歇之處麼？還有一種人，才聽人說了一個休歇之處，就向蘊界裡皺眉頭眨眼睛，在老鼠洞裡作活計，在黑山下坐，在鬼趣道中體會，便說得到了一條悟入的路徑。可是夢見的嗎？像這樣的，就殺死他一萬個又有什麼罪過呢？這就叫做打的沒有遇到而來到的所謂行家，竟然只是一個弄虛作假的傢伙。你們如果確實有一個見性之處，試著拿出來看看，大家同你一起探究。不要徒然不辭拒兩惡，矻矻辛勞地聚集在一起說閒話而糾纏不清，不要讓老漢看見後抓住，勘驗後名實不相當，就要打斷你們的雙腳，不要說我沒有說過，你皮下還有血嗎？用拄杖一起趕下堂去。」

有僧人問道：「什麼是佛法大意？」文偃禪師回答：「春天來了野草自然就變青了。」

文偃禪師問一個新羅僧人道：「帶著什麼東西渡過大海？」那僧人回答：「草賊被打敗了。」文偃伸出手反問道：「你為什麼卻在我這裡？」那僧人說道：「正好在。」文偃說道：「更加跳騰。」

有僧人問道：「牛頭法融大師沒有參見四祖的時候怎麼樣呢？」文偃禪師回答：「家家都供奉著觀世音。」僧人再問道：「參見以後怎麼樣？」文偃回答：「烈火中的蟭螟小蟲吞下了老虎。」

有僧人問道：「什麼是雲門一句話？」文偃禪師回答：「臘月二十五日。」

有僧人問道：「什麼是雪嶺上泥牛怒吼？」文偃禪師回答：「天地漆黑。」那僧人又問道：「什麼是雲門中木馬嘶鳴？」文偃回答：「山河移動。」

有僧人請道：「從上宗乘而來的事情，請和尚提綱挈領說一下。」文偃禪師說道：「早晨望東南，黃昏望西北。」僧人問道：「就這樣領會的時候怎麼樣？」文偃回答：「東面房間裡點燈，西面房間裡摸黑打坐。」

有僧人問道：「一天十二個時辰中，怎樣才能不虛度？」文偃禪師反問：「你在什麼地方得到了這一問題？」那僧人回答：「學生沒有領會，請和尚講說。」文偃說道：「拿筆墨硯臺來。」那僧人就拿來了筆墨硯臺，文偃作了一首偈頌道：「舉說不看，即有差錯。打算思量，何劫能悟？」

有僧人問道：「什麼是學生自己？」文偃禪師回答：「遊山玩水去。」那僧人又問道：「什麼是和尚自己？」文偃回答：「幸虧遇到維那不在。」

有僧人問道：「一口吞盡天地時怎麼樣？」文偃禪師回答：「我在你的肚子裡。」那僧人再問：「和尚為什麼在學生的肚子裡？」文偃喝道：「還我的話頭來！」

有僧人問道：「什麼是道？」文偃禪師喝道：「去！」僧人說道：「學生沒領會，請和尚講說。」文偃說道：「闍梨的公案已定，怎麼能夠重新審判呢？」

有僧人問道：「生死大限到來的時候，怎樣排遣呢？」文偃禪師伸開手說道：「還我生死來。」

有僧人問道：「什麼是父母親不允許，就不能出家？」文偃禪師回答：「淺。」那僧人說道：「學生不能領會。」文偃再說道：「深。」

有僧人問道：「什麼是學生自己？」文偃禪師回答：「你擔心我不知道。」

有僧人問道：「萬機都已消失的時候怎麼樣呢？」文偃禪師回答：「給我提到佛殿裡來，再跟你探究。」那僧人說道：「佛殿難道與這件事有關涉嗎？」文偃喝道：「這個說謊話的傢伙！」

有僧人問道：「什麼是教外別傳的一句話？」文偃禪師說道：「當著眾人之面傳來。」那僧人再問道：「直到這樣的時候怎麼樣？」文偃說道：「照從何而立？」

有僧人問道：「什麼是和尚的家風？」文偃禪師回答：「門前有人讀書。」

有僧人問道：「什麼是透徹法身的句子？」文偃禪師回答：「在北斗裡面藏身。」

有僧人問道：「什麼是祖師西來的意旨？」文偃禪師回答：「下了長時間的雨沒有晴。」文偃又說道：

「粥飯的氣味。」

有僧人問道：「古人橫說豎說，還是不知道向上一路的關鍵所在。什麼是向上一路的關鍵所在？」文偃禪師回答：「西山的山嶺青翠。」

有僧人問道：「什麼是祖師西來的意旨？」文偃禪師回答：「在河裡丟失了錢就在河裡打撈。」

文偃禪師有一次默默地坐了好一段時間，有一個僧人問道：「何其像釋迦牟尼當時啊！」文偃說道：「大家久立，趕快禮拜三拜。」

文偃禪師曾經作有一首偈頌道：「雲門山高峻白雲低繞，流水湍急游魚不敢停留。進入門來已知有了見解，何須煩勞再舉力中之泥？」

【說　明】文偃禪師作為禪宗五家之一雲門宗的創始人，成為雪峰義存禪師門下眾多弟子中聲望最高、影響最巨者。文偃禪師的思想與接機應物的方法，經其弟子的敷揚而成一家宗風，成為在五代末和北宋時期五家禪門中極有影響之一派。文偃禪師之宗風是孤危險峻，擒縱舒卷，縱橫變化，盡神盡妙，人難湊泊。其接引學人不用多言饒舌，常常於片言隻語之間超脫言意，不留情見，使參禪者往往無法從詞面上理解禪師所答之意，不能沿著原來的思路去思考，從而達到掃除情解之目的。因此，雲門宗以其險峻高古，艱深玄妙，非上上根孰能窺其堂奧的宗風，而在禪林中享有「雲門一曲」、「雲門天子」之讚譽。文偃禪師接引學僧的方法，以「一字關」、「雲門三句」最為聞名。

「雲門三句」的三句是：涵蓋乾坤句，意思是以一句話包括充斥天地之間的一切妙理玄旨；截斷眾流句，意思是以一句話破盡一切知見聞識，快刀斬葛藤，從而明悟本心；隨波逐流句，意思是以一句話來根據學僧各自之根機加以方便接引。為截斷葛藤，破除執著，文偃禪師接引學僧時常用一個字來說破禪之要旨，簡捷明快，如電光石火，即所謂的一字禪，禪林譽為「雲門一字關」。

文偃禪師創立雲門宗，與南漢劉氏政權的大力支持密不可分。在唐武宗「會昌法難」後，佛教在中原地區遭受了沉重的打擊，而南方諸國給予佛教以優遇，扶植佛教的發展，希望由此達到「資聖壽于延長，保皇基于廣大」的目的。故文偃禪師及其弟子百餘人，都得到了南漢政權的賞賜，使雲門宗得以迅速地發展，至北宋初期達到鼎盛，聲勢很大，直至南宋以後才趨於衰微，後來湮沒無聞，綿延了二百餘年，出了不少著名的禪師。

衢州南臺仁禪師

衢州南臺仁禪師。問：「如何是南臺境？」師曰：「不知貴。」曰：「畢竟如何？」師曰：「闍梨即今在什麼處？」師後遷住本郡鎮境寺而終。

【語　譯】衢州（今屬浙江）南臺禪院仁禪師。有僧人問道：「什麼是南臺的境界？」仁禪師回答：「不知道尊貴。」那僧人又問道：「究竟怎麼樣呢？」仁禪師反問：「闍梨現在在什麼地方？」仁禪師後來遷住本州鎮境寺，並在那裡逝世。

泉州東禪和尚

泉州東禪和尚，初開堂，僧問：「人主迎請，法王出世，如何提唱宗乘，即得不謬於祖風？」師曰：「還奈得麼？」曰：「若不下水，焉知有魚？」師曰：「莫閑言語❶。」

問：「如何是佛法最親切❷處？」師曰：「過也。」

問：「學人末後來，請師最先句。」師曰：「什麼處來？」

問：「如何是學人己分事？」師曰：「苦。」

問：「如何是佛法大意？」師曰：「幸自❸可憐生，剛要異❹鄉邑。」

【注釋】❶閑言語　廢話，禪宗常用以指斥無用的問答。❷親切　真切；分明。❸幸自　本；本自，表示肯定的副詞。自，詞綴。❹異　分開，此指離開。

【語譯】泉州（今屬福建）東禪和尚，初次開堂說法時，有僧人問道：「人主來迎請，法王便出世，怎樣來舉揚宗乘教義，才能不違背祖風？」東禪和尚反問：「還能夠處置嗎？」那僧人說道：「如果不下到水中，怎麼知道有魚？」東禪和尚說道：「不要說廢話。」

有僧人問道：「什麼是佛法最真切之處？」東禪和尚回答：「已過去了。」

有僧人請道：「學生最末一個來，請教和尚最先的一句話。」東禪和尚反問：「你從什麼地方來的？」

有僧人問道：「什麼是學生自己的本分事？」東禪和尚回答：「苦。」

有僧人問道：「什麼是佛法大意？」東禪和尚回答：「幸自可憐生，剛剛要離開家鄉。」

餘杭大錢山從龔禪師

餘杭大錢山從龔禪師，雪峰之上足也。自本師❶印解，洞曉宗要。常曰：「擊關南鼓，唱雪峰歌。」後入浙中❷謁錢王，王欽服道化，命居此山而闡法焉。

僧問：「不因王請，不因眾聚，請師直道西來的的意。」師曰：「那邊師僧過遮邊著。」曰：「學人不會，乞師指示。」師曰：「爭得恁麼不識好惡？」

問：「閉門造車，出門合轍。如何是閉門造車？」師曰：「造車即不問，汝作麼生是轍？」曰：「學人不會，乞師指示。」師曰：「巧匠施工，不露斤斧。」

【注釋】❶本師　佛教以釋迦牟尼為根本之教師，其他的稱受業之師。此指雪峰義存禪師。❷浙中　即浙江。

【語譯】餘杭（今浙江杭州西）大錢山從襲禪師，為雪峰和尚的高足。從襲自從在他的本師那裡印證了其悟解之後，就洞然曉徹了宗乘要旨。他常常說道：「擊打關南之鼓，舉唱雪峰之歌。」後來從襲到浙江拜謁吳越錢王，錢王欽佩信服他的道德教化，就讓他住在大錢山闡揚教法。

有僧人請道：「不因為大王來迎請，不因為眾僧聚集，請和尚直接說說祖師西來的確切意旨。」從襲禪師說道：「那邊的師僧走到這邊來。」那僧人說道：「學生沒有領會，請和尚加以指點。」從襲喝道：「怎能這麼不識好歹？」

有僧人問道：「閉起門來造車，出門適合車轍。什麼是閉起門來造車？」從襲禪師反問：「造車就不問了，你把什麼當作車轍？」那僧人說道：「學生沒有領會，請和尚指示。」從襲說道：「巧匠施工，不露斧鑿的痕跡。」

福州永泰和尚

福州永泰和尚。問：「承聞和尚見虎，是否？」師作虎聲，僧作打勢。師曰：「遮死漢！」

問：「如何是天真佛❶？」師乃拊掌曰：「不會，不會。」

【注　釋】❶天真佛　法身佛的異名，謂眾生本具之理性。〈證道歌〉：「祖佛同指此心而成于佛，亦名天真佛、法身佛、性佛如如佛。」

【語　譯】福州（今屬福建）永泰和尚。有僧人問道：「聽說和尚看見了老虎，是不是啊？」永泰和尚作出老虎的吼叫聲，那僧人作出打虎的樣子。永泰和尚喝道：「這個死人！」

有僧人問道：「什麼是天真佛？」永泰和尚就拍著手掌說道：「沒領會，沒領會。」

池州和龍山守訥禪師

池州和龍山壽昌院❶守訥，號妙空禪師，福州閩縣人也，姓林氏，受業於古田壽峰。

問：「未到龍門，如何湊泊❷？」師曰：「立命❸難存。」

有新到僧參，師問：「近離什麼處？」曰：「不離方寸。」師曰：「不易來。」僧亦曰：「不易來。」師與一掌。問：「如何是傳底心？」師曰：「再三囑汝，莫向人說。」

問：「如何是從上宗乘？」師曰：「向闍梨口裡著得麼？」

問：「省要處請師一接。」師曰：「甚是省要。」

【注釋】❶和龍山壽昌院　山在安徽池州，亦名黃龍山。寺院建於五代南唐時期，後毀於兵火，明代時重建，改稱壽昌寺。❷湊泊　集中、聚合在一起。❸立命　修養心性以奉天命。

【語譯】池州（今屬安徽）和龍山壽昌院守訥，號妙空禪師，福州閩縣（今福建福州）人，俗姓林，在古田（今屬福建）壽峰受業。

有僧人問道：「沒有到龍門，怎麼聚合在一起？」守訥禪師回答：「立命難以保存。」

有一個新到的僧人來參拜，守訥禪師問道：「近來離開了什麼地方？」那僧人回答：「沒有離開方寸之地。」守訥說道：「不容易來。」那僧人也說道：「不容易來。」守訥給了他一巴掌。那僧人又問道：「什麼是傳授的心？」守訥說道：「再三地叮囑你，不要對別人說。」

有僧人問道：「什麼是向上至妙的宗乘？」守訥禪師反問：「向闍梨嘴裡能放得下嗎？」

有僧人請道：「精要的地方還請和尚接引一下。」守訥禪師說道：「很是精要。」

建州夢筆和尚

建州夢筆和尚。問：「如何是佛？」師曰：「不誑汝。」曰：「莫便是否？」師曰：「汝誑他。」

閩王請師齋，問：「和尚還將得筆來也無？」師曰：「不是嵇山❶繡管❷，慚非月裡兔豪❸。大王既垂顧問，山僧敢不通呈！」又問：「如何是法王？」師曰：「不是夢筆家風。」

【注釋】❶嵇山　在安徽宿縣西南一百十里，三國魏時文人嵇康曾居住於此。❷繡管　筆管上刻繪有圖案的毛筆。❸兔豪　即「兔毫」，用兔毛製成的毛筆。

【語譯】建州（今福建建甌）夢筆和尚。有僧人問道：「什麼是佛？」夢筆和尚回答：「不矇騙你。」那僧人再問道：「莫非這個就是嗎？」夢筆和尚說道：「你矇騙他。」

閩王請夢筆和尚吃齋飯，問道：「和尚可把筆帶來了嗎？」夢筆和尚說道：「不是嵇山的繡管，也慚愧不是月宮裡的兔毫。大王既然垂問，山僧敢不通稟！」閩王又問道：「什麼是法王？」夢筆和尚回答：「這不是夢筆的家風。」

福州古田極樂元儼禪師

福州古田極樂元儼禪師。問：「如何是極樂家風？」師曰：「滿目看不盡。」

問：「萬法本無根，未審教學人承當什麼？」師曰：「莫寱語。」

問：「久處暗室，未達其源。今日上來，乞師一接。」師曰：「莫閉眼作夜好！」曰：「恁麼即優曇華❶坼❷，曲為今時。向上宗風，如何垂示？」師曰：「汝還識也無？」曰：「恁麼即息疑去也。」師曰：「莫向大眾前寱語。」

問：「摩騰入漢即不問，達磨來梁時如何？」師曰：「如今豈謬？」曰：「恁麼即理出三乘，華開五葉。」師曰：「說什麼三乘五葉？出去！」

【注　釋】❶優曇華　花名，也名優曇鉢花，屬無花果類，產於印度喜馬拉雅山麓和德干高原等地，高丈餘，葉長四、五寸，雌雄異花，甚細，隱於花托中。世稱此花三千年一開，花開時正值佛出世。《南史》曰：「優曇華乃佛瑞應，三千年一現，現則金輪出世。」故世稱罕見之事物為曇花一現。❷坼　綻開。

【語　譯】福州古田（今屬福建）極樂院元儼禪師。有僧人問道：「什麼是極樂院的家風？」元儼回答：「滿目看不完。」

有僧人問道：「萬法本來無根，不知道讓學生悟解什麼？」元儼禪師回答：「不要說夢話。」

有僧人請道：「我長時間待在暗室裡，不能達到那本源。今天上來，請求和尚接引一下。」元儼禪師說道：「不要閉起眼睛當作晚上為好！」那僧人問道：「這樣的話則優曇花綻開，曲意為了今天。向上的宗風，怎樣來垂示？」元儼反問道：「你可認識嗎？」那僧人說道：「這樣的話就消除了疑惑。」元儼說道：「不要在大眾面前說夢話。」

有僧人問道：「摩騰入漢的事就不問了，初祖菩提達磨到梁國來的時候怎麼樣呢？」元儼禪師說道：「現在難道有錯嗎？」那僧人便說道：「這樣的話則理出三乘，花開五葉了。」元儼喝道：「說什麼三乘五葉的，出去！」

福州芙蓉山如體禪師

福州芙蓉山如體禪師。僧問：「如何是古人曲調？」師良久曰：「聞麼？」

曰：「不聞。」師示一頌曰：「古曲發聲雄，今時韻亦同。若教第一指❶，祖佛盡迷蹤。」

【注　釋】❶第一指　指在彈奏樂器發出的第一個音節，此喻至極至妙的禪法。

【語　譯】福州（今屬福建）芙蓉山如體禪師。有僧人問道：「什麼是古人的曲調？」如體沉默了許久後問道：「聽到了嗎？」那僧人回答：「沒有聽到。」如體就作一首偈頌示意道：「古曲發出雄壯的樂聲，今天的音韻也相同。若教彈奏了第一指，祖師、佛都將迷失了道路。」

洛京憩鶴山和尚

洛京憩鶴山和尚。柏谷長老來訪，師曰：「太老去也。」谷曰：「還我不老底來。」師與一摑。

問：「駿馬不入西秦❶時如何？」師曰：「向什麼處去？」

【注　釋】❶西秦　十六國時期諸政權之一，淝水之戰後，隴西鮮卑貴族乞伏國仁於三八五年稱大單于，其弟乾歸稱河南王，又改稱秦王，史稱西秦。

【語　譯】洛京（今河南洛陽）憩鶴山和尚。柏谷長老來拜訪，憩鶴山和尚叫道：「太老了呀。」柏谷長老說道：「還我不老的來。」憩鶴山和尚給了他一巴掌。

有僧人問道：「駿馬不進入西秦境的時候怎麼樣？」憩鶴山和尚反問道：「那到什麼地方去了？」

潭州溈山棲禪師

潭州溈山棲禪師。問：「正恁麼時如何親近？」師曰：「汝擬作麼生親近？」曰：「豈無方便門？」師曰：「開元❶龍興❷，大藏小藏。」

問：「如何是速疾神通❸？」師曰：「新衣成弊帛。」

問：「如何是黃尋橋？」師曰：「賺卻多少人！」

問：「不假忉忉❹，如何是和尚家風？」師曰：「莫作野干聲。」

【注釋】❶開元　唐玄宗開元二十六年敕令各地州郡皆建開元寺，為國家祈祀會集之所。❷龍興　唐中宗承武則天為帝，再興唐室，便命各地造中興寺，為國行道。不久忌用「中興」一詞，詔改「龍興」。❸速疾神通　指行走極為迅速的神通變化。❹忉忉　也作「刀刀」，今作「叨叨」，指言語囉嗦。

【語譯】潭州（今湖南長沙）溈山棲禪師。有僧人問道：「正這樣的時候怎麼親近佛法？」棲禪師反問道：「你打算怎麼親近？」那僧人問道：「難道沒有方便接引法門嗎？」棲禪師說道：「開元寺、龍興寺，大藏經、小藏經。」

有僧人問道：「什麼是速疾神通？」棲禪師回答：「新衣裳變成了破舊的布條。」

有僧人問道：「什麼是黃尋橋？」棲禪師說道：「矇騙了多少人！」

有僧人問道：「不借助嘮嘮叨叨，什麼是和尚的家風？」棲禪師說道：「不要發出野狐狸的叫聲。」

吉州潮山延宗禪師

吉州潮山延宗禪師。資福和尚來謁，師下禪牀接。資福問曰：「和尚住此山，得幾年也？」師曰：「鈍鳥棲蘆❶，困魚上箔❷。」曰：「恁麼即真道人也。」師曰：「且坐喫茶。」

問：「如何是潮山？」師曰：「不宿屍。」曰：「如何是山中人？」師曰：「石上種紅蓮。」

問：「如何是和尚家風？」師曰：「切忌犯朝儀❸。」

【注　釋】❶鈍鳥棲蘆　謂有一種小鳥築巢於蘆葦之頂，風吹折蘆，巢傾卵破，但鳥不知悟，重來蘆頂築巢。❷箔　養蠶用的竹席之類。《齊民要術．種桑柘》：「桑至春生，一畝食三箔蠶。」❸朝儀　古代百官晉見皇帝的禮儀規定。

【語　譯】吉州（今江西吉安）潮山延宗禪師。資福和尚來拜謁，延宗從禪牀上下來迎接。資福和尚問道：「和尚住持在這座山，已有多少年了？」延宗回答：「愚鈍的小鳥築巢棲息於蘆葦之頂，困於厄境之魚爬上了養蠶的竹席。」資福和尚說道：「這樣說來就是真正的道人了。」延宗說道：「姑且坐下吃茶。」

有僧人問道：「什麼是潮山？」延宗禪師回答：「不留宿死屍。」那僧人又問道：「什麼是山中人？」延宗回答：「在石頭上種紅蓮花。」

有僧人問道：「什麼是和尚的家風？」延宗禪師回答：「切忌觸犯朝儀。」

益州普通山普明大師

益州普通山普明大師。問：「如何是佛性？」師曰：「汝無佛性。」曰：「蠢動❶含靈❷，皆有佛性。學人為何卻無？」師曰：「為汝向外求。」

問：「如何是玄玄之珠？」師曰：「遮箇不是。」曰：「如何是玄玄珠？」

師曰：「失卻也。」

【注釋】❶蠢動　蠕動，指蟲類從蟄眠中開始甦醒過來，此指蟲類。❷含靈　包含靈魂者，意同「含識」、「含生」、「有情」。《大寶積經》：「假令三界諸含靈，一切變為聲聞眾。」

【語譯】益州（今四川成都）普通山普明大師。有僧人問道：「什麼是佛性？」普明大師回答：「你沒有佛性。」那僧人問道：「蠢動含靈之類，都擁有佛性。學生為什麼卻沒有？」普明大師說道：「因為你向外尋求。」

有僧人問道：「什麼是玄之又玄的寶珠？」普明大師回答：「這個不是。」那僧人再問道：「什麼是玄之又玄的寶珠？」普明大師說道：「已丟失了。」

隨州雙泉山梁家庵永禪師

隨州雙泉山梁家庵永禪師。問：「達磨九年面壁意如何？」師曰：「睡不著。」

護國長老來，師問：「隨陽❶一境，是男是女？各申一問，問問各別。長老將何祇對？」護國以手空中畫圓相，師曰：「謝長老慈悲。」曰：「不敢。」師低頭不顧。

問：「如何得頓息諸緣去？」師曰：「雪上更加霜。」

【注釋】❶隨陽　即隨州，晉末置隨國，南朝宋時置隨陽郡，西魏改稱隨州，隋代廢，唐代復置。

【語譯】隨州（今屬湖北）雙泉山梁家庵永禪師。有僧人問道：「達磨祖師面壁九年，是什麼意思？」永禪師回答：「他睡不著。」

護國長老來拜訪，永禪師問道：「隨陽一境，是男是女？各提一個問題，兩個問題各不相同。長老拿什麼來應對？」護國長老用手在空中畫了一個圓相，永禪師說道：「感謝長老慈悲指示。」護國長老說道：「不敢當。」永禪師便低下頭不再看他。

有僧人問道：「怎樣才能立即熄滅各種外緣？」永禪師回答：「雪上再加霜。」

漳州保福院超悟禪師

漳州保福院超悟禪師。第二世住。問：「魚未透龍門時如何？」師曰：「養性深潭。」曰：「透出時如何？」師曰：「才昇霄漢，眾類難追。」曰：「昇後如何？」師曰：「慈雲普覆，潤及大千。」曰：「還有不受潤者無？」師曰：「有。」曰：

「如何是不受潤者？」師曰：「直杌❶撐太陽。」

【注釋】❶杌　樹木無枝。《集韻・沒韻》：「杌，樹無枝也。」

【語譯】漳州（今屬福建）保福院超悟禪師。第二世住持。有僧人問道：「魚沒有跳過龍門時怎麼樣？」超悟回答：「在深潭裡涵養性情。」那僧人再問道：「跳過以後怎麼樣？」超悟回答：「剛升入雲霄，眾類已難以追及。」那僧人又問道：「升入雲霄以後怎麼樣？」超悟回答：「慈祥的雲普蓋大地，滋潤著大千世界的萬物。」那僧人問道：「可有未受到滋潤的嗎？」超悟回答：「有。」那僧人問道：「什麼是未受到滋潤的？」超悟回答：「直立的光樹幹支撐著太陽。」

太原孚上座

太原孚上座，偏歷諸方，名聞宇內。嘗遊浙中，登徑山法會。一日，於大佛殿前，有僧問：「上座曾到五臺否？」師曰：「曾到。」曰：「還見文殊麼？」師曰：「見。」曰：「什麼處見？」師曰：「徑山佛殿前見。」其僧後適閩川，舉似雪峰，曰：「何不教伊入嶺❶來？」師聞，乃趨裝❷而邁❸。初上雪峰廨院❹，憩錫❺，因分甘子❻與僧。長慶稜和尚問：「什麼處將來？」師曰：「嶺外將來。」曰：「遠涉不易擔負得來。」師曰：「甘子，甘子。」方上參雪峰，禮拜訖，立於座右。雪峰才顧視，師便下看主事。

異日，雪峰見師，乃指日示之，師搖手而出。雪峰曰：「汝不肯我。」師曰：「和尚搖頭，某甲擺尾，什麼處不肯？」和尚曰：「到處也須諱卻。」

一日，眾僧晚參，雪峰在中庭❼臥。師曰：「五州❽管內，只有遮和尚較些子。」雪峰便起去。

雪峰嘗問師曰：「見說臨濟有三句，是否？」師曰：「是。」曰：「作麼生是第一句？」師舉目視之。雪峰曰：「此猶是第二句，如何是第一句？」師叉手而退。自此雪峰深器之，室中印解，師資道成。師更不他遊，而掌浴室焉。

一日，玄沙上問訊，雪峰曰：「此間有箇老鼠子，今在浴室裡。」玄沙曰：「待與和尚勘破❾。」言訖到浴室，遇師打水。玄沙曰：「相看上座。」師曰：「已相見了。」玄沙曰：「什麼劫中曾相見？」師曰：「瞌睡作麼？」玄沙卻入方丈，白雪峰曰：「已勘破了。」雪峰曰：「作麼生勘伊？」玄沙舉前語，雪峰曰：「汝著賊❿也。」

鼓山晏和尚問師：「父母未生時，鼻孔在什麼處？」師曰：「老兄先道。」晏曰：「如今生也，汝道在什麼處？」師不肯。晏卻問：「作麼生？」師曰：「將手中扇子來！」晏與扇子，再徵之，師默置，晏罔測，乃毆之一拳。

師在庫前立，有僧問：「如何是觸目菩提？」師踢狗子，作聲走，僧無對。師曰：「小狗子不消一踢。」

師不出世⓫，諸方目為太原孚上座，終于維揚。

【注釋】❶嶺　指雪峰義存禪師所在的象骨山。❷趨裝　急忙整理行裝。❸邁　跨過，此指登山。❹廨院　寺院中住持僧所居的庭院。廨，舊稱官署、衙門。❺憩錫　即掛單之意。❻甘子　即「柑子」。❼中庭　寺院當中的庭院。❽五州　五代閩國轄有福州、建州、泉州、漳州與汀州等五州，此代指閩國。❾勘破　勘定事之是非。❿著賊　遭賊偷了。禪林以此喻自己的境界被人看破了，或自己的虛實被人偷窺了。⓫出世　指僧人住持寺院。

【語　譯】太原（今屬山西）孚上座，到處參拜各方高僧大德，聲名傳布於海內。他曾經遊歷浙中杭州，參預徑山和尚的法會。有一天，孚上座在大佛殿前，有一位僧人問道：「上座曾經到過五臺山嗎？」孚上座回答：「曾經到過。」那僧人問道：「可看見過文殊菩薩嗎？」孚上座回答：「看見過。」那僧人便問道：「在什麼地方看見的？」孚上座回答：「在徑山佛殿前看見的。」那僧人後來回到福建閩江，舉說給雪峰義存和尚聽，雪峰和尚便說道：「為什麼不教他到嶺上來？」孚上座聽到後，就急忙整理行裝前來登山。孚上座剛來到雪峰和尚的廨院掛單時，就把帶來的柑子分給僧眾。長慶慧稜和尚問道：「是從什麼地方弄來的？」孚上座回答：「從嶺南弄來的。」長慶和尚說道：「長途跋涉，不容易挑來。」孚上座說道：「柑子，柑子。」孚上座這才上堂參拜雪峰和尚，禮拜完畢，就站立在雪峰和尚的法座右面。雪峰和尚剛回過頭看他，孚上座就走下堂去看望主事僧。

又一天，雪峰和尚看見孚上座，就指著太陽讓他看，孚上座便搖了搖手後出去了。雪峰和尚說道：「你不承認我。」孚上座說道：「和尚搖頭，我就擺尾巴，什麼地方不承認？」雪峰和尚說道：「到了地方也應該迴避一下。」

有一天，眾僧晚參，雪峰和尚在中庭裡躺著。孚上座說道：「五州管轄之內，只有這個和尚還馬馬虎虎。」雪峰和尚就爬了起來。

雪峰和尚曾經問孚上座道：「聽說臨濟和尚有三句話，是不是啊？」孚上座回答：「是。」雪峰和尚問道：「什麼是第一句？」孚上座抬眼看著他。雪峰和尚說道：「這還是第二句，什麼是第一句？」孚上座雙手合十而退下。雪峰和尚從此非常器重他，在方丈室中印證了他的悟解，孚上座完全契合了雪峰和尚的意旨。孚上座便不再到別的地方去遊歷，就在這裡掌管浴室。

有一天，玄沙師備和尚上山來參拜，雪峰和尚說道：「這裡有一隻老鼠子，現在正在浴室裡。」玄沙和尚便說道：「等我幫和尚去勘破他。」說完就來到了浴室，正遇到孚上座在打水。玄沙和尚說道：「來考察上座。」孚上座說道：「已經見過面了。」玄沙和尚問道：「在什麼劫中曾經見過面？」孚上座說道：「打瞌睡做什麼？」玄沙和尚卻回到了方丈室，告訴雪峰和尚道：「已經勘破了。」雪峰和尚問道：「怎樣勘破他的？」玄沙和尚把剛才的對話說了一遍，雪峰和尚說道：「你遭到賊搶了。」

鼓山神晏和尚問孚上座道：「父母沒有生下你的時候，鼻孔在什麼地方？」孚上座說道：「老兄先說。」神晏再問道：「現在生下你了，你說在什麼地方？」孚上座不認可他的見解。神晏反問道：「怎麼樣？」孚上座說道：「把你手中的扇子拿過來！」神晏把扇子拿給他，再問這問題，孚上座默默地把扇子放到一邊，神晏不知所以，就打了孚上座一拳。

孚上座在庫房前站立，有僧人問道：「什麼是觸目菩提？」孚上座便踢狗，狗叫著逃走了，那僧人不能應對。孚上座就說道：「小狗子經不起一踢。」

孚上座沒有出世住持寺院，但各方僧人都稱他為太原孚上座，後來在維揚（今江蘇揚州）圓寂。

南嶽惟勁禪師

南嶽般舟道場❶寶聞大師惟勁，福州人也。素持苦行，不衣繒纊❷，惟壞衲以度寒暑，時謂頭陀焉。初參雪峰，深入淵奧❸，復問法玄沙之席，心印符會。一日，謂鑒上座曰：「聞汝注《楞嚴經》。」鑒曰：「不敢。」師曰：「二文殊，汝作麼生注？」曰：「請師鑑。」師乃揚袂而去。

唐光化中，入南嶽，住報慈東藏❹。亦號「三生❺藏」。藏中有鏡燈一座，即華嚴第三祖賢首大師❻之所製也。師覩之，頓喻廣大法界，重重帝網❼之門，佛佛羅❽光之像，因美之曰：「此先哲之奇功，苟非具不思議善權之智，何以創焉？」乃著〈五字頌〉五章，覽之者悟理事相融。後終於南嶽。

師於梁開平中撰《續寶林傳》❾四卷，紀貞元之後禪門繼踵之源流也。又製七言〈覺地頌〉，廣明諸教緣起，別著《南嶽高僧傳》，皆流傳于世。

【注釋】❶般舟道場　在南嶽衡山，寺由唐代大曆初承遷法師所創建，初稱彌陀臺般舟道場，入宋後逕稱彌陀寺。❷繒纊　繒，古代指絲織品。纊，絲綿。❸淵奧　此指禪法之深密玄旨。❹東藏　大寺院中將《大藏經》分成二部，置於東西廂，因而有東藏、西藏之稱。❺三生　指三生轉世之意。❻華嚴第三祖賢首大師　華嚴指華嚴宗，中國佛教宗派，因以《華嚴經》為主要經典，故名。又因其實際創始人法藏被武則天賜號「賢首大師」，故也稱「賢首宗」。據其宗記載，其早期創始人有南北朝陳代與隋代之間的杜順、智正，杜順被追認為初祖，智正被追認為二祖，而唐初之法藏為三祖。❼帝網　也稱帝釋網，懸掛於帝釋宮之寶網。華嚴宗經師用以譬喻諸法重重無盡之緣起。❽佛佛羅　佛佛，諸佛接續傳遞之意。羅，又作「囉」，悉曇五十字門之一，《大日經》：「囉字門一切法離諸塵染故。」又有火大之種子之意，《演密鈔》五：「以囉字之慧火，除煩惱之暗，資智慧之明。」❾續寶林傳　唐代貞元十九年，建康沙門慧炬與天竺三藏勝持編撰禪宗諸祖傳法之讖記及宗師之機緣，名《寶林傳》。五代南嶽惟勁禪師又集《寶林傳》以後至唐末的宗師之機緣，作《續寶林傳》。

【語　譯】南嶽衡山般舟道場寶聞大師惟勁，福州（今屬福建）人。他平日堅持修習苦行，不穿繒纊衣物，只穿破敗的衲衣來度冬夏寒暑，故當時人稱他為頭陀。惟勁初次參拜雪峰和尚時，就深入理解了禪法之深密玄旨，再去謁見玄沙和尚的法席參問禪法，心印契合。

有一天，惟勁禪師對鑒上座說道：「聽說你注釋了《楞嚴經》。」鑒上座說道：「不敢。」惟勁便問道：「二文殊，你是怎麼注釋的？」鑒上座回答：「請和尚鑑別。」惟勁就揮動著衣袖離去了。

唐代光化（八九八～九〇一年）年間，惟勁禪師進入南嶽衡山，住持報慈院東藏。也稱「三生藏」。東藏內有一座鏡臺，是華嚴宗第三祖賢首大師法藏所製造的。惟勁禪師看見後，頓時領會了廣大法界之中的重重帝網之門，佛佛羅光之像，因此讚美道：「這是古代聖賢奇妙的功德，如果不是具有不可思議的善於權變的智慧，怎麼能創製呢？」於是就撰寫了〈五字頌〉五首，閱覽的人便由此領悟了理事互相交融的道理。惟勁禪師後來逝世於南嶽衡山。

惟勁禪師在五代後梁開平年間（九〇七～九一一年）撰寫了《續寶林傳》四卷，記載了自唐代貞元年間之後禪門嗣續的源流。惟勁又撰寫了七言的〈覺地頌〉，廣泛推明諸教之緣起，另外撰寫了《南嶽高僧傳》，都流傳於世。

【說　明】雪峰義存禪師的法嗣還有台州十相審超禪師、江州廬山詠禪師、新羅國大無為禪師、潞州玄暉禪師、湖州清淨和尚、益州永安雪峰和尚、盧仙德明禪師、撫州明水懷忠禪師、益州懷果禪師、杭州耳相行修禪師、嵩山安德禪師等十一人，因無機緣語句，故未收錄。

卷二〇

青原行思禪師下六世四

前洪州雲居山道膺禪師法嗣

【題解】曹洞宗門既立，繼洞山良价禪師之後住持洞山者有道全、師虔等禪師，而曹山本寂禪師門下參學的知名弟子亦有道延、從志、處真、慧霞、光慧、弘通、行傳等禪師，這些禪師雖多流傳有機鋒問答，但其法脈都傳之不遠。真正將曹洞法脈保存下來的是雲居道膺禪師一系。

杭州佛日和尚

杭州佛日和尚❶，初遊天台山，嘗曰：「如有人奪得我機者，即我師矣。」尋抵于江西，謁雲居膺和尚，作禮而問曰：「二龍爭珠，誰是得者？」雲居曰：「卸卻業身❷來相見。」對曰：「業身已卸。」曰：「珠在什麼處？」師無對。

同安代云：「迴頭即勿交涉。」師乃投誠❸入室，便禮雲居為師。

後參夾山，才入門，見維那。維那曰：「此間不著❹後生。」師曰：「某甲暫來禮謁和尚，不宿。」維那白夾山，夾山許見。未陞堦，便問：「什麼處來？」師曰：「雲居來。」曰：「即今在什麼處？」師曰：「在夾山頂上。」曰：「老僧行年❺在坎❻，五鬼❼臨身。」師乃上堦禮拜。夾山又問：「闍梨與什麼人為同行？」師曰：「拄上座。」曰：「他何不來相看？」師曰：「和尚看他有分❽。」曰：「在什麼處？」師曰：「在堂中。」夾山便共師下到堂中，師遂去取得拄杖，擲于夾山面前。夾山曰：「莫從天台得來否？」師曰：「非五嶽之所生。」曰：「莫從須彌山得來否？」師曰：「月宮亦不逢。」曰：「恁麼即從他人得也。」師曰：「自己尚是怨家，從人得堪作什麼？」曰：「冷灰裡有一粒豆子爆❾。」喚維那來，令「安排向明燈下著」。師卻問：「燈籠還解語❿也無？」夾山曰：「待燈籠解語，即向汝道。」至明日，夾山入堂，問：「昨日新到上座在什麼處？」師出應諾，夾山曰：「子未到雲居前在什麼處？」對曰：「天台國清。」夾山曰：「天台有潺潺之瀑，淥淥之波。謝子遠來，子意如何？」師曰：「久居巖谷，不掛松蘿。」夾山曰：「此猶是春意，秋意如何？」師良久，夾山曰：「看君只是撐船漢，終歸不是弄潮人。」

一日大普請，維那請師送茶。師曰：「某甲為佛法來，不為送茶來。」維那曰：「和尚教上座送茶。」曰：「和尚尊命即得。」乃將茶去作務處，搖茶椀作聲。夾山迴顧，師曰：「釅茶⓫三五椀，意在钁頭邊。」夾山曰：「鉼有傾茶意，籃中幾箇甌⓬？」師曰：「鉼有傾茶意，籃中無一甌。」便傾茶行之，時大眾皆舉目。師又問曰：「大眾鶴望⓭，請師一言。」夾山曰：「路逢死蛇莫打殺，無底籃子盛將歸。」師曰：「手執夜明符⓮，幾箇知天曉？」夾山曰：「大眾有人，歸去！歸去！」從此住普請，歸院，眾皆仰歎。

師後迴浙西，住佛日而終。

【注　釋】❶佛日和尚　即五代僧人本空，年十三歲時，機智過人，參究有得，雲居道膺禪師為其印可，停住四年。後參謁夾山和尚，夾山和尚深器重之，眾皆仰歎。其初住天台山國清寺，後主杭州佛日寺，終於此，世稱佛日和尚。❷業身　即業報身。菩薩為濟度眾生，而如眾生現業因所感之身。❸投誠　致以誠心。❹著　收留；留宿。❺行年　經歷過的年歲。《莊子・達生》：「行年七十而猶有嬰兒之色。」❻坎　八卦之一，象徵水，亦有坎坷之意。❼五鬼　指智窮、學窮、文窮、命窮、交窮等五種窮鬼。唐人韓愈〈送窮文〉曰：「凡此五鬼，為吾五患。」❽有分　應該；應當。❾冷灰裡有一粒豆子爆　俗語，比喻事情突然發生。❿解語　說話。⓫釅茶　濃茶。⓬甌　小盆；小盂。⓭鶴望　形容人們如同仙鶴一樣引頸企望。⓮夜明符　傳說中可令黑夜光明如白晝的咒符。

【語　譯】杭州（今屬浙江）佛日和尚，當初雲遊天台山時，曾經說道：「如果有人能夠贏過我的機鋒，那就是我的老師。」不久，佛日來到了江西，參謁雲居道膺和尚，施禮後問道：「兩條龍爭奪寶珠，誰是獲得寶珠者？」雲居和尚說道：「卸下了業身再來相見。」佛日便說道：「業身已經卸下了。」雲居和尚便問道：「寶珠在什麼地方？」佛日無語應對。同安和尚代為回答：「一回頭就與禪義沒有關係了。」佛日這才投誠成為入室弟子，而禮拜雲居和尚為老師。

後來，佛日和尚去參謁夾山和尚，剛進入山門，就遇見了維那。維那說道：「這裡不留宿後生。」佛日說道：「我只是來拜謁和尚一下，並不留宿。」維那這才去通稟夾山和尚，夾山和尚同意相見。佛日還沒有走上石階，夾山和尚就問道：「從什麼地方來的？」佛日回答：「從雲居那裡來。」夾山和尚又問道：「現在在什麼地方？」佛日回答：「正在夾山的頭頂上。」夾山和尚便說道：「老僧行年在坎位之上，有五鬼臨身。」佛日這才走上石階禮拜。夾山和尚又問道：「闍梨和什麼人同行？」佛日回答：「是拄上座。」夾山和尚問道：「他為什麼不來相見？」佛日回答：「和尚應當去看他。」夾山問道：「他現在什麼地方？」佛日回答：「在僧堂中。」夾山和尚就同佛日一起來到了僧堂中，佛日便去取來拄杖，扔在夾山和尚的面前。夾山和尚問道：「這個莫非是從天台山得來的吧？」佛日回答：「不是五嶽所出產的。」夾山和尚又問道：「那莫非是從須彌山得來的？」佛日回答：「月宮內也找不到。」夾山和尚便說道：「這樣的話就是從別人那裡得來的。」佛日說道：「自己得來的尚且是一個冤家，從別人那裡得來的可做什麼？」夾山和尚歎道：「冷灰裡突然爆出了一粒熱豆子。」隨後他招呼維那，命令把佛日「安排在明燈之下住宿」。佛日便問道：「燈籠還會說話嗎？」夾山和尚回答：「等到燈籠會說話了，再對你說。」到了明天，夾山和尚上堂後，問道：「昨天新來的上座在什麼地方？」佛日便站出來答應，夾山和尚問道：「你沒有到雲居那裡之前，在什麼地方？」佛日回答：「在天台山國清寺。」夾山和尚說道：「天台山有潺潺下瀉的瀑布，有清清流動的水波。感謝你遠道而來，你的意思是什麼呢？」佛日說道：「久居在高巖深谷之中，從來不披掛松枝女蘿。」夾山和尚便問道：「這還是春天之意，秋天之意是什麼？」佛日沉默了好一會兒，夾山和尚便說道：「看來你不過是一個在水面上撐船的漢子，終究不是一位在浪濤中搏擊的弄潮人。」

有一天寺內大普請，維那請佛日和尚去送茶水。佛日說道：「我是為了參學佛法而來的，不是為了送茶水而來的。」維那說道：「和尚讓上座去送茶水。」佛日便說道：「是和尚的尊命就行。」就把茶水送到了眾僧勞作的地方，搖動茶碗發出響聲。夾山和尚回過頭來看，佛日說道：「釅茶三五碗，其意就在鋤頭的旁邊。」夾山和尚問道：「茶瓶已有傾倒茶水的意思，籃子裡面有幾只茶缸？」佛日回答：「茶瓶已有傾倒茶水的意思，但籃子中卻沒有一只茶缸。」隨即給眾僧倒茶，當時眾僧都舉目觀看。佛日又說道：「眾人如同仙鶴一樣引頸企望，請求和尚說一說。」夾山和尚說道：「路上遇到死蛇不要打，用沒有底的籃子盛著回家。」佛日便問道：「手中拿著夜明符，幾個人知道天已破曉？」夾山和尚說道：「大眾裡面有人物，回去！回去！」於是結束了普請，回到了寺院中，眾僧都對佛日十分讚歎。

佛日和尚後來回到了浙西，住持佛日寺，並在那裡逝世。

蘇州永光院真禪師

蘇州永光院真禪師，上堂謂眾曰：「言鋒若差，鄉關❶萬里。直須懸崖撒手，自肯承當。絕後再蘇，欺君不得。非常之旨，人焉廋❷哉？」

問：「道無橫徑❸，立者皆危。如何得不被橫徑所侵去？」師以拄杖驀口拄，僧曰：「此猶是橫徑。」師曰：「合取。」

【注釋】❶鄉關　家鄉；故鄉。❷廋　隱藏。❸橫徑　岔路；歧路。

【語譯】蘇州（今屬江蘇）永光院真禪師，上堂對眾僧說道：「言鋒如果有差誤，就會離開故鄉萬里。必須在懸崖上撒手掉下，這才肯自己領悟。死後復甦，這才不能欺矇你。不平凡的意旨，人們怎麼能隱藏啊？」

有僧人問道：「大道沒有歧路，站立在路口的人都有危險。怎樣才能不被歧路所危害呢？」真禪師便用拄杖對著他的嘴巴拄過去，那僧人說道：「這猶是歧路。」真禪師說道：「應該取去。」

洪州同安丕禪師

洪州鳳棲山同安丕禪師。問：「如何是無縫塔？」師曰：「吽！吽！」僧曰：「如何是塔中人？」師曰：「今日大有人從建昌來。」

問：「一見便休❶去時如何？」師曰：「是也，更來遮裡作麼？」

問：「如何是點額魚？」師曰：「不透波瀾。」僧曰：「慚恥時如何？」師曰：「終不仰面。」僧曰：「恁麼即不變其身也。」師曰：「是也，青雲事作麼生？」

問：「如何是和尚家風？」師曰：「金雞抱子歸霄漢，玉兔懷兒向紫微❷。」云：「忽遇客來，將何祇待？」師曰：「金果朝來猨去摘，玉花晚後鳳銜歸。」

問：「路逢達道人，不將語默對。未審將什麼對？」師曰：「要踢要拳。」

問：「不傷王道如何？」師曰：「喫粥喫飯。」曰：「莫便是不傷王道也無？」師曰：「遷流左降❸。」

問：「玉印開時，何人受信？」師曰：「不是恁麼人。」曰：「親宮事如何？」師曰：「道什麼？」

問：「如何是毗盧師？」師曰：「闍梨在什麼處出家？」

問：「如何是觸目菩提？」師曰：「面前佛殿。」

問：「片玉無瑕，請師不觸。」師曰：「落汝後。」

問：「玉印開時，何人受信？」師云：「不是小小[4]。」

問：「如何是妙旨？」師曰：「好。」

問：「迷頭認影如何止？」師曰：「告阿誰？」曰：「如何即是？」師曰：「從人覓，即轉遠也。」曰：「不從人覓時如何？」師曰：「頭在什麼處？」

問：「如何是同安一隻箭？」師曰：「腦後看。」曰：「腦後事如何？」師曰：「過也。」

問：「亡僧衣，眾人唱。祖師衣，什麼人唱？」師曰：「打！」

問：「將來不相似，不將來時如何？」師曰：「什麼處著？」

問：「未有遮箇時，作麼生行李[5]？」師曰：「尋常又作麼生？」曰：「恁麼即不改舊時人也。」師曰：「作何行李？」

【注釋】❶休　休息之意，禪林中常以此借指徹悟。❷金雞二句　金雞、玉兔指太陽、月亮。紫微，星宿名。❸遷流左降　古代指官員遭到流放、貶謫到外地或邊地去任職。❹小小　幼小之人。唐人李白〈宮中行樂詞八首〉：「小小生金屋，盈盈在紫微。」❺行李　行旅，此借指行事。

【語譯】洪州（今江西南昌）鳳棲山同安丕禪師（？～九〇五年）。有僧人問道：「什麼是無縫塔？」丕禪師就叫道：「咩！咩！」僧人再問道：「什麼是塔中之人？」丕禪師說道：「今天有許多人從建昌（今江西南城）來。」

有僧人問道：「一見面就領悟禪機而去的時候怎麼樣呢？」丕禪師說道：「是啊，那再來這裡作什麼呢？」

有僧人問道：「什麼是被點額而回的魚？」丕禪師回答：「不能跳過波濤。」僧人再問道：「覺得慚愧的時候怎麼樣呢？」丕禪師回答：「終歸不抬頭。」僧人說道：「這樣的話則不改變它的身體了。」丕禪師說道：「是啊，那青雲上的事業又怎麼樣呢？」

有僧人問道：「什麼是和尚的家風？」丕禪師回答：「金雞抱子歸入九霄雲漢，玉兔懷兒向著紫微深處而去。」那僧人問道：「忽然遇到客人來的時候，用什麼來招待呢？」丕禪師回答：「金果是猿猴早上摘來的，玉花是傍晚後由鳳凰銜來。」

有僧人問道：「路上遇到達悟大道之人，不能用語言與沉默來應對。不知道應該用什麼來應對？」丕禪師回答：「要用腳踢，要用拳打。」

有僧人問道：「不損害王道時怎麼樣？」丕禪師說道：「吃粥吃飯。」那僧人又問道：「莫非這就是不損害王道嗎？」丕禪師回答：「遷流左降。」

有僧人問道：「玉印打開以後，什麼人能接受這印信？」丕禪師回答：「不是這樣的人。」那僧人再問道：「那親宮的事怎麼樣呢？」丕禪師反問：「說什麼？」

有僧人問道：「什麼是毗盧師？」丕禪師反問道：「闍梨是在什麼地方出家的？」

有僧人問道：「什麼是觸目菩提？」丕禪師回答：「眼前的佛殿。」

有僧人說道：「片玉上沒有瑕疵，請和尚不要觸摸。」丕禪師說道：「落在了你的後面。」

有僧人問道：「玉印打開以後，什麼人能接受這印信？」丕禪師回答：「不是小孩。」

有僧人問道：「什麼是微妙的意旨？」丕禪師說道：「好。」

有僧人問道：「迷失自己的頭顱而只認得鏡中影像的時候怎樣才能制止？」丕禪師反問：「告訴了誰？」那僧人又問道：「怎樣才好？」丕禪師回答：「從別人那裡尋求，就轉而更遠了。」那僧人又問道：「不從別人尋求時怎麼樣？」丕禪師反問：「頭在什麼地方？」

有僧人問道：「什麼是同安一支箭？」丕禪師回答：「朝腦後看。」僧人又問道：「腦後的事怎麼樣？」丕禪師說道：「飛過去了。」

有僧人問道：「死去僧人的衣服，眾人圍著唱吟。祖師的衣服，什麼人唱吟？」丕禪師喝道：「打！」

有僧人問道：「拿來的不相似，不拿來的時候怎麼樣呢？」丕禪師反問：「什麼地方放著？」

有僧人問道：「沒有這個的時候，怎樣來行事？」丕禪師反問：「平時又怎麼樣呢？」那僧人說道：「這樣就不改變舊時人了。」丕禪師問道：「怎樣來行事？」

廬山歸宗寺澹權禪師

廬山歸宗寺澹權禪師。第二世住。問：「金雞未鳴時如何？」師曰：「失卻威音王。」曰：「鳴後如何？」師曰：「三界平沉。」

問：「盡身❶供養時如何？」師曰：「將得什麼來？」曰：「所有不惜。」師曰：「供養什麼人？」僧無語。

問：「學人為佛法來，如何是佛法？」師曰：「正空閑。」曰：「便請商量。」師曰：「周匝❷有餘。」

問：「大眾雲集，合譚何事？」師曰：「三三兩兩❸。」

問：「路逢達道人，不將語默對。未審將什麼對？」師曰：「爭能肯得人？」又曰：「會麼？」曰：「不會。」師曰：「長安❹路廁坑子。」

問：「學人不問諸餘，如何是佛法大意？」師曰：「三枷五棒。」

問：「通通❺會底人如何道？」師曰：「只今事作麼生？」僧曰：「隨流。」師曰：「不隨流爭得息❻？」

【注　釋】❶盡身　指竭盡身上所有財物。❷周匝　周到；殷勤。唐人白居易〈謝李六郎中寄新蜀茶〉詩：「故情周匝向交親，新茗分張及病身。」❸三三兩兩　比喻話題不一。❹長安　唐代都城，此指繁華的鬧市。❺通通　全部；所有的。❻息　此喻因徹底領悟而使心得以歇息。

【語　譯】廬山歸宗寺澹權禪師。第二世住持。有僧人問道：「金雞沒有啼鳴的時候怎麼樣？」澹權回答：「失掉了威音王。」那僧人再問道：「啼鳴以後怎麼樣？」澹權回答：「三界平沉。」

有僧人問道：「竭盡身上的所有來供養的時候怎麼樣？」澹權禪師反問：「帶來了什麼東西？」那僧人回答：「一切都不吝惜。」澹權問道：「用來供養什麼人？」那僧人不能應答。

有僧人問道：「學生為了佛法而來，那什麼是佛法呢？」澹權禪師回答：「正有空閒。」那僧人說道：「那就請談談。」澹權說道：「殷勤有餘。」

有僧人問道：「大眾雲集在一起，應該說什麼事？」澹權禪師回答：「三三兩兩。」

有僧人問道：「路上遇到達悟大道的人，不能用語言與沉默來對待。不知道應該用什麼來對待？」澹權禪師回答：「怎麼會有領悟的人？」又問道：「領會了嗎？」那僧人回答：「沒有領會。」澹權說道：「長安路邊的茅坑。」

有僧人問道：「學生不問其他的事，什麼是佛法大意？」澹權禪師回答：「三個木枷五根棒。」

有僧人問道：「所有的人怎麼談說？」澹權禪師反問：「只是如今的事又怎麼樣呢？」那僧人回答：「隨流。」澹權說道：「不隨流又怎能使心得以歇息？」

池州廣濟和尚

池州❶廣濟和尚。問：「疋馬單槍時如何？」師曰：「頭落也。」

問：「如何是方外❷之譚？」師曰：「汝道什麼？」

問：「如何是廣濟水？」師曰：「無饑渴。」曰：「恁麼即學人不虛設也。」師曰：「情知你受人安排。」

問：「遠遠來投，乞師指示。」師曰：「有口只解喫飯。」

問：「溫伯❸與仲尼❹相見時如何？」師曰：「此間無恁麼人。」

問：「不識不見，請師道出。」師曰：「不昧。」曰：「不昧時作麼生？」

師曰：「汝喚作什麼？」

【注釋】❶池州 《五燈會元》卷一三作「蘄州」。❷方外 指世外，即謂超然於世俗禮教之外，語出《莊子・大宗師》：「彼遊方之外者也。」後因稱僧道為方外。又指中原以外的地區。因初祖菩提達磨為天竺人，故此處語含兩層意思。❸溫伯 周朝封邑，以地為姓。《莊子》載有溫伯雪子之事。❹仲尼 春秋時儒家創始人孔子之字。

【語譯】池州廣濟和尚。有僧人問道：「單槍匹馬衝鋒時怎麼樣？」廣濟和尚回答：「頭掉落了。」

有僧人問道：「什麼是方外之談？」廣濟和尚反問：「你說什麼？」

有僧人問道：「什麼是廣濟之水？」廣濟和尚回答：「不饑不渴。」那僧人說道：「這樣的話則學生沒有白提問題。」廣濟和尚說道：「深知你接受別人的安排。」

有僧人請求道：「大老遠前來投奔，請和尚加以指示。」廣濟和尚說道：「有嘴巴就只知道吃飯。」

有僧人問道：「溫伯與仲尼相見的時候怎麼樣？」廣濟和尚回答：「這裡沒有這樣的人。」

有僧人問道：「不能認識不能觀察的道理，請和尚說出來。」廣濟和尚回答：「不糊塗。」那僧人再問道：「不糊塗的時候怎麼樣？」廣濟和尚問道：「你叫作什麼？」

潭州水西南臺和尚

潭州水西南臺和尚。僧問：「如何是此間一滴水？」師曰：「入口即攫出❶。」

問：「如何是西來意？」師曰：「靴頭線綻。」

問：「祖祖相傳，未審傳箇什麼？」師曰：「不因闍梨問，老僧亦不知。」

【注　釋】❶擭出　挖出；掘出。

【語　譯】潭州（今湖南長沙）水西南臺和尚。有僧人問道：「什麼是這裡的一滴水？」南臺和尚回答：「一吃入嘴裡就被挖出來。」

有僧人問道：「什麼是祖師西來的意旨？」南臺和尚回答：「靴子頭上綻了線。」

有僧人問道：「祖師一代一代傳下來，不知道傳個什麼？」南臺和尚回答：「要不是闍梨提問，老僧也不知道。」

歙州朱溪謙禪師

歙州朱溪謙禪師。饒州刺史與師造大藏殿❶，師與一僧同看殿次，師喚某甲，僧應諾。師曰：「此殿著得多少佛？」曰：「著即不無，有人不肯。」師曰：「我不問遮箇人。」曰：「恁麼即某甲亦未曾祇對。珍重！」師後住兜率山而終。

【注　釋】❶大藏殿　即佛殿。

【語　譯】歙州（今安徽歙縣）朱溪謙禪師。饒州（今江西波陽）刺史幫謙禪師建造了大藏殿，謙禪師跟一位僧人一同觀看佛殿的時候，謙禪師招呼某人，那僧人答應。謙禪師問道：「這殿堂可安放多少尊佛？」那僧人回答：「安放不是不可以，只是有人不認可。」謙禪師說道：「我不問這個人。」那僧人便說道：「這麼說來則我也沒有應對。珍重！」謙禪師後來住持兜率山而逝世。

揚州豐化和尚

揚州豐化和尚。問：「如何是敵❶國一著棋？」師曰：「下來。」

問：「一棒打破虛空時如何？」師曰：「把一片來。」

問：「上無片瓦，下無卓❷錐，學人向什麼處立？」師曰：「莫飄露❸麼？」

【注釋】❶敵 相當；匹敵。❷卓 立。❸飄露 飄泊；流落。

【語譯】揚州（今屬江蘇）豐化和尚。有僧人問道：「什麼是匹敵國家的一局棋？」豐化和尚說道：「下將來。」

有僧人問道：「一棒打破虛空的時候怎麼樣？」豐化和尚說道：「拿一片來。」

有僧人問道：「上無片瓦、下無立錐之地時，學生在什麼地方站立？」豐化和尚說道：「不要流落嗎？」

雲居山道簡禪師

雲居山昭化禪師道簡，第二世住。范陽人也。久入雲居之室，密受真印，而分掌寺務，典司樵爨❶。以臘❷高，居堂中為第一座。屬膺和尚將臨順寂，主事僧問：「誰堪繼嗣？」曰：「堂中簡。」主事僧雖承言而未曉其旨，謂之揀選，乃與眾僧僉議，舉第二座為化主❸，然且備禮先請第一座，必若謙讓，即堅請第二座焉。時簡師既密承師記，略不辭免，即自持道具入方丈，攝眾演法。主事僧等不愜素志，罔循規式。師察其情，乃棄院潛下山。其夜，山神號泣。詰旦，主事、大眾奔至麥莊悔過，哀請歸院。眾聞山神連聲唱云：「和尚來也！」

僧問：「如何是和尚家風？」師曰：「隨處得自在。」

問：「維摩豈不是金粟如來❹？」師曰：「是。」曰：「為什麼卻預釋迦會下聽法？」師曰：「他不爭人我❺。」

問：「橫身蓋覆時如何？」師曰：「還蓋覆得麼？」

問：「蛇子為什麼吞蛇師❻？」師曰：「在裡不傷。」

問：「諸聖道不得處，和尚還道得麼？」師曰：「汝道什麼處諸聖道不得？」

問：「路逢猛虎時如何？」師曰：「千人萬人不逢，偏汝便逢！」

問：「孤峰獨宿時如何？」師曰：「閑著七間僧堂不宿，阿誰教汝孤峰獨宿？」師示滅後，盧州帥張崇施財建石塔於本山，至今存焉。

【注釋】❶樵爨　打柴燒火。❷臘　即法臘。❸化主　即寺院中的住持僧。❹金粟如來　傳說維摩詰居士的前身為金粟如來。❺爭人我　即有勝負心，要與人分出高低。❻蛇師　舞蛇人。

【語　譯】雲居山昭化禪師道簡，第二世住持。范陽（今河北涿州）人。他很早就成為雲居道膺和尚的入室弟子，秘密接受真正的心印，而分掌寺院的事務，負責打柴燒火之事。因為道簡出家年歲長，就成為僧堂中的第一座。正遇道膺和尚將圓寂的時候，主事僧問道：「誰可以繼續住持？」道膺和尚回答：「堂中簡。」主事僧雖然聽承了道膺和尚的話語，但並沒有理解其中旨意，認為「簡」是「揀選」的意思，就與眾僧人商議，推舉第二座為住持僧，但還是按照禮儀先請第一座，認為第一座一定會謙讓，那就堅決請第二座為住持僧。當時道簡既然秘密秉承了道膺和尚的印記，便一點也不推辭，就自己拿著道具來到了方丈室，召集眾僧講演佛法。主事僧等人因為這不符合自己的心願，就不遵守規矩禮儀。道簡洞察了他們的心意，就悄悄地離開寺院，來到了山下。當夜，山神通宵哭泣。等到清晨，主事僧和眾僧急忙來到麥莊悔過，哀求道簡返回寺院。眾僧聽到山神連聲唱道：「和尚來了！」

有僧人問道：「什麼是和尚的家風？」道簡禪師回答：「到處都能自在。」

有僧人問道：「維摩詰居士難道不是金粟如來嗎？」道簡禪師回答：「是的。」僧人再問道：「那為什麼他卻在釋迦牟尼的法會下聽說法？」道簡回答：「因為他不爭人我。」

有僧人問道：「橫下身來覆蓋的時候怎麼樣？」道簡禪師反問：「可覆蓋得了嗎？」

有僧人問道：「蛇為什麼反而要吞食蛇師？」道簡禪師回答：「在裡面並沒傷害。」

有僧人問道：「諸位聖人說不到的地方，和尚還能說到嗎？」道簡禪師反問：「你說什麼地方是諸位聖人說不到之處？」

有僧人問道：「路上遇到猛虎時怎麼樣？」道簡禪師喝道：「千人萬人都沒有遇到，偏偏就你遇到！」

有僧人問道：「在孤峰上獨自過夜時怎麼樣？」道簡禪師反問：「空閒著七間僧堂不住，誰教你到孤峰上去獨自過夜？」

道簡禪師圓寂後，廬州（今安徽合肥）觀察使張崇施捨錢財為他在本山建造靈塔，至今還存在著。

【說明】雲居山道簡禪師契悟禪法精深，履踐明驗，對機應物，度越世俗，故天下宗之。他圓寂時約八十餘歲。

廬山歸宗寺懷惲禪師

廬山歸宗寺懷惲禪師。第三世住。問：「無佛無眾生時如何？」師曰：「什麼人如此？」

問：「水清魚現時如何？」師曰：「把一箇來。」僧無對。同安代云：「動即失。」

問：「如何是五老峰❶？」師曰：「突屼地。」

問：「截水停輪❷時如何？」師曰：「磨不轉。」曰：「如何是磨不轉？」

師曰：「不停輪。」

問：「如何是塵中子？」師曰：「灰頭土面。」同安代云：「不拂拭。」

問：「世尊無說說，迦葉不聞聞事如何？」師曰：「正任恁麼時作麼生？」曰：「不同無聞說。」師曰：「是什麼人？」

問：「學人不到處，請師說。」師曰：「汝不到什麼處來？」

【注釋】❶五老峰　為江西廬山的最高峰。山石谷峙，突兀凌霄，如五位老人並肩而立，故名。❷輪　指水輪，一般為木製，建築在河流邊，依靠急流以提水或磨麵粉，為古代山區農村常用的工具。此以轉動水輪暗喻轉大法輪。

【語　譯】廬山歸宗寺懷惲禪師。第三世住持。有僧人問道：「沒有佛、沒有眾生的時候怎麼樣？」懷惲反問：「什麼人如此？」

有僧人問道：「水流清澈魚兒顯現的時候怎麼樣？」懷惲禪師說道：「抓一條來。」那僧人無言以對。同安和尚代為回答：「一動就失掉了。」

有僧人問道：「什麼是五老峰？」懷惲禪師回答：「突兀地。」

有僧人問道：「截斷水流停下水輪時怎麼樣？」懷惲禪師回答：「磨子不轉了。」僧人又問道：「什麼是磨子不轉了？」懷惲回答：「不停轉水輪。」

有僧人問道：「什麼是塵世中的弟子？」懷惲禪師回答：「灰頭土臉。」同安和尚代為回答：「不拂拭。」

有僧人問道：「世尊不說法，迦葉不聽講的事情怎麼樣？」懷惲禪師反問：「正這樣的時候怎麼樣？」那僧人回答：「不同於沒有聽說。」懷惲問道：「那是什麼人？」

有僧人請求道：「學生說不到的地方，請和尚講說。」懷惲禪師反問：「你沒有到什麼地方？」

洪州大善慧海禪師

洪州大善慧海禪師。問：「不坐青山頂時如何？」師曰：「是什麼人？」

問：「如何是解作客底人？」師曰：「不占上。」

問：「靈泉忽逢時如何？」師曰：「從什麼處來？」

問：「如何道即不違於師？」師曰：「莫惜口。」曰：「道後如何？」師曰：

「道什麼？」

問：「如何道得相親❶去？」師曰：「快道！」曰：「恁麼即不道也。」師曰：「用口作什麼？」

師後住百丈而終。

【注釋】❶相親　此指接近義理。

【語譯】洪州（今江西南昌）大善慧海禪師。有僧人問道：「不坐在青山頂上的時候怎麼樣？」慧海反問：「那是什麼人？」

有僧人問道：「怎樣才是懂得作客的人？」慧海禪師回答：「不占上風。」

有僧人問道：「忽然遇到靈泉的時候怎麼樣？」慧海反問：「你從什麼地方來的？」

有僧人問道：「怎樣說才不違背老師？」慧海禪師回答：「不要吝惜口舌。」那僧人問道：「說了以後怎麼樣？」慧海反問：「說什麼？」

有僧人問道：「怎樣說才能接近義理？」慧海禪師喝道：「快說！」那僧人說道：「這樣就不說了。」慧海喝道：「那用嘴作什麼？」

慧海後來住持百丈山而逝世。

朗州德山第七世和尚

朗州德山和尚。第七世住。問：「路逢達道人，不將語默對。未審將什麼對？」師曰：「祇恁麼。」僧良久，師曰：「汝更問。」僧再問，師乃喝出。

【語　譯】朗州（今湖南常德）德山和尚。第七世住持。有僧人問道：「路上遇到達道的人，不能用言語和沈默來對待。不知道用什麼來對待？」德山和尚回答：「就這樣了。」那僧人沉默了許久，德山和尚說道：「你再問。」那僧人就再提問，德山和尚便把他喝了出去。

南嶽南臺和尚

衡州南嶽南臺和尚。問：「直上融峰❶時如何？」師曰：「見麼？」

【注　釋】❶融峰　即祝融峰，為南嶽衡山七十二峰之最高者，上有青玉壇，方五丈，湘水環帶山下，逶迤北流。峰頂常為雲霧籠罩，一歲中可望見明月者不過三數次而已。

【語　譯】衡州（今湖南衡陽）南嶽南臺和尚。有僧人問道：「直上祝融峰的時候怎麼樣？」南臺和尚反問：「看見了嗎？」

雲居山昌禪師

雲居山昌禪師。第三世住。問：「相逢不相識時如何？」師曰：「既相逢，為什麼不相識？」

問：「紅鑪猛焰時如何？」師曰：「裡頭是什麼？」

問：「不受商量時如何？」師曰：「來作什麼？」曰：「來亦不商量。」師曰：「空❶來何益？」

問：「方丈前容身時如何？」師曰：「汝身大小？」

【注釋】❶空　徒然；枉然。

【語譯】雲居山昌禪師。第三世住持。有僧人問道：「相逢而不相識的時候怎麼樣？」昌禪師反問：「既然相逢，為什麼不相識？」

有僧人問道：「通紅的爐子中騰起烈焰時怎麼樣？」昌禪師反問：「爐子裡頭是什麼？」

有僧人問道：「不通商量的時候怎麼樣？」昌禪師反問：「那來作什麼？」那僧人說道：「來了也不商量。」昌禪師喝道：「空來有什麼好處？」

有僧人問道：「在方丈前面藏身時怎麼樣？」昌禪師反問：「你的身體有多大？」

池州嵇山章禪師

池州嵇山章禪師，曾在投子作柴頭❶。投子喫茶次，謂師曰：「森羅萬象，總在遮一椀茶裡。」師便覆卻茶云：「森羅萬象在什麼處？」投子曰：「可惜一椀茶。」

師後謁雪峰和尚，雪峰問：「莫是章柴頭麼？」師乃作輪❷椎勢，雪峰肯之。

【注釋】❶柴頭 寺院中負責柴火事務的僧人。❷輪 舞動；揮動。

【語譯】池州（今屬安徽）稠山章禪師，曾經在投子和尚門下作柴頭。投子和尚吃茶的時候，對章禪師說道：「森羅萬象，都在這一碗茶裡。」章禪師便把茶撥掉後問道：「森羅萬象在什麼地方？」投子和尚說道：「可惜這一碗茶。」

章禪師後來拜謁雪峰和尚，雪峰和尚問道：「那不是章柴頭嗎？」章禪師就作出了舞動木椎的樣子，雪峰和尚許可了他。

晉州大梵和尚

晉州大梵和尚。僧問：「如何是學人顧望處？」師曰：「井底豎高樓。」曰：「恁麼即超然也。」師曰：「何不擺手？」

【語譯】晉州（今山西臨汾）大梵和尚。有僧人問道：「什麼是學生回顧張望的地方？」大梵和尚說道：「在井底豎起了高樓。」那僧人說道：「這樣的話就超然了。」大梵和尚問道：「為什麼不擺手？」

新羅雲住和尚

新羅雲住和尚。問：「諸佛道不得，什麼人道得？」師曰：「老僧道得。」

曰：「諸佛道不得，和尚作麼生道？」師曰：「諸佛是我弟子。」曰：「請和尚道。」師曰：「不對君王，好與二十棒。」

【語　譯】新羅國雲住和尚。有僧人問道：「諸佛說不到的地方，什麼人說得到？」雲住和尚回答：「老僧說得到。」那僧人問道：「諸佛說不到，和尚怎麼說得到？」雲住和尚回答：「因為諸佛是我的弟子。」那僧人便說道：「請和尚說。」雲住和尚說道：「不應對君王，正好給你二十棒。」

雲居山懷岳禪師

雲居山懷岳，號達空禪師。第四世住。問：「如何是大圓鏡❶？」師曰：「不鑑照。」曰：「忽遇四方八面來怎麼生？」師曰：「胡來胡現。」曰：「大好不鑑照！」師便打。

問：「如何是一丸❷療萬病底藥？」師曰：「汝患什麼？」

【注　釋】❶大圓鏡　即大圓鏡智，顯教四智之一。大乘教說如來之四智，凡夫之第八識至於如來為大圓鏡智。此以大圓鏡喻其智體清淨，離絕有漏雜染之法，自眾生善惡之業報，顯現萬德之境界，宛如大圓鏡，故名大圓鏡智。❷丸　藥丸。

【語　譯】雲居山懷岳（？～九四五年），號達空禪師。第四世住持。有僧人問道：「什麼是大圓鏡？」懷岳回答：「不映照。」那僧人再問道：「忽然遇到四面八方的人都來時怎麼樣呢？」懷岳回答：「胡人來便映現胡人。」那僧人喝道：「好一個不映照！」懷岳便打他。

有僧人問道：「什麼是用一丸醫治萬病的藥？」懷岳禪師反問：「你患了什麼病？」

阾珏和尚

阾珏和尚。問：「學人不負師機，還免披毛戴角❶也無？」師曰：「闍梨也可畏，對面不相識。」曰：「恁麼即吞盡百川水，方明一點心。」師曰：「雖脫毛衣❷，猶披鱗甲❸。」曰：「好來和尚，具大慈悲。」師曰：「盡力道也出，老僧格❹不得。」

【注釋】❶披毛戴角　比喻成為畜生。❷毛衣　指兔、羊等毛皮類動物。❸鱗甲　指龜、鱉等鱗甲類動物。❹格　研究事物的道理。

【語譯】阾珏和尚。有僧人問道：「學生不辜負和尚的機鋒，可否能免除披毛戴角了嗎？」阾珏和尚回答：「闍梨也可畏懼，當面卻不認識。」那僧人便說道：「這樣的話則是吞盡百川水，方明一點心了。」阾珏和尚說道：「雖然脫下了毛皮衣，但還是披著鱗甲。」那僧人說道：「好來和尚，具備了大慈悲。」阾珏和尚說道：「盡力說了出來，老僧也格不得。」

【說　明】雲居道膺禪師的法嗣尚有潭州龍興寺悟空大師、建州白雲滅禪師、潭州幕輔山和尚、舒州白水山瑋禪師、廬州治父山和尚、南嶽法志禪師、新羅慶猷禪師、新羅慧禪師、洪州鳳棲山慧志禪師等九人，因無機緣語句，故未收錄。

前撫州曹山本寂禪師法嗣

撫州荷玉山光慧禪師

撫州荷玉山玄悟大師光慧，初住龍泉，上堂謂眾曰：「雪峰和尚為人，如金翅鳥❶入海取龍相似。」時有僧問：「和尚如何？」師曰：「什麼處去來？」

問：「如何是西來的的意？」師曰：「不禮拜，更待何時？」

問：「如何是密傳底心？」師良久，僧曰：「恁麼即徒勞側耳。」師喚侍者云：「來，燒火著！」

問：「古人道：若記一句論，劫作野狐精。未審古人意如何？」師曰：「龍泉僧堂未曾鑠。」曰：「和尚如何？」師曰：「風吹耳朵❷。」

問：「路逢猛獸時如何？」師曰：「憨作麼！」

問：「如何是聲前一句？」師曰：「恰似不道。」

問：「古人云：如紅鑪上一點雪。意旨如何？」師曰：「惜取眉毛好！」

問：「如何指示，即得不昧於時中❸？」師曰：「不可雪上更加霜。」曰：「恁麼即全因和尚去也。」師曰：「因什麼？」

問：「如何履踐，即得不昧於宗風？」師曰：「須道龍泉好手❹。」曰：「請和尚好手。」師曰：「卻憶鍾期❺。」

問：「古人道：生也不道，死也不道。意如何？」師良久，僧禮拜。師曰：「會麼？」曰：「不會。」師曰：「也是廚寒❻甑足塵。」

師有時舉拄杖示眾曰：「從上皆留此一路，方便接人。」時有僧出曰：「和尚又是從頭起也。」師曰：「謝相悉。」

問：「機關❼不轉，請師商量。」師曰：「啞得我口麼？」

問：「如何是文殊？」師曰：「不可有第二月也。」曰：「即今事如何？」師曰：「正是第二月。」

問：「如何是如來語？」師曰：「猛風❽可繩縛。」

問：「如何是妙明真性？」師曰：「寬寬❾莫搕損。」

師上堂，良久，有僧出曰：「為眾竭力，禍出私門。未審放過不放過？」師默然。

問：「如何是和尚為人一句？」師曰：「汝是九色鹿❿。」問：「抱璞投師時如何？」師曰：「不是自家珍。」曰：「如何是自家珍？」師曰：「不琢不成珍。」

【注釋】❶金翅鳥　又名妙翅鳥，梵語迦樓羅等，為八部之一，翅翮金色，故名。其兩翅展開有三百六十萬里，住於須彌山之下層，常入海取龍為食。《華嚴經》：「譬如金翅鳥王飛行虛空，以清淨眼觀察大海龍王宮殿，奮勇猛力，以左右力摶開海水，悉令兩闢知龍男女有命盡者而撮取之。」❷風吹耳朵　比喻沒有留下什麼。❸時中　現在；當下。❹好手　高手；技藝高超者。❺鍾期　即鍾子期。《列子・湯問》載：相傳古代俞伯牙彈琴，其友鍾子期能從琴音中聽出伯牙所思之在高山或流水。後以指彼此相知的知音。❻寒　冷落的意思。❼機關　此喻應對機鋒。❽猛風　暴風；疾風。❾寬寬　同「款款」。緩慢貌。❿九色鹿　《九色鹿經》載：相傳古代有一人為水漂溺，當時有一隻鹿，其角潔白如雪，其毛九色，跳入河中把那人救了起來。後來有國王懸賞抓拿九色鹿，那人便領國王去找鹿。將要殺鹿時，那人忽然得了癩痢頭的病，國王問清其原因後，便不再殺鹿，那人也發心向善。

【語譯】撫州（今屬江西）荷玉山玄悟大師光慧，起初住持龍泉寺時，上堂告訴眾僧道：「雪峰和尚接引人，就如同金翅鳥衝入海中摶取海龍一樣。」當時有僧人便問道：「和尚怎麼樣呢？」光慧問道：「你從什麼地方來的？」

有僧人問道：「什麼是祖師西來確切的意旨？」光慧禪師喝道：「不禮拜，還要等到什麼時候？」

有僧人問道：「什麼是秘密傳授的心法？」光慧禪師沉默了許久，那僧人便說道：「這樣就白白地側耳恭聽了。」光慧就招呼侍者道：「來，點火燒香吧！」

有僧人問道：「古人說過：如果記住了一句經論，便將百劫變作野狐狸精。不知道古人的意思是什麼？」光慧禪師回答：「龍泉僧堂的門沒有鎖著。」那僧人問道：「和尚怎麼樣呢？」光慧回答：「風吹耳朵。」

有僧人問道：「路上遇到猛獸的時候怎麼樣？」光慧禪師說道：「發傻作什麼！」

有僧人問道：「什麼是聲音以前的一句話？」光慧禪師回答：「就好像是沒有說過。」

有僧人問道：「古人說過：如同是洪焰爐子上的一片雪花。這話的意思是什麼？」光慧禪師說道：「還是少費點口舌為好！」

有僧人問道：「怎樣指示，才能使人不當下昏蒙？」光慧禪師回答：「不可以雪上再加霜。」那僧人便說道：「這樣的話就完全依靠和尚了。」光慧問道：「依靠什麼？」

有僧人問道：「怎樣行事，才能不違背祖宗的風範？」光慧禪師回答：「應該說龍泉是高手。」那僧人便說道：「那就請和尚的高手。」光慧卻說道：「令人想起鍾子期。」

有僧人問道：「古人說過：生也不說，死也不說。這話是什麼意思？」光慧禪師沉默了許久，那僧人便禮拜。光慧問道：「領會了嗎？」那僧人回答：「沒有領會。」光慧便說道：「也是廚房冷落少人去，盆罈上都落滿了灰塵。」

光慧禪師有一次舉起了拄杖指示眾人道：「從上諸聖都留下了這一條路，想方設法接引人。」當時有一位僧人站出來說道：「和尚又是從頭開始了。」光慧說道：「謝謝你的相知。」

有僧人請求道：「機關不能轉動，請和尚講一講。」光慧禪師反問：「能把我的口弄啞掉嗎？」

有僧人問道：「什麼是文殊？」光慧禪師回答：「不可有第二月。」那僧人又問道：「現今的事怎麼樣？」光慧回答：「正是第二月。」

有僧人問道：「什麼是如來的話語？」光慧禪師回答：「猛風也可以用繩捆住。」

有僧人問道：「什麼是微妙清明的真性？」光慧禪師回答：「款款地不要磕傷了。」

光慧禪師上堂，沉默了許久，這時有一個僧人問道：「為眾人竭力辦事，卻禍出於私門。不知道放過不放過？」光慧默然不語。

有僧人問道：「什麼是和尚接引人的一句話？」光慧禪師說道：「你是九色鹿。」

有僧人問道：「懷抱玉璞來投奔和尚時怎麼樣？」光慧禪師回答：「不是自家的珍寶。」那僧人又問道：「那什麼是自家的珍寶呢？」光慧回答：「不雕琢就不能成為珍寶。」

筠州洞山道延禪師

筠州洞山道延禪師，第四世住，時號「鹿頭❶和尚」。始因曹山和尚垂語云：「有一人向萬丈崖頭騰身擲下，此是什麼人？」眾皆無對，師出對曰：「不存。」曹山曰：「不存箇什麼？」曰：「始得撲不碎。」曹山深肯之。

僧問：「請和尚密付真心。」師曰：「欺遮裡無人作麼？」

【注釋】❶鹿頭　山名，在湖南桂陽東三里，一名鹿峰山，有石形如鹿。峰頂有佛寺，山腹有棲真洞，相傳是唐代道士李淳風棲身之處。因道延禪師悟徹禪道後隱居於此，故人稱之為「鹿頭和尚」。

【語譯】筠州（今江西高安）洞山道延禪師，第四世住持，當時稱之為「鹿頭和尚」。起初因為曹山和尚對眾僧指示道：「有一個人從萬丈懸崖上騰身跳下，那是什麼人？」當時眾僧都不能應對，道延便站出來回答道：「不存在。」曹山和尚問道：「為什麼不存在？」道延回答：「這才摔不壞。」曹山和尚十分讚賞他。

有僧人請道：「請求和尚秘密傳付真心。」道延禪師喝道：「你是欺負這裡沒有人嗎？」

衡州育王山弘通禪師

衡州常寧縣育王山弘通禪師。僧問：「混沌❶未分時如何？」師曰：「混沌。」

僧云：「分後如何？」師曰：「混沌。」

上堂示眾曰：「釋迦如來出世四十九年說不到底句，今夜某甲不避羞恥，與諸尊者共譚。」師良久云：「莫道錯。珍重！」

僧問：「學人有病，請師醫。」師曰：「將病來，與汝醫。」曰：「便請師醫。」師曰：「還老僧藥價錢來。」

問：「曹源一路即不問，衡陽❷江畔事如何？」師曰：「紅鑪焰上無根草，碧潭深處不逢魚。」

問：「心法雙亡時如何？」師曰：「三腳蝦蟇背大象。」

問：「如何是西來意？」師曰：「老僧毛豎。」

問：「如何是佛法大意？」師曰：「直待文殊過，即向你道。」曰：「文殊過也，請和尚道。」師便打。

問：「如何是和尚家風？」師曰：「渾身不直五分錢。」曰：「太恁❸貧寒生。」師曰：「古代如是。」曰：「如何施設❹？」師曰：「隨家豐儉。」

【注釋】❶混沌　古代稱宇宙未開時的狀態作混沌。❷衡陽　今湖南衡陽，湘江流經城下。❸太恁　過分；過於。❹施設施捨、接引。

【語　譯】衡州常寧縣（今屬湖南）育王山弘通禪師。有僧人問道：「混沌沒有分開的時候怎麼樣？」弘通回答：「混沌。」那僧人又問道：「分開以後怎麼樣？」弘通還是回答：「混沌。」

弘通禪師上堂向眾僧說法道：「釋迦如來出世四十九年說不到的句子，今天夜裡就不避羞恥，來與諸位尊者共同談談。」弘通沉默了許久又說道：「不要說錯。珍重！」

有僧人請求道：「學生有病，請和尚醫治。」弘通禪師說道：「把病拿來，我給你醫治。」那僧人便說道：「就請和尚醫治。」弘通說道：「把老僧的藥價錢還來。」

有僧人問道：「曹源六祖一路就不問了，衡陽江畔的事情怎麼樣呢？」弘通禪師回答：「紅紅的爐火上面沒有一根草，碧潭深處沒有遇見魚兒。」

有僧人問道：「心和法都消失的時候怎麼樣？」弘通禪師回答：「三隻腳的蝦蟆背大象。」

有僧人問道：「什麼是祖師西來的意旨？」弘通禪師回答：「老僧汗毛豎起來了。」

有僧人問道：「什麼是佛法大意？」弘通禪師回答：「等到文殊菩薩經過的時候，再對你說。」那僧人便說道：「文殊菩薩經過了，請和尚講說。」弘通就打他。

有僧人問道：「什麼是和尚的家風？」弘通禪師回答：「渾身不值五分錢。」那僧人說道：「過於貧寒了。」弘通說道：「古代就是這樣的。」那僧人又問道：「怎樣施捨接引人呢？」弘通回答：「那就根據他家境富裕或貧寒而定。」

撫州金峰從志禪師

撫州金峰從志，號玄明大師。有進上座問：「如何是金峰正主？」師曰：「此去鎮縣不遙，闍梨莫造次。」進曰：「何不道？」師曰：「口如磉❶磐。」

問：「千峰萬峰，如何是金峰？」師乃斫額而已。

問：「千山無雲，萬里絕霞時如何？」師曰：「飛猿嶺❷那邊何不猛吐卻❸？」

問：「如何是西來意？」師曰：「壁邊有鼠耳。」

問：「如何是和尚家風？」師曰：「金峰門前無五里牌❹。」

師後住金陵報恩院❺入滅，諡圓廣禪師，塔曰歸寂。

【注釋】❶磉 柱下之石。❷飛猿嶺 在江西黎川東六十里，亦稱飛猿嶠。❸猛吐卻 此為一下子說出來的意思。❹五里牌 大寺院等於山門之前五里外所豎之牌樓，名之為「五里牌」。❺報恩院 在金陵（今江蘇南京）城。五代南唐中主於九四五年平定閩國後，隨即自撫州金峰迎從志禪師至金陵報恩院。

【語譯】撫州（今屬江西）金峰從志禪師，號玄明大師。有進上座問道：「什麼人是金峰真正的主人？」從志說道：「這裡離鎮縣不遠，闍梨不要魯莽造次。」進上座又問道：「和尚為什麼不說？」從志回答：「只是如柱下的磐石。」

有僧人問道：「千峰萬峰，哪一座是金峰？」從志禪師只是拍拍額頭而已。

有僧人問道：「千山無雲，萬里無霞時怎麼樣？」從志禪師反問：「在飛猿嶺那邊為什麼不一下子說出來？」

有僧人問道：「什麼是祖師西來的意旨？」從志禪師回答：「牆角邊有老鼠的耳朵。」

有僧人問道：「什麼是和尚的家風？」從志禪師回答：「金峰山門之前沒有五里牌。」

從志禪師後來住持金陵（今江蘇南京）報恩院，並在那裡圓寂，南唐國主賜諡號曰圓廣禪師，靈塔名歸寂。

襄州鹿門山處真禪師

襄州鹿門山華嚴院❶處真禪師。問：「如何是和尚家風？」師曰：「有鹽無醋。」

問：「如何是道人？」師曰：「有口似鼻孔。」曰：「忽遇客來時，將何祗對？」師曰：「柴門草戶，謝汝經過。」

問：「祖祖相傳，是什麼物？」師曰：「金襴袈裟。」

問：「如何是函中般若？」師曰：「佛殿挾頭❷六百卷。」

問：「和尚百年後向什麼處去？」師曰：「山下李家使牛去。」曰：「還許學人相隨也無？」師曰：「汝若相隨，莫同頭角❸。」曰：「諾。」師曰：「合到什麼處？」曰：「佛眼辨不得。」師曰：「若不放過，亦是茫茫。」

問：「如何是鹿門高峻處？」師曰：「汝還曾上主山❹也無？」

問：「如何是禪？」師曰：「鸞❺鳳入雞籠。」曰：「如何是道？」師曰：「藕絲牽大象。」

問：「劫壞時，此箇❻還壞也無？」師曰：「臨崖覷虎眼，特地❼一場❽愁。」

問：「如何是和尚轉身處？」師曰：「昨夜三更，失卻枕子。」

問：「一句下豁然時如何？」師曰：「汝是誰家生？」

師有一偈示眾曰：「一片凝然光燦爛，擬意追尋卒難見。炳然❾擲著豁人情，大事分明皆總辦。是快活，無繫絆，萬兩黃金終不換。任他千聖出頭來，從是向渠影中現。」

【注釋】❶鹿門山華嚴院　山在湖北襄陽城東南三十里處，因南朝齊建武年間於此立神祠，作石鹿二座夾而陳，俗稱鹿門山。華嚴院建於唐代，後處真禪師於此中弘揚曹洞法旨，遂成為十方叢林。❷挾頭　指夾室。❸頭角　此指牛。❹主山　指主峰。❺鸞　神話中一種似鳳凰的神鳥。❻此箇　此指佛法大意。❼特地　突地；忽地。唐人杜荀鶴〈辭座主侍郎〉詩：「茅堂拜親後，特地雙淚垂。」❽一場　一回；一番。❾炳然　明白。《世說新語·文學》：「三乘佛家滯義，支道林分判，使三乘炳然。」

【語譯】襄州（今湖北襄陽）鹿門山華嚴院處真禪師。有僧人問道：「什麼是和尚的家風？」處真回答：「有鹽無醋。」

有僧人問道：「什麼是得道之道人？」處真禪師回答：「有口像鼻孔。」那僧人又問道：「忽然遇到客人來的時候，拿什麼來招待呢？」處真回答：「柴門草戶，謝謝你遠道來拜訪。」

有僧人問道：「祖師一代一代相傳授的，是什麼東西？」處真禪師回答：「金襴袈裟。」

有僧人問道：「什麼是書套中的般若？」處真禪師回答：「佛殿夾室中有六百卷。」

有僧人問道：「和尚百年以後到什麼地方去？」處真禪師回答：「到山下李家做牛去。」那僧人問道：「可允許學生跟從嗎？」處真回答：「你如果要跟從，就不要與那頭上長角的東西相同。」那僧人回答：「好的。」處真問道：「應該到什麼地方去？」那僧人回答：「佛眼也不能分辨。」處真說道：「如果不放過，還是迷茫不清。」

有僧人問道：「什麼地方是鹿門山最高峻之處？」處真禪師反問：「你可曾登上過主峰？」

有僧人問道：「什麼是禪？」處真禪師回答：「鸞鳥鳳凰進了雞籠。」那僧人又問道：「什麼是道？」處真回答：「藕絲牽引著大象。」

有僧人問道：「劫末世界毀壞時，此個東西也毀壞嗎？」處真禪師回答：「登臨高崖窺視虎眼，忽然生出一場憂愁。」

有僧人問道：「什麼是和尚轉身的地方？」處真禪師回答：「昨夜三更時分，丟失了枕頭。」

有僧人問道：「聽了一句話以後就豁然開悟的時候怎麼樣？」處真禪師反問：「你是哪戶人家所生的？」

處真禪師有一首偈頌指示眾僧道：「一片凝然天光燦爛，打算追尋卻最終難以看見。炳然擲著豁然領悟的人之心情，大事分明都已經告成。真是快活，完全無羈無絆，萬兩黃金都不能換去。任隨他千位聖人出世來，都是在他的影子中顯現。」

撫州曹山慧霞大師

撫州曹山慧霞了悟大師。第二世住，先住荷玉山。問：「佛未出世時如何？」師曰：「曹山不如。」曰：「佛出世後如何？」師曰：「不如曹山。」

問：「四山相逼時如何？」師曰：「曹山在裡許。」曰：「還求出也無？」師曰：「若在裡許即求出。」

僧侍立，師曰：「道者，可殺炎熱。」曰：「是。」師曰：「只如炎熱向什麼處迴避得？」曰：「向鑊❶湯鑪炭裡迴避。」師曰：「只如鑊湯鑪炭，作麼生迴避得？」曰：「眾苦不能到。」師默置❷。

【注釋】❶鑊　鍋子。❷置　此為作罷之意。

【語譯】撫州（今屬江西）曹山慧霞了悟大師。第二世住持，起初住持荷玉山。有僧人問道：「佛沒有出世的時候怎麼樣？」慧霞回答：「曹山不如他。」那僧人又問道：「佛出世以後怎麼樣？」慧霞回答：「他不如曹山。」

有僧人問道：「四面山勢相逼迫的時候怎麼樣？」慧霞禪師回答：「曹山就在裡面。」那僧人問道：「可要求出頭嗎？」慧霞回答：「如果在裡面就要求出頭。」

有僧人侍立在一旁，慧霞禪師說道：「道者，可太炎熱了。」那僧人說道：「是的。」慧霞問道：「這麼炎熱，可到什麼地方去躲避呢？」那僧人回答：「可到鍋子裡的熱水、爐子裡的炭火中躲避。」慧霞再問道：「只是如鍋子裡的熱水、爐子裡的炭火又怎麼躲避呢？」那僧人回答：「眾多苦難不能到達。」慧霞就默然不語而作罷。

衡州華光範禪師

衡州華光範禪師。問：「如何是無縫塔？」師指僧堂曰：「此間僧堂無門戶。」

師問僧：「曾到紫陵❶無？」曰：「曾到。」師曰：「曾到鹿門無？」曰：「曾到。」師曰：「嗣紫陵即是，嗣鹿門即是？」曰：「即今嗣和尚得麼？」師曰：「人情不打即不可。」

問：「非隱現是學人，阿那箇是和尚？」師曰：「盡乾坤。」曰：「此猶是學人，阿那箇是和尚？」師曰：「適來道不錯。」

【注　釋】❶紫陵　山名，在陝西鳳翔。此借指京兆華嚴寺休靜禪師的法嗣匡一禪師。

【語　譯】衡州（今湖南衡陽）華光院範禪師。有僧人問道：「什麼是無縫塔？」範禪師指著僧堂說道：「這裡的僧堂沒有門窗。」

範禪師問一位僧人道：「你曾經到過紫陵山嗎？」那僧人回答：「曾經道過。」範禪師又問道：「曾經到過鹿門山嗎？」那僧人回答：「曾經到過。」範禪師便問道：「你是承嗣紫陵匡一和尚呢，還是承嗣鹿門處真和尚？」那僧人反問：「現在承嗣和尚行嗎？」範禪師說道：「按人情不打就不行。」

有僧人問道：「沒有隱現的是學生，哪一個是和尚？」範禪師回答：「滿乾坤都是。」那僧人說道：「那個還是學生，哪一個是和尚？」範禪師回答：「剛才說的沒有錯。」

處州廣利容禪師

處州廣利容禪師。先住貞溪。有僧新到，師舉拂子曰：「貞溪老師❶還具眼麼？」曰：「某甲不敢見人過。」師曰：「死在闍梨手裡也。」

問：「如何是和尚家風？」師曰：「謝闍梨道破。」

問：「西院拍手笑噓噓❷，意作麼生？」師曰：「卷上簾子著。」

問：「自己不明，如何明得？」師曰：「不明。」曰：「為什麼不明？」師曰：「不見道自己事？」

問：「魯祖面壁，意作麼生？」師良久曰：「還會麼？」曰：「不會。」師曰：「魯祖面壁。」

因郡守受代❸歸，師出送接話次，郡守問：「和尚遠出山門，將什麼物來？」師曰：「無盡之寶呈獻。」太守無對。後有人進語曰：「便請。」師曰：「太守尊嚴。」

問：「千途路絕，語思不通時如何？」師曰：「猶是堦下漢。」

師謂眾曰：「若來到廣利門下，須道得第一句，即開一線道與兄弟商量。」時有僧出禮拜，師曰：「將謂是異國舶主❹，元來是此郡商人。」

【注釋】❶老師　即老僧。❷噓噓　嘻笑的樣子。❸受代　指古代地方官離職，由他人所接任。❹舶主　古代指進行海外貿易的船主。

【語譯】處州（今浙江麗水）廣利院容禪師。起初居住在貞溪。有僧人新來參拜，容禪師舉起拂塵問道：「貞溪老師還具備法眼嗎？」那僧人回答：「我不敢顯露別人的過失。」容禪師說道：「我死在闍梨的手裡了。」

有僧人問道：「什麼是和尚的家風？」容禪師回答：「謝謝闍梨一語說破。」

有僧人問道：「西院和尚拍手笑嘻嘻，是什麼意思？」容禪師說道：「捲上簾子吧。」

有僧人問道：「我弄不明白自己，怎樣才能弄清楚？」容禪師回答：「不清楚。」那僧人問道：「為什麼不清楚？」容禪師回答：「沒有聽見是在說自己的事嗎？」

有僧人問道：「魯祖面壁，他的意思是什麼？」容禪師沉默了許久反問：「可領會了嗎？」那僧人回答：「沒有領會。」容禪師說道：「魯祖面壁。」

因為處州太守卸任歸去，容禪師出寺相送，正聊天之時，太守問道：「和尚遠出山門相送，帶來了什麼東西？」容禪師回答：「有無盡的寶物呈獻給太守。」太守無語以對。後來有人進言道：「便請。」容禪師說道：「太守尊嚴。」

有僧人問道：「千條道路都斷絕了，語言思維又不相通的時候怎麼樣？」容禪師說道：「還是個沒有登堂入室的階下漢。」

容禪師告訴眾僧道：「如果來到廣利的門下，必須能說出第一句，這才開一條路與兄弟商量。」當時有一位僧人站出來禮拜，容禪師說道：「還以為是外國的船主，卻原來是本土的商人。」

泉州盧山小溪院行傳禪師

泉州盧山小溪院行傳禪師，清原❶人也，姓周氏。本州石鐘院出家，福州太平寺受戒，自曹山印可，而居小溪。

僧問：「久嚮盧山石門，為什麼入不得？」師曰：「鈍漢！」曰：「忽遇猛利❷者，還許也無？」師曰：「喫茶去！」

【注釋】❶清原　即清源縣，唐代置，故城在今福建仙遊縣西北，尋移治所，改名仙遊。❷猛利　勇猛敏捷。

【語譯】泉州（今屬福建）盧山小溪院行傳禪師，清原（今福建仙遊縣）人，俗姓周。他在泉州石鐘院出家，福州（今屬福建）太平寺接受具足戒，自從得到曹山和尚的印證後，就居住在小溪院。

有僧人問道：「我久久嚮往盧山的石門，為什麼卻不能進入？」行傳禪師說道：「這鈍漢！」那僧人又問道：「忽然遇到勇猛敏捷之人，還許可他嗎？」行傳喝道：「吃茶去！」

西川布水巖和尚

西川布水巖和尚。問：「如何是西來意？」師曰：「一迴思著一傷心。」

問：「寶劍未磨時如何？」師曰：「用不得。」曰：「磨後如何？」師曰：

「觸不得。」

【語　譯】西川（今四川成都一帶）布水巖和尚。有僧人問道：「什麼是祖師西來的意旨？」布水巖和尚回答：「一回思量一傷心。」

有僧人問道：「寶劍沒有磨礪時怎麼樣？」布水巖和尚回答：「不能用。」那僧人又問道：「磨礪以後怎麼樣？」布水巖和尚回答：「不能碰。」

蜀川西禪和尚

蜀川❶西禪和尚。問：「佛是摩耶❷降生，未審和尚是誰家子？」師曰：「水上卓紅旗。」

問：「三十六路❸，阿那箇一路最妙？」師曰：「不出第一手。」曰：「忽被出頭時如何？」師曰：「脊著地也不難。」

【注　釋】❶蜀川　即「西川」。❷摩耶　即摩耶夫人，梵名摩訶摩耶，天竺天臂城釋種善覺長者之長女，淨飯王之妻，生下悉多太子（即釋迦牟尼）後七天而死。❸三十六路　形容道路或方法之極多。

【語　譯】蜀川（今四川成都一帶）西禪和尚。有僧人問道：「佛是摩耶夫人所生，不知道和尚是誰家的兒子？」西禪和尚回答：「水面上豎立紅旗。」

有僧人問道：「三十六條道路，哪一條道路最為神妙？」西禪和尚回答：「不出第一手。」那僧人又問道：「忽然遇到出頭的時候怎麼樣？」西禪和尚回答：「背脊著地也不難。」

華州草庵法義禪師

華州草庵法義禪師。問：「如何是祖師西來意？」師曰：「爛炒浮漚❶飽滿喫。」

問：「擬心即差，動念即乖。學人如何進道？」師曰：「有人常擬，為什麼不差？」曰：「即今事如何？」師曰：「早成差也。」

【注釋】❶浮漚　水泡；泡沫。

【語譯】華州（今陝西華縣）草庵法義禪師。有僧人問道：「什麼是祖師西來的意旨？」法義回答：「把泡沫煮爛飽飽地吃一頓。」

有僧人問道：「動心就差錯，思慮就乖戾。學生怎麼才能求取禪道？」法義禪師反問：「有的人經常動心，卻為什麼沒有差錯？」那僧人又問道：「現在的事怎麼樣？」法義回答：「早就成為差錯了。」

韶州華嚴和尚

韶州華嚴和尚。問：「既是華嚴，還將得華❶來麼？」師曰：「孤峰頂上千華秀，一句當機對聖明。」

問：「如何是道？」師曰：「靈樹無橫枝，天機道合同。」

【注　釋】❶華　古代「華」與「花」字通。

【語　譯】韶州（今廣東韶關）華嚴和尚。有僧人問道：「既然是華嚴，還可以拿花來嗎？」華嚴和尚說道：「孤峻的峰頂上千花競秀，一句符合機鋒便面對聖明天子。」

有僧人問道：「什麼是道？」華嚴和尚回答：「靈樹沒有橫斜的枝條，天機天道本相同。」

【說　明】曹山本寂禪師的法嗣還有盧山羅漢池隆山主和尚一人，因無機緣語句，故未收錄。

前潭州龍牙山居遁禪師法嗣

潭州報慈藏嶼禪師

潭州報慈藏嶼匡化大師。僧問：「心眼相見時如何？」師曰：「向汝道什麼？」

問：「如何是實見處？」師曰：「絲豪不隔。」曰：「恁麼即見也。」師曰：「南泉甚好去處。」

問：「如何是西來意？」師曰：「昨夜三更送過江。」

問：「臨機便用時如何？」師曰：「海東❶有果樹頭❷心。」

問：「如何是真如佛性？」師曰：「阿誰無？」

問：「如何是向上一路？」師曰：「郴、連、道、永❸。」

問：「和尚年多少？」師曰：「秋來黃葉落，春到便開花。」

師嘗著真贊曰：「日出連山，月圓當戶。不是無身，不欲全露。」一日，師在帳內坐，僧問：「承師有言：不是無身，不欲全露。請師全露。」師乃撥開帳。

法眼別云：
「飽叢林。」

問：「如何是湖南境？」師曰：「樓船戰棹❹。」曰：「還許學人遊翫也無？」師曰：「一任闍梨打僜❺。」

問：「和尚百年後，有人問，如何祇對？」師曰：「分明記取。」

問：「如何是龍牙山？」師曰：「益陽那邊。」曰：「如何即是？」師曰：「不擬。」曰：「如何是不擬去？」師曰：「恁麼即不是。」

問：「古人面壁意如何？」師良久，卻喚：「某甲！」學人應諾，師曰：「你去，別時來。」

師垂語曰：「一句偏大地，一句才問便道，一句問亦不道。」問：「如何是偏大地句？」師曰：「無空缺。」曰：「如何是才問便道句？」師曰：「低聲！低聲！」曰：「如何是問亦不道句？」師曰：「便合知時。」

【注釋】❶海東　唐、宋人稱位於大海東面的新羅國為海東。❷樹頭　禪寺中負責莊園樹木的僧人。❸郴連道永　今湖南南部、廣東西北一帶的四州名。郴州，位於今湖南郴州；連州，位於今廣東連縣；道州，位於今湖南道縣；永州，位於今湖南零陵。❹樓船戰棹　即大小戰船。五代時湖南境內戰火不息，故藏嶼禪師如此說。❺打僜　飲酒作樂。僜，行走不穩的樣子。《廣韻・蒸韻》：「僜，醉行貌。」

【語譯】潭州（今湖南長沙）報慈寺藏嶼禪師，號匡化大師。有僧人問道：「心與眼睛相見時怎麼樣？」藏嶼反問：「對你說了什麼？」

有僧人問道：「什麼是實際相見的地方？」藏嶼禪師回答：「一絲一毫不隔離。」那僧人說道：「這樣的話就是相見了。」藏嶼說道：「南泉和尚那裡是個很好的去處。」

有僧人問道：「什麼是祖師西來的意旨？」藏嶼禪師回答：「昨夜三更送過長江去了。」

有僧人問道：「時機來到時就運用的時候怎麼樣？」藏嶼禪師回答：「海東有果樹頭之心。」

有僧人問道：「什麼是真如佛心？」藏嶼禪師反問：「誰沒有呢？」

有僧人問道：「什麼是向上最玄妙的一路？」藏嶼禪師回答：「郴州、連州、道州、永州。」

有僧人問道：「和尚年歲多少了？」藏嶼禪師回答：「秋天來了黃葉落，春天來了便開花。」

藏嶼禪師曾經為自己的肖像寫贊辭道：「日出連山，月圓當戶。不是無身，不欲全露。」有一天，藏嶼在紗帳裡打坐，有一位僧人說道：「聽說和尚說過：不是無身，不欲全露。現在就請和尚全部顯露。」藏嶼就撥開了紗帳。法眼和尚另外回答：「叢林都吃飽了。」

有僧人問道：「什麼是湖南的境界？」藏嶼禪師回答：「樓船戰棹。」僧人又問道：「可允許學生遊玩嗎？」藏嶼回答：「任隨闍梨飲酒作樂。」

有僧人問道：「和尚百年以後，如果有人問起，怎樣回答呢？」藏嶼禪師回答：「分明記住。」

有僧人問道：「什麼是龍牙山？」藏嶼禪師回答：「在益陽（今屬湖南）那邊。」僧人又問道：「怎樣才是？」藏嶼回答：「不思慮。」僧人問道：「什麼是不思慮？」藏嶼回答：「這樣就不對了。」

有僧人問道：「古人面壁的意思是什麼？」藏嶼禪師沉默了許久，再招呼道：「某人。」那僧人答應，藏嶼說道：「你走吧，其他時候再來。」

藏嶼禪師指示眾僧道：「有一句話遍及大地，有一句話才問就答，有一句話問了也不答。」有僧人問道：「什麼是遍及大地的句子？」藏嶼回答：「沒有空缺。」僧人又問道：「什麼是才問就答的句子？」藏嶼說道：「小點聲！小點聲！」那僧人再問道：「什麼是問了也不答的句子？」藏嶼回答：「便應知道時機。」

襄州含珠山審哲禪師

襄州含珠山審哲禪師。僧問：「如何是深深處？」師曰：「寸釘纔入木，八牛拽不出。」

問：「如何是正法眼？」師曰：「三門前神子❶。」

問：「如何是佛法大意？」師曰：「貧女抱子渡，恩愛競隨流。」

師問僧曰：「有亦不是，無亦不是，不有不無俱不是。汝本來名箇什麼？」

曰：「學人已具❷名了。」師曰：「具名即不無，名箇什麼？」曰：「只遮莫便是否？」師曰：「且喜沒交涉。」曰：「如何即是？」師曰：「親切處更請一問。」曰：「學人道不得，請和尚道。」師曰：「別日來，與汝道。」曰：「即今為什麼不道？」師曰：「覓箇領話人不可得。」

師又問一僧曰：「姓王、姓張、姓李俱不是，汝本來姓什麼？」曰：「與和尚同姓。」師曰：「同姓即且從，本來姓箇什麼？」曰：「待漢水逆流，即向和尚道。」師曰：「即今為什麼不道？」曰：「漢水逆流也未？」師乃休。

【注釋】❶神子　寺院山門前豎立的神幡。❷具　陳述。

【語譯】襄州（今湖北襄陽）含珠山審哲禪師。有僧人問道：「什麼是和尚深而又深的地方？」審哲回答：「一寸長的釘子才釘入木中，八頭牛都拉不出來。」

有僧人問道：「什麼是正法眼？」審哲禪師回答：「山門前面的神幡。」

有僧人問道：「什麼是佛法大意？」審哲禪師回答：「貧窮的婦女懷抱孩子過河，慈愛與河水爭流。」

審哲禪師問一位僧人道：「有也不是，無也不是，不有不無都不是。你本來叫什麼名字？」那僧人回答：「學生已經說過名字了。」審哲說道：「說過名字就算沒有不對，那到底叫什麼名字？」那僧人反問：「只這個莫非就是嗎？」審哲說道：「還好沒有交涉。」那僧人問道：「什麼才是？」審哲說道：「要緊之處再請問一下。」那僧人說道：「學生講不出來，請和尚講說。」審哲便說道：「你改天來，再對你說。」那僧人問道：「現在為什麼不講說？」審哲說道：「尋找一個聽得懂話的人都不能得到。」

審哲禪師又問一位僧人道：「姓王、姓張、姓李都不對，你本來姓什麼？」那僧人回答：「跟和尚同姓。」審哲說道：「同姓就姑且聽你的，那本來姓什麼呢？」那僧人回答：「等到漢江的水倒流時，就對和尚說。」審哲問道：「現在為什麼不說？」那僧人問道：「漢江的水倒流了沒有？」審哲便罷休了。

【說　明】龍牙居遁禪師的法嗣尚有鳳翔白馬弘寂禪師、撫州崇壽院道欽禪師、楚州觀音院斌禪師等三人，因無機緣語句，故未收錄。

前京兆華嚴寺休靜禪師法嗣

鳳翔府紫陵匡一禪師

鳳翔府紫陵匡一定覺大師。師到盤龍，見僧問盤龍云：「碧潭清似鏡，盤龍何處安？」龍曰：「沉沙不見底，浮浪足巑岏❶。」師不肯，自答曰：「金龍迥透青霄外，潭中豈曉玉輪❷機？」盤龍肯之。

師住後，僧問曰：「未作人身已前作箇什麼來？」師曰：「石牛步步火中行，返顧休啣❸日中草。」

【注　釋】❶巑岏　山高峻貌。《廣韻・釋詁》：「巑岏，高也。」❷玉輪　指明月。❸啣　同「銜」。

【語　譯】鳳翔府（今屬陝西）紫陵匡一定覺大師。匡一到盤龍和尚那裡參拜，聽見有僧人問盤龍和尚道：「碧潭水清如鏡，盤龍在哪裡安身？」盤龍和尚回答：「沉沙不見底，浮浪如同高山。」匡一不予首肯，而自己回答道：「金龍遠穿青霄外，在潭中豈能曉悟玉輪之機？」盤龍和尚首肯了他的看法。

匡一禪師住持後，有僧人問道：「沒有成為人身以前作個什麼東西？」匡一回答：「石牛步步在火中行走，返身回顧不要銜咬日中草。」

【說明】華嚴休靜禪師的法嗣還有饒州北禪院惟直禪師、雄州化城和尚等二人，因無機緣語句，故未收錄。

前筠州九峰普滿大師法嗣

洪州同安威禪師

洪州鳳棲山同安院威禪師。僧問：「牛頭未見四祖時如何？」師曰：「路邊神廟子，見者盡勤拳❶。」曰：「見後如何？」師曰：「室內無靈牀❷，渾家❸不著孝。」

問：「祖意教意如何？」師曰：「玉兔不曾知曉意，金烏爭肯夜頭明？」

問：「如何是同安一曲？」師曰：「靈琴不引人間韻，知音豈度伯牙門？」曰：「誰人知得？」師曰：「木馬嘶時從彼聽，石人拊掌阿誰聞？」曰：「知音如何？」師曰：「知音不度耳，達者豈同聞？」

【注釋】❶勤拳　通「擎拳」。即抱拳施禮。❷靈牀　即房間內安放靈位之物。❸渾家　全家。唐人戎昱〈苦哉行〉詩：「身為最小女，偏得渾家憐。」

【語譯】洪州（今江西南昌）鳳棲山同安院威禪師。有僧人問道：「牛頭和尚沒有參見四祖大師的時候怎麼樣？」威禪師回答：「路邊神廟子，見到的人都抱拳。」僧人又問道：「參見以後怎麼樣？」威禪師回答：「房間內沒有靈牀，全家人都不穿孝衣。」

有僧人問道：「祖師的意旨與教意怎麼樣呢？」威禪師回答：「玉兔不曾知道破曉之意，金烏又怎肯在夜間放光明？」

有僧人問道：「什麼是同安的一支曲？」威禪師回答：「靈琴不彈奏人間的曲韻，知音難道會經過伯牙之門？」僧人問道：「什麼人能知音呢？」威禪師回答：「木馬嘶鳴時就任從他傾聽，石人拍手時又有誰聽聞？」僧人又問道：「遇到知音的人怎麼樣呢？」威禪師回答：「知音的人不入耳，達道的人難道會共同傾聽？」

前青林師虔禪師法嗣

韶州龍光和尚

韶州龍光和尚。僧問：「人王與法王相見時如何？」師曰：「越國❶君王不按劍，龍光一句不曾虧。」

師上堂，良久云：「不煩，珍重！」

問：「如何是西來意？」師曰：「胡風一扇，漢地成機。」

問：「撥塵見佛時如何？」師拊掌顧視。

問：「如何是龍光一句子？」師曰：「不空罥索。」曰：「學人不會。」師曰：「唵❷。」

問：「如何是極則為人處？」師曰：「殷勤付囑後人看。」

問：「賓頭盧❸一身，為什麼赴四天❹供？」師曰：「千江同一月，萬戶盡逢春。」師有偈曰：「龍光山頂寶月輪，照耀乾坤爍暗雲。尊者不移元一質，千家影現萬家春。」

【注　釋】❶越國　此指五代時期的南漢政權。❷唵　佛教中的咒語。《秘藏記》：「唵字有五種義：一歸命，二供養，三驚覺，四攝伏，五三身。」❸賓頭盧　為十六羅漢第一賓頭盧頗羅墮之略名。賓頭盧尊者原為天竺拘舍彌城優陀延王之臣，後出家證得阿羅漢果，永住於世，現白頭長眉之相。中國禪林僧堂中所安置之聖像，多為賓頭盧之像，每日設食供之。《釋氏要覽》：「始因道安法師夢一胡僧頭白眉長，語（道）安云：『可時設食。』後《十誦律》至，慧遠方知和尚所夢即賓頭盧也，于是立座飯之，寺寺成則。」❹四天　「四天下」之略，即四大部洲。

【語　譯】韶州（今廣東韶關）龍光和尚。有僧人問道：「人王與法王相見的時候怎麼樣？」龍光和尚回答：「越國君王不按劍，龍光一句也未曾吃虧。」

龍光和尚上堂，沉默了許久後說道：「不麻煩大眾了，珍重！」

有僧人問道：「什麼是祖師西來的意旨？」龍光和尚回答：「胡地的風一扇，漢地就成了機鋒。」

有僧人問道：「撥去塵埃看見佛的時候怎麼樣？」龍光和尚拍著手環顧四周。

有僧人問道：「什麼是龍光的一句話？」龍光和尚回答：「不空掛繩索。」僧人說道：「學生沒有領會。」龍光和尚說道：「唵。」

有僧人問道：「什麼是最玄妙的接引人之處？」龍光和尚回答：「殷勤付囑後人看。」

有僧人問道：「賓頭盧尊者只有一身，為什麼要赴四大部洲的供養？」龍光和尚回答：「千江同映現一月，萬家都逢春天。」龍光和尚於是著了一首偈頌道：「龍光山頂上的寶月輪，照耀著乾坤熔化了黑暗的濃雲。尊者並沒移動原本是一體，千家映現著其影像而萬戶同一春天。」

襄州石門寺獻禪師

襄州鳳凰山石門寺❶獻禪師❷，京兆人也。自青林受記，兩處開法，凡對機多云「好好大哥」，時謂「大哥和尚」。初居衡嶽宴坐巖室，屬夾山和尚歸寂，眾請師住持，師遂至澧州。時楚王馬氏❸出城延接。王問：「如何是祖師西來大道？」師曰：「好好大哥，御駕❹六龍❺千古秀，玉堦❻排仗❼出金門❽。」王仰重，延入天冊府❾，供養數日，方至夾山坐道場。

僧問：「今日一會，何異靈山？」師曰：「天垂寶蓋重重異，地涌金蓮葉葉新。」曰：「未審將何法示人？」師曰：「無弦琴[10]韻流沙界，清和普應大千機。」

問：「師唱誰家曲，宗風嗣阿誰？」師曰：「一曲宮商[11]看品弄，辨寶須知碧眼胡[12]。」曰：「恁麼即清流分洞下[13]，滿月照青林。」師曰：「多子塔[14]前分的意，至今異世度洪音。」

師自夾山遷至石門，開山創寺，再闡玄風。上堂示眾曰：「瑠璃殿[15]上光輝之日日無私，七寶山中晃耀之頭頭有據。泥牛運步，木馬嘶聲，野老謳謌，樵人舞袖。太陽路[16]上，古曲玄音，林下相逢，復有何事？」僧問：「月生雲際時如何？」師曰：「三箇童兒抱華鼓[17]，好好大哥，莫攔我毬[18]門路。」

問：「如何是和尚家風？」師曰：「騎駿馬，驟高樓，鐵鞭指盡胡人路。」

問：「如何是石門境？」師曰：「遍界黃金無異色，往來遊子罷追尋。」曰：「如何是境中人？」師曰：「無相不居凡聖位，經行鳥道[19]沒蹤由。」

問：「眾手淘金，誰是得者？」師曰：「張三李四出金門，遍握乾坤石人在。」曰：「恁麼即不從人得也。」師曰：「三公九卿[20]排班位[21]，看取金雞[22]豎也無。」

問：「道界無窮際，通身絕點痕時如何？」師曰：「渺渺白雲漫雪嶽，轉身玄路莫遲遲。」曰：「未審轉身路在什麼處？」師曰：「石人舉手分明記，萬年枯骨笑時看。」

問：「如如不動時如何？」師曰：「有什麼了日？」曰：「如何即是？」師曰：「石戶非關鑠。」

問：「如何是石門境？」師曰：「烏鳶飛叫頻。」曰：「如何是境中人？」師曰：「風射舊簾籠。」

因般若寺遭焚，有人問曰：「既是般若，為什麼被火燒？」師曰：「萬里一條鐵。」

【注釋】❶石門寺　寺位於湖北襄陽鳳凰山上，形勢雄偉，冠絕一方，五代時大哥和尚自夾山來遊，見兩崖峙立，狀若天闕，愛其幽靜，乃旁山依澗，創立寺院，弘化佛道。此後人才輩出，遂成名寺。宋初賜額乾明寺。❷獻禪師　《五燈會元》卷一三作「獻蘊禪師」。❸楚王馬氏　楚為五代時十國之一，八九六年馬殷占據今湖南之地，九〇七年受後梁封為楚王，建都長沙。九五一年國為南唐所滅。❹御駕　帝王的坐車。❺六龍　古代傳說中指駕馭日車的六條龍，因天子之車駕六馬，因而作為天子車駕的代稱。❻玉堦　此指宮殿中的石階。❼排仗　帝王出行時排列前後的儀仗。❽金門　漢代宮門名，亦稱金馬門，後以此泛稱皇宮之門。❾天冊府　即「天策府」，楚王馬氏的王府。因後梁曾授馬殷天策上將軍之號，而開天策府，置左右相等官。❿無弦琴　東晉名士陶淵明有一張琴，琴上未裝琴弦，每當喝酒高興時，便撫弄此無弦琴。⓫宮商　古代五音之二，此借指樂曲。⓬碧眼胡　唐代自西域而來中土經營珍珠寶物的波斯人金髮碧眼，故名碧眼胡。⓭洞下　通「洞山」。此與下文「青林」都語含雙關。⓮多子塔　相傳為辟支佛之古蹟，釋迦牟尼佛曾於此處顧視大迦葉尊者，分半座使坐。⓯瑠璃殿　用琉璃裝飾的華麗宮殿。⓰太陽路　陽光普照的向陽大道。⓱華鼓　即「花鼓」。⓲毬　通「球」。也稱「擊鞠」，唐、宋時遊戲之一。比賽時分作兩隊，而設法將皮製球擊入對方球門，多者為勝。⓳鳥道　鳥飛行的道路。⓴三公九卿　東漢時以太尉、司徒、司空合稱三公，為共同負責軍政的最高長官，唐、宋時仍沿此稱，但已無實際職守，僅作為大臣的榮譽稱號。秦、漢時通常以奉常（太常）、郎中令（光祿勳）、衛尉、太僕、廷尉、典客（大鴻臚）、宗正、治粟內史（大司農）、少府為九卿，為中央各行政機關的總稱，魏、晉之後設尚書分主各部行政，而九卿專掌一部分事務，職任較輕。㉑排班位　古代大臣上朝拜見天子時，要先依據官位高低排班站位，以免紊亂。㉒金雞　古代天子大赦時，要舉行一種儀式，即先豎立長杆，頂立金雞，然後集罪犯，擊鼓，宣讀赦令。因古人迷信天雞星動的時候，就要有大赦，故形成這一儀式。

【語　譯】襄州（今湖北襄陽）鳳凰山石門寺獻蘊禪師，京兆（今陝西西安）人。他自從青林和尚處接受密記後，在兩個地方開堂說法，凡是應對接機，多稱「好好大哥」，所以當時人稱他為「大哥和尚」。獻蘊起初居住在南嶽衡山宴坐巖之石室，正遇到夾山和尚圓寂，僧眾迎請獻蘊接續住持，他才來到了潭州（今湖南長沙）。當時楚王馬氏出城門遠迎。楚王問道：「什麼是祖師西來的大道？」獻蘊回答：「好好大哥，御駕六龍千古茂秀，玉階排仗出金門。」楚王對獻蘊十分仰慕敬重，請入天策府中，供養數天之後，才讓獻蘊到夾山去主持道場講演佛法。

有僧人問道：「今天這個法會，與靈山大會有什麼不同？」獻蘊禪師回答：「上天垂下寶蓋，一重不同一重，大地湧出金色的蓮花，一葉新過一葉。」僧人又問道：「不知道用什麼法門指示學人？」獻蘊回答：「無弦琴之琴韻流行於世界，清越之音普遍應和大千世界之玄機。」

有僧人問道：「和尚唱誰家的曲子，承嗣誰家的宗風？」獻蘊禪師回答：「一曲宮商正品賞撫弄，辨別珍寶要知還有碧眼胡人。」那僧人便說道：「這樣則清流分注洞下，滿月普照青林。」獻蘊禪師說道：「多子塔前世尊分座確切之意，至今世代傳揚佛道洪音。」

獻蘊禪師從夾山遷居石門，開山創建寺院，再闡揚玄風。獻蘊禪師上堂指示眾僧道：「琉璃殿上的光輝，天天在陽光下映照，七寶山中閃耀的寶光，件件都有依據。泥牛邁步，木馬嘶鳴，鄉野長老謳歌，打柴人揮袖起舞。向陽路上，古曲玄妙之音，林下泉間相逢，還有什麼事情？」有僧人問道：「月亮從雲間透出的時候怎麼樣？」獻蘊回答：「三個兒童懷抱著花鼓，好好大哥，不要擋在我的球門口。」

有僧人問道：「什麼是和尚的家風？」獻蘊禪師回答：「騎著駿馬，奔馳過高樓，鐵鞭指盡胡人路。」

有僧人問道：「什麼是石門的境界？」獻蘊禪師回答：「遍世界的黃金都是一樣顏色，往來的遊子不用再尋找。」那僧人又問道：「什麼是境界中的人？」獻蘊回答：「沒有形相而不居凡人、聖人之位，經由鳥飛行的道路行動而沒有蹤跡。」

有僧人問道：「眾人一起淘金，誰是得到的人？」獻蘊禪師回答：「張三李四出身金門，遍握乾坤有石人在。」那僧人便說道：「這樣則不從別人得到了。」獻蘊回答：「三公九卿排班位，還看見金雞豎立了沒有。」

有僧人問道：「大道之境界無邊無際，渾身上下絕無一點痕跡的時候怎麼樣？」獻蘊禪師回答：「飄渺的白雲彌漫於雪封的山嶺上，轉身於玄妙之路而不要遲疑。」那僧人問道：「不知道轉身之路在什麼地方？」獻蘊回答：「石頭人舉手分明記得，萬年枯骨微笑地看著。」

有僧人問道：「真如不動的時候怎麼樣呢？」獻蘊禪師反問：「有什麼了結之日嗎？」僧人問道：「怎樣才是？」獻蘊回答：「石門不用關和鎖。」

有僧人問道：「什麼是石門的境界？」獻蘊禪師回答：「烏鳶頻繁地飛鳴。」僧人又問道：「什麼是境界中的人？」獻蘊回答：「風吹動著舊日的簾籠。」

因為般若寺被火燒了，所以有僧人問道：「既然是般若，為什麼會被火燒毀了？」獻蘊禪師回答：「萬里一條鐵。」

襄州廣德和尚

襄州萬銅山廣德和尚。第一世住。僧問：「如何是和尚家風？」師曰：「山前人不住，山後更忙忙。」

問：「如何是透法身句？」師曰：「無力登山水，茅戶絕知音。」

問：「如何是佛法大意？」師曰：「始嗟黃葉落，又見柳條青。」

問：「盡大地是一箇死屍，向什麼處葬？」師曰：「北邙山❶下，千丘❷萬丘。」

師因不安，僧問：「和尚患箇什麼，太羸瘦生？」師曰：「無思不墜的。」曰：「恁麼即知和尚病源也。」師曰：「你道老僧患什麼？」曰：「和尚忌口好！」師便打。

【注釋】❶北邙山　位於河南洛陽東北，東漢城陽王葬於此，此後王侯公卿多葬此，至北朝後魏命代北之人遷居洛陽，死後都葬於此。❷丘　墳丘。

【語譯】襄州（今湖北襄樊）萬銅山廣德和尚。第一世住持。有僧人問道：「什麼是和尚的家風？」廣德和尚回答：「山前的人不停地工作，山後的人更加忙碌。」

有僧人問道：「什麼是看透法身的句子？」廣德和尚回答：「沒有力氣攀登山水，茅屋裡斷絕了知音。」

有僧人問道：「什麼是佛法大意？」廣德和尚回答：「剛開始歎息黃葉凋落，又看見柳枝發青了。」

有僧人問道：「整個大地是一個死屍，到哪一處去安葬呢？」廣德和尚回答：「北邙山下，千座墳墓萬座墳墓。」

廣德和尚身體欠安，有僧人便問道：「和尚患了什麼病，太消瘦了？」廣德和尚回答：「沒有思慮不墜落的。」那僧人便說道：「這樣的話則我知道和尚的病根了。」廣德和尚問道：「你說老僧患了什麼病？」那僧人回答：「和尚最好要忌口！」廣德和尚便打他。

郢州芭蕉和尚

郢州芭蕉和尚。問：「十二時中，如何用心？」師曰：「攏總❶一木盆。」

【注釋】❶攏總　總共。

【語譯】郢州（今湖北鍾祥）芭蕉和尚。有僧人問道：「一天十二個時辰中，怎樣來用心？」芭蕉和尚回答：「總共一個木盆。」

定州石藏慧炬和尚

定州石藏慧炬和尚。問：「如何是伽藍？」師曰：「只遮箇。」曰：「如何是伽藍中人？」師曰：「作麼！作麼！」曰：「忽遇客來，將何祗待？」師曰：「喫茶去！」

【語譯】定州（今屬河北）石藏慧炬和尚。有僧人問道：「什麼是伽藍？」慧炬回答：「只這個就是。」那僧人問道：「什麼是伽藍中的人？」慧炬回答：「怎麼樣！怎麼樣！」那僧人又問道：「忽然遇到客人來，拿什麼招待？」慧炬喝道：「吃茶去！」

【說　明】青林師虔禪師的法嗣還有襄州延慶通性大師一人，因無機緣語句，故未收錄。

前洛京白馬遁儒禪師法嗣

興元府青剉山和尚

興元府青剉山和尚❶。僧問：「如何是和尚家風？」師曰：「無底籃子拾生菜。」

問：「如何是白馬境？」師曰：「三冬華木秀，九夏❷雪霜飛。」

【注　釋】❶青剉山和尚　《五燈會元》卷一三稱其法名為「如觀」。❷九夏　指夏季的九十天。東晉陶淵明〈榮木〉詩序：「日月推遷，已復九夏。」

【語　譯】興元府（今陝西漢中）青剉山和尚。有僧人問道：「什麼是和尚的家風？」青剉山和尚回答：「用無底的籃子去拾青菜。」

有僧人問道：「什麼是白馬的境界？」青剉山和尚回答：「三冬時節花木茂麗，九夏天氣雪霜紛飛。」

【說　明】白馬遁儒禪師的法嗣尚有京兆保福和尚一人，因無機緣語句，故未收錄。

前益州北院通禪師法嗣

京兆香城和尚

京兆香城和尚，初參通和尚，問：「一似兩箇時如何？」通曰：「一箇賺汝。」師乃省悟。

僧問：「三光❶景色謝❷照燭事如何？」師曰：「朝邑峰前卓五彩。」曰：「不涉文采事作麼生？」師曰：「如今特地過江來。」

問：「向上路請師舉唱。」師曰：「釣絲鉤不出。」

問：「牛頭還得四祖意否？」師曰：「沙書不點落千字。」曰：「下點後如何？」師曰：「別將一撮俵❸人天。」曰：「恁麼即人人有也。」師曰：「汝又作麼生？」

問：「囊無繫螘❹之絲，廚絕聚蠅之糝❺時如何？」師曰：「日捨不求，思從妄得。」

【注釋】❶三光　指日、月、星。❷謝　凋謝。❸俵　分散；散發。❹螘　即螞蟻。❺糝　米粒。

【語譯】京兆（今陝西西安）香城和尚，當初參拜北院通和尚的時候，問道：「一個像兩個的時候怎麼樣？」通和尚回答：「一個在騙你。」香城和尚便於言下有所領悟。

有僧人問道：「日、月、星三光景色沒有照耀的時候怎麼樣？」香城和尚回答：「朝邑峰前閃爍著五彩。」那僧人再問道：「不涉及五彩的事情怎麼樣？」香城和尚回答：「現在特地渡過長江來。」

有僧人說道：「向上最玄妙的一路，請和尚舉唱。」香城和尚說道：「釣魚絲也鉤不出來。」

有僧人問道：「牛頭和尚可得到了四祖大師的真意嗎？」香城和尚回答：「在沙盤上寫字，還沒有下筆就落下了千字。」那僧人又問道：「下筆以後怎麼樣？」香城和尚回答：「另外拿起一小撮散發給人天。」那僧人便說道：「這樣的話則人人都有了。」香城和尚問道：「你又怎麼樣？」

有僧人問道：「口袋中沒有能拴住螞蟻的絲線，廚房內沒有能聚來蒼蠅的米粒的時候怎麼樣？」香城和尚回答：「每天只管捨去而不追求，思慮就從妄想中而來。」

前高安白水本仁禪師法嗣

京兆重雲智暉禪師

京兆重雲智暉禪師，咸秦❶人也，姓高氏。總角❷之歲，好遊佛宇，誓志出家，父不能止。禮圭峰溫和尚剃度，後謁高安仁和尚，獨領微言，潛通秘鍵。尋迴洛，卜于中灘，創溫室❸院。常施藥，有比丘患白癩❹，眾惡之，唯師延迎供養，與摩洗垢穢，斯須有神光異香，既而辭去，遂失所在，所遺瘡痂，馨香酷烈，遂聚而塑觀音像以藏之。梁開平五年，忽思林泉，乃歸終南圭峰舊居。師一日閑步巖岫❺間，倏覩摩衲數珠❻，銅缾椶笠，觸之即壞，謂侍者曰：「此吾前身道具耳。欲就茲建寺，以酬昔因❼。」當薙草開基，有祥雲蔽日，屯于峰頂，久而不散，因目為重雲山。先是谷多猛獸，皆自引去。及塞龍潭以通逕，潭中龍亦徙他所。後唐明宗賜額曰長興，學侶臻萃。

師上堂，有僧問：「如何是歸根得旨？」師曰：「早是忘卻。」

問：「不意塵生，如何是進身一路？」師曰：「足下已生草，前程萬丈坑。」

問：「要路坦然，如何履踐？」師曰：「我若指汝，則東西南北去也。」

問：「佛未出世時如何？」師曰：「一堆泥土。」

問：「如何是重雲稱？」師曰：「任將天下勘。」

問：「如何是截鐵之言？」師曰：「寧死不犯。」

問：「如何是重雲境？」師曰：「四時不開華，三冬盛芳草。」

師再歸故山，創寺聚徒，涉四十五年，誨人之暇，撰歌頌千餘首，度弟子一千五百人。永與節度使王彥超❽早遊師戶庭，嘗欲披緇，師止之曰：「汝後當榮顯，為教門外護則可矣。」厥後果如師言。及鎮永興，與師再會，益加尊禮。周顯德三年丙辰夏六月，師詣府辭王公，屬以山門事。至七月二十四日，體中無恙，垂誡門人，并示一偈曰：「我有一間舍，父母為修蓋。往來八十年，近來覺損壞。早擬移住處，事涉有憎愛。待他摧毀時，彼此無相礙。」趺坐而逝，壽八十有四，臘六十四，塔於本山。

【注釋】❶咸秦　今陝西西安、咸陽一帶。❷總角　指幼年。❸溫室　此指浴室。❹白癩　惡疾，似痲瘋病。❺岫　山峰。❻數珠　佛教信徒在念三寶名時以記其數的用具。❼昔因　前世因緣。❽王彥超　五代末宋初人，性格溫和恭謹，能禮下士。歷仕後晉、後漢、後周，累官至河陽三城節度使，宋初加中書令，封邠國公。

【語譯】京兆（今陝西西安）重雲寺智暉禪師（八七三～九五六年），咸秦人，俗姓高。他幼年時，就喜歡遊歷佛寺，立誓出家為僧，他的父親不能制止。智暉禮拜圭峰溫和尚剃度，後來又拜謁高安本仁和尚，獨自領會了微妙的意旨，暗自通達了隱秘的關鍵。不久，智暉回到了洛陽（今屬河南），在中灘選了一塊地，創立了溫室院。智暉經常施捨藥物給人治病，有一位比丘身患白癩病，眾人都很厭惡他，只有智暉一人延請他入院供養，給他擦洗身上的汙垢，不一會兒，屋內就出現了神奇的光彩和奇異的香氣，那比丘隨即告辭而去，就失去了蹤跡，但他所留下來的瘡痂，香氣濃烈，智暉就把瘡痂聚集起來，並塑造了一尊觀音菩薩像來收藏。五代後梁開平五年（九一一年），智暉忽然思念林泉之下的悠閒生活，就回到了終南山圭峰舊居。有一天，智暉在山巖峰岫之間散步，忽然看見了摩衲僧衣、數珠，銅罐和竹笠，但碰一下就粉碎了，便對侍者說道：「這是我前身所用的道具。我想在這裡創建寺院，以契合前世因緣。」正當人們鏟草開闢寺基的時候，有一朵祥雲遮天蔽日而來，停留在山峰頂上，久久不散去，因此人們把這座山叫作重雲山。在此之前，山谷中有很多猛獸，這時都自動離去。等到填塞龍潭以便開闢道路時，潭中的龍也徙居到其他地方。後唐明宗賜這寺院院額曰長興，僧侶參禪人紛紛會聚在這裡。

智暉禪師上堂說法，有僧人問道：「什麼是返回根本就得到了宗旨？」智暉回答：「早已經忘記了。」

有僧人問道：「不料塵埃產生了，什麼才是進身上前的一條路？」智暉禪師回答：「腳下已生了草，前方就是萬丈深淵。」

有僧人問道：「緊要的道路平平坦坦，怎樣行走呢？」智暉禪師回答：「我如果給你指出，就是朝東南西北去了。」

有僧人問道：「佛沒有出世的時候怎麼樣？」智暉禪師回答：「一堆泥土。」

有僧人問道：「什麼是重雲山的秤？」智暉禪師回答：「任你將天下稱量。」

有僧人問道：「什麼是斬釘截鐵的話？」智暉禪師回答：「寧死也不侵犯。」

有僧人問道：「什麼是重雲山的境界？」智暉禪師回答：「四季不開花，三冬時節滿是芳草。」

智暉禪師再次回到舊日山林後，創建寺院，聚集僧徒，經過了四十五年，在教誨學僧的餘暇，撰寫了偈頌一千多首，引度有弟子一千五百人。永興軍（今陝西西安）節度使王彥超早年曾經遊歷智暉禪師的門下，並打算出家為僧，智暉制止他道：「你將來自當榮華顯貴，成為教門的外護就可以了。」此後果然如智暉禪師所預言的。等到王彥超鎮守永興軍時，與智暉禪師重新相會，對他更加尊重禮待。後周顯德三年丙辰歲（九五六年）夏六月，智暉禪師前往府衙辭別王彥超，以山門之事相囑託。到了七月二十四日，智暉禪師身上並無病症，而告誡門人，並作了一首偈頌示意道：「我有一間房屋，是父母為我修蓋的。我已住了八十年，近來頗覺得衰敗。早就打算移居別處，但事關憎愛之情。等到它摧毀之時，彼此就沒有妨礙了。」說完便端坐著逝世了，享年八十四歲，法臘六十四年，靈塔就建造在重雲山上。

杭州瑞龍幼璋禪師

杭州瑞龍院幼璋禪師，唐相國❶夏侯孜❷之猶子❸也。大中初，伯父司空出鎮廣陵，師方七歲，遊慧照寺，聞諷《蓮經》❹，志求出家。伯父初不允，因絕不飲食，不得已而許之。禮慧遠為師，十七具戒。二十五遊諸禪會，薯山、白水咸受心訣，二宗匠❺深器之。

咸通十三年，至江陵，會騰騰和尚❻囑之曰：「汝往天台，尋靜而棲，遇安即止。」又值憨憨和尚撫而記曰：「汝卻後四十年，有巾子山下菩薩，王於江南，當此時吾道昌矣。」二逸士❼各有密言授之。

尋抵天台山，於靜安鄉創福唐院，乃契騰騰之言。又眾請住隱龍。

中和四年，浙東饑疫，師於溫、台、明三郡收瘞遺骸數千，時謂悲增大士。

乾寧中，雪峰和尚經遊，遺師椶櫚拂子而去。

天祐三年，錢尚父❽遣使童建齎衣服香藥，入山致請。師領徒至府庭，署志德大師，就功臣堂安置，日親問法。師請每年於天台山建金光明道場，諸郡黑白大會，逾月而散。光明大會始於師也。師將辭歸山，王加戀慕，於府城建瑞龍院，文穆王改為寶山院。延請開法。時禪門興盛，斯則憨憨懸記應矣。

師上堂謂眾曰：「老僧頃年遊歷江外、嶺南、荊湖，但有知識叢林，無不參問來。蓋為今日與諸人聚會，各要知箇去處。然諸方終無異說，只教當人歇卻狂心，休從他覓。但隨方任真，亦無真可任。隨時受用，亦無時可用。設❾垂慈苦口，且不可呼晝作夜。更饒善巧，終不能指東為西。脫❿或能爾，自是神通作怪，非干我事。若是學語之輩，不自省己知非，直欲向空裡采華，波中取月，還著得心力麼？汝今各且退思，忽然肯去，始知瑞龍老漢事不獲已，迂迴太甚。還肯麼？」時有僧問：「如何是瑞龍境？」師曰：「道汝不見得麼？」曰：「如何是境中人？」師曰：「後生可畏。」

問：「廓然無雲，如何是中秋月？」師曰：「最好是無雲。」曰：「恁麼即一輪高掛，萬國同觀去也。」師曰：「捏目之子難與言。」

至天成二年丁亥夏四月，師乞墳塔，尚父命陸仁璋於西關選勝地，建塔創院，賜名額，令僧守護。仍改天台隱龍為隱迹。修塔畢，師入府庭辭尚父，囑以護法恤民之事。剋期順寂。尚父悲悼，遣僧主集在城宿德迎引入塔。壽八十有七，臘七ㄑㄧ十ㄕˊ。

【注　釋】❶相國　即宰相。❷夏侯孜　唐代人，字好學。累官至兵部侍郎、諸道鹽鐵轉運使，拜宰相，為司空。唐懿宗時出鎮四川，後坐事以太子少保分司東都洛陽而卒。❸猶子　侄子。❹蓮經　即《法華經》。❺宗匠　此喻得道高僧、一代宗師。❻騰騰和尚　即嵩山安國師法嗣仁儉禪師，因行為放曠，人稱騰騰和尚。❼逸士　隱逸之士，此指放曠塵世的高僧。❽錢尚父　即錢鏐，曾官封尚父，故以稱。❾設　即使。❿脫　假如；假使。

【語　譯】杭州（今屬浙江）瑞龍院幼璋禪師（八四一～九二七年），為唐代宰相夏侯孜的侄子。大中年間（八四七～八五九年），他的伯父司空出鎮廣陵（今江蘇揚州）時，他剛剛七歲，在遊歷慧照寺時，聽到僧人在誦讀《法華經》，就立下志願要出家。他伯父起初不肯答應，他就不吃不喝，他伯父不得已，只得同意他出家。幼璋禮拜慧遠禪師為老師，在十七歲時接受了具足戒。幼璋二十五歲時，遊歷各地禪院法會，從薯山和尚、白水和尚那裡接受了心訣，兩位宗師都很器重他。

咸通十三年（八七二年），幼璋禪師來到了江陵（今屬湖北），遇到騰騰和尚囑咐他說：「你前往天台山，尋靜而棲，遇安而止。」又遇到憨憨和尚拍著他的背脊預言道：「你自此過四十年以後，有一個巾子山下的菩薩，將在江南稱王，到了那時候，我佛道就昌盛了。」這兩位曠世高僧各自有秘密預言付囑給幼璋。

不久，幼璋禪師抵達天台山，在靜安鄉創建福唐院，正應了騰騰和尚的預言。此後眾人又請幼璋禪師住持隱龍院。

中和四年（八八四年），浙東地區發生了饑荒和瘟疫，幼璋禪師就在溫州（今屬浙江）、台州（今浙江臨海）、明州（今浙江寧波）三地收埋遺骸數千具，當時稱他為悲增大士。乾寧（八九四～八九八年）年中，雪峰和尚雲遊經過，送給幼璋禪師一柄棕櫚拂塵後別去。

天祐三年（九〇六年），錢尚父派遣使者童建帶著衣服和香藥，進入山中來迎請幼璋禪師。幼璋便率領徒眾來到王府之中，錢尚父署封他為志德大師，安排他住宿在功臣堂中，得以每天親自來詢問佛法。幼璋請錢尚父同意每年在天台山設置金光明道場，諸州設置黑白僧俗大聚會，經過一個多月才散去。光明大會即從幼璋禪師開始。幼璋禪師準備辭歸山林，錢尚父更加欽慕留戀，就在王府所在的杭州城內建造了瑞龍院，錢文穆王改名稱寶山院。迎請幼璋禪師開演佛法。當時江南禪門興盛，於是憨憨和尚的預言應驗了。

幼璋禪師上堂對眾僧說道：「老僧近年來遊歷江南、荊湖、嶺南地區，只要有善知識叢林，沒有不參見詢問的。這是為了今天與眾人聚會，每個人都要知道一個去處。但是各地終歸沒有不同的講法，只是讓人自己歇息狂動之心，不要從別人那裡尋找。只管依隨環境而聽任真性，也就沒有真性可以聽任的。依隨時光受取任用，也就沒有時光可以任用的。即使大降慈悲，苦口婆心，也不可以把白晝叫成黑夜。哪怕你善辯巧言，終歸不能指著東方說是西方。假使有人能這樣，那自是神通作怪，不關我的事。如果是那些模仿言語之輩，不自己反省認識錯誤，只想從虛空中採花，水波中撈月，可能下得了功夫嗎？你們現在各自下去思考，如忽然認可了我的說法，這才知道我瑞龍老漢是迫不得已，迂迴得太多了。你們可認可了嗎？」當時有一位僧人問道：「什麼是瑞龍的境界？」幼璋反問：「說你不能看見嗎？」那僧人又問道：「什麼是境界中的人？」幼璋說道：「後生可畏。」

有僧人問道：「空闊無雲，什麼是中秋之月？」幼璋禪師回答：「最好是沒有雲。」那僧人說道：「這樣的話則一輪明月高掛，萬國百姓共同觀賞了。」幼璋說道：「捏著眼睛生出花來哄自己的人，難以同他談話。」

到了後唐天成二年丁亥歲（九二七年）夏四月，幼璋禪師請求錢尚父為他建靈塔，錢尚父便命令陸仁璋在城西關選了一塊好地，建造靈塔，創建寺院，賜給院額，並安排僧人守護。錢尚父還把天台山的隱龍院改名為隱迹院。靈塔修築完成後，幼璋禪師進王府內向錢尚父辭別，囑咐他保護佛法、撫恤百姓之事。到了約定的時間，幼璋禪師就圓寂而去。錢尚父十分悲傷痛惜，就遣僧主集合在城內的名宿高僧引請遺體進入靈塔。幼璋禪師享年八十七歲，法臘七十年。

【說明】「巾子山下菩薩，王於江南，當此時吾道昌矣。」這話頗能說明吳越王錢鏐對五代禪宗發展所起的作用。吳越從其自立直至歸宋的八十餘年間，經濟有著很大的發展，社會也較為穩定。雖然錢氏政權因奉佛而為歷代史家所譏，但事實證明，其對禪宗的扶持，還是有著特殊的社會意義，並在安定社會、與民休息方面還是起著一定作用的。

前撫州疏山光仁禪師法嗣

疏山第二世證禪師

疏山證禪師，第二世住。初參仁和尚得旨，後遊歷諸方，謁投子同禪師。投子問曰：「近離什麼處？」曰：「延平❶來。」投子曰：「還將得劍來麼？」曰：「將得來。」投子曰：「呈似老僧看。」師乃指面前地上，投子便休，師遂去。三日後，投子問主事：「新到僧在什麼處？」曰：「當時去也。」投子曰：「三十年學馬伎，昨日❷被驢撲。」

師住後，僧問：「如何是就事學？」師曰：「著衣掃地。」曰：「如何是就理學？」師曰：「騎牛去穢。」曰：「向上事如何？」師曰：「溥❸濟不收。」

問：「如何是聲色中混融一句？」師曰：「不辨，消不及。」曰：「如何是聲色外別行一句？」師曰：「難逢，不可得。」

【注釋】❶延平 今福建南平，唐、五代時稱劍州。❷昨日 同「那天」。❸溥 同「普」。

【語譯】疏山證禪師，第二世住持。當初參拜匡仁和尚時證得了禪旨，後來遊歷各地禪院，去謁見投子同和尚。投子和尚問道：「你最近離開了什麼地方？」證禪師回答：「從延平來。」投子和尚又問道：「可曾帶得劍來嗎？」證禪師回答：「帶得來了。」投子和尚說道：「拿給老僧看。」證禪師就用手指著眼前的地面，投子和尚便作罷了，證禪師就離去了。過了三天後，投子和尚問主事僧道：「新來的那個僧人在什麼地方？」主事僧回答：「當時就離去了。」投子和尚說道：「三十年玩馬伎，那天卻被驢子給摔倒了。」

證禪師住持後，有僧人問道：「什麼是據事而學法？」證禪師回答：「穿衣掃地。」僧人又問道：「什麼是據理而學法？」證禪師回答：「騎牛而去汙穢。」那僧人再問道：「向上玄妙之事怎麼樣？」證禪師回答：「普施而不圖回報。」

有僧人問道：「什麼是聲色中混和融合的一句話？」證禪師回答：「不辨別，不及消受。」僧人又問道：「什麼是聲色外另外施行的一句話？」證禪師回答：「難以遭逢，不可得到。」

洪州百丈安和尚

洪州百丈安和尚，號明照禪師。第十世住。問：「一藏❶圓光❷，如何是體？」師曰：「勞汝遠來。」曰：「莫是一藏圓光麼？」師曰：「更喫一椀茶。」

問：「如何是和尚家風？」師曰：「手巾寸半布。」

問：「萬法歸一，一歸何處？」師曰：「未有一箇不問。」

問：「如何是極則事？」師曰：「空王❸殿裡登九五❹，野老門前不立人。」

問：「隨緣認得時如何？」師曰：「未認得時作麼生？」

師本新羅國人，自百丈統眾，所度弟子道亘等凡七人，各從參嗣，僉化一方。

師滅後，門人寫影❺，法眼讚曰：「對目誰寫？蟾❻輝碧池。日面月面，輪圓須彌。須彌一指，月面豪芒。明照禪師，詎❼曰違方？方塵不指，大悲何起？我謂玄功，胡是非是？」

【注　釋】❶一藏　指法界法輪藏。《釋摩訶衍論》：「唯立一藏總攝諸法，謂法界法輪藏。」❷圓光　佛、菩薩頭頂上的圓輪光芒。❸空王　佛的異名，法曰空法，佛曰空王，以空無一切邪執為入涅槃城之要門，故以稱。《圓覺經》：「佛為萬法之王，又曰空王。」❹九五　本為《易經》之卦爻位名，九指陽爻，五指第五爻。《易・乾卦》：「九五，飛龍在天，利見大人。」唐人孔穎達疏：「言九五陽氣盛至于天，故飛龍在天……猶若聖人有龍德，飛騰而居天位。」後因以「九五」指帝位。❺寫影　描畫肖像。❻蟾　指月亮。❼詎　豈。

【語　譯】洪州（今江西）百丈山安和尚，號明照禪師。第十世住持。有僧人問道：「一藏圓光，什麼是體？」安和尚回答：「有勞你遠道而來。」那僧人再問道：「莫非這就是一藏圓光嗎？」安和尚回答：「你再喝一碗茶。」

有僧人問道：「什麼是和尚的家風？」安和尚回答：「手巾僅一寸半布。」

有僧人問道：「萬法歸一，一歸什麼地方？」安和尚說道：「沒有一個人不問的。」

有僧人問道：「什麼是最微妙的事理？」安和尚回答：「空王的宮殿內禁登帝王之位，野老村夫的門前不站立一人。」

有僧人問道：「隨緣認識的時候怎麼樣？」安和尚反問：「沒有認識的時候怎麼樣呢？」

安和尚本是新羅國人，自從在百丈山統領眾僧成為住持後，所引度的弟子道亘等共有七人，各有自己的參問嗣法之人，教化一方。安和尚圓寂後，門人為他描畫了肖像，法眼和尚稱讚道：「對面的肖像由誰所摹寫？月光映照在碧澄的池水上。日面月面，光圓須彌山。須彌山一指，月面上光芒四照。明照禪師，豈說是違背方理？各方塵埃不指向，大悲傷怎麼會興起？我說玄妙的功德，誰是誰不是呢？」

筠州黃蘗山慧禪師

筠州黃蘗山慧禪師，洛陽人也。少出家，業經論學，因增受菩薩戒而歎曰：「大士攝律儀❶，與吾本受聲聞戒，俱止持作犯❷也。然於篇聚增減，支本通別，制意且殊，既微細難防，復於攝善中未嘗行於少分，況饒益有情乎？且世間泡幻，身命何可留戀哉！」由是置講課，欲以身捐於水中，飼鱗甲❸之類。念已將行，偶二禪者接之款話，謂：「南方頗多知識，師何滯於一隅也？」師從此迴志參尋，屬關津嚴緊，乃謂守吏曰：「吾非翫山水，誓求祖道，他日必不忘恩也。」守者察其志，遂不苛❹留，且謂之曰：「師既為法忘身，迴時願無吝所聞。」師欣謝，直造疏山。

時仁和尚坐法堂受參。師先顧視大眾，後致問曰：「剎那便去時如何？」疏山曰：「畐塞❺虛空，汝作麼生去？」師曰：「畐塞虛空，不如不去。」疏山便休。師下堂，參第一座。第一座曰：「適觀座主祇對和尚語甚奇特。」師曰：「此乃率爾❻，實自偶然，敢望慈悲，開示愚迷。」第一座曰：「一剎那間還有擬議否？」師於言下頓省，禮謝，退於茶堂，悲喜交盈，如是三日。

尋住黃蘗山，聚眾開法，第二世住。終于本山。今塔中全身如生。

【注　釋】❶律儀　律指法律，儀指儀則。所制之法以防遏過非，因而立身之儀則。《大乘義章》曰：「言律儀者，制惡之法，說名為律，行依律戒，故號律義；又復內調亦為律，外應真則，目之為儀。」❷止持作犯　對殺盜之惡法而言，止者持戒，作者犯戒。反之，對慈悲等之善法而言，則止者犯戒，作者持戒。❸鱗甲　魚鱉之類。❹苛　勉強。❺畐塞　阻塞；堵塞。❻率爾　急促貌；隨意貌。

【語　譯】筠州（今江西高安）黃蘗山慧禪師，洛陽（今屬河南）人。慧禪師少年時出家，以佛經義學習為業，因為加受了菩薩戒而歎息道：「大士統掌律儀，與我原來接受的聲聞戒，都是止持作犯。但是佛經多少增減，支流本源的通達區別，規則製作的意旨本自不同，然其區別既微細難以防止，又在持善法之時未曾施行過一點點，何況還要有益於眾生嗎？況且世間如水泡幻滅，身命又有什麼可留戀的啊！」於是慧禪師放棄了講課，想把身體捐獻給水中，餵養魚鱉之類。他打定了主意將要行動的時候，偶然遇到兩位禪師來接引懇切談話，稱說：「南方有很多善知識，法師為什麼滯留在一隅呢？」慧禪師從此回心轉意，去南方參尋禪道，正遇到關隘渡口守禦嚴密，他就對守衛的官吏道：「我不是為了遊山玩水，立誓尋求祖師禪法，你放我過去，日後必定不忘你的恩德。」守衛的官吏察覺了他的志向，於是就不勉強阻留，並且對他說道：「法師既然為求法而忘身，他日回轉的時候希望不吝告訴見聞。」慧禪師欣然致謝，直奔疏山參訪。

當時疏山光仁和尚正坐在法堂上接受眾僧的參拜。慧禪師首先回顧大眾，然後提問道：「一剎那間就離去的時候怎麼樣？」疏山和尚反問道：「堵塞了虛空，你怎樣去？」慧禪師回答：「堵塞了虛空，那不如不去。」疏山和尚便作罷了。慧禪師下堂，參拜第一座。第一座說道：「剛才聽座主應對和尚的言語很是奇特。」慧禪師說道：「剛才只是率爾回答，實在是偶然，還望第一座慈悲，開示愚昧。」第一座便問道：「一剎那間可有思慮嗎？」慧禪師於言語下頓時省悟了，便施禮致謝，退到了茶堂，悲喜交加，就這樣度過了三天。

不久，慧禪師住持黃蘗山，聚集僧眾開講佛法，為第二世住持。並逝世於黃蘗山。現今靈塔中他的肉身還像活著時一樣。

隨城山護國守澄禪師

隨州隨城山護國院守澄淨果大師。問：「如何是佛？」師曰：「遮驢漢！」

問：「盡大地是一隻眼底人來，師如何？」師曰：「堦下漢！」

問：「諸佛不到處，什麼人履踐？」師曰：「耼耳鬅頭❶。」曰：「何人通得彼中信？」師曰：「驢面獸顋❷。」

問：「隨緣認得時如何？」師曰：「錯。」

問：「如何是西來意？」師曰：「一人傳虛，萬人傳實❸。」

問：「不落干將❹手，如何是太阿❺？」師曰：「七星❻光采耀，六國❼罷燈塵❽。」

【注釋】❶聃耳鬅頭　耳長大稱聃，頭髮披散稱鬅。❷顋　通「腮」。❸一人傳虛二句　原本沒有的事，因為傳說的人多了，大家都信以為真。❹干將　春秋時著名鑄劍師，傳說曾與其妻莫邪共鑄兩支寶劍，一名干將，一名莫邪，獻給吳王闔閭。❺太阿　古代寶劍名，相傳為春秋時歐冶子、干將所鑄。❻七星　指北斗七星。❼六國　指戰國時除秦國外的其他六雄趙、韓、魏、燕、齊、楚。❽燈塵　此指戰火灰燼。

【語譯】隨州（今屬湖北）隨城山護國院守澄，號淨果大師。有僧人問道：「什麼是佛？」守澄喝道：「這蠢驢！」

有僧人問道：「整個大地都是一隻眼睛的人來時，和尚怎麼樣？」守澄禪師喝道：「這階下漢！」

有僧人問道：「諸佛沒有到的地方，什麼人在行走呢？」守澄禪師回答：「長耳散髮。」那僧人再問道：「什麼人能夠傳遞出那裡的信息呢？」守澄回答：「驢面獸腮。」

有僧人問道：「隨緣認識的時候怎麼樣？」守澄禪師回答：「錯。」

有僧人問道：「什麼是祖師西來的意旨？」守澄禪師回答：「一人傳虛，萬人傳實。」

有僧人問道：「不落入干將之手，什麼是太阿劍？」守澄禪師回答：「北斗七星光芒閃耀，六國不再興戰火。」

洛京靈泉歸仁禪師

洛京長水❶靈泉歸仁禪師。問：「如何是祖師意？」師曰：「仰面獨揚眉，迴頭自拍手。」

問：「如何是祖師西來的的意？」師曰：「洛河水逆流。」

問：「如何是和尚家風？」師曰：「騎牛戴席帽❷，過水著靴衫。」

【注釋】❶長水　古縣名，北朝後魏時建南陝縣，西魏時改稱長淵，唐代改名長水，至元代被廢，故址在今河南洛寧西四十五里。❷席帽　草帽。

【語　譯】洛京（今河南洛陽）長水縣靈泉寺歸仁禪師。有僧人問道：「什麼是祖師西來的意旨？」歸仁回答：「仰面獨自揚眉，回頭自己拍手。」

有僧人問道：「什麼是祖師西來確切的意旨？」歸仁禪師回答：「洛河的水倒流。」

有僧人問道：「什麼是和尚的家風？」歸仁禪師回答：「騎牛戴著草帽，渡河穿著皮靴衣衫。」

延州延慶奉璘禪師

延州伏龍山延慶院奉璘禪師。問：「如何是和尚家風？」師曰：「橫身臥海，日裡挑燈。」

問：「如何是伏龍境？」師曰：「山峻水流急，三春足異華。」

問：「和尚還愛財色也無？」師曰：「愛。」曰：「既是善知識，為什麼卻愛財愛色？」師曰：「知恩者少，負恩者多。」

師問火頭：「培火❶了未？」曰：「低聲。」師曰：「什麼處得遮消息來？」曰：「不假多言。」師曰：「省錢易飽，喫了還饑。」問：「如何是和尚家風？」師曰：「長虀冷飯。」曰：「又太寂寞生！」師曰：「僧家合如是。」

【注　釋】❶培火　用泥塊擁護爐火，使不熄滅或燃盡，便於他時使用。

【語　譯】延州（今陝西延安）伏龍山延慶院奉璘禪師。有僧人問道：「什麼是和尚的家風？」奉璘回答：「橫身躺臥在碧海中，在太陽底下挑亮了燈火。」

有僧人問道：「什麼是伏龍山的境界？」奉璘禪師回答：「山高峻，水流急，三春裡開滿了奇異的花兒。」

有僧人問道：「和尚還愛財愛色嗎？」奉璘禪師回答：「愛。」僧人再問道：「和尚既然是善知識，為什麼卻會愛財愛色？」奉璘回答：「知恩圖報的人少，辜負恩德的人多。」

奉璘禪師問火頭道：「培火了沒有？」火頭說道：「小點聲。」奉璘問道：「什麼地方得來的這個訣竅？」火頭回答：「不消多言。」奉璘便說道：「雖然省錢容易吃飽，但是吃了還是覺得饑餓。」

有僧人問道：「什麼是和尚的家風？」奉璘禪師回答：「長年吃鹹菜冷飯。」那僧人說道：「太清苦了啊！」奉璘說道：「僧家理應這樣。」

安州大安山省禪師

安州大安山❶省禪師。第三世住。問：「失路迷人，請師直指。」師曰：「三門前去。」

問：「舉步臨危，請師指月❷。」師曰：「不指月。」曰：「為什麼不指月？」

師曰：「臨坑不推人。」

問：「離四句，絕百非，請和尚道。」師曰：「我王庫內無如是刀。」

問：「重重關鏁，信息不通時如何？」師曰：「爭得到遮裡？」曰：「到後如何？」師曰：「彼中事作麼生？」

問：「如何是真中真？」師曰：「十字路頭泥佛子。」

【注釋】❶大安山　在湖北安陸西六十里，四面陡峭，其峰頂石平坦，大數里，周圍有泉。❷月　此喻佛法真諦。

【語譯】安州（今湖北安陸）大安山省禪師。第三世住持。有僧人說道：「我是迷失道路之人，還請和尚直截了當加以指示。」省禪師說道：「到山門前去。」

有僧人說道：「一舉步就面臨危險，還請和尚指示明月。」省禪師說道：「不指示明月。」那僧人問道：「為什麼不指示明月？」省禪師回答：「面臨著深坑不推人入內。」

有人說道：「離開四句，斷絕百非，請和尚講說。」省禪師說道：「我大王的武庫中沒有這樣的大刀。」

有僧人問道：「重重的關隘鎖鑰，信息不通的時候怎麼樣？」省禪師反問：「怎能到達這裡？」那僧人再問道：「到達以後怎麼樣？」省禪師反問：「那裡的事怎麼樣？」

有僧人問道：「什麼是真中之真？」省禪師回答：「十字路口的泥塑佛像。」

洪州百丈超禪師

洪州大雄山百丈超禪師。海東❶人也。問：「祖意與教意同別？」師曰：「金雞玉兔，聽遶須彌。」

問：「日落西山去，林中事若何？」師曰：「洞深雲出晚，澗曲水流遲。」

僧辭，問曰：「今日下山，有人問和尚說什麼法，向他道什麼？」師曰：「但向他道大雄山上，虎生師子兒。」

【注　釋】❶海東　指大海之東的新羅國。

【語　譯】洪州（今江西南昌）大雄山百丈超禪師。新羅國人。有僧人問道：「祖師之意旨與教義是相同還是有區別的？」超禪師回答：「金雞玉兔，聽任牠們圍繞須彌山。」

有僧人問道：「太陽下了西山以後，林中的事怎麼樣呢？」超禪師回答：「山洞深邃，雲就出得晚，山澗彎曲，水就流得緩。」

有僧人前來辭別，問道：「我今天下山，如果有人詢問和尚說了什麼法，我該向他說什麼？」超禪師回答：「就向他說在大雄山上，老虎生下了獅子兒。」

洪州天王院和尚

洪州天王院和尚。問：「國內按劍者是誰？」師曰：「天王。」

問：「百骸❶俱潰散，一物鎮長靈❷如何？」師曰：「不墮無壞爛。」

問：「如何是佛？」師曰：「錯。」

【注釋】❶百骸　指全部骨骸。❷長靈　此指靈魂。

【語譯】洪州（今江西南昌）天王院和尚。有僧人問道：「在國內按寶劍的人是誰？」天王院和尚回答：「天王。」

有僧人問道：「骨骸全部潰散，一物留鎮長靈的時候怎麼樣？」天王院和尚回答：「不墮人永垂不朽之中。」

有僧人問道：「什麼是佛？」天王院和尚回答：「錯。」

常州正勤院蘊禪師

常州正勤院蘊禪師，第一世住。魏府❶人也，姓韓氏。幼而出家，老有童顏，得法於疏山之室。

僧問：「師唱誰家曲，宗風事若何？」師曰：「適然❷簫韶❸外，六律❹不能過。」曰：「不過底事作麼生？」師曰：「聲前拍不散，句後覓無蹤。」

僧問：「如何是正勤一條路？」師曰：「涅❺深三尺。」曰：「如何得到？」

師曰：「闍梨從什麼處來？」

問：「如何是禪？」師曰：「石裡蓮華火裡泉。」曰：「如何是道？」師曰：「楞伽❻峰頂一莖草。」曰：「禪道相去多少？」師曰：「泥人落水木人撈。」

師晉天福中將順寂，預告大眾，及期，闔城❼士女奔走至院。師囑付訖，怡然坐化。門人葬于院後。經二稔，發塔，覩全身儼然，髮爪俱長，乃於城東闍維，收舍利真骨，重建塔。

【注　釋】❶魏府　今河北省大名。宋太宗時令親王出鎮魏府，以防契丹。此魏府本唐之魏州，宋因為軍府所在地，故謂之魏府。❷適然　悠閒貌。❸簫韶　古樂名。《尚書．益稷》：「簫韶九成，鳳皇來儀。」鄭玄注曰：「韶之言紹也，言舜能繼紹堯之德。」❹六律　中國古代用三分損益法將一個八度分為十二個不完全相等的半音，其奇數各律稱「律」，偶數各律稱「呂」，總稱「六律六呂」，此泛指樂律或音律。❺埿　同「泥」，濕泥。❻楞伽　山名，在師子國（今斯里蘭卡）東南部，巖谷幽峻，常人難入。❼闔城　滿城；全城。

【語　譯】常州（今屬江蘇）正勤院蘊禪師，第一世住持。魏府（今河北大名）人，俗姓韓。蘊禪師幼年出家，到老年後還保有如兒童一般的臉色，在疏山和尚那裡獲得了禪法。

有僧人問道：「和尚舉唱誰家的樂曲，宗風的事怎麼樣？」蘊禪師回答：「悠閒地處於簫韶聲外，六律也不能超過。」那僧人問道：「不能超過的事怎麼樣？」蘊禪師回答：「聲音前面不能拍散，語句後面尋覓卻無蹤跡。」

有僧人問道：「什麼是正勤院的一條路？」蘊禪師回答：「泥水深三尺。」那僧人又問道：「怎樣才能到達呢？」蘊禪師反問：「闍梨從什麼地方來的？」

有僧人問道：「什麼是禪？」蘊禪師回答：「石頭裡的蓮花，火焰裡的甘泉。」那僧人再問道：「什麼是道？」蘊禪師回答：「楞伽山峰頂上一根草。」那僧人又問道：「禪與道相距有多遠？」蘊禪師回答：「泥人落水了，木頭人來打撈。」

蘊禪師於五代後晉天福（九三六～九四四年）年中將要圓寂前，預先告訴了大眾，等到了預定的日期，滿城男女都奔走來到寺院送別。蘊禪師囑咐完畢，安然端坐逝世。門人把他葬在寺院後面。過了兩年，人們打開了靈塔，看見蘊禪師的全身儼然如同活著時一樣，頭髮指甲都長長了，就在城東火化了遺體，收拾舍利真骨，重新建造了一座靈塔。

襄州後洞山和尚

襄州後洞山和尚❶。問：「道有又無時如何？」師曰：「龍頭蛇尾，腰間一劍。」

【注釋】❶後洞山和尚　《五燈會元》卷一三作「洞山瑞禪師」。

【語譯】襄州（今湖北襄樊）後洞山和尚。有僧人問道：「說有卻又沒有的時候怎麼樣？」後洞山和尚回答：「龍頭蛇尾，攔腰給一劍。」

京兆三相和尚

京兆三相和尚。問：「如何是無縫塔？」師曰：「覓縫不得。」曰：「如何是塔中人？」師曰：「對面不得見。」

【語　譯】京兆（今陝西西安）三相和尚。有僧人問道：「什麼是無縫塔？」三相和尚回答：「找不到縫。」僧人又問道：「什麼是塔中之人？」三相和尚回答：「對面不能看見。」

【說　明】疏山光仁禪師的法嗣還有筠州五峰山行繼禪師、商州高明和尚、華州西溪道泰禪師、撫州疏山和尚、筠州黃蘗山今約禪師、揚州祥光遠禪師、安州大安山傳性大師、筠州黃蘗山嬴禪師等八人，因無機緣語句，故未收錄。

又洞山良价禪師下二世之法嗣，還有澧州欽山文邃禪師的法嗣二人，即洪州上藍院自古禪師和澧州太守雷滿，因無機緣語句，故未收錄。

前樂普山元安禪師法嗣

京兆永安院善靜禪師

京兆永安院善靜禪師，京兆人也，姓王氏。父任牧守，母因夢金像，而覺有娠。師幼習儒學，博通群言❶。年二十七，忽厭浮幻，潛詣終南山，禮廣度禪師披削受具。唐天復中，南謁樂普安禪師，師器之，容其入室。仍典園務，力營眾事。

有僧辭樂普，樂普曰：「四面是山，闍梨向什麼處去？」僧無對，樂普曰：「限汝十日內，下語得中，即從汝發去。」其僧冥搜❷久之無語，因經行偶入園中。師怪問曰：「上座豈不是辭去，今何在此？」僧具陳所以，堅請代語。師不得已，代曰：「竹密豈妨流水過，山高那阻野雲飛？」其僧喜踊，師囑之曰：「祗對和尚，不須言是善靜語也。」僧遂白樂普，樂普曰：「誰下此語？」曰：「某甲。」樂普曰：「非汝之語。」僧具言園頭所教。樂普至晚上堂，謂眾曰：「莫輕園頭，他日住一城隍❸，五百人常隨❹也。」師尋辭樂普，北還故山，結廬而止，道俗歸向。復遊峨嵋❺，迴住，與元連帥王公禮重。後歸故鄉。屬兵火之後，舊寺荒廢，節帥創永安禪苑以居之，徒眾五百餘。

僧問：「知有道不得時如何？」師曰：「知有箇什麼？」曰：「不可無也。」師曰：「恁麼即合道得。」曰：「道即不無，爭奈語偏？」師曰：「水凍魚難躍，山寒花發遲。」

問：「如何是衲衣向上事？」師曰：「龍魚不出海，水月不吞光。」

問：「不可以智知，不可以識識時如何？」師曰：「鶴鷺並頭蹋雪睡，月明驚起兩遲疑。」

問：「如何是西來意？」師曰：「壁上畫枯松，蜂來不見蕊。」

問：「牛頭未見四祖時如何？」師曰：「異境靈松，覩者皆羨。」曰：「見後如何？」師曰：「葉落已枝摧，風來不得韻。」

問：「如何得生如來家？」師曰：「披衣望曉，論劫不明。」曰：「劫後如何明？」師曰：「一句不可得。」

師往遊僰道，避昭宗蒙塵之亂❻。以漢開運丙午歲冬鳴揵稚❼集僧，囑累入方丈，東向右脇而化，壽八十有九，臘六十，敕謚淨悟禪師。

【注釋】❶群言　此指各家理論。❷冥搜　暗中思索；冥思苦想。❸城隍　此指大寺院。❹常隨　普賢菩薩的十願之八為願常隨佛學。此指登堂參問的學僧。❺峨嵋　即峨眉山，在四川峨眉，佛教四大名山之一，為普賢菩薩的道場。❻昭宗蒙塵之亂　唐昭宗在位十七年，兵亂不斷，先是大將李茂貞犯闕，其出奔華州，後又被韓全晦劫去鳳翔，再後被朱全忠劫往洛陽，而為所弒。❼揵稚　也作犍椎、犍槌、打木等，可擊打而作聲之物的通稱。寺院中用以集合僧眾、傳告消息等。

【語譯】京兆（今陝西西安）永安院善靜禪師（八五八～九四六年），京兆人，俗姓王。他的父親曾任州府太守，母親因為夢見金色的佛像，因而懷有了身孕。善靜幼年修習儒家學說，廣博通曉各家理論。善靜二十七歲時，忽然厭惡人世的浮幻不實，悄悄地來到終南山，禮拜廣度禪師為師，披度削髮，接受具足戒。唐代天復（九〇一～九〇四年）年間，善靜南去參謁樂普元安和尚，樂普和尚很器重他，便收他為入室弟子。善靜於是掌管寺院中菜園之事務，盡力經營各種事情。

有一位僧人前來辭別樂普和尚，樂普和尚問道：「四面都是山崖，闍梨從哪個方向出去？」那僧人不能應對，樂普和尚便說道：「限你十天之內，若所說的答案合適，就任隨你離去。」那僧人冥思苦想了好久，還是不能應答，因為行路偶然來到了菜園中。善靜禪師奇怪地問道：「上座難道不是已辭行走了嗎，今天為什麼還在這裡？」那僧人就詳細地訴說了事情的經過，堅請善靜代他尋覓一句答話。善靜迫不得已，就代為回答道：「竹林雖然茂密，難道會妨礙流水經過？山峰縱然高聳，哪能阻礙野雲飛度？」那僧人聞言之後歡喜雀躍，善靜就囑咐他道：「回答和尚時，不要說這是善靜的話。」那僧人於是前去告訴樂普和尚，樂普和尚問道：「誰說的這話？」那僧人回答：「是我。」樂普和尚說道：「這不是你的話。」那僧人才詳細說出這是園頭所教的話。樂普和尚到了晚上上堂時，對眾僧說道：「你們不要輕視園頭，他日後將住持一座城隍，有五百人為常隨。」善靜不久辭別樂普和尚，北歸過去曾住過的山林，自結茅廬而棲止，僧俗紛紛前來皈依嚮慕。善靜又去雲遊四川峨眉山，回來住持，受到興元府（今陝西漢中）軍帥王公的禮遇敬重。後來善靜回歸故鄉。正遇上兵火之後，舊日的寺院已經荒廢了，京兆節度使便創置了永安禪苑讓善靜居住，徒眾多達五百餘人。

有僧人問道：「知道有卻不能說的時候怎麼樣？」善靜禪師反問：「知道有個什麼？」那僧人回答：「不可以沒有啊。」善靜便說道：「這樣就能說出來了。」那僧人說道：「說來則不是沒有，怎奈言語表達不完全？」善靜說道：「水已結冰，魚兒就難以躍出，山峰寒冷，花兒就開得遲。」

有僧人問道：「什麼是衲衣向上最玄妙的事？」善靜禪師回答：「龍魚不躍出海面，水中月亮不吞吐光輝。」

有僧人問道：「不可以憑藉智慧覺知，不可以憑藉感官識別的時候怎麼樣？」善靜禪師回答：「白鶴與白鷺並著頭踏著雪在睡覺，月光明亮被驚醒時兩相遲疑不決。」

有僧人問道：「什麼是祖師西來的意旨？」善靜禪師回答：「牆壁上畫著枯松枝，蜜蜂飛來看不見花蕊。」

有僧人問道：「牛頭和尚沒有參見四祖大師時怎麼樣？」善靜禪師回答：「奇異的境界中生長著有靈氣

的松樹，觀看的人都很羨慕。」那僧人又問道：「參見以後怎麼樣？」善靜回答：「樹葉凋落，枝條已經摧折，風吹作響，不成韻律。」

有僧人問道：「怎樣才能出生在如來佛的家中？」善靜禪師回答：「披上衣服盼望天亮，歷盡劫數也不能明白。」那僧人又問道：「歷劫之後又怎樣明白？」善靜回答：「一句話也不能得到。」

善靜禪師後來去遊歷僰道（今四川宜賓東），以躲避使唐昭宗蒙塵之動亂。五代後漢開運丙午年（九四六年）冬天，善靜禪師鳴響犍椎集合僧眾，囑咐完後進入方丈室，右脅向東躺臥著圓寂了，享年八十七歲，法臘六十年，天子詔賜諡號曰淨悟禪師。

蘄州烏牙山彥賓禪師

蘄州烏牙山彥賓禪師。問：「未作人身以前，作什麼來？」師曰：「三腳石牛坡上走，一枝瑞氣月前分。」

問：「疋馬單槍直入時如何？」師曰：「饒你雄信❶解拈槍，猶較秦王一步在。」

問：「久戰沙場，為什麼功名不就？」師曰：「雙雕隨箭落，李廣❷不當名。」

問：「百步穿楊❸，中的者誰？」師曰：「將軍不上便橋，金牙❹徒勞拈筈。」

問：「螮蝀❺飲雲根❻時如何？」師曰：「金輪天子❼下閻浮❽，鐵漫頭❾上金花異。」

【注　釋】❶雄信　即隋末大將單雄信，善於使槍，曾於野外騎馬追擊唐秦王李世民，槍尖僅距李世民之背一步之遙，但李世民終為其部將所救。❷李廣　西漢武帝時名將，善於射箭，久經沙場，屢敗匈奴，但一生數奇，未曾封侯。❸百步穿楊　春秋時，楚國的將軍養由基善於射箭，能在百步外射中楊樹葉子，百發百中。後以形容射擊技術的高超。❹金牙　全子做成的弩牙。❺蝃蝀　古書上指虹。❻雲根　指巖石。❼金輪天子　即金輪王。❽閻浮　即「閻浮提」之略，此代指人世間。❾鐵漫頭　也作「鐵饅頭」，代指墳墓。

【語　譯】蘄州（今湖北蘄春）烏牙山彥賓禪師。有僧人問道：「沒有變成人身以前，那是什麼形狀？」彥賓回答：「三隻腳的石牛在山坡上行走，一道瑞氣在月光前展現。」

有僧人問道：「匹馬單槍突入敵陣的時候怎麼樣？」彥賓禪師回答：「就算單雄信善於使槍，還是相差秦王李世民一步距離。」

有僧人問道：「我久戰沙場，為什麼卻不能成就功名？」彥賓禪師回答：「兩隻雄鷹雖然隨著箭聲響起而落下，但李廣卻是命中注定不能立功名封侯。」

有僧人問道：「百步穿楊，射中靶心的人是誰？」彥賓禪師回答：「將軍不到便橋上發令，金牙徒勞地掛搭在箭筈上。」

有僧人問道：「彩虹依傍巖石的時候怎麼樣？」彥賓禪師回答：「金輪天子下凡到了人世間，鐵饅頭上的金色花兒光彩奇異。」

鳳翔府青峰山傳楚禪師

鳳翔府青峰山傳楚禪師，涇州人也。性淳貌古，眼有三角，承樂普開示心地，俾宰于眾事。一日，樂普問曰：「院主，汝去什麼處來？」師曰：「掃雪來。」曰：「雪深多少？」師曰：「樹上總是。」曰：「得即也得，汝向後有山，住箇雪窟定矣。」自受記，乃訪于白水。白水問：「樂普有生機一路❶，是否？」師曰：「是。」白水曰：「止卻生路，向熟路上來。」師曰：「生路上死人無數，熟路上不著活漢。」白水曰：「此是樂普底，你作麼生？」師曰：「非但樂普，夾山亦不奈何？」曰：「夾山為什麼不奈何？」師曰：「不見道生機一路？」

師住後，有僧問：「佛魔未現，向什麼處應？」師曰：「諸上座聽祇對。」

問：「如何是臨機一句？」師曰：「便道將來。」曰：「請和尚道。」師曰：「穿過髑髏，不知痛處。」

問：「如何是明了底人一句？」師曰：「駿馬寸步不移，鈍鳥昇騰出路❷。」

【注釋】❶生機一路　此喻充滿生機趣味的參禪之路。❷出路　出外；旅行。

【語譯】鳳翔府（今屬陝西）青峰山傳楚禪師，涇州（今甘肅涇川）人。傳楚性情淳厚，相貌古拙，長著三角眼，承蒙樂普和尚為他開示心地，而讓他主管各種雜事。有一天，樂普和尚問道：「院主，你從什麼地方回來？」傳楚回答：「掃雪回來。」樂普和尚問道：「雪有多深？」傳楚回答：「連樹木上都是雪。」樂普和尚便說道：「要說獲得倒也算是有所得，你以後將擁有山林，住持一個雪窟是一定的。」傳楚自從接受心記後，就去拜訪白水和尚。白水和尚問道：「聽說樂普和尚那裡有一條充滿生機之路，是不是啊？」傳楚回答：「是。」白水和尚便說道：「除去那生路，到熟悉的路上來。」傳楚說道：「生路上有無數個死人，熟悉的路上沒有遇到一個活人。」白水和尚說道：「這還是樂普和尚的，你的怎麼樣呢？」傳楚回答：「不僅是樂普和尚，就是夾山和尚也不能對我怎麼樣！」白水和尚問道：「夾山和尚為什麼不能對你怎麼樣？」傳楚回答：「你沒有聽說是一條充滿生機之路嗎？」

傳楚禪師住持以後，有僧人問道：「佛與魔都沒有顯現的時候，到什麼地方去響應佛法？」傳楚回答：「到諸位上座那裡去求解答。」

有僧人問道：「什麼是面臨機鋒的一句話？」傳楚禪師回答：「就說上來。」那僧人便說道：「就請和尚說。」傳楚說道：「從髑髏中穿過，卻沒有疼痛的感覺。」

有僧人問道：「什麼是明瞭禪理之人的一句話？」傳楚禪師回答：「善於奔馳的駿馬一寸也沒有移動，愚笨的鳥兒卻已飛越升騰而離去。」

鄧州中度和尚

鄧州中度和尚。問：「海內不逢師，如何是寰中主？」師曰：「金雞常報曉，時人不自知。」問：「如何是暗中明鏡？」師曰：「萬機昧不得。」曰：「未審照何物？」師曰：「什麼物不照？」

問：「如何是實際理地❶不受一塵，佛事門❷中不捨一法？」師曰：「真常塵不染，海內百川流。」

問：「請和尚離聲色外答。」師曰：「木人常對語，有性不能言。」

【注釋】❶實際理地　真如無相之境界。《護法錄》：「實際理地，不染一塵。」❷佛事門　禪林中指教化道法之方便為佛事門，也稱莊嚴門。

【語譯】鄧州（今屬河南）中度和尚。有僧人問道：「海內沒有遇到老師，怎樣才是寰宇中的主人？」中度和尚回答：「金雞一直在報曉，世人自己沒有聽聞。」那僧人又問道：「什麼是黑暗中的明鏡？」中度和尚回答：「萬機都不能蒙蔽它。」那僧人問道：「不知道能映照見什麼東西？」中度和尚反問：「什麼東西不能映照？」

有僧人問道：「什麼是實際理地不被一點塵埃所汙染，佛事門中不施捨一法？」中度和尚回答：「真常之道不被塵埃所汙染，大海容納百川流水。」

有僧人說道：「請和尚離絕聲音形狀來作答。」中度和尚說道：「木頭人經常相互講論佛道，即使有佛性也不能講說。」

嘉州洞溪和尚

嘉州洞溪和尚，初問樂普：「月樹❶無根枝覆蔭，請師直指妙幽微。」樂普曰：「森羅秀處，事不相依。淥水千波，孤峰自異。」師於是領旨承嗣。

問：「蛇師為什麼被蛇吞？」師曰：「幾度扣問❷拈不出。」

【注　釋】❶月樹　傳說月宮中生長有桂樹，故名。❷扣問　仔細詢問。

【語　譯】嘉州（今四川樂山）洞溪和尚，初次詢問樂普和尚道：「月中桂樹沒有根，但它的枝條卻覆蓋陰影，還請和尚直截了當地指示禪道玄微精妙之處。」樂普和尚回答：「森羅萬象的秀茂之處，事物並不相依傍。碧綠的水面千萬道波浪湧現，孤立的峻峰自然不同於平常的山嶺。」洞溪和尚由此領會了禪旨，承繼了法嗣。

有僧人問道：「蛇師為什麼反而被蛇所吞下？」洞溪和尚回答：「幾次扣問卻拿不出來。」

【說　明】洞溪和尚，據《五燈會元》卷六載，其法名為戒定禪師。

京兆臥龍和尚

京兆臥龍和尚，初開堂，有僧問：「杲日❶符天際，珠光照舊都❷。浦津❸通法海，今日意如何？」師曰：「寶劍揮時，豈該明暗！」

【注　釋】❶杲日　明亮的太陽。❷舊都　五代後梁將都城自長安遷至洛陽，故時人稱長安城為「舊都」。❸浦津　大的水面而有小口別通者稱浦。津，渡口。

【語　譯】京兆（今陝西西安）臥龍和尚，初次開堂時，有一個僧人問道：「明亮的太陽照耀在天邊，珠光映照著舊日的都城。江浦渡口連通著佛法之海，今天的旨意是什麼？」臥龍和尚回答：「寶劍揮動時，難道還要分辨明暗！」

【說　明】樂普元安禪師的法嗣還有嘉州黑水寺慧通大師、京兆盤龍和尚、單州東禪和尚、郿州善雅和尚等四人，因無機緣語句，故未收錄。

前江西逍遙山懷忠禪師法嗣

泉州福清師巍和尚

泉州福清院師巍和尚，號通玄禪師。僧問：「枝分夾嶺❶，的紹❷逍遙。寶座既登，法雷❸請震。」師曰：「逍遙迥物外，物外霞不生。」

問：「如何是西來的的意？」師曰：「立雪❹未為勞，斷臂方為的。」曰：「恁麼即一華開五葉，芬芳直至今。」師曰：「因圓三界外，果滿十方知。」

【注釋】❶夾嶺　即夾山。❷紹　紹續；繼續。❸法雷　比喻宣示佛法之聲如同雷聲一樣振聾發聵。❹立雪　指二祖慧可為拜初祖菩提達磨為師，立雪斷臂以求得禪法之事。

【語譯】泉州（今屬福建）福清院師巍和尚，號通玄禪師。有僧人說道：「和尚的支派從夾山，確實承繼逍遙之門派。住持寶座既已登上，法雷還請和尚一震。」師巍說道：「逍遙自在遠處萬物之外，萬物之外雲霞也不產生。」

有僧人問道：「什麼是祖師西來確切的意旨？」師巍和尚回答：「立雪並不算是虔誠，斷臂才顯示出決心。」那僧人便說道：「這樣的話則一花開五葉，芬芳一直流傳到今天。」師巍說道：「因要於三界之外才能完備，果圓滿時十方世界都能知道。」

京兆白雲無休禪師

京兆白雲無休禪師。問：「路逢猛虎，如何降伏？」師曰：「歸依佛，歸依法，歸依僧。」

問：「如何是白雲境？」師曰：「月夜樓邊海客❶愁。」

【注釋】❶海客　浪跡四方的遊子。

【語譯】京兆府（今陝西西安）白雲無休禪師。有僧人問道：「路上遇到猛虎，怎樣才能把牠降伏？」無休回答：「皈依佛，皈依法，皈依僧。」

有僧人問道：「什麼才是白雲的境界？」無休禪師回答：「月夜樓邊海客愁。」

前袁州盤龍山可文禪師法嗣

江州廬山永安淨悟禪師

江州廬山永安淨悟禪師。僧問：「如何是出家底事？」師曰：「萬丈懸崖撒手去。」曰：「如何是不出家底事？」師曰：「迥殊雪嶺安巢❶節，有異許由❷

掛一瓢。」

問：「六門❸不通，如何通信？」師曰：「闍梨外邊與誰相識？」

問：「脫籠頭，卸角馱❹來時如何？」師曰：「換骨洗腸❺投紫塞❻，洪門❼切忌更銜蘆❽。」

問：「從上諸聖，將何示人？」師曰：「有異祖龍❾行化節❿，迥超棲鳳越揚塵。」

問：「如何是解作客底人？」師曰：「寶御珍牀猶尚棄，誰能歷劫傍他門？」

問：「眾手淘金，誰是得者？」師曰：「黃帝⓫不曾遊赤水⓬，珠承罔象⓭也虛然⓮。」

問：「雪覆蘆華時如何？」師曰：「雖則冱⓯凝呈瑞色，太陽暉後卻迷人。」

【注釋】❶安巢　安指安期生，秦代瑯邪人，賣藥海上，受學於河上丈人，時人皆稱其為千歲翁。秦始皇東遊，請與語三日夜，賜金璧值數千萬，皆置之而去。巢指巢父，上古時人，山居而不營世利，以樹為巢，寢居其上，故號巢父。堯帝以天下讓給他，不受。❷許由　上古時隱士，堯帝以天下讓他，便退而隱居潁水之陽、箕山之尾。堯帝又召其為九州長，許由不欲聽聞，便洗耳於潁水之濱。❸六門　六種修習禪定之法：一求解脫之願心，二積集勝行之資糧，三使心善住於一處，四資師圓滿，五所緣圓滿，六作意圓滿。❹角馱　牲口馱的行李。❺換骨洗腸　道教的兩種修煉術，傳說凡人經此換骨洗腸後便能成仙。❻紫塞　指長城。《古今注・都邑》：「秦築長城，土色皆紫，漢塞亦然，故稱紫塞焉。」❼洪門　寬大的城門。❽銜蘆　橫在馬口中以備抽勒的鐵條稱銜。馬在鬧市城門口易驚，如以蘆葦代替鐵條為銜，則有危急時即難以控馭馬匹。❾祖龍指秦始皇。《史記集解》釋：「祖，始也；龍，人君像。謂始皇也。」❿行化節　此指統治手段。⓫黃帝　上古傳說中三皇之一。⓬赤水　在陝西宜川縣北。⓭罔象　古代傳說中的水怪名。⓮虛然　徒然；枉然。⓯冱　通「沍」。凍結。

【語　譯】江州（今江西九江）廬山永安寺淨悟禪師。有僧人問道：「什麼才是出家的事？」淨悟回答：「萬丈懸崖上撒手而去。」那僧人又問道：「什麼是沒有出家的事？」淨悟回答：「與雪嶺安期生、巢父的節操完全不同，也有異於許由用一瓢水來洗耳。」

有僧人問道：「六門都不能通行時，怎樣來傳播消息？」淨悟禪師反問：「闍梨在外面還與什麼人認識？」

有僧人問道：「脫去籠頭，卸下角馱來的時候怎麼樣？」淨悟禪師回答：「換骨洗腸投奔紫塞，過洪門時切忌不要再口銜蘆葦。」

有僧人問道：「從上的諸位聖人，拿什麼來指示學人？」淨悟禪師回答：「與祖龍的統治手段有區別，遠超棲風越過揚塵。」

有僧人問道：「怎樣才是懂得作客的人？」淨悟禪師回答：「寶貝御物裝飾的珍貴之牀尚且被遺棄了，又有誰能歷盡劫數依傍他人的門戶？」

有僧人問道：「眾人在淘金，誰是獲得的人？」淨悟禪師回答：「黃帝不曾遊過赤水，罔象呈獻寶珠也枉然。」

有僧人問道：「大雪覆蓋蘆花時怎麼樣？」淨悟禪師回答：「雖然寒氣凍凝了大地，但卻呈現出瑞色，太陽光輝映照後更加迷人。」

袁州木平山善道禪師

袁州木平山善道禪師，初謁樂普，問：「一漚未發已前，如何辨其水脈？」

樂普曰：「移舟諳水勢，舉棹別波瀾。」師不愜意，乃參盤龍，語同前問。盤龍曰：「移舟不辨水，舉棹即迷源。」師從此悟入。

僧問：「如何是西來意？」師曰：「石羊頭子向東看。」

問：「如何是正法眼？」師曰：「拄杖孔。」

問：「如何是不動尊❶？」師曰：「浪浪宕宕❷。」

問：「如何是木平一句？」師曰：「畐塞虛空。」曰：「畐塞虛空即不問，如何是一句？」師乃打之。

師凡有新到僧，未許參禮，先令運土三擔，而示偈曰：「南山路仄❸東山低，新到莫辭三轉泥。嗟汝在途經日久，明明❹不曉卻成迷。」

師肉髻螺紋，金陵李氏❺嚮其道譽，迎請供養，待以師禮。嘗問：「如何是木平？」師曰：「不動斤斧。」曰：「如何不動斤斧？」師曰：「木平。」

時大法眼禪師有偈贈曰：「木平山裡人，貌古言復少。相看陌路同，論心秋月皎。壞衲線非蠶❻，助歌聲有鳥。城闕今日來，一漚曾已曉。」

師異迹頗多，此不繁述。滅後，門人建塔，刊石影❼。本國諡真寂禪師，塔曰普慧。

【注釋】❶不動尊　即不動明王，密教尊者，為一切諸佛之教令輪身，示現忿怒狀，降伏一切惡魔，為五大明王之主尊，在密教之中與大日如來一同享用諸多祭祀。❷浪浪宕宕　流蕩；放蕩。意同「浪蕩」。❸仄　狹小。❹明明　分明；顯然。❺金陵李氏　即五代南唐中主李璟。❻蠶　此指絲綢之類。❼石影　石像。

【語譯】袁州（今江西宜春）木平山善道禪師，初次拜謁樂普和尚時，問道：「一個水泡都沒有出現之前，怎樣來辨別流水的方向？」樂普和尚回答：「划動舟船就會熟悉水勢，舉起船槳就能分辨波瀾。」善道認為這回答不契合自己的意思，就去參拜盤龍和尚，提出了相同的問題。盤龍和尚回答：「划動舟船不用分辨水勢，舉起船槳就已迷失了源頭。」善道從此便悟入了禪理。

有僧人問道：「什麼是祖師西來的意旨？」善道禪師回答：「石雕的羊兒向東張望。」

有僧人問道：「什麼是正法眼？」善道禪師回答：「拄杖上的孔洞。」

有僧人問道：「什麼是不動尊？」善道禪師回答：「浪浪蕩蕩。」

有僧人問道：「什麼是木平山的一句話？」善道禪師回答：「堵塞了虛空。」那僧人又問道：「堵塞虛空就不問了，什麼是一句話？」善道就打他。

凡是有新來參禪的僧人，善道禪師都不允許他們參拜行禮，而是讓他們先去挑三擔泥土，並作偈頌示意道：「南山的路狹小東山的路低，新到的僧人不要推辭挑三擔泥土。嗟歎你們在路上的日子已很久，很分明的道理不能理解卻反而更加迷惑。」

善道禪師如佛一樣在頭上長著肉髻螺紋，南唐皇帝李氏嚮慕他的禪道聲譽，便迎請他入皇城內供養，用老師的禮節待他。南唐皇帝曾經問道：「什麼是木平宗風？」善道回答：「不動用斧子。」南唐皇帝又問道：「為什麼不動用斧子？」善道回答：「木材平正。」

當時大法眼禪師曾作有一首偈頌贈給善道禪師道：「木平本是山林中的人，相貌古樸言語又不多。看上去就像一個過路的陌生人，其心地卻同秋夜的明月一樣皎潔。破敝的衲衣不是由絲綢縫製，平和的歌詠有鳥鳴聲來相伴。城闕雖然今天剛來到，可他早已從一個水泡中悟得了禪道。」

善道禪師不同尋常的奇異之事還有很多，這裡就不加贅述了。善道禪師圓寂之後，門人為他建造了靈塔，雕刻了石像。南唐皇帝賜善道謚號曰真寂禪師，靈塔名普慧。

陜府龍溪和尚

陜府龍溪和尚，上堂謂眾曰：「直饒說似箇無縫塔，也不免老僧下一箇橛❶。作麼生免得下橛？」眾無對，師自代曰：「下去！」

僧問：「如何是無縫塔？」師曰：「百寶莊嚴今已了，四門開豁已多時。」

【注　釋】❶下一箇橛　此喻尋找出破綻。

【語　譯】陜府（今河南三門峽）龍溪和尚，上堂告訴眾僧道：「就算你們說得像一個無縫塔，也不能避免老僧打下一根木橛。怎樣才能避免被打下木橛？」眾僧都不能應對，龍溪和尚就自己回答道：「下去！」

有僧人問道：「什麼是無縫塔？」龍溪和尚回答：「用百寶莊嚴裝飾的無縫塔現今已經朽壞了，四邊的門也已洞開多時了。」

【說　明】盤龍可文禪師的法嗣尚有桂陽志通大師、廬州壽昌院淨寂禪師等二人，因無機緣語句，故未收錄。

前撫州黃山月輪禪師法嗣

郢州桐泉山和尚

郢州桐泉山和尚，初參黃山。問：「天門一合，十方無路。有人道得，擺手出漳江❶。」師對曰：「蟄戶❷不開，龍無龍句。」黃山曰：「是你恁麼道。」師曰：「是即直言是，不是直言不是。」黃山曰：「擺手出漳江。」黃山復問：「卞和到處荊山秀，玉印❸從他天子傳時如何？」師曰：「靈鶴不於林下憩，野老不重太平年。」黃山深肯之。

師住後，僧問：「如何是相傳底事？」師曰：「龍吐長生水❹，魚吞無盡漚。」問：「請師挑揥❺他狄切。」師曰：「攂❻鼓轉船頭，棹挑波裡月。」

【注釋】❶漳江　源出福建平和縣大峰山，東南流入雲霄縣，亦名雲霄溪，再東南流入海。❷蟄戶　緊閉著的門。❸玉印　春秋時楚人卞和從荊山所得的玉璧，後來被秦始皇製成傳國玉璽，流傳於世代帝王之手。❹長生水　此指源源不斷的流水。❺揥　取；去。❻攂　通「擂」。

【語譯】郢州（今湖北鍾祥）桐泉山和尚，當初去拜謁黃山月輪和尚，黃山和尚說道：「天堂的門一關閉，十方就無路通達了。有人能夠說出當中意旨，就可以甩手走出漳江。」桐泉山和尚回答道：「緊閉著的門不打開，龍也說不出龍的句子。」黃山和尚說道：「是你這樣說的。」桐泉山和尚便說道：「如果是對的就直截了當地說對，如果不對就直截了當地說不對。」黃山和尚說道：「甩手走出漳江。」黃山和尚又問道：「卞和所到的地方，荊山也秀氣氤氳，製成的傳國玉璽任從他世世代代帝王流傳的時候怎麼樣？」桐泉山和尚回答：「靈鶴不歇息在山林中，隱居的老人並不看重太平年頭。」黃山和尚深深地讚許他的答話。

桐泉山和尚住持寺院以後，有僧人問道：「什麼是玉印相傳的事？」桐泉山和尚回答：「龍吐出源源不斷的流水，魚兒吞進無窮無盡的水泡。」

有僧人說道：「請求和尚來挑剔一下。」桐泉山和尚說道：「擂鼓掉轉船頭，船槳挑起水波中的月輪。」

前洛京韶山寰普禪師法嗣

潭州文殊和尚

潭州文殊和尚。僧問：「如何是祝融峰前事？」師曰：「巖前瑞草生。」

問：「仁王登位，萬姓霑恩。和尚出世何如？」師曰：「萬里長沙駕鐵船。」

問：「如何是本爾❶莊嚴？」師曰：「菊花原上景，行人去路長。」

【注釋】❶本爾　本來。

【語譯】潭州（今湖南長沙）文殊和尚。有僧人問道：「什麼是祝融峰前的事情？」文殊和尚回答：「巖前瑞草生。」

有僧人問道：「仁慈的國王登位，萬民都沾潤恩澤。和尚出世住持時怎麼樣？」文殊和尚回答：「萬里長沙駕鐵船。」

有僧人問道：「什麼是本來就具有的莊嚴？」文殊和尚回答：「菊花為平原上的景色，旅人行走的道路正遙遠。」

【說　明】韶山寰普禪師的法嗣尚有祥州大巖白和尚一人，因無機緣語句，故未收錄。

澧州善會禪師下二世法嗣，還有洪州上藍院令超禪師的法嗣二人，即河東北院簡禪師與洪州南平王鍾傳，因無機緣語句，故未收錄。

卷二一

義存禪師法嗣法系表（二）

- 義存禪師（見卷一六）
  - 師備禪師（見卷一八）
    - 桂琛禪師 → 文益禪師等（見卷二四）
    - 慧球禪師
    - 重機禪師 → 令光禪師（見卷二四）
    - 契符禪師 → 洞明大師等（見卷二四）
    - 瑫禪師 → 寶勝禪師（見卷二四）
    - 誠禪師
    - 道希禪師 → 玄旨禪師等（見卷二四）
    - 沖奧禪師
    - 睡龍山和尚
    - 光緒禪師
    - 契如庵主
    - 祿和尚
    - 師靜上座
  - 慧稜禪師（見卷一八）
    - 道匡禪師 → 宗顯大師等（見卷二四）
    - 彥球禪師
    - 連禪師
    - 光雲禪師
    - 紹宗禪師
    - 寶資禪師 → 林澄和尚（見卷二四）
    - 法瑫禪師
    - 洪儼禪師
    - 咸澤禪師
    - 慧朗禪師
    - 常慧禪師
    - 靜禪師
    - 從欣禪師 → 守真禪師（見卷二四）
    - 清換禪師
    - 契訥禪師
    - 弘辨大師
    - 可隆大師
    - 守玭禪師
    - 懷烈禪師
    - 令含禪師
    - 龜山和尚

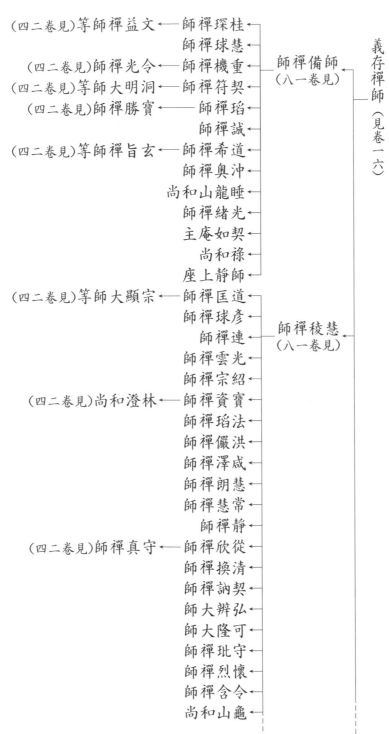

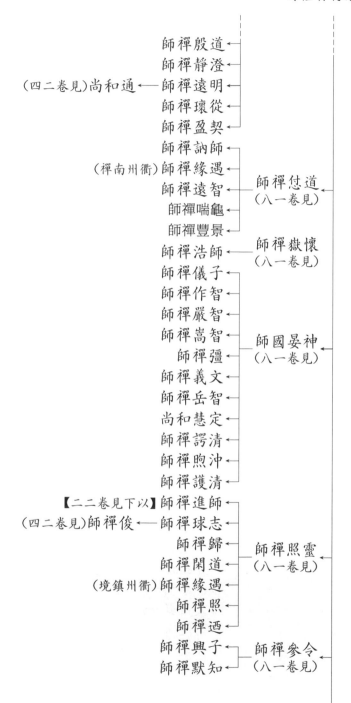

  - 道殷禪師
  - 澄靜禪師
  - 明遠禪師 → 通和尚(見卷二四)
  - 從瓌禪師
  - 契盈禪師
- 道付禪師(見卷一八)
  - 師訥禪師
  - 遇緣禪師(衢州南禪)
  - 智遠禪師
  - 龜喘禪師
  - 景豐禪師
- 懷嶽禪師(見卷一八)
  - 師浩禪師
- 神晏國師(見卷一八)
  - 子儀禪師
  - 智作禪師
  - 智嚴禪師
  - 智嵩禪師
  - 彊禪師
  - 文義禪師
  - 智岳禪師
  - 定慧和尚
  - 清諤禪師
  - 沖煦禪師
  - 清護禪師
- 靈照禪師(見卷一八)
  - 師進禪師【以下見卷二二】
  - 志球禪師 → 俊禪師(見卷二四)
  - 歸禪師
  - 道閑禪師
  - 遇緣禪師(衢州鎮境)
  - 照禪師
  - 迺禪師
- 令參禪師(見卷一八)
  - 子興禪師
  - 知默禪師

- 弘瑫禪師（見卷一九）→
  - 師貴禪師
  - 義聰禪師
  - 從貴禪師
  - 藏用禪師
  - 彥端禪師
  - 志端禪師
  - 滿禪師
  - 明禪師
  - 祥和尚
- 從展禪師（見卷一九）→
  - 省僜禪師
  - 可儔禪師 → 無逸禪師（見卷二四）
  - 如新禪師
  - 慧廉禪師
  - 文欽禪師
  - 清運禪師
  - 道熙禪師
  - 從琛禪師
  - 瀛和尚
  - 守清禪師
  - 行崇禪師
  - 獄麓山和尚
  - 德海禪師
  - 後招慶和尚
  - 簡禪師
  - 澄禪師
  - 契穩禪師
  - 慧輪大師 → 道詮禪師等（見卷二四）
  - 琛禪師
  - 柔禪師
  - 枕峰和尚
  - 法操禪師
  - 鷲嶺和尚
  - 敬連和尚
  - 句禪師
- 可觀禪師（見卷一九）→ 金輪和尚
- 道溥禪師（見卷一九）→ 清谿禪師
- 文偃禪師（見卷一九）→ 雲門宗法系
- 智孚禪師（見卷一八）→ 法進禪師（見卷二三）
- 永禪師（見卷一九）→ 大通和尚（見卷二三）

石頭宗法系表（四）

- 全豁禪師（見卷一六）
  - 師彥禪師（見卷一七）
    - 橫龍和尚【以下見卷二三】
    - 神祿禪師
  - 彥禪師（見卷一七）
    - 誨機禪師 → 善沼禪師等（見卷二四）
    - 柏谷和尚
    - 和龍和尚
    - 玄泉第二世和尚
    - 玄密禪師
  - 道閑禪師（見卷一七）
    - 隱微禪師
    - 德謙禪師 → 契從禪師等（見卷二四）
    - 範禪師
    - 紹孜禪師
    - 慧禪師
    - 令弇和尚
    - 義澄禪師
    - 惟曠禪師
    - 義昭禪師
    - 谷山和尚
    - 從盛禪師
    - 義因禪師
    - 靈巖和尚
    - 匡山和尚
    - 重滿禪師
    - 清進禪師
    - 定慧禪師
    - 鑒禪師
    - 穆禪師

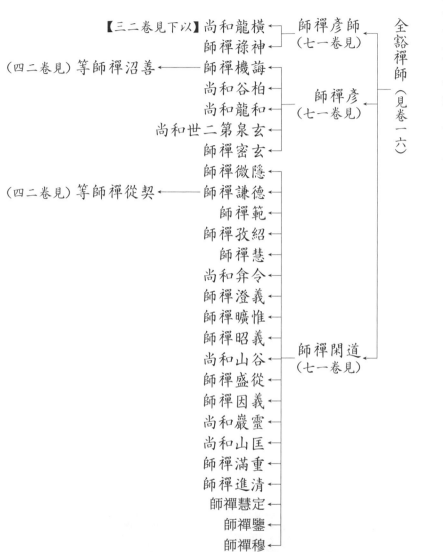

- 資國和尚（見卷一六）
  - 圓志禪師（見卷一七）
    - 智洪禪師
      - 景如禪師等（見卷二四）
    - 行靄禪師
      - 智倫禪師（見卷二四）
    - 行沖禪師
    - 懷楚禪師
      - 匡祐禪師等（見卷二四）
    - 清皎禪師
    - 志操禪師
    - 師普禪師
    - 真鑒禪師
    - 興陽山和尚
    - 玄偕禪師
    - 慧雲禪師
    - 玄諤禪師
    - 彥賓禪師（京兆）

- 居誨禪師（見卷一六）
  - 藤霞和尚（見卷一七）
    - 藥山第七世和尚
    - 雲蓋山和尚

- 中雲蓋和尚（見卷一六）
  - 景和尚（見卷一七）
    - 藏禪師
    - 從實禪師
    - 證覺禪師

- 道虔禪師（見卷一六）
  - 常察禪師（見卷一七）
    - 良洪禪師
  - 無殷禪師（見卷一七）
    - 慧度禪師
    - 義崇禪師
    - 契雲禪師
    - 保福和尚
    - 師陰禪師

- 元安禪師（見卷一六）
  - 彥賓禪師（蘄州，見卷二〇）
    - 興古禪師
    - 行朗禪師
    - 常禪師
  - 傳楚禪師（見卷二〇）
    - 靈龕和尚
    - 端己禪師
    - 懷晝禪師
    - 傳法和尚
    - 歸信禪師
      - 靈龕山和尚（見卷二四）
    - 清免禪師
    - 滿禪師
  - 善靜禪師（見卷二〇）
    - 大明山和尚

- 寰普禪師（見卷一六）
  - 白和尚（見卷二〇）
    - 碧雲和尚

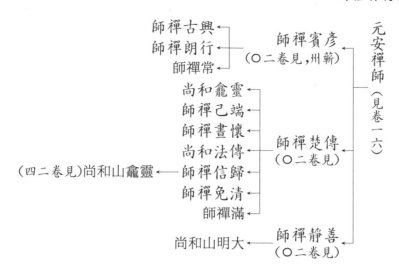

雲門宗法系表（上）

文偃禪師（見卷一九）

- 祥和尚【以下見卷二二】← 大歷和尚等（見卷二四）
- 緣密禪師 ← 文襲禪師等（見卷二四）
- 道遵禪師
- 竟欽和尚
- 資福和尚
- 元禪師
- 倫禪師
- 爽和尚
- 聞和尚
- 智寂禪師
- 章和尚
- 滿禪師
- 顯鑒大師
- 慧慈大師
- 證禪師
- 崇禪師
- 寶和尚
- 竟脫和尚
- 慧禪師
- 韶和尚
- 師寬禪師
- 觀音和尚
- 林泉和尚
- 煦和尚
- 澄遠禪師 ← 羅漢和尚（見卷二四）
- 啟柔禪師【以下見卷二三】
- 法濟禪師
- 守初大師 ← 道崧禪師（見卷二四）
- 耀和尚
- 豐禪師
- 匡果禪師
- 璘和尚
- 清稟禪師
- 寂和尚
- 道謙禪師
- 永平禪師
- 朗禪師
- 明和尚
- 明禪師
- 深禪師
- 乘和尚
- 臻禪師
- 封和尚
- 淨原和尚
- 圓和尚
- 圓光禪師
- 雲震禪師
- 清耀禪師
- 清海禪師
- 慈光和尚
- 師密禪師
- 融禪師
- 守賢禪師
- 徽禪師
- 弘義禪師
- 光禪師
- 廣慈禪師
- 欽禪師
- 真禪師
- 澟禪師
- 慧真大師

曹洞宗法系表（二）

- 道膺禪師（見卷一七）
  - 懷惲禪師（見卷二〇）
    - 弘章禪師【以下見卷二三】→ 常覺禪師（見卷二四）
    - 巖密禪師
  - 章禪師（見卷二〇）
    - 道虔禪師
  - 懷岳禪師（見卷二〇）
    - 令崇禪師
    - 忠彥禪師
    - 龍泉和尚
    - 住緣和尚
    - 住滿和尚
  - 澹權禪師（見卷二〇）
    - 蘊和尚
    - 泊山和尚

- 本寂禪師（見卷一七）
  - 道延禪師（見卷二〇）
    - 慶禪師
    - 敏禪師
  - 處真禪師（見卷二〇）
    - 崇真和尚
    - 譚和尚
    - 智靜大師 → 知儼禪師等（見卷二四）
    - 行因禪師
    - 明禪師
    - 真上座
  - 慧霞大師（見卷二〇）
    - 東汀和尚
    - 正慧大師
    - 堅上座
  - 法義禪師（見卷二〇）
    - 慧忠禪師
  - 光慧禪師（見卷二〇）
    - 福禪師
  - 從志禪師（見卷二〇）
    - 神降禪師
    - 彥禪師

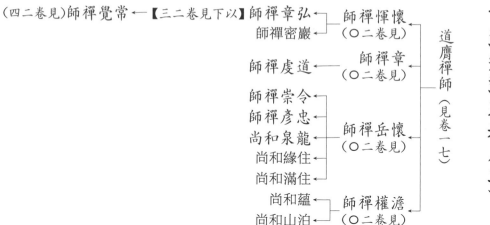

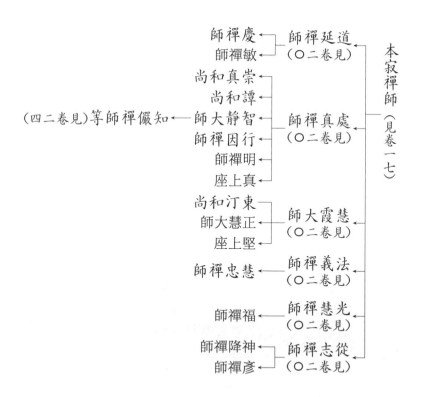

- 居遁禪師（見卷一七）
  - 審哲禪師（見卷二〇）
    - 龍穴山和尚
    - 大乘山和尚
    - 歸曉大師
    - 真和尚
    - 璋禪師
    - 偃和尚
  - 藏嶼禪師（見卷二〇）
    - 存和尚

- 休靜禪師（見卷一七）
  - 匡一禪師（見卷二〇）
    - 道隱禪師
    - 微禪師
      - 大朗和尚等（見卷二四）
    - 大浪和尚

- 普滿大師（見卷一七）
  - 威禪師（見卷二〇）
    - 石鏡和尚
    - 志和尚
      - 緣觀禪師等（見卷二四）

- 師虔禪師（見卷一七）
  - 獻禪師（見卷二〇）
    - 慧徹禪師
      - 紹遠禪師等（見卷二四）
  - 廣德義和尚（見卷二〇）
    - 延和尚
      - 周禪師（見卷二四）
    - 上泉和尚
    - 周和尚

- 光仁禪師（見卷一七）
  - 守澄禪師（見卷二〇）
    - 守欽大師
    - 知遠大師
      - 常普大師（見卷二四）
    - 能和尚
    - 思禪師
    - 延壽和尚
    - 志朗大師
    - 瓊和尚
    - 滿和尚
  - 歸仁禪師（見卷二〇）
    - 遵和尚
    - 堅和尚

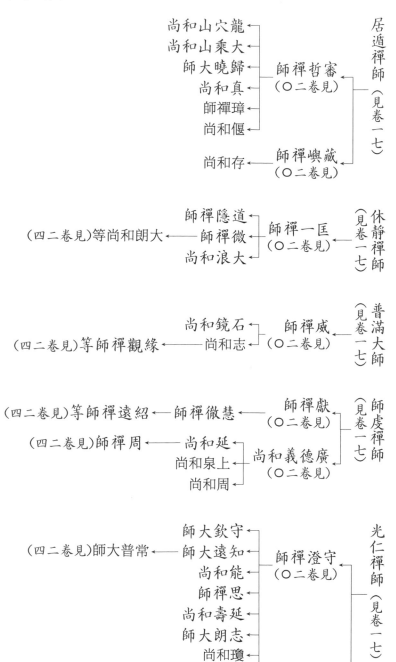

通禪師（見卷一七）→香城和尚（見卷二〇）→羅紋和尚

本仁禪師（見卷一七）→幼璋禪師（見卷二〇）→德言禪師

卷二一

青原行思禪師下七世上

前福州玄沙師備禪師法嗣

漳州羅漢院桂琛禪師

漳州羅漢院桂琛禪師，常山人也，姓李氏。為童兒時，日一素食，出言有異。既冠，辭親，事本府萬歲寺無相大師，披削登戒，學毗尼❶。一日，為眾升臺，宣戒本❷布薩❸已，乃曰：「持犯❹但律身而已，非真解脫也。依文作解，豈發聖乎？」於是訪南宗❺，初謁雲居、雪峰，參訊勤恪❻，然猶未有所見。後造玄沙宗一大師，一言啟發，廓爾❼無惑。玄沙嘗問曰：「三界唯心❽，汝作麼生會？」師指倚子❾曰：「和尚喚遮箇作什麼？」玄沙曰：「倚子。」曰：「和尚不會三界唯心。」玄沙曰：「我喚遮箇作竹木，汝喚作什麼？」曰：「桂琛亦喚作竹木。」玄沙曰：「盡大地覓一箇會佛法底人不可得。」師自爾愈加激勵。玄沙每因誘迪學者，流出諸三昧，皆命師為助發。師雖處眾韜晦，然聲譽甚遠。時漳牧王公請於閩城⑩西之石山建精舍，曰地藏，請師駐錫焉，僅逾一紀⑪。後遷止漳州羅漢院，大闡玄要，學徒臻湊。

師上堂曰：「宗門玄妙，為當⑫只恁麼，也更別有奇特？若別有奇特，汝且舉箇什麼？若無，去，不可將三箇字便當卻宗乘也。何者？三箇字謂宗教乘也。汝才道著宗乘便是宗乘，道著教乘便是教乘。禪德，佛法宗乘，元來由汝口裡安立名字，作取說取便是也。斯須⑬向遮裡說平說實，說圓說常。禪德，汝喚什麼作平實？把什麼作圓常？傍家行腳，理須甄別，莫相埋沒。得此聲色名字，貯在心頭，道我會解，善能揀辨。汝且會箇什麼？揀箇什麼？記持得底是名字，揀辨得底是聲色。若不是聲色名字，汝又作麼生記持揀辨？風吹松樹也是聲，蝦蟇老鴉也是聲，何不那裡聽取揀擇去！若那裡有箇意度⑭模樣，只如老師口裡，又有多少意度與？上座莫錯。即今聲色摐摐地⑮，為當相及不相及？若相及，即汝靈性金剛秘密應有壞滅去也。何以如此？為聲貫破汝耳，色穿破汝眼，緣即塞卻汝，幻妄走殺汝，聲色體爾不容也。若不相及，又什麼處得聲色來？會麼？相及不相及，試裁辨看。」少間又道：「是圓常平實，什麼人恁道？未是黃夷村裡漢解恁麼說，是他古聖垂些子相助顯發。今時不識好惡，便安圓實，道我別有宗風玄妙。釋迦佛無舌頭，不如汝些子，便恁麼點胸[16]。若論殺盜婬罪，雖重猶輕，尚有歇時。此箇謗般若，瞎卻眾生眼，入阿鼻地獄，吞鐵丸，莫將為等閑。所以古人道，過在化主[17]，不干汝事。珍重！」

僧問：「如何是羅漢一句？」師曰：「我若向你道，成兩句也。」

問：「不會底人來，師還接否？」師曰：「誰是不會者？」曰：「適來道了也。」師曰：「莫自屈。」

問：「八字[18]不成，以字[19]不是時如何？」師曰：「汝實不會？」曰：「學人實不會。」師曰：「看取下頭注腳[20]。」

問：「如何是沙門正命食[21]？」師曰：「喫得麼？」曰：「欲喫此食，作何方便？」師曰：「塞卻你口。」

問：「如何是羅漢家風？」師曰：「不向你道。」曰：「為什麼不道？」師曰：「是我家風。」

問：「如何是法王身？」師曰：「汝今是什麼身？」曰：「恁麼即無身也。」師曰：「苦痛深[22]。」

師上堂才坐，有二僧一時禮拜，師曰：「俱錯。」

問：「如何是撲不破底句？」師曰：「撲。」

問：「一佛出世，普為群生。和尚今日為箇什麼？」師曰：「什麼處遇一佛？」曰：「恁麼即學人罪過。」師曰：「謹退。」

問：「如何是羅漢家風？」師曰：「表裡看取。」

問：「如何是諸聖玄旨？」師曰：「四楞榻地[23]。」

問：「大事未肯時如何？」師曰：「由汝。」

問：「如何是十方眼？」師曰：「眨上眉毛[24]著。」

師因請保福齋，令人去傳語曰：「請和尚慈悲降重。」保福曰：「慈悲為阿誰？」師曰：「和尚恁麼道，渾[25]是不慈悲。」

師翫月，乃曰：「雲動有，雨去有。」僧曰：「不是雲動，是風動。」師曰：「我道雲亦不動，風亦不動。」僧曰：「和尚適來又道雲動。」師曰：「阿誰罪過？」

師見僧來，舉拂子曰：「還會麼？」僧曰：「謝和尚慈悲示學人。」師曰：「見我豎拂子，便道示學人。汝每日見山見水，可㉖不示汝？」

師又見僧來，舉拂子，其僧讚歎禮拜，師曰：「見我豎拂子，便禮拜讚歎。那裡掃地豎起掃箒，為什麼不讚歎？」玄覺云：「一般豎起拂子，拈一種物，有肯底，有不肯底道理。且道利害在什麼處？」

僧問：「承教有言，若見諸相非相，則見如來。如何是非相？」師曰：「燈籠子。」

問：「如何是出家？」師曰：「喚什麼作家？」

師問僧：「什麼處來？」曰：「秦州來。」師曰：「將得什麼物來？」曰：「不將得物來。」師曰：「汝為什麼對眾謾語？」其僧無語。師卻問：「秦州豈不是出鸚鵡？」僧曰：「鸚鵡出在隴州。」師曰：「也不較多㉗。」

師問僧：「什麼處來？」曰：「報恩來。」師曰：「何不且在彼中？」僧曰：「僧家不定。」師曰：「既是僧家，為什麼不定？」僧無對。玄覺代云：「謝和尚顧問。」

師住地藏時，僧報云：「保福和尚已遷化也。」師曰：「保福遷化，地藏入塔㉘。」僧問法眼：「古人意旨如何？」法眼云：「蒼天！蒼天！」

後王公上雪峰施眾僧衣，時有從弇上座者不在，有師弟代上名㉙受衣。弇歸，師弟曰：「某甲為師兄上名了。」弇曰：「汝道我名什麼？」師弟無對。師代云：「師兄得恁麼貪。」又云：「什麼處是貪處？」師又代云：「兩度上名。」雲居錫云：「什麼處是弇上座兩度上名處？」

師與長慶、保福入州，見牡丹障子[30]。保福云：「好一朵牡丹花。」長慶云：「莫眼花。」師曰：「可惜許一朵花。」玄覺云：「三尊宿語還有親疏也無？只如羅漢恁麼道，落在什麼處？」

師問僧：「汝在招慶有什麼異聞底事？試舉看。」僧曰：「不敢錯舉。」師曰：「真實底事作麼生舉？」僧曰：「和尚因什麼如此？」師曰：「汝話墮也。」

僧眾晚參，聞角聲，師曰：「羅漢三日一度上堂，王太傅[31]二時相助。」

僧問：「如何是學人本來心？」師曰：「是汝本來心。」

僧問：「師居寶座，說法度人，未審度什麼人？」師曰：「汝也居寶座，度什麼人？」

僧問：「鏡裡看形見不難，如何是鏡？」師曰：「還見形麼？」

僧問：「但得本，莫愁末。如何是本？」師曰：「總有也。」

師因疾，僧問：「和尚尊候[32]較否？」師以杖拄地曰：「汝道遮箇還痛否？」僧曰：「和尚問阿誰？」師曰：「問汝。」僧曰：「還痛否？」師曰：「元來共我作道理。」

師後唐天成三年戊子秋復屆閩城舊址，徧遊近城梵宇已。俄示疾，數日，安坐告終，壽六十有二，臘四十。荼毗收舍利，建塔于院之西隅，稟遺教也。清泰二年乙未十二月望日㉝入塔。諡曰真應禪師。

【注　釋】❶毗尼　佛教戒律。❷戒本　為說戒之根本，即戒律的原則精神與最重要的戒條，如四分戒本、菩薩戒本等。❸布薩　出家人每過半月，即十五日與月末兩天，集眾僧宣說戒經，使比丘住於淨戒中，以長養善法。又在家信徒，於六齋日持八戒，以長養善法。此就所作之法稱之為說戒或八戒，就其功能而言則謂布薩。❹持犯　保持戒律謂之持，侵犯謂之犯，因戒律有止惡作善二門，故持犯也各有二：止持、作持與作犯、止犯。此指奉行佛教戒律。❺南宗　指六祖慧能所創之南宗禪。❻恪　恭敬。❼廓爾　豁然。❽三界唯心　欲界、色界、無色界等三界都是由心念造成的。❾倚子　即「椅子」。❿閩城　此指福建福州城。⓫一紀　十二年。⓬為當　表示選擇，用於選擇問句。⓭斯須　很短的時間。⓮意度　意思。⓯摐摐地　紛亂錯綜貌。⓰點胸　自吹自播的樣子。⓱化主　教化之主，指佛。⓲八字　即《大日經・實智品》所說的八字：阿字（純白、佛部）、娑字（蓮華部）、吽字（金剛部）、阿字（地輪、第一命）、縛字（水輪）、囉字（火輪）、吽字（風輪、忿怒）、佉字（空輪、虛空）。⓳以字　佛經卷頭所書的「×」之形，為古代之「以」字，然異意甚多。⓴注腳　即「注釋」。㉑正命食　二食之一。出家之人，常以乞食以養身，清淨延命，稱之為正命食。㉒深　以與「身」字音同，而語含雙關。㉓四楞榻地　比喻穩重，不易傾倒。㉔眨上眉毛　思考的樣子。㉕渾　簡直；完全。㉖可　豈；難道。㉗也不較多　也差不多。此語雙關，表面在說秦州與隴州相距不遠，實為譏諷該僧人問啥答啥，不識禪機，毫無靈氣，與鸚鵡差不多。㉘入塔　進入墓塔，即死亡的婉轉語。㉙上名　報上名字；簽名。㉚障子　屏風。㉛太傅　三公之一。唐末五代以後，僅為榮譽之虛銜。㉜尊候　意同「貴體」。㉝望日　陰曆每月十五日稱望。

【語　譯】漳州（今屬福建）羅漢院桂琛禪師（八六七～九二八年），常山（今屬浙江）人，俗姓李。他在孩童時，每天只吃一餐素食，說話也與常人不同。他二十歲後，便辭別父母雙親，侍從本地萬歲寺無相大師，披剃出家，接受具足戒，修習戒律。有一天，桂琛為眾僧登上戒壇，宣說持誦戒律條規完畢後，便說道：「奉行修持戒律條規只是為了約束身體而已，並不是真正的解脫。依照戒律文句來解釋經義，難道就能發明諸聖人的意旨嗎？」於是桂琛四出訪問禪宗大師，先去拜謁了雲居和尚和雪峰和尚，參拜詢問十分勤勉恭敬，但還是沒有能發見真旨。後來桂琛去參拜玄沙宗一大師，受一句話的啟發，豁然開悟，再無疑慮。玄沙和尚曾經問道：「三界唯心，你怎麼來領會呢？」桂琛指著椅子問道：「和尚把這個叫做什麼？」玄沙和尚回答：「椅子。」桂琛便說道：「和尚沒有領會三界唯心。」玄沙和尚便問道：「我把這個叫做竹木，你叫做什麼？」桂琛回答：「桂琛也把它叫做竹木。」玄沙和尚說道：「滿世界尋找一個懂得佛法的人都不能夠。」桂琛從此以後更加發憤努力。玄沙和尚每每在接引誘導學僧，超越了各種禪定三昧時，都讓桂琛加以幫助啟發。桂琛雖然身處眾僧之間韜光養晦，但是依然聲名遠播。此時，漳州太守王公請在福州城西創建了一座精舍，名叫地藏院，請桂琛居住說法，長達十二年。後來桂琛又遷居漳州羅漢院，大力闡揚佛法玄要，學徒自四方來聚。

桂琛禪師上堂說法道：「禪宗的玄妙，只是這樣的，還是另外有奇特的地方？如果另外有奇特的地方，你們就舉說個什麼為例？如果沒有，就去吧，不可以把那三個字就作為宗乘啊。為什麼呢？那三個字就是指宗、教、乘。你們剛才所說的宗乘就是宗乘，所說的教乘就是教乘。各位禪客大德，所謂佛法、宗乘，原來是由你們的嘴巴所起的名稱，是為了論說的方便。剛才有人在這裡說平說實，說圓說常。諸位禪客大德，你們把什麼叫做平、實？把什麼叫做圓、常？挨家挨戶去行腳參問，理當有所甄別，而不要相互混淆埋沒了。得到了一些聲色名字，牢記在心底，就說我已經能領會能解說了，善於選擇辨別了。你們到底領會了什麼？選擇了什麼？記住的只是一些名字，能加以選擇辨別的只是聲色。如果不是聲色名字，你們又怎樣來記憶選擇辨別呢？風吹松樹也是聲音，蝦蟆、烏鴉的啼叫也是聲音，你們為什麼不到那裡去傾聽選擇辨別呢！如果那裡有一些意思模樣，就如同老禪師嘴巴裡一樣，又有多少意思呢？上座不要錯過了。現今聲色紛亂錯綜的，是能夠認識到它們的本體還是不能夠認識到？如果能夠認識到，就是你們的靈性金剛秘密也應當有敗壞識破的時候。為什麼會是這樣的呢？因為聲貫穿了你們的耳朵，色穿破了你們的眼睛，事物的表象阻礙了你們的認識，幻象妄念迷惑了你們行走的方向，聲色與本體本來就不能相容。如果不能認識到，又能從什麼地方得到那聲色呢？可領會了嗎？能認識到還是不能認識到，試著去辨別一下。」過了一會兒，桂琛又說道：「這圓常、平實，是什麼人這樣說的？不是黃夷村的種田漢懂得這樣說的，是那些古代聖人垂示一些話語來相幫顯示啟發。現在有人不知道好惡，就安穩於圓常、平實，說我另外擁有宗風玄妙之處。難道釋迦佛沒有舌頭，不如你們這些人，就這樣的自吹自擂。如果要說那些殺人、搶劫、淫亂之罪狀，雖然嚴重但還算是輕的，因為還有止歇的時候。而這些人卻是在誹謗般若智慧，使得眾生好像瞎了眼睛一樣看不見真佛，實是墮入阿鼻地獄，受吞鐵彈之痛苦的罪名，你們不要等閒視之。所以古人說道，過錯都在化主那裡，不干你們的事。各自珍重！」

有僧人問道：「什麼是羅漢院的一句話？」桂琛禪師回答：「我如果對你說，就成為兩句話了。」

有僧人問道：「不能領悟的人前來，和尚可還接引他嗎？」桂琛禪師反問：「誰是不能領悟的人？」那僧人回答：「剛才已經說了。」桂琛說道：「不要看輕自己。」

有僧人問道：「八字不成，以字不是的時候怎麼樣？」桂琛禪師反問：「你真的不知道？」那僧人回答：「學生真的不知道。」桂琛便說道：「看下面的注釋去。」

有僧人問道：「什麼是沙門的正命食？」桂琛禪師反問道：「你吃得嗎？」那僧人說道：「想要吃這正命食，可有什麼方法？」桂琛回答：「塞住你的口。」

有僧人問道：「什麼是羅漢院的家風？」桂琛禪師回答：「不對你說。」那僧人問道：「為什麼不說？」桂琛說道：「這正是我的家風。」

有僧人問道：「什麼是法王身？」桂琛禪師反問：「你現在是什麼身？」那僧人說道：「這麼說就是無身了。」桂琛說道：「苦痛深啊。」

桂琛禪師上堂才坐下，就有兩位僧人一起站出禮拜，桂琛說道：「都錯了。」

有僧人問道：「什麼是顛撲不破的句子？」桂琛禪師回答：「顛撲。」

有僧人問道：「一佛出世，普為眾生。和尚今天為的是什麼？」桂琛禪師反問：「在什麼地方遇到了那一個佛？」那僧人便說道：「這樣說來則是學生的罪過。」桂琛說道：「小心退下。」

有僧人問道：「什麼是羅漢院的家風？」桂琛禪師回答：「表裡兩面觀察。」

有僧人問道：「什麼是諸位聖人的玄妙意旨？」桂琛禪師回答：「四楞榻地。」

有僧人問道：「大事未能領悟的時候怎麼樣？」桂琛禪師回答：「由你自己。」

有僧人問道：「什麼是十方眼？」桂琛禪師回答：「眨上眉毛了。」

桂琛禪師因為要請保福和尚來用齋飯，令人去傳話道：「請和尚慈悲為懷，移趾降臨。」保福和尚問道：「慈悲為了誰人？」桂琛說道：「和尚這樣說話，簡直是不慈悲。」

桂琛禪師在賞月的時候說道：「雲動有月，雨後有月。」有一位僧人說道：「不是雲在動，是風在動。」桂琛說道：「我說雲也不動，風也不動。」那僧人便說道：「和尚剛才說過雲在動。」桂琛說道：「那是誰的罪過啊？」

桂琛禪師看見有僧人前來，就舉起拂塵問道：「可領會了嗎？」那僧人回答：「感謝和尚慈悲為懷，指示學生。」桂琛便說道：「看見我豎起了拂塵，就說我在指示學生。你每天看見山看見水，難道沒有指示你嗎？」

桂琛禪師又看見有僧人前來，再次舉起了拂塵，那僧人便讚歎禮拜，桂琛說道：「你看見我豎起了拂塵，就讚歎禮拜。那裡有人掃地時豎起了掃帚，你為什麼不去讚歎禮拜？」玄覺禪師說道：「一樣豎起了拂塵，拿起了一樣的東西，有認可的道理，也有不認可的道理。你們姑且說說看那利害在什麼地方？」

有僧人問道：「承蒙教義說道，如若看見一切相為非相，就看見了如來。什麼是非相？」桂琛禪師回答：「燈籠。」

有僧人問道：「什麼是出家？」桂琛禪師反問道：「你把什麼叫作家？」

桂琛禪師問一個僧人道：「你從什麼地方來的？」那僧人回答：「從秦州（今甘肅天水）來。」桂琛問道：「帶得什麼東西來了？」那僧人回答：「沒有帶得東西來。」桂琛喝道：「你為什麼對著眾人說謊？」那僧人無語應對。桂琛又問道：「秦州難道不是出產鸚鵡的地方嗎？」那僧人回答：「鸚鵡出產在隴州（今陝西隴縣）。」桂琛說道：「也差不多。」

桂琛禪師問一個僧人道：「你從什麼地方來的？」那僧人回答：「從報恩寺來。」桂琛問道：「為什麼不就在那裡住？」那僧人回答：「出家人居處不定。」桂琛便問道：「既然是出家人，為什麼居處不定？」那僧人無語以對。玄覺禪師代為回答：「謝謝和尚來顧問。」

桂琛禪師住持地藏院時，有僧人來報告說：「保福和尚已經圓寂了。」桂琛說道：「保福圓寂，地藏人塔。」有僧人問法眼和尚道：「古人這樣說話是什麼意思？」法眼和尚叫道：「蒼天啊！蒼天！」

此後漳州太守登上雪峰布施僧衣給眾僧人，當時有一位名叫從弇上座正好不在，他的師弟就代他簽名領取了僧衣。從弇歸來，那師弟就告訴他說：「我已代替師兄簽名了。」從弇便問道：「你說我名叫什麼？」那師弟不能回答。桂琛禪師就代為回答道：「師兄怎麼這樣的貪心。」從弇又問道：「什麼地方是貪心處？」桂琛又代為回答道：「兩次簽名。」雲居清錫禪師說道：「什麼地方是從弇上座兩次簽名之處？」

桂琛禪師同長慶和尚、保福和尚一起來到州城，看見了一座牡丹屏風。保福和尚讚道：「好一朵牡丹花。」長慶和尚說道：「不要眼花。」桂琛說道：「可惜了那一朵花。」玄覺禪師說道：「三位尊宿所說的話可有親疏的區別嗎？就如羅漢和尚這樣說，掉落在什麼地方了？」

桂琛禪師問一個僧人道：「你在招慶寺那裡可聽到了什麼奇特的事？試著舉說一下。」那僧人說道：「不敢說錯。」桂琛便問道：「真實的事應怎樣舉說？」那僧人反問：「和尚為什麼要這樣呢？」桂琛說道：「你的話失機鋒了。」

眾僧晚上參見的時候，聽到了號角聲，桂琛禪師便說道：「羅漢三天上堂一次，王太傅卻一天早晚兩次相助。」

有僧人問道：「什麼是學生的本來心？」桂琛禪師回答：「是你的本來心。」

有僧人問道：「和尚坐在寶座上，講說佛法引度世人，不知道和尚引度什麼樣的人？」桂琛禪師回答：「你也坐在寶座上，引度什麼樣的人？」

有僧人問道：「明鏡中觀看形象，要看見也不難，那什麼是明鏡呢？」桂琛禪師反問：「可還能看見形象嗎？」

有僧人問道：「只要得到根本，就不要擔憂末節。什麼是末節？」桂琛禪師回答：「總是有的。」

桂琛禪師生病了，有僧人問候道：「和尚貴體欠安嗎？」桂琛禪師用拄杖敲擊地面問道：「你說這個可疼痛嗎？」那僧人問道：「和尚在問誰？」桂琛說道：「問你。」那僧人便問道：「可還疼痛嗎？」桂琛說道：「原來你是和我探討道理。」

五代後唐天成三年戊子歲（九二八年）秋天，桂琛禪師又來到福州城中過去曾居住過的地方，遊遍了靠近州城的寺院。不久，桂琛生了病，數天後，端坐著逝世了，享年六十二歲，法臘四十年。火化後收舍利子，弟子們秉承桂琛禪師的遺命，就在寺院的西南角建立靈塔。清泰二年乙未歲（九三五年）十二月望日，遺骨入塔。桂琛被諡為真應禪師。

【說　明】桂琛禪師作為玄沙師備禪師的重要助手，其思想主要繼承了玄沙禪師的「唯識無境」之說，而更為灑脫；並同時堅持「靈性金剛秘密」為不變的實體。據《宋高僧傳》載，桂琛禪師在地藏院「以秘重妙法，罔輕示徒，有密學懇求者，時為開演」。此說明桂琛禪師在秘密地傳布密教。禪宗吸收密教教義，是禪宗發展史上又一種趨向，至此而顯著。

福州安國院慧球禪師

福州臥龍山❶安國院慧球寂照禪師，第二世住，亦曰中塔。泉州莆田人也。龜洋山❷出家，玄沙室中參訊居首。因問：「如何是第一月？」玄沙曰：「用汝箇月作麼？」師從此悟入。

梁開平二年，玄沙將示滅，閩帥王氏遣子至，問疾，仍請密示「繼踵說法者誰乎？」玄沙曰：「球子❸得。」王氏默記遺旨，乃問鼓山國師曰：「臥龍法席，孰當其任？」鼓山舉城下宿德具道眼者十有二人皆堪出世，王氏亦默之。至開堂日，官寮與僧侶俱會法筵。王氏忽問眾曰：「誰是球上座？」於是眾人指出師，王氏便請升座。師良久，謂眾曰：「莫嫌寂寞，莫道不堪，未詳涯際❹，作麼生論量？所以尋常用其音響聊撥一兩下，助他發機。道盡十方世界覓一人為伴侶不可得。」

僧問：「佛法大意，從何方便頓入？」師曰：「入是方便。」

問：「雲自何山起？風從何澗生？」師曰：「盡力施為，不離中塔。」

師上堂謂眾曰：「我此間粥飯因緣，為兄弟舉唱，終是不常。欲得省要，卻是山河大地與汝發明。其道既常，亦能究竟。若從文殊門入者，一切無為，土木瓦礫，助汝發機。若從觀音門入者，一切音響，蝦蟆蚯蚓，助汝發機。若從普賢門入者，不動步而到。我以此三門方便示汝，如將一隻折箸攪大海水，令彼魚龍知水為命。會麼？若無智眼而審諦❺之，任汝百般巧妙，不為究竟。」

僧問：「學人近入叢林，不明己事❻，乞師指示。」師以杖指之曰：「會麼？」曰：「不會。」師曰：「我恁麼為汝，卻成抑屈❼人，還知麼？若約❽當人分上，從來底事❾，不論初入叢林，及過去諸佛，不曾乏少。如大海水，一切魚龍初生及至老死，所受用水，悉皆平等。」

問：「不謬正宗，請師真實。」師曰：「汝替我道。」僧曰：「或有不辨者作麼生？」師曰：「待不辨者來。」

問：「諸佛還有師否？」師曰：「有。」僧曰：「如何是諸佛師？」師曰：「一切人識不得。」

師上堂良久，有僧出禮拜。師曰：「莫教髑髏搊❿損。」

問：「如何是靈山會上事？」師曰：「少得靈利底。」僧曰：「忽遇靈利底作麼生？」師曰：「遮懵懂⓫！」

師上堂示眾曰：「諸人若要商量，向髑髏後通取消息來相共商量，遮裡不曾障人光明。」

問：「從上宗乘事如何？」師良久，僧再問，師便喝出。

問：「如何是大庾嶺頭事⑫？」師曰：「料汝承當不得。」僧曰：「重多少？」師曰：「遮般底論劫不奈何！」

師問了院主：「只如先師道：盡十方世界是真實人體。你還見僧堂麼？」了曰：「和尚莫眼花？」師曰：「先師遷化，肉猶煖在。」

師唐乾化三年⑬癸酉八月十七日，不疾而逝。

【注　釋】❶臥龍山　在福建長汀城北隅，為縣主山，環城四面皆平田，突起一山，廣五、六里，如龍盤曲而臥，故名。❷龜洋山　一名龜山，在福建莆田西二十里，產茶，東南有瀑布泉。❸球子　即弟子慧球。❹涯際　邊際；範圍。❺審諦　仔細觀察。❻己事　指參禪悟道、超脫生死之事。❼抑屈　壓抑、委屈。❽約　按；依照。❾從來底事　此指每人本來具備的、人人具足的佛性。❿拶　逼迫。⓫懵懂　糊塗；昏庸。⓬大庾嶺頭事　指六祖慧能大師得五祖之衣鉢南下時，慧明禪師於大庾嶺頭追及之，慧能大師便擲衣鉢於石上，但慧明禪師不能提起之事。⓭唐乾化三年　乾化三年為五代後梁末帝之年號，因割據福建的王氏政權與後梁為敵，故稱為唐乾化三年。

【語　譯】福州（今屬福建）臥龍山安國院慧球寂照禪師（？～九一三年），第二世住持，也稱中塔和尚。泉州莆田縣（今屬福建）人。慧球在龜洋山出家，在玄沙和尚的法席上參拜詢問，居於參學者的首位。慧球有一次問玄沙和尚道：「什麼是第一個月亮？」玄沙和尚反問：「用你這個月亮怎麼樣？」慧球從此悟入得道。

五代後梁開平二年（九〇八年），玄沙和尚即將圓寂，閩府軍帥王氏派他的兒子來探問病情，並請玄沙和尚秘密指示「繼承和尚在此說法的人是誰？」玄沙和尚回答：「球子得。」王氏暗暗地記下了玄沙和尚的遺命，再去詢問鼓山國師道：「臥龍山的法席，誰能承當其重任？」鼓山國師薦舉城中具備法眼的尊宿大德十二人，認為都能出世住持，擔此重任，王氏聽後依然不動聲色。到了開堂之日，官員與僧侶都聚集在法堂上。王氏忽然問眾人道：「誰是球上座啊？」於是眾人指出慧球禪師，王氏就請慧球登堂上座。慧球沉默了片刻，對眾人說道：「不要嫌寂寞，不要說不堪忍受，不了解範圍，怎麼來討論商量？所以平常就用那聲音姑且撥動一兩下，幫助他發明根機。如說滿十方世界尋覓一個人作為學法的伴侶，卻還是不能找到。」

有僧人問道：「佛法大意，用什麼方便法門可以頓時悟入？」慧球禪師回答：「悟入就是方便法門。」

有僧人問道：「雲是從哪座山升起的？風是從哪條澗生出的？」慧球禪師回答：「盡力施行，就不離開中塔。」

慧球禪師上堂告訴眾僧道：「我這裡同吃粥飯的因緣，為兄弟們舉唱，終歸是不能持續不斷的。想要得到簡要的意旨，倒是山河大地會給你們發明啟示。那道理是恆常存在的，也能夠探究終極。如果從文殊菩薩門下進入的人，一切無所作為，泥土木條、磚石瓦礫，都能幫助你們發明根機。如果是從觀音菩薩門下進入的人，一切聲音，蝦蟆蚯蚓，都能幫助你們發明根機。如果是從普賢菩薩門下進入的人，不動腳步就能夠到達。我把這三個參禪的方便法門告訴你們，就好像是拿著一根折斷的筷子去攪動大海裡的水，讓那些魚、龍知道水就是牠們的性命。你們領會了嗎？如果沒有智慧之眼來仔細觀察，任憑你有百般巧妙，也不能窮盡事理的終極。」

有僧人請道：「學生初入叢林，不明白自己的事，乞請和尚加以指示。」慧球禪師用拄杖指著他問道：「領會了嗎？」那僧人回答：「沒有領會。」慧球說道：「我這樣的接引你，反而是壓抑委屈你了，你可知道嗎？如果依照各人自己本分上來說，人人都具足佛性，不管是初入叢林的學僧，還是從前的諸佛，都不曾缺少過。這就像是大海裡的水，所有的魚、龍從初生直至老死，所享用的水，都是完全平等的。」

有僧人請道：「不違背正宗教法，請和尚真實講說。」慧球禪師說道：「你代替我講說。」那僧人問道：「如果有不能分別的人怎麼辦？」慧球回答：「等到有不能分別的人來了再說。」

有僧人問道：「諸佛還有老師嗎？」慧球禪師回答：「有。」那僧人又問道：「什麼人是諸佛的老師？」

慧球回答：「所有的人都看不見。」

慧球禪師上堂，沉默了許久，有僧人站出來禮拜。慧球說道：「不要把髑髏損壞了。」

有僧人問道：「什麼是靈山法會上的事？」慧球禪師回答：「缺少伶俐的人。」那僧人又問道：「忽然遇到伶俐的人怎麼樣？」慧球喝道：「這個懵懂漢！」

慧球禪師上堂指示眾僧道：「各位如果要商量議論，就向髑髏後面通取一個消息，再來這裡共同商量議論，這裡不曾障礙人的光明。」

有僧人問道：「從上宗乘的玄妙之事怎麼樣呢？」慧球禪師沉默了許久，那僧人就再次提問，慧球把他喝了出去。

有僧人問道：「什麼是大庾嶺頭上的事？」慧球禪師回答：「料想你不能承當。」那僧人問道：「有多重？」慧球說道：「像這樣的議論，歷盡劫難也沒有奈何！」

慧球禪師問了院主道：「就像先師所說的：滿十方世界是一個真實的人體。你可還能看見僧堂嗎？」了院主說道：「和尚莫非是眼花了？」慧球說道：「先師雖然圓寂了，肉身還暖和著呢。」

慧球禪師於五代乾化三年癸酉歲（九一三年）八月十七日，沒有生病而逝世。

【說明】慧球禪師為閩王所禮敬，曾請說法，賜紫衣。他以「若從文殊門入者」、「若從觀音門入者」、「若從普賢門入者」三處方便示人，表明慧球禪師這一禪支，正向多頭法門開拓。

杭州天龍寺重機禪師

杭州天龍寺重機明真大師，台州黃巖人也。自玄沙得法，迴入浙中，錢武肅王❶請說法住持。

上堂示眾曰：「若直舉宗風，獨唱本分事，便同於頑石。若言絕凡聖消息，無大地山河，盡十方世界，都是一隻眼，此乃事不獲已恁麼道。所以常說：『盲聾瘖瘂是仙陀❷，滿眼時人不奈何。只向目前須體妙，身心萬象與森羅。』」

僧問：「如何是璿機❸不動？」師曰：「青山數重。」僧曰：「如何是寂爾無根？」師曰：「白雲一帶。」

問：「如何是歸根得旨？」師曰：「兔角生❹也。」僧曰：「如何是隨照失宗？」師曰：「龜毛落也。」

問：「蓮華未出水時如何？」師曰：「誰人不知？」有僧曰：「出水後如何？」師曰：「馨香目擊。」

問：「朗月輝空時如何？」師曰：「正是分❺光景❻，何消指玉樓❼？」

【注　釋】❶錢武肅王　即五代吳越國王錢鏐。❷仙陀　機靈；敏捷。也作「先陀」。❸璿機　即「璇璣」，古代一種天文儀器。❹兔角生　兔無角而曰生角，比喻不可能發生之事。下文「龜毛落」之意同。❺分　本分。❻光景　時光。❼玉樓　一般指佳人所在的樓閣。

【語　譯】杭州（今屬浙江）天龍寺重機明照大師，台州黃巖縣（今屬浙江）人。重機自從在玄沙和尚的法席上得悟入道法後，就回到了浙中，錢武肅王請他住持寺院，講說佛法。

重機禪師上堂說法道：「如果是直截了當地舉唱宗風，只講說本分事，就如同是頑石一樣。如果要說斷絕凡人、聖人的生死消息，沒有大地山河，整個十方世界，都只是一隻眼睛，這只是事不得已才這樣說的。所以我常常說道：『盲聾啞巴就是機靈敏捷，滿眼的世人都不能奈何。只在眼前就必須體會微妙之處，身心即是萬象與森羅。』」

有僧人問道：「怎樣才是璇璣不轉動？」重機禪師回答：「青山數重。」那僧人又問道：「什麼是寂寞沒有根機？」重機回答：「白雲一帶。」

有僧人問道：「什麼是歸向根本而獲得了宗旨？」重機禪師回答：「兔子的角生出來了。」那僧人又問道：「什麼是隨從光輝卻失去了宗旨？」重機回答：「烏龜的毛掉落了。」

有一位僧人問道：「蓮花沒有出水的時候怎麼樣？」重機禪師回答：「誰不知道啊？」又有一位僧人問道：「出水以後怎麼樣？」重機回答：「馨香連眼睛都能看見。」

有僧人問道：「朗月當空照耀的時候怎麼樣？」重機禪師回答：「正是本分的光景，何須再用指示玉樓？」

福州仙宗院契符禪師

福州仙宗院契符清法大師，初開堂日，有僧問：「師登寶座，合談何事？」師曰：「剔開耳孔著。」僧曰：「古人為什麼道非耳目之所到？」師曰：「金櫻樹❶上不生梨子。」僧曰：「古今不到處，請師道。」師曰：「汝作麼生問？」

問：「眾手淘金，誰是得者？」師曰：「舉手隔千里，休功❷任意看。」

問：「飛岫巖邊華子❸秀，仙境臺前事若何？」師曰：「無價大寶光中現，暗客❹惛惛❺爭奈何！」僧曰：「優曇華拆人皆覩，向上宗乘意若何？」師曰：「闍梨若問宗乘意，不如靜處薩婆訶❻。」

問：「如何是大閩國❼中諸佛境界？」師曰：「造化終難測，春風徒自輕。」

問：「如何是道中寶？」師曰：「雲孫❽淚亦垂。」

問：「諸聖收光歸源後如何？」師曰：「三聲猿屢斷，萬里客愁聽❾。」僧曰：「未審今時人，如何湊❿得古人機？」師曰：「好心向子道，切忌未生時。」

【注　釋】❶金櫻樹　常綠灌木，有刺，羽狀複葉，初夏開白花，果實梨形，密生刺狀毛，產於中國中部和東南部，可供觀賞。❷休功　無所作為的意思。❸華子　即花兒。❹暗客　此指未能悟徹的參禪人。❺惛惛　即「昏昏」。昏庸；糊塗。❻薩婆訶　也作「蘇婆訶」、「修多羅」等，梵語線連綴物品的意思，因為佛經連綴文義而使其不散亂，用作經典的通稱。❼大閩國　五代時十國之一。唐末王潮占據福建之地，其弟王審知被後梁封為閩王。九三三年，王審知子延鈞稱帝，建都福州，國號閩。九四五年為南唐所滅。❽雲孫　世代很遠的子孫。《釋名・釋親屬》：「仍孫之子曰雲孫，言去已遠如浮雲也。」❾三聲猿屢斷二句　北魏酈道元《水經注・三峽》引〈巴東三峽歌〉道：「巴東三峽巫峽長，猿鳴三聲淚沾裳。」此兩句語意出〈巴東三峽歌〉。❿湊　往；赴，此為領悟之意。

【語　譯】福州（今屬福建）仙宗院契符清法大師，初次開堂說法之日，有僧人問道：「和尚登上了寶座，應該談論什麼事？」契符回答：「張開著你的耳朵。」那僧人又問道：「古人為什麼說不是耳朵眼睛所能達到的？」契符回答：「金櫻樹上不會長出梨子來。」那僧人便說道：「古今之人說不到的地方，就請和尚說。」

契符問道：「你為什麼要問？」

有僧人問道：「眾人淘金，誰是得到的人？」契符禪師回答：「舉手就隔開了千里，無所作為就能任意觀看。」

有僧人問道：「飛岫巖邊花兒繁秀，仙鏡臺前的事情怎麼樣？」契符禪師回答：「無價的大寶物在光芒中顯現，未能悟徹的參禪客昏昏庸庸又怎奈何！」那僧人又問道：「優曇花開眾人都已看見，向上宗乘的玄妙意旨是什麼呢？」契符回答：「闍梨如若是問宗乘的玄妙意旨，那就不如在寂靜之處薩婆訶。」

有僧人問道：「什麼是大閩國中諸佛的境界？」契符禪師回答：「造化終歸難以預測，春風徒然自輕盈。」

有僧人問道：「什麼是禪道中的寶物？」契符禪師回答：「雲孫也垂淚。」

有僧人問道：「諸聖人收斂光芒回歸本源以後怎麼樣？」契符禪師回答：「三聲猿啼聲屢斷屢續，萬里行客憂愁地傾聽著。」那僧人又問道：「不知道現今的人，怎樣領悟古人的機鋒？」契符回答：「好心對你說，切忌未生心之時。」

婺州國泰院瑫禪師

婺州金華山❶國泰院瑫禪師，上堂曰：「不離當處❷，咸是妙明真心。所以玄沙和尚道：會我最後句，出世少人知。爭似國泰有末頭❸一句？」僧問：「如何是國泰末頭一句？」師曰：「闍梨問太遲生！」

問：「如何是毗盧？」師曰：「某甲與老兄是弟子。」

問：「達磨來唐土❹即不問，如何是未來時事？」師曰：「親遇梁王❺。」

問：「古鏡未磨時如何？」師曰：「古鏡。」僧曰：「磨後如何？」師曰：

「古鏡。」

【注釋】❶金華山 位於浙江金華北，一名長山。山中諸溪匯流，兩岸對峙，登其頂，城郭宛在目前，為江南名山之一。❷當處 本處、就地；當時、當下。❸末頭 最後；最末。❹唐土 指中華。❺梁王 即南朝梁武帝。

【語譯】婺州（今浙江金華）金華山國泰院瑫禪師，上堂說法道：「不離開本處，都是玄妙澄明的真心。所以玄沙和尚說道：領會我最後關鍵一句話的人，就是出世住持後也很少有人知曉。但又怎麼比得上國泰的最末一句話？」有僧人問道：「什麼是國泰的最末一句話？」瑫禪師喝道：「你問得太遲了！」

有僧人問道：「什麼是毗盧？」瑫禪師回答：「我與老兄是他的弟子。」

有僧人問道：「達磨祖師來到唐土之事就不問了，什麼是沒有到來時的事情？」瑫禪師回答：「親自遇到梁武帝。」

有僧人問道：「古鏡沒有磨過的時候怎麼樣？」瑫禪師回答：「是古鏡。」那僧人又問道：「磨過以後又怎麼樣？」瑫禪師回答：「還是古鏡。」

衡嶽南臺誠禪師

衡嶽南臺誠禪師。僧問：「玄沙宗旨，請師舉揚。」師曰：「什麼處得此消息。」僧曰：「垂接者何？」師曰：「得人不迷己。」

問：「潭清月現，是何人境界？」師曰：「不干你事。」僧曰：「相借問又何妨？」師曰：「覓潭月不可得。」

問：「離地四指，為什麼卻有魚紋？」師曰：「有聖量❶在。」僧曰：「此量為什麼人施？」師曰：「不為聖人。」

【注釋】❶聖量　即聖教量，三量之一。

【語譯】衡嶽南臺誠禪師。有僧人說道：「玄沙和尚的宗旨，請和尚來舉唱弘揚。」誠禪師問道：「你從什麼地方獲得這個消息？」那僧人問道：「被接引的人怎麼樣？」誠禪師回答：「得到的人不迷失自己。」

有僧人問道：「潭水清澈，明月出現，那是什麼人的境界？」誠禪師回答：「不關你的事。」那僧人說道：「就問一問又有什麼妨礙？」誠禪師說道：「尋覓那潭中月亮卻找不到。」

有僧人問道：「離開地面四指高，為什麼卻有魚的花紋？」誠禪師回答：「因為有聖量存在。」那僧人又問道：「這聖量是為了什麼人布施的？」誠禪師回答：「不是為了聖人。」

福州白龍院道希禪師

福州升山白龍院❶道希禪師，福州閩縣人也。師上堂曰：「不要舉足，是誰威光？還會麼？若道自家去處，本自如是，且喜勿交涉。」

問：「如何是西來意？」師曰：「汝從什麼處來？」

問：「如何是佛法大意？」師曰：「汝早禮三拜。」

問：「不責上來，請師直道。」師曰：「得。」

問：「如何是正真道？」師曰：「騎驢覓驢❷。」

問：「請師答無賓主話。」師曰：「昔年曾記得。」僧曰：「即今如何？」師曰：「非但耳聾，亦兼眼暗。」

問：「情忘體合❸時如何？」師曰：「別更夢見箇什麼！」

問：「學人擬申一問，請師裁。」師曰：「不裁。」僧曰：「為什麼不裁？」師曰：「須知好手。」

問：「大眾雲集，請師舉揚宗教。」師曰：「少遇聽者。」

問：「不涉脣鋒❹，乞師指示。」師曰：「不涉脣鋒問將來。」僧曰：「恁麼即群生有賴。」師曰：「莫閑言語。」

問：「請和尚生機❺答話。」師曰：「把紙筆來錄將去。」

問：「如何是思大❻口？」師曰：「出來向你道。」僧問：「學人即今見出。」師曰：「曾賺幾人來？」

問：「承古人有言：髑髏常干世界，鼻孔毛觸家風。如何是髑髏常干世界？」師曰：「近前來，向你道。」僧曰：「如何是鼻孔毛觸家風？」師曰：「退後去，別時來。」

【注 釋】❶升山白龍院 升山在福建福州城北。春秋末越王句踐時，此山一夜從會稽飛來，故名飛山。唐代時臨海人任敦於此升仙，故改名升山。白龍院，由五代僧人道希禪師創建，位於升山。❷騎驢覓驢 騎著驢卻去找驢，喻指自心是佛，卻反而向外尋求作佛的痴迷行為。❸情忘體合 即「身心合一」的意思。❹脣鋒 嘴脣、話鋒。❺生機 充滿生意機趣的。❻思大 即思大和尚，指青原行思禪師。

【語 譯】福州（今屬福建）升山白龍院道希禪師，福州閩縣人。道希禪師上堂說法道：「不要抬腳，那是誰的威風光彩？可領會了嗎？如果說是自家的去處，本來就是這樣的，還好與禪義沒有關涉。」

有僧人問道：「什麼是祖師西來的意旨？」道希禪師反問：「你從什麼地方來的？」

有僧人問道：「什麼是佛法大意？」道希禪師回答：「你早就禮拜了三拜。」

有僧人說道：「不責怪我上堂參問，就請和尚直截了當講說。」道希禪師回答：「可以。」

有僧人問道：「什麼是真正的道？」道希禪師回答：「騎著驢卻在找驢。」

有僧人說道：「請和尚用不分賓主的話來回答。」道希禪師回答：「過去曾經記得。」那僧人又問道：「現在怎麼樣了？」道希回答：「不但耳聾，而且眼睛又看不見了。」

有僧人問道：「身心合一的時候怎麼樣？」道希禪師喝道：「別再想夢見什麼啦！」

有僧人說道：「學生想提一個問題，請和尚來裁決。」道希禪師回答：「不裁決。」那僧人問道：「為什麼不裁決？」道希回答：「要知道本人就是一位高手。」

有僧人說道：「大眾已經雲集在一處，請和尚舉唱禪法弘揚教義。」道希禪師回答：「很少遇到會聽的人。」

有僧人說道：「不涉及嘴脣話鋒，乞請和尚加以指示。」道希禪師便說道：「不涉及嘴脣話鋒，就這樣問吧。」那僧人說道：「這樣的話則眾生有依賴了。」道希說道：「不要閒言閒語。」

有僧人說道：「請和尚用充滿生機的話來回答。」道希禪師說道：「去拿紙和筆來記錄下來。」

有僧人問道：「什麼是思大和尚的嘴？」道希禪師說道：「出去後再對你說。」那僧人便說道：「學生現在就讓他出去。」道希喝道：「你曾經騙了幾個人？」

有僧人問道：「承聽古人說道：髑髏經常干涉世界，鼻孔之毛接觸家風。什麼是髑髏經常干涉世界？」道希禪師說道：「走上前來，我對你說。」那僧人又問道：「什麼是鼻孔之毛接觸家風？」道希說道：「退下去，其他時候再來。」

福州螺峰沖奧禪師

福州螺峰❶沖奧明法大師，先住白龍。師上堂曰：「人人具足，人人成見，爭怪得山僧？珍重！」

僧問：「諸法寂滅相，不可以言宣。如何是寂滅相？」師曰：「問答俱備。」

僧曰：「恁麼即真如法界，無自無他。」師曰：「特地令人愁。」

問：「牛頭未見四祖時如何？」師曰：「德重鬼神欽。」曰：「見後如何？」

師曰：「通身聖莫測。」

問：「如何是螺峰一句？」師曰：「苦。」

問：「如何是本來人？」師曰：「惆悵❷松蘿境界危。」

【注　釋】❶螺峰　山名，在福建福州城北，一名羅峰山。五代後晉時，有方士言有白龍夜見於此，閩王故於此創建白龍寺。

❷惆悵　驚恐；擔心。

【語　譯】福州（今屬福建）螺峰沖奧禪師，號明法大師，最先住持白龍寺。沖奧上堂說法道：「人人都具足的佛性，人人都能加以成就，怎麼能責怪老僧呢？各自珍重！」

有僧人問道：「諸法寂滅之相，不可以用言語來宣示。那什麼是寂滅之相？」沖奧禪師回答：「你的問答中都已具備了。」那僧人便說道：「這樣則真如法界，沒有自己也沒有他人。」沖奧說道：「那更加使人憂愁。」

有僧人問道：「牛頭和尚沒有參見四祖大師的時候怎麼樣？」沖奧禪師回答：「道德高得連鬼神都欽佩。」那僧人又問道：「參見以後怎麼樣呢？」沖奧回答：「渾身上下連聖人也難以推測。」

有僧人問道：「什麼是螺峰的一句話？」沖奧禪師回答：「苦。」

有僧人問道：「什麼是本來之人？」沖奧禪師回答：「擔心那松蘿境界成為危險之地。」

泉州睡龍山和尚

泉州睡龍山和尚。僧問：「如何是觸目菩提？」師以杖趁之，僧乃走。師曰：「住！住！向後遇作家舉看。」

師上堂，舉拄杖云：「三十年住山，得此拄杖氣力。」時有僧問：「和尚得他什麼氣力？」師曰：「過溪過嶺，東拄西拄。」

招慶聞云：「我不恁麼道。」僧問：「和尚作麼生道？」招慶以杖下地拄行。

【語　譯】泉州（今屬福建）睡龍山和尚。有僧人問道：「什麼是觸目菩提？」睡龍山和尚拿起拄杖就趕，那僧人便跑開了。睡龍山和尚說道：「停下！停下！你以後遇到行家時就舉說給他們聽。」

睡龍山和尚上堂說法，舉起了拄杖說道：「三十年來居住在此山上，得益於這拄杖的氣力。」當時有一位僧人問道：「和尚得益於它什麼氣力呢？」睡龍山和尚回答：「過溪過嶺，東拄西拄。」招慶和尚聽到這話後說道：「我就不這樣說。」有僧人便問道：「和尚怎樣說？」招慶和尚就拿著拄杖下地拄著走。

天台雲峰光緒禪師

天台山雲峰光緒至德大師，上堂曰：「但以眾生日用而不知，譬如三千大千世界，日月星辰，江河淮濟❶，一切含靈❷，從一毛孔入一毛孔，毛孔不小，世界不大。其中眾生，不覺不知。若要易會，上座日用亦復不知。」

僧問：「日裡僧馱像，夜裡像馱僧。未審此意如何？」師曰：「闍梨豈不是從茶堂裡來？」

【注釋】❶江河淮濟　為古代四瀆，即長江、黃河、淮河、濟水。❷含靈　此指生物。

【語譯】天台山雲峰光緒禪師，號至德大師，上堂說道：「只是因為眾生每天都在使用卻不知道，就譬如三千大千世界，日月星辰，長江、黃河、淮河、濟水，一切生物，從一個汗毛孔進入另一個汗毛孔，汗毛孔不顯得小，世界也不顯得大。生活在其中的眾生，就不知不覺。如若要容易領會，上座就連每天都使用的也不用再知道了。」

有僧人問道：「白天裡僧人馱著聖像，夜裡聖像馱著僧人。不知道這句話的意思是什麼？」光緒禪師反問道：「闍梨難道不是從茶堂裡來的？」

福州大章山契如庵主

福州大章山契如庵主，福州永泰人也。泉州百丈村兜率院受業，素蘊孤操❶，志探祖道。預玄沙之室，穎悟幽旨。玄沙記曰：「子禪已逸格❷，則他後要一人侍立也無。」師自此不務聚徒，不畜童侍，隱于小界山，刳大朽杉若小庵，但容身而已。凡經游僧至，隨叩而應，無定開示。

僧問：「生死到來，如何迴避？」師曰：「符❸到奉行。」曰：「恁麼即被生死拘將去也。」師曰：「阿邪邪！」

問：「西天持錫❹意作麼生？」師拈錫杖，卓地振之。僧曰：「未審此是什麼義？」師曰：「遮箇是張家打。」僧擬進語，師以錫攛❺（蒼巒切。）之。

清豁、沖煦二長老嚮師名，未嘗會遇，一日同訪之。值師采栗，豁問曰：「道者，如庵主在何所？」師曰：「從什麼處來？」曰：「山下來。」師曰：「因什麼得到遮裡？」曰：「遮裡是什麼處所？」師揖曰：「去那下喫茶去！」二公方省是師，遂詣庵所，頗味❻高論。晤坐❼於左右，不覺及夜，覩豺虎奔至庵前，自然馴遶❽。豁因有詩曰：「行不等閑行，誰知去住情？一餐猶未飽，萬戶勿聊生。非道應難伏，空拳莫與爭！龍吟雲起處，閑嘯兩三聲。」二公尋於大章山創庵，請師居之。兩處孤坐，垂五十二載而卒。

豁雖承指喻，而後於睡龍印可，乃嗣睡龍，住漳州保福。

【注釋】❶孤操　獨立不阿的節操。❷逸格　超逸絕俗的品格。❸符　即追命符。古人迷信認為鬼差根據追命符上內容將人的靈魂拘去，那人便死亡。❹持錫　手持錫杖，即雲遊行腳之意。❺攛　丟；扔。❻味　領略；體悟。❼晤坐　面對面坐著。❽馴遶　馴服地繞道而走。

【語譯】福州（今屬福建）大章山契如庵主，福州永泰（今屬福建）人。契如在泉州（今屬福建省）百丈村兜率院出家受業，平日就心懷獨立不阿的節操，立志探究祖師禪道。契如進入玄沙和尚的門下，頓時領悟了禪宗幽微玄妙的旨意。玄沙和尚對他預言道：「你的禪道已至超逸絕俗的品格，但日後要找一個人為徒侍立也找不到。」契如從此以後就不聚眾招徒弟，也不養侍童，獨自隱居在小界山上，在一棵已朽枯的大杉樹上挖了一個大洞，如同是一座小佛庵，大小僅能容得下身體而已。凡是有行腳路過的僧人來到，契如是有問必應，不拘一法地予以開示。

有僧人問道：「生死到來的時候，怎樣迴避？」契如庵主回答：「追命符一到就奉行。」那僧人便說道：「這樣則被生死所束縛住了。」契如叫道：「啊呀呀！」

有僧人問道：「在西天手持錫杖是什麼意思？」契如庵主拿起了錫杖，拄在地上振動一下。那僧人問道：「不知道這是什麼意思？」契如回答：「這個是張家打造的。」那僧人還打算再問話，契如便用錫杖扔他。

清豁禪師、沖煦禪師兩位長老嚮慕契如庵主的聲名，因為還從來沒有遇見會面過，有一天就一同來拜訪。

正好遇到契如在收割粟米，清豁問道：「道者，契如庵主在什麼地方？」契如問道：「你們從什麼地方來的？」清豁回答：「從山下來。」契如再問道：「因為什麼來到了這裡？」清豁便反問道：「這裡是什麼地方？」契如作揖說道：「到那下面吃茶去！」那兩位長老這才省悟他就是契如，便來到了樹庵裡面，很能體悟到禪家的高妙之意。兩人對坐在契如的左右，不知不覺已到了深夜，看見有豺、虎跑到樹庵之前，卻自然馴服地繞道而去。清豁因此作了一首詩，道：「行不是等閒的行，誰能知道去與住之心情？一餐還未吃飽，萬家已不能聊生了。不是道德應該難以降伏，徒手空拳不要與他相爭！龍吟雲起之處，悠閒地長嘯三兩聲。」兩位長老不久在大章山創建了佛庵，迎請契如去居住。契如庵主在這兩處地方獨自一人打坐參禪，度過了五十二年而圓寂。

清豁禪師雖然承蒙了契如庵主的指點開喻，此後在睡龍山和尚那裡得到了印可，就成為睡龍山和尚的法嗣，住持漳州（今屬福建）保福院。

福州永興祿和尚

福州蓮華山永興祿和尚❶。閩王請師開堂日，未升座，先於座前立云：「大王、大眾聽，已有真正舉揚也。此一會總是得聞，豈有不聞者？若有不聞，彼此相謾去也。」方乃登座。僧問：「國王請師出世，未委今日一會，何似靈山？」

師曰：「徹古傳今。」

問：「如何是和尚家風？」師曰：「毛頭顯沙界，日月現其中。」

【注　釋】❶祿和尚　《五燈會元》卷八作「神祿禪師」，住福州蓮華山永興院，約圓寂於北宋太祖（九六〇～九七六年在位）初年。

【語　譯】福州（今屬福建）蓮華山永興院祿和尚。閩王迎請祿和尚開堂說法的那天，祿和尚還沒有升座，就站立在座位前說道：「大王、大眾聽著，剛才已經是宣揚真正的大法了。這會兒總應該聽到了，難道還有沒聽到的人嗎？如果有沒聽到的人，就是互相欺騙了。」說完他才登上法座。有僧人問道：「國王迎請和尚出世講法，不知道今天的這個法會，與靈山大會有什麼相似之處？」祿和尚回答：「通古傳今。」

有僧人問道：「什麼是和尚的家風？」祿和尚回答：「汗毛的尖端映現出如恆河沙粒一樣繁多的世界，太陽、月亮就在這當中出沒。」

天台國清寺師靜上座

天台山國清寺師靜上座，始遇玄沙和尚示眾云：「汝諸人但能一生如喪考妣，吾保汝究得徹去。」師乃躡❶前語而問曰：「只如教中不得以所知心測度如來無上知見，又作麼生？」玄沙曰：「汝道究得徹底所知心，還測度得及否？」師從此信入。後居天台，三十餘載不下山。博綜三學，操行孤立。禪寂之餘，常閱龍藏❷。遐邇欽重，時謂「大靜上座」。

嘗有人問曰：「弟子每當夜坐，心念紛飛，未明攝伏之方，願垂示誨。」師答曰：「如或夜閑安坐，心念紛飛，卻將紛飛之心，以究紛飛之處。究之無處，則紛飛之念何存？返究究心，則能究之心安在？又能照之智本空，所緣之境亦寂。寂而非寂者，蓋無能寂之人也。照而非照者，蓋無所照之境也。境智俱寂，心慮安然。外不尋枝，內不住定。二途俱泯，一性怡然。此乃還源之要道也。」

師因覩教中幻義，乃述一偈問諸學流，偈曰：「若道法皆如幻有❸，造諸過惡應無咎。云何所作業不忘，而藉佛慈興接誘？」時有小靜上座答曰：「幻人興幻幻輪圍，幻業能招幻所治。不了幻生諸幻苦，覺知如幻幻無為。」二靜上座並終於本山，今國清寺遺蹤在焉。

【注釋】❶躡　此為追隨之意。❷龍藏　龍宮的經藏，即佛經。❸幻有　假借虛幻之無事實以顯示法之假有。

【語譯】天台山國清寺師靜上座，初次拜見玄沙和尚時，正遇到玄沙和尚在給眾僧講法道：「你們眾人只要能在一生中保持如死了父母親一樣的心情，我保證你們終究能夠參透禪道。」師靜緊接著這一句話就提問道：「只是如教義中所說的那樣，不能用已認識的心性來推測如來佛的無上知見，那又怎麼樣呢？」玄沙和尚反問道：「你說已透徹地參悟的心性，還能推測到什麼？」師靜由此信心悟入。後來師靜上座居住在天台山，三十多年未曾下山。師靜廣博地研習戒、定、慧三學，操行孤高獨立。他在參禪之餘，經常閱讀佛教經典。遠近的人都很敬重他，當時人們稱他為「大靜上座」。

曾經有人問道：「弟子每當夜裡靜坐，就心念紛雜不定，不知道攝降調伏的方法，請和尚垂示教誨。」師靜上座回答道：「如果有時候夜裡閒適地安坐，遇到心念紛雜不定，就用那紛雜不定的心念，來探究那產生紛雜不定心念的地方。一直探究到再也沒有地方了，則那紛雜不定的心念又能在哪裡存在呢？再反過來探究那探究紛雜不定之地方的心念，則那能夠探究之心念又能在哪裡存在呢？並且那能夠照見的心智本來空寂，所產生的境象同樣也空寂。這種空寂並不是真正的空寂，那是因為沒有能夠空寂的人。這種照見也不是真正的照見，那是因為沒有可以照見的境象。境象和心智全都空寂，心念自然就安定了。向外不尋找枝葉末節，向內不執著於心念安定。這兩種途徑全都泯滅了，人的本性自然怡然自得。這就是回歸本源的關鍵方法。」

師靜上座因為看見禪教中存在著虛幻的解釋，就作了一首偈頌，用來詰問那些持有虛幻之見解的各學派，那偈頌道：「如果說諸法都如同幻有，那造作各種過錯惡行的人就沒有罪錯。說什麼所造作的業因不能忘記，所以憑藉佛的慈悲而來接引誘導？」當時有一位稱作小靜的上座也作一首偈頌來作答：「持有幻心的人興起幻念而被虛幻的轉輪所圍困，虛幻之業因能夠招來幻象以迷惑人心。不明瞭人生之虛幻就會被諸般幻境所痛苦，覺悟了知見就是幻念那幻象就無所作為了。」後來大、小靜上座兩人都終老於天台山，現今國清寺中還有他倆的遺跡留存著。

【說　明】玄沙師備禪師的法嗣弟子大都活動於福建地區，對於福建一帶的禪宗擴展興盛，起著極大的作用。

前福州長慶慧稜禪師法嗣

泉州招慶院道匡禪師

泉州招慶院道匡禪師，潮州人也。自稜和尚始居招慶，師乃入室參侍。暨稜和尚召入長樂府，盛化於西院，師繼踵住於招慶，學眾如故。

師上堂曰：「聲前薦得，孤負平生。句後投機，殊乖道體。為什麼如此？大眾且道從來合作麼生？」又謂眾曰：「招慶今夜與諸人一時道卻，還委落❶處麼？」時有僧出曰：「大眾一時散去，還稱師意也無？」師曰：「好與拄杖。」僧禮拜，師曰：「雖有盲龜之意❷，且無曉月之程❸。」僧曰：「如何是曉月之程？」師曰：「此是盲龜之意。」

問：「如何是沙門行？」師曰：「非行不行。」

問：「如何是西來意？」師曰：「蚊子上鐵牛❹。」

問：「如何是在匣劍？」師良久，僧罔措。師曰：「也須感荷❺招慶始得。」

問：「如何是提宗一句？」師曰：「不得昧著招慶。」其僧禮拜起，師又曰：「不得昧著招慶，囑汝作麼生是提宗一句？」僧無對。

問：「文殊劍下不承當時如何？」師曰：「未是好手人。」僧曰：「如何是好手人？」師曰：「是汝話墮也。」

問：「如何是招慶家風？」師曰：「寧可清貧自樂，不作濁富多憂。」

問：「如何是南泉一線道？」師曰：「不辭❻向汝道，恐較❼中更較去。」

問：「如何是佛法大意？」師曰：「七顛八倒。」

問：「學人根思遲迴，乞師曲運慈悲，開一線道。」師曰：「遮箇是老婆心❽。」僧曰：「悲華剖坼，以領尊慈，從上宗乘事如何？」師曰：「恁麼須得汝親問始得。」

師問僧：「什麼處去來？」僧曰：「劈柴來。」師曰：「還有劈不破底也無？」僧曰：「有。」師曰：「作麼生是劈不破底？」僧無語。師曰：「汝若道不得，問我，我與汝道。」僧曰：「作麼生是劈不破底？」師曰：「賺殺人！」

因地動，僧問：「還有不動者無？」師曰：「有。」僧曰：「如何是不動者？」師曰：「動從東來，卻歸西去。」

問：「法雨普霑，還有不潤處否？」師曰：「有。」僧曰：「如何是不潤處？」師曰：「水灑不著。」

問：「如何是招慶深深處？」師曰：「和汝沒卻。」

問：「如何是九重城裡人？」師曰：「還共汝知聞麼？」

師上堂，僧眾擁法座。師曰：「遮裡無物，諸人苦恁麼相促相拶❾作麼？擬心早勿交涉，更上門戶，千里萬里❿。今既上來，各著精彩⓫，招慶一時拋與諸人好麼？」師復問：「還接得也未？」眾無對。師曰：「勞而無功，汝諸人得恁麼鈍！看他古人一兩箇得恁麼快，才見便負將去，亦較些子。若有此箇人，非但四事⑫供養，便以瑠璃為地，白銀為壁，亦未為貴。帝釋⑬引前，梵王⑭從後，攬長河為酥酪，變大地為黃金，亦未為足。直得⑮如是，猶更有一級在，還委得麼？珍重！」

【注釋】❶委落　落實。❷盲龜之意　佛經習用語。《泥犁經》：八萬四千里水中有一盲龜，水上有一段帶孔的浮木，盲龜每一百年跳一次，不知何時才能跳入木孔中。佛經借此比喻機會極其難得。❸曉月之程　凌晨之曉月還掛在天邊，旅人早已登程趕路。❹蚊子上鐵牛　唐、宋時歇後語，其意為「無下口處」。比喻禪旨，即祖師西來意，無法用語言來表述，也無法通過語言去領會。❺感荷　感動。❻不辭　不能；不願。唐人白居易〈廢琴〉詩：「不辭為君彈，縱彈人不知。」❼較　差；少。❽老婆心　意同「老婆禪」，指禪師苦口婆心地教育學僧，不惜破壞不立文字的禪宗清規。❾相促相拶　催促、逼迫。❿千里萬里　指與禪旨相距極遠，根本不合禪法。⓫著精彩　留神；振作精神。⓬四事　衣服、飲食、臥具和湯藥。一說指房舍、衣服、飲食和湯藥。⓭帝釋　佛教神話中的忉利天之主。⓮梵王　佛教神話中的初禪天之主。⓯直得　即使；縱然。

【語譯】泉州（今屬福建）招慶院道匡禪師，潮州（今屬廣東）人。自從慧稜和尚開始住持招慶院，道匡就入室參問侍奉。等到慧稜和尚被閩王召入長樂府中，廣泛地教化於西院，道匡就緊接著住持招慶院，參學僧人如同從前一樣眾多。

道匡禪師上堂說法道：「話聲以前能夠領悟的，就辜負了平生努力。語句以後投合的，更是違背了禪道的本體。為什麼是這樣的？大眾且說說看本來是應該怎樣做的？」道匡又對眾人說道：「招慶今夜給眾人一起說出了，可還有落實的地方嗎？」當時有一位僧人站出來問道：「大眾一起散去了，可還稱和尚的心意嗎？」道匡說道：「好給你拄杖吃。」那僧人便禮拜，道匡說道：「雖然有盲龜的意思，但卻沒有頂著曉月出發的路程。」那僧人問道：「什麼是頂著曉月出發的路程？」道匡回答：「那就是盲龜的意思。」

有僧人問道：「什麼是沙門的行為？」道匡禪師回答：「不該做的就不做。」

有僧人問道：「什麼是祖師西來的意旨？」道匡禪師回答：「蚊子上鐵牛。」

有僧人問道：「什麼是放在劍匣中的寶劍？」道匡禪師沉默了許久，那僧人不知所措。道匡禪師說道：「也要感動招慶才行。」

有僧人問道：「什麼是提示宗旨的一句話？」道匡禪師回答：「不能矇騙招慶。」那僧人便禮拜，剛站起身來，道匡又問道：「不能矇騙招慶，告訴你什麼是提示宗旨的一句話了嗎？」那僧人無語以對。

有僧人問道：「在文殊菩薩的寶劍之下不能承當的時候怎麼樣？」道匡禪師回答：「這人不是一個高手。」那僧人又問道：「什麼人是高手？」道匡說道：「你的話失去了機鋒。」

有僧人問道：「什麼是招慶院的家風？」道匡禪師回答：「寧可清貧自我快樂，不因為汙富而多生憂愁。」

有僧人問道：「什麼是南泉和尚的一線道？」道匡禪師回答：「不能對你說，怕你差誤中更加差訛了。」

有僧人問道：「什麼是佛法大意？」道匡禪師回答：「七顛八倒。」

有僧人說道：「學生根機遲鈍，乞求和尚委曲運用慈悲心懷，開示一線之道？」道匡禪師說道：「這個是老婆婆之心。」那僧人便問道：「悲花剖開，以聆聽尊言慈教，從上宗乘的玄妙之事怎麼樣？」道匡回答：「這樣還必須要你親自去問問才行。」

道匡禪師問一個僧人道：「你到什麼地方去了？」那僧人回答：「劈柴去了。」道匡問道：「可有劈不開的嗎？」那僧人回答：「有。」道匡問道：「什麼是劈不開的？」那僧人無語以答。道匡說道：「你如果回答不出，就問我，我來告訴你。」那僧人便問道：「什麼是劈不開的？」道匡回答：「騙煞人！」

因為發生了地震，有一個僧人便問道：「可還有不動的嗎？」道匡禪師回答：「有。」那僧人問道：「什麼是不動的？」道匡回答：「動從東方而來，卻歸西方而去。」

有僧人問道：「法雨普施，可還有沒有滋潤的地方嗎？」道匡禪師回答：「有。」那僧人便問道：「哪裡是沒有滋潤的地方？」道匡回答：「水灑不到的地方。」

有僧人問道：「什麼是招慶院的深深之處？」道匡禪師回答：「連你也被淹沒了。」

有僧人問道：「誰是九重之城裡的人？」道匡禪師回答：「可能讓你也知道嗎？」

道匡禪師上堂說法，眾僧人簇擁在法座的周圍。道匡說道：「這裡沒有什麼東西，各位這樣苦苦地催促、逼迫我做什麼？稍有思索猶豫，早就與禪法沒有關涉了，再要去上門入戶去求問，更是遠距千里萬里。現在既然上堂來了，就要各自振作精神，招慶把它一起拋給各位可好嗎？」道匡接著又問道：「可還能接住嗎？」眾僧都無語以對。道匡便說道：「勞而無功，你們各位怎麼這樣的遲鈍！你看他一個、兩個古人怎麼這樣地敏捷，一看到就把它背走了，那還差不多。如果有這樣一個人，不但衣服、飲食、臥具和湯藥四事供養，就是用琉璃鋪成地面，用白銀砌成牆壁，也不算是奢侈。帝釋在前面引路，梵王在後面隨從，把長河攪成奶酪，把大地變成黃金，也不算過分。縱然是這樣的，還有更高的一個等級存在，可能夠明白嗎？各位珍重！」

杭州龍華寺彥球禪師

杭州龍華寺彥球實相得一大師，開堂日，謂眾曰：「今日既升法座，又爭解諱❶得？只如不諱底事，此眾還有人與作證明麼？若有即出來，相共作箇傍樣❷。」

時有僧問：「郡尊❸請師，如何舉揚宗旨？」師曰：「汝到別處，切忌謬傳。」

問：「此座為從天降下，為從地涌出？」師曰：「是什麼？」僧曰：「此座高廣，如何升得？」師曰：「今日幾被汝安頓❹著。」

問：「靈山一會，迦葉親聞。今日一會，何人得聞？」師曰：「同我者擊其大節❺。」僧曰：「酌然❻俊哉！」師曰：「去搬水漿❼茶堂裡用去！」

師又曰：「從前佛法付囑國王大臣及有力檀越，今日郡尊及諸官寮❽特垂相請，不勝荷愧❾。山僧更有末後一句子，賤賣與諸人。」師乃起身立，云：「還有人買❿麼？若有人買，即出來。若無人買，即賤貨自收。久立，珍重！」

師有時上堂云：「好時，好日，速道，速道！」又曰：「大眾近前來，聽老漢說第一義。」大眾近前，師便打趁。

問：「如何是學人自己？」師曰：「雪上更加霜。」

【注釋】❶諱　隱瞞；迴避。❷牓樣　即「榜樣」。❸郡尊　州郡長官。❹安頓　安放；安置。❺大節　此指腳踝。節，指人或動物的骨骼連接處。❻酌然　同「灼然」。確實；顯然。❼水漿　茶水。❽官寮　同「官僚」。❾荷愧　慚愧。❿買　此指應接、承領機鋒。

【語譯】杭州（今屬浙江）龍華寺彥球禪師，號實相得一大師，在開堂說法之日，對眾僧說道：「今天既然登上了法座，又怎麼能隱瞞不說呢？只如那不能隱瞞不說的事，這裡眾人當中可還有人能為我作一個證明嗎？如果有人就站出來，和我共同作一個榜樣。」當時有一個僧人問道：「州郡長官迎請和尚來開堂說法，和尚怎樣舉唱弘揚宗旨呢？」彥球說道：「你到了其他地方，切忌不要錯誤傳說。」

有僧人問道：「這法座是從天上降下來的，還是從地底下冒出來的？」彥球禪師問道：「為什麼這樣說？」那僧人問道：「這法座又高又大，怎樣才能登上去呢？」彥球說道：「今天幾乎被你安置了。」

有僧人問道：「靈山大會，迦葉尊者親耳聽到佛陀說法。今天的法會，什麼人能夠聽到？」彥球禪師招呼眾人道：「你們同我一起去擊打他的腳踝。」那僧人讚道：「確實英俊啊！」彥球喝道：「去搬茶水到茶堂裡用去！」

彥球禪師又說法道：「以前佛陀把佛法囑咐給國王、大臣及有力量的檀越，今天州郡長官和各位官員特地前來相請說法，使我不勝慚愧。山僧還有最後至極關鍵的一句話，要賤賣給各位。」彥球於是起身站立，說道：「可有人要買嗎？如果有人要買，就站出來。如果沒有人要買，我就自己把賤貨收起來了。無事久立，各位珍重！」

彥球禪師有一次上堂說道：「好時間，好日子，快說，快說！」接著又說道：「大家走近前來，聽老漢講說禪宗的第一義。」眾僧走上前來，彥球卻把他們給打跑了。

有僧人問道：「什麼是學生自己？」彥球禪師回答：「雪上再加濃霜。」

杭州保安連禪師

杭州臨安縣保安連禪師。僧問：「如何是保安家風？」師曰：「問有什麼難？」

問：「如何是吹毛劍？」師曰：「豫章鐵柱堅。」僧曰：「學人不會。」師曰：「漳江親到來。」

問：「如何是沙門行？」師曰：「師僧頭上戴冠子。」

問：「如何是西來意？」師曰：「死虎足❶人看。」

問：「一問一答，彼此與❷來。如何是保安不驚人之句？」師曰：「汝到別處作麼生舉？」

【注釋】❶足　可以；能夠。❷與　興頭。

【語譯】杭州臨安縣（今屬浙江）保安院連禪師。有僧人問道：「什麼是保安院的家風？」連禪師說道：「這問題有什麼難的？」

有僧人問道：「什麼是吹毛立斷的寶劍？」連禪師回答：「豫章（今江西南昌）鐵柱堅硬。」那僧人說道：「學生不能領會。」連禪師便說道：「漳江我親自到過。」

有僧人問道：「什麼是沙門的行為？」連禪師回答：「師僧頭上戴帽子。」

有僧人問道：「什麼是祖師西來的意旨？」連禪師回答：「死的老虎可以讓人觀看。」

有僧人問道：「一問一答，彼此談興就起來了。什麼是保安院不驚人的句子？」連禪師反問：「你到了別的地方怎樣舉說呢？」

福州報慈院光雲禪師

福州報慈院光雲慧覺大師，上堂云：「差❶病之藥，不假驢馱。若據今夜，各自歸堂去也。珍重！」

僧問：「承聞超覺❷有瑣❸，口訣如何示人？」師曰：「賴❹我拄杖不在手。」

僧曰：「恁麼即深領尊慈也。」師曰：「待我肯，汝即得。」

師入府，閩王問：「報慈與神泉❺相去近遠？」師曰：「若說近遠，不如親到。」師卻問曰：「大王日應千差，是什麼心？」王曰：「什麼處得心來？」師曰：「豈有無心者！」王曰：「那邊事作麼生？」師曰：「請向那邊問。」王曰：「大師謾別人即得。」

問：「大眾臻湊，請師舉揚。」師曰：「更有幾人未聞？」曰：「恁麼即不假上來也。」師曰：「不上來且從，汝向什麼處會？」曰：「若有處所，即孤負和尚。」師曰：「即恐不辨精麤。」

問：「夫說法者當如法說，此意如何？」師曰：「有什麼疑訛？」

問：「古人面壁意如何？」師打之。

問：「不假言詮，請師徑直。」師曰：「何必更待商量！」

【注釋】❶差　通「瘥」。病癒。❷超覺　指長慶慧稜禪師。❸瑣　通「鎖」。❹賴　幸虧。❺神泉　此指心。

【語譯】福州（今屬福建）報慈院光雲禪師，號慧覺大師，上堂說法道：「治病的藥，不需要依靠驢子馱來。根據今夜之事，各人自己回僧堂去吧。珍重！」

有僧人問道：「聽說超覺和尚有一把鎖，那口訣怎麼指示人呢？」光雲禪師回答：「幸虧我拄杖不在手上。」那僧人說道：「這樣則深深領受了和尚的尊言慈教。」光雲說道：「等到我認可，你就得到了。」

光雲禪師來到了王府，閩王問道：「報慈院與神泉相距有多遠？」光雲便回答：「如果要知道遠近，不如親自去一次。」光雲隨即又反問道：「大王日理萬機，是什麼心呢？」閩王也反問道：「什麼地方能得到心呢？」光雲回答：「難得有無心的人！」閩王便問道：「那邊的事怎麼樣呢？」光雲說道：「請大王向這邊提問。」閩王說道：「大師如要矇騙別人那才行。」

有僧人說道：「大眾自四面雲集，請和尚舉唱弘揚佛法。」光雲禪師問道：「還有幾個人沒有聽到？」那僧人說道：「這樣的話就不必上堂來了。」光雲問道：「不上堂來就聽你的，你又到什麼地方去領會呢？」那僧人回答：「如果有地方，就要辜負和尚了。」光雲說道：「就怕不能分辨精粗。」

有僧人問道：「說法的人應當如教法來講說，這話是什麼意思？」光雲禪師反問：「有什麼疑問錯誤嗎？」

有僧人問道：「古人面壁之意是什麼？」光雲禪師便打他。

有僧人說道：「不依靠言語的詮釋，請和尚直接講說。」光雲禪師喝道：「何必再要討論！」

廬山開先寺紹宗禪師

廬山開先寺❶紹宗圓智禪師，姑蘇人也。稟性樸野，不群流俗。少依本部流水寺出家，受具，入長慶之室，密契真要。初結庵於虔州了山二十載，道聲遐布。江南國主李氏建寺，請轉法輪，玄徒輻湊。暨國主巡幸洪井，躬入山瞻謁，請上堂。今僧出問：「如何是開先境？」師曰：「最好是一條界破青山色❷。」僧曰：

「如何是境中人？」師曰：「拾枯柴，煮布❸水。」國主益加欽重。後終於山寺，靈塔存焉。

【注　釋】❶廬山開先寺　初為五代南唐中主的書堂，李後主時捨為寺院。❷一條界破青山色　唐人描述廬山瀑布的詩句。意為一條白色的瀑布隔開了滿山的綠色。❸布　瀑布。

【語　譯】廬山開先寺紹宗圓智禪師，姑蘇（今江蘇蘇州）人。他稟性質樸素野，不與流俗合流。紹宗少年時皈依本地流水寺出家，接受具足戒，後成為長慶慧稜和尚的入室弟子，秘密契合了禪旨真要。紹宗最初在虔州（今江西贛州）了山上結庵參禪了二十年，道德聲譽傳布遠方。等到江南國主李後主巡視江西時，曾親自進山瞻仰拜謁，請紹宗禪師上堂說法。李後主令一位僧人站出來問道：「什麼是開先寺的境界？」紹宗回答：「最好是一條界破青山色。」那僧人又問道：「什麼是境界中的人？」紹宗回答：「拾來枯柴，燒煮瀑布之水。」李後主更加欽佩敬重。紹宗禪師後來在山寺內圓寂，其靈塔現今還存在。

婺州報恩院寶資禪師

婺州金鱗報恩院寶資曉悟大師，上堂，大眾立久，師曰：「諸兄弟各詣山門來，主人口如匾擔❶相似，莫成相違負。也無久在❷。眾兄弟！也未要怪訝著。若帶參學眼，何煩久立！各自歸堂，珍重！」

師開方丈基，僧問：「丈基已成，如何通信？」師曰：「不可昧兄弟此問。」

僧曰：「不昧底事作麼生？」師曰：「青天白日。」

問：「學人初心，請師示箇入路。」師遂側掌❸示之，曰：「還會麼？」僧曰：「不會。」師曰：「獨掌不浪❹鳴。」

問：「如何是報恩家風？」師曰：「也知闍梨入眾❺日淺❻。」

問：「古人拈槌豎拂意如何？」師曰：「報恩截舌❼有分。」僧曰：「為什麼如此？」師曰：「屈著作麼？」

問：「如何是文殊劍？」師曰：「不知。」僧曰：「只如一劍下活得底人作麼生？」師曰：「山僧只管二時齋粥。」

問：「如何是觸目菩提？」師曰：「背後是什麼立地❽？」僧曰：「學人不會，乞師再示。」師提拄杖曰：「汝不會，合喫多少拄杖？」

問：「如何是具大慚愧底人？」師曰：「開口取，合不得。」僧曰：「此人行履如何？」師曰：「逢茶即茶，遇飯即飯。」

問：「如何是金剛一隻箭？」師曰：「道什麼？」其僧再問，師曰：「過新羅國去也❾。」

問：「波騰鼎沸，起必全真。未審古人意如何？」師乃叱之，僧曰：「恁麼即非次⑩也。」師曰：「你語墮也。」又曰：「我話亦墮，汝作麼生？」僧無對。

問：「去卻賞罰，如何是吹毛劍？」師曰：「延平屬劍州。」僧曰：「恁麼即喪身失命去也。」師曰：「錢塘江裡潮⑪。」

【注釋】❶口如匾擔　比喻閉口無言。匾擔，同「扁擔」。❷久在　久住之意。❸側掌　僧人舉起單手施禮。❹浪　空；徒然。唐人王維〈疑夢〉詩：「莫驚寵辱空憂喜，莫計恩仇浪苦辛。」❺入眾　指進入禪林。❻日淺　指日子短暫。❼截舌　此喻不亂說話。❽立地　站著。❾過新羅國去也　喻指機鋒迅疾，在言句往來糾纏之際，早已遠遠逝去。❿非次　過失。⓫錢塘江裡潮　錢塘江又名浙江，為浙江省最大的河流，其江口呈喇叭形，向內逐漸淺狹，海潮倒灌，潮頭壁立，波濤洶湧，形成著名的「錢塘潮」，以每年陰曆八月十八日所見者最著名。

【語譯】婺州（今屬浙江金華）金麟報恩院寶資禪師，號曉悟大師，有一次上堂時，眾人已站立很久了，寶資才說道：「諸位兄弟各自來到了山門，主人卻是口似扁擔一樣，閉口無語，莫不是要相違背辜負了。也不要久住這裡。眾位兄弟！也不要責怪驚訝著。如果帶著參學之眼睛，何須煩勞大家久立！各自回堂去吧，珍重！」

寶資禪師打好方丈室房基的時候，有一位僧人問道：「方丈室的房基已成了，怎樣來通消息呢？」寶資回答：「不可以欺瞞兄弟的這一個問題。」那僧人又問道：「不欺瞞的事情怎麼樣呢？」寶資回答：「青天白日。」

有僧人說道：「學生剛進入禪林，請和尚指示一個進入的門徑。」寶資和尚於是側掌施禮作為指示，並問道：「可領會了嗎？」那僧人回答：「沒有領會。」寶資便說道：「一個巴掌不會空拍響。」

有僧人問道：「什麼是報恩院的家風？」寶資禪師回答：「也知道闍梨進入禪門的時日不長。」

有僧人問道：「古人拿棒槌豎拂塵的意思是什麼？」寶資禪師回答：「報恩截舌有分。」那僧人問道：

「為什麼這樣？」寶資反問：「委曲你什麼啦？」

有僧人問道：「什麼是文殊菩薩之劍？」寶資禪師回答：「不知道。」那僧人又問道：「只如在這一劍下還能活著的人怎麼樣呢？」寶資回答：「山僧只管每天二時的齋飯齋粥。」

有僧人問道：「什麼是觸目菩提？」寶資禪師反問道：「你背後是什麼站立著？」那僧人說道：「學生不能領會，請和尚再作指示。」寶資提起了拄杖說道：「你沒有領會，應該吃多少拄杖？」

有僧人問道：「怎樣才是具備大慚愧的人？」寶資禪師回答：「張開口，合不攏。」那僧人又問道：「那人的行為怎麼樣？」寶資回答：「遇到茶就吃茶，遇到飯就吃飯。」

有僧人問道：「什麼是金剛一支箭？」寶資禪師反問：「你說什麼？」那僧人再次提問，寶資便說道：「已射過新羅國去了。」

有僧人問道：「波浪翻騰，鼎中沸騰，起來必定是全真。不知道古人的意思是什麼？」寶資禪師便呵斥他，那僧人說道：「這樣看來是我的過失了。」寶資說道：「你的話失機鋒了。」寶資接著又說道：「我的話也失機鋒了，你怎麼樣呢？」那僧人無言應對。

有僧人問道：「除去賞罰，什麼是吹毛立斷的寶劍？」寶資禪師回答：「延平郡屬於劍州（今福建南平）。」那僧人便說道：「這樣的話則要喪失性命了。」寶資說道：「錢塘江裡的大潮水。」

杭州傾心寺法瑫禪師

杭州傾心寺法瑫宗一禪師，上堂云：「大眾不待一句語，便歸堂去，還有紹繼宗風分也無？還有人酬得此問麼？若有人酬得去也，遮裡與諸人為怪笑。若酬不得去也，諸人與遮裡為怪笑。珍重！」

問：「如何揲實❶，免見虛頭❷？」師曰：「汝問若當，眾人盡鑑。」

問：「恁麼來皆不丈夫，只如不恁麼來，還有紹繼宗風分也無？」師曰：「出！兩頭致一問來！」僧曰：「什麼人辨得？」師曰：「波斯養兒。」

問：「佛法去處，乞師全示。」師曰：「汝但全致一問來。」僧曰：「為什麼卻拈此問去？」師曰：「汝適來問什麼？」僧曰：「若不遇於師，幾成走作❸。」師曰：「賊去後關門。」

問：「別傳一句，如何分付？」師曰：「可惜許問！」僧曰：「恁麼即別酬亦不當去也。」師曰：「也是閑辭。」

問：「如何是不朝天子、不羨王侯底人？」師曰：「每日三條線，長年一衲衣。」僧曰：「未審此人還紹宗風也無？」師曰：「鵲來頭上語，雲向眼前飛。」

問：「承古人有言，不斷煩惱，此意如何？」師曰：「又是發人業❹。」僧曰：「如何得不發業？」師曰：「你話墮也。」

問：「請去賞罰，如何是吹毛劍？」師曰：「如法禮三拜。」

師後住龍冊寺歸寂。

【注　釋】❶撲實　樸實；質實。❷虛頭　虛假不實。❸走作　不合原樣，意同「走樣」。❹發人業　使人發怒。

【語　譯】杭州（今屬浙江）傾心寺法瑫宗一禪師，上堂說法道：「大眾不等我說一句話，就回僧堂去了，可還有人有能繼承宗風的緣分嗎？可有人能回答這個問題嗎？如果有人能回答出，我就在這裡給眾人作怪笑一聲。如果不能回答出，眾人在這裡作怪笑一聲。各自珍重！」

有僧人問道：「怎樣做到質實，才能避免虛假不實？」法瑫禪師回答：「你如若問得恰當，大家都用作借鑑。」

有僧人問道：「這樣來的都不是丈夫，假使不是這樣來的，可還有能繼承宗風的緣分嗎？」法瑫禪師喝道：「出去！從兩頭提出一個問題！」那僧人便問道：「什麼人能夠分辨出？」法瑫說道：「波斯人的養子。」

有僧人說道：「佛法所在的地方，請和尚全力指示。」法瑫禪師說道：「你只管全力問上來。」那僧人便問道：「和尚為什麼要迴避這一個問題？」法瑫反問：「你剛才問什麼？」那僧人便說道：「如果沒有遇見和尚，幾乎走樣了。」法瑫說道：「賊人離去後才關門。」

有僧人問道：「教外別傳的一句話，怎樣囑咐呢？」法瑫禪師回答：「可惜這個問題！」那僧人便說道：「這樣的話則另外的回答也是不恰當的了。」法瑫說道：「也是一句閒話。」

有僧人問道：「怎樣才是不朝拜天子、不羨慕王侯的人？」法瑫禪師回答：「每天三條線，終年一件衲衣。」那僧人又問道：「不知道那人可還能繼承宗風嗎？」法瑫回答：「喜鵲來到頭頂上啼鳴，白雲向眼前飛馳去。」

有僧人問道：「承聽古人有這樣一句話，叫做不斷煩惱，這話是什麼意思？」法瑫禪師說道：「這問題又讓人發怒。」那僧人問道：「怎樣才能不發怒？」法瑫說道：「你的話失機鋒了。」

有僧人問道：「請除去賞罰，什麼是吹毛立斷的寶劍？」法瑫禪師回答：「依照律規禮拜三下。」

法瑫禪師後來住持龍冊寺，並在那裡圓寂。

福州水陸院洪儼禪師

福州水陸院洪儼禪師，上堂，大眾集定，師下座，捧香鑪巡行大眾前，曰：「供養十方諸佛。」便歸方丈。

僧問：「離卻百非兼四句，請師盡力為提綱。」師曰：「落在什麼處？」僧曰：「恁麼即人天有賴。」師曰：「莫將惡水澆潑人好！」

【語譯】福州（今屬福建）水陸院洪儼禪師，有一次上堂時，等到眾僧來聚集坐定後，就走下了法座，捧著香爐來到眾僧的面前，說道：「供養十方諸佛。」說完就回方丈去了。

有僧人說道：「離絕百非與四句，請和尚盡力為學生提示綱要。」洪儼禪師問道：「掉落在什麼地方了？」那僧人便說道：「這樣的話則人天都有依靠了。」洪儼喝道：「不要將惡濁的水澆潑人為好！」

杭州廣嚴院咸澤禪師

杭州靈隱山[1]廣嚴院咸澤禪師，初參保福展和尚，保福問曰：「汝名什麼？」師曰：「咸澤。」保福曰：「忽遇枯涸者如何？」師云：「誰是枯涸者？」保福曰：「我是。」師曰：「和尚莫謾人好！」保福曰：「卻是汝謾我。」師後承長慶印記，住廣嚴道場。

僧問：「如何是覿面相呈❷事？」師下禪牀曰：「尊體起居❸萬福❹！」

問：「不與萬法為侶者是什麼人？」師曰：「城中青史樓，雲外高峰塔。」

問：「如何是佛法大意？」師曰：「幽澗泉清，高峰月白。」

問：「如何是廣嚴家風？」師曰：「一塢白雲，三間茆屋。」僧曰：「畢竟作麼生？」師曰：「既無維那，兼無典座❺。」

問：「如何是廣嚴家風？」師曰：「師子石前靈水響，雞籠山上白猿啼。」

【注釋】❶靈隱山　在浙江杭州西，本名武林山。山有南北二高峰，北高峰為靈隱最高峰，景色奇絕。❷覿面相呈　即親自、當面承接禪機。❸起居　指向尊長請安致意。❹萬福　問候語，唐代男女均用，入宋代後多用於女性。❺典座　禪林中主持眾僧的牀、座及齋粥等雜務的僧人。

【語　譯】杭州（今屬浙江）靈隱山廣嚴院咸澤禪師，初次參見保福從展和尚時，保福和尚問道：「你叫什麼名字？」咸澤回答：「咸澤。」保福和尚問道：「忽然遇到枯萎乾涸的人時怎麼樣呢？」咸澤反問：「誰是枯萎乾涸的人？」保福和尚回答：「我就是。」咸澤說道：「和尚不要矇騙人為好！」保福和尚說道：「卻是你在矇騙我。」咸澤後來繼承了長慶和尚的心印，住持廣嚴道場。

有僧人問道：「什麼是當面承接禪機之事？」咸澤禪師走下禪牀說道：「謹願尊體起居萬福。」

有僧人問道：「不與萬法為伴侶的是什麼人？」咸澤禪師回答：「城中青史之樓，雲外高峰之塔。」

有僧人問道：「什麼是佛法大意？」咸澤禪師回答：「幽靜山澗裡泉水清澈，高聳孤峰上月光皎潔。」

有僧人問道：「什麼是廣嚴院的家風？」咸澤禪師回答：「一塢白雲，三間茅屋。」那僧人又問道：「究竟怎麼樣？」咸澤回答：「既沒有維那，又沒有典座。」

有僧人問道：「什麼是廣嚴院的家風？」咸澤禪師回答：「獅子石前靈水響，雞籠山上白猿啼。」

福州報慈院慧朗禪師

福州報慈院慧朗禪師，上堂曰：「從上諸聖為一大事因緣，故出現於世，遞相告報。是汝諸人還會麼？若不會，大不容易。」僧問：「如何是一大事？」師曰：「莫錯相告報麼！」僧曰：「恁麼即學人不疑也。」師曰：「爭奈一翳❶在目何！」

問：「三世諸佛盡是傳語人，未審傳什麼人語？」師曰：「聽。」僧曰：「未審是什麼語？」師曰：「你不是鍾期❷。」

問：「如何是學人眼？」師曰：「不可更撒沙。」

【注釋】❶翳　眼珠被膜障蔽的病症。❷鍾期　即鍾子期。

【語譯】福州（今屬福建）報慈院慧朗禪師，上堂說法道：「從上的諸位聖人，為了一大事的因緣，所以出現在世上，依次互相通報。這個你們諸位可領會了嗎？如果沒有領會，就太困難了。」有僧人問道：「什麼是一大事？」慧朗禪師說道：「不要錯誤地互相通報！」那僧人便說道：「這樣則學生就不懷疑了。」慧朗說道：「怎奈一翳障蔽了眼珠啊！」

有僧人問道：「三世諸佛都是傳話的人，不知道是傳什麼人的話？」慧朗禪師回答：「聽。」那僧人又問道：「不知道是什麼話？」慧朗說道：「你不是鍾子期。」

有僧人問道：「什麼是學生的眼睛？」慧朗禪師回答：「不可以再撒沙子進去。」

福州長慶常慧禪師

福州怡山長慶常慧禪師。僧問：「王侯請命法嗣怡山鎖口之言，請師不謬。」師曰：「得。」僧曰：「恁麼即深領尊慈。」師曰：「好與❶！莫鈍置❷人！」

問：「不犯宗風，不傷物議❸，請師滿口道。」師曰：「今日豈不是開堂？」

問：「焰❹續雪峰，印傳超覺，不違於物，不負於人。不在當頭，即今何道？」師曰：「違負即道。」僧曰：「恁麼即善副來言，淺深已辨。」師曰：「也須識好惡。」

【注釋】❶好與　留神；注意。叮囑勸戒之語。❷鈍置　作弄；倒騰。❸物議　眾人的評議。❹焰　此喻法燈之火焰。

【語譯】福州（今屬福建）怡山長慶院常慧禪師。有僧人問道：「王侯請教法嗣怡山的鎖口之語，請和尚正確地講說。」常慧回答：「可以。」那僧人便說道：「這樣就深深地承領了和尚的尊言慈教。」常慧說道：「留神！不要作弄人！」

有僧人說道：「不冒犯宗風，不損害物議，請和尚盡量講說。」常慧禪師問道：「今天難道不是在開堂嗎？」

有僧人問道：「法燈之火焰繼承雪峰和尚，心印傳自超覺和尚，不違背於物，不辜負於人。不在當時，現在說什麼呢？」常慧禪師回答：「等違背、辜負了就說。」那僧人便說道：「這樣則正好符合來話，淺深已經辨別了。」常慧說道：「也應該識別好惡。」

福州石佛院靜禪師

福州石佛院靜禪師，上堂曰：「若道素面❶相呈，猶添脂粉；縱離添過，猶有負愆。諸人且作麼生體悉？」

僧問：「學人欲見和尚本來師時如何？」師曰：「洞上❷有言親體取。」僧曰：「恁麼即不得見去也。」師曰：「灼然。客路如天遠，侯門似海深。」

【注釋】❶素面　指沒有化妝過的臉面，以喻人的本來面目。❷洞上　指曹洞宗，相對於末師末流而稱上。

【語譯】福州（今屬福建）石佛院靜禪師，上堂說法道：「如果說以素面相見，還要塗脂抹粉；縱然罹禍添錯，還是負有罪過。各位對此應作怎樣的體會？」

有僧人問道：「學生想要見見和尚的本來面目時怎麼樣？」靜禪師回答：「洞上和尚曾說過，要親自去體會。」那僧人便說道：「這樣則不能看見了。」靜禪師說道：「這是顯然的。客路如天遠，侯門似海深。」

處州翠峰從欣禪師

處州翠峰從欣禪師，上堂曰：「更不展席，珍重！」卻問僧：「還會麼？」僧曰：「不會。」師曰：「將❶謂闍梨到百丈。」

【注釋】❶將　以為。

【語譯】處州（今浙江麗水）翠峰從欣禪師，上堂說法道：「不要再展開坐席了，各自珍重。」卻反而問僧人道：「可領會了嗎？」那僧人回答：「沒有領會。」從欣說道：「還以為闍梨曾到過百丈山呢。」

福州枕峰清換禪師

福州枕峰觀音院清換禪師，上堂曰：「諸禪德，若要論禪說道，舉唱宗風，只如當人分上，以一毛端裡有無量諸佛轉大法輪，於一塵中現寶王❶剎。佛說眾生，說山河大地，一時說未嘗間斷。如毗沙門王❷，始終未求外寶。既各有如是家風，阿誰欠少？不可更就別人取處分也。」

僧問：「如何是法界性？」師曰：「汝身中有萬象。」僧曰：「如何體得？」

師曰：「不可谷裡尋聲，更求本末❸。」

【注釋】❶寶王　佛陀的尊稱。佛以諸功德為莊嚴，故稱寶王。❷毗沙門王　即四天王中的毗沙門天之王，在佛界中為護法之天神，兼施福之神。❸本末　此指聲音之發生處與回響之聲。

【語譯】福州（今屬福建）枕峰觀音院清換禪師，上堂說法道：「諸位禪師大德，如果要論禪說道，舉唱宗風，只是如各人本分上，每一個汗毛尖裡都有無數諸佛在轉動大法輪，在一粒沙塵中顯現出寶王的寺剎。佛說眾生，說山河大地，一直說著未曾有過間斷。如同毗沙門天王，自始至終沒有向外尋求寶物。既然各人自有這樣的家風，誰又有欠缺呢？不可以再從別人那裡接受處分了。」

有僧人問道：「什麼是法界之性？」清換禪師回答：「你身中自有萬象。」那僧人問道：「怎麼才能體會到呢？」清換回答：「不可在山谷裡尋求聲音的源頭，再來求其本末。」

福州東禪契訥禪師

福州東禪契訥禪師，上堂曰：「未曾暫失，全體現前。恁麼道亦是分外❶。既恁麼道不得，向兄弟前合作麼生道？莫無道處不受道麼？莫錯會好！」僧問：「如何是現前三昧？」師曰：「何必更待道！」

問：「己事未明，乞師指示。」師曰：「何不禮謝？」

問：「如何是東禪家風？」師曰：「一人傳虛，萬人傳實。」

【注　釋】❶分外　見外；客氣。

【語　譯】福州（今屬福建）東禪院契訥禪師，上堂說法道：「未曾暫時失去過，全部展現在眼前。這樣說也屬見外之語。既然不能這樣說，那在兄弟面前應該怎麼樣說呢？難道沒有說到的地方就不能被說到的嗎？不要錯誤領會為好！」有僧人問道：「什麼是目前的三昧？」契訥回答：「何必再要說！」

有僧人說道：「自己之事未能明瞭，請和尚加以指示。」契訥禪師說道：「為什麼不施禮致謝？」

有僧人問道：「什麼是東禪院的家風？」契訥禪師回答：「一人傳虛，萬人傳實。」

福州長慶院弘辨大師

福州長慶院弘辨妙果大師，一日上堂，於座側立云：「大眾各歸堂得也未？還會得麼？若也未會得，山僧謾諸人去也。」遂乃升座。

僧問：「海眾雲臻，請師開方便門，示真實相。」師曰：「遮箇是方便門。」

僧曰：「恁麼即大眾側聆❶去也。」師曰：「空側聆作麼？」

問：「超覺後焰，妙果傳燈，去卻語默動靜，如何相示？」師曰：「還解怪得麼！」

【注　釋】❶側聆　側身聆聽，表恭敬之意。

【語　譯】福州（今屬福建）長慶院弘辨禪師，號妙果大師，有一天上堂，在法座旁邊站立著說道：「眾僧可曾各自歸僧堂去過嗎？可領會了嗎？如果還沒能領會，那就是山僧在欺瞞眾人了。」這才登上了法座。

有僧人說道：「海內僧眾雲集，請和尚打開方便之法門，指示真實的法相。」弘辨禪師回答：「這個就是方便之法門。」那僧人便說道：「這樣則大眾在側身聆聽了。」弘辨說道：「徒然地側身聆聽作什麼？」

有僧人問道：「超覺和尚之後的火焰，有妙果大師在傳燈，如果除去言語與沉默、動作與安靜，怎麼樣來指示呢？」弘辨禪師喝道：「可還能責怪人嗎！」

福州東禪院可隆大師

福州東禪院可隆了空大師，初開堂，有僧問：「遠棄九峰丈室❶，來坐東禪道場。人天瞻仰於尊顏，願賜一言而演說。」師曰：「堯風千載，了空不昧於闍梨。」曰：「恁麼即人天有賴。」師曰：「當不當？」

問：「如何是道？」師曰：「正是道。」曰：「如何是道中人？」師曰：「分明向汝道。」

師上堂曰：「大好省要，自不仙陀。若是聽響❷之流，不如歸堂向火。珍重！」

問：「如何是普賢第一句？」師曰：「落第二句也。」

【注釋】❶丈室　即方丈室。❷聽響　用耳朵聽聲音，比喻不能超脫塵境、當下悟入。

【語譯】福州（今屬福建）東禪院可隆禪師，號了空大師，在初次開堂時，有僧人請道：「遠棄九峰和尚的方丈之室，來坐東禪道場。人天瞻仰和尚的尊顏，誠願和尚賜下一句話來演示佛法。」可隆說道：「堯帝的教化流傳千年，了空沒有矇騙闍梨。」那僧人便說道：「這樣則人天都有依靠了。」可隆說道：「恰當不恰當呢？」

有僧人問道：「什麼是道？」可隆禪師回答：「這正是道。」那僧人又問道：「什麼是道中人？」可隆回答：「分明已對你說了。」

可隆禪師上堂說道：「十分簡要明瞭，是自己不機靈敏捷。如果是聽響之輩，那還不如回到僧堂去烤火了。各自珍重！」

有僧人問道：「什麼是普賢菩薩的第一句話？」可隆禪師回答：「已落入第二句了。」

福州仙宗院守玭禪師

福州仙宗院守玭禪師，一日不上堂，大眾入方丈參。師曰：「今夜與大眾同請假，未審還給假也無？若未聞給假，即先言者負。珍重！」

僧問：「十二時中常在底人，還消得人天供養也無？」師曰：「消不得。」僧曰：「為什麼消不得？」師曰：「為汝常在。」僧曰：「只如常不在底人，還消得也無？」師曰：「驢年去！」

僧問：「請師答無賓主話。」師曰：「向無賓主處問將來！」

【語　譯】福州（今屬福建）仙宗院守玭禪師，有一天沒有上堂，眾僧就來到方丈室裡參拜。守玭說道：「今天夜裡就同大家一起請假了。不知道可還准假嗎？如果沒有聽說過准假，那麼先說的人就輸了。各自珍重！」

有僧人問道：「一天十二個時辰中都在參佛的人，他可還能接受人天的供養嗎？」守玭禪師回答：「不能接受。」那僧人問道：「為什麼不能接受？」守玭回答：「因為你都在參佛。」那僧人又問道：「只是像那些一直不參佛的，還能接受嗎？」守玭喝道：「驢年去！」

有僧人請道：「請和尚回答沒有賓主的話。」守玭禪師喝道：「從那沒有賓主的地方問上來！」

撫州永安院懷烈禪師

撫州永安院懷烈淨悟禪師，上堂，眾集，師顧視左右曰：「患謇❶作麼？」便歸方丈。

又一日上堂，良久曰：「幸自可憐生，又被汙卻也。」又曰：「大眾正是著力處，莫容易。」

僧問：「怡山親聞一句，請師為學人道。」師曰：「向後莫錯舉似人。」

【注　釋】❶謇　此指說話。

【語　譯】撫州（今屬江西）永安院懷烈淨悟禪師，有一次上堂，眾僧聚集，懷烈看看左右的人後說道：「患說話的病幹什麼？」說完就回到方丈室去了。

又有一天，懷烈禪師上堂，沉默了許久才說道：「幸自可憐呀，又被人汙染了。」接著又說道：「大家正是用力的時候，不要認為太容易了。」

有僧人說道：「在怡山親聞的一句話，請和尚為學生說說。」懷烈禪師說道：「以後不要錯誤舉說給別人聽。」

福州閩山令含禪師

福州閩山令含禪師，初住永福院。上堂曰：「還恩恩滿，賽❶願願圓。」便歸方丈。

僧問：「既到妙峰❷頂，誰人為伴侶？」師曰：「到。」僧曰：「什麼人為伴侶？」師曰：「喫茶去！」

問：「明明不會，乞師指示。」師曰：「指示且置，作麼生是你明明底事？」僧曰：「學人不會，再乞師指示。」師曰：「七棒十三❸。」

【注釋】❶賽　回報；酬答。唐人王維〈涼州郊外遊望〉詩：「婆娑依里社，簫鼓賽田神。」❷妙峰　即妙高山，須彌山的異名。❸七棒十三　夾七夾八的意思。

【語譯】福州（今屬福建）閩山令含禪師，最初住持永福院。令含上堂說法道：「報恩則恩情已圓滿了，酬神還願則願望也圓滿了。」說完就回方丈去了。

有僧人問道：「既然到了妙峰山頂，誰來為伴侶呢？」令含禪師回答：「到了。」那僧人又問道：「什麼人為伴侶呢？」令含喝道：「吃茶去！」

有僧人說道：「很明白的事卻不能領會，乞請和尚加以指示。」令含禪師問道：「指示暫且放在一邊，什麼是你很明白的事？」那僧人說道：「學生不能領會，再次請和尚指示。」令含說道：「七棒十三下。」

新羅龜山和尚

新羅龜山和尚。有舉相國裴公休❶啟建法會，問看經僧：「是什麼經？」僧曰：「《無言童子經》❷。」公曰：「有幾卷？」僧曰：「兩卷。」公曰：「既是無言，為什麼卻有兩卷？」僧無對。師代曰：「若論無言，非唯兩卷。」

【注　釋】❶裴公休　即唐代人裴休，字公美，擢進士第，唐宣宗大中年間以兵部侍郎進同中書門下平章事。秉政凡五年，罷為宣武軍節度使，歷昭義、河東、鳳翔、荊南四節度使，卒。其為人蘊藉，進止雍閒，能文章，書楷有法；所治不為苛法，而吏下畏信。❷無言童子經　二卷，西晉竺法護譯，即《大集經・無言菩薩品》之異譯。無言童子，指受諸天誡、修無言行的童子。

【語　譯】新羅國龜山和尚。有僧人舉出宰相裴公裴休召開法會的公案：裴休問一位閱讀經文的僧人道：「看的是什麼經？」那僧人回答：「是《無言童子經》。」裴休問道：「有幾卷？」僧人回答：「二卷。」裴休又問道：「既然是『無言』，為什麼卻有二卷？」那僧人無法回答。龜山和尚聽完便代作回答道：「如果說是『無言』，就不止二卷。」

吉州龍須山道殷禪師

吉州龍須山資國院道殷禪師。僧問：「如何是祖師西來意？」師曰：「普通八年❶遭梁怪，直至如今不得雪❷。」

問：「千山萬山，如何是龍須山？」師曰：「千山萬山。」僧曰：「如何是山中人？」師曰：「對面千里❸。」

問：「不落有無，請師道。」師曰：「汝作麼生問？」

【注　釋】❶普通八年　南朝梁武帝的年號。是年禪宗初祖菩提達磨抵達梁都金陵，因梁武帝不契禪機，而渡長江北去。❷雪　昭雪。❸對面千里　把對面之人視作千里外之陌生人，比喻禪機就在當下，卻不能領悟。

【語　譯】吉州（今江西吉安）龍須山資國院道殷禪師。有僧人問道：「什麼是達磨祖師西來的意旨？」道殷回答：「在普通八年遭到梁武帝的責怪，直到今天還未能昭雪。」

有僧人問道：「千山萬山，什麼是龍須山？」道殷禪師回答：「千山萬山。」那僧人又問道：「什麼是山中之人？」道殷回答：「對面千里。」

有僧人說道：「不落人有與無，請和尚講說。」道殷禪師問道：「你怎麼問呢？」

福州祥光院澄靜禪師

福州祥光院澄靜禪師。僧問：「如何是道？」師曰：「長安鼎沸❶。」僧曰：「向上事如何？」師曰：「谷聲萬籟❷起，松老五雲披。」

問：「如何是和尚家風？」師曰：「門下平章事❸，宮闈❹較幾重？」

【注釋】❶鼎沸　聲勢洶湧，如煮水沸騰，形容局面的大動盪。❷萬籟　一切聲音。❸門下平章事　即同中書門下平章事，唐、宋時以為宰相之官銜。❹宮闈　皇宮中后妃居住的宮殿。

【語譯】福州（今屬福建）祥光院澄靜禪師。有僧人問道：「什麼是道？」澄靜回答：「長安城中鼎沸動盪。」那僧人又問道：「向上玄妙的事怎麼樣？」澄靜回答：「山谷中萬籟聲起，老松身披五色彩雲。」

有僧人問道：「什麼是和尚的家風？」澄靜禪師回答：「中書門下平章事，離開宮闈有幾重？」

襄州鷲嶺明遠禪師

襄州鷲嶺明遠禪師，初參長慶，長慶問曰：「汝名什麼？」師曰：「明遠。」慶曰：「那邊事作麼生？」師曰：「明遠退兩步。」慶曰：「汝無端退兩步作麼？」師無語。長慶代云：「若不退步，爭知明遠？」師乃喻旨。

師住後，僧問：「無一法當前應用無虧時如何？」師以手卓❶火，其僧因爾有悟。

【注釋】❶卓　通「戳」。唐人張祜〈答僧贈拄杖〉詩：「畫空疑未決，卓地計初成。」

【語譯】襄州（今湖北襄樊）鷲嶺明遠禪師，初次參拜長慶和尚的時候，長慶和尚問道：「你的名字叫什麼？」明遠回答：「明遠。」長慶和尚問道：「那邊的事怎麼樣？」明遠回答：「明遠退後兩步。」長慶和尚問道：「你無端退後兩步做什麼？」明遠無言以對。長慶和尚就代為回答：「如若不退後，怎能知道明遠？」明遠這才領悟了禪旨。

明遠禪師住持後，有僧人問道：「沒有一法在當前應用無虧時怎麼樣？」明遠就用手戳火，那僧人因此有所省悟。

杭州報慈院從瓌禪師

杭州報慈院從瓌禪師，福州人也，姓陳氏。少投石梯出家，初住越州稱心寺，後住茲院。

僧問：「古人有言：今人看古教❶，未免心中鬧。欲免心中鬧，應須看古教。如何是古教？」師曰：「如是我聞❷。」僧曰：「如何是心中鬧？」師曰：「那畔❸雀兒聲。」

師開寶六年癸酉六月十四日辰時，沐浴易衣，告門人付囑訖，右脇而逝。

【注　釋】❶古教　此指佛教教義。❷如是我聞　佛經為佛入滅後由多聞第一的阿難所編集，「如是」指經中所說之佛語，「我聞」指阿難自言，故佛教諸經開卷皆置此四字。❸那畔　那邊。

【語　譯】杭州（今屬浙江）報慈院從瓌禪師（?～九七三年），福州（今屬福建）人，俗姓陳。從瓌幼年投奔石梯和尚出家，最初住持越州（今浙江紹興）稱心寺，此後住持此報慈院。

有僧人問道：「古人這樣說道：今人看古教，不免心中鬧騰。想要避免心中鬧騰，應該看古教。什麼是古教？」從瓌禪師回答：「如是我聞。」那僧人又問道：「什麼是心中鬧騰？」從瓌回答：「那邊鳥兒聲。」

從瓌禪師於宋代開寶六年癸酉歲（九七三年）六月十四日辰時，沐浴換衣服，對門人囑咐完畢後，向右側臥而逝世。

杭州龍華寺契盈禪師

杭州龍華寺契盈廣辯周智大師，本福州黃蘗山受業，於長慶領旨。

住後，僧問：「如何是龍華境？」師曰：「翠竹搖風，寒松鎖月。」僧曰：「如何是境中人？」師曰：「切莫唐突❶！」

問：「如何是三世諸佛道場？」師曰：「莫別瞻禮。」僧曰：「恁麼則亘古亘今。」師曰：「是什麼年中？」

問：「如何是黃蘗山主？」師曰：「謝仁者相訪。」

問：「如何是黃蘗境？」師曰：「龍吟瀑布水，雲起翠微峰。」

【注　釋】❶唐突　冒昧；衝突。

【語　譯】杭州（今屬浙江）龍華寺契盈禪師，號廣辯周智大師，本於福州（今屬福建）黃蘗山受業，後在長慶和尚那裡領悟了禪旨。

契盈禪師住持後，有僧人問道：「什麼是龍華寺的境界？」契盈回答：「翠竹搖風，寒松鎖月。」那僧人又問道：「什麼是境界中之人？」契盈回答：「切記不要唐突！」

有僧人問道：「什麼是三世諸佛的道場？」契盈禪師回答：「不要另外去瞻仰禮拜。」那僧人便說道：「這樣則從古歷今了。」契盈問道：「這是什麼年間的事？」

有僧人問道：「什麼是黃蘗山的主人？」契盈禪師回答：「謝謝仁者來訪問。」

有僧人問道：「什麼是黃蘗山的境界？」契盈禪師回答：「龍吟瀑布水，雲起翠微峰。」

前杭州龍冊寺道怤禪師法嗣

越州清化山師訥禪師

越州清化山師訥禪師。僧問：「十二時中，如何得不疑不惑去？」師曰：「好！」僧曰：「恁麼則得遇於師也。」師曰：「珍重！」

有僧來禮拜，師曰：「子亦善問，吾亦善答。」僧曰：「恁麼即大眾久立。」師曰：「抑逼❶大眾作什麼？」

問：「去卻賞罰，如何是吹毛劍？」師曰：「錢塘江裡好渡船。」

問：「如何是西來意？」師曰：「可殺❷新鮮！」

【注釋】❶抑逼　逼迫；催促。❷可殺　極；甚。

【語譯】越州（今浙江紹興）清化山師訥禪師。有僧人問道：「在一天十二個時辰中，怎樣才能不疑慮不迷惑呢？」師訥回答：「好！」那僧人便說道：「這樣則幸得遇到和尚了。」師訥說道：「珍重！」

有僧人前來禮拜，師訥禪師說道：「你也善於提問，我也善於回答。」那僧人便說道：「這樣則大眾久立了。」師訥說道：「你催促大眾做什麼？」

有僧人問道：「除去賞與罰，什麼是吹毛立斷的寶劍？」師訥禪師回答：「錢塘江裡好渡船。」

有僧人問道：「什麼是祖師西來的意旨？」師訥禪師回答：「極為新鮮！」

衢州南禪遇緣禪師

衢州南禪遇緣禪師。有俗士時謂之鐵腳，忽因騎馬，有僧問師：「既是鐵腳，為什麼卻騎馬？」師曰：「腰帶不因遮腹痛，幞頭❶豈是禦天寒！」

有俗官問：「和尚恁麼後生，為什麼卻為尊宿？」師云：「千歲只言朱頂鶴❷，朝生便是鳳皇兒。」

師有時云：「此箇事得恁麼難道？」有僧出曰：「請師道。」師曰：「睦州溪苔，錦軍❸石耳❹。」

【注釋】❶幞頭　古代官帽。❷朱頂鶴　即丹頂鶴，古人用以長壽之象徵。❸錦軍　即衣錦軍，唐昭宗升吳越王錢鏐所居之營為衣錦軍，在今浙江臨安縣衣錦山旁。❹石耳　地衣類植物名，體呈葉狀，背面灰白色或灰綠色，腹面黑褐色或黃褐色，多見於山地的懸崖石壁上，可食用，也可作藥用。

【語譯】衢州（今屬浙江）南禪院遇緣禪師。有一個俗士，世人稱他為鐵腳，有一天他突然騎馬出行，因此有僧人問遇緣道：「既然稱為鐵腳，為什麼卻騎馬？」遇緣回答：「腰帶不是為了止住腹痛，幞頭難道是為了抵禦天寒！」

有一位俗官問道：「和尚這麼年輕，為什麼被稱作尊宿？」遇緣禪師回答：「雖然長壽千歲卻只能稱作丹頂鶴，早晨才出生卻是鳳凰兒。」

遇緣禪師有一次說道：「這件事怎麼這樣地難說？」有一位僧人站出來說道：「請和尚說。」遇緣說道：「睦州（在今浙江建德東）溪流中的綠苔，衣錦軍的石耳。」

復州資福院智遠禪師

復州資福院智遠禪師，福州連江人也。童蒙出家，詣峽山觀音院法宣禪師落髮受具，給侍勤恪，專於誦持。一日，宣禪師謂曰：「觀汝上根，堪任大事，何不徧參，而滯於此乎？」師遂禮辭，歷諸方，至越州鏡清禮順德大師，因問曰：「如何是諸佛出身處？」順德曰：「大家要知。」師曰：「斯則眾眼難謾。」順德曰：「理能縛豹。」師因此發悟玄旨。周顯德三年丙辰，復州刺史宰寮吏及緇黃❶千眾，請師於資福院開堂說法。時謂東禪院。

僧問：「師唱誰家曲，宗風嗣阿誰？」師曰：「雪嶺❷峰前月，鏡湖❸波裡明。」

問：「諸佛出世，天雨四華❹，地搖六動❺。和尚今日有何禎祥❻？」師曰：

「一物不生全體露，目前光彩阿誰知？」

問：「如何是直示一句？」師曰：「是什麼？」師又曰：「還會麼？會去即今便了，不會塵沙算劫❼，只據諸賢❽分上。古佛心源，明露現前，匝天徧地，森羅萬象，自己家風，佛與眾生，本無差別。涅槃生死，幻化所為。性地❾真常，不勞修證。」師又曰：「要知此事，當陽❿顯露，並無寸草蓋覆，便承當取，最省心力。」

師如是為眾涉于二十二載，太平興國二年丁丑九月十六日，聲鐘辭眾。至二十七日辰時，恬然坐化，壽八十三，臘六十三。

【注釋】❶緇黃　謂僧人與道士。僧人穿緇服，道士戴黃冠，故稱緇黃。❷雪嶺　此代指雪峰義存禪師。❸鏡湖　此代指龍冊道怤禪師。❹天雨四華　釋迦牟尼佛將說《法華經》，入於三昧時，自天降下四種花朵，為法華六瑞之第三瑞。❺地搖六動　為法華六瑞之一，即佛將說《法華經》，地神感動，震動大地。❻禎祥　祥瑞。❼塵沙算劫　劫之數量極多，要用塵埃沙粒的數量來計算。❽賢　你，第二人稱代詞的敬稱。❾性地　通教十地之二。此為內凡夫之位，伏見思之迷惑，朦朧望見法性之空理，故名性地。❿當陽　明白地。

【語譯】復州（今湖北天門）資福院智遠禪師（八九五～九七七年），福州連江（今屬福建）人。智遠幼年出家，來到峽山觀音院禮拜宣禪師落髮，接受具足戒，服侍勤勉恭敬，專心誦經持戒。有一天，宣禪師對他說道：「我看你具有上等根機，可以承擔大事，為什麼不遍參各地禪林，卻滯留於這裡啊？」智遠於是禮拜辭別，歷參各地叢林，來到越州（今浙江紹興）鏡清寺參拜道怤順德大師，並因此提問道：「什麼是諸佛出身悟入之處？」道怤大師回答：「大家都要知道。」智遠便說道：「這樣則眾人之眼睛難以瞞住。」道怤大師說道：「按理應能縛住豹子。」智遠由此啟發而領悟了禪門玄妙的旨意。五代後周顯德三年丙辰歲（九五六年），復州刺史率領屬官以及僧人、道士千餘人，來迎請智遠禪師到資福院開堂說法。當時稱資福院為東禪院。

有僧人問道：「和尚舉唱誰家的曲子，宗風又繼承哪一個？」智遠禪師回答：「雪嶺峰前之月，鏡湖的波浪裡放光。」

有僧人問道：「諸佛出世說法，自天降下四種花朵，大地震動六次。和尚今天有什麼祥瑞？」智遠禪師回答：「一物不生全體顯露，眼前的光彩又有誰人知道？」

有僧人問道：「什麼是直接喻示的一句話？」智遠禪師反問：「是什麼？」智遠接著說道：「可領會了嗎？領會了現在就了結了，沒有領會則要用塵埃沙粒的數量來計算之劫難，只在你們諸位的分上。古代諸佛的心源，明白地顯露在眼前，周天遍地，森羅萬象，自己的家風，佛與眾生，本來沒有差別。涅槃生死，都是幻相變化所為。各位的性地真實常在，不勞修習證明。」智遠又說道：「要知道這件事，明白地顯露，並沒有寸草加以覆蓋，就能方便承當，最省心力。」

智遠禪師這樣接引眾人長達二十二年，於北宋太平興國二年丁丑歲（九七七年）九月十六日，敲響鐘聲辭別眾人。到了二十七日辰時，智遠禪師怡然端坐著圓寂，享年八十三歲，法臘六十三年。

【說　明】杭州龍冊道忖禪師的法嗣還有筠州洞山龜端禪師、溫州景豐禪師等二人，因無機緣語句，故未收錄。

前漳州報恩懷嶽禪師法嗣

潭州妙濟院師浩禪師

潭州妙濟院師浩傳心大師，曾住郴州香山。

僧問：「擬即第二頭❶，不擬即第三首。如何是第一頭？」師曰：「收。」

僧問：「古人斷臂❷，當為何事？」師曰：「我寧可斷臂。」

問：「如何是學人眼？」師曰：「須知我好心。」

問：「如何是香山劍？」師曰：「異。」僧曰：「還露也無？」師曰：「不忍見。」

問：「如何是松門第一句？」師曰：「切不得錯舉。」

問：「如何是妙濟家風？」師曰：「左右人太多。」

問：「如何是佛法大意？」師曰：「兩口無一舌❸。」

問：「如何是香山一路？」師曰：「滔滔地。」僧曰：「到者如何？」師曰：「息汝平生。」

問：「如何是世尊密語？」師曰：「阿難亦不知。」僧曰：「為什麼不知？」師曰：「莫非仙陀。」

問：「如何是香山寶？」師曰：「碧眼胡人❹不敢定。」僧曰：「露者如何？」師曰：「龍王捧不起。」

因僧舉聖僧塑像被虎咬，乃問師：「既是聖僧，為什麼被大蟲咬？」師曰：

「疑殺天下人。」

問：「如何是無慚愧底人？」師曰：「闍梨合喫棒。」

【注釋】❶第二頭　禪宗以「第一頭」比喻禪法的玄妙真旨，而以「第二頭」比喻玄妙禪法之外的義理，即多餘、累贅的義理。下文「第三首」的意思同於「第二頭」。❷斷臂　即二祖慧可斷臂求法之事。❸兩口無一舌　兩個人對談卻連一條舌頭也沒有，此喻佛法大意無法用言語來討論解說。❹碧眼胡人　指初祖菩提達磨。

【語譯】潭州（今湖南長沙）妙濟院師浩禪師，號傳心大師，曾經住持郴州（今屬湖南）香山。

有僧人問道：「擬思就是第二頭，不加擬思即第三首。什麼是第一頭呢？」師浩禪師回答：「收。」

有僧人問道：「古人斷臂，為的是什麼事？」師浩禪師回答：「我寧可斷臂。」

有僧人問道：「什麼是學生的眼睛？」師浩禪師回答：「要知道我是好心。」

有僧人問道：「什麼是香山的寶劍？」師浩禪師回答：「異。」那僧人又問道：「可還能顯露出來嗎？」師浩回答：「不忍看見。」

有僧人問道：「什麼是松門的第一句話？」師浩禪師回答：「切記不要錯誤舉唱。」

有僧人問道：「什麼是妙濟院的家風？」師浩禪師回答：「左右的人太多了。」

有僧人問道：「什麼是佛法大意？」師浩禪師回答：「兩個人對談卻連一條舌頭也沒有。」

有僧人問道：「什麼是香山一條路？」師浩禪師回答：「滔滔地。」那僧人又問道：「來到以後又怎麼樣呢？」師浩回答：「平息你一生的心動。」

有僧人問道：「什麼是世尊的秘密之語？」師浩禪師回答：「阿難尊者也不知道。」那僧人問道：「他為什麼不知道？」師浩回答：「莫非他很機靈敏捷。」

有僧人問道：「什麼是香山的寶物？」師浩禪師回答：「碧眼胡人也不能鑑定。」那僧人又問道：「顯露的怎麼樣呢？」師浩回答：「龍王也捧不起來。」

有僧人舉出聖僧塑像被老虎咬壞的事，並問道：「既然是聖像，為什麼會被大蟲咬壞？」師浩禪師回答：「太讓天下人疑惑了。」

有僧人問道：「什麼是沒有慚愧的人？」師浩禪師回答：「闍梨應該吃棒。」

前福州鼓山神晏禪師法嗣

杭州天竺山子儀禪師

杭州天竺山❶子儀，心印水月大師，溫州樂清縣人也，姓陳氏。初遊方謁鼓山，因問曰：「子儀三千里外遠投法席，今日非時❷上來，乞師非時答話。」鼓山曰：「不可鈍置仁者。」師曰：「省力處如何？」鼓山曰：「汝何費力？」師自此承言領旨，便往浙中。錢忠懿王❸聆其道譽，命開法于羅漢、光福二道場，海眾臻湊。

師上堂示眾曰：「久立，大眾！更待什麼？不辭展拓❹，卻恐誤於禪德，轉迷歸路❺。時寒，珍重！」

僧問：「如何是從上來事？」師曰：「住。」僧曰：「如何薦？」師曰：「可惜龍頭，翻成蛇尾。」

有僧禮拜起，將問話，師曰：「如何且置？」其僧乃問：「只如興聖之子，還有相親分也無？」師曰：「只待局終，不知柯爛❻。」

問：「如何是維摩默❼？」師曰：「謗。」僧曰：「文殊因何讚？」師曰：「同案領過。」僧曰：「維摩又如何？」師曰：「頭上三尺巾，手裡一枝拂。」

問：「如何是諸佛出身處？」師曰：「大洋海裡一星火。」僧曰：「學人不會。」師曰：「燒盡魚龍。」

問：「丹霞燒木佛❽，意旨如何？」師曰：「寒即圍鑪向猛火。」僧曰：「還有過也無？」師曰：「熱即竹林溪畔坐。」

問：「如何是法界義宗？」師曰：「九月九日浙江潮。」

問：「諸餘即不問，如何是光福門下超毗盧越釋迦底人？」師曰：「諸餘奉納❾。」僧曰：「恁麼即平生慶幸去也。」師曰：「慶幸事作麼生？」其僧罔措，師喝之。

師將下堂，僧問：「下堂一句，乞師分付。」師曰：「慧履已歸西國去，此山空有老猿啼。」

問：「鼓山有掣鼓奪旗之說，師且如何？」師曰：「敗將不忍誅。」僧曰：「或遇良將又如何？」師曰：「念子孤魂，賜汝三奠。」

問：「世尊入滅，當歸何所？」師曰：「鶴林❿空變色，真歸無所歸。」僧曰：「夫子必定何之？」師曰：「朱實⓫殞勁風，繁英落素秋。」僧曰：「我師將來復歸何所？」師曰：「子今欲識吾歸處，東西南北柳成絲。」

問：「如何修行，即得與道相應？」師曰：「高卷吟中箔⓬，濃煎睡後茶⓭。」

師迴故里，雍熙三年示滅。門人闍維，收舍利，建塔。

【注釋】❶天竺山　在浙江杭州靈隱山飛來峰之南，分上、中、下三天竺，三面阻山，中路直通，深若函谷，長松夾道，唐代刺史袁仁敬所植，長九里，名九里松。山有三天竺寺，五代吳越國時建，在飛來峰之南者名下天竺寺，在稽留峰之北者名中天竺寺，在北高峰之麓者名上天竺寺。❷非時　不按規定時間。❸錢忠懿王　即五代吳越國王錢俶，字文德，錢鏐孫。宋平南唐時，其出兵策應，後於宋太宗初年獻兩浙十三州之地歸宋，累封為鄧王。❹展拓　闡釋說明禪法。❺歸路　禪悟之路。❻柯爛　南朝梁人任昉《述異記》載：晉人王質上山砍柴，見數個童子在下棋，便坐下觀看。有一童子給王質吃一顆像棗核的東西，他便不覺饑餓了。過了片刻，童子催王質回去，他才發現斧子的柄也全爛了。王質回到家，一個人也不認識，原來他在山上已不知過了多少年了。柯，斧柄。❼維摩默　維摩在法會上顯示不二法門，與會的三十一位聖人各說不二之法相，文殊說無言無說是為不二法門，維摩於最後默然無言。《維摩經．入不二法門品》曰：「于是文殊師利問維摩詰：『我等各自說已，仁者當說，何等是菩薩入不二法門？』時維摩默然無言。文殊師利歎曰：『善哉！善哉！乃至無有言語文字，是真人不二法門。』」❽丹霞燒木佛　禪宗著名公案，謂唐代丹霞天然禪師行腳至惠林寺，正遇天寒，便燒木佛禦寒，寺主指責他不敬佛，丹霞回答：「我在尋找舍利。」寺主道：「木佛何來舍利？」丹霞便道：「既是木頭，何必指責我？」寺主認為他說得對，就上前一起烤火，結果眉毛也給燒掉了。此因寺主只看見是佛，故受懲罰，而丹霞卻只是燒一堆木頭而已。❾奉納　此為答話的稱敬說法。❿鶴林　釋迦牟尼於娑羅雙樹間入滅時，樹木一起開花，林色變白，如同白鶴群居，故名鶴林。⓫朱實　成熟的果實。⓬箔　門簾。⓭睡後茶　唐、宋時風俗，午睡起身後要飲茶。

【語　譯】杭州（今屬浙江）天竺山子儀禪師（？～九八六年），號心印水月大師，溫州樂清縣（今屬浙江）人，俗姓陳。子儀當初行腳雲遊時來到鼓山，因而說道：「子儀從三千里外遠來投奔和尚的法席，今天不按規定時間上來參見，還請和尚不按規定時間來答話。」鼓山神晏和尚說道：「不可以折騰仁者。」子儀問道：「省力之處怎麼樣？」鼓山和尚問道：「你為什麼費力？」子儀由此於言語下領悟了禪法，就前往浙中地區。吳越忠懿王錢俶知道了子儀禪師的道德聲譽，就讓他住持羅漢院、光福院兩個道場開堂說法，海內僧眾雲聚而至。

子儀禪師上堂指示眾僧道：「久立了，大眾！還在等待什麼呢？不推辭向大家闡釋說明禪法，卻恐怕誤導了諸位禪客大德，反而迷失了禪悟之路。天氣寒冷，大家珍重！」

有僧人問道：「什麼是從古而來的事？」子儀禪師回答：「住。」那僧人又問道：「怎樣才能省悟呢？」子儀回答：「可惜那龍頭，卻成了蛇尾。」

有僧人禮拜起身，將要問話時，子儀禪師卻先問道：「怎麼又放下了？」那僧人這才問道：「只如那興聖國師的弟子，可有親近佛法的緣分嗎？」子儀回答：「只等到棋局結束，不知道斧柄已爛了。」

有僧人問道：「什麼是維摩詰居士的沉默？」子儀禪師回答：「心裡誹謗。」那僧人問道：「文殊師利為什麼要讚歎？」子儀回答：「同案的人承領過失。」那僧人又問道：「維摩詰又怎麼樣呢？」子儀回答：「頭上三尺頭巾，手中一支拂塵。」

有僧人問道：「什麼是諸佛出身悟入的地方？」子儀禪師回答：「大海洋裡的一點星火。」那僧人說道：

「學生沒有領會。」子儀便說道：「燒盡了魚龍。」

有僧人問道：「丹霞和尚燒木佛，是什麼意思？」子儀禪師回答：「寒冷就圍著爐子烤猛火。」那僧人又問道：「可有過錯嗎？」子儀回答：「熱了就在竹林溪畔閒坐。」

有僧人問道：「什麼是法界義宗？」子儀禪師回答：「九月九日浙江潮。」

有僧人問道：「其他就不問了，什麼人才是光福院門下超毗盧佛、越釋迦佛的人？」子儀禪師回答：「其他的就告訴你。」那僧人便說道：「這樣的話則是我一生的慶幸了。」子儀問道：「慶幸的事是什麼？」那僧人不知所措，子儀便大喝。

子儀禪師準備下堂時，有僧人說道：「下堂的一句話，請和尚吩咐。」子儀回答：「慧履已歸西國而去，此山空有老猿啼鳴。」

有僧人問道：「鼓山和尚有掣鼓奪旗的說法，和尚又怎麼樣呢？」子儀禪師說道：「敗將不忍誅殺。」那僧人又問道：「如果遇到良將又怎麼樣呢？」子儀回答：「念你是孤魂，賜給你三次祭奠。」

有僧人問道：「世尊入滅以後，應當回歸到什麼地方去？」子儀禪師回答：「鶴林空自變色，真的要回歸卻沒有歸去的地方。」那僧人問道：「那佛一定到什麼地方去了？」子儀回答：「成熟的果實在強勁的西風中殞落，繁盛的花兒於清秋裡凋謝。」那僧人又問道：「我老師將來又回歸到什麼地方去呢？」子儀回答：「你想要知道我的歸處，東南西北柳成絲。」

有僧人問道：「怎樣修行，才能與道相符合？」子儀禪師回答：「吟誦中高高捲起了門簾，濃濃地煎好睡後喝的茶。」

子儀禪師後來回到了故鄉，於宋太宗雍熙三年（九八六年）圓寂。門人將其火化後，收拾舍利，建靈塔供養。

建州白雲智作禪師

建州白雲智作真寂禪師，永貞❶人也，姓朱氏。容若梵僧，禮鼓山國師披剃，二十四具戒。一日，鼓山上堂，召大眾，眾皆迴眸❷。鼓山披襟示之，眾罔措，唯師朗悟厥旨，入室印證。又參次，鼓山召令近前，問曰：「南泉喚院主意作麼生？」師斂手端容，退立而已。鼓山莞然奇之。自爾游吳、楚❸，卻復閩川。初住南峰，次住建州白雲院。

師上堂曰：「還有人向宗乘中致得一問麼？待山僧向宗乘中答。」時有僧禮拜才起，師便歸方丈。

問：「如何是枯木裡龍吟？」師曰：「火裡蓮生。」僧曰：「如何是髑髏裡眼睛？」師曰：「泥牛入水。」問：「如何是主中主？」師曰：「汝還具眼麼？」僧曰：「恁麼即學人歸堂去也。」師曰：「猢猻入布袋。」

問：「如何是延平津❹？」師曰：「萬古水溶溶❺。」僧曰：「如何是延平劍？」師曰：「速須退步。」僧曰：「未審津與劍是同是異？」師曰：「可惜許！」

漢乾祐二年己酉，江南國主李氏延居奉先，賜紫衣、師名。上堂升座，眾咸側聆。師曰：「相謾去也，還知得麼？可❻不聞昔日靈山多少士眾，只道迦葉親聞。今日叨❼奉恩命，俾揚宗教，不可異於靈山也。既不異靈山，諸仁者作麼生相體悉？也莫泥他古今，但彼此著些精彩，大家驗看是什麼？」

僧問：「靈山一會不異而今，未審親聞底事如何？」師曰：「更舉。」曰：「恁麼即人天有賴。」師曰：「闍梨且作麼生？」

問：「賢王請命，大展法筵。祖嗣西來，如何指示？」師曰：「分明記取。」曰：「終不敢孤負和尚。」師曰：「也未在。」

僧問：「如何是奉先境？」師曰：「一任觀看。」僧曰：「如何是境中人？」師曰：「莫無禮！」

問：「如何是奉先家風？」師曰：「即今在什麼處？」僧曰：「恁麼即大眾有賴也。」師曰：「關汝什麼事？」

問：「如何是為人一句？」師曰：「不是奉先道不得。」

【注釋】❶永貞　縣名，五代後唐時閩王所建，故址在今福建羅源縣南，宋代改名羅源縣。❷迴眸　回頭觀看。❸吳楚　今江蘇南部、江西及湖南一帶。❹延平津　《晉書・張華傳》載：相傳西晉張華觀察到天上斗、牛兩星宿之間有紫氣，便派雷煥到豐城當縣令。雷煥在豐城掘得兩把寶劍，一名龍淵，一名太阿，張、雷兩人各得一把。張華的一劍待其死後忽然不見。雷煥死後，其子攜另一把寶劍經過延平津（今福建南平），寶劍忽然從腰間跳出入水，化為白龍，而水中另有一條白龍前來相迎，翻騰而去。龍淵，後為避唐高祖李淵諱，改作「龍泉」。❺溶溶　水多貌。❻可　疑問詞，表示反詰，意同「豈」。❼叨　慚愧。

【語　譯】建州（今福建建甌）白雲院智作真寂禪師，永貞縣（今福建羅源）人，俗姓朱。智作的容貌長得像印度僧人，禮拜鼓山和尚出家披剃，二十四歲時接受了具足戒。有一天，鼓山和尚上堂，招呼大眾，眾僧都回頭觀看。鼓山和尚展開了衣襟指示眾僧，眾僧都不知所措，只有智作了悟其中的玄妙之旨，而入室印證禪理。又一天眾僧參見的時候，鼓山和尚招呼智作走近來，問道：「南泉和尚招呼院主是什麼意思？」智作只是拱著手，端正了儀容，退後站立而已。鼓山和尚微笑著看著他，心底暗暗稱奇。此後智作遊歷了江蘇南部、江西及湖南一帶，再回到了閩江。智作禪師最初住持南峰，然後住持建州白雲院。

智作禪師上堂問道：「可有人能向宗乘教義中提出一個問題嗎？等山僧據宗乘教義來作答。」當時有一位僧人出來禮拜才起身，智作卻歸方丈室去了。

有僧人問道：「什麼是枯木裡的龍吟？」智作禪師回答：「火焰裡蓮花生。」那僧人又問道：「什麼是髑髏裡的眼睛？」智作回答：「泥牛跳入了大海。」那僧人再問道：「什麼是主人中的主人？」智作反問：「你可長著眼睛嗎？」那僧人便說道：「這樣的話則學生歸僧堂去了。」智作說道：「猢猻鑽入了布袋。」

有僧人問道：「什麼是延平的津渡？」智作禪師回答：「萬古水光溶溶。」那僧人又問道：「什麼是延平津渡的寶劍？」智作回答：「趕快退下。」那僧人問道：「不知道津渡與寶劍是相同的還是相異的？」智作回答：「可惜啊！」

五代後漢乾祐二年己酉歲（九四九年），江南國主李氏迎請智作禪師居住奉先寺，賜給紫衣、師號。智作上堂登上法座，眾僧都側身聆聽他講法。智作說道：「互相矇騙了，可還能知道嗎？你們難道沒有聽說從前靈山大會上有多少大眾，卻只有迦葉一人親耳聞聽。今天我慚愧地承奉國主的恩命，前來弘揚禪宗教義，不可以與靈山大會有所不同。既然與靈山大會沒有不相同，諸位仁者又怎樣來體會呢？也不要拘泥他古今的不同。只要彼此做一些精彩的事，讓大眾看看究竟是什麼？」

有僧人問道：「靈山大會，與今天並沒有不同，不知道親耳聞聽的事怎麼樣？」智作禪師回答：「再舉說。」那僧人便說道：「這樣則人天都有依靠了。」智作問道：「闍梨怎麼樣呢？」

有僧人問道：「賢王請命，和尚大展法筵。達磨祖師西來，怎樣來指示呢？」智作禪師回答：「明白地記住。」那僧人說道：「終究不敢辜負和尚。」智作說道：「也不一定。」

有僧人問道：「什麼是奉先院的境界？」智作禪師回答：「任從人們觀看。」那僧人又問道：「什麼是境界中的人？」智作喝道：「不要無禮！」

有僧人問道：「什麼是奉先院的家風？」智作禪師反問：「現今在什麼地方？」那僧人便說道：「這樣則大眾都有依靠了。」智作說道：「關你什麼事？」

有僧人問道：「什麼是接引人的一句話？」智作禪師回答：「不是奉先就回答不出。」

【說　明】閩王被南唐滅亡後，福建地區的不少高僧如智作禪師，被請去南唐境內之寺院中宣講佛禪，對江南一帶禪宗的發展興盛起著相當的作用。

福州鼓山智嚴禪師

鼓山智嚴了覺大師。第二世住。師上堂曰：「多言復多語，猶來返相悟。珍重！」

僧問：「石門之句即不敢問，請師方便。」師曰：「問取露柱。」

問：「國王出世三邊靜，法王出世有何恩？」師曰：「還會麼？」僧曰：「幸遇明朝❶，輒伸呈獻。」師曰：「吐卻著。」僧曰：「若不禮拜，幾成無孔鐵鎚。」師曰：「何異無孔鐵鎚？」

【注釋】❶明朝　聖明的天朝。

【語譯】鼓山智嚴禪師，號了覺大師。第二世住持。智嚴上堂道：「多言又多語，卻還想在言語往返中領悟。各自珍重！」

有僧人說道：「石門和尚的那句話就不問了，請和尚指示方便法門。」智嚴禪師回答：「去問露柱。」

有僧人問道：「國王出世則三邊寧靜，法王出世有什麼恩德？」智嚴禪師反問：「可領會了嗎？」那僧人說道：「幸虧碰上聖明的天朝，便要呈上貢獻的東西。」智嚴說道：「吐掉去。」那僧人又說道：「如若不來禮拜，幾乎成了無孔的鐵錐。」智嚴便說道：「與無孔的鐵錐有什麼不同？」

福州龍山智嵩禪師

福州龍山❶智嵩妙空大師。師上堂曰：「幸自分明，須作遮箇節目❷。作麼到遮裡便成節目，便成增語❸，便成塵玷？未有如許多時作麼生？」

僧問：「古佛化導，今祖重興，人天輻湊於禪庭，至理若為於開示？」師曰：「亦不敢孤負大眾。」僧曰：「恁麼即人天不謬殷勤，請頓使凡心作佛心。」師曰：「仁者作麼生？」僧曰：「退身禮拜，隨眾上下。」師曰：「我識得汝也。」

【注　釋】❶龍山　位於福建福清東二十餘里，亦曰瑞峰，其巔有石塔，可觀日出。❷節目　細節；細目。❸增語　多餘之語。

【語　譯】福州（今屬福建）龍山智嵩禪師，號妙空大師。智嵩上堂說法道：「幸虧自己分明，要做這一個細節。為什麼到這裡就成了細節，就成了多餘的話，就成了汙塵？沒有這許多東西的時候怎麼樣？」

有僧人問道：「古佛教化引導眾生，今日祖師重新興盛宗乘，人天聚集在禪林，至極之玄理怎麼來開示？」智嵩禪師回答：「也不敢辜負大眾。」那僧人便說道：「這樣則人天沒有錯為殷勤，請和尚讓凡心頓時化作佛心。」智嵩問道：「仁者怎麼樣呢？」那僧人回答：「退下身子作禮拜，跟隨眾人上下參請。」智嵩說道：「我認識你了。」

泉州鳳凰山彊禪師

泉州鳳凰山彊禪師。僧問：「燈傳鼓嶠❶，道化溫陵❷。不跨石門，請師通信。」師曰：「若不是今日，攔胸撞出。」僧曰：「恁麼即今日親聞師子吼，他時終作鳳凰兒。」師曰：「又向遮裡塗汙人！」

問：「白浪滔天境，何人住太虛？」師曰：「靜夜思堯鼓，迴頭聞舜琴。」

【注　釋】❶鼓嶠　即鼓山。❷溫陵　即泉州的古稱。

【語　譯】泉州（今屬福建）鳳凰山彊禪師。有僧人說道：「法燈傳自鼓山和尚，禪道教化於溫陵地區。不跨越石門，請和尚通一個消息。」彊禪師說道：「如果不是今天，就把你當胸撞出去。」那僧人便說道：「這樣則今天親耳聞聽到獅子吼，他時終究成為鳳凰兒。」彊禪師喝道：「又在這裡塗抹人！」

有僧人問道：「白浪滔天的境界，什麼人住在太虛裡？」彊禪師回答：「靜謐之夜思念堯帝的鼓聲，卻回頭聽到了舜帝的琴音。」

福州龍山文義禪師

福州龍山文義禪師，上堂曰：「若舉宗乘，即院寂徑荒。若留委問，更待箇什麼？還有人委麼？出來驗看。若無人委，莫略虛❶好！」僧問：「如何是人王？」師曰：「威風人盡懼。」僧曰：「如何是法王？」師曰：「一句令當行。」僧曰：「二王還分不分？」師曰：「適來道什麼？」

【注釋】❶略虛　通「掠虛」。弄虛作假的意思。

【語譯】福州（今屬福建）龍山文義禪師，上堂說法道：「如果舉唱宗乘，則寺院寂寞門徑荒蕪。如果留意推論參問，那還等待個什麼？可有人體悟了嗎？說出來檢驗一下。如果沒有人體悟，就不要弄虛作假為好！」有僧人問道：「什麼是人王？」文義禪師回答：「威風凜凜，人人都害怕。」那僧人又問道：「什麼是法王？」文義回答：「一句令下，立即就被執行。」那僧人便再問道：「那兩種王還有沒有分別？」文義反問：「剛才說了什麼？」

福州鼓山智岳禪師

福州鼓山智岳了宗大師，福州人也。初遊方至鄂州黃龍，問曰：「久嚮黃龍，到來只見赤班蛇❶。」黃龍曰：「汝只見赤班蛇，且不識黃龍。」師曰：「如何是黃龍？」曰：「滔滔地。」師曰：「忽遇金翅鳥❷來又作麼生？」曰：「性命難存。」師曰：「恁麼即被他吞卻也。」曰：「謝闍梨供養。」師當下未省覺。尋迴受業山，禮覲國師和尚，啟發微旨。而後次補山門，為第三世。

上堂曰：「我若全舉宗乘，汝向什麼處領會？所以向汝道：古今常露，體用無妨。」

僧問：「諸餘即不問，如何是誕生王種❸？」師曰：「金枝玉葉❹不相似，是作麼生？」僧曰：「恁麼即同中不得異。」師曰：「不得異事作麼生？」僧曰：「金枝爭能續？」師曰：「猶是閫❺外之辭。」

問：「虛空還解作用也無？」師拈起拄杖曰：「遮箇師僧好❻打！」僧無語。

【注釋】❶赤班蛇　「班」當作「斑」，即赤鏈蛇，為中國農村常見的一種無毒蛇，長可一丈餘，頭黑色，體背黑褐色，有數十條紅色橫紋，腹部白色，生活於田野、村莊附近，捕食魚、蛙、蜥蜴等。❷金翅鳥　又名妙翅鳥，八部眾之一，翅膀金色，故名。其鳥翅展開達三百零六萬里，住須彌山下層，常取海龍為食。❸誕生王種　此指釋迦牟尼。❹金枝玉葉　指王室成員。❺閫　門檻。❻好　甚；很。

【語譯】福州（今屬福建）鼓山智岳禪師，號了宗大師，福州人。智岳當初行腳遊歷至鄂州（今湖北武漢）黃龍寺，便說道：「早就嚮慕黃龍寺了，今天到來卻只看見赤斑蛇。」黃龍和尚說道：「你只看見了赤斑蛇，卻不認識黃龍。」智岳問道：「什麼是黃龍？」黃龍和尚回答：「滔滔地。」智岳又問道：「忽然遇到金翅鳥來時又怎麼樣？」黃龍和尚回答：「性命難保。」智岳便說道：「這樣的話就被牠吞下了。」黃龍和尚說道：「謝謝闍梨的供養。」智岳當時並沒有能省悟。不久，智岳回到了受業之山，禮拜鼓山國師和尚，因受到啟發而領悟了微妙的禪旨。此後智岳依次而補山門之缺，成為鼓山的第三世住持。

有僧人問道：「其他就不問了，什麼是誕生的王種？」智岳禪師反問：「金枝玉葉並不相似，這又怎麼辨呢？」那僧人便回答：「這樣則相同之中不能有不同。」智岳問道：「不能不同的事怎麼樣呢？」那僧人說道：「金枝玉葉怎能夠相續？」智岳說道：「還是門檻之外的議論。」

有僧人問道：「虛空可懂得有作用嗎？」智岳禪師舉起了拄杖喝道：「這個師僧好打！」那僧人無語以對。

襄州定慧和尚

襄州定慧和尚。僧問：「如何是佛向上事？」師曰：「無人不驚。」僧曰：「學人未委在。」師曰：「不妨難向。」

問：「不借時機用，如何話祖宗？」師曰：「闍梨還具慚愧麼？」僧便喝，師無語。

【語譯】襄州（今湖北襄樊）定慧和尚。有僧人問道：「什麼是佛向上的事？」定慧回答：「沒有人不心驚的。」那僧人說道：「學生未能體悟。」定慧便說道：「不妨礙難以趨向。」

有僧人問道：「不借時、機、用時，怎樣來談論祖宗？」定慧和尚反問：「闍梨可還感到慚愧嗎？」那僧人便大喝，定慧沉默不語。

福州鼓山清諤禪師

福州鼓山清諤宗曉禪師，得法於受業和尚。鼓山第四世住。

問：「亡僧遷化向什麼處去也？」師曰：「時寒不出手。」

【語譯】福州（今屬福建）鼓山清諤宗曉禪師，從鼓山和尚那裡受業並印證了心法。為鼓山第四世住持。

有僧人問道：「僧人死去以後到什麼地方去了？」清諤禪師回答：「天氣寒冷，出不了手。」

金陵淨德沖煦禪師

金陵淨德道場❶沖煦慧悟禪師，福州人也，姓和氏。幼不染葷血❷，自誓出家，登鼓山剃度，得法受記。年二十四，於洪州豐城為眾開演，時謂「小長老」。周顯德中，江南國主延住光睦。

僧問：「如何是大道？」師曰：「我無小徑。」曰：「如何是小徑？」師曰：「我不知有大道。」

師次住廬山開先，後居淨德，並聚徒說法。開寶八年歸寂。

【注釋】❶淨德道場　在金陵（今江蘇南京），北宋初年，南唐李氏為智筠禪師所建，後改稱禪寺。❷葷血　此指葷腥食物。

【語譯】金陵（今江蘇南京）淨德道場沖煦慧悟禪師（?～九七五年），福州（今屬福建）人，俗姓和。沖煦幼年就不食葷腥食物，自己立誓出家，來到鼓山披剃為僧，並印證了心法，接受了記言。沖煦於二十四歲時，在洪州豐城縣（今屬江西）為眾人開堂演講佛法，當時號稱「小長老」。五代後周顯德（九五四～九五九年）年間，江南國主李氏延請沖煦住持光睦寺。

有僧人問道：「什麼是大道？」沖煦禪師回答：「我沒有小路。」那僧人又問道：「什麼是小路？」沖煦回答：「我不知道有大道。」

沖煦禪師以後住持廬山開先寺，此後又住持金陵淨德院，都聚集徒眾講說禪法。沖煦禪師於宋代開寶八年（九七五年）圓寂。

金陵報恩院清護禪師

金陵報恩院清護禪師，福州長樂人也，姓陳氏。六歲辭親，禮鼓山披削，十五納戒。於國師言下發明真趣。暨國師圓寂，乃之建州白雲。閩帥王氏奏賜紫，號崇因大師。

晉天福八年，金陵興師❶入建城，時統軍❷查元徽❸至院，師出延接。查問曰：

「此中相見時如何？」師曰：「惱亂❹將軍。」查後請師歸金陵，國主命居長慶院，攝眾。周顯德初，退歸建州卓庵。時節度使陳誨❺創顯親報恩禪苑，堅請住持。

開堂日，僧問：「諸佛出世，天華亂墜。未審和尚出世有何祥瑞？」師曰：「昨日新雷❻發，今朝細雨飛。」

問：「如何是諸佛玄旨？」師曰：「草鞋木履。」

開寶三年五月，江南後主再請入住報恩、淨德二道場，來往說法，改號妙行禪師。當年十一月示疾，預辭國主。二十日平旦❼，聲鐘召大眾，囑付訖，儼然坐亡，壽五十有五，臘四十。國王厚禮荼毗，收舍利三百餘粒，并靈骨歸葬于建州雞足山臥雲院，建塔。

師風神清灑，操行孤標，二十年不服絲絹，唯衣紙布❽。辭藻札翰，並皆冠眾。五處語要偈頌，別行于世。

【注釋】❶金陵興師　閩國於九四三年發生內亂，閩帝王延鈞之弟延政又在建州稱帝，國號殷。雙方交戰不已，南唐乘機出兵福建，攻占了建州等地。❷統軍　統帥。❸查元徽　當作「查文徽」，五代時安徽休寧人，仕南唐李後主，累官至樞密副使。因討伐建州王延政有功，遷建州留後。吳越軍占據福州，查文徽統兵攻克之，入城撫民，陷於伏中，被執。後遣歸，以工部尚書致仕。❹惱亂　煩擾。❺陳誨　五代建安人，強捷有勇力，初從閩王為將，後歸南唐，積戰功至永安軍節度使，李後主初年引疾求退，卒，諡忠烈。其在職時多薦舉儒士，甄擢將校，時議稱美之。❻新雷　指初發之春雷。❼平旦　天亮時分。❽紙布　此指用粗布製成的衣衫。

【語　譯】金陵（今江蘇南京）報恩院清護禪師（九一六～九七〇年），福州長樂縣（今屬福建）人，俗姓陳。清護在六歲時就辭別雙親，禮拜鼓山和尚為師，披剃出家，十五歲時接受具足戒。清護在鼓山國師的言語之下發明了禪宗真旨。等到鼓山國師圓寂後，清護才前去建州（今福建建甌）白雲院。閩帥王氏奏請天子賜給清護禪師紫衣，號崇因大師。

五代後晉天福八年（九四三年），南唐自金陵出兵福建，攻占了建州城，當時統軍查文徽來到了寺院，清護禪師出山門迎接。查文徽問道：「在這裡相見時怎麼樣？」清護回答：「煩擾將軍了。」查文徽後來延請清護禪師來金陵，南唐中主命令清護居住於長慶院，統攝眾僧。五代後周顯德初年（九五四年），清護又回到建州，建置了佛庵。當時永安軍節度使陳誨創置了顯慶報恩院，堅持迎請清護禪師住持。

開堂之日，有僧人問道：「諸佛出世，天花亂墜。不知道和尚出世有什麼祥瑞？」清護禪師回答：「昨天春雷初發，今朝細雨紛飛。」

有僧人問道：「什麼是諸佛玄妙的宗旨？」清護禪師回答：「草鞋木鞋。」

北宋開寶三年（九七〇年）五月，江南國李後主再次延請清護禪師入金陵住持報恩院、淨德院兩個道場，來往說法，改稱法號曰妙行禪師。當年十一月，清護患了疾病，就預先辭別李後主。二十日天亮時分，清護敲響鐘聲召集眾僧，囑咐完畢，便安然端坐著逝世了，終年五十五歲，法臘四十年。江南國主厚禮送葬，火化後，收拾舍利子達三百餘粒，和靈骨一起歸藏在建州雞足山臥雲院，建靈塔供奉。

清護禪師風采清麗，操行孤高，迴出世俗，二十年不穿絲綢織物，只穿粗布衣衫。他的文章辭藻、筆墨書法，都遠超眾人。清護禪師在五處禪院說法的語要偈頌，都流行於世。

◎新譯坐忘論

張松輝／注譯

唐代著名道士司馬承禎的代表著作《坐忘論》是具有重要影響的道教經典。書中強調生命的寶貴，主張養生莫過於修道；修道在於靜心，而靜心最好的方法就是「坐忘」——將莊子提出的養心方法發展為修煉成仙的途徑。本書以道藏本為底本，並校以《道藏精華錄》，是首次對《坐忘論》作注譯的讀本。對現代人而言，書中闡述道教「坐忘」的修煉方法，是破除一切煩惱，保持性靈寧靜、安詳的絕佳參考。

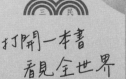

國家圖書館出版品預行編目資料

新譯景德傳燈錄／顧宏義注譯.——初版四刷.——臺北市：三民，2024
冊；　公分.——(古籍今注新譯叢書)

ISBN 978-957-14-3795-8 （全套：平裝）
1. 禪宗—傳記

226.69　　93010960

古籍今注新譯叢書
新譯景德傳燈錄（中）

注譯者｜顧宏義
創辦人｜劉振強
發行人｜劉仲傑
出版者｜三民書局股份有限公司（成立於1953年）

三民網路書店
https://www.sanmin.com.tw

地址｜臺北市復興北路386號（復北門市）(02)2500-6600
臺北市重慶南路一段61號（重南門市）(02)2361-7511

出版日期｜初版一刷2005年5月
⋮
初版四刷2024年9月
書籍編號｜S032300
ISBN｜978-957-14-3795-8